U0875683

2016

中国渔业年鉴

China Fisheries Yearbook

农业部渔业渔政管理局　主编

中国农业出版社

中国渔业年鉴理事单位

单位	年度
山东省海洋与渔业厅	（2014–2016）
广东省海洋与渔业局	（2014–2016）
广西壮族自治区水产畜牧兽医局	（2015–2017）
上海市农业委员会	（2015–2017）
四川省水产局	（2016–2018）
青岛市海洋与渔业局	（2014–2016）
威海市海洋与渔业局	（2015–2017）
中国水产科学研究院	（2014–2016）
上海市长江口中华鲟自然保护区管理处	（2016–2018）
大连海洋大学	（2016–2018）
上海海洋大学	（2014–2016）
中国渔业互保协会	（2015–2017）
福州宏东远洋渔业有限公司	（2016–2018）
中国农业发展集团有限公司	（2014–2016）
中水集团远洋股份有限公司	（2015–2017）
大连远洋渔业金枪鱼钓有限公司	（2016–2018）
东山县远德胜渔业有限公司	（2016–2018）
大连壹桥海参股份有限公司	（2016–2018）
山东东方海洋科技股份有限公司	（2014–2016）
通威股份有限公司	（2015–2017）
山东宝来利来生物工程股份有限公司	（2016–2018）
蓬莱京鲁渔业有限公司	（2015–2017）
湛江海滨船厂	（2014–2016）

中国渔业年鉴编辑部

通讯地址　北京市朝阳区农展馆北路2号18号楼

邮政编码　100125

电　　话　(010) 59194981
　　　　　65074693

传　　真　(010) 65005665

电子信箱　yynjcn@ccap.com.cn

中国渔业年鉴编辑委员会

主　　任　于康震

副 主 任　张显良　李书民　孙　林

委　　员　（以姓名笔画为序）

刘新中　宋　毅　司徒建通　李昌健　李彦亮　赵法箴
徐　晖　唐启升　崔利锋　程裕东　肖　放

特约编委

李全录（北　京）　孙志景（天　津）　闫建民（河　北）
丁秋生（山　西）　布　仁（内蒙古）　李志军（辽　宁）
宫成全（吉　林）　许文涛（黑龙江）　邵林初（上　海）
沈　毅（江　苏）　陈远景（浙　江）　周世其（安　徽）
刘常标（福　建）　张跃远（江　西）　王守信（山　东）
张西瑞（河　南）　林伟华（湖　北）　袁延文（湖　南）
文　斌（广　东）　王海吟（广　西）　张　军（海　南）
吴　纯（重　庆）　卿足平（四　川）　卢熙莎（贵　州）
张　穆（云　南）　次　真（西　藏）　管　薇（陕　西）
妥建福（甘　肃）　都茂庭（青　海）　杨金龙（宁　夏）
古力努·阿不都热扎克（新　疆）　李　俊（大　连）
于成璞（青　岛）　陈少春（宁　波）　林怀远（厦　门）
郭立民（深　圳）　田克军（新疆生产建设兵团）

中国渔业年鉴编辑部

主　　编　孙　林　李书民

副 主 编　徐　晖　张　成

执行主编　张　成　徐　晖

责任编辑　徐　晖　贾　彬

编　　辑　王　良　耿增强　吴洪钟　段丽君　殷　华　汪子涵

编辑部成员（以姓名笔画为序）

丁晓明　于秀娟　王雪光　江开勇　孙海文
孙慧武　陈家勇　赵文武　赵丽玲　胡红浪
袁晓初　栗倩云　郭　睿　黄东贤　黄晓发
黄新胜

特约编辑

王　震（北　京）　郭占峰（天　津）　周永刚（河　北）
蓝天慧（山　西）　陈春雷（内蒙古）　宋　翔（辽　宁）
刘　革（吉　林）　郭政学（黑龙江）　陈峥嵘（上　海）
钱林峰（江　苏）　方康保（浙　江）　刘国友（安　徽）
刘学功（福　建）　于向阳（江　西）　王慧玲（山　东）
路士森（河　南）　王　勇（湖　北）　武深树（湖　南）
姚国成（广　东）　苏　珊（广　西）　杨明群（海　南）
任　军（重　庆）　郑华章（四　川）　何　文（贵　州）
鲍　宏（云　南）　蔡　斌（西　藏）　倪德强（陕　西）
李　琦（甘　肃）　王　海（青　海）　刘辛斐（宁　夏）
杨小蕾（新　疆）　方平伟（大　连）　于　晓（青　岛）
殷建军（宁　波）　吴东凯（厦　门）　欧阳卫国（深　圳）
张海军（新疆生产建设兵团）

2015年4月20日，全国清理整治“绝户网”和涉渔“三无”船舶工作现场会在浙江象山召开。农业部部长韩长赋出席会议并讲话，农业部副部长于康震主持会议。

2015年4月20日，农业部部长韩长赋等观摩象山县集中销毁和拆解“绝户网”和涉渔“三无”船舶现场。

2015年6月6日，全国同步增殖放流活动（主会场）暨台湾海峡增殖放流活动在福州举行。农业部副部长于康震、渔业渔政管理局局长赵兴武等参加主会场增殖放流活动。

2015年8月23日，全国渔业厅局长座谈会在青海省西宁市召开。会议总结交流了全国渔业渔政工作，研讨了渔业法治建设和“十三五”发展规划。农业部副部长于康震出席会议并讲话。

2015年1月27~28日，农业部渔业渔政管理局局长赵兴武一行到吉林省考察调研渔业工作。

2015年7月2日，农业部渔业渔政管理局副局长崔利锋到陕西省合阳县调研现代渔业园区及种质资源保护区建设情况。

2015年6月4~5日，农业部渔业渔政管理局副局长李书民率队到湖北省检查指导渔业生产和渔政执法工作。

2015年4月28~29日，农业部渔业渔政管理局在北京举办渔业应急值班业务培训。农业部渔业渔政管理局副局长刘新中出席开班式并讲话。

山东省海洋与渔业厅

山东省政府在莱州市召开海上粮仓建设启动会，副省长赵润田、农业部渔业渔政管理局局长赵兴武出席会议并讲话

26艘海洋涉渔“三无”船舶在荣成鑫发渔港码头被集中拆解销毁

全国水产技术推广职业技能竞赛山东选拔赛在威海海洋职业学院成功举办

2015年，山东省渔业经济总产值3 783.2亿元（初步核实数），水产品总产量达931.3万吨（其中远洋46.9万吨），渔业产值1 524.7亿元（不含苗种），分别比上年增长5.4%、3%和2.7%，渔民人均纯收入为1.7万元，同比增长9.3%。

“海上粮仓”建设 “海上粮仓”建设起步良好、成效明显。编制实施了《山东省“海上粮仓”建设规划》，构建了“三区三带、一极一网”空间发展框架。2015年，省政府明确将海洋牧场建设纳入“粮食安全省长责任制”，设立了3.2亿元“海上粮仓”建设投资基金，启动渔业资源修复等43个重点项目，高起点规划建设了10处陆基生态型标准化渔业基地、10处集中连片海洋牧场“生态方”、25处育、繁、推一体化遗传种业基地、15处省级休闲海钓示范基地和10处省级休闲渔业公园。创建了离岸自然发展、近岸融合发展、陆基标准化发展、内陆生态发展等四种模式，总结推广了泽潭、明波、海益等多个发展模板。在全国率先实施海洋牧场观测网建设，“透明海洋牧场”初见成效。汪洋副总理视察我省海洋渔业建设时，给予充分肯定，并就深耕海洋、建设海洋牧场、发展现代渔业等做出重要指示。

合作社建设 大力推广实施“大渔带小渔”合作社模式。以合作社和园区建设为抓手，鼓励和引导有实力的渔业龙头企业领办合作社，实行“科研院所+龙头企业+合作社+养殖户”模式。2015年40家涉渔合作社被评定为省级示范社。由莱州明波水产有限公司创新发起成立的斑石鲷专业合作社，成为我国首个跨6省域的新型渔民合作社。

增殖放流 2015年放流数量再创新高，全省共投入海洋增殖放流资金1.73亿元，其中省级以上放流资金1.45亿元，计划放流各类海洋水产苗种63.6亿单位，同比增加7.2亿单位，实际放流69.7亿单位，同比增长17.1%，首次突破60亿大关。

休闲渔业 2015年，全省休闲渔业产值达100多亿元。临沂市、威海市、高唐县分别荣获“中国休闲垂钓之都”“中国休闲渔业之都”和“中国锦鲤第一县”称号。在全国垂钓协会组织的“2015中国海钓盛典”评比中，我省有6个省级休闲海钓基地获得“全国十大优秀海洋牧场和路亚基地”称号。

远洋渔业 2015年，山东省将远洋渔业作为“海上粮仓”建设的重要增长点，编制了《山东省远洋渔业提质增效转型升级实施方案》。全省具有农业部远洋渔业资格企业36家，专业远洋渔船450艘、总吨位27.9万吨、总功率49.2万千瓦，全年实现产量46.9万吨，产值48.5亿元，同比分别增长29%、50%，创历史最高水平。青岛市远洋捕捞公司首次赴南极海域开展磷虾捕捞，实现产量3 264吨。

渔船渔港管理 全面推进渔船信息化管理工作，推进渔船身份电子识别系统建设，全面推广使用“数字船检”监察信息系统，完成了6.9万余艘渔船的电子身份标识的安装，完成了2.7万艘内陆渔业船舶证书“三证合一”工作，实现渔业船舶信息化管理。新建渔港射频识别基站34座，全省渔港射频基站数量达到149座，顺利完成第二代北斗海洋渔业应用示范项目。

渔业执法 共清理取缔各类禁用渔具15 687套（张/个），排查涉渔脱审及“三无”船舶1 659艘，收缴涉渔“三无”船舶45艘，查扣违法违规涉渔船舶71艘。加强伏季休渔管理工作，开展了3次全省大范围伏休督查，对荣成等重点地区进行驻点督查。认真落实船籍港管理制度，开展了海上联合执法、陆地交叉执法行动，对暴力抗法或达到刑事立案标准的，坚决移交公安机关追究刑事责任，全省共对16名涉嫌严重违规的船东、船长进行了刑事立案。

2015年，山东省千吨级海监船中国海监4001、4002船代表山东首次参加南海维权执法巡航

广东省海洋与渔业局

全国水产品质量安全监管会议在广州召开

全省现代渔港建设启动会

2015年，广东省优化渔业产业结构，保护渔业生态环境，改善渔民民生，增加渔民收入，提升现代渔业发展水平，渔业经济保持快速健康发展的良好态势。全省渔业经济总产值2 532亿元，增长7.8%；水产品总产量858.2万吨，增长2.6%；水产品出口创汇28亿美元；渔民人均年收入1.5万元，增长11.9%，渔业各项经济指标继续居全国前列。

加快推进现代渔港建设。2015年，经广东省人民政府同意，省财政安排11亿元补助资金用于现代渔港和避风塘建设，并列入了2016年省政府“十件民生实事”。北部湾遂溪乐民避风港等11个项目正式启动，进一步加强渔港防灾减灾能力，推动渔区经济发展。

加快渔船更新改造和远洋渔业发展。广东建立渔船更新改造审核“先建后拆”制度，全省淘汰小、旧、木质渔船938艘，新建海洋捕捞渔船871艘、南沙骨干渔船35艘。2015年，全省共有18家远洋渔业企业派出189艘远洋渔船在外生产，远洋渔业快速发展。

强化水产品质量安全监管。2015年，农业部在广东召开全国水产品质量安全监管工作会议，农业部副部长于康震会上提出要全面加强监管，不断提高水产品质量安全水平。全省积极组织开展水产品质量安全专项整治行动，出动执法人员超万人次，检查养殖生产和经营单位7 500多个，省级抽检合格率达97.2%，为社会民众提供了放心水产品。广东还率先建成“广东省水产标准化数据库网站”。

良种体系建设现成效。全省已建成国家级水产良种场5家、省级水产良种场64家、现代渔业种业示范场9家，初步形成了“国家级良种场—省级良种场—地市苗种繁育场—县级培育场”苗种生产体系。自主创新培育了罗非鱼、南美白对虾、斑节对虾、大口黑鲈、马氏珠母贝、扇贝、鲫鱼等16个生产性能优良、适应市场需求的新品种。

渔业信息化工作再上新台阶。整合渔业安全生产指挥、渔船基础信息、视频监控等系统，形成海洋渔业综合信息平台，建成覆盖48个渔港的视频监控系统。完成全省3万多艘国内渔船信息普查，推进渔船安装北斗系统，全省近70%的大中型渔船安装了北斗系统。

渔业执法成效显著。广东组织开展清理取缔涉渔“三无”船舶、“绝户网”专项行动，共清理取缔涉渔“三无”船舶218艘、禁用渔具6 929张，查处违法案件594宗。各级渔政部门深入推进渔船检验执法监督三大行动，落实“两法衔接”工作机制。

水产品质量安全检查

水生动物保护宣传月活动——销毁罚没海马

增殖放流

广西贺州市昭平县绿源桂江现代生态渔业基地

广西壮族自治区水产畜牧兽医局

广西现代生态渔业基地

广西沿海连片对虾养殖

广西抗风浪深海养殖金鲳鱼

广西抗风浪深海网箱养殖金鲳鱼

广西海洋现代生态渔业养殖

广西党委、政府高度重视现代生态养殖业的发展，把它作为落实“五位一体”总体布局和建设“美丽广西”乡村建设活动的重要举措来抓。自治区领导曾直观描述广西养殖业的发展方向：农牧结合，生态养殖，综合利用，循环发展。近年来，广西水产畜牧兽医部门积极创新发展理念，以发展现代生态养殖为抓手，创新技术模式，发展形成独具广西特色的源头控污生态养殖“广西模式”，实现了养殖污染治理重大突破，得到了各级领导和业界的肯定与认可。

现代渔业生态养殖是破解传统渔业瓶颈问题、推动产业转型升级的主要抓手，是提高渔业生产效率、提升水产产品质量安全水平、改善生态环境的重要举措。应用微生物技术发展养殖业，好处多多：可以取代抗生素滥用，保障动物源性食品安全。可以提高鱼类的免疫力，减少兽药使用量，降低生产成本。可以替代化学消毒剂，确保消毒效果和环境生态。可以提高饲料转化率和营养吸收率，节省成本，提高生产水平。可以解决养殖粪污、养殖废水的资源化利用、清除水环境中过量的营养物质，清除养殖环境恶臭、抑制蚊蝇滋生，有效保护环境。可以净化渔业水域环境水质，稳定和保护养殖环境。可以明显提高水产产品的品质。益生菌等微生物是目前生态养殖的先进、关键技术，简便易行，便于养殖行业推广应用。

养殖业是广西农业、农村经济的支柱产业，是农民增收和精准扶贫的主要途径。广西养殖业基础深厚，对虾、罗非鱼、龟鳖等优势特色渔业产业发展平稳。罗非鱼产量排全国第3位，水产品产量、龟鳖产量均排全国第8位。2015年，全区水产品产量345.62万吨，水产畜牧业累计完成社会固定资产投资256.11亿元。有水产畜牧业国家级和自治区级农业产业化重点龙头企业49家，其中上市企业9家。自2008年起，广西水产畜牧业第一产值连续6年超千亿元，2015年全区水产畜牧养殖总产值预计达到1 571亿元，水产畜牧养殖、加工、服务业总产值约2 810亿元。

广西致力于推广现代渔业生态养殖，并明确措施和做法。一是制定实施生态养殖技术规范。二是推广微生物技术和生态养殖模式。广泛推广“微生物+”生态养殖模式。三是大力发展渔业生态养殖。实施水产养殖设施装备改造提升工程，依托微生物技术，大力推广“种草+混养+稀放+饵足+控水”池塘养殖等生态养殖模式。四是积极扶持龙头企业发展生态养殖。支持龙头企业创建生态养殖示范园区，推广应用微生物技术和现代渔业生态养殖模式。扶持种植、养殖企业深度合作，实现农牧结合、循环发展。

《广西现代生态养殖发展“十三五”规划（2016-2020年）》明确指出，大力发展产出高效、产品安全、资源节约、环境友好的养殖方式既是广西经济社会发展的客观要求，也是广西养殖业供给侧结构改革方向，是现代养殖业发展的必由之路，更是广西“十三五”时期生态文明建设的关键。规划力争到2020年，通过发展现代生态养殖，实现养殖过程的生态安全、环境的生态安全、产品的质量安全“三安全”，以及经济效益、社会效益、生态效益“三效益”目标。具体目标：一是进一步提高生态养殖比重。新建或改造各类规模化养殖示范场，规模化养殖场生态养殖比重达80%以上，渔业生态养殖面积占水产养殖总面积80%以上。围绕主要任务，以最急需、最关键、最薄弱的环节和领域为重点，积极引导地方和社会投入，组织实施渔业生态养殖建设工程、稻田综合种养工程、渔业生态修复工程、现代生态养殖技术集成研发与应用工程、生态养殖示范创建工程等一批重大工程，全面夯实发展渔业生态养殖的物质基础。

上海市农业委员会水产办公室
（上海市水产办公室）

农业部渔业船舶检验局局长李昌健来沪调研指导渔船检验及信息化建设工作

农业部全国水产技术推广总站副站长李可心在上海检查基层水产技术推广示范站创建工作

全国水产技术推广总站副站长王德芬到上海市水产研究所（上海市水产技术推广站）考察指导工作

“十二五”以来，在市委、市政府的高度重视和市委农办、市农委的正确领导下，本市着力发展都市现代渔业，特别是以国务院出台《关于促进海洋渔业持续健康发展的若干意见》和召开全国现代渔业建设工作电视电话会议为契机，不断开拓创新，锐意进取，狠抓贯彻落实，圆满完成了上海市渔业“十二五”规划所确定的各项目标，取得了比较明显的经济、社会和生态效益。本市水产品的供应充足，价格稳定，为保障市民“菜篮子”作出了贡献。

“十三五”时期是完成全面建成小康社会任务的关键时期，也是上海率先实现农业现代化与城乡发展一体化的关键时期。在上海都市现代渔业发展继往开来的关键时刻，我们将站高望远，对上海渔业发展的一些重大问题进行再认识、再定位、再谋划，即从上海农业的特殊性上定位渔业发展、在渔业面临的新形势下谋划渔业发展、在贯彻落实发展新理念中审视渔业发展、在渔业供给侧结构性改革中促进渔业发展，科学推进“十三五”本市渔业新发展，努力打造上海都市现代渔业升级版。

上海市委农办、市农委主任孙雷调研本市奉贤、崇明等区县清理取缔涉渔“三无”船舶专项行动

2015第十届上海国际休闲水族展览会于2015年10月30日至11月2日在上海农业展览馆举办。上海市委农办、市农委副主任邵林初出席展会开幕活动

乐山市市中区童家镇朝阳村水产养殖基地

四川省水产局

省农业厅厅长任永昌调研新津县水产工作

南充升钟湖水库全国钓鱼锦标赛

眉山市开展渔业船舶救援演练

2015年，四川水产系统认真贯彻落实中央、省委、省政府、省农业厅党组“三农”工作决策部署，紧紧围绕“保供给、促增收、护生态”核心任务，以转方式、调结构为重点，加强产业基础能力建设，大力培育新型经营主体，深化科技创新和技术推广，强化质量安全监管，加强渔政管理和渔业资源保护，保持了水产经济平稳发展势头。据统计，全省水产品总产量达到138.68万吨，同比增长4.56%；全省渔业经济总产值达到346.41亿元，同比增长6.82%；全省农民人均渔业收入达到535.81元，增收37.61元。

2016年，四川水产要深入贯彻落实中央1号文件、中央农村工作会议、全国农业工作会议和省委1号文件、省委农村工作会议、全省农业工作会议精神，以“创新、协调、绿色、开放、共享”新理念引领水产业新发展，以“提质增效转方式、稳量增收可持续”为工作主线，坚持宜渔则渔，深化改革创新，完善发展机制，进一步增强综合生产能力和支撑保障能力，提升质量安全水平和资源养护水平，促进水产一二三产业融合发展和农渔民持续增收，巩固水产经济发展好形势，为“十三五”开好头、起好步奠定扎实基础。力争全省水产品总产量达到142万吨；全省渔业经济总产值达到360亿元；全省农民人均渔业收入550元，人均增收25元以上。

雁江区新场乡巡泗桥村水产养殖基地

乐山市市中区童家镇开化村水产养殖基地

乐山市市中区渔民养殖的大口鲶喜获丰收

隆昌县田园公司水产养殖基地

青岛市海洋与渔业局

青岛市海洋与渔业局是青岛市政府主管海洋事务和渔业行政的工作部门。2014年，该局积极服务蓝色经济发展大局，着力加强海洋综合管理，着力促进现代渔业健康发展，着力营造平安发展环境，着力加强海洋执法监察，全市海洋与渔业工作实现持续较快发展。完成渔业经济总产值470亿元，增长8%；水产品总产量109万吨、产值145亿元，增长4.3%；远洋自捕产量7万吨，产值7.5亿元，同比增长四倍。年内继续保持“省级文明单位”荣誉称号。

组织开展海洋生物资源增殖放流大型公益活动，营造了全社会关爱海洋的良好氛围

建成运行集卸载、压榨、转运浒苔海上综合处置平台，实施“1+X”海上打捞模式，浒苔科学处置水平全面提升

总吨位8 000吨的亚洲最大拖网加工船“明开”号获批

远洋渔业实现突破性发展，完成产量7万吨，实现产值7.5亿元，同比增长四倍，为市民提供优质深海水产品

地址：青岛市高雄路18号海洋大厦
邮编：266071
电话：0532-85886981
传真：0532-85885692
网址：http://ocean.qingdao.gov.cn

青岛市人民政府文件

青岛市人民政府
关于加快建设蓝色粮仓的实施意见

在全国率先研究出台《关于加快建设蓝色粮仓的实施意见》，建设环境友好型、质量效益型、创新引领型、统筹发展型蓝色粮仓。

成功争取国家批复大公岛保护与开发利用示范项目，获扶持资金1亿元

威海市海洋与渔业局

农业部渔业渔政管理局局长赵兴武调研威海海洋与渔业工作

威海荣膺“中国休闲渔业之都”称号

渔业资源增殖放流

拆解“三无”渔船

集中销毁禁用渔具

海产品精深加工车间

2015年，威海市紧紧围绕半岛蓝色经济区、海上粮仓建设等战略部署，抓住“一带一路”、中韩自贸区建设等契机，全面贯彻落实全市海洋与渔业工作会议精神，突出改革、创新、规范，积极适应新常态，推进转型升级、跨越突破，多项工作“走在前列”，打造了生态良好、布局合理、管理高效的海洋与渔业发展格局，为现代化幸福威海建设做出了积极贡献。实现水产品产量248万吨，实现渔业经济总产值1 200亿元，顺利完成“十二五”各项任务目标。

打造品牌，增强动力。

打造远洋渔业品牌 加纳、印尼等6处海外渔业基地启动建设，荣成沙窝岛国家远洋渔业基地获批。创建两处省级远洋渔船研发制造基地，9个新船型在全国推广。专业远洋渔船达到352艘，产量达到28万吨，回运23万吨，远洋渔业及相关产业产值达到150亿元，成功创建中国远洋水产品加工与物流基地。

打造休闲渔业品牌 建设了17处国家级休闲渔业示范基地、16处省级休闲渔业示范基地，占全省70%，4处基地入选全国十大海钓基地。创建3处省级休闲海钓船研发与制造基地，建造海钓船200多艘。与韩国钓鱼联合会签订合作协议，拉开了我市与韩国休闲垂钓全面合作的序幕。休闲渔业游客超过320万人次，休闲渔业及相关产业实现产值130亿元，成功创建“中国休闲渔业之都”。

打造海参产业品牌 引进北京三河集团投资2亿元建设2万平方米市场，打造集海参文化馆、名品港、旗舰店等于一身的海参总部经济，目前已有好当家等40多家企业入驻，初步形成中心市场效应。“威海刺参”品牌价值达到50亿元，居农产品区域公用品牌价值排行榜海产品首位。全年实现海参产量4.5万吨，产业规模超过100亿元，成功创建“中国海参交易中心”。

打造海产品加工品牌 实施了60个海洋经济创新发展区域示范项目，获扶持资金3.6亿元。新增省名牌产品10个，占全省62%，省以上名牌产品发展到77个。海产品加工业实现产值700亿元，被农业部评为中国海洋食品名城。

创新模式，激发活力。

推进海洋+互联网 配合省海洋与渔业厅举办山东海洋与渔业“互联网+”峰会暨海带电商周活动，组织700多家渔业企业“联网触网”，海产品网上销售超过80亿元，增长60%以上。与报业集团联手打造蓝色海洋商城，入驻企业近200家，威海刺参和乳山牡蛎荣获齐鲁电商节“十大山东礼物”第二、第三位。

推进海洋+金融 推行贷款与捕捞许可证、燃油补贴挂钩，渔船抵押融资余额40亿元，占全省80%。在全国率先推出风力和气温指数保险，降低海水养殖风险。组织企业对接投融资平台，吸纳各类基金35亿元，两家渔业企业在区域股权市场挂牌。民生银行海洋经济特色银行获批营业。

推进海洋+科技 推进海洋生物遗传育种中心、海洋生物与碳汇研发基地等科技平台建设，推动新兴产业快速发展。组织发起设立半岛蓝色经济区海洋食品产业联盟、船舶产业技术创新战略联盟和海藻产业技术创新战略联盟，创建8处省级海洋工程协同创新中心，与中国海洋大学等实施60多个合作项目。

推进海洋+开放 举办东北亚渔业经贸合作峰会，吸引国内外近400名代表交流合作，签订协议金额6亿美元。全力推进35个省级现代渔业示范园区建设，承接日韩等产业转移，入驻园区项目140个，投资200多亿元。与韩国鲜活海产品外贸协会合作，对韩鲜活水产品出口突破1亿美元，成为全国最大的对韩鲜活水产品出口基地。

创新管理，规范发展。

创新渔船管理 开展了清理取缔海洋涉外渔业“三无”船舶专项整治行动，清查涉渔“三无”船舶467艘，拆解363艘，省政府召开现场会推广了我市“三无”渔船整治做法。严查违规行为，查处违规渔船502艘、违禁渔具8 713套，对38人追究了刑事责任。积极推行“以港管船”，远遥渔港和赤山渔港成功入选首批“以港管船”试点单位，初步形成示范效应。

创新质量管理 创建全国现代渔业种业示范场4处，省级以上水产原良种场16处，佳兴水产、威海长青等4处海洋牧场列入省“海上粮仓”重点建设项目。主导养殖品种苗种全面满足养殖需求，其中大菱鲆、牙鲆鱼卵供应占全国80%以上。通过“三品一标”认证的养殖面积超过全部养殖面积70%。

中国水产科学研究院

院长　张显良

牵头成立国家渔业科技创新联盟

自主研发的高性能南极磷虾拖网投入海上生产试验

召开全国渔业生态环境监测网"十二五"工作总结会议

深入实地，落实"节能减排养殖系统推广示范专项行动"

中国水产科学研究院（以下简称"中国水科院"）隶属于农业部，作为国家级水产科研机构，担负着全国渔业重大基础、应用研究和高新技术产业开发研究的任务，在解决渔业及渔业经济建设中基础性、方向性、全局性、关键性重大科技问题，以及科技兴渔、培养高层次科研人才、开展国内外渔业科技交流与合作等方面发挥着重要的作用。

中国水科院最早的研究所成立于1947年，之后陆续按海区、流域和专业布局建立了其他研究所。1978年，经国务院批准正式建立了中国水产科学研究院。伴随着改革开放和渔业大发展，中国水科院综合实力不断增强，已发展成为学科齐全、布局合理、在国内外具有广泛影响的国家级研究院，成为我国水产科技工作的主力军。目前，全院共有海区所3个、流域所4个、专业所2个、增殖站4个及院部共14个单位，与地方共建了5个研究机构，分布于全国12个省、市。

中国水科院研究重点为渔业资源保护与利用、渔业生态环境、水产生物技术、水产遗传育种、水产病害防治、水产养殖技术、水产加工与产物资源利用、水产品质量安全、渔业工程与装备、渔业信息与发展战略等十大领域。全院拥有国家实验室1个（共建）、国家地方联合工程实验室1个、部级重点实验室11个、部级科学观测实验站9个、省级重点实验室6个、省级工程技术研究中心（工程实验室）7个、院重点实验室14个、院工程技术研究中心14个、院功能实验室95个、国家级和部级质量检测中心10个、部级风险评估实验室7个、国家水产品加工技术研发中心及分中心6个、国际水产技术培训中心2个、千吨级海洋科学调查船2艘、科研试验基地37个（含在建）。

中国水科院全院共有在职职工2 899人，其中科技人员1 900人，占在职职工的65.54%；高级专业技术职务人员743人。拥有中国工程院院士2名，全国杰出专业技术人才1人，国家级、部级有突出贡献中青年专家28名，享受政府特殊津贴专家25名，"新世纪百千万人才工程"国家级人选8名，农业科研杰出人才22名。

建院以来，全院科技工作者攻克了渔业发展中的一系列基础性、关键性技术难题，取得了一大批对产业发展具有较大推动作用的成果。全院共取得各类科研成果3 700多项，有680余项成果获国家和省部级奖励，其中国家奖58项。全院以占全国水产科研单位20%左右的科技人员，取得占全国水产行业50%以上的国家级和省部级奖励，为我国渔业快速发展、渔民持续增收做出了重要贡献。

2015年，在农业部的正确领导下，中国水科院主动适应科技体制改革新要求，不断增强创新动力，激发内在活力，强化规范管理，提高科研效率，全年各项工作顺利完成并取得显著成效。全院新上各类科研项目（课题）1 033项，合同总经费4.7亿元。获得省部级科技成果奖励28项，其中一等奖4项。分别以第1和第2完成单位包揽水产领域全部2项国家奖。3个水产新品种通过全国水产原良种审定委员会审定。获得专利授权407项，出版专著24部，发表论文1 466篇，其中，SCI和EI收录470篇，海带基因组学研究成果在《自然通讯》（Nature Communications）上发表。进入基本科学指标数据库（ESI）植物与动物科学领域全球前1%机构，位居我国大陆37家入选机构的第18位。牵头成立了国家渔业科技创新联盟和南极磷虾产业科技创新联盟，与华大基因研究院共建水产生物基因组研究中心，推进基础前沿研究领域联合攻关。发起组建的"青岛海洋科学与技术国家实验室"正式投入使用。唐启升院士牵头组织编撰了《中国大百科全书》（第三版）渔业卷，体现了渔业科技"国家队"的水平。同时，在水产品质量安全监管、渔业资源调查养护、水域生态环境监测等方面开展了大量工作，为渔业增效、渔民增收、行业管理提供技术支撑。

都市野战军 长江口生态卫士

管理有序 团结和谐 素质过硬 攻坚克难

2003年，上海市人民政府批准成立上海市长江口中华鲟自然保护区管理处，负责上海市长江口中华鲟自然保护区的日常管理。保护区位于上海市的东北方，地处长江入海口，总面积约69 600公顷。2005年，上海市人民政府颁布实施《上海市长江口中华鲟自然保护区管理办法》。通过ISO9001管理体系认证，列入国际重要湿地名录，是世界上最大的河口湿地之一，也是我国为数不多和较为典型的咸淡水河口湿地。

上海市长江口中华鲟自然保护区管理处隶属上海市农业委员会，独立法人，法律授权组织，行政执法正处级事业单位。以保护中华鲟、江豚为代表的长江珍稀水生野生生物及其栖息环境为主要工作职责，从科学保护、行政执法、科普教育、综合管理等方面开展工作，取得了良好的生态效益和社会效益。

上海市长江口中华鲟自然保护区基地，主要构筑中华鲟及其他长江珍稀水生动物抢救与增殖放流平台、河口区水生生物多样性保护和环境修复国际科研与交流平台、国际设施渔业科技成果示范平台和科普教育平台，加强对长江口生态多样性和生态系统的保护，是上海的一大生态地标。

上海市长江口中华鲟自然保护区范围

中华鲟等珍稀水生生物增殖放流

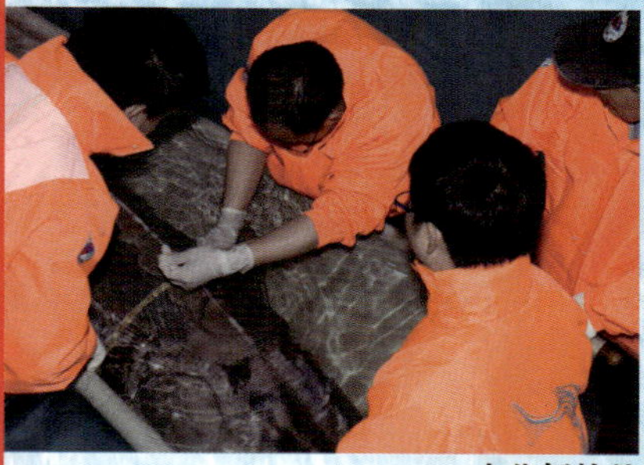
中华鲟抢救

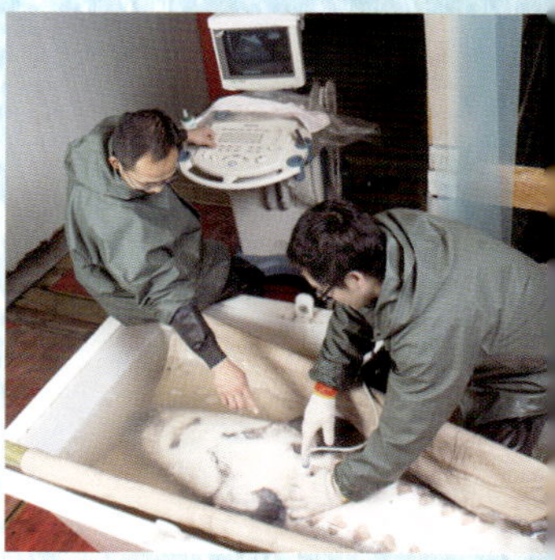
中华鲟诊疗

长江口海洋牧场示范区建设

上海市长江口中华鲟自然保护区管理处

SUPERINTENDENCY DEPARTMENT OF SHANGHAI YANGTZE ESTUARINE NATURE RESERVE FOR CHINESE STURGEON

大连海洋大学

风正帆悬 耕海牧洋 向着高水平海洋大学的奋斗目标加速迈进

——"十二五"事业发展回顾

"十二五"期间，大连海洋大学以本科教学工作水平评估和成功更名为大连海洋大学为契机，全校师生上下齐心、抢抓机遇，取得了显著成绩。

一个目标始终不渝——五年来，以建设高水平海洋大学为历史使命，把握大局，审时度势，积极作为，校党委始终致力于实现学校事业新的跨越与发展

学校新一届领导班子紧紧把握国家"海洋强国"战略的时代背景，审时度势，充分论证、谋篇布局，团结带领广大师生解放思想，提出了建设"特色鲜明、国内一流，具有重要行业影响力的高水平海洋大学"、树立创建"蓝色大学"的办学理念，从大力推进涉海学科的发展到着力深化省局共建工作，从加强海洋文化建设到构建蓝色人才培养体系，学校始终沿着"转身向海"的发展轨迹，抢占海洋科技的制高点，培育海洋事业的人才库，向着高水平海洋大学的目标稳步前行。

两个抓手齐头并进——五年来，一手抓以新校区建设为牵动的基础建设，一手抓以学科专业建设为龙头的内涵建设，校党委坚持两手抓，两手硬，同步双轨向前推进

打基础——一手抓以新校区建设为牵动的基础建设：2010年更名为大连海洋大学之后，省市政府主导大连海洋大学以领军大学搬迁至普湾新区建设新校园。几年来，学校党委带领全校师生殚精竭虑，周密部署。签署搬迁换建项目协议，举行新校园项目奠基仪式，建设学术报告厅、主校门，开展软基处理工作，办理新校园前期手续等，目前，已完成项目开工建设的前期准备工作，只待省市政府的进一步批准。

上水平——一手抓以学科专业建设为龙头的内涵建设：五年来，学校巩固学科专业建设的龙头地位，以前所未有的重视程度，努力把构建一流的学科体系作为学校加强内涵建设的重要圭臬。新增10个硕士学位授权一级学科，硕士学位授权二级学科达到30个，新增了13个本科专业，获批了国家级卓越农林人才教育培养计划改革试点项目、国家级地方高校本科专业综合改革试点专业等；实施了蓝色学科建设工程，按照"巩固、提升、特色、培育"四个层次对33个学科立项。学校初步构建了以水产、海洋科学、食品科学与工程等主干学科为核心，相关学科为支撑，农、工、理、管、文、法等学科协调发展的特色学科体系，在由传统水产学院向新兴多科性海洋大学转变的道路上迈出了坚实的一步。

三个突破引领发展——五年来，聚焦海洋、水产行业发展需求，瞄准学术前沿，潜心科学研究，校党委着力打造重大科技创新平台、高层次人才队伍和高水平科技成果

发挥优势，学科建设取得新突破：水产一级学科在2012年教育部第三轮学科水平评估中名列第三，并于2014年入选辽宁省一流特色学科第二层次。

突出特色，平台建设取得新突破：获批成立了国家级多学科协同创新平台——大连海洋大学新农村发展研究院，获准组建了辽宁省高等学校重大科技平台"海洋牧场及水产健康养殖工程技术研究中心"。

加大力度，高层次人才引进取得新突破：引进了国家杰出青年科学基金获得者、中科院"百人计划"入选者、国家973项目首席科学家宋林生研究员以及国务院学位委员会第七届水产学科评议组成员刘鹰研究员、国家863项目首席科学家王玲玲研究员等三名高水平人才。

四大职能相得益彰——五年来，立足辽宁，面向三北，秉承着高校运行规律的发展逻辑，校党委着力履行人才培养、科学研究、社会服务和文化传承与创新的职能

蛹化成蝶，玉琢成器——人才培养是高校的核心任务：五年来，学校牢固坚持教学中心地位，加强人才培养模式改革，构建蓝色人才培养体系，立足突出海洋水产特色，完善教学质量监控与保障体系，开展教学改革研究，承担国家级、省部级教改项目近200项；实施研究生教育教学改革与创新工程；加强大学生思想政治教育，实施青马工程、健身工程、文明工程、读书工程、培训工程和思政教育"一院一品"；深化对外合作办学领域，联合开展学生培养；加大对全国数学建模、全国电子设计大赛等重要竞赛的支持力度，培养学生的创新创业能力；实施辽宁省转型发展试点专业建设项目。

追求卓越、科研兴校——科学研究是大学的立身之本：五年来，学校集中人力、财力、物力，充分调动和保护广大教师开展科研工作的积极性、主动性和创造性，使得全校科研总量不断攀升。科研项目立项数量明显增加，层次进一步提高。获批纵向科研项目628项，实现国家社科基金立项零突破，国家自然科学基金年度立项也首次突破十项；科研成果产出水平明显提高，成果奖励再获丰收。获得科技成果奖励33项，其中国家科技进步二等奖1项；获得农业部全国水产原种和良种审定委员会鉴定批准2个水产新品种。

需求导向，转型发展——社会服务是大学的重要职责：打造科技创新服务体系，全面构建以大连海珍品、丹东蛤、营口蜇、盘锦蟹、锦州毛蚶、兴城大菱鲆为特色的辽宁沿海特色渔业产业技术服务体系；加强校企校地共建，与锦州市、獐子岛集团等地市、大型企业签署产学研合作协议；引领海洋牧场建设，累计带动地方海洋牧场建设产值超过200亿元；开展海参新品种"水院一号"、海胆新品种"大金"、菲律宾蛤仔新品种"斑马蛤"以及裙带菜优良种质选育及推广示范等水产新品种新技术推广应用；当好海洋人才智库，参与全国科技兴海规划纲要等管理办法和规划修订与编制工作；拓展科研基地辐射，协助大连市海洋与渔业局成功获批国家级科技兴海产业示范项目——大连现代海洋生物产业示范基地。

观乎人文，化成天下——文化传承与创新是大学的历史使命：五年来，学校围绕创建蓝色大学办学理念，着力推进蓝色大学文化建设。结合60周年校庆活动，凝炼出"学贯江海、德润方厚"新校训、"兼容并蓄、追求卓越"大海大精神，设计了新校徽，创作了新校歌《海洋骄子 蓝色理想》、校庆主题曲《走近海洋 走向世界》，制作新版学校宣传片和宣传画册，出版校史《蓝色六秩 风采铸就》；举办五届校园文化节，创办海洋嘉年华；创办"蓝色讲坛"，荣获全国高校校园文化建设优秀成果三等奖和辽宁省一等奖，"蓝色之韵 海洋之声——依托海洋之声合唱团推进蓝色校园文化建设"项目荣获教育部校园文化建设项目优秀奖、省校园文化建设项目一等奖，海洋之声合唱团获评省大学生优秀艺术类社团。

丹心铸剑何惧大海深与远，热血熔金强我海洋耀国邦。未来几年，学校事业的发展任重道远，大海大人将以更坚定的政治自觉、更强烈的使命担当、更务实的工作举措，同心同德，凝心聚力，砥砺前行，为实现高水平海洋大学的建设目标而努力奋斗！

上海海洋大学

2015年4月1日，我校代表团出席中国远洋渔业30周年座谈会

2015年4月13日，我校召开深化综合改革和“十三五“发展规划工作启动会

2015年6月7日，我校举办世界海洋日暨全国海洋宣传日主题活动

加强顶层设计，把握正确的办学方向 开展“十三五”规划编制工作，形成“十三五”规划征求意见稿。立足校情编制学校综合改革方案，并报上海市教育综合改革领导小组办公室核批。启动《上海海洋大学章程》新一轮修订工作，最终获上海市教育委员会核准。

深化教育教学改革，提高人才培养质量 召开第十一次本科教学工作会议，扎实推进激励计划有效实施。新增2门市级精品课程、5本市优秀教材、3项市重点教改项目；参加全国和上海市高校微课教学比赛，获得5个奖项。加强实验条件的保障与支撑度，完成11个项目、经费投入485万元的本科教学实验室建设。水上运动项目取得新成绩，在首届亚洲大学生龙舟锦标赛等国内外大赛上共获得20个奖项。加强团学工作，4个集体被评为上海市先进集体、3人获得上海市先进个人荣誉称号；全面推进学生创新创业能力培养，共获得国家级创新项目55项、市级创新项目170项，获各级各类科技创新创业、科技作品等赛事奖项26个。推进学生素质教育，在各类艺术类比赛中获得奖项13个，获全国第四届大学生艺术展演二等奖。加强大学生社会实践，获各类社会实践赛事奖项18个。重视研究生创新创业能力的培养和实践能力的提高，4个项目获上海市研究生创新创业能力培养“孵化类”专项、1个项目获第十二届全国研究生数学建模竞赛二等奖；远洋渔业专业学位研究生实践基地入选首届农业硕士专业学位研究生教育实践示范基地。

提高学科建设水平，推动学校内涵发展 完善学科布局规划，加强高峰高原学科建设，推进高原高峰背景下学科建设发展规划再确认再布局。水产学进入上海高校二类高峰学科、海洋科学和食品科学与工程进入上海高校I类高原学科建设计划，组织上海高校IV类高峰计划申报工作，启动7个校本高峰高原学科建设工作。年内，获得各类重要科研项目81项，其中国家自然科学基金33项、国家社科基金5项、教育部课题5项、科技部星火计划1项、农业部课题4项。获得上海市科技进步奖一等奖1项、上海市科技进步奖三等奖1项、海洋科学技术奖二等奖2项、海洋科学工程奖二等奖2项、上海海洋科学技术奖一等奖3项和二等奖2项等。发表高水平论文数量显著提升，其中SCI论文164篇、EI论文23篇，水产动植物论文进入ESI世界1%行列。学校研制的我国首台万米级无人潜水器和着陆器“彩虹鱼”号4 000米海试取得成功；《水产学报》英文刊（Aquaculture and Fisheries）获批创刊，成为我国第一本水产类英文期刊。获批2个省部级平台，新增2个校级科研平台基地。成功举办2015年世界海洋日暨全国海洋宣传日活动，以及第九届蟹文化节暨2015年“王宝和杯”全国河蟹大赛，校领导及教师代表参加中国远洋渔业30周年座谈会，我校作为唯一高校代表作大会交流。

坚持人才强校战略，加强师资队伍建设 坚持以“任务+绩效”为导向，深化校内人事分配制度改革，制定二级拨款改革方案，深化校院二级管理。推进和落实“关于加强高水平团队的实施意见”，引进海洋学科杰青获得者陈多福团队。召开2015年度高层次人才学术研讨会。申报各类人才计划19项48人次，共获得7项11人次，其中国家百千万人才工程1人、海洋领域优秀科技青年1人、上海领军人才1人、东方学者1人、青年东方学者2人、扬帆计划人才2人、浦江人才计划3人。开展第二批“三海人才”计划入选者的后续培养，做好动态管理跟踪工作。55名教师入选2015年市教委“教师发展工程”三大进修培养计划，获得301.45万元资助；2人入选上海市高校国际水平师资培养计划。

积极开展国际交流与合作，国际化办学程度不断提高 累计共与24个国家、地区的83所学校或科研机构签署合作协议。共举办13个国（境）外专家专题讲座、5个国际学术会议。共开展24个暑期海外社会实践、实习活动项目，派送341名本科生和研究生赴12个国家（地区）的大学、知名企业进行暑期学习和实习等游学活动。派往国（境）外院校作为交换留学生的本科生和研究生173人。年内，共有来自24个国家的170名外国留学生在我校学习。

2015年10月28日，上海海洋大学“淞航”号远洋渔业资源调查船开工仪式隆重举行

2015年10月29日，我校崔维成教授在深渊中心海试新闻发布会上向媒体介绍4 000米海试过程

2015年11月3日，上海海洋大学第九届蟹文化节暨2015“王宝和杯”全国河蟹大赛隆重举行

2015年11月18日，以我校援台养蟹为主线的电影《爱在蟹逅时》媒体座谈会在我校举行

中国渔业互保协会

五届理事会理事长李健华接受会员赠送的锦旗

五届理事会副理事长兼秘书长陈剑峰和广西壮族自治区水产畜牧兽医局副局长王海吟为广西壮族自治区沿海理赔服务中心揭牌

台湾省水产协会一行来协会访问交流

协会与国元农业保险股份有限公司签订水产养殖保险合作协议

中国渔业互保协会（原名“中国渔船船东互保协会”，以下简称协会）成立于1994年，是由全国范围内广大渔民以及其他从事渔业生产经营或为生产经营服务的单位和个人自愿组成、实行互助保险的非营利性社会团体，是我国第一家全国性农业互助合作保险组织。

2015年，协会按照中央1号文件提出的“鼓励开展多种形式的互助合作保险”的要求，贯彻落实《国务院关于加快发展现代保险服务业的若干意见》有关精神，以争取中央财政渔业保险保费补贴为目标，以推动落实汪洋副总理重要指示和农业部领导重要批示精神为主线，围绕四届五次理事会议确定的“巩固体系、稳定业务、防范风险”的决策部署，推动渔业互助保险各项工作迈上新台阶。一年来，全国渔业互助保险业务保持平稳发展态势，共承保渔民94.55万人、渔船7.79万艘、养殖水面1.7万公顷、养殖网箱2 590口，提供风险保障3 299.78亿元（包含养殖险），同比增长14.17%；已支付经济补偿金共计6.60亿元（包含养殖险），同比增长24.29%。

2015年12月9日，协会第五次全国会员代表大会在北京顺利召开，选举产生了五届理事会、监事会和秘书处成员，提出了“以服务渔民会员为核心，扎实推进机构队伍和服务能力建设”的指导思想。在新的历史条件下，协会将积极探索、大胆实践，充分发挥渔业互助保险的体制优势和组织优势，构建完善全国渔业互助保险体系，不断提高渔业防灾减灾和风险保障能力，使渔业互助保险继续为我国农业保险发展积累经验，为我国渔业经济发展和全面建成小康社会做出更大的贡献！

免费向渔民发放救生衣

宏东渔业股份有限公司

宏东远洋 走向世界

宋健

二〇一三年三月十日

宏东渔业股份有限公司成立于1999年，公司位于中国福建自由贸易试验区福建省福州市马尾保税区内。公司是一家集远洋捕捞、远洋渔业基地运营、冷链物流服务、水产品加工、海洋生物、交易市场运营和管理等为一体的具有完整产业链的远洋渔业企业，是我国捕捞方式最全、产品种类最丰富的企业。公司在毛里塔尼亚建成了我国单一规模最大的境外远洋渔业基地，也是该国最大的外资企业，基地年产量可达10万吨。宏东渔业未来将加大渔业资源储备和开发的投资力度，布局全球优质渔场，致力于提升其渔业产业综合水平，为消费者持续提供天然、优质、安全、健康的水产产品，并实现企业的快速、稳定发展。

至2016年8月，公司拥有远洋捕捞船104艘，分布于大西洋、太平洋、印度洋及毛里塔尼亚等海域捕捞作业。公司有万吨冷库和现代化的水产食品加工厂，先后取得输美水产HACCP检验证书、欧盟注册出口水产企业证书、ISO9001:2008质量管理体系认证证书、ISO2000:2005食品安全管理体系认证证书。公司的产品被授予使用“纯天然远洋捕捞产品”标志，深受国内外水产品贸易和水产食品加工、餐饮、商超、电子商务等相关个人及机构消费者的欢迎，产品远销欧洲、东南亚、日本、韩国、澳大利亚、美国等国家和地区。

公司欢迎广大客户联系和洽谈业务，也欢迎同行在国际渔业合作、渔业基地建设和运营、渔业捕捞和水产食品加工、冷链物流网络、水产加工园区建设和运营、电子商务和专卖店销售渠道建设等方面加强合作，共同开创远洋渔业的美好明天！

地址： 中国福建自由贸易试验区
福建省福州市马尾保税区8-1-2
网址： www.fzhongdong.com
邮箱： fzhd@fzhongdong.com
电话： 86 591 83999877
传真： 86 591 87676758

宏东渔业总部工业园区

宏东毛塔优秀员工评选

公司部分船队照片

宏东毛塔基地

宏东远洋世界渔场规划

中国农业发展集团有限公司

新造船整装待发

昌荣1号

淄柴首台ZC270柴油机揭幕仪式现场

中国农业发展集团有限公司（简称“中国农发集团”）是原中国水产（集团）总公司在与中国牧工商（集团）总公司重组基础上，于2004年10月组建成立，并于2011年1月按照《公司法》改制更名，系国务院国有资产监督管理委员会直接管理的唯一一家大型综合性农业类中央企业，是我国农牧渔业“走出去”发展、国家动物疫病防控等领域的龙头企业，在我国农业产业领域，较好地发挥了中央企业应有的影响力和带动力，具有不可替代的特殊地位和作用。集团拥有全资及控股子公司17家，上市公司3家，业务遍及全国各省（自治区、直辖市），在世界40多个国家（地区）建立了分支机构或基地，与80多个国家（地区）保持经贸往来。

中国农发集团作为国有独资公司，对外开展国际合作，开发国外农业、渔业资源；对内参与农业产业化，服务“三农”，在农业领域发挥重要的影响和带动作用。集团主要有三大核心主业领域：以大型工业化远洋捕捞、国际农业资源开发为主体的战略性资源开发，以高科技生物疫苗、兽药等为主体的动物疫病防控产品的研发、生产、销售，以现代种业、农业保险和农业国际贸易为主体的“三农”服务产业；同时发展与核心业务相关的其他配套产业，如柴油机制造和港口建设等。

中国农发集团贯彻党中央、国务院关于国有企业深化改革的部署，按照国资委做强做大中央企业的有关要求，落实“十二五”规划，继续推进企业改革，进一步调整优化产业结构，合理配置资源，提高核心竞争力，全面提升企业素质，面向国际、国内两个市场，向着更加远大的目标努力奋斗。

广建承建的平海电厂煤码头工程

与广西合作签约仪式

山丹马场的油菜种植

实验室仪器

中水集团远洋股份有限公司

金枪鱼钓船

中水集团远洋股份有限公司（以下简称中水渔业）是由中国农业发展集团有限公司（以下简称中农发集团）控股的主要从事远洋渔业和国际经贸合作开发的股份制上市企业。公司股票“中水渔业”（股票代码000798）于1998年2月在深圳证券交易所A股市场挂牌交易。

中水渔业积极响应国家海洋战略，是我国较早开发太平洋金枪鱼和南美鱿鱼资源的龙头企业之一，现拥有各类远洋渔船60艘，主要产品有金枪鱼、阿根廷鱿鱼、秘鲁鱿鱼和秋刀鱼等海洋鱼类及海产加工制品。公司在境内外设有12个分支机构，在北美、南美、南太平洋地区设有5家代表机构及控股公司。此外，公司还开展水产品贸易、船舶修理、渔船渔机和渔需物资进出口等业务。

在中农发集团的主导下，以中水渔业为平台的集团内部远洋渔业板块资产重组整合工作正在进行中。重组完成后，公司的资产规模、营利能力、行业位势将得到质的飞跃，成为国内外同业中的翘楚。目前，公司“以海洋渔业相关多元经营为主业”的格局已初具雏形。未来，公司将从生产向经营转变，从资源向市场转变，从供应向品牌转变，打造“捕捞、养殖、加工、贸易、服务、融资”一体化的完整产业链条，创新营利模式，全面进行产业经营、资本经营、国际经营、品牌经营。

凭借良好的资源获取能力、突出的集约管理能力以及优秀的经营管理团队和企业文化，公司努力将自己打造成为远洋渔业资源开发利用的现代化企业、我国境外远洋渔业基地管理运营创新的示范者以及国际著名的绿色海洋食品供应商。

鱿鱼/秋刀鱼船

拖网加工船

金枪鱼

中国水产（斐济）控股有限公司

中水北美公司

上海水产（集团）总公司

水产集团渔轮在南极捕捞磷虾

上海水产（集团）总公司（以下简称“上水集团”），前身为上海市水产局，1992年撤局整建制改组为国企集团，是由上海市国资委全资控股，开发利用国际渔业资源，以远洋渔业生产及水产品精深加工为主营业务的国有跨国经营集团公司。下辖38家全资和控股、参股企业，2家事业单位，15个集团本部内设机构，全部从业人员约5 000人，其中，外籍员工约1 500人。总资产50亿元，年综合销售额80亿元。在西非、南美、大洋洲、东亚等11个国家或地区投资建立合资合作企业或代表处，形成了以远洋渔业捕捞为核心、海内外加工销售为支撑的外向型经营格局，海外投资和经营规模居国内远洋渔业企业前列，获得上海市政府颁发的“走出去”贡献奖和“走出去”企业领头羊光荣称号，是上海市跨国经营20强企业之一。

上水集团拥有80余艘北起北欧法罗群岛、格陵兰，南抵南极冰缘海域，东至太平洋智利和秘鲁外海，西达非洲西部毛里塔尼亚、摩洛哥专署经济区海域生产的大型远洋拖网加工船、金枪鱼围网船、金枪鱼延绳钓船、大型鱿钓船和过洋作业渔轮，船舶总吨位7.5万吨，年捕捞能力20万吨，是全国大型拖网加工和大型金枪鱼围网两大渔业行业组织的组长单位，全国鱿鱼钓、金枪鱼延绳钓两大行业组织副组长单位。

近年，上水集团积极参与国家“一带一路”和海洋强国战略，继续大力推进海外并购，加快获取世界远洋渔业资源份额，扩大国际渔业话语权。继成功收购阿根廷阿特玛渔业公司、摩洛哥希斯内罗海产有限公司及阿根廷正一渔业有限公司等国际渔业及加工企业后，今年又成功收购西班牙ALBO公司100%股权，进一步提高了跨国经营比例，为远洋捕捞增产、主营业务增收、资源份额增长，注入了新的能量。

在通过海外并购，加速产业外扩进程的同时，上水集团大力提高产品回国比例，积极推进产业链建设，让政策性红利最大限度地回馈社会。近几年，上水集团各种优质海产品回国量从2011年的1.5万吨，增加到2015年的7.2万吨，年均递增50%以上。2015年阿根廷阿特玛公司生产的2 800吨阿根廷红虾，全部实现回国销售，成为上海市中高端水产品消费的新亮点。

金枪鱼回国

水产集团渔轮捕获竹荚鱼场景

大型金枪鱼围网船金汇8号船

大型拖网加工船开顺轮

大型鱿鱼钓渔轮

金枪鱼延绳钓船

大连远洋渔业金枪鱼钓有限公司

"隆兴608"船奔赴渔场

大连远洋渔业金枪鱼钓有限公司成立于2000年4月，是专业从事超低温金枪鱼延绳钓的远洋渔业企业，是中国最早进入大洋超低温延绳钓的渔业公司，也是获得农业部远洋渔业资格较早的企业。

公司经过16年的发展，从小到大，先后从日本、韩国引进了14艘超低温金枪鱼延绳钓渔船，委托国内大型造船厂建造了4艘，收购国内大型渔业公司的6艘，并购了马尔代夫船籍印度洋海域作业的4艘超低温金枪鱼延绳钓渔船，形成了目前拥有一支由28艘超低温金枪鱼延绳钓渔船组成的庞大的超低温金枪鱼船队。捕捞作业覆盖太平洋等三大洋区，其中，太平洋17艘，大西洋7艘，印度洋4艘。

我们公司主要捕捞大目、黄鳍、剑旗、马林等高端金枪鱼，这些金枪鱼主要销往日本，用于制作高档生鱼片，渔获产品的质量一直获得日本企业和市场的赞誉。

公司培养造就一批拥有捕鱼经验丰富、技术精湛、勤劳朴实、责任心强的船员队伍。船长队伍是公司的骨干和主力，多数具有10年以上的专业深海延绳钓捕捞经验；公司还培养一批除船长外拥有航海、机修及捕鱼经验的职务船员和普通船员。此外，公司经过多年不断的探索，自身摸索出一套较科学、合理、高效、规范的作业流程和管理办法。我们坚信，科学、务实的管理是公司取得今天成绩的强有力的保障。

在公司的发展历史上，公司在中国远洋渔业的多个领域名列前茅：

1. 1999年2月，我公司"隆兴601"号超低温金枪鱼钓船开赴太平洋海域。

2. 根据联合国粮农组织下的金枪鱼渔业促进组织（OPRT）统计全球登记在册的、合法经营的超低温金枪鱼延绳钓作业覆盖了太平洋、大西洋及印度洋三大洋区的远洋渔业企业。

3. 我们是中国获得国家开发银行给予政策性贷款扶持的民营远洋渔业企业，并得到国家的贷款贴息和造船补贴。

我们公司一直以来致力于科技创新，注重在渔具渔法、捕捞技术、渔业资源调查勘探等方面的投入，先后与日本、韩国和我国台湾省以及国内的科研机构、水产院校进行合作，先后获得了多项科研成果。2008年，获得教育部颁发的"公海重要经济渔业资源开发研究–科学技术进步二等奖"、获得上海科学技术委员会颁发的"科学技术成果奖"；2009年，获得中国水产科学研究院颁发的"科技进步二等奖"；2010年，获得上海市人民政府颁发的"上海市科学技术三等奖"。

我们公司还重视在节能减排、环境保护、渔业资源可持续发展等方面的工作，积极地学习、汲取国际上先进的节能减排、环境保护的经验和做法，严格执行国际组织以及国家对远洋渔业资源可持续发展的规定和要求。我们公司一直秉承着绿色、环保、可持续发展的理念，坚持"取自海洋、回馈海洋"，出资创立了大连海洋环境保护公益基金，每年都组织开展"海洋增殖放流"等公益环保活动。

在未来的发展中，我们公司将重点加强在金枪鱼辅料方面的研发与利用，积极与日本和国内科研院所开展科技研发与合作，积极致力于生产和开发金枪鱼食品、保健品、化妆品等系列产品，提高金枪鱼的附加值，延伸产品的产业链；将继续扩大生产经营规模，提高企业的国际竞争力；将积极响应国家号召的"一路一带"发展战略，大力发展远洋渔业，合理利用国际海洋资源，参与国际组织海洋资源开发合作，为提高国家海洋战略地位、为加强国家参与国际组织合作、为树立我国负责任渔业大国的良好形象做出积极的、应有的贡献。

地址：辽宁省大连市中山区长江路38号34层　邮编：116001

电话：0411-82808777

传真：0411-82782727

网址：www.chinatuna.com.cn

渔获物卸货现场

金枪鱼辅料研制开发的食品、保健品、化妆品系列产品

东山县远德胜渔业有限公司

董事长　欧宇泉

我公司成立于1995年6月16日，注册资金1亿元，注册地址为福建省漳州市东山县铜陵镇粮食综合楼605号。现公司将管理总部迁至厦门市思明区新华路78号华建大厦第十层C区，办公面积626平方米，办公人员共计10人，平均学历在大学本科以上。公司主要从事渔业捕捞，海上作业人员则约有450人。

我公司在1996年4月参与了密克罗尼西亚金枪鱼项目的开发，是福建省最早参与国际远洋金枪鱼项目开发的公司之一。

为了发展壮大公司的规模，在1998年至2008年这十年间，我司发展了国内作业渔船多达46艘，并于2009年报废了20艘旧木船。我公司现有20多艘的钢质国内作业渔船，平均每艘价值600万元。

由于近海渔业生产产量明显严重下降，公司于2009年8月份经研究决定，重新启动发展远洋渔业，开发灯光围网捕捞。从2010年初开始向省内海洋与渔业厅申报远洋项目。同年2月份，我公司组织一批专门从事渔业的技术人员前往菲律宾、马来西亚等多个国家考察渔汛和渔业资源，并与菲律宾、马来西亚签订了捕捞协议，同时注册成立了渔业公司。

经农业部批准同意，我公司在2011年5月份获得了建造2艘灯光围网渔船的项目建造指标，并于当年10月份开始动工建造，且第一艘船在2012年5月18日建成下水。2013年11月份，我公司再次获得了农业部批准的9艘过洋性远洋渔船造船指标。此9艘渔船于2014年在石狮市海博船业有限公司进行建造，并且有6艘渔船已经在2015年8月份下水运营，余下3艘预计在同年12月份完工。

公司在1996年2月份被东山县委、县政府评为开发远洋新项目先进单位；在2010年9月份被福建省诚信促进会评为诚信单位，以及由福建省海洋与渔业厅批准我公司成立海洋渔业船员二级培训机构；并在2012年5月份被东山县委、县政府、县海洋与渔业局评为发展远洋龙头企业。2013年1月，我公司还被东山县工商行政管理局认定为工商信用优异企业（AAA级企业）。

我司长期致力于渔业的发展，为国家创造财税收入，为社会解决就业难题，为民众提供良好资源。

新一代海参

壹桥蒸食海参

蒸海参 真营养

2015年壹桥海参销售3 190万只*

无水煮 无水发 无药残 无添加 无防腐剂

60碗家庭装 ¥9 900元

24碗精品装 ¥3 960元

5碗简易装 ¥840元

招商/订购热线 400-810-1717

方便 开碗即食 无需水发

营养 创新加工技术保存营养

安全 生态育苗 品质保证

美味 蒸食海参 原汁原味

部分经销地区：北京赛特购物中心、上海、大连商场 、大连友谊商城、长沙五一东路友谊商店5F、成都仁和春天（光华店）、广州紫薇路百合路36-9、广州阳光酒店、银川星悦城购物中心D座二层、贵阳青云路华南明巷、厦门思明区会展南路3号、盘锦永享春天翠南广场56号、天津乐天百货文化中心、杭州、包头神华蓝天商厦1层等。

官网：www.zhenghaishen.com 生产许可证编号：(1)QS2102 2202 0267；(2)QS2102 2201 0545 * 数据来源:大连壹桥海参股份有限公司2015年年报统计测算

山东东方海洋科

建设中的东方海洋精准医疗科技园办公楼效果图

山东东方海洋科技股份有限公司成立于2001年，于2006年11月在深交所上市，主营业务为海洋牧场生态养殖、水产品精深加工、大健康产业、保税物流、休闲渔业等。现为国家级高新技术企业、农业产业化国家重点龙头企业、国家级水产良种场、中国驰名商标认定企业。公司自成立以来，积极推行标准化生产与管理，现已通过欧盟卫生注册、HACCP认证、ISO9001认证、ISO14001认证、OHSMS18001认证、BRC认证、MSC认证以及多次客户方ETI审核。同时公司还拥有国家海藻与海参工程技术研究中心、海珍品良种选育与生态养殖国家地方联合工程实验室、农业部海藻遗传育种中心等多个国家级科技研发平台，科研设施和创新能力均达到国内甚至国际先进水平。

东方海洋休闲海钓基地

在海洋牧场生态养殖方面，公司的科技创新工作始终走在全国同行业前列。拥有国内一流的大型海藻种质资源库，海带保种、育种和苗种繁育技术处于国内领先水平，先后培育了5个国家级海带新品种（目前全国共10个海带新品种通过国家级审定），完成了海带全基因组测序，建立了基因组序列信息平台，年培育海带苗种12亿株。为保护和利用海洋资源，积极推行耕海牧渔型的生态养殖模式，建设海洋牧场3 667公顷，通过投放人工鱼礁和构建人工藻场的方式改善海洋生态环境，开创了规模化用海、生态化养殖的先河。借助“一黄一蓝”国家发展战略，率先建成大西洋鲑鱼（俗称三文鱼）工业化养殖基地，也是目前世界上最大规模的大西洋鲑封闭循环水工业化养殖基地之一，被烟台市教育局确定为“烟台市中小学综合实践教育基地”。随着人们生活水平逐渐提高，休闲垂钓成为休闲渔业一大亮点，有非常强劲的市场需求。公司依托牟平、莱州2个分公司的国家级休闲渔业示范基地，全面打造“好客山东-渔夫垂钓”休闲渔业品牌。

在水产品精深加工方面，公司的水产品加工出口能力始终处于国内前列，现拥有加工基地3处，符合国际标准的全封闭、恒温无菌加工车间10万平方米，年加工

技股份有限公司

能力达5万多吨，主要加工品类有冷冻、生食、调理、冷风干燥、烧烤、蒸煮裹料等几大系列，主要销往日本、韩国、新加坡、美国、欧盟及我国香港等国家和地区。为拉长产业链，提高产品附加值，公司依托已有的海参养殖和水产品加工出口产业，建设了5条具有国际先进水平的海参加工及鱼皮胶原蛋白肽生产线，开发了即食、高压、冻煮、盐渍、淡干、冻干、液态海参、海参肽等特色海参产品体系以及以胶原蛋白肽为原料的海洋功能性食品、保健品、化妆品等系列产品。

在大健康产业方面，围绕国家提出的21世纪海上丝绸之路的战略部署，重点加快推进公司在精准医学市场的产业布局，收购了美国Avioq（艾维可）公司，该公司生产的第六代HIV-1试剂和HTLV-I/II试剂已经通过FDA认证，并已提交了PCT专利申请，测试技术处于国际领先地位，HIV 试剂还包括干血检测和唾液检测产品，主要客户为公共卫生事业组织、实验室等。白血病毒HTLV-I/II检测试剂获得加拿大卫生部批文，获准用于对移植遗体器官和组织的筛查。公司在海外的成功收购为构建具有国际水准的医疗产业链和生物-临床-大数据一体化服务体系奠定了基础。

东方海洋保税仓储物流中心是经国家海关总署批准的专业化保税物流中心，被评为4A级物流企业和4星级冷链物流企业，现有冷冻保税库60 000吨/次，常温保税库60 000平方米，对区域经济转型升级、关联产业拉动、社会就业等发挥着日益重要的作用，为大众创新、万众创业提供了新机遇，利用保税、冷链物流、仓储等功能，结合互联网的多种营销模式，全力向着“买全球，卖全球”目标迈进。

东方海洋将始终面向全国、面向世界，寻求全面战略合作伙伴，本着优势互补、互利共赢的原则，遵照创新、协调、绿色、开放、共享的发展理念，实现创一流品牌、建一流企业的目标。

水产精深加工车间

大西洋鲑养殖基地

通威猪料 断奶专家
7天大胜
断奶7天 每头多斤
产品组合 吉祥三宝
①优乳宝 ②旺仔宝 ③护畅宝
通威股份
TONGWEI CO., LTD.
通威全国服务热线 400-8080888
总部：成都市高新区天府大道中段588号
www.tongwei.com.cn
扫描官方微信
二维码
关注最新通威动态

通威 TONGWEI 质量万里行

QUALITY PROMOTION

通威获农牧业**中国质量奖提名奖**
获**饲料行业标志性品牌**
获农牧业**“国家认定企业技术中心”优秀企业**称号
获国家**已授权专利210余项**
获国家、省、部、行业**科技进步奖13项**

科研实力

“产品等于人品，质量就是生命”，早在10多年前，这句话就作为通威对产品的一项精准定位，在通威上下广泛传播和推广，扎根于每一位通威人心中。

通威饲料自诞生之初始终坚持高质量的产品标准，历经三十多年的发展与积淀，在全国获得了良好的口碑。

为此，通威股份公司特在全国范围内组织开展以“通威质量万里行”为主题的大型宣传活动，全方位展示新兴科技转化成果，分享优秀养殖案例经验。彰显产品效果的同时，通威在持续升级研发技术、生产工艺和产品服务等方面所做出的不懈努力，也受到用户和行业的广泛认同。

通威质量万里行活动自3月开展以来，已成功举办了3 000余场！

通威股份
TONGWEI CO., LTD.

通威全国服务热线 400-8080888
总部：成都市高新区天府大道中段588号
www.tongwei.com.cn

扫描官方微信二维码
关注最新通威动态

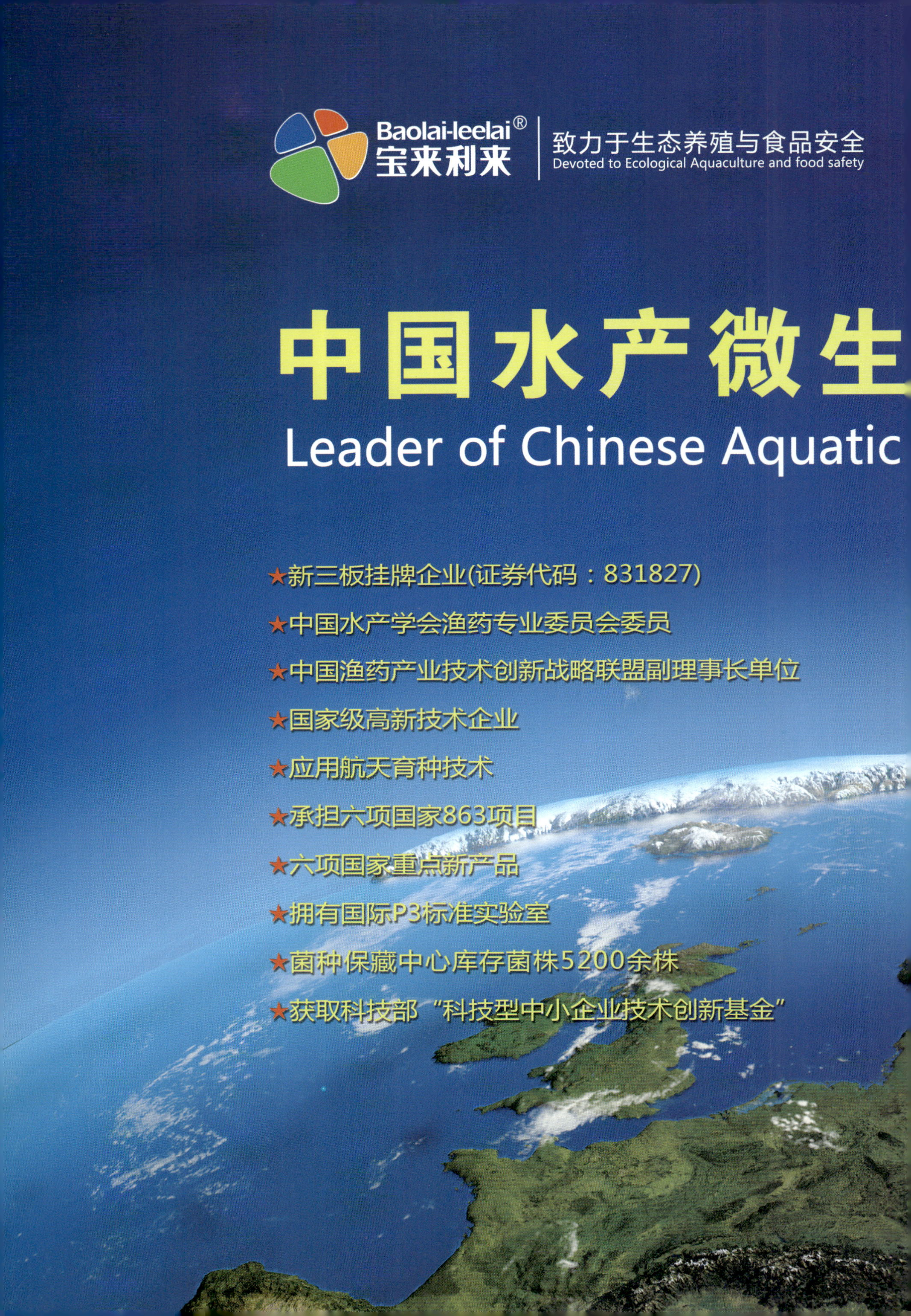
Baolai-leelai®
宝来利来
致力于生态养殖与食品安全
Devoted to Ecological Aquaculture and food safety
中国水产微生
Leader of Chinese Aquatic
★新三板挂牌企业(证券代码：831827)
★中国水产学会渔药专业委员会委员
★中国渔药产业技术创新战略联盟副理事长单位
★国家级高新技术企业
★应用航天育种技术
★承担六项国家863项目
★六项国家重点新产品
★拥有国际P3标准实验室
★菌种保藏中心库存菌株5200余株
★获取科技部“科技型中小企业技术创新基金”

态行业的领航者
Micro-ecological Industry
★山东省级企业技术中心
★山东省农业产业化重点龙头企业
★山东名牌产品3个；山东省著名商标
★承担一项原国家经济贸易委员会“双高一优”项目
★承担一项工业和信息化部重点产业振兴和技术改造项目
★承担一项原国家发展计划委员会高新技术产业化推进项目
★承担一项国家发展和改革委员会绿色农用生物高技术产业化专项
★中国饲料工业协会“全国重承诺守信用”企业
★单宝龙董事长获山东省十佳青年私营企业家称号
★2015年中国畜牧饲料行业最具投资价值企业
山东宝来利来生物工程股份有限公司
SHANDONG BAOLAI-LEELAI BIO-TECH. CO.,LTD
Add: No.28 ChuangYe Street Taian City Fax: +86-538-8068171
Tel: +86-538-8068669 538-8068197 Http://www.BLLL1996.com

蓬莱京鲁渔业有限公司

蓬莱京鲁渔业有限公司（以下称“京鲁渔业”）成立于1990年6月，经过多年发展，现已成为集远洋捕捞、水产品精深加工、海水养殖、育苗、船舶制造与维修等业务于一体的综合性集团公司。

近年来，公司抢抓山东半岛蓝色经济区建设机遇，积极响应省委、省政府“转调创”工作要求，调整发展思路，转变经营模式，力促产业升级，实现了从近海到远洋、从捕捞到加工、从用船到造船的不断转型。目前，公司拥有院士工作站、国家级企业技术中心，是中国渔业协会、中国水产流通与加工协会、中国船舶工业行业协会副会长单位，京鲁渔业被认定为国家农业产业化重点龙头企业，是全国农产品加工业示范基地、全国农产品加工出口示范企业、农产品加工企业技术创新机构，是国家标准化良好行为企业，是“海峡两岸（蓬莱）渔业合作交流示范基地”。

公司已顺利通过ISO9001/ISO14001/OHSAS18001质量/环境/安全职业健康管理体系认证。此外，在水产品加工方面还通过了HACCP、BRC、IFS认证，出口食品卫生注册、清真HALAL认证、无公害产品等体系认证。公司的“京鲁远洋”牌产品被认定为“中国名牌产品”，“京鲁远洋”商标被被授予“中国驰名商标”。

公司以“追求客户满意、绩效最大化、训练有素、平安京鲁”为理念，以“勤、俭、敬、信”为做人原则，注重企业文化建设，把建立学习型组织作为企业长远发展目标，为打造百年企业不断追求和探索。

创新驱动　实现船舶工业逆势突围

京鲁渔业于2006年投资成立的蓬莱中柏京鲁船业有限公司（以下称“京鲁船业”）是以船舶制造与维修为主营业务并兼顾海洋工程制造的大型现代化船舶总装企业，年生产能力100万载重吨。京鲁船业是中国船舶工业行业协会副会长单位，是中国渔船渔机渔具行业协会常务理事单位，是高新技术企业，是战区级军民通用装备动员中心，是山东省船舶修造与改装动员中心，拥有乙级钢制渔业船舶建造资质和设计资质，是全国首个远洋渔船建造与技术示范基地，是海峡两岸（蓬莱）渔业合作交流示范基地，同时是德国船级社（GL）、法国船级社（BV）、英国船级社（LR）、挪威船级社（DNV-GL）中国技术委员会单位，是工业和信息化部第一批符合《船舶行业规范条件》的一级一类企业认可，进入船企“白名单”。

京鲁船业成立初期，以生产75 200载重吨巴拿马散货船、7 000载重吨化学品船等商船为主。金融危机爆发后，船舶行业受到巨大冲击，在极其不利的形势下，京鲁船业紧扣国家《船舶工业“十二五”发展规划》要求，积极研发技术含量高、产品附加值高、经济效益好的远洋渔船项目，产品结构实现了从单一商船转向商船、高端渔船和公务执法船等多种船型。其中，大型金枪鱼围网捕捞船的研发和建造，有力提升了我国金枪鱼围网捕捞、冷冻贮存及加工等装备技术水平， 2013年“山东台湾周”至今，京鲁船业已在郭树清省长等领导的见证下与台湾知名渔业企业签订了7艘1 200吨级美式金枪鱼围网船，大大提升了企业知名度，远洋渔船订单接踵而至。京鲁船业自主研发建造的77米秋刀鱼兼鱿鱼钓船各项指标均达到国际先进水平，多项关键技术填补了国内空白，被工业和信息化部列为“高技术船舶科研项目”。同时，京鲁船业还相继研发和建造了59.6米超低温金枪鱼延绳钓船和69米鱿鱼钓船等多种高端渔船，被山东省海洋与渔业厅授予“远洋渔船研发与制造基地”，被农业部渔业船舶检验局授予“远洋渔船建造与技术示范基地”。2013年7月，中央电视台将公司作为国内船舶制造企业转型升级的典型进行了专题报道，同时，农业部渔业船舶检验局主办的《中国渔船》《中国船舶报》等官方刊物刊登了多篇京鲁船业转型成功、把渔船做到最好的相关报道。

在走好转型路的同时，京鲁船业还积极参与公务船建造项目，先后中标了海警船、渔政船、科考船、海监船等多种公务船项目，2013年被授予农业部1 000吨级以下地方渔政船定点建造船厂资格。近期，京鲁船业建造的1 000吨级海警船“中国海警21115”舰参加了“六国论坛执法协作2015多边多任务演练”，并作为演练的主力舰得到了六国观摩人员的高度评价。

京鲁船业建造的75 200载重吨散货船、7 000载重吨化学品/成品油轮、64 000载重吨散货船和82 000载重吨散货船等商船产品依靠过硬的品质及良好的服务赢得了国际航运市场的良好声誉，其中75 200载重吨巴拿马型散货船、77米秋刀鱼兼鱿鱼钓船被评定为“山东名牌”产品。

几年来，京鲁船业依靠自主创新，走出造船业低谷、逆势反弹，并极大地增强了企业的发展与竞争活力。

75 200载重吨散货船航拍

7 000吨成品油化学品船

加工场景

养殖厂

进军大洋　夯实远洋捕捞发展基础

远洋捕捞是公司的立身之本，是企业多元化健康发展的基石。近年来，随着海洋资源的过度开采和掠夺性捕捞，近海渔业资源日益枯竭，捕捞渔船产量与效益逐年下降。对此，京鲁渔业果断实施“走出去”战略，大力发展现代远洋渔业，捕捞作业区域由印度尼西亚等东南亚海域，逐渐向北太平洋和西南大西洋海域转移。目前，公司拥有鱿鱼钓船2艘、超低温金枪鱼延绳钓船3艘、77米秋刀鱼兼鱿鱼钓船13艘（1艘在建），拖网渔船4艘，装备水平在国内同行业中处于领先地位。特别是在山东省发展蓝色经济、建设海上粮仓等方面，京鲁渔业充分发挥了自身优势，通过开发公海资源，增强渔船装备建造能力，提高渔船装备技术水平，作出了重大贡献。其中，远洋渔船更新改造项目表现突出，新建77米秋刀鱼兼鱿鱼钓船12艘，该船型投入使用后不负众望，创造了不俗业绩。2013年，首批投入使用的3艘渔船赴北太平洋作业，仅用4个月时间就捕获秋刀鱼7 900多吨，创我国远洋捕捞新纪录；2014年，9艘同型渔船再次赴北太平洋作业，捕获秋刀鱼2.8万余吨，占全国秋刀鱼捕捞量的36%，创我国大陆最高水平，填补国内空白。

为充分利用世界渔业资源，京鲁渔业与台湾渔业企业合作，新建2艘1 200吨美式金枪鱼围网船，在巴布亚新几内亚海域捕捞金枪鱼并加工销售，这不仅将进一步开拓公司原料出口业务，提高企业的出口创汇及经济效益。而且有利于进一步提升远洋渔业高技术、高效益发展水平，使山东省在世界海洋渔业资源开发中所占份额逐年增加；合作的船舶由京鲁船业建造，高达4 000多万美元的建造费由台湾大众银行提供融资，这是山东省内首家获得台湾银行融资的项目。

为使远洋渔业实现高技术、高效益发展，京鲁渔业在秋刀鱼捕捞作业和金枪鱼围网船捕捞作业方面与台湾企业开展全方位的合作，包括船员培训、船舶管理、作业技术、安全管理、渔场信息、油水补给、渔获物转载等方方面面，这将对京鲁渔业在远洋捕捞方面的综合实力和技术水平有很大的提升，并将对中国大陆的远洋渔业发展起到一定的促进作用。远洋渔业的发展，不仅为公司补充了大量的发展资金，而且所捕捞的鱿鱼等鱼类产品全部源于深海，鱼肥肉嫩，是绿色无污染的纯天然水产品，为公司水产加工业务提供了充足的原料保障。

品牌战略　领军国内水产加工行业

在水产品精深加工方面，公司始终坚持品牌化经营理念，努力打造“京鲁远洋”品牌，不断提升企业核心竞争力。早在2000年，公司就率先推动水产品由来料粗加工到精深加工转型，依托丰富的产品种类和优良的产品质量，迅速打开国际市场，产品出口美国、欧盟、日本、韩国等多个国家和地区。最近几年，抓住扩大内需战略实施契机，公司及时调整发展策略，把重心由国外转向国内，大力开发以海洋食品尤其是深海食品为代表的绿色食品。公司在发展过程中，始终把产品创新作为品牌战略实施的关键，先后与中国水产科学院黄海水产研究所共同建设了“海洋食品高值化与质量安全控制研发中心”，与烟台大学海洋学院等多家研究机构合作创建了食品研发中心，开发了烧烤鲱鱼、鱿鱼仔、海鲜肠、秋刀鱼罐头等几十个新品种。“京鲁远洋”牌天妇罗虾、多宝鱼等系列产品在国内外多次获奖，“京鲁远洋”调理食品被授予“中国名牌”称号“京鲁远洋”商标被授予“中国驰名商标”。目前，公司已经在31个省、自治区、直辖市设立了100多处办事处，并与肯德基、麦当劳、德克士等国际餐饮连锁企业长期合作，产品顺利进入批发、流通、配餐、快餐等多个领域。着眼未来发展，公司将借鉴国内外先进经营管理模式，在冷链物流、海产品终端市场等领域打造大型中式快餐连锁店，2016年初公司启动了电商网络销售渠道，陆续与天猫、唯品会、京东商城等全国10多家大型电子商务平台展开合作。着眼未来发展，公司将借鉴国内外先进经营管理模式，在冷链物流、海产品终端市场等领域打造大型中式快餐连锁店，以此引领中国水产加工行业快速发展。

公司充分利用海水资源，同步发展了育苗养殖业，现有标准化养殖场3个，是农业部第四批水产健康养殖示范场，山东省无公害农产品产地之一，养殖场主要养殖海参、鲍鱼、舌鳎、大菱鲆等苗种。近年来，依靠公司海峡两岸渔业交流合作示范基地的平台，引进台湾先进养殖技术，增养美国白虾、南方石斑鱼等品种。

公司注重科技创新，拥有多个研发平台，各类专利190项。其中，“-60℃工质（氨）金枪鱼储存库研制项目”填补国内空白，“多功能远洋渔船制冷及总体设计技术研究”项目被工业和信息化部列为高技术船舶科研项目。

韩式脆章鱼

去骨挪威鲐鱼酱油煮

鸿运黄金虾

秋刀鱼

湛江海滨船厂

正在修建中的大型船舶

湛江海滨船厂创建于1960年，占地面积约1平方千米。现有职工1 900多人，其中各类专业技术人员680多人，是海军南海方向舰船装备维修和技术保障中心企业、国家大型二档综合企业、国家一级计量单位、全国500强交通运输设备制造企业、国务院口岸办批准的外轮定点修理厂、国家自营机电产品进出口基地、粤西地区最大船舶修造改综合性企业，已通过DNV挪威、LR英国劳氏船级社、ABS美国船舶协会、BV法国船级社、NK日本船级社、CCS中国船级社质量合格验证、中国新时代质量体系认证，取得军、民船建造资格，并通过解放军总装备部“装备承制单位资格审查”和海军“第二方认定审核”，取得“装备承制单位注册证书”，被海军装备部列入海军武器装备合格承制方名录，是集船舶修、造、改为一体的大型军工企业。

工厂以修理、改装各类水面战斗舰艇、大中型综合补给舰及建造中小型军辅船为主，在确保军品指令性任务完成的同时，承接民品船舶修理、建造业务，以及生产大、中功率柴油机气缸套系列产品。气缸套生产已有30多年历史，是海军指定研仿制造军船柴油机气缸套、缸头等配件的主要厂家之一。

50多年来，全厂职工艰苦努力，工厂的生产能力得到显著提高，拥有深水码头786米，35 000吨级干船坞一座，5 000吨级升船机一座，5 000吨级船台二座，3 000吨级船台八座及各种与修造配套齐全的起重、机械加工等先进设备。

近年来，工厂建造的客货运输船、渔政船、交通渡船、拖船、油船、多用途工作船、驳船等各类船舶，以工艺精湛、质量优良而享誉海内外。

5 000吨升船机

编辑说明

一、《中国渔业年鉴》由农业部主管，农业部渔业渔政管理局主持编撰，中国农业出版社渔业年鉴编辑部负责编辑、出版。

二、本年鉴是一部反映中国渔业年度基本情况的权威性资料工具书，每年出版一卷，以出版年份标序。

三、本年鉴所载资料全部截止到2015年底。

四、年鉴文稿主要由全国渔业行政机构、企事业和科研单位、水产院校等部门的管理人员和专业技术人员撰写。全部文稿由中国渔业年鉴编辑部负责编辑修改或删节，由农业部渔业渔政管理局审定后发表。

五、各省、自治区、直辖市及计划单列市，按全国行政区划顺序排列。

六、各类资料数据均未包括台湾省和港澳地区。

七、本年鉴在编撰过程中，得到全国各级渔业行政主管部门和有关单位的大力支持，在此表示衷心感谢。

目　录

特稿："十二五"渔业发展

发展综述

渔业管理

长江流域渔政管理

渔业科技与推广

各 地 渔 业

全国渔业重点事业单位

渔业社会团体

法律法规文献

渔业经济统计

领 导 讲 话

2015 年渔业大事记

索 引

特稿："十二五"渔业发展

全国渔业发展

"十二五"是我国渔业发展最好的五年，也是渔业发展历史进程中具有鲜明里程碑意义的五年。到2015年末，全国渔业产值达到11 328.7亿元，较2010年增长67.8%；渔业增加值达到6 416.36亿元，较2010年增长69.3%。水产品总产量达到6 699.65万吨，较2010年增长24.7%。渔民人均纯收入达到15 594.83元，较2010年增长74%。水产品人均占有量48.74千克，较2010年增长21.9%，为城乡居民膳食营养提供了1/3的优质动物蛋白。水产品出口额达到203.33亿美元，较2010年增长47%，贸易顺差113.51亿美元，较2010年增长55.7%。"十二五"规划12项指标全部完成，其中10项指标提前超额完成。现代渔业建设站在了新的历史起点上。

1. 海洋渔业成为国家战略产业，现代渔业建设被放在突出位置 2012年4月24日，宋健、周济、唐启升等27位院士联名以中国工程院名义向国务院报送了《中国工程院关于呈报把海洋渔业提升为战略产业和加快推进渔业装备更新升级的建议的报告》。2013年2月6日，新中国成立以来国务院常务会议第一次讨论海洋渔业发展问题，把海洋渔业提升为战略产业。2013年3月8日，新中国成立以来第一次印发了《国务院关于促进海洋渔业持续健康发展的若干意见》。2013年6月26日，新中国成立以来第一次由国务院主持召开了全国现代渔业建设电视电话会议，汪洋副总理到会作重要讲话；农业部部长韩长赋，财政部、国家发展和改革委员会领导，福建、山东、湖北省政府领导在大会上发言。国务院常务会议把海洋渔业提升为战略产业，全国现代渔业建设电视电话会议提出把现代渔业建设放在突出位置，使之走在农业现代化前列，努力建设现代化渔业强国。会后，全国36个省（自治区、直辖市）、计划单列市都召开会议贯彻落实国务院常务会议和全国现代渔业建设电视电话会议精神。25个省份政府出台支持现代渔业建设的文件，29个省份增加了地方财政对渔业的投入，使全国渔业发展迎来了重大机遇期。

2. 渔业经济持续较快增长，渔业综合实力迈上新台阶 渔业持续健康发展，已成为农业农村经济发展的突出亮点和重要增长极。养殖、捕捞、加工流通、休闲渔业、增殖渔业等五大产业初步形成，现代渔业产业体系初步建立。

（1）养殖业转型升级。到"十二五"末，全国共创建水产健康养殖示范场5 856家，国家级水产原良种场80家，池塘标准化改造面积达到120万公顷，与"十二五"末相比，分别增长231%、54%和164%。水产品养捕比例由"十一五"末的71：29提高到76：24。养殖业产值达到8 275亿元，比2010年增长73%。

（2）捕捞业有序发展。严格执行海洋捕捞渔船"双控"制度，扎实推进内陆渔船"三证合一"改革，基本建成全国海洋渔船动态管理系统，调整捕捞产业布局和生产作业结构，严厉打击非法捕捞行为，积极推动渔船装备升级，大力开展渔船节能减排。捕捞业产值达到2 438亿元，比2010年增长54%。

（3）加工业稳步发展。产业集群发展态势良好，逐步形成了沿海区域和长江中下游为主的出口优势区域布局。水产品加工业产值达到3 881亿元，比2010年增长65%。

（4）增殖渔业快速发展。大水面增殖和底播增殖发展步伐加快，形成了以大中型湖泊水库和浅海滩涂为重点的增殖业，千岛湖有机鱼、天目湖大鱼头、查干湖冬捕、獐子岛海珍品等日益成为国内外知名品牌。

（5）休闲渔业蓬勃发展。成为带动渔民增收的新亮点，休闲渔业产值达到489亿元，比2010年翻一番。

3. 强渔惠渔政策力度加大，渔业产业基础更加稳固

（1）基本建设投入前所未有。"十二五"期间中央对渔业的基本建设投资达到157.51亿元，比"十一五"增加126.94亿元，增长4.15倍。渔业基本建设投资占农业部基建投资比例由2010年的3.4%提高到2015年的8.5%,比2010年提高5.1个百分点。2013年启动实施以船为家渔民上岸安居工程,中央3年投入13.48亿元,安排74 164户渔民上岸安居,促进了渔民的安居乐业和渔区的稳定繁荣。

(2)财政支持再创新高。"十二五"期间中央对渔业的财政支持资金达到1 290.52亿元,比"十一五"增加781.44亿元,增长1.54倍。渔业预算占农业部预算的比例,由2010年的3.4%提高到2015年的8%,比2010年提高了4.6个百分点。"菜篮子"项目从无到有,资金从1亿元增加到2亿元,有效改善了养殖基础设施条件。

(3)油补改革实现重大突破。经反复调研,财政部农业部形成共识,报请国务院批准,未来5年每年有40亿元资金以专项转移支付形式统筹用于减船转产、渔船更新改造、渔港航标、资源养护等项目建设。这次油补政策的重大改革,将为现代渔业建设提供强大的支撑。

4.资源养护和环境保护扎实推进,生态文明建设成效明显 渔业生态环境修复力度不断加大,累计投入4.15亿元进行人工鱼礁和海洋牧场建设,较"十一五"增长84%。2015年10月19日,汪洋副总理专门到山东调研海洋牧场建设,并召开座谈会听取意见,发表重要讲话。颁布实施了《全国水生生物增殖放流总体规划(2011—2015年)》。"十二五"期间全国共投入增殖放流资金49亿元,较"十一五"增长1.3倍,增殖放流各类水生生物苗种1 583.5亿单位,较"十一五"增长45%。新建国家级水产种质资源保护区272个,总数达到492个。新建国家级水生生物自然保护区8个,总数达到23个。坚持并不断完善休渔禁渔管理制度,海洋伏季休渔,长江、珠江禁渔期等重大休禁渔制度顺利实施。组织开展了重要渔业水域环境状况监测,全面施行涉渔工程环境评价,推动建立健全涉渔工程建设生态补偿机制,使生态补偿资金61亿元纳入项目环保投资,较"十一五"增长64.8%。落实蓬莱19－3油田溢油事故养殖渔民和渔业资源赔偿补偿资金13.5亿元,成为国内乃至国际通过行政协调处置渔业污染事故的成功范例。积极推进长江江豚拯救行动和中华白海豚保护行动,加强了水生野生动植物保护与管理。

5.科技支撑作用突出,渔业发展后劲增强 "十二五"期间渔业科技投入20亿元,比"十一五"增长1倍;渔业科研条件建设得到加强,渔业科研专项有效实施,现代渔业技术创新体系不断健全,科技协作改革机制开始建立,人才队伍建设不断加强,渔业重点领域的科技创新和关键技术的推广应用取得明显成效。稻田综合种养、养殖节能减排、池塘工程化循环水养殖减排技术、工厂化循环水养殖技术、网箱养殖减排技术推广进展顺利。"十二五"期间,渔业科技共获得国家级奖励10项,审定新品种44种,审定渔业国家和行业标准230项;渔业科技贡献率由2010年的55 %上升至2015年的58 %。

6.开展重大渔政执法行动,依法治渔更加深入人心 在全国开展了清理整治"绝户网"和打击涉渔"三无"船舶专项行动。2015年4月,农业部在浙江象山召开了清理整治"绝户网"和涉渔"三无"船舶工作现场会,对治理行动进行再动员、再部署。浙江省委、省政府组织开展了"一打三整治"和渔场修复振兴行动,为全国树立了榜样,做出了示范。截止到2015年年末,全国共取缔涉渔"三无"船舶1.6万艘,取缔渔具近55万张(顶)。《渔业法》修订列入国务院立法计划,修订草案已征求了国务院有关部门、各省(自治区、直辖市)渔业主管部门、农业部各相关司局、行业协会和社团的意见,待提交农业部常务会审议后报国务院法制办公室审查。

7.应急处置快速高效,渔业安全得到有效保障 渔业安全生产保障水平不断提高。"十二五"期间,渔业船舶总起数和死亡(失踪)总人数,与"十一五"相比,分别下降33.73%和12.76%,实现事故起数、死亡(失踪)人数"双下降"。"十二五"期间,累计救助遇险渔船7 728艘、渔民39 128人,挽回经济损失约31.8亿元;创建"平安渔业示范县"88个,"文明渔港"28个。

水产品质量安全持续稳定向好。水产品安全监管体系初步建成,已有15个省(自治区、直辖市)建立了四级监管体系,各类水产品质检中心数量达到1 277个,从事监管工作人员达2.3万人。产地抽检合格率由2010年的97.9%提高到2015年的99.6%,没有发生重大水产品质量安全事件。

8.渔业"走出去"步伐加快,对外开放格局基本形成

(1)远洋渔业成就显著。2015年,全国作业远洋渔船2 550艘,总功率220万千瓦,总产量219万吨,总产值207亿元,船队总规模和远洋渔业产量均居世界前列。与"十一五"末相比,船数增长60%、产量增长96%、产值增长74%、总功率增长50%。2015年3月30日,中国远洋渔业30年座谈会在北京举行,国务院副总理汪洋出席会议并作重要讲话,农业部部长韩长赋主持会议,副部长于康震在会上介绍了我国远洋渔业发展情况,20个部门的18位部委领导参加会议。

(2)水产品进出口贸易快速增长。2013 年水产品出口额首次突破 200 亿美元,2015 年达到 203.33 亿美元,年均增长 8.02%。2012 年贸易顺差首次突破 100 亿美元大关,2015 年达到 113.51 亿美元,年均增长 9.25%,占全国贸易顺差总数的 0.5%。

(3)国际合作成果丰富。“十二五”期间,我国加入了《南太平洋公海渔业资源养护和管理公约》《美洲间热带金枪鱼养护和管理公约》和《北太平洋公海渔业资源养护和管理公约》,我国在上述公海的作业渔船纳入区域渔业组织管理,并取得合法捕捞权利。中日、中韩、中越周边协定继续顺利执行,周边渔业关系和渔业秩序保持稳定。中美、中欧、中俄、中加等渔业合作进一步拓展,中非、中阿以及我国与太平洋、印度洋岛国渔业合作进一步稳固,有力促进了合作共赢的双边渔业关系发展。2015 年重启了中国 - 毛里塔尼亚渔业会谈,并在两国元首见证下签署了会谈纪要。

(农业部渔业渔政管理局)

各地渔业发展

【北京市】

1. 主要成就 “十二五”期间,北京市渔业重点围绕池塘标准化改造、推进水产良种化、首都“菜篮子”供应、保障水产品质量安全、水生生物资源养护、渔业“进城入园”和渔业科技创新等七大工程开展工作,推进了全市渔业结构转型升级,渔业功能不断拓展,形成了高效生产与资源养护并重、经济效益与社会生态效益兼备的现代渔业新格局,初步建成了结构合理、品质优良、效益明显、环境友好、功能多样的都市型现代渔业体系。

(1)生态水域面积不断扩大。2015 年全市渔业水域面积 24 986 公顷,比 2010 年增长 18.5%;其中,养殖面积为 3 633 公顷,比 2010 年减少 26.7%;渔业生态养护水域面积为 21 540 公顷,比 2010 年增长 35.8%。

(2)优质水产品供应稳中有增。2015 年全市渔业产量为 6.58 万吨,比 2010 年增长 4.4%。其中,淡水养殖产量为 4.5 万吨,比 2010 年下降 16.7%,海水捕捞产量 1.65 万吨。在水产养殖面积下降的前提下,取得了产量的增长。

(3)渔业产值和渔民收入“双递增”。2015 年渔业总产值为 26.47 亿元,比 2010 年增长 29.6%;2015 年渔民人均收入达到 1.56 万元,比 2010 年增长 47%。

(4)籽种渔业实力增强。围绕着建设北京“种业之都”的目标,大力推进“育繁推”一体化水产良种体系建设,拥有国家级水产原良种场 3 家,建成市级水产原良种场 11 家,重点扶持建设了一批鲟鱼、观赏鱼等适合工厂化和温室养殖品种的良种生产基地。2015 年全市鱼苗产量达到 24.30 亿尾;比 2010 年增长 2.5 倍;2015 年鱼种产量 1.35 万吨,比 2010 年增长 5.47%。

(5)产业结构加速调整。“十二五”期间,确定了重点发展籽种鱼、休闲鱼和精品鱼的目标,本市渔业由过去的养殖生产型,向都市现代渔业转变。由过去的商品鱼养殖一统天下,变为籽种鱼、休闲鱼和精品鱼各占一方。2015 年精品鱼养殖面积为 2 067 公顷,籽种鱼养殖面积 493 公顷,休闲鱼养殖面积 1 447 公顷。

(6)渔业投资规模持续增长。“十二五”期间是本市渔业发展史上又一个黄金时段,5 年间,全市在渔业上的投资达到 9.8 亿元,其中,旧池改造投资 6.02 亿元,水生生物养护投入 0.55 亿元,籽种渔业投入 0.5 亿元,科技投入 0.6 亿元,水产品质量安全投入 0.13 亿元,远洋渔业投入 2 亿元,渔机设备投资 0.58 亿元。“十二五”期间是本市渔业发展史上,继 20 世纪 80 年代利用世行贷款,开发鱼池后,第二次投资高峰。

(7)水产品质量安全水平明显提升。2015 年在农业部组织的水产品质量安全例行监测和监督抽查(包括异地抽查和本地抽查)中,本市水产品检测合格率例行监测 98.75% 和监督抽查 100%,达到全国领先水平目标,即在 4 次例行检测的 160 个样品中仅 2 个不合格,监督抽查的 110 个样品中,所有检测样品全部合格。

(8)远洋渔业实现发展。“十二五”期间新建远洋渔船 10 艘,淘汰老旧渔船 6 艘,渔船总数增加到 12 艘,总投资 2 亿元,渔船总吨位由 3 870 吨增加到 10 146吨,提高捕捞能力 1.5 万吨。

2. 特点及经验

(1)转变发展观念,不断开拓创新。根据北京市渔业发展的现状和需求,全市的渔业功能由“解决市民吃鱼难”,转变为“生态、生活、生产、展示”四大发展理念。确定了以扩大渔业生态服务价值为核心、以满足市民多元功能需求为导向、以发展高端高效生态渔业为重点、以行业人才科技素质提升为保障,通过大力实施渔业基础设施建设、深入开展渔业资源养护与增殖、不断推动渔业产业转型升级、努力保障渔业安全生产、全面推进水产品质量安全监管和着力加快渔业科技创新的发展目标。

(2)出台惠渔政策，拓宽投资渠道。5年间，先后出台了促进"菜篮子"工程建设、建设种业"硅谷"及促进高效节水农业等多项促进渔业发展的政策，有力地调动了企业、个人及社会资金对渔业的投入。全市在渔业上的投资达到9.8亿元，其中，企业、个人自筹5.26亿元，占总投资的56.6%。

(3)推动产业升级，丰富首都"菜篮子"。"十二五"以来，充分利用"菜篮子"建设项目的扶持，加速对北京市老旧池塘进行标准化、温室循环和工厂化改造，提升了全市渔业的现代化水平。以提升"三率一能力"为目标，按照"四化"养殖和"三节两高"要求，建成了一批"水循环、机智能、鱼安全、场美化、路成网"的高产高效健康养殖基地。到2015年底，改造提升了157家老旧池塘，改造水面面积460公顷。同时，为首都市民提供了休闲观赏的"花港渔村"。

(4)调整产业结构，打造种业之都。围绕着建设北京"种业之都"的目标，大力推进"育繁推"一体化水产良种体系建设，拥有国家级水产原良种场3家，市级水产原良种场11家，重点扶持建设了一批鲟鱼、观赏鱼等适合工厂化和温室养殖品种的良种生产基地。2015年全市鱼苗产量24.30亿尾；比2010年增长2.5倍。

(5)发展休闲产业，拓展渔业功能。全市13个渔业生产郊区县，在各级政府和渔业主管部门的积极引导下，充分发挥广大渔(农)民投入的积极性和创造性，逐步形成了养殖垂钓型、休闲基地型、生态观光型、观赏鱼鉴赏型、科普旅游型、文化传播型等多种模式的休闲渔业。2015年全市休闲渔业产值4.72亿元，占全市渔业产值比例17.83%。经营单位777个，垂钓水面1 447公顷，休闲设施资产9.78亿元，年接待游人近500万人次。

(6)科学增殖放流，修复水域生态。"十二五"期间，根据国务院颁布的"中国水生生物资源养护行动纲要"的要求，在全市重点水源水和主要河流、湖泊、景观水域持续、深入开展水生生物养护工作，充分发挥鱼类的水域生态修复作用，5年间水生生物养护累计投资5 500万元，是"十一五"的4倍，累计投放鲢、鳙、草、匙吻鲟、细鳞斜颌鲴等各类水生生物1亿尾以上。全市河湖水域实现了科学增殖与严格养护，人渔和谐、水净景美。

(7)完善管理机制，保障"三个安全"。"十二五"期间，北京市渔业实施了"三个安全"建设。一是通过检打联动、属地管理等方式，进一步强化了全市水产品质量安全、水生野生动物经营利用和水生生物资源保护执法力度。在全市范围内，加大了养殖生产执法查处力度，建立了养殖水质、饲料、添加剂、渔药、水产品的实时动态监管机制，有效地保障了全市养殖水产品的质量安全；二是进一步完善了通州、平谷、顺义、房山、朝阳、昌平、延庆、怀柔、大兴和密云10个区县的水生动物疫病预防控制中心，通过充实队伍、提高技能、强化职责，为养殖企业提供了健康养殖全程服务。三是制订了渔业安全生产监督检查机制，完善了安全生产责任制和安全应急预案，加强了气象灾害监测预警，建立和完善了气象灾害监测预警信息共享机制，明显提升了全市渔业监管队伍的素质和装备水平，有力保障了全市渔业的安全生产。

【天津市】 "十二五"期间，天津渔业坚持经济效益和生态环境并重的原则，以资源节约型、环境友好型为发展方向，以科技创新为动力，加大渔业设施化、标准化建设，推进渔业资源养护和水域生态环境修复，全面提升水产品质量安全与发展的产业化水平，渔业保持持续健康发展态势。

1. 渔业经济平稳较快发展 "十二五"期间，天津渔业克服了众多不利因素，保持了平稳较快发展，成为农业农村经济中重要的支柱产业。2015年预计实现水产品总产量近41万吨，较2010年增长18.9%；渔业产值84亿元，较2010年增长62.3%；渔民人均纯收入达到2.47万元，较2010年提高了80.3%。

2. 渔业产业结构进一步优化

(1)水产健康养殖全面推进。新创建农业部水产健康养殖示范场36家，累计达到72家。现代种业建设得到加强，全市共建有2个国家级水产原良种场、18个市级水产良种场；良种苗种生产能力年均达276亿尾，良种覆盖率达80%以上，并辐射全国，尤其是"三北"地区；组织创建全国现代渔业种业示范场4家，引导种业企业向育繁推一体化方向发展。

(2)捕捞业有序发展。继续严格执行海洋捕捞"双控"制度，调整捕捞产业布局和生产作业结构，减少渔船45艘4 200千瓦；严厉打击非法捕捞行为，积极推动渔船装备升级，更新改造渔船150艘；远洋渔业综合素质提高，新建远洋渔船7艘，作业远洋渔船达到21艘，比2010年增长23.5%；出台了《天津市远洋渔业企业运回自捕水产品项目和资金管理暂行办法》，鼓励企业运回自捕经济水产品；远洋渔业总产量和总产值分别达到1.98万吨和1.36亿元，较2010年分别提高了120%和10.2%。

(3)休闲观赏渔业蓬勃发展。共创建全国休闲渔业示范基地10家，休闲垂钓园近千处，垂钓池塘面积达到4 130公顷，年接待游客1 000万人次以上；观赏鱼养殖面积达300公顷，养殖产量3.4亿尾；全市休闲渔业产值达3.5亿元，较2010年增长67.5%，成为带动渔民增收的新亮点。

3.加快设施渔业园区建设，区域布局进一步优化

通过扶持政策的引导，全市共建设优势水产品养殖示范园区55个，其中：池塘型园区31个，示范养殖规模3.83万亩；工厂化园区24个，示范养殖规模24万平方米。55个园区总投资7.16亿元，其中政府引导性投资7 900万元。自2013年起启动现代渔业设施提升工程项目建设，"十二五"期间共建设项目58个，总投资6.36亿元，其中政府引导性投资9 600万元。园区项目建设针对企业各自的特点，靶向制定适宜的建设提升方案，提升了养殖池塘设施化程度和水体利用效率，工厂化养殖面积发展到111.45万平方米，比2010年增长了78%，有效实现了渔业节能减排、提质增效、增产增收，取得了良好的经济和社会效益。在这些示范园区的带动下，各区县形成了各具特色的渔业发展目标和产业结构布局，全市渔业发展呈现明显的区域分布和协调发展局面。紧邻中心城区的环城四区形成了以休闲垂钓、观赏鱼养殖、种源渔业为主的现代渔业体系；滨海新区具有较大面积的浅海滩涂，适合滩涂贝类增养殖和海珍品养殖，已形成以设施渔业和增殖渔业为主的现代渔业体系；宝坻、静海、宁河、武清、蓟县五区县养殖水域面积广阔，已形成以大面积池塘生态渔业为主的淡水产品供应基地，此外，宝坻区拥有大面积水稻种植区，建立起"稻—蟹"、"稻—渔"等种养殖模式，成为天津立体生态特色渔业发展区域。

4.水生生物资源养护事业蓬勃发展

(1)增殖放流活动成效明显。"十二五"期间，国家和天津市大幅度增加增殖放流投入，同时积极探索政府投入、企业支持、社会参与等多元化投入机制，增殖放流力度和规模不断扩大。截止到2015年年底，累计投入增殖放流资金1.24亿元，放流鱼、虾、蟹、贝类等地方优势苗种共计75.54亿单位，年平均放流15.11亿单位。随着放流规模的不断扩大，增殖放流所产生的生态效益、经济效益和社会效益日益显现。一是促进了中国对虾、三疣梭子蟹等种群的恢复，渔业资源衰退势头得到了有效遏制；二是增加了渔业效益和渔民收入。2015年渤海湾秋汛中国对虾可捕量为1 030.68吨，产生经济效益约2.06亿元；三疣梭子蟹可捕量为892.9吨，产生经济效益约6 250.3万元；三是增强了社会各界资源环境保护意识。通过承办由农业部和天津市政府主办的"养护水生生物资源 共建绿色生态天津"于桥水库增殖放流活动等一系列重大活动，积极营造全民参与资源养护和生态文明建设的良好态势。

(2)海洋牧场建设取得突破。"十二五"期间，渤海湾海洋牧场建设发展迅速，累计投入资金6 338.46万元，共投放人工鱼礁体14 567块，约5.475万空方，面积达4.804平方公里。2015年，天津市大神堂海域被认定为首批国家级海洋牧场示范区。编制了《天津市海洋牧场建设规划(2016—2020)》，从制定目标、科学选址、规范管理等方面积极谋划海洋牧场发展。通过对2010年礁区的监测发现，其礁体表面90%以上被生物覆盖，附着厚度30厘米，估算生物总附着量为274吨，单位面积附着量4.45千克/平方米，单块礁体附着量97.9千克，生物资源量有了显著增长。海洋牧场建设改善了水域生态环境，缓解了捕捞强度过高和渔业资源利用过度的压力，对于推动海洋渔业结构调整具有积极意义。

(3)渔业水域生态环境保护不断加强。一是探索建立涉渔工程资源生态补偿机制。按照环境保护部、农业部的相关文件要求，完善涉海工程资源补偿机制，"十二五"期间，落实蓬莱19－3油田溢油事故赔偿、天津港大港港区10万吨级航道工程等补偿项目资金累计3 557.5万元用于渔业资源修复，有力维护了渔民利益和渔业权益，促进工程建设与水生生物资源养护相协调；二是开展渔业生态环境监测。全面提升检测水平，可承检项目由渔业环境、水产品、参数三大类共201项增加到286项。定期开展渤海湾鱼虾贝类产卵场生态环境监测、天津市渔业生态环境监测等并向社会公众和科研机构提供权威数据，为各项工作开展提供依据。

5.渔业科技推广和信息化建设加强

(1)渔业科技创新和推广应用取得成效。在水产良种培育、新型疫苗研制、禁用药物替代研究、高效配合饲料研制、节水减排降耗、稻田综合种养、资源可持续利用、节能型渔业装备研发等方面形成一批重大科研技术成果。5年来共承担各类项目348项，其中：国家和市级科技项目173项、局级175项，完成科技成果登记220项；获天津市科学技术奖一等奖1项、二等奖2项、三等奖12项，获中国水产科学研究院科技进步奖2项；渔业科技贡献率由2010年的62%上升至2015年的65%。如由天津市船检机构牵头，联合校企力量共同开发的柴油－LNG(液化天然气)动力渔船改造项目，实现柴油替代率70%，节约燃料费25%，节能效果显著。该项目的示范性应用引起国家渔船管理部门、各地渔业主管部门及社会各界、新闻媒体的广泛关注，并向全国推广。加强基层科技推广体系建设。举办各类培训班242期，培训科技人员、农(渔)民18 841人次；建立科技示范基地130个、科技示范户

873个;组织普及性实用技术培训4万人次,渔业行业特有工种职业资格证书培训0.5万人次。

(2)主动融入京津冀协同发展大格局。全面落实与"四院两校"的科技合作,先后建设了"中国水产科学研究院渤海水产研究中心""水产院士工作站"等一批科技载体,开展了冷水鱼养殖、中华胭脂鱼引种繁育等一系列技术合作,并在人才交流、技术研究等领域建立联合机制,促进渔业资源要素在三地间自由流动,实现一体化发展。

(3)渔业信息化深入推进。一是积极完善渔业物联网建设。建立了智能养殖监控系统、水生动物远程诊断系统、水产品质量安全追溯系统等渔业物联网平台,使大数据等信息化成果应用在现代渔业生产、经营、管理的各个环节,积极开拓"互联网+现代渔业"的发展新格局。二是信息化武装渔政执法。普及安装渔港远程视频监控系统、渔船用信息化终端等,44千瓦以上渔船100%配备船用AIS终端;84条涉韩渔船、300千瓦以上的远洋渔船及渔政船全部配备北斗终端,天津渔船全部安装RFID船用电子标签,并在所有港口及渔政船安装了配套读头。信息化终端的配备有效提高了渔船的抗风险能力,提高了执法效率,提升了渔业安全水平。

6.渔业安全态势平稳向好

(1)确保渔业安全生产。积极开展"文明渔港"创建活动,滨海新区塘沽北塘渔港荣获"全国文明渔港"称号。提高渔船安全装备水平,44千瓦以上(含辅助)渔船及在册休闲渔船全部强制配备集体救生设备即气胀式救生筏。联合公安、海警等多方力量开展专项行动,整治涉渔"三无"船舶和"绝户网"。严格执行"伏季休渔"制度。渔业防灾减灾能力不断提升,成功应对低温冰冻雨雪灾害、台风、干旱、洪涝等灾害。初步统计组织渔业救助26起,救助渔船31艘,救起渔民64人,挽回经济损失178万元。

(2)确保涉外渔业安全。把做好涉外渔业管理提高到维护国家政治稳定大局的高度,切实抓好涉外渔业管理。建立涉外渔业管理综合协调机制。按照《中韩入渔协定》要求,组织涉韩渔船船员进行涉外知识、安全生产培训;开展入渔工作应急演练,加强入渔通报服务和处理突发问题的能力;加大执法力度,严禁无证渔船进入涉外水域作业,"十二五"期间全市84艘涉外渔船未发生越界捕捞现象。

(3)确保水产品质量安全。重视养殖生产全过程管理,认真落实水产品苗种、饲料、用药、加工、包装、销售等环节全部依标生产,保证了水产品从池塘养殖生产到销售市场全程质量安全。继续加强无公害水产品认定认证。截止到2015年,全市共创建无公害水产品生产基地168处,累计认定无公害水产品275个,养殖水面依标生产率达到68%。开展水产品违法添加禁用物质专项整治行动,严厉打击违法使用硝基呋喃、孔雀石绿等违禁物质的行为。强化水产品产地监测,合格率由2010年的96.4%提高到2015年的99.3%。"十二五"期间未发生重大水产品质量安全事件。

7.强渔惠渔力度加大 "十二五"期间,中央和天津市对渔业渔政累计投入资金7.42亿元,渔业基础设施条件得到明显改善,渔业体系建设进一步完善。渔业油价补贴政策进一步完善。调整部分资金用于渔民减船转产、渔船更新改造、水产健康养殖等重点工作,促进渔业资源环境保护及渔业产业结构调整。渔业互保业务平稳发展。协调有关部门联合印发了《关于天津市海洋渔业互助保险财政补贴政策的通知》,对海洋渔业互助保险相关政策进行了调整,提高了渔船和渔民人身保险保费财政补贴标准。"十二五"期间全行业共承保渔民7 022人、渔船579艘。为拓展渔业企业融资渠道,出台了《天津市水域滩涂养殖权抵押贷款指导意见》,并成功为企业以水域滩涂养殖证抵押贷款1.5亿元。

(天津市水产局)

【河北省】 "十二五"期间,在国务院和省委、省政府的正确领导下,河北省渔业认真贯彻国务院《关于促进海洋渔业持续健康发展的若干意见》和省政府《关于促进海洋渔业可持续发展的实施意见》等文件和政策精神,坚持生态优先、以养为主、养捕结合的方针,不断巩固发展"三大产业带""八大基地"的特色产业格局,全省渔业保持了平稳、健康、快速发展的良好局面,"优质、高效、平安、生态"的特色渔业发展日趋鲜明。

1.产业结构进一步优化,渔业经济持续增长 一是水产品实现安全有效供给,渔民收入持续较快增长。2015年全省水产品总产量达到129.31万吨,比2010年增长22.9%;水产品质量安全抽检合格率达99.3%,比2010年提高0.1%;渔民人均纯收入达到12 961.77元,比2010年提高了52.4%。二是渔业经济规模不断扩大,2015年全省渔业经济总产值达到245.8亿元,比2010年增长39.2%;水产品出口达到3.71亿美元,比2010年提高147%。三是产业结构逐步得到优化。水产养殖业继续优化区域布局,调整养殖结构和方式,水产品标准化健康养殖全面推进,创建国家级养殖示范场121家、省级标准化养殖示范区60个,辐射带动面积超过6万公顷,养殖产量占比从2010年的67.5%提高到2014年的73.0%。捕捞业结构更趋合理,近海捕捞生产保持稳定,外海远洋渔业得到新发展,新建远洋渔船21艘。推进水产加工龙头企业改造升级,完善了龙型经济链接机制,进一步延伸了产业链条,提升了转化增值能力,渔业二三产业产值占渔业经济总产值的比重达到14.1%。

2.资源养护水平明显提高,渔业水域生态环境不断改善 一是坚持“严防死守、严管重罚、严督细查”的原则,严格实施休渔渔船登记造册、定点停泊、实时监管、转港审批等管理措施,全面落实海洋伏季休渔制度。“十二五”期间共计查处各类违法违规渔船400余艘,全省伏休秩序持续保持良好。严格控制捕捞强度,认真执行海洋渔船建造审批、渔船报废和定点拆解等制度,近海捕捞强度不断压减,截止到2015年年底,全省共有纳入农业部数据库的合法海洋捕捞渔船5 416艘,功率338 502千瓦,圆满完成了农业部下达的“十二五”期间“双控”任务。二是在持续开展渔业水域生态环境跟踪监测及评估的基础上,大力开展了渔业增殖放流,全省累计投入中央、省级及各类增殖放流资金16 600万元,在秦唐沧海域及内陆白洋淀、衡水湖、官厅、潘家口、黄壁庄等大中型湖泊、水库,增殖放流中国对虾、三疣梭子蟹、褐牙鲆、贝类、鲤、鲫、鲢、鳙、池沼公鱼、细鳞鱼等各类海淡水苗种227亿尾(粒),较“十一五”期间放流资金和数量大幅度增加。三是不断加强水产种质资源保护区和海洋牧场建设和管理工作。累计建设国家级水产种质资源保护区17个、海洋牧场示范区5 300多公顷、投放人工鱼礁120万空方。2013—2015年,利用蓬莱溢油补偿生态修复海洋牧场建设项目资金3 000万元,累计新建和扩建海洋牧场面积超过23公顷;投放人工鱼礁体267 500万空方;移植藻类和底播贝类1 780万单位,主要品种分别是马尾藻、龙须菜、杂色蛤和海参苗;解决1 200余名渔民就业问题。水生生物多样性逐步恢复,渔业资源得到养护修复,水域生态环境得到改善,促进了渔业增效,渔民增收,渔区和谐稳定。

3.渔业投入持续增加,渔业设施装备水平明显提升 “十二五”期间,全省累计安排各类渔业资金35.97亿元。其中,渔业财政补助资金32.27亿元,省级财政新立项渔船渔港安全救助信息系统、水产健康养殖示范场、水生动物疫病防控、水产种质资源保护区、渔业“三品一标”、渔业安全互保以奖代补等6类项目,填补了空白。油价补助资金23.4亿元,比“十一五”增长266%;渔业基本建设资金3.7亿元,比“十一五”增长37%;渔业设施装备水平明显提升,共建造渔政船38艘,渔业资源调查船1艘,建设渔港2个;更新改造渔船1 176艘,新建远洋渔船21艘;国家级遗传育种中心1个,水产原良种场9个,省级水生动物疫病防治站1个,县级水生动物疫病防治站5个。

4.科技支撑能力进一步提升,渔业发展空间不断拓展 “十二五”期间,河北渔业科研条件建设得到加强,渔业科研能力明显提升,现代渔业技术创新体系不断健全,科技协作改革机制逐步建立,人才队伍建设不断加强,渔业科技支撑能力得到巩固和提高。在3个国家现代产业技术体系综合试验站的基础上,建设2个省级现代渔业产业技术体系专家创新团队。创建国家级水产原良种场2家,省级水产原良种场10家,全国现代渔业种业示范场3家,省级以上水产原良种场总数达到32家。在水产新品种引进推广、良种繁育、病害防治、生态健康养殖、工厂化循环水养殖、资源养护修复等方面取得了一批重点科技成果,共获省部级以上奖励14项,完成审定渔业标准19项,其中国家行业标准1项,省级地方标准18项;渔业系统全面贯彻落实《农业技术推广法》和“一个衔接、两个覆盖”扶持政策,全省水产技术推广体系和技术推广能力得到加强,成效显著。

5.渔业管理水平进一步提升,公共服务能力明显增强 严格实施捕捞许可、渔船“双控”、休渔禁渔等制度,严厉打击各类违法违规生产行为,清理整治违规网具取得有效进展,打击涉渔“三无”船舶开始起步。蓬莱19-3溢油污染事故得到妥善处置,落实损害补偿金6亿多元。严格开展渔船检验和渔港监督工作,强化海上作业秩序和涉外渔业管理,为3 788艘渔船安装了卫星监控和AIS防碰撞系统;积极组织抢险救助工作,渔损海难事故发生率进一步降低。规范渔业行政审批,按照简政、放权、提高效率的要求,对渔业审批三类事项进行清理,简化办事流程,共承接农业部下放事项7项,取消8项,下放6项。渔业政策性保险工作迈出新步伐,承保渔民28 000人、渔船2 200多艘,风险保障额度达54.4亿元;提升渔船管理信息化水平,全省海洋渔船全部纳入渔政管理指挥系统,实现了海洋渔船信息的全国联网共享;开发了河北省渔船管理系统,实现了内陆渔船的联网管理。

(河北省农业厅)

【山西省】 “十二五”期间,山西省渔业系统认真贯彻落实国家支渔惠渔强渔政策和《山西省人民政府办公厅关于推进新一轮“菜篮子”工程建设的实施意见》《山西省人民政府关于加快无公害农产品绿色食品有机农产品发展的意见》精神,以转变渔业发展方式为主线,以保障水产品安全有效供给、增加渔民收入为核心,以加快现代渔业建设为目标,坚持安全与发展并举、生产与生态并重,渔业生产和经济形势呈现平稳较快发展态势。到"十二五"期末的2015年,全省水产品总产量达到52 427吨,年均递增7.75%,渔业经济总产值达到82 242.36万元,年均递增7.57%,渔民人均纯收入达到7 988元,年均递增8.15%。各项渔业重点工作取得明显成效。

1.水产养殖发展方式明显转变 创建农业部水产健康养殖示范场18家,创建省级水产健康养殖示范场88家,分别比"十一五"增加6家和63家。累计改造老旧池塘近1 333公顷,新建标准化池塘667公顷。养殖证登记核发率达到90%,3个市、16个渔业重点县发布了《养殖水域滩涂规划》。11家水产苗种场取得了省级水产原良种场资格,符合条件的苗种场水产苗种持证率达到100%。名优水产品养殖比重达到20%。实施了草鱼无疫区建设试点,试点面积200多公顷,推广使用草鱼疫苗近33公顷,草鱼发病率下降10%左右。2011年经省政府批准,印发实施了《山西省水生动物疫病应急预案》。

2.休闲观赏渔业蓬勃发展 创建全国休闲渔业示范单位10家,创建省级休闲渔业示范园区30个。锦鲤养殖技术达到国内领先水平,综合生态休闲渔业园急速涌现,休闲渔业产值占渔业第三产业产值的比重达到30%。

3.水产品质量安全监管成效显著 产地水产品质量安全趋稳向好,监督抽查合格率稳定保持在97%以上,编制了《山西省水产品质量安全事故应急预案》,2015年5月,省农业厅、省水利厅、省食药局联合下发了《关于加强食用农产品质量安全监督管理工作的意见》。认定无公害水产品产地91家,认定面积2 651公顷,分别比"十一五"增加49家和1 001公顷;认证无公害水产品95个,认证产量8 396吨,分别比"十一五"增加36个和4 735吨。临猗县吴王渡牌黄河鳖率先通过地理标志水产品登记保护,万荣县圣母湖河蟹通过有机食品认证。建成了太原、长治、晋城3个市级水产品质量安全检验检测机构和永济、垣曲2个县级水生动物疫病防治站。

4.渔业资源和环境保护扎实开展 年均放流经济鱼类1 351万尾。编纂出版了《山西渔业资源》。建立了黄河中游(山西段)土著鱼类、圣天湖鲶鱼、黄河鲤和沁河特有鱼类3个国家级水产种质资源保护区。启动了"山西省渔业资源信息管理平台"建设。定期开展渔业环境监测,年均监测水域8 600公顷,完成水质检测等项目680项次。

5.渔业科技与标准化工作成绩斐然 "水产健康养殖技术集成与示范推广项目"通过省科技厅成果鉴定,其成果达到国际先进水平。开展了以人员下基层、项目向基层、资金惠基层,促进渔业科技人才队伍建设、促进科技创新和先进实用技术推广、促进渔业增效和渔民增收为主要内容的"三基三促"活动,其中,淡水池塘网箱清洁高产养殖技术研究与示范项目入选全国水产学会节能减排推荐技术并取得发明专利一项。经省质监局批准发布实施9项渔业地方标准。

6.渔政执法和渔船管理空前加强 切实加强渔政执法工作,共出动执法人员5 975人次,检查水产养殖生产单位(户)2 545家,阳性样品执法查处率达到100%,涉及金额5.6万元。渔船检验率达到95%。船用产品合格率达到了100%。垣曲县荣获"全国平安渔业示范县"称号。渔船船员持证率达到70%。

7.水产技术推广体系改革与建设初见成效 以贯彻落实新《农业技术推广法》的为指导,以实施中央财政扶持基层水产技术推广体系改革与建设补助项目为契机,扎实推进县级水产技术推广体系改革与建设工作,全省县级水产技术推广机构不断完善,推广队伍不断壮大,推广服务效能不断提升,社会化公益性服务职能充分显现。

(山西省水利厅渔业局)

【内蒙古自治区】 "十二五"期间,内蒙古渔业发展得到农业部和自治区党委、政府的高度重视。2014年,自治区政府印发了《关于加快现代渔业发展的实施意见》,明确了加快现代渔业建设的指导思想、发展目标、主要任务。在各级各部门和广大渔民的共同努力下,全区渔业全面贯彻农业部、自治区党委、政府关于渔业的决策部署,积极落实"生态优先,以养为主"的发展方针,落实强渔惠渔政策措施,全力打造集养殖、增殖、捕捞、加工、流通、储运、休闲于一体的综合性现代渔业。

2015年,全区水产品总产量达到15.3万吨,较2010年增长33%,年均增长6.1%。

1.渔业基础设施建设成效显著 为了充分利用内蒙古宜渔低洼盐碱荒地资源丰富的有利条件,2011年内蒙古自治区农牧业厅出台了《内蒙古自治区农牧业厅实施"双十万"工程,促进渔民增收的意见》,2014年自治区政府出台了《关于加快现代渔业发展的实施意见》,将宜渔低洼盐碱荒地渔业开发作为工作重点。各地通过出台优惠政策,招商引资,加快现代池塘养殖园区建设步伐,大力推进水产健康养殖。进入"十二五"以来,全区累计新建池塘4 087公顷,改造池塘3 153公顷,基础设施建设得到改善,新增水产品生产能力近4万吨。2012年7月,农业部渔业局在内蒙古鄂尔多斯市组织召开了《三北地区宜渔低洼盐碱荒地开发现场会》;全区已有68个养殖单位被评为农业部水产健康养殖示范场。

2.渔业产业结构进一步优化 一是调整增养殖品种结构。发展黄河鲤、长丰鲢、松浦镜鲤、福瑞鲤等名特优新品种养殖。二是创建品牌。全区各地依托资源与环境优势,坚持走绿色发展之路,高度重视水产品质量和品牌建设,积极发展“三品一标”(无公害、绿色、有机水产品、地理标志水产品)水产品,“十二五”期间,全区已累计认证无公害水产品224个、绿色水产品35个、有机水产品60个,地理标志产品9个;全区有14个单位注册了商标,“达里湖”被评为中国驰名商标。三是发展水产品加工业,拓展营销渠道。因地制宜开展传统速冻方便水产产品、风味食品、螺旋藻及盐藻保健品的加工。大力发展直销、专卖、互联网+等便民销售方式,拓宽了销售渠道,提高了生产经营效益。四是发展休闲渔业。通过休闲垂钓、特色餐饮、观光旅游、渔业生产体验等经营活动,形成了特有的“休闲养殖”模式,促进了农牧(渔)民增收。目前,全区休闲渔业固定资产达2.35亿元,休闲渔业产值达2.14亿元,占渔业三产产值34%,占渔业经济总产值的8.1%。休闲渔业带动就业9 118人,从业人员年均收入达3.37万元。“十二五”期间,呼伦湖、达里湖、鄂尔多斯达拉特旗大树湾养鱼协会等8个单位被农业部命名为全国休闲渔业示范基地。

3.渔业科技水平稳步提升 积极实施“科技兴渔”战略,不断完善科技推广、技术服务、良种繁育、病害防治等渔业支撑体系建设。2012年,按照农业部开展“科技促进年”和农业部渔业局开展“渔业科技促进年”的统一部署,全区开展了以“送良种下乡、送科技进塘入场到户、助推健康安全增收”为主题的“渔业科技促进年”活动,促进了全区渔业科技水平的提升。

(1)多层次开展技术培训。从全区渔业生产实际需要出发,以生态养殖、无公害标准化养殖、池塘名特优水产品养殖技术及相关法律法规作为培训内容,广泛开展技术培训。2013年,邀请中国水产科学研究院研究员戈贤平等多名国内知名专家在“全区水产养殖技术培训班”上讲解了水产养殖场和现代养殖园区建设、病害防控技术、新品种生物学特性及养殖技术、“三品一标”产品认证等内容,全区参加培训人员170多人。“十二五”期间,全区共举办养殖技术培训班270多次,培训人员2.2万人(次)。

(2)大力推广适用技术。一是广泛推广良种繁育技术,提高良种覆盖率。二是推广水产养殖新技术。全区渔业系统大力推广淡水牧场技术,发展中小水面人工精养。保障了水产品品质,大幅度提高了产量和效益,成为渔业增产增效新亮点。三是推广增产、增效健康养殖模式。在各水产养殖区大力推进生态健康养殖,取得了良好的经济、生态和社会效益;大力发展稻田养殖模式。“十二五”期间,内蒙古自治区东四盟市发展规模化的稻田生态养殖,既发展了渔业生产,又提高了有机稻谷的生产规模和种稻农民收入,全区推广稻田养殖已达3 267公顷。

(3)建设盐湖生物养殖加工园区。内蒙古自治区鄂尔多斯市、阿拉善盟等地积极发展盐湖生物养殖加工,鄂托克旗为了发挥当地盐碱水域和盐碱荒地丰富、碱化工发达的优势,将螺旋藻业作为当地支柱产业,投资3.5亿元,建成了占地1 300多公顷的螺旋藻产业园区,年产螺旋藻近2 000吨,产品出口欧、美等国家。

4.水产品质量监管得到加强 深入贯彻《中华人民共和国农产品质量安全法》,按照国家和自治区质量安全工作部署,切实加大水产品质量安全监管和抽查力度。一是落实养殖单位主体责任和渔业部门监管责任。二是强化苗种质量监管,开展渔业生资打假治劣活动,加大调苗检测和日常监管力度,严把苗种质量关。三是制定水产品有毒有害物质残留专项整治方案,开展水产品质量安全专项整治。四是加强养殖执法检查,促进养殖记录制度的落实,强化渔药、饲料等投入品管理使用,严肃查处违规案件。五是加大抽检力度,强化水产品质量监管。

5.渔业资源养护取得新突破 “十二五”期间,内蒙古自治区深入贯彻《中国水生生物资源养护行动纲要》,在境内河流、湖泊、大型水库放流经济鱼类苗种8.6亿尾。放流活动得到了各级领导的重视,2012年8月,农业部和自治区人民政府在中蒙界湖贝尔湖联合举办了渔业资源增殖放流行动。全区新建国家级水产种质资源保护区4个;认真实施禁渔区、禁渔期和生态补偿制度,不断加强渔政执法,切实保护渔业资源。

积极推进呼伦湖生态综合治理。全面落实生态休渔各项工作,开展了水生生物增殖放流,实施了良种场建设项目,加大了执法力度,开展了生态治理专项督查检查。

6.渔政管理工作不断强化

(1)加强渔政执法工作。广泛开展了形式多样的《渔业法》宣传,连年开展渔业法宣传月活动,有效提高了广大群众的法律意识;认真落实捕捞许可、禁渔、生态补偿、水产养殖等各项渔业管理制度,开展了全面清理整治违规渔具和违法捕捞方式的专项行动,不断强化渔政执法,加大对非法捕捞行为打击力度。

(2)加强水生野生动物保护。每年积极开展水生野生动植物保护宣传月活动，加大对水生野生动植物保护的宣传，提高了全社会对保护水生野生动植物重要意义的认识。强化了水生野生动物特许利用审批工作。通过建立国家级水产种质资源保护区，加强对全区特有水生生物的保护。

(3)加强渔政执法队伍和装备建设。开展了渔政队伍建设年活动，不断提高渔政队伍整体素质和依法行政能力。加强装备和信息化建设，"十二五"期间全区共装备渔政执法艇34艘，50吨级渔政执法船3艘；建立了渔政执法机构、养殖和苗种生产单位、燃油补贴船等数据库。在全区开展了渔业文明执法窗口单位创建活动，"十二五"期间，有4个渔政机构被农业部命名为全国渔业文明执法窗口单位。

7. 平安渔业建设水平提升 全面按照国家和自治区的部署，大力加强渔业安全生产管理，积极推进平安渔业建设。一是大力开展渔业安全生产的宣传，提高广大渔业从业者和管理者对安全生产重要性的认识。二是加强组织领导，层层落实安全生产责任制。三是开展了渔业安全生产年、平安渔业示范县创建、文明渔港创建、安全生产月等活动，莫力达瓦达斡尔自治旗被农业部命名为"平安渔业示范县"。四是隐患排查、船用产品打假治劣、应急演练、检查督导等各项工作有序开展，有效推动了全区安全生产管理工作。五是不断加强渔船安全管理，强化船员安全生产教育和培训。

（内蒙古自治区农牧业厅渔业局）

【辽宁省】 "十二五"期间，辽宁省海洋与渔业工作得到省委、省政府的高度重视，制定颁布了《辽宁省渔业条例》，出台了《关于促进海洋渔业持续健康发展的实施意见》，为做好海洋与渔业工作指明了方向、奠定了基础。全省海洋与渔业系统深入贯彻落实科学发展观，积极融入沿海经济带建设，认真落实海洋工作和渔业发展的方针政策，不断加强海洋综合管理，积极推进现代渔业建设，全面完成了"十二五"提出的各项任务，多项渔业经济指标继续居于全国前列。

1. 渔业经济总量稳步增长 2015年末，全省渔业经济总产值达到1 366亿元，位居全国第七，年均增长10.7%；渔业经济增加值达到672亿元，位居全国第五，年均增长9%；水产品总产量达到523万吨，位居全国第六，年均增长4%；渔民人均纯收入达到16 639元，位居全国第六，年均增长6.2%；出口创汇达到29亿美元，占全省大农业出口额一半以上，位居全国第四，年均增长10%。渔业经济综合实力显著增强，在全省农业经济中占有举足轻重的地位。

2. 渔业产业结构不断优化 坚持"做优一产、做强二产、做大三产"的发展思路，产业结构进一步优化，渔业经济附加值显著提高。2015年，渔业一、二、三产结构比由2010年的64：22：14到57：21：22。养殖产量占水产品总量的74%，比2010年提高3个百分点。精品养殖面积38万公顷，产量240万吨，比2010年分别增长14%和29%，工厂化设施渔业养殖规模455万平方米，比2010年增长14%。近海捕捞强度得到有效控制，远洋捕捞渔船344艘，位居全国第三，产量19万吨。发展渔业龙头企业41家。水产品加工企业915家，水产品加工量237万吨。休闲渔业蓬勃兴起。初步奠定了辽宁省现代渔业发展新格局。

3. 渔业资源养护全面加强 大力开展水生生物资源养护行动，组织开展以海洋、江河和湖泊为重点的大规模统一增殖放流活动，放流各类苗种达到300亿尾(粒)。建设省级以上水产种质自然保护区5个；认真实施现代海洋牧场建设，新建人工鱼礁180处，建设面积3万公顷；严格执行伏季休渔制度，持续开展辽东湾海蜇保护管理。

4. 渔业科技支撑作用日益增强 坚持实施"科技兴渔"战略，渔业科技资金投入1.9亿元，较"十一五"增长86%。推进渔业科技创新体系建设，渔业科研专项有效实施，组建了12个国家级和省级重点实验室和工程技术中心，完成国家及省部级重大攻关项目123项，培育出一批具有自主知识产权的优良品种，海参、扇贝、河蟹、海蜇、裙带菜等相关研究走在全国前列，形成一批具有自主知识产权的渔业科技创新成果，通过国家审定的水产新品种6个，获得省、部级以上科技成果奖励22项，其中"刺参健康养殖综合技术研究与产业化应用"项目获国家科技进步二等奖。发展科技型渔业企业34家。水产技术推广体系日臻完善，"五位一体"的推广网络实现全覆盖，培育科技示范户3 500户，建成产学研示范基地15处，推广生态健康养殖面积0.67万公顷，科技贡献率达到58%。

5. 基础设施不断完善 建成盘山、兴城小坞、长海海洋岛红石国家一级渔港、水丰水库内陆渔港等一批渔业基础设施项目，启动建设了省锦州和大连海洋渔业综合执法基地。海洋渔业执法监视监测体系初步建立，海上渔船安全应急指挥系统、渔船身份识别系统和渔船避碰系统投入使用，渔业管理、执法能力基础设施水平得到有效改善。

6. 公共服务水平不断提升 初步建立以水产品质量安全检验检测、水产养殖病害防治和水产苗种管理机构为主体的渔业环境监测、水产品质量检验检测及病害预警防控体系。稳步开展海洋渔业安全生产、水产品质量安全等专项整治活动,全省水产品质量合格率保持在97%以上。依法管海治渔水平不断提高,渔民权益得到维护,取消或下放行政审批事项33项。渔业船东互保保费收入突破亿元大关,创办我国第一份河蟹养殖保险。

(辽宁省海洋与渔业厅)

【吉林省】 “十二五”时期,在农业部等上级部门关心指导和吉林省委、省政府正确领导下,全省各级政府和渔业部门认真贯彻执行中央和地方各项支渔惠渔政策,积极组织发展渔业生产,大力推进渔业结构调整和发展方式转变,渔业经济发展和资源养护工作取得了显著成效,渔业、渔区、渔民面貌发生了深刻变化,为繁荣农村经济、增加农渔民收入、保障粮食安全、促进生态文明建设等做出了重要贡献,渔业在经济社会发展中的地位和作用更加突出。

1.渔业经济持续发展,综合实力显著增强 “十二五”时期,全省渔业经济保持平稳较快发展,渔业综合实力不断增强。2015年,全省渔业经济总产值达到93亿元,是2010年27.4亿元的3.4倍;水产品总产量达到19.5万吨,比2010年的17万吨增长14.7%,年均递增3%,产地水产品人均占有量7.2千克,比2010年6.3千克增长1.5%;水产品累计出口创汇5亿多美元,出口额稳居全国内陆省份前三名;渔民人均纯收入达到11 939元,比2010年的6 979元增长71%,年均增幅达到14.2%。渔业在保障粮食安全、促进农民增收和农村经济稳步发展中发挥了重要作用。

2.产业结构进一步优化,渔业发展方式加快转变 渔业生产结构进一步优化,自然水域捕捞强度基本得到控制,江河捕捞产量连续保持“零增长”,增养殖产量所占比重逐年提高,2015年全省养殖产量17万吨,在水产品总产量中所占的比重逐年提高。养殖鱼类品种全面丰富,先后引进美洲红点鲑、欧洲丁桂、黄河鲤等新品种10余种,驯化繁育鸭绿江野鲤、斑鳜、细鳞鱼、鸭绿江茴鱼等土著鱼类10余种,新品种引进推广成效显著,获得养殖户和消费市场认可,全省仅稻田、泡塘养蟹累计推广面积就达到3万多公顷,累计产蟹4 000多吨。产业加快转型升级,水产品加工业发展突飞猛进,仅珲春市就有海产品贸易企业83家、加工企业41家,2014年,进口各类海产品18万吨,其中加工出口12万吨、以鲜活形式转口国内一线城市6万吨,全省渔业二、三产业产值近60亿元,占渔业总产值的比重达到65%。

3.科技成果显著,渔业技术支撑能力得到提高 坚持实施“科技兴渔”战略,攻克了一批影响渔业发展的技术难题,形成一批具有自主知识产权的渔业科技创新成果,渔业生态环境监测、湖库综合开发技术、养殖鱼类流行病防治、土著鱼类繁育等重点领域取得突破,“十二五”期间,全省渔业科技立项达到85项,投入科研经费3 000余万元,获得省级以上奖项20余项,发表SCI论文3篇,获得发明专利3项。水产技术推广体系不断完善,建成乡级水产技术推广站549个,充实水产技术推广人员2 800余人,建立水产技术推广试验示范基地40余个。大力推广水产健康养殖、稻渔综合种养等水产新技术,累计实施水产技术推广44项,推广面积达到6万多公顷。大宗淡水鱼产业和省级现代农业(渔业)产业技术体系建设取得重要突破,先后引进并推广了长丰鲢、中科3号、松蒲镜鲤等新品种,为全省大宗淡水鱼类品种更新,提高产业效益做出了重要贡献。

4.监管体系逐步健全,水产品质量水平保持稳定 建立健全了省、市、县三级水产品质量安全监管机构,累计建成农业部水产健康养殖示范场216处、无公害水产品养殖基地236处,认证无公害水产品229个,涉及水域面积超过16万公顷,占全省已养殖面积的60%;制定渔业地方标准60项,形成了较为完整的渔业标准体系;养殖业专项执法、水产品药物残留专项整治等活动深入开展,水产苗种生产许可、持证养殖、养殖生产“三项记录”等制度得到较好执行,渔药、饲料等生产投入品使用受到严格监管;养殖病害、环境监测、质量检测工作深入开展,对主要养殖品种、重要水生动物疫病进行监测,预防和控制了水产养殖病害和疫情疫病的发生和蔓延,对主要江河和部分池塘、水库渔业环境进行了跟踪监测,及时掌握了渔业水域环境状况,对可能影响水产品质量安全的潜在危害进行了风险分析和评估,定期、不定期对产地水产品进行了质量抽检,产地水产品药残合格率保持在95%以上,全省未发生重大水产品质量安全事故,确保了居民水产品消费安全。

5.资源养护不断深入,渔业持续发展能力得到提升 贯彻实施《中国水生生物资源养护行动纲要》,在全省组织开展以江河和湖库为重点的大规模增殖放流活动,累计放流经济鱼类苗种8亿尾、移植受精卵600亿粒,大马哈鱼、滩头鱼等溯河产卵鱼类人工增殖放流取得新突破,鱼源国地位得到进一步巩固。水生野生动物资源得到有效保护和恢复,建立国家级水产种质资源保护区14处,对2处国家级水生野生动物自然保护区进行了能力建设,放流细鳞、鸭绿江茴鱼等濒危鱼类苗种5 000万尾。完善了工程建设项目资源与生态补偿机制,对铁路、引水等工程项目进行了渔业环评,落实了渔业补偿资金,促进了全省水生生物种群资源的恢复和水域生态环境的改善。

6. 渔政工作得到加强,渔业管理水平不断提高 深入贯彻实施《渔业法》《吉林省渔业管理条例》等法律法规,认真落实水域滩涂养殖发证登记、捕捞许可、水产苗种生产许可等一系列管理制度,出台了《水产养殖行政执法现场检查基本程序》《水产养殖行政处罚基本程序》等20余项规章和规范性文件。对全省自然江河和主要湖泊水库实施阶段性禁渔管理,严厉打击炸鱼、毒鱼、电鱼等破坏渔业资源违法行为,查出电鱼案件300余起,没收各类违禁渔具3万余个(片)。加强渔政执法装备建设,建造渔政执法船、艇67艘。加强执法人员培训,先后有80余人参加国家、1 580人次参加省级渔政业务培训,6家渔政机构被农业部授予全国渔业文明执法窗口单位称号,全省渔政执法人员素质和业务水平进一步提高。渔业船舶检验工作不断规范,累计检验渔船2.5万艘,查出"三无"渔船23艘,镇赉县、大安市、宁江区被评为全国"平安渔业示范县"。

7. 强渔惠渔政策不断推出,渔民民生得到改善 坚持让改革开放的成果惠及广大渔民,树立以人为本、民生优先的工作理念,有效改善了渔民民生。认真落实国家渔用柴油补贴政策,保证了渔民生产的正常运作,累计发放渔业柴油补贴1.3亿元。实施扶持"菜篮子"水产品发展、重大农业技术推广等项目,中央和省累计投入财政资金 近9 000万元,安排项目200余个,直接和间接带动了渔民就业,提高了渔民收入水平。政策性渔业保险迈入新阶段,全省1.5万人次、1 208艘渔船参加渔业互保,部分地区水产养殖业保险纳入支持范围。强化安全生产管理,开展"平安渔业示范县"创建工作,全省未发生重大渔业安全生产事故,确保渔民生命财产安全。

(吉林省水利厅)

【黑龙江省】 "十二五"期间,黑龙江省全面贯彻国家和省委、省政府关于发展现代渔业的决策部署,紧紧围绕渔业增效、渔民增收这条主线,大力推进名特优水产品养殖,积极发展水产健康养殖,强化水产品质量安全管理,切实加强渔业资源和生态环境保护及渔政执法工作,全省渔业经济持续健康发展。

1. 渔业经济稳步发展 全省渔业经济规模不断扩大,质量效益不断提升。2015年,全省渔业经济总产值90.5亿元,比2010年年均增长7.0%;渔业增加值37.1亿元,比2010年年均增长7.0%;水产养殖面积38.9万公顷,比2010年年均增长4.7%;水产品总产量54.2万吨,比2010年年均增长6.3%,其中养殖产量48.5万吨,比2010年年均增长6.6%;地产鱼人均占有量14.2千克,比2010年年均增长2.3%;渔民人均纯收入13 447.76元,比2010年年均增长16.9%。

2. 特色、集约养殖初具规模 各地围绕特色化和集约化养殖生产,进一步加大了高产实用技术的推广力度。全省每年举办各类培训班200期以上,培训渔民1万多人次,提升了科技对养殖生产的支撑力度,推动了特色养殖和驯化养鱼等集约化生产方式的发展。2015年,以地产名特优鱼类为主的名特优水产品养殖面积发展到17.4万公顷,比2010年年均增长9.0%。全省繁育鲟鳇鱼、兴凯湖大白鱼、怀头鲶、方正银鲫等地产名贵特产优质鱼类苗种5.1亿尾,满足了养殖生产对苗种的需求。全省驯化养鱼面积达到6.7万公顷,比2010年年均增长13.2%。

3. 水产品质量不断提高 水产品质量安全监管工作不断加强,全省每年出动执法检查人员3 500多人次,对近3 000家渔需物资经销单位、水产生产企业和场户进行投入品专项整治,对300家以上的养鱼生产单位进行药残检测,从生产源头上确保水产品质量安全。在省内组织的水产品质量抽检中,近三年的地产水产品合格率均达到100%。为消费者有鱼吃、吃好鱼提供了保障。大力推进水产健康养殖,已建成部、省级水产健康养殖示范场(区)436个,其中,部级161个,省级275个,示范场面积达到15.7万公顷。在健康养殖示范场的带动下,全省无公害水产品养殖快速发展,2015年,全省无公害水产品养殖面积发展到31.5万公顷,占养殖面积的81%。渔业生态文明建设不断加强,底排污、节能减排等技术由点及面,保护区的数量和规模不断扩大,渔业资源得到了有效养护。全省渔业生产的健康发展,丰富了城乡居民"菜篮子",保障了全省水产品市场的安全有效供给。

4. 渔业资源养护效果显现 为养护好渔业资源,进一步加大了渔政管理特别是禁渔期、禁渔区渔政管理力度,加强了水生生物特许管理和涉渔工程建设项目的监督管理。持续推进水产种质资源保护区建设,建成国家级水产种质资源保护区12个。全省投入增殖放流资金8 743万元,其中,国家和省级财政投入增殖放流资金4 030万元,共增殖放流濒危、珍稀名贵和经济鱼类苗种4.7亿尾,其中,国际濒危物种鲟鳇鱼256.3万尾,分别比"十一五"期间增长67.9%和85.5%。通过增殖放流,渔业资源得到了有效保护与恢复。渔业资源放流工作引起了国际社会的关注,得到俄罗斯有关方面的高度评价。

5. 渔业管理水平不断提升 渔业基本经营制度和渔民权益维护机制落实取得新进展,全省已发放养殖证16 336本,通过建立、完善水域滩涂养殖权制度,进一步稳定了水域、滩涂养殖使用权和承包经营权;依法治渔水平不断提高,全面清理渔业行政审批,暂停或下放行政审批项目11项;清理整治违规网具取得有效进展,2013年组织开展专项整治行动以来,每年清剿违规渔具4 500件以上,并将违法人员移交司法机关处理;渔业质量安全、技术推广等方面的公共服务能力不断提升。积极创新体制机制,以渔民专业合作社为重点,大力培育家庭渔场和龙头企业等新型经营主体,2015年,全省渔民专业合作组织发展到260个,与2011年相比,实现了从无到有的跨越式增长。

6. 强渔惠渔力度加大 国家和省级财政共投入扶持渔业发展专项资金11 980万元,比“十一五”的5 495万元多6 485万元,名特优水产品养殖、渔业资源养护、水产品质量安全及渔业基础设施建设进一步加强。共为渔民发放燃油补贴4.18亿元,其中,捕捞渔民2.76亿元,养殖渔民1.42亿元,是渔民得到扶持最多的一个时期。在国家支持下,渔业基础设施建设力度进一步加大。共争取国家基本建设项目85个,其中,水产良种场6个,水生动物疫病防治站续建项目15个,渔政执法船18艘,渔政执法快艇46艘。项目总投资9 088万元,其中国家投资6 158.6万元。

(黑龙江省农委渔业局)

【上海市】 “十二五”以来,在上海市委、市政府的高度重视和市委农办、市农委的正确领导以及农业部渔业局的关怀指导下,全市着力发展都市现代渔业,特别是以国务院出台《关于促进海洋渔业持续健康发展的若干意见》和召开全国现代渔业建设工作电视电话会议为契机,不断开拓创新,锐意进取,狠抓贯彻落实,上海都市现代渔业发展取得了明显成效,基本完成上海市渔业“十二五”规划所确定的各项目标,并有新的发展和提高,取得了比较明显的经济、社会和生态效益。2015年全市水产品总产量达32.39万吨,比2014年减少4.62%,其中养殖产量15.13万吨,同比减少3.92%;捕捞产量17.26万吨,同比减少5.27%。渔业总产值达58.38亿元,同比减少11.57%。渔民人均收入达25 739元,同比增长4.33%。

1. 主要成效

(1)渔业基础设施和装备水平持续提高。

标准化水产养殖场建设有序推进。在“十一五”期间批复建设0.7万公顷的基础上,“十二五”期间继续加快推进标准化水产养殖场建设,至2015年底,全市已累计批复建设标准化水产养殖场310个,面积达1.23万公顷,总投资达19.2亿元;全市共有217个标准化水产养殖场项目通过验收,验收率达70%。标准化家庭水产养殖场试点项目建设积极推进,在金山区、奉贤区批复建设的4家标准化家庭水产养殖场试点项目的生产相关建设内容已基本完成,金山区2个标准化家庭水产养殖场试点项目已经完工(其中1个已通过验收)。2013年会同财政部门委托社会中介机构对2010年前标准化水产养殖场项目建设情况开展了绩效评估,获得86.06分。水域滩涂养殖使用权制度不断完善。自2011年本市开展新一轮水域滩涂养殖使用权登记发证工作以来,至2014年11月本市共发放新版水域滩涂养殖证519本,持证的池塘养殖面积达2.08万公顷,持证率达96%,完成了发证登记率达到95%以上的工作目标。为确保本市近2万公顷水产养殖面积,按照市农委的统一部署,完成了水产养殖业布局规划的编制工作。渔业装备水平得到提升。积极推进水产养殖机械购置工作,举办水产养殖机械展示会,加强新型、适用渔机和装备推广,2013—2015年本市渔民共获得1 600余万元渔业机械购置补贴。

(2)渔业科技支撑和保障能力不断增强。

水产种源和“三虾一蟹”产业技术体系建设有序推进。“十二五”以来,本市引进研发了长丰鲢、中科3号鲫鱼、刀鱼等养殖水产新品种。鱼类良种覆盖率从“十一五”期末的92%提高至96%,南美白对虾良种覆盖率达到25%,罗氏沼虾良种覆盖率达到70%。上海海洋大学国家级团头鲂遗传育种中心建设项目已建成,2014年1月通过验收,已投入运行。有序推进水产原(良)种场建设,至2015年底,本市已建成国家级水产原(良)种场1家,市级水产良种场8家,区级水产苗种场33家。2011年市水产研究所启东科研基地及国家级暗纹东方鲀原种场建设项目通过验收并投入运行。2014年完成了水产原(良)种保种补贴工作情况调研,起草了《上海市水产原良种保种选育专项资金使用管理办法(试行)》,2014年本市下拨良种补贴专项资金216.5万元。2011年崇明县国家级中华绒螯蟹良种繁育基地项目通过验收并投入运行,大大提升了长江水系中华绒螯蟹的优良品质,为长江水系中华绒螯蟹的提纯复壮和良种选育,促进我国河蟹养殖业健康持续发展及渔民增收发挥了积极作用。“三虾一蟹”产业技术体系建设成果丰硕。河蟹产业技术体系经过5年的努力,在良种选育、大规格亲蟹繁育、大规格成蟹生态养成等产业链中的一些重点领域和关键环节取得重要突破,形成了池塘养殖大规格河蟹的“松江模式”和“崇明模式”,松江和崇明综合试验站,年亩产值均在15 000元以上,年利润达7 000元以上。河蟹产业技术体系的影响不断扩大,体系种源与技术已推广辐射至江苏、辽宁、台湾等地。虾类产业技术体系建设正式启动以来进展顺利,在各承担单位的大力支持和配合下,充分发挥专业组、试验站和示范点的作用,2015年虾类养殖示范面积达72公顷,技术辐射超万亩,为本市虾类产业的发展提供了有效的技术支撑。

渔业科研攻关取得重大进展。2015年本市水产系统获得市科技兴农项目资金2 000多万元。市水产研究所刀鲚全人工繁育技术日趋成熟,2014年在全国范围内首次实现了可控的、稳定的苗种规模化生产,2014年产苗26万尾,其中10万尾放归长江,2015年市水产研究所“长江刀鲚全人工繁养和种质鉴定关键技术研究与应用”项目获得上海市科学技术发明一等奖。

渔业科技入户和产学研对接工作扎实开展。围绕本市“三虾一蟹”主导产业,开展了主导品种、主推技术示范推广的科技入户工作,全市科技人员“入户、入场、入社”,为水产养殖户提供悉心的指导服务,一批水产良种良法得到推广。加强对新型养殖渔民的培训,2011—2015年共计培训养殖渔民8 725人。在对第一轮产学研工作进行考核的基础上,引入优胜劣汰机制(中止并解除了6对单位的产学研对接关系),启动了第二轮产学研对接工作,38位专家与44家养殖场签约建立了49对产学研对接关系(其中新增25对对接关系),有力提高了对接紧密度和渔业科技成果的转化及综合应用能力。农业部健康养殖示范场创建工作扎实开展,至2015年本市共有29家养殖场获得“农业部健康养殖示范场”称号。

淡水养殖保险健康发展。2015年完成淡水养殖投保面积1.04万公顷,保费收入6 488.53万元,市区两级财政补贴3 591万元,保险覆盖面达80%以上,2015年南美白对虾互助运作总保费达到7 000余万元,投保面积达0.28万公顷,年平均简单赔付率控制在52%,大大低于非互助运作的南美白对虾养殖保险赔付率。

渔业合作组织水平进一步提升。会同上海海洋大学开展了对本市渔业专业合作社的调研,至2014年全市渔业专业合作社已超过400家,带动非成员渔农户约14 000户,养殖面积覆盖率达到75%,46%的合作社被评为各级示范合作社,其中3家为国家级示范合作社,27家为水产龙头企业,本市渔业专业合作社发展形势喜人。

渔业标准化工作稳步推进。奉贤区水产技术推广站《南美白对虾亲虾培育技术规范》完成编制并由市质监局批准发布。上海市水产标准化技术委员会以及有关单位申报的《水产品中药物残留快速检测规则》《水产养殖用药规范》《淡水池塘养殖水质标准》《上海市地产水产品抽样要求》《36米桁杆拖网渔船船型参数》等标准项目2014年通过市农委验收。2015年地方标准《中型海洋桁杆拖网渔船船型参数标准》项目已由市质监局立项,并已完成送审稿。

(3)渔业安全监管水平不断提升。

本地水产品质量处于可控状态。档案渔业在“二项登记、五项制度”的基础上不断完善,实现了村级水产品质量监管员监管养殖面积全覆盖。大力推进地产水产养殖准出制度,2015年本市共有220家水产养殖场通过审核、公示,获得水产行业协会颁发的准出证明,覆盖水产养殖面积达1.04万公顷。重点推行地产水产品产地证明制度,确保直供市场地产水产品质量可追溯。开展了地产水产品运输环节监管工作的调研,会同农产品质量安全监管处组织制订了水产品质量追溯体系(运输环节)方案。近年来连续组织开展水产苗种专项整治和水产品质量安全专项督查行动,加大地产水产品抽检力度,本市地产养殖水产品抽检合格率保持在99%以上,2015年本市共抽检地产养殖水产品597件,其中例行检测583件,增殖放流检测14件,合格率100%。加强了水生动物疫病防疫和水生动物苗种产地检疫工作,2015年共组织检测检疫出市境水产苗种30批次、2.4亿尾,增殖放流水产苗种56批次、5 947.5万尾。2015年继续组织对本市各区(县)及有关市属企业的地产养殖水产品质量安全监管工作进行绩效考核,奉贤区、松江区、浦东新区列入全市考核前三名。

渔业安全生产形势平稳可控。2015年,本市共发生各类渔业安全生产事故5起,死亡(失踪)1人,伤残2人,直接经济损失12.7万元,无船舶沉没。认真落实渔业安全生产责任制,市农委、区县农委、乡镇、渔业村(合作社)、船东船长等层层签订了渔业安全生产责任书。加强对捕捞渔民宣传教育和培训,2015年伏休期间举办各类船员培训班14期,培训渔民1 193人。2011年组织开展了经市政府颁布的《上海市渔港和渔业船舶安全管理办法》的宣传贯彻工作,《管理办法》的出台为本市渔业安全监管工作起到了法律支撑的作用。近年来连续组织开展渔业安全生产宣传周、渔业安全生产宣传月、渔船船用产品质量专项治理、伏季休渔和夏季渔业安全生产大检查、渔业安全生产督查等活动,加大执法检查力度,排查安全隐患,反馈整改意见,确保本市渔业生产形势平稳可控。2011年渔船渔港安全救助信息服务系统基本建成并通过项目验收,基本形成了一个覆盖上海市渔船、渔港并连接市、区县、乡村各级的渔业安全信息管理网络,在应对日本大地震引发的海啸及数次抗击台风、强热带风暴的工作中,该系统显示出了其独特的优越性。2012 年制定了《上海市渔港渔船安全救助信息服务系统运行和管理办法》。加强渔业船舶水上安全突发事件应急工作,2011 年修订完善《上海市渔业船舶水上安全突发事件处置应急预案》,结合抗击台风、强热带风暴等工作,多次开展了渔业船舶水上安全突发事件应急演练。2013 年市农委和市财政局联合印发了《关于本市推进海洋捕捞渔船标准化更新改造的意见》,进一步规范了标准化渔船更新改造工作,提高了更新改造补贴标准(桁杆拖网渔船由 40 万元/艘提高至 60 万元/艘、定置张网渔船由 10 万元/艘提高至 15 万元/艘),新出台的补贴政策进一步激发了渔民积极性。至 2015 年全市已累计建成标准化渔船 107 艘,并根据杭州湾作业渔民的需求,又推出了 16 米的标准化船型。加快推进渔港建设,2015 年横沙一级渔港已通过竣工验收,正式投入使用。“十二五”期间,结合区域规划,崇明、奉贤等区县对奚家港、六滧港、金汇港渔港和渔船集中停泊点进行了初步改造,市级财政对部分改造项目进行了配套补贴。芦潮港渔港项目已开展前期准备工作。

(4)渔业二、三产业稳步发展。

休闲渔业积极发展。近年来,连续举办了十届上海国际休闲水族展览会。2015 第十届上海国际休闲水族展览会共有 200 多家观赏鱼企业参展或参加观赏鱼大赛,吸引了 3 万多人次观展,现场销售额达 300 多万元,意向订单约 2 000 多万元。上海浦东观赏鱼中心建成正式对外营业以来,各项基础服务设施设备运行正常,基本形成了以浦东观赏鱼中心为主体的水族市场体系。结合标准化水产养殖场建设,在本市交通便利、管理到位、环境较好的养殖场重点推进休闲垂钓场建设,目前本市已有不等规模休闲垂钓场 60 多家,每年吸引了逾百万市民前往垂钓,经营收入超过 1 亿元。至 2015 年本市共有 7 家休闲垂钓场获得“全国休闲渔业示范基地”称号。据统计,“十二五”以来,休闲渔业年总产值增加 15%,垂钓服务年总收入提高 30%,水族产业年总产值提高 15%。

远洋渔业稳步推进。按照国家“走出去”战略要求和总体部署,稳步推进本市远洋渔业发展。大力推进远洋渔船更新改造,提升远洋渔业装备水平。“十二五”期间,本市共获批补助更新、建造远洋渔船 21 艘。2011 年上海水产集团成功争取国资注资资金 2.37亿元(计划总计注资资金 10 亿元),为“十二五”远洋渔业发展项目的启动,提供了强有力的支持。2013 年上海水产集团成功完成了投资收购摩洛哥1 家渔业公司项目,竞拍了 4 艘双甲板拖网船、1 座冷库设施,实现了当年谈判、当年收购、当年投产。2014 年上海水产集团首次实施海外项目并购取得成功,投资 2 200万美元成功收购了阿根廷阿特玛渔业公司 100%股权,包括一座加工厂和 4 艘渔船。2015 年上海水产集团推出“开创国际”定向增发的战略性举措,审慎决策确定了收购西班牙阿尔博公司 100% 股权和加拿大 FCS 公司 70% 股权项目,以及新建舟山环太海洋食品有限公司,补充“开创国际”流动资金等定增项目,目前正按程序积极推进。上海和顺渔业有限公司作为本市唯一一家民营远洋渔业企业,2014 年完成 3 艘鱿鱼钓船更新改造并投入远洋捕捞生产。目前上海地区已拥有 8 000 吨级大型拖网加工船 4 艘、大型金枪鱼围网船 9 艘、大型鱿鱼钓船 10 艘、金枪鱼延绳钓船 11 艘以及其他(过洋)渔船 46 艘。2015 年上海远洋捕捞产量达 15.26 万吨,同比减少 4.45%,本市远洋渔业企业全年共回运自捕水产品 88 357 吨,同比增长 22.33%,占远洋捕捞总产量的 57.9%,同时回运自捕水产品结构不断优化,除传统的鱿鱼、鲣鱼、竹荚鱼回国外,西白令海的狭鳕、阿根廷的红虾、无须鳕、北太的鲐鱼、西非的章鱼、目鱼等产品,回国比例也逐年增长。

水产加工业有新突破。据统计,“十二五”以来,地产养殖水产品深加工率从“十一五”期间的 5% 提升到 10%,加工产值增长 30%。在“十一五”现有 15 个行业知名水产加工品牌的基础上,现已增加 10 个行业知名水产加工品牌。“十二五”以来,本市共计培育和扶持年加工产值 1 000 万元以上的涉农水产加工龙头企业 6 家、500 万 ~ 1 000 万元的涉农水产加工龙头企业 4 家、500 万元以下的涉农水产加工企业 10 家。

(5)渔业行政执法管理和生态资源养护工作扎实开展。“十二五”期间,本市有序开展了鳗苗整治、长江禁渔、伏季休渔等渔业管理工作,积极做好 169 渔区管理工作,确保渔业资源得到保护、渔场稳定、长江航道畅通。积极配合财政部门做好渔业柴油补贴工作,2011—2015 年本市渔业生产企业和渔民共计获得渔用柴油补贴 13 亿余元。2013 年开展了渔业行政执法船舶清理整顿,基本摸清了本市渔业行政执法船基本情况,进一步提高了本市渔业行政执法规范化管理水平。2013 年组织召开鳗苗捕捞渔船管理座谈会,出台了加强本市季节性捕捞渔船安全管理的意见。

打击非法捕捞工作实现常态化。2013 年全市共查处各类案件 2 023 起,罚没款 175 万元,4 起非法捕捞案件已宣判入刑,另有 1 起暴力抗法案违法人员受到行政拘留处罚。2014年注重建立长效机制，组织开展了相关课题的调研，建立了渔政系统两法衔接联络员制度，2014年共查处各类案件1 819起，罚没款138万余元，2014年打击非法捕捞取得“实刑”案件突破，奉贤、青浦2名当事人因犯非法捕捞水产品罪分别被判处拘役5个月和6个月。此外，本市还公开销毁了收缴的1 600多件违禁违规渔网具。2015年内陆水域打非网格化逐步形成，渔业行政执法和刑事司法衔接再获突破，2015年本市共有3起案件移送公安机关，2名当事人被人民法院依法追究刑事责任，判处拘役3个月。

清理取缔涉渔“三无”船舶专项行动取得阶段性成果。为切实维护长江口区水上管理秩序、改善沿岸局部地区脏乱差现状，着力构建本市沿江沿海地区社会和谐稳定，根据中央领导重要批示精神和有关部门工作要求以及市政府第94次常务会议精神，本市决定自2015年10月1日起至2016年底，在全市范围内统一开展清理取缔涉渔“三无”船舶专项整治行动。11月23日，本市启动了清理取缔涉渔“三无”船舶水上综合执法第一阶段执法行动，充分发挥既有的联勤联防联动机制，在公安、海警、海事、海监等相关部门紧密配合下，组织完成第一阶段的宣传告知、现场演练、登临扣押等各项任务。12月2日，本市召开了清理取缔涉渔“三无”船舶专项行动领导小组第一次会议，副市长时光辉在会上做了重要指示，同日为建立完善各部门联勤联动机制和清理取缔综合管理机制，组织执法船队开展了清理取缔涉渔“三无”船舶专项行动现场汇报演练，得到了现场观摩的副市长时光辉、副秘书长吴建融、主任孙雷等各级领导的肯定。至2015年底，本市已累计清理、取缔或驱离涉渔“三无”船舶120艘。

增殖放流和涉渔生态修复工作扎实开展。“十二五”期间，本市不断完善涉渔工程环境影响评价和生态修复补偿机制，积极开展水生生态环境修复，规范使用增殖放流资金。“十二五”以来，加大力度继续实施水生生物增殖放流活动，市区两级财政安排定额经费用于水生生物增殖放流（市级每年放流资金不低于500万元，区级每年安排一定资金用于增殖放流），同时积极争取农业部水生生物增殖放流资金。2011—2015年本市共投入各类增殖放流资金5 994.72万元，共在淀山湖、黄浦江上游、杭州湾上海海域、长江上海段等重要渔业水域放流各类苗种6.19亿尾（只），取得了良好的社会和生态效益。2015年海洋牧场示范区项目建设成效凸显；青草沙水库邻近水域生态修复工作全面完成；东海大桥海上风电场邻近水域生态环境调查项目任务有序开展；浦东机场外侧滩涂促淤圈围工程渔业生态修复工作取得较好效果。

水生野生动物保护得到加强。“十二五”以来，本市渔业行政主管部门和渔政监督管理机构，依托科研院所，依靠社会各界，形成合力，建立了适合本市水生野生动物保护情况的水生野生动物救护机制，形成了一个覆盖全市的水生野生动物救护网络。据统计，“十二五”以来，本市水生野生动物救护网络成功救助受伤大型中华鲟、胭脂鱼、海龟、长江江豚、糙齿海豚、花鳗鲡、大鲵等水生野生动物33起。中华鲟保护区崇明基地建设项目开工以来进展顺利，2015年基本建成。2015年中华鲟保护区管理处充分发挥自身优势，在长江口水域共监测到野生中华鲟幼鱼3 032尾，收救1 032尾，得到有关部门和领导的充分肯定。

渔业行政执法队伍和装备建设得到加强。近年来会同上海海洋大学成教学院连续组织对全市水产系统中层以上干部进行了培训，有效提升了渔业行政执法队伍的战斗力、凝聚力。加强渔业行政执法督察工作，修订完善了《上海市渔业行政执法督察考核评分标准》，并组织开展了长江禁渔期、水产品质量安全监管、海洋伏季休渔、渔政执法能力建设、电捕鱼专项查处等方面的执法督察工作，有效促进了渔业行政执法水平的不断提高。装备建设得到进一步加强。2012年水产业务综合管理平台建设项目基本开发完成，本市水产业管理信息化水平大大提高。2011年市渔政处500吨级渔政执法船中国渔政31001顺利通过农业部验收，并圆满完成了钓鱼岛海域巡航护渔任务，得到了上级领导的充分肯定。2011年农业部远洋渔业试验基地项目通过验收，改善了本市海洋渔业专业人才、远洋职务船员、执法管理等人员的培训条件。2015年上海海洋大学远洋渔业资源调查船项目已正式开工；崇明县100吨级渔政船项目已建造完成。2015年上海渔港监督局堡镇分局、中国渔政31006和市渔政处中国渔政31008成功获得渔业文明执法窗口单位称号。

2. 存在问题 虽然“十二五”期间本市渔业发展取得了较大成效，但渔业发展所面临的深层次矛盾仍然突出，在渔业资源环境、渔业安全监管、渔业科技创新、渔业生产经营体制机制、渔业管理制度、渔民增收等方面仍面临一系列发展的瓶颈和难题，转变渔业发展方式、发展都市现代渔业的任务依然艰巨。对此，我们既要高度重视，增强忧患意识，又要充分把握当前国家大力发展现代渔业的难得机遇，用改革的思路，创新的精神，采取有效措施逐步加以解决。

（上海市水产办公室）

【江苏省】 "十二五"期间,江苏把现代渔业发展摆上更加重要位置,2013年省政府专门召开全省推进现代渔业建设工作会议,2014年印发了《关于推进现代渔业建设的意见》,各地认真贯彻中央和省委、省政府的决策部署,围绕建设现代渔业强省目标,大力推进渔业良种化、设施化、信息化、生态化,扎实推进现代渔业建设,全省渔业保持良好发展势头。2015年全省水产养殖面积76万公顷,实现水产品总产量522万吨、渔业产值1 545亿元、渔业经济总产值超2 700亿元,分别居全国第三、第六、第二和第二位。淡水渔业产值位居第一。渔民人均可支配收入2.1万元,年均增长13.3%。

1.特色品牌渔业加快发展 坚持以养为主,大力发展特色水产养殖,重点培育河蟹、小龙虾、青虾、罗氏沼虾、河豚、泥鳅、条斑紫菜、文蛤、观赏鱼等一批主导品种和优势产业,全省特种水产养殖面积占总面积比例达74%。涌现出"阳澄湖大闸蟹、盱眙龙虾、中洋河豚"等国内外著名的渔业品牌。其中,河蟹养殖面积26.67万公顷,产值近300亿元,成为全省乃至全国水产品中影响力最大、市场竞争力最强的品种。小龙虾、青虾、罗氏沼虾、南美白对虾等虾类产值超过200亿元,形成了独具特色的江苏"虾蟹经济"。

2.高效设施渔业建设力度加大 加强养殖池塘基础设施建设,全省已建成标准化池塘超过20万公顷,高效设施渔业面积占比超过25%。微孔增氧设施应用面积超过6.7万公顷、渔业物联网技术应用面积超过1.3万公顷。实施了现代渔业"四个一批"(现代渔业产业园、精品园、示范基地、示范村)建设,建成省级现代渔业产业园(区)21家、精品园41家、示范场(基地)73家和示范村91个。

3.渔业产业化经营水平不断提升 积极培育新型经营主体,推动渔业生产经营组织化,全省渔民专业合作经济组织超过4 200个,渔户参合率达60%。在全国率先制定出台了《省级示范家庭渔场认定办法(试行)》。积极发展加工流通业,全省水产品加工企业870多个,加工品占水产品总量的30%。省级以上渔业龙头企业达到71家,其中国家级渔业产业化龙头企业9家。探索"互联网+"渔业,2015年在苏宁易购建立可追溯的"江苏优质水产品"网上销售平台,当年实现可追溯水产品网上销售约5亿元。加快休闲渔业发展,全省休闲渔业基地已发展到2 000家,2015年接待休闲观光人数1 900万人,产值超过200亿元,创建全国休闲渔业示范基地36家。

4.渔业科技支撑水平显著提高 国家级"紫菜种质库""斑点叉尾鮰遗传育种中心""河蟹遗传育种中心"等一批国家重点实验室、研发中心建成。全省先后建设23个省级渔业科技重点实验室、24个省级渔业科技研发中心。新品种新技术新模式应用加快,选育了"长江1号""长江2号"河蟹,"太湖1号"青虾,"苏通1号"条斑紫菜、"江丰1号"斑点叉尾鮰等新品良种。投资1.5亿元在扬中市建成占地67公顷国内一流的省级现代渔业种业创新和技术推广基地。"蟹池多品种混养""工厂化养殖""紫菜插杆式养殖"等新技术得到推广。近两年重点推广池塘工业化生态养殖系统,累计建设设施水槽近10万平方米,普及到全省46个渔业重点县(市、区)。渔业科技入户工程实现全覆盖,群众满意率均超过97%,解决了技术推广"最后一公里"难题。强化渔业人才培养和培训,累计培训各级各类渔业科技人员1.3万人次,培训从业渔民132万人次,培训职业渔民20余万人。

5.水产品质量安全监管持续加强 坚持生态健康养殖与严格监管两手抓。创建农业部水产健康养殖示范场518家,面积超过8.67万公顷,居全国前列。创建国家级和省级渔业标准化示范区97个。全省累计认定无公害水产品产地61.3万公顷,占全省水产养殖面积的80.11%。在全国率先构建水产品质量安全追溯、渔业环境监管、水质在线监控和水生动物病害远程诊疗"四位一体"的水产品质量可追溯体系。产地水产品抽检合格率连续多年稳定在98%以上。

6.生态保护能力日益增强 严格执行海洋伏季休渔、长江禁渔、主要湖泊休渔禁渔制度,持续加大增殖放流力度,推进实施以渔净水、以渔控藻工程,"十二五"累计投放各类水生生物苗种150亿尾(只)。建成国家级水产种质资源保护区32个、海洋特别保护区3个,新建南京长江江豚自然保护区。加强水生野生动物保护,省政府批准实施《江苏省长江江豚保护行动计划(2016—2020年)》,是长江流域第一个发布江豚保护行动计划的省份。

7.渔业法治建设成效显著 加强渔业养殖权制度建设,13个市和76个县(市、区)基本完成了本行政区域养殖规划制定,发证面积50万公顷左右。海洋与渔业执法能力不断加强,新列装执法船(艇)158艘,全省123个渔政机构除7个县外都实现了参公或全额拨款事业单位管理。开展了"海盾""碧海"等专项执法和清理取缔"绝户网"、打击涉渔"三无"船舶活动,依法维护了沿海开发与渔业生产秩序。

8.渔业安全生产形势平稳 "十二五"省级财政投入补助资金2.67亿元,撬动社会资本30亿元,累计拆解、淘汰"老、旧、小"海洋渔船8 279艘,新造了大马力钢质渔船3 000多艘(其中财政资金扶持改造了

1 054艘),提高了安全保障能力。完善渔业安全生产监管工作机制,出台了季度渔业安全生产形势分析例会、安全生产警示通报、约谈、发函限时整改和跟踪督办等5项制度,渔业安全生产形势保持总体平稳。

(江苏省海洋与渔业局 钱林峰)

【浙江省】 “十二五”期间,浙江省坚持生态统领,强化法治引领,深化改革创新,加快渔业发展方式转变,取得了阶段性成效。据统计,2015年年末全省机动渔船拥有量41 081艘,总功率467.4万千瓦,分别比2010年减少18.7%和增加8.7%。2015年,全省水产品总产量602万吨,比2010年增长16.3%;其中国内海洋捕捞产量336.7万吨,比2010年减少9.1%,海水养殖产量93.3万吨,比2010年增加7.0%;远洋渔业产量61.2万吨,比2010年增长215.5%。全省渔业总产出707.15亿元,比2010年增长32.8%;全省水产品贸易额18.5亿美元,比2010年增长8.2%;全省渔民人均纯收入21 514元,比2010年增长61.2%。

1.以实施现代渔业园区建设和渔业转型促治水行动为抓手,加快现代渔业发展 “十二五”期间,全省水产养殖业以优生态、抓转型、促发展为核心,以治水为突破口,着力开展现代渔业园区建设,推进渔业转型促治水行动,加快推动发展方式转变,协调推进产业提升、环境改善、渔农民增收。结合现代渔业园区、健康养殖示范场等建设,实施养殖塘生态化改造、水产禁限养区划定与整治、稻鱼综合种养和增殖放流三大工程,整转并举,整治关停高污染养殖,划定禁限养区,加速淘汰落后养殖产能,创新应用生态养殖技术模式,加快发展水产健康养殖,推动打造渔业全产业链,积极引领产业转型发展。“十二五”期间,全省启动了10个以渔业为主的现代农业综合区、399个现代渔业园区(其中渔业主导产业示范区126个、特色渔业精品园273个)的创建,实施面积约2万公顷,投入资金近28亿元。其中,10个以渔业为主的现代农业综合区、301个省级现代渔业园区(81个渔业主导产业示范区、220个特色渔业精品园)被授予“浙江省现代农(渔)业园区”的称号。同时,通过实施渔业转型促治行动,全省累计投入近32亿元,完成生态化改造、禁限养区划定和生态种养总面积10万公顷,占全省水产养殖总面积25%以上,其中拆除关停甲鱼温室904万平方米,占总面积的70%;投入近2亿元,增殖放流各类水生生物苗种55亿尾(粒)。全省水产养殖业在面积、产量保持稳定情况下,通过结构调优、品质提升,养殖业产值和渔民纯收入年均增长率分别为5.6%和10%。生态渔业建设不仅直接改善了水产养殖生态环境,而且对倒逼产业转型、有效促进渔业增效和渔民增收发挥了积极作用。

2.以实施国内海洋捕捞渔船转型升级示范工程为抓手,加快海洋捕捞结构调整优化 按照设施先进、环境友好、资源节约、结构优化的原则,自2011年开始启动了以“一更新二调整三改造”(渔船更新建造,调整优化作业结构和经营模式,渔船卫生、安全或节能设施改造)为主要内容的国内海洋捕捞渔业转型升级示范工程。工程实施以来,共安排省财政专项补助资金8 256.28万元,落实更新建造渔船116艘,改造5 246艘,作业方式调整渔船102艘,海上冷藏加工渔船23艘。工程的实施,有效改变了全省渔船的低层次状态,促进浙江海洋捕捞渔船向“船型标准化、渔具规范化、设施现代化、生产安全化、产品优质化、经营组织化”转变,加快海洋捕捞作业结构调整步伐,提高海洋捕捞渔业安全生产能力、节能环保水平和综合效益。

3.以强化监管、落实责任为抓手,推进水产品质量安全监管工作创新发展 紧紧围绕“努力确保不发生重大水产品质量安全事件”目标,坚持产管并举,强化源头治理,实施养殖全程监控,落实企业主体责任,严惩初级水产品安全领域的违法犯罪行为,全力提升保障人民群众“舌尖上的安全”能力和水平。

(1)加强产地水产品监测和抽查,履行法定职责。持续不断深入开展水产品及投入品安全监测和监督抽检。5年来,全省累计抽检水产品样品达25 000批次,检测指标达10万余项次,样品合格率达到98.9%以上。全省已认定并在有效期内的无公害水产品养殖产地累计有803个,认证的无公害产品1 065个,面积达3.6万公顷,产量达19.6万吨。全省获得农业部健康养殖示范场称号的水产养殖单位有217家。

(2)深入开展专项整治与执法查处,打击违规行为。“十二五”期内,坚持开展专项整治行动。按照“禁用药物来源和渠道未查清的不放过,超标产品未处理的不放过,对有关责任人员未处理的不放过”的要求,强化检打联动机制,对阳性样品实施追溯和查处到达100%。全省各级共出动执法人员2万余人次,各地共检查水产养殖场25 510家,水产苗种场700余家,培训各类主体22 770多人。渔政执法部门累计查处案件163起,罚款金额达114.6万元,无害化处理有毒有害水产品872吨。期间没有发生系统性水产品质量安全重大事件,总体质量安全状况稳定向好。

(3)加强质量安全管理信息平台建设,创新监管方式。一是建设渔业生产主体信息库。截止到2015年年底,全省规模以上渔业经营主体(养殖主体17 748家、苗种主体390家、加工企业242家、批发市场18

家)的基本信息已纳入省水产养殖和加工流通主体信息平台管理;二是启动水产品质量安全追溯试点建设。截止到2015年年底,全省建成初级水产品质量安全追溯试点达220家。

(4)加强制度建设和宣传,提高应急处置能力。制定了《浙江省初级水产品质量安全突发事件应急预案》,妥善处置了2013年非法收购、加工、销售病死甲鱼及甲鱼骨事件、2014年牛蛙药残超标和污染环境事件,有效化解了相关产品的风险隐患和事件发酵。2014年和2015年分别组织了水产品质量安全公众开放日活动、水产品检测实验室对社会开放活动等,加强了宣传,普及了科学、理性的消费理念。

4. 以延伸产业链提升附加值为目标,引导发展水产加工与流通业 积极发展水产品加工,制定了水产加工业"十二五"规划,扶持省级水产加工龙头企业开展产品研发、技术改造,积极发挥省水产流通与加工协会的服务、协调等作用,帮助加工企业解决加工产品标准制修订、应对国际贸易壁垒和市场信息服务。全省水产加工企业从2011年2 216家减少到2014年的2 151家,加工量从223.5万吨增加到272.64万吨,增长22%,加工年产值从456亿元达到569.97亿元,增长25%。

引导发展水产流通业。积极引导企业开展海上一线冷冻保鲜、储藏加工和冷链物流体系建设,与产地批发市场无缝衔接;支持舟山国际水产城国家级产地水产批发市场建设;组织企业参加国内外涉渔各种类型的农博会、展销会;认真做好水海产品国际贸易预警工作和水产流通与加工网站及《水产流通与加工》期刊建设;积极引导企业电子商务、互联网加等发展,创建了浙江名优水产电商平台。

5. 以满足消费升级为切入点,发展休闲观光渔业 通过产业引导扶持和行业管理服务,培育打造了一批省级休闲渔业示范基地,创建了一批全国休闲渔业示范基地,成立了省休闲观赏渔业行业协会,逐步推进了产业发展和行业规范管理。到2014年末,全省有各类休闲渔业经营主体1 698个,休闲渔业总产出18.3亿元,比2010年增长48.8%,比2011年增长21.4%。拥有国家级休闲渔业示范基地22家,省级休闲渔业精品基地51家,省级休闲渔业示范基地103家。

6. 不断壮大渔业经营主体 加大对家庭渔场、专业大户、合作社和龙头企业等新型渔业经营主体的培育和扶持,出台了《浙江省示范性家庭渔场创建办法(试行)》,开展了示范性家庭渔场、合作社的评定。据不完全统计,全省已有4个中国名牌产品、5个中国名牌农产品、地理标志水产品14个;中国驰名商标18个;2个浙江区域名牌和82个浙江名牌产品。渔业龙头企业460多家,其中国家级龙头企业18家、省级70多家、市级160余家、县级200多家;已有渔业专业合作组织979家;全国水产加工贸易企业25强中浙江占有5席,浙江兴业集团有限公司是25强之首。

(浙江省海洋与渔业局)

【安徽省】 "十二五"时期,安徽各地积极贯彻落实国务院、省政府加快现代渔业发展的决策部署,立足资源禀赋,坚持因地制宜,深入实施水产跨越工程,推进渔业发展方式转变,强化渔业资源和生态环境保护,渔业经济全面发展。

1. 渔业经济格局优化 "十二五"期末,全省水产养殖面积、水产品总产量、渔业经济总产值、渔民人均纯收入分别较"十一五"期末增长9.7%、19%、77%和79%,为丰富"菜篮子"供给、增加农民收入发挥了重要作用。突出表现在:一是渔业经济区域化,沿江、沿淮和环巢湖三大渔业经济带优势进一步提升,2015年产量、产值分别占全省的89%和92%;全省水产品年产量万吨以上市县已达56个,年产量3万吨或产值5亿元以上市县38个,其水产品总量和总产值分别占全省的75%和79%。二是产业结构趋于均衡,一产稳定增长,二、三产业迅猛发展,产值近289亿元,占渔业经济总产值的39%,5年提高9个百分点。三是品种结构持续优化,虾蟹、鳜鱼、龟鳖、泥鳅、黄鳝以及湖库有机鱼一批主导品种形成优势产业。四是休闲渔业蓬勃发展,2015年全省规模休闲渔业基地达到2 000多家,有力促进了渔业三产业融合发展。

2. 健康养殖全面推进 各地坚持把健康养殖作为渔业转变发展方式的重要内容,以创建水产健康养殖示范场、开展"三品一标"认证为载体,大力推广水产健康养殖模式,渔业水域生态环境明显改善,水产品质量稳定提高。全省392家农业部水产健康养殖示范场核心面积6.67万公顷、辐射带动26.67万公顷;建成无公害、绿色和有机水产品养殖基地18.27万公顷,认证无公害水产品608个、绿色水产品123个,认定有机水产品62个、地理标志产品8个。

3. 资源养护成效明显 认真贯彻国务院《水生生物资源养护行动纲要》和安徽省政府实施方案,坚持依法实施禁渔制度,有效组织开展增殖放流,取得了明显成效。连续14年实施长江春季禁渔,连续11年在全省重要渔业水域实行禁渔期、禁渔区制度,重点水域水生生物得到有效保护。"十二五"期间累计投入资金1.3亿元,放流经济鱼类15亿尾(粒);在省内主要水域开展了渔业资源监测工作,逐步建立长江、淮河、新安江安徽段及巢湖鱼类区系数据库、浮游生物数据库等专题数据库。

4. 综合管理能力提升 深入推进养殖证制度实施,82 个县级政府出台了《养殖水域滩涂规划》,核发养殖水域滩涂面积 22 万公顷,保障了渔民权益和渔业发展空间。开展了"平安渔业示范县"、渔业文明执法窗口创建活动,获得国家级、省级"平安渔业示范县"2 个和 16 个,农业部授牌渔业文明执法窗口单位 6 个,全省连续 6 年没有发生重大渔业安全生产事故。渔业执法队伍装备水平和管理能力不断提升,现有 131 个渔政执法机构、渔政执法人员 1 060 名、渔政执法船艇 131 艘,在维护渔民生命财产安全上发挥了重要作用。加快推进水产技术推广体系改革,公共服务能力不断增强,现有各级水产推广机构 685 个,技术推广人员 1 441人,年培训渔民 5 万人次,指导推广养殖面积 20 万公顷,有效打通渔业科技推广服务"最后一公里"。

5. 惠渔政策落实有效 5 年来,多方争取投入,累计安排项目资金 13 亿元,比"十一五"增长了 6 倍,渔业基础设施条件得到明显改善。认真落实渔船燃油补贴政策,年均发放渔民燃油补贴 2 亿元。在全国率先完成以船为家渔民上岸安居工程,在安置 17 861 户、6.6 万名以船为家渔民上岸定居的同时,有序推动解决渔民户籍、子女上学和医保、低保、养老、生活困难救助等社会保障问题,提高了专业渔民的生活质量。渔业系统与安徽国元农险公司联手合作推进淡水养殖保险试点,10 市 30 县累计承保渔民 1 420 户、面积近 3 万公顷,为创新安徽渔业风险保障体系迈出关键一步。此外,渔业互助保险和"邮储 · 渔业通"专属金融贷款等惠渔政策效应显著,有效化解了渔民生产的后顾之忧。

(安徽省农委渔业局)

【福建省】 "十二五"期间,福建省在农业部的大力支持下,紧紧抓住中央支持福建加快发展和福建被列为自由贸易试验区、21 世纪海上丝绸之路核心区、生态文明先行示范区以及建设福州新区等重大机遇,主动适应发展新常态,做了大量卓有成效的工作,取得了骄人的业绩。全省渔业经济总产值比"十一五"末增长 64.7%,水产品总产量增长 24.9%,渔民人均纯收入增长 74.6%。

1. 发展环境持续优化 省政府召开了全省现代渔业建设电视电话会议,对现代渔业建设进行了全面部署,相继出台了《关于促进海洋渔业持续健康发展的十二条措施》、《关于加快远洋渔业发展的六条措施》、《关于进一步加快远洋渔业发展的五条措施》等一系列扶持措施,省财政每年筹集不少于 3 亿元资金用于支持渔港建设、海洋捕捞渔船更新改造、清理取缔涉渔"三无"船舶、海洋渔船配备安装北斗海事卫星一体化船载终端等现代渔业项目发展,形成较为完善的产业扶持政策体系。

2. 渔业产业转型升级 大黄鱼、鲍鱼、海带、紫菜、牡蛎等特色养殖品种产量居全国首位,鳗鲡、石斑鱼、海参产量居全国前列,基本完成全省连片 3.3 公顷以上水产养殖池塘标准化改造,"十二五"期间全省渔业经济总产值年均增长 10% 左右,水产品加工产值达 15% 以上。远洋渔业实现跨越发展,至 2015 年底全省远洋渔业企业达 29 家,远洋渔船投产规模达 521 艘,比"十一五"末增长 188%,建立了 9 个境外远洋渔业基地。全省产值亿元以上水产加工企业突破 100 家,产值超 10 亿元企业达 12 家,20 亿元以上 2 家,拥有省级以上水产龙头企业 226 家,其中农业产业化国家重点龙头企业 8 家、省级重点龙头企业 122 家、省级水产龙头企业 44 家,3 家企业成功上市,水产品出口创汇连续 3 年居全国第一。

3. 绿色理念不断深入 2014 年以来持续开展了"百姓富、生态美"福建海洋生态 · 渔业资源保护十大行动,相继获得"杰出环境治理工程奖""2015 年绿色中国之生态成就奖"。持续开展水生生物增殖放流活动,"十二五"期间在全省主要海湾和流域放流具有福建本土特色的海淡水经济物种和珍稀物种 70 多亿尾(粒),覆盖三沙湾、泉州湾、深沪湾、东山湾、诏安湾等 13 个主要海湾及闽江、九龙江等内陆主要流域和湖库,放流物种达 40 多种。渔业水域保护得到加强,全省 14 个渔业重点养殖水域规划、64 个县级养殖水域规划颁布实施。海洋牧场建设成效明显,建成秀屿南日岛、霞浦福宁湾等 6 个人工渔礁工程,新增 7 个国家级水产种质资源保护区。

4. 民生工程稳步推进 省政府出台《关于进一步加快渔港建设的若干意见》,渔港建设连续多年列入省委、省政府为民办实事项目,成为全国首个将渔港建设作为为民办实事项目的省份,渔船就近避风率提高至 70%。水产品质量安全水平大幅提升,产地水产品质量安全监督抽查合格率连续 8 年保持在 97% 以上。2011 年以来组织渔业海难救助 486 起,成功救助遇险船舶 484 艘、船员 5 195 人,挽回经济损失 104 477 万元;有效应对台风 35 起,组织渔船回港避风 91.84 万艘次,安全转移人员 302.64 万人次。全省受理渔业互保理赔案件 3 720 起,赔付金额达 13 545 万元,为维护渔区稳定和谐发挥重要作用。

5. 创新能力逐步提升 省政府实施渔业种业创

新与产业化工程，开展石斑鱼、罗非鱼、菲律宾蛤仔、牡蛎、鲍鱼、坛紫菜和黄姑鱼等优良品种的种业创新与产业化建设。项目成果对接转化加快，通过“6.18”项目成果交易会平台，实现项目成功对接607项，签约金额达641.38亿元。全面推进基层水技推广体系改革与建设，2013、2014连续两年被农业部评为强农惠农政策落实延伸绩效管理优秀单位。推广大黄鱼等近20个主导品种和水产养殖节能减排技术等20多项主推技术，主导品种和主推技术到位率达到96%以上。

6.对外合作成果丰硕 主动融入“海上丝绸之路”建设，借助中国－东盟海上合作基金项目支持，搭建了“中国－东盟海产品交易所”等合作平台。借助海峡（福州）渔业周等活动平台，不断拓展海洋渔业事务对外务实合作。对外交流持续深入，2011年以来共组织67批223人次赴美国、加拿大、澳大利亚等国家或地区，全方位开展渔业资源开发利用等领域的交流合作，拓宽了为外向型海洋渔业经济发展的渠道。境外养殖发展迅速，6家企业在印尼、缅甸建立7个对虾、石斑鱼养殖基地和海水网箱养殖基地，目前境外水产养殖发展规模全国第一。

7.渔业文化深入人心 加强渔业品牌打造，评选推出20个“福建渔业品牌”，全省拥有水产行业中国驰名商标27个、国家注册地理标志商标40个、国家地理标志保护产品6个、省级名牌产品88个、省著名商标181个。组织编辑出版了《建设发展中的福建渔港》《美丽福建·水乡渔村》《台湾海峡常见鱼类图谱》《福建现代渔业》等画册，拍摄5集《福建远洋走进非洲》专题片在福建电视台播出，持续开展海洋与渔业“公众开放日”活动，建成福建海洋渔业科学馆，连续举办“呵护海洋·年年有鱼”东山开渔节活动，群众渔业资源保护意识进一步提升。

（福建省海洋与渔业厅）

【江西省】 “十二五”期间，江西省认真贯彻“压缩捕捞、发展养殖，主攻加工、搞活流通”的渔业发展方针，以渔（农）民增收、渔业安全、资源可持续利用为目标，进一步转变了渔业发展方式，调优产业结构，推进优势特色渔业布局，加快水产品加工、流通和渔业产业化经营步伐，建立了疫病防疫、技术推广、质量检测等渔业支撑体系，强化了渔政执法、渔业资源养护等工作，“十二五”规划各项主要经济指标已超额完成，实现了渔业又好又快地发展。

1.渔业制度建设日臻完善 “十二五”以来，省人大颁布实施了《江西省渔业条例》，进一步规范了渔业产业发展各个环节的从业行为。一是水域滩涂养殖规划工作进一步推进。至2015年12月，全省县级养殖水域滩涂规划数量95个，地市级6个，新版水域滩涂养殖发证登记面积达27.2万公顷，占全省养殖面积年报的62%。二是配套出台了《江西省县级水生动物防疫站建设规范》《江西省现代渔业建设规范》《养殖渔情信息采集工作手册》等22项工作规范，有效地保证了渔业各项工作的顺利开展。

2.支渔惠渔政策成效显著 “十二五”期间，通过支渔惠渔资金（现代渔业建设资金4.8875亿元、渔业燃油补贴资金9.7791亿元）的引导，全省共完成渔业投资62.39亿元，共改造建设标准化池塘及其养殖基础设施1.73万公顷，改扩建规模化良种繁殖场52家，进一步夯实了养殖基础设施，推进了养殖业发展，增加了渔民收入。经测算，实施池塘标准化建设和池塘养殖基础设施改造后，全省水产品产量增加8.54万吨，每亩养殖水面增收节支1 700余元，累计为渔民增收3.3亿元。渔业社会投资的扩大，进一步促进了渔民的收入增长，“十二五”期间，全省渔民人均可支配收入持续保持两位数增长，2015年渔民人均可支配收入达到11 656元，比“十一五”期末增长65.35%。

3.渔业健康养殖技术应用普及 “十二五”期间，全省积极推进农业部水产健康养殖示范场创建，加快健康养殖技术的推广普及，并开展了新型生态健康养殖技术模式试验示范。一是养殖户和养殖基地创建健康养殖示范场积极性高，全省共创建部级水产健康养殖示范场364家。二是标准化健康养殖技术模式已在全省普及应用，普及率达100%。三是在全省开展了无草鱼出血病疫区建设，示范面积达2.47万公顷，基地草鱼免疫率达90%以上，居全国前列。无草鱼出血病疫区的草鱼发病风险降低29%以上，效益明显。四是开展了大水面碳汇渔业和池塘鱼－菜共生等技术的试验示范服务。通过试验，基本能确定大水面“牧渔养水”的合理养殖密度，并能计算出大水面渔业创造碳汇的数量；池塘中的“鱼－菜共生”试验示范，节能减排显著，且亩均综合增收800元以上。

4.水产品质量安全持续向好，养殖疫病完全可控 “十二五”期间，全省进一步完善了600个种苗繁育、成鱼养殖单位抽检的数据库，每年例行抽检水产品1 000余批次，水产品抽检合格率常年保持在99 %以上。与此同时，持续强化了水产养殖病害和疫情预测预报及监测工作，病害损失始终保持最低，且未暴发重大疫病。

5.渔业二三产业发展符合预期 “十二五”期间，全省水产品出口持续稳定，水产品加工业和流通持续向好。一是水产品出口提前三年完成了“十二五”目标(3亿美元)。5年来,共计出口水产品及其加工产品近6.5万吨,出口额16.19亿美元(平均年出口额为3.238亿美元),超额完成了"十二五"目标。二是水产加工产值和流通业产值持续增长,符合预期。2015年水产品加工率达26.5%,水产品市场持续扩大到华东、华中、华南、西南及北方等地,2015年全省水产品外销量达110万吨,比2010年净增40万吨,年均新增省外销量达10万吨。

6.特色渔业布局不断优化 "十二五"期间,全省按照"一县一品,数县一板块"的发展思路,重点培植了环鄱阳湖区大宗淡水鱼和地方特色的名优水产品等11个重点渔业产业集群。据统计,2015年,11个重点渔业产业集群销售水产品(含苗种)近17万吨、收入近61亿元,占全省水产品产量的6.5%、渔业经济总产值的7.5%;带动养殖户5万户,户均增收1.1万元;形成农业企业248家,带动8万人次就业,完成利税超11亿元。

7.产业经营水平有新突破 "十二五"期间,全省依托渔业"强龙"建设,渔业产业化经营水平有新突破。截止到2015年,全省市级以上龙头企业有167家,其中,国家级龙头企业2家、省级龙头企业58家,比2010年翻了一番。全省先后通过"三品一标"产品340个,培植省级著名商标近20个、省级名牌农产品有25个。

8.渔业科技贡献率持续增长 "十二五"期间,全省渔业部门用于科技投入资金超千万元,通过不断加强产学研推等单位的紧密合作,有效地推进了渔业科技研发与成果转化,在水产良种培育、资源可持续论证(MSC)、草鱼免疫防疫、健康养殖综合配套、水产品加工综合利用等方面形成一批重大科研技术成果。其中审定新品种1种、制定行业标准4项、获得省部级以上奖励11项、渔业科技贡献率上升至57%,净增3个百分点。

9.水生生物资源养护成效显著 一是巩固长江禁渔期制度,正式启动了珠江禁渔期制度,坚持鄱阳湖冬季禁港制度。二是完善渔业资源增殖放流制度,制定相关标准。鱼类资源增殖放流已覆盖全省90多个县(市、区),共放流大规格夏花(3厘米以上)和冬片鱼种10亿,胭脂鱼、娃娃鱼放流恢复种群实验取得初步成效。三是推动水生生物保护区建设,已建立国家级水产种质资源保护区24个,省级水产种质资源保护区5个,省级自然保护区6个,保护区总面积已达到2 166平方公里(216 680公顷)。目前鄱阳湖拥有数量最多、种群最稳定的江豚种群,数量达450头,占全国半壁江山。四是水生野生动物特许利用进一步规范。全省共办理水生野生动物驯养繁殖许可证176个,经营利用许可证133个,运输许可证10个。

10.渔政管理体制和能力建设得到强化 一是政策与法制建设继续完善。依法清理了渔业管理权利和职责清单,完善了渔政管理法规制度。收集渔政管理相关法律法规89部,印制600套分发给全省各渔政机构。二是理顺了渔政管理机制体制。2013年,省政府根据形势发展需要,决定鄱阳湖区渔政管理体制由"省级垂直管理"调整为"县级属地管理",进一步明确了省、市、县渔政管理机构的职责。三是夯实执法装备设施。"十二五"期间,共装备渔政执法船20艘,内陆渔政执法快艇67艘,渔政执法车23辆,建设渔政码头4座,并加快了渔政指挥管理信息化建设。四是建立健全执法制度。坚持开展执法护渔、禁渔执法和综合整治,强化了属地执法,县际协同执法、部门联合执法、省市县统一执法,落实省级涉水单位联席会议制度和渔政公安联合巡查机制。五是破解捕捞许可证核发工作。2014年7月,按省农业厅部署,全面启动了捕捞许可证换发工作,到2015年底,全省捕捞许可证发证率完成93%。

(江西省渔业局)

【山东省】 "十二五"期间,山东省紧紧围绕"科技、创新、质量、服务"发展现代渔业的"八字方针",渔业生产结构进一步优化,装备水平明显提升,生产能力显著增强,渔民收入持续增加,资源养护力度投入不断加大,渔业三产融合发展,渔业的社会功能日益扩展。

1."海上粮仓"战略的提出和启动实施,使现代渔业的战略地位得到极大提升 在深入调研"十二五"前三年渔业发展的基础上,2014年初,山东省委、省政府从渔业的"代粮""节粮""促粮"的特定功能出发,提出"海上粮仓"战略,极大地提升了现代渔业的战略定位。2014年底山东省政府办公厅出台了《关于加快推进"海上粮仓"建设的实施意见》。2015年4月份山东省政府在莱州召开了"海上粮仓"建设现场会,2015年底山东省海洋与渔业厅会同省发改委编制的《山东省"海上粮仓"建设规划》已印发执行,《规划》进一步明确了"海上粮仓"建设的目标任务,搭建了"三带三区、一极一网"的布局框架。离岸自然发展、近岸融合发展、陆基标准化发展、内陆生态发展等四种模式被总结研究提出,"海上粮仓"重点项目挂牌推进,泽潭、明波、海益三个可复制、可推广模板,正在山东省复制推广、开花结果。山东省"海上粮仓"建设引起各级领导和社会各界的广泛关注,国务院汪洋副总理,农业部副部长于康震、农业部渔业渔政管理局局长赵兴武,山东省郭树清省长、龚正副书记、赵润田副省长等领导多次听取工作汇报、现场考察指导。仅仅1年的时间,来自广东、海南、浙江、河北、辽宁等省及省内兄弟单位60余批1 200余人次对“泽潭模式”建设等进行了考察观摩。

2. 渔业结构调整力度加大,发展方式持续转变,有力地促进了产业转型升级 “十二五”期间,山东省渔业坚持以养为主、以安为先,着力构建养殖、增殖、捕捞、加工和休闲“五大产业体系”,产业转型升级成效显著。一是产业结构调整日趋合理。养殖业占渔业的比重进一步提高,水产品总产量中养捕比例由2010年的67: 33提高到2014年的72: 28。海水养殖品种由海参一枝独秀向多品种市场效益型品种转变;淡水养殖则呈现出:聊城甲鱼、济宁乌鳢、临沂大银鱼、泰安螭霖鱼、枣庄泥鳅等地方特色品种。海淡水养殖产能均高于全国平均水平,养殖产业年吸纳专业从业人员达36.4万人,带动苗种、饲料、仓储、渔机具等兼业、临时务工人员就业60.7万人。二是现代渔业种业基础日益夯实。国家级水产原良种场发展到13家(占全国的16%,居全国之首)。创建全国现代渔业种业示范场11家(占全国13%,居全国第二)。国家级水产种质资源保护区38个。栉孔扇贝“蓬莱红2号”、海带“东方6、7号”、刺参“崆峒岛1号”等11个新品种得到国家水产原良种审定委员会审定。省级原良种场达到57家,育苗能力达到5 000亿单位。三是水产健康养殖持续推进。省级以上健康养殖示范场453家,健康养殖面积达到16万公顷。渔业发展空间从浅海滩涂向深海、底层拓展。岸基渔业向集约化推进发展,海水工厂化养殖水体达到900万立方米,占全国1/3强。建立、优化并实施了“陆海接力”养殖、工厂化循环水养殖、深水网箱养殖、“721”生态立体养殖等养殖模式以及中草药替代抗生素防治鱼病、微孔增氧等重大生态高效技术措施,大大提高了渔业生产效益。四是海洋牧场建设提档升级。山东省海洋牧场用海面积1.85万多公顷。在已建成的118处海洋牧场基础上,以“人工鱼礁+增殖放流+藻场移植+智能网箱”为主要建设内容,2015年高起点规划建设了10处集中连片海洋牧场“生态方”。海洋牧场向着增殖生产、生态保护、资源修复、休闲垂钓融合发展,2015年实现了“可视、可测、可控”,“透明海洋”得以彰显。五是休闲渔业蓬勃发展。休闲海钓基地和休闲渔业公园创建成为休闲渔业发展的重要抓手,各地按照“礁、鱼、船、岸、服”和“资源、环境、设施、文化、服务”两个五配套原则,海陆统筹大力推进,2015年认定了省级休闲海钓基地7处、休闲渔业公园1处。“渔夫垂钓”休闲渔业品牌内容不断丰富,“渔夫垂钓”微博、微信双微平台上线运行。通过“生态礁+恋礁鱼”模式打造优质钓场已初见成效,“到山东,有鱼钓”成为山东旅游新热点。临沂、威海、高唐分别被授予“中国休闲垂钓之都”“中国休闲渔业之都”“中国锦鲤第一县”。高唐锦鲤实现了尾鱼吨价。2015年山东省休闲渔业产值达100多亿元。休闲渔业已成为推进现代渔业建设的抓手产业、发挥渔业文化功能的特色产业和转变渔业发展方式的牵引产业。

3. 渔业资源养护理念逐步深化,成为“生态山东”建设的新生力量 “十二五”期间,山东省启动实施了本底调查、测水配方试验和增殖绩效评估工作,资源养护从“大水漫灌”到“测水配方”,实现了增殖放流从定性到定量的历史性转变。省级以上累计投入增殖放流资金12.2亿多元,累计放流323亿单位,放流物种不断优化。山东年放流数量约占全国放流总数量的1/5,是年放流数量最多的省份之一。山东省近海严重衰退的重要经济渔业资源得到了有效补充,中国对虾、梭子蟹、海蜇等大宗放流物种形成了较为稳定的秋季渔汛。全省累计回捕中国对虾等增殖资源33万吨,实现产值88亿元,回捕增殖资源已成为山东省2万多艘中小马力渔船约60万渔民秋汛的主要生产门路,沿岸渔民回捕增殖资源收入占全年总收入的2/3以上。“放鱼养水”不断深化。滤食性水生生物对水质的净化功能被高度认可,在南水北调沿线湖区、重要城市水系和水源地大力实施“放鱼养水”工程,全年参与人数上百万人,初步形成了“陆地植树造林,水域放鱼养水”的水生态文明建设格局。增殖放流的社会认知度和参与度显著提高。“养护水生生物资源,共建生态文明家园”渐成全民自觉行动,社会放流蔚然成风。“十二五”期间,社会放流各类水产苗种3亿单位。

4. 现代渔业机制得到创新,渔业园区和渔民专业合作社两大载体建设取得显著成效 园区建设由多、散、小向“一园多主体”、全产业链经营、全生态链养殖、全服务链支撑的省级现代渔业示范园区方向发展,2015年启动了10处省级陆基标准化基地建设,引领渔业转型升级。“合众科研、合众生产”发展理念深入推广。新型经济主体引领“大渔带小渔”集群式发展,提升了渔民、渔业的组织化程度。创建国家级示范社16家,省级示范社163家,全省渔民专业合作社达到1 700家,入户社员7.3万户。莱州明波水产有限公司创新成立了跨6省市的斑石鲷专业合作社。东营市河口区,借鉴学习推广“泽潭模式”,打造了“河口厚德”模式,由山东通和水产有限公司联合周边68户渔民,成立了河口区厚德贝类养殖专业合作社,实现了4 667

公顷浅海滩涂贝类的统一规划、底播增殖、轮捕轮放，2015年实现贝类销售收入1 100万元，社员户均增收1.5万元，生态效益、社会效益、经济明显。

（山东省海洋与渔业厅）

【河南省】 2015年，河南省水产业各项工作均取得了新的较大进展，实现了"十二五"圆满收官。河南渔业在中央和各级支渔惠渔政策的扶持下，保持了平稳较快发展，成为农业农村经济中重要的支柱产业和富民产业。期间出台的《河南省人民政府办公厅关于推进"菜篮子"工程建设和加快现代渔业发展的意见》，提出了"加强生产能力建设，加快发展方式转变，推动现代渔业发展"的总体思路，为下一步发展指明了方向。

1.渔业经济平稳较快发展 2015年，水产品总产量125万吨，比2010年增加25万吨，年均增长4.75%，标志着渔业综合生产能力显著提升；渔业经济总产值250亿元，比2010年增长88亿元，年均增长9.07%，渔业经济平稳较快发展；渔民人均纯收入11 951元，比2010年增加4 935元，年均增长11.22%。水产品质量安全水平稳步提升，产地抽检合格率连续5年保持在97%以上；水产品市场供给充足，为丰富城乡居民"菜篮子"供给，稳定农产品价格发挥了重要作用。

2.渔业产业结构进一步优化 渔业二三产业产值达到96.51亿元，比"十一五"末增加24.48亿元。水产品加工业稳步发展，企业规模不断壮大，新的加工项目已完成了中试，计划年内开工；水产健康养殖全面推进，累计改造标准化养殖池塘超过5万公顷，创建标准化健康养殖示范场（区）243个，工厂化循环水养殖等集约化养殖方式发展迅速；休闲渔业蓬勃发展，成为带动渔民增收的新亮点，建设的档次逐年提高，已创建国家级休闲渔业示范园区10个，发展规模由分散到集中，依托大型水库、码头、渔场形成了垂钓、渔船渔家乐等各具特色的休闲渔业聚集区。

商丘市坚持统筹规划，优化产业布局，加快形成渔业产业"一带、一区、一圈"的产业格局。"一带"即以民权、梁园、虞城三地为重点的沿黄故道特色养殖产业带；"一区"即围绕"蟹产业，蟹品牌，蟹文化"形成沿水库渔业资源开发区；三是沿千亩以上城湖建立生态休闲渔业产业圈。助推延伸渔业产业链，促进产业转型升级。

固始县致力合作互助，发挥专业合作组织的作用。全县已成立水产养殖专业合作社95个，合作联社1个。合作社实行"统一技术、统一苗种、统一饲料、统一防疫、统一销售、统一管理的"六统一，一改过去各自为阵、不通信息、相互竞争、盲目经营的混乱局面，实现了面对面的快速服务，快速链接市场，快速增效的良好效果。固始县不断深化品牌建设，努力打造产业亮点。全县注册水产品商标10个，其中，河南省著名商标2个，正在申报国家驰名商标1个。

3.强渔惠渔政策力度不断加大 认定省级水产原良种场11个，实施农业部水产苗种基地建设项目8个，良种覆盖率达70%；建成15个县级水生动物防疫站，在全省54个县布设了118个水产病害测报点，初步形成水产病害检测预报网络架构。启动渔业互助保险，累计承保渔民323万人；发放渔业燃油补贴近2亿元，惠及渔船4 000多艘，惠渔政策效果显著。

郑州市开展了水产养殖保险试点工作，组织中国渔业互保协会、国元保险公司和重点养殖大户进行对接，充分了解养殖户的需求，制定针对性的保险方案，积极争取市财政对水产养殖险的保费补贴政策支持。

4.渔业综合管理能力逐步增强 渔业执法队伍的装备水平和管理能力不断提升，全省共有渔政监督管理机构173个，市县渔业船舶检验机构18个，配备有渔政执法船13艘，执法快艇150艘，执法车40辆；渔业水域滩涂规划和养殖证发放工作深入推进，有力保障了渔民权益和渔业发展空间；加强渔业安全生产的监督管理，"平安渔业"建设扎实推进，渔业防灾减灾能力不断提升。"十二五"期间全省累计投入增殖放流资金1.5亿元，放流各类苗种5亿尾，增殖放流活动由区域性、小规模发展到全局性、大规模的资源养护行动，形成了政府主导、各界支持、群众参与的良好氛围。建立国家级水产种质资源保护区19个，省级水生生物自然保护区3个；渔业生态环境监测体系逐步健全，涉渔工程资源生态补偿制度初步建立，累计落实补偿经费2 000余万元。

5.科技支撑体系逐步完善，桥梁平台建设成效显著 "十二五"期间，河南省启动水产基层技术推广体系改革与建设项目，全省水产科研、推广单位、水产专业院校等高级专业人才积极参与水产新技术推广及示范；河南农大、信阳农林学院2所院校新设水产本科专业，全省高等院校形成专科、本科、硕士多层次人才培养体系；建成了河南省水产动物养殖工程技术研究中心、水产动物疾病控制河南省工程重点实验室等科技创新平台；先后成立的黄河鲤鱼院士工作站、河南省大宗淡水鱼产业技术体系、河南省渔业协会、河南省水产学会等机构分别在全省渔业科技创新中发挥了积极作用。

洛阳市强化水产科技支撑，加强与科研院所的深度合作，推出了华鲵煲系列产品，攻克了三文鱼发眼卵孵化和鲟鱼人工孵化等多个技术难题,钢构浮箱养殖三文鱼技术获得4项国家实用新型技术专利。

安阳市在城乡一体化示范区开展了全国渔业养殖节能减排试验点工作,进一步提高全行业节能减排意识,推进提升水资源综合利用水平,取得较好的社会、经济和生态效益。

"十二五"期间是河南省渔业经济全面健康发展的最好时期,水产业连年增产增收,为稳增长、惠民生、丰富居民"菜篮子"作出了重大贡献。

(河南省农业厅水产局)

【湖北省】 "十二五"是湖北渔业发展不平凡的5年,也是湖北渔业发展伟大历史进程中具有鲜明里程碑意义的5年。这5年,是渔业发展速度最快、发展质量最高、发展水平最好、渔民群众得实惠最多的时期之一。渔业已成为全省农业农村经济中最具活力的特色优势产业和支柱产业,为全省农业现代化做出了重大贡献,成为全省农业经济发展的"压舱石"和"稳压器"。

1. 主要成就

(1)水产养殖面积稳定在66万公顷以上,渔业强省的发展基础更加厚实。大力开展以设施渔业为核心的基础设施改造升级,五5年累计高标准改造池塘超过13万公顷,建成大型现代渔业示范基地74个,创建国家级水产原良种场10家、省级70家,分别比2010年增加6家、60家,建成全国现代渔业种业示范场14家,占全国16.1%。创建部省级水产健康养殖示范场784家,比2010年增加600家,创建农业部渔业健康养殖示范县3个,全国仅5个,水产大省向强省跨越的基础条件已经具备。

(2)淡水产品总量连续20年全国第一,水产品安全供给保障更加有力。"十二五"期间,全省水产品产量年增幅5%以上,2015年水产品总量455.89万吨,比2010年增长29.13%,占全国淡水产品总量的13.7%,市场供给充足,极大地丰富了城乡居民"菜篮子"。水产品质量安全水平稳步提升,部省抽检合格率稳定在99%以上。产地准出和可追溯制度为水产品上"双保险",40多个县开展了水产品质量安全可追溯试点,15个县建立了可追溯平台,在全国率先开展产地准出试点工作,产地水产品合格率连续5年保持100%,一直领先全国。全省共完成无公害水产品产地认定700家、规模40.73万公顷,无公害产品认证1 501个,地理标志产品33个,绿色水产品78个,有机水产品10个,认定认证总数处于全省农业系统和全国内陆省份前列。

(3)实现"双千亿生态产业",渔业经济结构和产业布局更加优化。2015年全省渔业经济总产值达2 179.5亿元,比2010年增长134%,实现翻番,提前两年实现省政府确定的"双千亿生态产业"目标。渔业一二三产业产值比例为1∶0.38∶0.69,较"十一五"末更加优化。成功打造小龙虾、河蟹、鳝鳅三大"百亿元"产业,全省年产量过5万吨的大县已达到30个,形成平原湖区规模渔业、丘岗山区特色精品渔业、江河湖库增殖渔业三位一体的产业发展格局。水产加工业和流通服务业突破性发展,加工产值达到345亿元,比2010年增长170%,全省已建成各类水产批发市场318个,年交易能力超过810万吨,基本形成"买全国、卖全国"的流通网络。各类休闲渔业场所年接待游客1 300万人次,水产品电子商务交易额超过8.5亿元。成功打造"楚江红"小龙虾、"梁子"牌梁子湖大河蟹、"洪湖渔家"生态鱼三艘品牌航母,"鄂州武昌鱼""仙桃黄鳝""京山生态龟鳖"等地方品牌蓬勃发展,基本形成三艘品牌航母扬帆远航、地方特色品牌百舸争流的格局,现有中国驰名商标10个,中国名牌农产品4个,湖北著名商标39个,湖北名牌产品25个。

(4)稻渔综合种养成为全国生态循环农业的一面旗帜,渔民收入增长更加快速。"十二五"期间,全省渔民人均纯收入以平均每年超过1 000元的势头增长,远高于同期全省农村居民人均纯收入增长幅度。2015年全省渔民人均纯收入突破15 515元,比2010年翻了一番,与全国水平基本持平。种养结合、产业融合不断延长农民增收链,稻渔综合种养已成为农民增收致富的一条有效途径,全省种养总面积突破20万公顷,为农民创收近百亿元。在全国生态循环农业现场会上,湖北省所作《扎实推进稻渔综合种养 大力发展生态循环农业》典型发言,得到农业部部长韩长赋的充分肯定。

(5)连续14年实现长江禁渔"三无目标",渔业可持续发展能力更加提升。全面推进生态渔业建设,实施"湖泊拆围、水库限养、江河禁捕、增殖放流"行动。累计放流经济鱼类近60亿尾,珍稀物种超150万尾,建成13个水生生物自然保护区,66个国家级水产种质资源保护区。全省拆围面积近2.67万公顷、取缔珍珠养殖近万亩。在专项执法行动中,累计查处违规渔船1 239艘,查处电捕鱼器1 488具,取缔迷魂阵3 869部,行政刑事处罚999人。持续开展"留住江豚的微笑"拯救江豚行动,形成国内知名的公益行动品牌。累计创建国家级平安渔业示范县7个、省级17个,渔业水上作业连续7年保持零责任事故。

(6)渔业科技进步贡献率超过50%,科技创新驱动更加深入。大力实施科技兴渔战略,搭建渔科教对接平台，推进"产学研推"一体化。全省共建立院士专家工作站10家，水产品加工领域获得10余项新技术成果，成功培育和推广异育银鲫"中科3号"、黄颡鱼"全雄1号"、长丰鲢、杂交鲌"先锋1号"、翘嘴鳜"华康1号"等水产新品种，河蟹、小龙虾、黄鳝、泥鳅等特色品种人工繁育技术取得重大突破。每年开展多层次、多渠道的技术培训和科技入户活动，推广特色品种、高效模式和实用技术，大力培育新型职业渔民，年培训渔民超过50万人次，渔民综合素质水平不断提升。

(7)社会资本聚焦渔业领域，渔业新型经营主体更加壮大。放大渔业比较效益的新优势，吸引社会资本投入，形成大众创业、万众创新的良性局面，一些大型企业集团纷纷投资渔业发展，逐渐成为全省现代渔业发展的主力军。不断培育壮大新型市场主体，新型渔业经营体系基本形成，全省有国家级龙头企业8家，省级龙头企业70家，分别比2010年增加了4家、44家，有渔民合作社4 468家，家庭渔场1 797家，3.3公顷以上养殖大户3.6万户，有力推进了渔业适度规模经营，全省渔业组织化、规模化、专业化程度不断提高。

(8)政策资金投入增长超两倍，强渔惠渔政策更加给力。"十二五"期间，省委、省政府高度重视现代渔业发展，出台了一系列支持水产业发展的政策措施。2014年3月，省政府出台了《省人民政府关于加快现代渔业发展的意见》，成为新时期推动渔业强省建设的实施纲领。5年间，中央、省累计投入现代渔业发展政策资金超过32.7亿元，比"十一五"的10.3亿元增加22.4亿元，增长2.17倍。以船为家渔民上岸安居工程稳步推进，小龙虾养殖保险和渔民人身平安互助保险覆盖面逐年扩大，渔业燃油补贴政策调整改革步伐平稳，各项惠渔政策得到有效落实，渔民群众获得感显著增强。

2.发展经验 "十二五"期间湖北渔业形势持续向好，得益于政策好、人努力、天帮忙，关键在于省委、省政府、省农业厅的大力支持。这5年，省委、省政府、省农业厅对渔业重视程度最高、投入资金最多、出台扶持政策最优，坚持不懈壮大渔业产业、增加渔民收入。全省各级渔业部门坚决贯彻上级决策部署，在工作实践中突出了"四个始终坚持"。一是始终坚持形成合力，凝聚发展正能量，形成党委政府高度重视、部门协调配合、全社会共同参与的"大合唱"。二是始终坚持放大优势，彰显特色，依托资源禀赋，突显渔业比较效益，吸引社会资本聚焦投入，形成大众创业、万众创新局面，促进现代渔业"大发展"。三是始终坚持改革创新，实施"科技兴渔"战略，着力破解发展难题，不断提升产业发展能力和部门服务素质，实现现代渔业"大改革"。四是始终坚持以渔民利益为重，把保障渔民民生放在突出位置，坚持依法治渔，打造过硬队伍，维护渔业生产秩序和公平正义，保障渔业平稳发展，促进现代渔业"大和谐"。

(湖北省水产局)

【湖南省】 "十二五"期间，湖南渔业综合生产能力及发展后劲持续增强，主要表现在：

水产品产量产值大幅增长。到期末，全省水产养殖面积500千公顷，较"十一五"末增加72千公顷；水产品总产量259.37万吨，同比增加61.37万吨，增幅30.85%。2015年渔业产值350亿元，比2010年增加117亿元，增幅50.21%；渔民年人均纯收入14 719元，同比增加8 919元，增幅153.77%。

渔业产业结构明显优化。到期末，全省名特优水产养殖面积321.3千公顷，较"十一五"末增加108千公顷，占全省养殖面积的65%；名特优水产品产量205万吨，同比增加73万吨，占全省水产品总量的79.2%。"十二五"期间，湖南积极引进推广水产养殖新品种，发展水产"一村一品"特色村，面积160千公顷，初步形成甲鱼、珍珠、大口鲶、黄鳝、鳜鱼、乌鳢、银鱼、斑点叉尾鮰等特色水产品优势产区。休闲渔业基地达4 049家，"十二五"期间创建国家级、省级休闲渔业示范基地26家、150家，全省年休闲渔业产值50亿元。

水产品健康养殖规模持续扩大。组织制定水产养殖相关地方标准84个，涵盖水产健康养殖示范场建设规程、水产品质量安全、水产养殖档案记录规范、渔业品种标准、养殖技术规范、鱼病防治等各方面。"十二五"湖南创建农业部水产健康养殖示范场共240家。

水产良繁体系进一步完善。"十二五"末，全省有持证水产苗种生产单位386个，其中国有、集体所有制生产单位81个，个体与股份制生产单位305个，国家级水产原良种场4个，省级水产良种场35个，市级水产良种场25个，县级水产苗种场322个，全国现代渔业种业示范场4个。水产苗种年生产能力756亿尾。修订颁布《湖南省水产原良种场建设与生产管理规范》《湖南省水产原良种场资格验收办法》。

新型渔业经营主体迅速发展。完善渔业经营体制，推进养殖水域使用权合理流转，发展渔业大户和现代渔业企业，推进渔业产业化进程。全省现有渔业规模养殖户2.1万户；有各类渔业经济合作组织1 100多个，社员4.2万户，占养殖渔民比重的14.6%。各地加快水产品市场流通体系建设，支持和鼓励龙头企业运用连锁超市、物流配送、订单销售、电子商务等现代营销手段,优化交易方式。

养殖权证制度建设取得新突破。期末全省累计发放养殖证21 249本,涵盖水域面积353.3千公顷,养殖证发放率76.6%,全省有102个县市区颁布了水域滩涂养殖规划。

“十二五”期间湖南渔业发展的主要经验:

一是着力健全完善渔业发展政策。2012年9月湖南省人大常委会审议通过《湖南省湘江保护条例》,于2013年4月1日起正式实施;湖南省政府下发《关于实行湘江春季禁渔期制度的通告》,保护湘江渔业资源和水域生态环境。2014年,湖南省政府办公厅下发《关于加快全省现代渔业建设的意见》,提出20条现代渔业发展举措,全面规划湖南现代渔业发展蓝图。省畜牧水产局联合省扶贫开发办公室下发《关于大力发展稻田综合种养加快贫困农民脱贫致富的指导意见》。二是着力加大渔业项目支持。湖南省政府将渔业纳入“百千万”工程扶持范畴,连续开展水产特色产业园建设,省财政对每个产业园投资100万元。“十二五”期间,湖南省财政投入专项资金2 100万元,企业配套投入3 000多万元,完成21个特色水产产业园建设,养殖特色品种涵盖鳜鱼、泥鳅、南美白对虾、中华鳖、大鲵、黄颡鱼、乌龟等。三是着力强化渔业基础设施建设。各级利用“菜篮子”工程、农业综合开发项目等财政资金,引进社会工商资本,持续组织开展养殖池塘标准化升级改造项目建设。“十二五”期间全省标准化升级改造池塘80千公顷,渔业综合生产能力得到快速提升。四是着力推进养殖方式转变。创新推广池塘稻(藕)鱼轮作、分散式水产养殖废水处理、人工浮床、挺水植物专池净化、稻田综合种养和生态混养等养殖减排模式。开展水产健康养殖示范场创建活动,提升水产健康养殖水平。加快水产品精深加工、休闲渔业发展,实现渔业一二三产业融合发展。全面开展养殖污染治理行动,2014年湖南将湘江干流网箱退养纳入省政府“一号重点工程”,安排专项补偿资金893万元,湘江长沙综合枢纽库区、一级水源保护区等环境敏感区域内退养网箱4 558口。规范全省水库渔业利用,逐步推进禁止投肥养殖。五是着力强化渔业渔政管理。加强养殖权证制度建设,稳步推进水产养殖确权。严格天然水域禁渔期制度,持续开展鱼类人工增殖放流,严打非法捕捞,加大水产种质资源保护区建设。

湖南“十二五”渔业发展存在的主要问题,表现在:渔业投入力度不大、基础设施老化、科技服务相对滞后、养殖水域流转机制不活、渔业组织化和产业化程度不高、渔业资源衰退、水域环境污染仍未得到根本性好转等。

(湖南省畜牧水产局)

【广东省】 “十二五”时期,广东省渔业克服诸多不利因素,着力优化渔业产业结构、保护渔业生态环境、改善渔民民生,切实增加渔民收入,全面提升现代渔业发展水平,加快推动现代渔业强省建设,全省渔业经济保持快速健康发展的良好态势。2015年,水产品总产量852.7万吨,比2010年增长15%;渔业经济总产值达到2 534.7亿元,比2010年增长56.8%;水产品进出口总额47.7亿元(2014年),比2010年增长59.5%;渔民人均纯收入达到13 300元(2014年),比2010年增长27.1%。渔业经济占全省农业生产总产值比重达到19.7%,渔业经济总产值、水产品总产量连续多年居全国前列。水产品市场供给充足,质量安全水平稳步提升,产地抽检合格率平均保持在95%以上,为丰富全省城乡居民“菜篮子”供给、稳定农产品价格、保障食物安全发挥了重要作用。

1.优化渔业产业结构 “十二五”期间,全省养殖产量占水产品总量的比重逐渐增加,由2010年的77.3%增长到2015年的80.9%,渔业二、三产业产值比重达到总产值的54.7%;水产健康养殖持续发展,特别是工厂化循环水养殖、深水抗风浪网箱集约化养殖、池塘生态高效养殖等方式发展迅速,累计建成水产苗种场1 970家,建成深水网箱1 400多口、工厂化循环水养殖示范基地12个;水产品加工业稳步发展,水产流通体系布局合理,冷链物流初具规模,建有水产品交易市场80多个、冷库543个;捕捞业平稳有序发展,作业渔船结构不断优化,大力发展“深蓝渔业”,累计改造钢质渔船528艘;休闲渔业已然发展成为以生态观光、渔业体验、休闲游钓为主的新兴产业;观赏渔业直接带动饲料、鱼药及器材设施等10个大类、100多个相关产业的发展,拉动的水族产业年产值已近200亿元。休闲渔业已成为带动渔民增收新亮点。

2.完善渔业基础设施 “十二五”期间,先后出台《广东省渔港和渔业船舶管理条例》《省政府关于推动海洋渔业转型升级提高海洋渔业发展水平的意见》《广东省现代水产种业发展规划(2014—2020年)》等一系列法律法规和规范性文件。累计推进建设国家中心渔港、一级渔港12个,已竣工验收渔港3个,47个重点渔港视频监控系统建成并投入使用;省财政安排11亿元支持渔港和避风塘建设,其中2015年已下达补助资金7.17亿元;建立渔船更新改造审核“先建后拆”制度,全省淘汰小、旧、木质渔船938艘,新建海洋捕捞渔船871艘、南沙骨干渔船35艘。国家和省财政共投入1.26亿元，支持更新改造大型钢质渔船284艘，其中2015年新增大型钢质渔船104艘；推动渔船更新改造，发展远洋渔业，2015年共有19家远洋渔业企业派出197艘远洋渔船在国外或公海生产；水产良种体系建设不断完善，基本形成了"国家遗传育种中心、国家原良种场、省级原良种场、市县级苗种场"四级种苗生产体系，建成5个国家级水产良种场、62个省级水产良种场和7个现代渔业种业示范场。

3. 建设现代渔业基地　"十二五"期间，实行政策扶持，推动健康养殖，扶持渔业品牌发展。建成"绿色健康渔业示范园区""稻田生态渔业示范园区""工厂化高效养殖示范园区"和"沿海现代渔业示范园区"4种类型的特色鲜明、技术先进、生产节约的高质高效渔业示范区10个；建成"全国休闲渔业示范基地"8个、省级休闲渔业示范基地13个；建设渔业标准化健康养殖基地16个，建成标准化鱼塘18万公顷；建成省级以上渔业标准化示范区124个，健康养殖示范场172个，"菜篮子"基地72家；其中建成"农业部水产健康养殖示范场(区)"116个、面积1.5万公顷，省级标准化无公害水产品产地609个、面积5.9万公顷。获农业部认证的无公害水产品499个，省级以上农业名牌产品109个。2013年广东省获农业部稳定发展"菜篮子"产品生产延伸绩效管理优秀单位称号。

4. 养护水生生物资源　"十二五"期间，省、市、县(市、区)累计投入财政资金6.6亿多元建设人工鱼礁，建成生态公益型人工鱼礁区46座，在建4座，已投放报废渔船88艘、混凝土预制件礁体7.9万个，礁体空方量达4 008多万立方米，礁区总面积达286平方公里，规模和面积居全国首位；渔业资源密度比投礁前平均提高8.7倍，最高提高26.6倍。系统开展内陆水域人工鱼巢建设，在西江肇庆、云浮、郁南和东江河源江段等水域建成人工鱼巢8.46万平方米，鱼类在人工鱼巢产黏性卵超过18亿粒，增殖鱼苗约9亿尾。筛选沿海25个重要海湾开展生态型海洋牧场建设，形成海洋牧场示范区12个、面积约773平方公里，已建成的海洋牧场示范区每年直接经济效益每公顷达10.64万元，每年生态效益每公顷达5.61万元。推动增殖放流科学化、规范化。建成国家级和省级海、淡水良种场及增殖站72个，先后多次举办南海、粤港澳(东江)生物资源增殖放流、广东休渔放生节等活动，累计放流鱼、虾苗75亿多尾。制定渔业资源增殖放流技术规范，抓好增殖放流效果调查与评估工作，有效地提高增殖放流技术水平。

5. 保护水域生态环境　"十二五"期间，编制完成了广东内陆水域、河口、湿地、港湾、近海等重要渔业水域的渔业生态修复工程建设规划，包括《珠江口及邻近海域生态修复工程规划》《广东渔业生态修复工程建设计划》，累计投入财政资金3.54亿元开展全省湿地、港湾等重要渔业水域的渔业生态修复工程；积极完善涉渔工程建设资源生态补偿机制，安排专项资金开展湿地生态效益补偿试点。截止到"十二五"末，全省建成水生生物自然保护区108个，面积50.35万公顷，其中包括海洋与渔业自然保护区88个(国家级5个、省级8个、市级县级75个)、国家级水产种质资源保护区16个、国家级海洋公园3个，初步形成了以国家级保护区为核心、省级保护区为网络、市县级保护区为通道的自然保护区网络；保护区类型涵盖珊瑚礁、红树林、海草床、湿地等典型生态系统，绿海龟、中华白海豚、白蝶贝、黄唇鱼等国家和省级重点保护水生野生动物，一批重要水产种质资源得到有效保护。

6. 增强科技支撑能力　"十二五"期间，全面推进科技兴渔工作，科技支撑全省渔业产业发展的作用日益增强。全省现有渔业相关国家重点实验室4个，省部级重点实验室25个，省级渔业开发试验中心3个，区域性水产试验中心7个，省级水产技术推广总站1个，地市级推广中心站21个，区域站26个，县级推广站102个，乡级推广站927个；加强渔业科技研发，形成了一批具有自主知识产权的渔业科技成果，对虾、罗非鱼、卵形鲳鲹、石斑鱼、军曹鱼、加州鲈等苗种繁育、深水网箱装备技术和对虾高效健康养殖技术走在全国前列。通过国家审定的水产新品种5个，良种生产量100多亿尾，占苗种生产总量的12%左右；获得省、部级以上科技成果奖励64项，其中国家奖2项、国家海洋局海洋创新成果二等奖6项、广东省科技进步奖29项(其中一等奖10项)，获得省农业技术推广奖26项(其中一等奖5项)。加强渔业科技交流合作，承办"太平洋岛国高级公务员培训班"，举办中国与东盟、南太平洋岛国鱼类养殖技术培训班，培训渔业管理人员共120多人。与中国空间技术研究院合作建设智慧渔业，开发应用渔船北斗终端，建设渔政执法船视频监控系统，建成涵盖渔港监管、渔船管理、渔业安全、鱼病诊断、科技服务等内容的渔业信息化系统。完成广东海洋与水产高科技园主体建设，全省有18市、84县(市、区)获当地编委批准设立了水生动物防疫检疫站，初步建立起省、市、县三级水生动物防疫体系。

7. 提升渔业管理能力　"十二五"期间，扎实落实《广东省渔业管理条例》，完善了养殖水域滩涂确权发证、捕捞许可、种苗生产许可等一系列管理制度建设；渔业执法队伍建设不断强化，率先实施海洋与渔业统一综合执法改革，有效增强了执法队伍整体战斗力和行政执法效率;在全国率先建成了全省渔业安全生产通信指挥系统、渔业船舶信息管理系统和渔港高清视频监控系统,信息化管理成就喜人;积极参与国家护渔维权巡航行动,建立了粤港澳地区联合打击非法捕捞合作机制;严格执行南海伏季休渔和珠江禁渔制度,严厉打击了电炸毒鱼等严重破坏资源的违法行为;建立了62个省级以上标准化示范区,初步形成了以国标为基础、行标为依托、省级地标为配套、逐步与国际接轨的水产品标准化体系,有效加强了水产品质量安全监管。

8. 监管水产品质量安全 "十二五"期间,广东省财政投入超过1 700万元建成以部省两级检测中心为龙头、地市级检测站为骨干的检验检测网络,15个市检测机构通过国家计量认证;成立乡镇水产品质量安全监管机构250个,建立覆盖省、市、县、乡镇的水产品质量安全监管体系,扶持在渔业重点乡镇建立快速检测实验室74个;持续加大水产品抽检力度,全省投入检验经费5 000多万元,省级抽检水产品近3万个,总合格率97.3%;在全国率先建立省级水产品标准化数据库,制订省级渔业地方标准282项,初步建成覆盖全产业链的渔业标准体系;加强食用水产品质量安全监管合作机制,与省食品药品监管局签署《加强食用水产品质量安全监管合作协议》,积极创建国家农产品质量安全县。

9. 落实惠渔民生工程 "十二五"期间,广东完成渔民转产转业议案第二阶段任务,扶持建设渔民安居房5 000户、现代渔业产业基地100个、渔民专业合作社193个。为1.39万艘渔船、3.42万名渔民发放休禁渔生活补助4 500万元。为1万艘渔船、10万渔民购买政策性保险。成功应对"尤特""天兔""蝴蝶""彩虹"等超强台风及强降雨灾害,妥善应对和处置"9·29"台山渔民西沙海域遇险事件。2015年全省渔政执法队伍参与海难事故救助97起,救助渔民287人、渔船97艘,挽回经济损失约1 000万元。省政府出台加强渔业安全生产管理的意见,加快推动《广东省渔业船舶安全生产管理办法》出台。加强远洋渔船安全生产管理,重点落实远洋企业主体责任

10. 加大渔政执法力度 2011—2015年,全省共出动执法船24 017艘次,出航30 181天,执法快艇113 229艘次,执法车辆84 399辆次,执法人员650 777人次,检查渔船652 377艘次,查处渔船违规案件32 186宗。开展清理取缔涉渔"三无"船舶、"绝户网"专项行动,共清理取缔涉渔"三无"船舶218艘、禁用渔具"绝户网"6 929张,查处违法案件594宗。拓展执法协作空间。每年开展1次港澳联检,共同打击无证捕捞、走私等违法行为;签订合作协议,加强粤桂闽琼渔业执法协作机制;建立"珠中江打击非法捕捞联合执法机制",增强区域合作,打击流窜式非法捕捞行为。积极推动两法衔接。2015年全省渔政队伍向公安机关移送涉嫌犯罪案件193宗,移送涉嫌犯罪人员321人,其中公安机关依法刑拘202人,有效破解暴力抗法、电炸毒鱼等"老大难"问题。起草移送涉嫌海洋渔业犯罪案件暂行规定、移送涉嫌犯罪案件类型及标准,拟联合省公安厅、省检察院出台海洋与渔业系统"两法衔接"指导意见。中国渔政44061船被省政府授予一等功;中国渔政44246船获国际海事组织"特别勇敢奖"。

(广东省海洋与渔业局)

【广西壮族自治区】 "十二五"期间,广西壮族自治区党委、政府高度关注渔业发展,出台了《广西壮族自治区人民政府关于促进现代渔业跨越发展的意见》。依托区位优势、资源优势和政策优势,广西渔业以加快产业结构调整为重点,扎实推进高效、生态、安全渔业发展,加强资源养护和生态环境保护,进一步改善渔民民生,不断提高渔业现代化水平,顺利完成了"十二五"渔业发展目标,保障了水产品有效供给,增加了渔民收入,为促进生态文明和"美丽广西"建设,为维护国家海洋权益做出了重要贡献。

1. 渔业经济持续发展,渔民增收成效显著 2015年,全区渔业经济总产值602.39亿元,年均增长11.20%,其中,渔业产值达到481.64亿元,年均增长夸大13.32%,占农林牧渔业总产值的比重达到10.5%,比2010年比重提高1.4个百分点。水产品总产量345.60万吨,年均增长4.10%。其中,水产养殖产量266.60万吨,占水产品总产量77.14%,年均增长6.50%;捕捞产量79.00万吨,占水产品总产量22.86%,年均增长0.13%。水产品出口额7.29亿美元,居全区农产品出口首位,年均增长24.56%。全区渔民人均纯收入达20 155.24元,比2010年增加7 982.33元,年均增长10.61%,在西部省区排名第1,在全国排名第5,为全区农民人均纯收入的2.4倍,较全区农民人均纯收入全国排名高20位。

2. 优势产业逐步壮大,产业化进程明显加快 "十二五"期间,广西继续加大扶持力度,重点发展水产优势产业,加快推进渔业产业化经营,有效促进了产业的发展。2015年,全区罗非鱼、对虾、牡蛎、龟鳖的产量分别达到32万吨、24.5万吨、49.5万吨、2.7万吨,全国排名分别为第3位、第2位、第4位、第6位。渔业二三产业稳步发展,2015年渔业第二、三产业产

值分别为58.34亿元和51.44亿元,年均增长6.3%和0.2%,其中,水产品加工总量73.22万吨,全国排名第8,水产品加工总产值50.75亿元,全国排名第10。国家级重点水产龙头企业2家,自治区级重点水产龙头企业10家;农民专业合作社达21 671个、比2010年增长3.3倍,家庭农场快速兴起,总数达到3 223家;休闲渔业蓬勃发展,休闲渔业基地达到2 500多家,创建示范基地33家,广西举办的中国－东盟渔业文化交流活动享誉全国乃至世界。

3.强渔惠渔力度不断加大,基础设施明显改善 “十二五”期间,实施海洋渔船更新改造项目,中央财政投入2.089亿元改造渔船83艘,自治区财政投入430万元更新建造玻璃钢小型渔船90艘;自治区财政投入5 000多万元建设广西海洋渔船安全救助信息系统。实施渔民减船转产项目,完成海洋减船551艘,转业渔民3 259人,支付减船及拆解补助资金7 744.35万元;实施渔民转产转业项目5 229.14万元。实施渔业油价补贴项目,支付补贴资金62.76亿元。中央财政现代农业生产发展项目2.7亿元,实施良种体系建设和池塘标准化改造示范项目,建设罗非鱼越冬繁育场31个,池塘改造面积超过0.8万公顷。中央财政投入2 390万元,实施“菜篮子”水产品生产项目,扶持64个渔业生产单位改善基础生产设施。自治区财政投入1亿多元,实施水产原良种体系建设、高效设施养殖基地建设、大水面渔业开发、休闲渔业开发、特色养殖示范等养殖生产项目200多个,全区渔业生产条件明显改善,综合生产能力进一步提高。

4.渔政执法不断加强,资源养护水平明显提高 “十二五”期间,全区各级渔政机构共开展渔具渔法专项检查行动1 825次,查处违规渔船1 079艘次,清理违规渔具281张(套);积极参与国家护渔维权行动;坚持实施休禁渔制度和捕捞渔船数量、功率总量“双控”制度,机动渔船总数减少4.4%、总吨位减少10%、功率减少9.5%;加大渔政执法船艇建设,中央和地方投入渔政船艇建设资金63 089.00万元,其中,中央53 730万元,地方配套9 359万元,建造或采购渔政船(艇)项目104艘,其中海洋渔政船6艘、艇13艘,内陆渔政船15艘、艇70艘。目前已交付使用海洋1 000吨级渔政船3艘,内陆渔政船3艘、艇12艘;积极推进海洋渔船更新改造和南沙骨干船队建设,更新改造渔船83艘,获得农业部批复建造南沙骨干船队渔船56艘、增加船网工具控制指标10 205千瓦;5年间,全区累计投入资金6 200万元,放流水生生物和珍稀濒危物种苗种约20亿尾;投入资金2 650万元,建成海洋牧场示范区1个,新建海洋牧场示范区1个,续建自然保护区和水产种质资源保护区8个,新建水产种质资源保护区1个。

5.渔业科技和渔业管理不断提升,公共服务能力明显增强 “十二五”期间,全区颁布渔业技术规范23项,获得省、部级以上渔业科技成果奖励13项,选育出凡纳滨对虾“桂海1号”高产抗病新品种。建成国家级和自治区级水产良种场31家,建成自治区级水生动物疫病预防控制中心1个、市级水产病害监测中心3个、县级水生动物防治站41个,初步建立水生动物疫病监测网络及远程诊断平台,监测池塘1 300多公顷、网箱养鱼10万平方米,监测养殖品种36个。全区42.9%的设区市、35.3%的县、81.8%的乡镇建立了水产质量安全监管机构,水产品质量安全监测合格率达到98%以上。扎实推进“三品一标”,无公害水产品产地达到64个,面积3 282公顷,无公害水产品81个,农产品地理标志登记的水产品12个。创建农业部水产健康养殖示范场137家、自治区级水产健康养殖示范场73家。培训渔民每年10万人以上。

(广西壮族自治区水产畜牧兽医局)

【海南省】 “十二五”期间,海南省渔业发展深入贯彻落实科学发展观,以海南生态省及国际旅游岛建设为导向,以健康养殖和发展外海捕捞为主线,以提高水产品质量安全水平、保障供给为目标,大力发展现代设施渔业,努力实现结构调整优化和渔民增益增收,走生态健康可持续发展之路。2015年海南省水产品总产量达207.29万吨,较2010增长29.1%,年平均增长5.2%。其中:海洋捕捞产量、海水养殖产量和淡水养殖产量分别为137.27万吨、25.9万吨和41.79万吨,比2010年分别增长26.8%、37.4%和33.1%,年均增长分别为4.9%、6.6%和5.9%。2015年全省渔业总产值达325.45亿元,比2010年增长72.6%,年平均增长11.5%,渔业经济总量进一步提高,已成为海南省农业经济和海洋经济的重要支柱。

1.捕捞业结构进一步优化 “十二五”期间,严格实施国家海洋捕捞“双控”制度,组织开展全省渔船普查工作,逐步清理“三无”和“三证不齐”渔船,压缩近海捕捞业,拓展外海捕捞能力。通过淘汰老、旧、小木质渔船,更新建造大中型钢质、高效节能、现代化装备的海洋捕捞渔船。目前,赴外海捕捞生产的大中型钢质海洋捕捞渔船达500余艘,有效促进了渔船向科技效益型、节能环保型、资源养护型转变;实施南沙海洋渔船更新改造项目,更新建造300吨以上大中型钢质海洋捕捞渔船200艘,组建南沙生产骨干船队,进一步发展壮大外海渔业生产,实现三沙海域常态化、规模化捕捞生产,维护我国南海海洋权。严格限制对资源造成破坏的拖网、张网等作业方式,积极发展刺网、延绳钓等资源节约型作业方式。扶持龙头企业建造外海生产补给船,鼓励渔民造大船、闯深海,推动渔具、渔法升级换代,组建“公司+渔民”或捕捞渔民合作社等组织化程度较高的形式,开发西中南沙等外海捕捞,不断拓宽捕捞生产空间。

2. 水产养殖集约化水平逐步提升 “十二五”期间,海南省将深水网箱养殖作为调整渔业产业结构、拓展发展空间、增加渔民收入的新举措,积极推动产业发展。5年来海南省财政共安排现代农业生产发展资金3 475万元用于扶持深水网箱建设、安排3 800万元救灾资金用于深水网箱灾后恢复生产,从2010年的1 212口发展至2015年的3 848口,养殖水体、产量分别从2010年的86.2万立方米、1.19万吨发展到2015年的394.46万立方米、产量4.29万吨,是亚洲最大的深水网箱养殖基地。海南省从2012年开始启动水产养殖池塘标准化改造5年计划,4年来共已安排项目资金3 250万元,补助1 472户渔民开展池塘标准化改造,实际完成改造面积3247万公顷,带动社会投入31 690万元,取得了良好的社会效益和经济利益。2010年海南省水产养殖产量50.25万吨,2015年海南省水产养殖产量67.69万吨,“十二五”期间水产养殖产量年均增长6%。

3. 水产品质量安全管理不断加强 每年开展1～2次水产品质量安全专项整治,效果显著;水产品质量安全监督抽查合格率保持稳定,农业部水产苗种监督抽查合格率连续4年保持100%,农业部产地水产品质量安全监督抽合格率连续五年保持100%;水产品质量安全追溯系统(监管平台)框架建设已完成,已建成1个省级监管中心、19个市县监管分中心、45个养殖追溯点、5个加工企业追溯点,已覆盖生产、加工领域,已实现水产品养殖、加工过程的实时动态监管,实现水产品的正向跟踪和逆向追溯;“市县、乡镇、村”三级水产品质量安全监管体系已基本建成。

4. 科技兴渔卓有成效 “十二五”期间,海南省加大对渔业科技推广示范经费的投入,立项实施一大批捕捞、养殖及加工等领域的渔业新技术攻关项目,有力推动了新技术的示范推广作用。养殖方面,组织技术攻关,繁育优质对虾、罗非鱼、石斑鱼等苗种,提高良种良苗覆盖率。同时大力推广池塘精养、工厂化养殖、大型深水抗风浪网箱养殖等先进的养殖模式和技术,较大幅度提高了全省水产养殖的设施水平和技术管理水平。捕捞方面,积极推广应用灯光罩网、灯光围网等先进渔具、渔法,同时推广应用现代通讯技术,建设渔业生产安全通讯保障体系,不断提高捕捞业科技含量。加工运销方面,推广保活、保鲜等加工新技术,应用先进的冷冻、冷藏、运输设备。

5. 渔业基础设施进一步增强 “十二五”期间,渔业基础设施建设进展顺利。一是渔业基础设施建设稳步推进。“十二五”期间海南省共有7个渔港项目完成建设,包括3个中心渔港和4个一级渔港。二是水产良种场建设项目稳步推进,海南已建成1家国家级南美白对虾遗传育种中心和1家国家级海水水产良种场,建成涵盖石斑鱼、罗非鱼、南美白对虾、扇贝等主要养殖品种的省级水产良种场13家,遍布全省各市县。三是市县级海洋环境监测实验室与水生动物疫病防治站整合建设进展顺利。四是启动的北斗通信技术应用于渔船装备,大大提升了全省海洋渔业技术装备水平。

6. 渔业安全生产紧抓不懈 一是完善制度建设,夯实监管基础。制定印发《海洋渔船跟帮编队生产管理暂行办法》,弥补了海南省中小型渔船海上独自作业风险监控在制度上的缺失,在挽救渔民生命和财产损失上发挥了巨大作用。二是强化监管力度,推行量化考核。制定印发《海南省渔业安全生产工作责任目标考核实施细则》,对市县渔业部门安全生产工作责任目标进行定性定量考核。三是紧抓防风防汛,确保渔民生命财产安全。汛期24小时值班制度和一系列防风应急工作制度保障全省渔船能及时就近回港避风,将渔民的生命和财产损失有效降低到最小。四是大力推进平安渔业示范县的创建工作。2011年首次在省内开展平安渔业示范县的创建,截止到2015年全省共举办了3次创建活动,通过打分评比推举儋州、琼海、昌江 、陵水4个市县为海南省的平安渔业示范县单位。五是加强宣传教育。推行海洋防灾减灾知识进校园活动,同时多渠道、多角度向广大民众和渔民介绍海洋知识和防灾减灾技能。

(海南省海洋与渔业厅)

【重庆市】 “十二五”期间,重庆市渔业遵循以科学发展观为统揽,以市场为导向,产业化为纽带,科技为支撑,改革创新为动力,突出发展池塘鱼、大力发展生态鱼、保护发展土著鱼、探索发展观赏鱼,切实加强水生生物资源养护,努力实现淡水产品基本自给,渔民收入明显增加的指导思想,真抓实干,渔业发展突飞猛进。水产品产量、渔业经济总产值、渔民人均纯收入等主要指标同比增幅分别达114.7%、167.5%和129.3%,五年翻了一番多,渔业经济地位得到显著提高。

1. 池塘鱼成为保障供给的主阵地 池塘养殖面

积5.62万公顷、产量40.7万吨,分别比"十一五"末增长34.7%和128.7%,分别占养殖总面积的58.1%和养殖总产量的88.3%。全市水产品自给率从"十一五"末的不足五成到现在的九成多,池塘鱼成为拿下"战局"的主阵地。

2. 生态鱼成为创建品牌的突破口 以"三峡鱼"有机品牌为代表的三峡库区水域牧场建设和"渝湖"牌为代表的水库生态渔业发展成为"十二五"重庆渔业发展的两张"名片"。水域牧场面积已达0.4万公顷,生产能力1 000吨以上,水库生态渔业面积0.4万公顷,生产能力2 000吨以上,两项产值达10亿元以上。

3. 特色(土著)鱼成为调整结构的风向标 以大鲵、棘腹蛙、胭脂鱼、岩原鲤、裂腹鱼等为主的稀有土著鱼,以鲑鳟鱼、鲟鱼等为主的名优冷水鱼,以中华鳖、泥鳅、乌鳢、虾、蟹等为主的池塘特色鱼养殖规模呈扩大态势。除青、草、鲢、鳙、鲤、鲫、鳊鲂鱼外的特色水产品(不含捕捞产品)产量5.7万吨,比"十一五"末增长137.5%,产值达15亿元以上。

4. 观赏(休闲)鱼成为融合产业的大载体 以观赏鱼养殖为先导,休闲渔业发展明显提速,成为一二三产业融合的大载体。观赏鱼养殖面积357公顷,产量2.1亿尾,比"十一五"末增长320%。休闲渔业589处、0.34万公顷,"十二五"期间创建全国休闲渔业示范基地13家,全市休闲渔业产值6.1亿元,比"十一五"末增长205%。

5. 水产品质量安全形势趋好 通过健康养殖示范场创建、"三品一标"打造、产地抽检、检打联动等标本兼治手段,水产品质量安全得到保障,形势趋好。累计创建农业部水产健康养殖示范场100家,创建"三品一标"产品328个,涉及产量3.4万吨,年抽检29批次800余个样品,确保了地产水产品抽检合格率保持100%。

6. 渔业生产安全基础扎实 通过平安渔业示范县创建、渔业文明执法窗口建设、渔政执法装备完善和渔民生命工程建设等措施,夯实了渔业生产安全基础。渔船安全责任事故保持了零死亡。同时,大力推进以船为家渔民上岸安居工程,竣工率已达100%,位居全国前列,落实补助资金2 089万元,惠及19个区县696户渔民。启动了渔业规模化养殖保险试点,实施规模0.1万公顷。

7. 渔业生态安全措施有力 禁渔管理持续有力,年接受举报1 000余起,出动检查车辆1 000余台(次)、船艇1 000余艘(次)、检查人员近6 000余人(次),查获违禁捕捞船近100艘次、电捕鱼器近100台(套),行政处罚100余人(次)、罚款近20余万元。渔船"只减不增"的政策执行到位,机动捕捞渔船从"十一五"末的5 207艘减少到5 192艘,非机动渔船从"十一五"末的1 332艘减少到808艘。增殖放流力度持续增强,年均增殖放流水生生物5 000万尾以上,涉渔工程水生生物环评和生态补偿措施落实规范有序。

(重庆市农业委员会渔业发展处)

【四川省】 "十二五"时期是四川省水产业发展的黄金时期。全省渔业总产值达到346.4亿元,水产品总产量近138.7万吨,在"转方式、调结构、促发展、助增收"方面取得显著成效。同时按照《国务院关于促进海洋渔业持续健康发展的若干意见》文件精神和全国现代渔业建设工作电视电话会议等有关要求,加强基层调研力度,认真研判水产业发展形势,找准水产业发展短板,几易其稿,精心策划,以省政府办公厅名义出台了《关于加快发展现代水产业的通知》,就全省加快发展现代水产业的总体要求、主要任务、保障措施作出了全面部署。《文件》是指导四川现代水产业建设的纲领性文件,为水产业在"十三五"乃至更长的时间内蓬勃发展争取了政策空间,夯实了基础。

"十二五"以来,四川渔业扎实落实中央、省一系列强渔惠渔政策措施,积极构建现代渔业产业体系和支撑保障体系,加快转方式调结构步伐,渔业保持了持续健康发展势头,成为农业农村经济发展的突出亮点和重要增长点,在新农村建设和农民增收致富方面发挥了产业支撑作用。

1. 综合生产能力稳步提升 围绕保障市场水产品安全有效供给,以抓好大宗水产品种和优势特色品种养殖为重点,大力实施原良种场改扩建工程,新增省级以上原良种场19个,总计达到41个(其中国家级2个),原良种覆盖率达到了60%。科学拓展水产养殖面积,池塘高产高效养殖、水库生态健康养殖、稻田综合种养蓬勃发展。"十二五"末,全省水产养殖面积达到20.25万公顷,较2010年增加1.93万公顷,增长10.53%。稻田养殖面积达到31.01万公顷。全省水产品产量连续5年保持增长势头,水产品产量达到138.7万吨,较2010年增加33.64万吨,增长32.01%。

2. 渔业经济产值显著提升 在大力发展水产养殖业的同时,积极发展休闲渔业、餐饮服务、仓储流通、水产品加工等二、三产业,促进三次产业联动发展,不断提升渔业经济效益。全省渔业经济总产值突破340亿元,较2010年增加124.21亿元,增长57.56%。其中:一、二、三产业产值分别达到223亿元、29亿元、91

亿元，分别比2010年增长72.55%、18.66%、46.57%。其中，"通威""凤凰""三友""芳草"等一批四川渔饲料渔药企业集团继续保持快速发展态势，进一步巩固了在全国的行业领先地位。

3. 渔业助农增收成效显著 全省渔民人均纯收入超过13 100元，较2010年提高80.83 %，年均增长12.58 %，渔民年平均收入超过农民年平均收入3 000元。全省农民年人均渔业收入535.81元，较2010年提高66.46 %，年均增长10.72%。

4. 助力新村建设成效突出 按照产村相融、互动发展的总体思路，充分发挥水产业的产业支撑作用，凡有条件有优势发展水产的地方，将水产发展与新农村建设同步规划，统筹实施。通过整合各类项目资金，完善基础设施配套，强化水产公共服务，突出发展水产养殖，形成了一批各具特色、各具优势的"新村带产业、产业促新村"典型。"十二五"期间，全省共建设现代水产业示范村725个，渔业产值超过30亿元，农民人均渔业收入超过万元。

5. 产业化经营稳步推进 大力培育扶持水产龙头企业、专业合作社、家庭渔场等新型经营主体，引导鼓励养殖池塘、养殖水面、土地使用权有序流转，创新利益联结机制，发展多种适度规模经营。全省水产企业达到1 625个，其中国家级水产龙头企业2个，省级水产龙头企业7个。全省水产专业合作社达到2 028个，其中国家级水产示范合作社达到14个、省级以上水产示范合作社达到74个。全省各类休闲渔业基地超过900家，其中全国休闲渔业示范基地13家，省级示范农庄4个。全省渔业规模化率达40%。

6. 水产科技创新成果丰硕 "十二五"以来，全省水产行业共承担由国家主持的科研项目8项，部、省级主持的57项，获得国家、部、省级科技进步奖励11项，其中"建鲤健康养殖的系统营养技术研究及其在淡水鱼上的应用"获得2013年度国家科技进步二等奖和省政府2012年度科技进步一等奖。稻田综合种养获全国丰收计划一等奖。"长薄鳅全人工养殖及在水产养殖上的应用"获得2014年度省科技进步二等奖。"投饵网箱鱼体排泄物回收系统及效能研究"等5项成果获得省科技进步三等奖。获得发明专利38项，新型实用专利40项，国际期刊发表论文74篇，国内核心期刊222篇，出版专著14部。这些成果不断被应用到生产实际，转化成了现实生产力，推动和促进了水产业的快速发展和经济效益的不断提升。

7. 质量安全水平总体向好 构建了省、市、县三级质量监督监测体系。省水产局以农业部渔业环境与水产品质量监督检验测试中心（成都）为核心，已具备198个参数的检验检测能力；21个市州和149个县的农产品质检机构均具备水产品检验检测能力；全省19个市（州）和90个水产大县（市、区）渔业主管部门配备了水产品药残快速检测仪器，实现了监管链条由生产环节延伸到收储运环节。在25个县建立了水生动物疫病防治站，配置了疫病和质量检测设备，重点开展风险监测和预警；在19个市州设立了148个水产养殖病害测报点，强化了预警预防。全省农业部健康养殖示范场达到234家，无公害水产品生产基地298个，面积6.12万公顷；获得农业部认证的无公害水产品1 004个，获得地理标志水产品6个，获证绿色水产品4个，有机水产品11个。"十二五"以来，全省未发生任何水产品质量安全事件，产地抽检合格率保持在96%以上；发布水产地方标准39项，现行地方标准达98项。

8. 水生生态文明建设取得新成效 坚持以渔业资源保护和增殖为重点，扎实推进水生生态文明建设。狠抓一年一度的春季禁渔，严厉整治使用绝户网、电鱼、毒鱼、炸鱼等非法捕捞行为，切实保护了江河渔业资源。不断降低捕捞强度，努力减轻资源压力，目前全省水产品捕捞产量占总产量的比重已降低到4.5%以下。持续开展鱼类增殖放流，促进天然水域资源增殖，"十二五"期间，累计投入资金1.8亿元，放流各类苗种5.6亿尾。坚持开发与保护并重，加强水利水电工程建设涉渔影响评价和补救措施落实，大型水电工程项目建设鱼类增殖站8个，全省开展补救项目评价192项次。大力推进鱼类保护区和种质资源保护区建设，新建国家级水产种质资源保护区16个，全省累计达到37个，其中国家级31个，省级6个；新建国家级、省级水生生物自然保护区各1个，全省累计达到10个，其中国家级2个，省级4个，市级2个，县级2个。新建省级水生生物湿地自然保护区1个，水生生物湿地保护示范区3个。

9. 渔业法制建设取得新突破 2013年12月16日四川省政府第30次常务会议审议通过《四川省渔船渔港管理办法》，自2014年2月1日起施行。《办法》的实施标志着全省渔业船舶和渔港管理有了比较完整的政府规章，约束力更强、效力更高、管理更规范。

10. 渔业政策性养殖保险试点稳步推进 目前，成都市、乐山市市中区、泸县、龙马潭区、内江市东兴区等地启动了渔业政策性养殖保险试点，为养殖户撑起了"保护伞"，极大地调动了养殖户生产积极性。截止到2015年年底，全省累计承保水产养殖面积近1万公顷，签单保费8 742万元，理赔6 758万元。

（四川省水产局）

【贵州省】 “十二五”期间，贵州省渔业系统深入贯彻落实中央精神和农业部有关渔业工作部署，围绕保水、保生态、保渔民增收，强化资源保护、渔政执法和渔船安全监管，提高渔业基础设施装备水平，合理利用水域，加快转变渔业发展方式，调整渔业产业结构和布局，发展特色渔业，推动了全省渔业稳步健康发展。

1. 渔业生产快速发展，全面完成“十二五”计划指标 “十二五”期间，主要以项目建设为抓手，按照稳步推进大水面养殖，做大做强特色养殖的发展思路，大力推广渔业新品种、新技术和养殖新模式，着力打造高效渔业区域，致力于水产品提质增效，全面完成计划指标。2015 年全省渔业经济总产值 55.33 亿元，水产品产量 24.98 万吨，水产养殖面积 5.99 万公顷，分别较 2010 年增长 4.5 倍、2.8 倍和 2 倍，其中产量数超计划指标 8.6%。

2. 三大养殖模式仍占主体，特色渔业发展迅速 “十二五”期间，全省水产养殖的主要模式有水库、池塘养殖及稻田综合种养，这三大养殖模式产量约占总养殖产量的 87%。其中，水库养殖主要以网箱养殖为主，2015 年网箱养殖面积达到 817.58 万平方米，产量达到 12.93 万吨，与 2010 年同比分别增长 6.7 倍和 4.4倍；稻田综合种养新技术自 2011 年以来，已在全省 3 个市、州 13 个县示范推广，面积达 2 840 公顷，辐射推广面积 0.75 万公顷，集成稻－蟹、稻－虾、稻－鳅共作模式，成为渔民增收的主要产业。

2015 年大鲵存池数 78.46 万尾，比 2010 年增长 3.3 倍，养殖企业 256 户，比 2010 年末的 36 户增长7.1 倍。冷水鱼养殖产量 10 128 吨，比 2010 年增长 14.5 倍，形成了集冷水鱼养殖、垂钓、加工、销售为一体的综合经营模式。“十二五”末，大鲵、冷水鱼的产量分别是“十一五”末的 3.3 倍、14.5 倍，产业结构调整成果显著。

3. 加强水产品质量安全监管 组织完成农业部产地水产品质量安全检测任务，抽检样品 385 个，合格率100%。健康养殖模式进一步得到推广，“十二五”期间累计创建健康养殖示范场 53 个、全国休闲渔业示范基地 15 个。加强渔业病害监管，截止到“十二五”末，在渔业主产区建立了 66 个疫情监测网络平台，省、市、县三级渔业主管部门制定水生动物疫病监测计划，对水生动物疫病的发生、流行等情况实施全年全天候监测，监测范围涉及池塘养鱼、稻田养鱼、网箱养鱼、山塘养鱼、冷流水养鱼等，监测面积超过 0.1 万公顷。同时，开展了养殖水面遥感监测校对和图集编制工作。

4. 渔业发展得到政府高度重视 “十二五”期间，省政府出台了《省人民政府办公厅转发省农委关于进一步规范和加快现代特色渔业发展的意见》《关于做好禁渔管理工作的通知》《关于开展重点河湖专项联合执法检查工作的通知》等文件，为全省渔业发展营造良好的政策环境。渔业资金投入同“十一五”相比有大幅增长。中央、省级共投入“十二五”期间渔业发展资金 20 592 万元，其中，中央资金 15 105 万元，地方投入资金 5 487 万元，仅 2015 年就达 7 000 余万元，而 2010 年全部财政投入资金总额仅为 1 155 万元，对稳定和促进全省渔业发展发挥了重要作用。

5. 资源保护与利用工作取得巨大成绩 水产种质资源保护区从 2010 年的 4 个增至 21 个（其中，国家级 19 个、省级 2 个），修复水域生态环境资金从 2010 年的 785 万元增加至 6 000 万元以上。全面完成了长江上游珍稀特有鱼类国家级自然保护区建设，启动赤水河渔民转产转业工作。加强增殖放流工作，“十二五”期间投入增殖放流资金 2 300.5 万元，投入鱼苗 7 380.7万尾，同“十一五”期间相比，投入资金增加 400 万元，投入鱼苗增加 1 180.7 万尾，投放品种从鲤、草、鲢、鳙等常规鱼苗逐步向岩原鲤、中华倒刺鲃、四川裂腹鱼等特有品种发展。

6. 加强渔政监管工作 一是机构方面。“十二五”期间，全省 9 个市（州）、88 个县（市、区、特区）中有 9 个市级、61 个县级单独成立了渔政渔港监督管理机构，其中 3 个属于行政部门，2 个属于参照公务员管理部门，56 个属于事业部门，692 名渔政员持证上岗。二是装备方面。新增渔政执法船、艇、趸船 167 艘；三是信息化建设方面。开展了“互联网＋现代渔业”行动，启动黔南布依族苗族自治州罗甸港渔政执法信息化视频监控系统建设。四是禁渔期执法检查方面。“十二五”期间共开展渔政执法行动 4 818 次，出动执法检查人员 24 022 人次，出动执法车（船）10 190 次，制作禁渔宣传标语（横幅）9 768 条幅，散发禁渔宣传资料 56.19 万余份，发送手机短信 11.3 万余条。通过禁渔期间的巡回检查和专项整治行动，查获违禁捕捞船 168 艘，查处电炸毒鱼案 1 101 起，没收电渔具 671（套、台），拆除和销毁各种网具共 4 618 张，没收违法捕捞渔获物 9 171 千克，行政处罚 302 人。

7. 加强渔业安全监管工作 通过层层落实渔业船舶安全生产责任制，加强渔业船舶安全生产监督管理，“十二五”期间全省未发生一起重大、较重大渔船安全生产事故。开展了平安渔业示范县创建工作，全省共有 9 个县（市）16 次被评为“贵州省平安渔业示范县”，兴义市、罗甸县分别被评为 2013 年、2015 年“全国平安渔业示范县”。全省渔船登记数6 068艘,检验、发证率分别达到99%、100%。全省各级渔业船舶监督管理机构逐步建立健全,共建立63个渔业船舶检验机构,获验船师资格证书238人,其中中级验船师6人。进一步落实渔船柴油补贴惠民政策,发放渔业油价补贴12 356万元,比“十一五”期间的1 588万增加了6.78倍。

(贵州省渔业局 何 文 安元银)

【云南省】 “十二五”期间,云南渔业全面贯彻党的十八大以来历次中央全会精神、习近平总书记系列重要讲话精神和习近平总书记考察云南重要讲话精神,认真贯彻中央、省委“三农”工作的各项方针政策,以创新、协调、绿色、开放、共享发展理念为引领,坚持提质增效、绿色发展、富裕渔民,大力推进渔业供给侧结构性改革,以健康养殖、合理捕捞、保护资源、做强产业为方向,转变养殖发展方式,压减低效、高污染产能,大力发展标准化健康养殖;调整产业结构,不断拓展渔业功能,推进一二三产业融合发展;加强质量安全,保护资源环境,改善基础设施,提升信息装备,促进科技兴渔,强化依法治渔,依托资源,依靠科技,强化管理,全省渔业保持了又好又快的发展势头。

1. 经济总量持续增长 2015年,全省水产养殖面积、水产品总产量、渔业经济总产值、渔业产值、渔业人口人均纯收入分别达14.2万公顷、93万吨、210亿元、132亿元、10 353元。淡水养殖产量居全国第14位、西部第3位(仅次于广西、四川),其中罗非鱼、鳟鱼、鲟鱼产量分别位列全国第4位、第2位和第3位。

2. 产业化进程不断推进 围绕渔业是典型的资源型产业,突出优势,因地制宜,因势利导,优化布局,全省形成低热河谷、电站库区及南部热区以罗非鱼为主导品种的热带鱼优势开发区,滇东北和滇西北冷凉水资源丰富地区以鲟鱼、鳟鱼为主导品种的冷水鱼优势开发区,滇中、滇西满足“菜篮子”供应的优质大宗淡水鱼开发区和以土著鱼类开发为重点的特色渔业开发区。这些优势养殖品种和区域布局的形成,促进了全省渔业发展资金、技术、人才等生产要素向优势区域聚集,为渔业规模化布局、标准化生产、产业化经营、现代化提升奠定了基础。全省建成万吨级水产品基地县39个,各类水产品加工企业发展到40余家,年加工能力达到30万吨以上,加工品种为罗非鱼、鲟鱼、银鱼、小型鱼、虾等,产品远销欧美、日本及中东等国家和地区,带动渔用饲料加工、水产仓储流通、休闲观光渔业等相关产业迅猛发展。

3. 科技增产效果明显 “十二五”以来,全省通过实施现代产业技术体系研发示范工程、渔业科技入户示范工程、新型渔民科技培训工程,承担和启动了大宗淡水鱼、罗非鱼、土著鱼三个产业技术体系,推广了池塘健康养殖技术、网箱集约化养殖技术、流水高产高效养殖等十项适用技术。截止到2015年,全省创建国家级健康养殖示范场111家,省级51家,并且冷流水养殖创造了农业亩产值超过百万元的高效典型,攻克了41种土著鱼的人工驯养繁殖技术,为全省土著鱼类资源保护和养殖品种结构调整奠定了基础。

4. 水生生物资源养护有效推进 为恢复水生生物资源数量和种群,大力开展水生生物增殖放流,2010年以来,全省投放各类鱼苗2.1亿尾,其中珍稀濒危土著鱼类0.3亿尾。“十二五”期间,中央和省级共计投入3 510万元资金用于增殖放流,其中中央2010年投入480万元,2011年投入480万元,2012年投入480万元,2013年投入630万元,2014年投入710万元,2015年投入710万元,省级每年100万元。通过增殖放流,江河资源明显增多,湖泊资源恢复明显,比较典型的如抚仙湖周围鱇鲍白鱼已经形成鱼汛,多年不见的车水捕鱼情景又重现抚仙湖边。国际合作开展水生生物资源养护工作取得了新突破,2015年11月8日在西双版纳州由农业部与老挝南塔省联合举办了边境渔政执法暨增殖放流活动。完成了长江上游(云南段)珍稀、特有鱼类国家级自然保护区建设任务。截止到2015年,云南设立水生动植物自然保护区16个,设立国家级和省级水产种质资源保护区19个。积极参与涉渔工程生态环境影响评价,指导编制水生生态补偿方案,督促落实各项补偿措施。

5. 法治建设不断推进 2011年5月,云南省十一届人大常委会第二十三次会议通过了《云南省渔业条例》,并于同年10月1日起实施,这为全省渔业实现科学、和谐、跨越发展从法律上提供强了有力的保障,有力地推动了渔业“三大安全”水平的提高。通过实施养殖证制度、水产苗种生产许可制度和水产养殖记录制度,创建水产健康养殖示范场,从源头保证水产品质量安全,水产品质量产地检测合格率多年达98%以上。以强化渔船安全管理为核心,认真落实各项安全生产责任监管措施,连续5年渔业生产无安全事故发生,实现“零死亡”目标。加强渔业水域环境监测,严厉查处渔业水域污染事故,严格执行水生生物增殖放流种质鉴定、苗种检疫制度,加强放流效果监测评估,无重大水生生态安全事故发生。

6. 渔业功能不断拓展 以鱇鲍白鱼、裂腹鱼、金线鱼巴、大头鲤、丝尾鳠和滇池高背鲫等为代表的土著经济鱼类开发效果明显;电站库区渔业已成为渔业经济新的增长点和解决库区失地农民生活安置与生产发展的重要途径；独具特色的民族文化与休闲观光渔业相结合为旅游业增添了新亮点；放养滤食性鱼类治理水体富营养化效果明显。渔业功能已从解决“菜篮子”供应拓展到农民增收、旅游观光、库区移民就业、生态治理和文化传承等方面。

总结“十二五”期间云南渔业发展，以下五方面的经验必须继续坚持：一是必须坚持把渔业发展纳入农业和农村经济发展的大格局中去谋划，争取领导重视，各方支持，才能获得广阔的发展空间。二是必须坚持依托资源，突出优势，合理布局，优化结构，规模发展，才能加快发展速度。三是必须坚持“以养为主、科技兴渔”的方针，依靠科技进步与创新，转变渔业经济发展方式，才能全面提升产业素质。四是必须以工业化的理念谋化渔业，走市场化、产业化、品牌化发展之路，云南省现代渔业建设才能实现跨越式发展。五是必须坚持科学发展观，坚持不懈地抓好渔业资源开发利用与生态环境保护，坚持保护与开发并举，才能奠定产业可持续发展的基础。

（云南省农业厅）

【陕西省】 “十二五”期间，陕西渔业经济保持了稳定发展的势头，取得了显著成效。至2015年末，全省完成水产品产量17.0万吨、渔业经济总产值63.3亿元，渔民人均纯收入突破1.3万元。

1. 出台了一系列强渔惠渔政策 先后以省政府名义出台了《关于进一步加快渔业发展的意见》《关于贯彻落实〈陕西省人民政府关于进一步加快渔业发展的意见〉的实施意见》和《陕西省渔业基础设施建设贷款项目财政贴息资金管理暂行办法》等惠渔政策。每年争取农业部“菜篮子”工程、资源养护、水生生物自然保护区和县级水产推广站体系建设等资金大约2 000万元左右；省级财政每年安排3 000万元专项资金支持渔业基础设施建设；省级财政预算内渔业补助资金950万元用于水产品质量、渔业生产、渔船安全监管和渔政执法；2012年开始，省财政每年拿出1 000万元资金，对贷款发展渔业给予5%利息补贴。

2. 抓住农业结构性调整政策，扎实推进水产养殖业转型升级，突出加强渔业基础设施的升级改造 一是新建和改造池塘超过0.2公顷，产业化进程不断推进；二是对17个省级水产良种场进行了升级改造，繁育能力得到显著提升；三是对省级水产品质量安全及水域生态环境检测中心、病防检测中心、鱼药渔饲料检测中心仪器设备进行了新增和更换；为全省所有市、县（区）配备了水产品质量速检测、渔政执法等设备；争取2 140万元的“黄河流域水产品质量安全监督检验中心建设”项目和392万元的“黄河中上游渔业资源环境科学观测实验站建设”项目已开始实施。

3. 强化科技创新驱动，推进“科技兴渔”战略，全面提升现代渔业建设的科技贡献率 一是组织开展国家产业技术体系建设、公益性行业专项、省科技计划等项目40项，引进、集成、示范和推广了乌克兰鳞鲤、异育银鲫、福瑞鲤、淞浦镜鲤、长丰鲢和丁桂鱼、黄颡鱼、中华倒刺鲃等11个新、特、优品种，养殖结构不断优化。二是组织实施“农业部大鲵创新试验”“陕西省无公害水产品养殖技术推广”等10个重点水产技术示范推广项目，实施面积覆盖全省主要养殖区域的80%以上，年增加产量占到全省增产量的70%以上。三是将大鲵人工繁育及病害防治研究作为科技创新与推广重点，成为“十二五”渔业经济新的增长点。四是科研与推广工作取得丰硕成果，“十二五”期间，先后获得全国渔业生态环境监测优秀成果二等奖1项，获得陕西省政府农业技术推广成果一等奖2项、二等奖4项、三等奖2项，获得陕西省科学技术三等奖5项，获得陕西省水利科技进步一等奖6项、二等奖2项，发表渔业科技论文200余篇。

4. 整合优势资源，突出地域特色，扎实推进现代渔业产业发展布局 一是通过“政府引导、市场运作”等方式，壮大龙头企业、渔民专业合作社等经济组织，全省已累计发展渔业龙头企业和专业合作经济组织200多个，省级渔业园区4个、市级渔业园区80多个，龙头企业和专业合作组织发挥了示范带头和引领作用。二是在产业布局上，基本形成了以水库网箱养殖、山区微流水养殖、稻田养鱼等为重点的特色有机渔业，以沿黄河、渭河、汉江生态渔业产业带为重点的大水面养殖、池塘高效养殖、网箱养殖商品渔基地，以库坝群为主的陕北渔业，以城市郊区为重点，集垂钓、休闲、餐饮、观光、旅游为一体的休闲渔业，以秦巴山区为中心的大鲵仿生态、人工养殖等区域特色发展格局，渔业产业集群、区域布局更趋合理，养殖结构进一步优化，生态化、集约化、规模化、产业化、组织化水平不断提升。

5. 坚持生态优先、以鱼养水、鱼水共生的发展理念，渔业资源养护和水域环境保护持续推进 一是水生生物保护区建设走在了全国前列，全省已建成水生生物自然保护区11处，其中国家级5处、省级2处、市县级4处，已建成国家级水产种质资源保护区18处，保护区总面积达到1 773.88平方公里。二是扎实开展水生生物增殖放流工程，累计开展增殖放流经济鱼类8 336万尾、珍稀水生动物大鲵79 485尾、秦岭细鳞鲑1 310尾，通过人工增殖和执法保护，渭河流域鱼虾重现,黄河、汉江流域生物多样性有效恢复,种群数量明显增加,生态环境和资源状况得到有效改善。三是大鲵养殖已成为秦巴山区农民致富的朝阳产业,养殖数量超过500万尾,年繁育大鲵幼苗超过400万尾,汉中市被农业部授予“大鲵之乡”,秦岭细鳞鲑、川陕哲罗鲑等人工培育取得重大进展,濒危物种得到有效保护。四是组织对8个重点涉水工程建设对渔业资源及生态环境影响评价报告进行审查,仅引汉济渭工程落实生态修复资金9 600多万元,生态影响评价机制得到很好落实。五是加大宣传力度,广泛运用省内主流媒体和新型媒体的作用,扎实开展了“水生野生动物保护宣传月”活动,广大群众保护水域生态环境和水生动物资源的意识明显增强。

6. 推进依法行政,强化法规制度建设,努力提升依法执政能力和水平 出台了《陕西省渔业船舶管理办法》《陕西省水产种苗管理办法》等政府规章,印发了《关于进一步加强水生野生动物保护管理的意见》《关于加强水生野生动物驯养繁殖管理的意见》《关于加强水生野生动物驯养繁殖许可证管理的意见》《实施水生野生动物经营利用许可证管理的意见》《关于加强食用农产品质量安全监管工作的意见》等指导性意见。编制《大鲵质量要求》《大鲵养殖技术规范》和《渔业水域污染事故应急监测技术规范》等地方标准,编写了《大鲵》职业农民培训丛书,推进养殖大鲵产品标识化管理。梳理整理涉渔、涉船权力清单和责任清单45项并经省政府审核公示。

7. 完善执法体系,强化队伍建设,切实发挥渔政执法在推进现代渔业建设中的保驾护航作用 一是坚持依法治渔和生态优先方针,强化渔政监督、严格渔业执法、修复水域生态、保护水生生物、推进渔业可持续发展。二是坚决清理整治“绝户网”和涉渔三无船舶、禁渔修渔监管、渔船渔具管理、渔业安全生产和污染事故查处等渔政执法工作。三是突出加强渔政执法队伍建设,全省10市1区、85个县(区)成立了渔政执法机构,渔政执法人员达到1 600多名,宝鸡、汉中、渭南、榆林4市渔政执法机构在新一轮事业单位改革中纳入公务员管理序列,累计装备执法船(艇)52艘、执法车辆23台、集成执法取证装备箱50套,先后有7个单位获得全国“渔业文明执法窗口”单位,2个县获得全国“平安渔业示范县”。

8. 强化源头治理,落实主体责任,水产品安全有效供给得到保障 连续8年开展了水产品质量安全专项整治和农资打假专项整治行动,健全全省水产养殖数据库,建立和完善生产经营者首负责任制,明确了水产品质量安全主体责任,积极探索质量安全责任可追溯机制并进行试点;加大水域环境和病害疫情监测,连续15年向社会发布《陕西省渔业水域环境及病害防治状况》2个公报;全省已创建全国健康养殖示范场70家、无公害产地认定74个、产品认证178个、认证面积6 592.7公顷,自产水产品质量有了保障;加大监督检查和监督抽查力度,2011年以来,农业部连续组织产地水产品监督抽查,合格率连续保持在100%,省市县组织的定量和定性检测,合格率保持在98%以上,确保了全省水产品安全有效供给,“十二五”期间未发生重大水产品质量安全事件。

9. 突出渔船安全监管,强化隐患排查治理,渔业安全生产管理进一步规范 修订完善并出台了《陕西省渔业船舶管理办法》,开展了小型渔业船舶规范化管理试点和“渔船基本数据普查”“渔船安全风险隐患排查与整治”“渔船船用产品质量监督整治”等三大行动。对12米以上渔船进行摸底核查,明确了12米以下渔船检验权限;积极协调市、县渔业部门获得国家船检机构认可和业务授权,首批“陕西渔业船舶检验局安康检验处”和“陕西渔业船舶检验局安康瀛湖检验站”通过审查批复;审核、申报、发放1 000余艘机动渔船6 000余万元柴油补贴,核定7种标准化渔船船型;加大渔业船舶检验和船员培训力度,严格渔船检验、登记、发证等工作,渔业船舶管理逐步走上规范化、制度化、经常化轨道,5年来未发生重大安全生产事故。

(陕西省渔业局)

【甘肃省】 “十二五”期间,在农业部和甘肃省委、省政府的正确领导下,全省各级渔业部门以党的十八大、十八届三中、四中全会精神为指导,紧紧围绕渔业增效、农民增收、农村稳定的目标,积极推进水产健康养殖,大力实施渔业结构调整,着力加强水产品质量安全监管,努力提升渔业产业化经营,不断强化渔业生态环境保护,稳步推进渔政规范化管理,渔业转型升级初现成效,全省现代渔业迈出重要步伐,为推动全省现代农业发展做出了重要贡献。

1. 始终突出综合生产能力建设,渔业经济持续增长 全省渔业养殖面积稳定在1.3万公顷左右,水产品总产量1.49万吨,较5年前增长19.5%;渔业产值5.3亿元,提高183.4%;省级以上水产良种场达到24个,增加15个;省级以上渔业龙头企业4个,增加3个;创建农业部水产健康养殖示范场50个,增加30个;水产品部省抽检总体合格率连续5年为100%。

2. 始终突出科技创新,特色渔业不断发展壮大 5年内渔业科技投入3 500多万元,自主选育的鲑鳟鱼新品种“甘肃金鳟”通过全国水产原良种审定,引进新品种、新技术10项，推广面积1 600公顷。获省级以上科技进步奖6项，农牧渔业丰收奖2项，国家发明专利5项。在3个大型水库发展25万平方米网箱养殖基地3个，网箱养殖面积达25.6公顷。鲑鳟鱼发展到12市州，养殖面积超过33公顷，产量3 000吨。鲟鱼养殖面积400公顷，产量1 200吨。大鲵养殖面积18.7公顷，存塘量20多万尾。休闲渔业企业700多家，年接待游客72万人次，创建全国休闲渔业示范基地13个。

3.始终突出资源养护，渔业生态环境日臻良好 5年来累计投入增殖放流资金2 280多万元，放流各种苗种2亿尾，人工成功繁殖9种具有重要经济和生态价值的土著鱼类。建成省级以上水生野生动物自然保护区6个，其中国家级自然保护区2个，建成国家级水产种质资源保护区20个，保护物种24种，保护区面积达到30多万公顷。组织各种工程渔业生态环境影响评价27起，争取生态补偿资金3 000多万元。

4.始终突出依法行政，渔政管理能力不断加强 在全省自然水域实行了5年禁渔行动，组织打击电毒炸鱼等专项整治行动1 100余次，处罚违法人员75人次。狠抓渔业安全生产，渔业水上作业保持零责任事故。开展了5个重要水域生态环境监测，调查处理23起渔业水域污染事故，为渔民挽回经济损失400万元。举办15期渔政执法培训班，培训执法人员900人次。

5.始终突出政策引导，渔业发展环境持续向好 2014年，省政府发布了《关于进一步加快现代渔业发展的意见》；在实施十百千万工程和推进精准扶贫的意见中首次将渔业标准化示范基地纳入其中。定西、酒泉等市政府相继出台了支持现代渔业发展的意见。5年间共争取各类渔业资金1.04亿元，新建改建16个水产良种场，建设6个水生生物自然保护区，购置13艘渔政执法船艇，完成43个渔业标准化基地建设。

6.存在的问题 当前，甘肃省渔业发展中依然存在不少问题，渔业基础薄弱，生产方式落后，产业融合不够，科技创新能力不足等问题依然存在，渔业转型升级面临的更为艰巨的困难。一是渔业公益性、基础性投入严重不足，各项基础设施建设相对滞后，渔业社会化服务体系还比较薄弱。二是现代渔业比重偏低，全省水产养殖区域分布零散，以一家一户的小生产为主，规模小、抗风险能力差，渔业标准化养殖程度低，普通养殖户效益差。三是水产品市场拓展不够，本地自产优势水产品虹鳟、金鳟等名优产品向周边市场的拓展十分有限，还没有形成在全国有一定知名度和影响力的水产品牌。四是渔业生态环境保护制约因素增多，全省规划的道路、水利、工程等项目越来越多，渔业资源空间受到前所未有的挤压，促进发展与生态保护的矛盾十分突出。

（甘肃省农牧厅）

【青海省】

1.渔业资源保护取得新成效 “十二五”期间，青海省加大以青海湖裸鲤为主的土著鱼类资源保护力度，强化执法、宣传教育和增殖放流措施，土著鱼类资源保护取得了显著成效。累计放流青海湖裸鲤苗种3 950万尾，比“十一五”末增加550万尾、增长16%。青海湖裸鲤繁育能力达到1 000万尾，比“十一五”末提高43%。青海湖裸鲤资源蕴藏量达到5.35万吨，比“十一五”末增长67%，为保护初期资源量的20.6倍，青海湖渔业生态环境明显改善，鸟类数量显著增加；在黄河、长江流域累计放流花斑裸鲤、齐口裂腹鱼等土著鱼类800余万尾，数量比“十一五”末增加了5.2倍，对补充和恢复天然水域渔业资源量，促进水生生物多样性保护产生积极作用；在青海湖、黄河、长江等流域建立国家级水产种质资源保护区13处，比“十一五”末新增7处，保护土著鱼类26种，占全省土著鱼类的51%，比“十一五”末增加7种；渔业环境监测工作进一步拓展，在全省重要江河湖泊设立监测点300个，监测覆盖面达到全省渔业水域面积的70%以上，全省重点渔业水域监测工作趋于常态化，省内涉水工程水生生物监测及环评工作在国内居领先水平。

2.冷水鱼养殖实现新突破 “十二五”末，全省沿黄水库冷水鱼网箱养殖场达到27家，比“十一五”末增加19家，网箱养殖面积达到25公顷，是“十一五”末的7.5倍，已形成龙羊峡至苏只水库网箱养殖产业带。大力推广良种养殖，三倍体虹鳟等良种覆盖率达到90%以上。大力推广先进大型网箱养殖技术，大型网箱养殖面积占网箱总面积的65.5%；推广应用了自动投饵机、自动洗网机等现代化网箱养殖装备，养殖生产效率极大提高。沿黄冷水鱼网箱养殖已成为青海省特色水产养殖和增加农牧民收入的新亮点。

3.大水面增养殖得到新发展 “十二五”期间，全省不断加大龙羊峡、可鲁克湖等天然湖库池沼公鱼、高白鲑、河蟹等名特优品种增养殖力度，池沼公鱼已形成稳定的捕捞种群，年产量保持在千吨以上，龙羊峡库区周边村社已形成了以水库渔业捕捞为主业的高原新渔村；白鲑鱼类在全省10余个水库3万多公顷水面增养殖成功，并形成捕捞产量，生长速度快于所有养殖鱼类，填补了水库渔业无增养殖品种空白。可鲁克湖、沿黄湿地河蟹养殖从无到有，年产量达到130多吨，已成为当地特色养殖品种。

4.渔业投入实现新增长 “十二五”期间，全省在加大国家投资扶持力度的同时,积极引导企业和群众自筹资金投入渔业发展,投资规模成倍增长,累计投入资金65 291万元,总投资是“十一五”的26倍,其中国家投资19 258万元,自筹46 033万元,自筹资金占总投入的比重达到70%。用于渔业资源保护的投入6 588万元,用于养殖渔业的投入58 703万元,其中国家投资12 670万元,企业和群众自筹46 033万元,自筹资金占养殖渔业投入的78.4%。先后建成青海湖裸鲤工厂化育苗车间、青海民泽龙羊峡鲑鳟鱼繁育基地、大通城关鲑鳟鱼良种场和青海省冷水鱼制种育种中心,苗种繁育能力大大加强;建成龙羊峡、拉西瓦、李家峡、公伯峡和苏只水库5个标准化鲑鳟鱼网箱养殖基地,网箱养殖规模比“十一五”末扩大了7.1倍,并配套现代化渔业装备,减少了排放,养殖生产效率大大提高。投入的大幅增长,有力推动了全省渔业的快速发展。

5.渔业科技取得新成果 “十二五”期间,实施渔业科技项目20项,获得青海湖裸鲤资源保护、渔业环境监测和冷水鱼养殖等方面省部级科技奖项6项,科技成果20项,制定地方标准14项,获得专利11项,出版专著5部;累计举办培训班60余期、培训2 500人次,400余人获得渔业行业职业资格证书,渔业从业人员的整体素质和技能水平得到进一步提高;采用分子生物学手段研究高原特有珍稀土著鱼类,建立部分土著鱼类种质档案,填补了青海土著鱼类分子生物学研究的空白;先后多次与国家渔业科研院联合开展三江源水生生物资源调查与科考活动,初步掌握了三江源区水生生物生态环境状况,为水生生物多样性保护打下科研基础。

6.依法治渔迈上新台阶 “十二五”期间,全省不断加大渔业资源保护法律法规宣传教育力度,社会各界积极参与渔业资源保护,营造了良好的社会氛围。大力加强渔业执法人员法制观念和法律知识培训力度,渔业执法人员的执法能力显著增强。建立健全公安、工商、司法多部门合作打击非法偷捕、贩卖、加工、销售裸鲤违法行为的工作机制,依法护渔能力明显提升。“十二五”期间,共查处渔政案件258起,行政拘留51人,34人被依法追究刑事责任。

7.渔业服务开创新局面 以省级水产技术推广站为龙头,以渔业生产性服务为切入点,不断创新渔业技术推广服务方式,形成了省级技术服务人员直接对接渔业养殖场开展渔业技术服务新机制,弥补了基层水产技术服务体系机构不健全、力量薄弱的短板,服务质量显著增强。以提高养殖场技术和管理人员实际操作能力为目标,建立冷水鱼养殖试验示范实训基地,面向养殖从业人员开展参与式操作训练,培训效果显著提升。以互联网为依托,建立覆盖沿黄养殖场的渔业技术信息服务平台,及时提供市场信息、产业政策、理论研究、疫病防治等方面的信息服务,信息技术应用水平不断提高。

(青海省渔业局)

【宁夏回族自治区】 “十二五”期间,宁夏渔业按照“一优三高”的总体要求,认真贯彻落实国家和自治区关于农业农村经济一系列方针政策,合理开发和利用宜渔资源,积极转变渔业发展方式,加快现代渔业建设,全区渔业保持了持续健康的发展态势。

1.综合生产能力进一步提升 “十二五”期间,宁夏渔业继续保持平稳较快发展,综合生产能力进一步提升,渔业经济对整个农业农村经济发展的贡献作用进一步增强,地位更加突出。2015年,全区水产养殖面积达到46.8千公顷,水产品总产量达到16.97万吨,渔业经济总产值32.7亿元,全区从渔农民年均纯收入达到10 361元;分别比“十一五”末增长15.8%、41.4%、74.9%和57.9%。全区人均水产品占有量达24.5千克,居西北地区首位,水产品市场供给充足,70%以上的水产品远销甘、蒙、陕、青、藏、疆等省(自治区),宁夏作为西北地区商品鱼生产基地的地位进一步巩固。

2.科技支撑能力持续增强 “十二五”期间,宁夏渔业技术创新体系不断健全,科学协作机制逐步建立,以科研院所、技术推广体系和高等院校为依托,坚持科技创新引领,在水产良种繁育、高效健康养殖、渔业装备研发、资源持续利用等方面形成了一大批重要科技成果。承担并完成了国家和省部级科研项目60项,获省部级以上科技奖6项;创建了全国现代渔业种业示范场,初步建立了水产良种“育繁推”一体化技术推广体系,良种覆盖率达到70%;引进示范了物联网智能养殖技术等现代渔业装备和先进技术,亩均节本增效达到1 000多元。“黄河鱼”选育实现重大突破,5年保存、选育黄河鲶、黄河鲤良种亲本2万组,为基层水产苗种场更换黄河鲤亲本1.5万组,克隆测序分析并构建了首张黄河鲶遗传连锁图谱,攻克黄河鲶人工配合饲料驯养技术难题,填补了此研究领域国内空白。

3.水产健康养殖稳步推进 “十二五”期间,宁夏渔业以“提质、增效、生态、安全”为目标,大力推广水产健康养殖技术,促进水产健康养殖向高质、高端、高效方向加速发展,产地水产品质量安全持续稳定,品牌高效渔业取得长足发展。全区5年累计实施建设集中连片13.3公顷以上标准化养殖基地100个,带动全区标准化改造养殖池塘8.4千公顷；全区5年累计创建农业部标准化水产健康养殖示范场35家，认证绿色水产品16个，地理标志水产品2个，有机水产品实现零突破，达到4个；农业部抽检宁夏产地水产品连续5年合格率100%。

4.产业结构不断优化 “十二五”期间，宁夏顺应城乡居民不断增长的精神文化需求和现代渔业发展趋势，全面推进涉渔一、二、三产业转型升级，高效养殖模式不断创新，稻渔生态种养规模迅速扩大，水产品加工业从无到有，涉渔流通和休闲观光服务渔业蓬勃发展。全区稻渔综合种养模式从稻田养蟹向稻田养鱼、养鸭、养鳅、养螺等多种模式发展，累计实现总收入5亿元；休闲渔业场点达到258家，5年共创建全国休闲渔业示范场10家；渔业经济一、二、三产分别占56.1%、12.1%、31.8%，渔业快速向优化环境生态型、休闲娱乐消费型产业延伸和拓展，渔业产业结构进一步优化。

5.渔业新型经营主体进一步壮大 “十二五”期间，宁夏积极发挥社会组织对渔业的服务保障作用，完善社会化服务体系，围绕全产业链积极发展新型经营主体，全区各类渔业社会组织达到100个，以渔业为主的家庭农场55家，渔业生产专业化、标准化水平进一步提高。2015年，新成立了宁夏渔业产业协会和银川市渔业产业联合体，风险共担、信息共享，市场开拓力度明显增强，产业发展更加有序。

6.渔业生态保护逐渐加强 “十二五”期间，宁夏兼顾渔业资源合理开发与生态养护，坚持落实黄河休渔制度，大力开展增殖放流活动，积极推进水产种质资源保护区建设和管理，加强黄河鲶等土著鱼类繁育与保护，强化养殖水域生态环境修复。累计向黄河及其附属湖泊水域放流各类经济鱼类2.5亿尾，湖泊水域生态修复基地面积7 000公顷；到2015年底，已建设国家级水产种质资源保护区5个。全区渔业发展和水生生物资源养护工作协调推进，为建设“生态黄河、美丽宁夏”做出了积极贡献。

（宁夏回族自治区农牧厅渔业局）

【新疆维吾尔自治区】 “十二五”时期，是新疆渔业发展宏观政策环境最好的历史时期，中央新疆工作座谈会的召开、内地19个省份对口援建制度的确定以及党中央高度重视“三农”工作的宏观环境，自治区人民政府《关于进一步加快自治区渔业发展的意见》出台，农业部召开全国渔业系统援疆工作座谈会，使新疆渔业发展进入前所未有的历史机遇期，各级财政渔业投入逐年提高，水产品质量、渔业生产、渔业项目“三大安全”水平不断提升，基础设施建设进一步完善，渔业法制化管理进程进一步加快，特色渔业资源养护及开发力度不断加大，特色经济鱼类产业集群逐步形成，新疆特色经济鱼类产品品牌初步创建。

2015年，水产品总产量15.13万吨，较“十一五”末增加4.83万吨，增长47%，年均增长8%，渔业经济总产值23.84亿元，较2010年增加9.58亿元，增长67%；人均占有量6.9千克，较2010年增加2.1千克，增长44%；渔民人均纯收入15 400元，较2010年增加7 100元，增长86%；地产水产品质量安全抽检合格率达99%以上，渔业在保障粮食安全、促进农（渔）民增收和农村经济稳步发展中的作用日益凸显。

1.渔业经济结构不断优化 一是养殖品种进一步丰富。名特优新水产品比例逐年加大，鲑鳟鱼类、加州鲈、河鲈、河蟹等优质品种占水产品总量48%；二是培育了以土著经济鱼类开发的热点。江鳕、丁鲹、额河银鲫等人工繁殖技术取得突破，白斑狗鱼、梭鲈、河鲈等苗种推广到全国8个省份；三是水产养殖科技含量进一步提高，设施渔业等节水型养殖得到发展；四是天然水域渔业资源开发利用效益逐步提升，冷水渔业发展呈较快增长态势，赛里木湖的高白鲑、凹目白鲑等有机品牌享誉区内外，并向全国推广；五是以垂钓、旅游、餐饮、观光为主的休闲渔业日渐成为新的渔业经济增长点，效益显著。共有7家单位荣获“全国休闲渔业示范基地”称号；六是水利渔业呈现强劲增长；七是区内外龙头企业斥资参与新疆特色渔业资源开发力度逐年；八是疆内外市场进一步拓展，设立区内外外销平台105个，池沼公鱼等产品继续保持稳步出口。

2.水产品质量安全管理工作不断加强 扎实开展渔业科技入户、养殖业专项执法、无公害水产品产地认定和产品认证及健康养殖标准化示范区（场）创建等工作。“十二五”期间，举办各级水产健康养殖培训班65期，较“十一五”期间增加了一倍，累计培训渔民6 000人次，是“十一五”期间培训人次的5倍多，共发放法律法规宣传单、养殖技术手册万余份；培植渔业科技示范户861户，辐射带动面积1万余公顷，较“十一五”末增加了一倍多；积极推进水产养殖品种改良，免费送哲罗鲑卵、虹鳟鱼、罗非鱼、花白鲢、草鱼、虾苗共计1.47亿尾；新增无公害水产品认证产品342个、产地84个，共有66人获得了无公害农产品检查员证书，176人获得无公害农产品内检员证书；累计创建农业部水产健康养殖示范场121个，较“十一五”末增加了1倍。

3.渔政监管和渔业资源养护水平不断提升 各级渔业行政主管部门强化渔政执法队伍建设，渔政人员业务素质及执法水平不断提高。举办各级执法培训班35期,培训人员1 163人次;依法实施禁渔期、禁渔区制度,开展全疆范围渔政执法联检80次;贯彻实施《中国水生生物资源养护行动纲要》,依法强化渔业资源增殖保护工作,开展不同层次增殖放流活动212次,放流水生生物苗种约9亿尾,投入资金1.63亿元;依靠自治区科研力量开展国家Ⅰ级保护水生野生动物——扁吻鱼人工繁殖取得成功,连续5年共向原栖息水域克孜尔水库投放鱼苗98.5万尾。批准建立国家级水产种质资源保护区10个,配备执法快艇17艘,执法车6辆。积极参与涉渔水利工程环境影响评价,为渔业资源保护、土著鱼类增殖站建设等争取渔业环保资金3亿元。

依法开展养殖业专项执法行动、水产品质量安全宣传周活动,出动执法人员4 545人次,发放宣传材料累计5.58万份。检查养殖单位2 813户,查处违法案件564起,水产养殖产品主要药残指标检测合格率达到98%以上。

4.渔业船舶管理工作有序开展 一是纳入渔船管理的机动渔船数量明显增幅:"十二五"期间,全区纳入机动渔船管理的机动渔船数量为910艘,渔船数量增幅15.92%,2014年始"三证合一"试点改革,实现了自治区渔业船舶证书的统一核发及信息化统计管理。

5.渔业科研推广工作收效显著 "十二五"期间,共承担科技部、环保部、农业部、自治区党委农办、自治区科技厅、自治区发改委及自治区水产局等渔业科技项目47项,投入科技经费1 600余万元,其中国家级8项,省部级22项,其他17项,获自治区科技进步三等奖1项,农业部农牧渔业丰收奖1项,中国水产科学研究院科技进步三等奖1项。取得新型实用专利、发明专利、参与修订地方标准等10余项。成立了自治区渔业领域首个"博士后科研工作站",组建了"新疆土著鱼类繁育工程技术研究中心""大宗淡水鱼类现代产业技术体系乌鲁木齐综合试验站""农业部西北地区渔业资源环境科学野外观测站"等多层次研发平台。

6.渔业援疆工作取得初步成效

一是农业部高度关注支持渔业援疆工作。2011年8月底,农业部召开全国渔业系统援疆工作座谈会,自治区水产局与江苏省等9个渔业大省及中国水产科学研究院、全国水产技术推广总站、上海及大连海洋大学签订渔业援疆协议。2012年,农业部再次召开部属渔业单位援疆工作会议。会上,中国水产科学研究院、农业部黄渤海区、东海区、南海区渔政局分别与额尔齐斯河、伊犁河流域建设管理局、阿勒泰地区、博尔塔拉蒙古自治州、巴音郭楞蒙古自治州等渔政站建立一对一援建关系。

二是各援建省份积极落实援建协议。各援建省以各种方式积极落实协议内容。福建省、湖北省、河北省水产局分别选派干部来新疆工作;上海援建莎车县"特种水产品引进、繁育、推广项目"已正式竣工投产;黑龙江省援助阿尔泰地区福海县"特色经济鱼类繁育场"项目开工建设;上海海洋大学等单位利用技术优势,积极参与新疆现代渔业规划及设施渔业项目前期工作;北京、山东、海南、湖北、上海、福建等地向新疆援赠鱼苗共计1 200万尾。

7.渔业基础设施建设规模不断壮大,项目管理更加规范 "十二五"期间,农业部和自治区本级财政对新疆渔业的补助额度达2.5亿元,较"十一五"增加1.5亿元,增长67%,共承建农业部基本建设项目20项。其中原良种场项目15个,水生动物疫病防疫站5个,水生野生动物自然保护区及种质资源保护区项目10个,内陆渔港建设项目1个。其中原良种场项目7个,水生动物疫病防疫站7个。

(新疆维吾尔自治区水产局)

【大连市】 "十二五"期间,大连市注重发挥本地优势,坚持科学发展,全面加快渔业结构调整和产业优化升级步伐,着力构建与大连经济社会发展相适应的现代都市渔业体系,全力推进渔业强市建设。至2015年底,全市渔业经济总产值、渔业经济增加值、水产品总产量、水产品出口创汇、渔民人均纯收入等,较"十一五"期末分别增长65%、65%、24%、61%、64%,主要经济指标均位居全省首位,渔业经济综合实力显著增强。

1.政策引领,强化服务,大力推进渔业产业升级

(1)坚持政策引领,指导渔业健康发展。大连市政府出台《关于促进海洋渔业持续健康发展的实施方案》,进一步提升大连市海洋渔业的战略地位,提高了全市各区县建设现代渔业的积极性,带动社会资本对海洋渔业的投资,促进渔业的持续健康发展。累计安排各类渔业资金13亿元,较"十一五"增长37%。

(2)强化科技支撑,拓展渔业发展空间。大连国家级科技兴海示范基地完成国家及省部级重大科研项目100项,获得省部级以上科研成果奖励300项,培育出一批具有自主知识产权的优良品种,海参、扇贝、裙带菜等选育研究走在全国前列。五位一体的水产技术推广体系实现全覆盖,培育科技示范户586户,建成产、学、研示范基地42处,推广生态健康养殖面积2.67万公顷,渔业科技贡献率达到60%以上。

(3)增加公共服务,促进渔区和谐稳定。玻璃钢渔船试点工作扎实推进,112 艘渔船开始建造;为渔船配备北斗导航终端 2 500 台套、自动识别避碰系统终端 5 000 套、射频识别系统终端 3 500 套,GPS 救助定位设备终端 21 500 个;为 33 座渔港和 20 艘渔政执法船安装固定阅读器 58 套,手持阅读器 98 套,在沿海地区建立 6 座 AIS 基站和 12 座北斗监控指挥平台,维修渔港 53 座,推进水产养殖保险试点工作,为渔民生命、财产和生产安全提供更加优质的服务保障。

2. 转变方式,调整结构,做大做强渔业产业体系

(1)大力发展水产健康养殖。创建国家和省级水产良种场 19 个,获评"全国现代渔业种业示范场"4 家,创建部级水产健康养殖示范场 93 个。水产品获得国家驰名商标 12 个,获得国家和省市名牌产品及著名商标 29 个,获得农业部地理标志农产品保护 16 个,虾夷扇贝通过中国第一个碳标志食品认证。精品养殖面积 57.2 万公顷,产量 34 万吨。

(2)全力打造现代海洋牧场。推进 8 个海洋牧场项目建设,改造海域面积 1 633 公顷,投入各类礁体 46 万方。长海县海洋牧场建设生态改造"1118"工程总计投放构件礁 64 180 块,改造海域面积 0.67 万公顷,投入资金 4 亿元。累计建造海洋牧场 3.3 万公顷。

(3)扶优做强水产加工和龙头企业。建成较大规模的水产品加工基地,培育 4 大类 30 家龙头企业,有 19 家被评为国家、省农业产业化重点龙头企业、12 家被评为国家农产品加工示范企业、13 家被评为全国农产品加工业出口示范企业,4 家渔业龙头企业成功上市。

(4)积极培育发展休闲渔业。积极开展休闲渔业示范工程,拥有国家级休闲渔业基地 7 个、省级休闲渔业示范点 12 个,市级休闲渔业示范基地 15 个,不同特色、不同主题的"渔家乐"遍及全市渔村、海岛,发展势头良好。

(5)大力发展外向型渔业。累计吸引 26 个国家和地区的外商新办渔业合资企业 96 家,与 115 个国家和地区开展水产品贸易,在世界 3 大洋的 21 个国家和地区开展水产品捕捞、养殖、加工和劳务输出等项目合作。

3. 依法依规,狠抓管理,不断改善渔业生态环境

(1)严格渔业巡查执法。打击涉海"三无"渔船、排查渔船安全隐患、整治养殖环境进展顺利,依法治渔能力得到有效加强。每年组织开展专项执法行动,依法严厉打击非法行为。

(2)强化伏季休渔管理。始终把执行伏季休渔制度作为渔业资源管理的一项重要任务,首创"海查陆处"工作方法,确保执法程序公开、处罚标准公开、处罚对象公开,有力维护了全市休渔秩序稳定。

(3)加大增殖放流力度。累计放流各类苗种数量达 156 亿尾,投入苗种资金总计 2.2 亿元,增加捕捞产量 2.2 万吨、产值 18 亿元,市财政资金投入产出比达 1: 10,取得了良好的经济和社会效益。

4. 关注民生,夯实基础,全力保障渔业"三大安全"

(1)狠抓质量安全监管,确保广大消费都吃上放心水产品。建设部级水产品质量安全检验中心 1 家、市级海洋渔业环境监测中心 1 家、县级水生动物疫病防治站 6 家。建立水产品质量安全及病害检测检验体系,水产品质量安全抽检合格率均达到 98% 以上,确保了全市水产品质量安全。

(2)狠抓渔业生产管理,全力保障广大渔民生命财产安全。建立健全安全生产"党政同责、一岗双责和齐抓共管"责任体系,深入开展渔港水域执法年、渔业安全生产年、渔业专项整治、渔业隐患排查、渔业打非治违等专项行动,认真落实各项防台防汛措施,推进渔业安全生产长效机制建设,保障了渔民群众生命财产安全。

(3)狠抓涉外渔船管理,有效杜绝重大涉外渔业事件发生。每年集中对入韩渔船船主、船长进行统一培训。通过信息通报服务管理,引导入韩渔船依法有序开展捕捞,有效杜绝了重大涉外渔业事件的发生。

(大连市海洋与渔业局)

【青岛市】 "十二五"期间,青岛市围绕"率先科学发展、实现蓝色跨越"的战略举措,以保护渔业资源和生态环境为前提,大力发展生态渔业、循环渔业、低碳渔业,着力加快渔业转方式、调结构,逐步建立起了以水产养殖业、渔业增殖业、水产种苗业、水产加工业和海洋捕捞业"五大产业"为主体的现代渔业体系,渔业增效、渔民增收成效显著。

1. 渔业经济平稳较快发展 克服浒苔爆发、台风、异常高温及海冰等自然灾害,消费需求多变、渔业空间减缩等不利因素,先后出台了《关于加快建设人工鱼礁发展海洋牧场的议案办理工作实施方案》《青岛市蓝色经济区改革发展试点工作实施方案》《青岛市人民政府关于加快远洋渔业发展的意见》《青岛市人民政府关于加快建设蓝色粮仓的实施意见》等政策文件,引导渔业产业转型升级,保持了渔业经济平稳较快发展。2015 年实现渔业经济总产值 490 亿元,全市完成水产品产量 122.7 万吨,实现产值 142.8 亿元,全市渔业主要经济指标位居全国副省级城市前列。

2. 远洋渔业实现突破发展 “十二五”期间,青岛市将加快发展远洋渔业作为转变渔业发展方式、促进蓝色经济发展的突出战略举措,研究扶持政策,加大资金投入,争取上级支持,完善产业链条,营造良好发展环境,全市远洋渔业发展规模、管理水平和综合实力实现跨越式发展。“十二五”期间,累计争取国家建船补贴3.16亿元,市级财政专项资金3 760万元,远洋渔业企业由“十一五”末的1家(10艘渔船)发展到“十二五”末的27家,批建远洋渔船119艘,其中正在作业77艘,总功率11.1万千瓦,总吨位7.3万吨,平均功率1 222千瓦,平均吨位801吨。2015年完成远洋捕捞产量13.6万吨、产值12.8亿元,分别比“十一五”末增加45倍和11倍。青岛市远洋渔船平均功率、平均吨位、远洋渔业产量增幅皆居全国第一。

3. 资源养护工作成效显著 认真贯彻落实《中国水生生物资源养护行动纲要》,积极采取措施,大力开展增殖放流,加快推进人工鱼礁海洋牧场建设,渔业资源养护工作成效显著。增殖放流累计争取各级财政资金1.27亿元,放流水产苗种58亿单位;截止到2015年年底,全市海洋牧场建设累计完成投资3.8亿元,投放人工鱼礁礁体150万空方,建成王哥庄海域、斋堂岛海域等7处增殖型海洋牧场和崂山湾公益型海洋牧场。其中崂山湾公益型海洋牧场于2015年8月建成,是我国北方地区第一处公益型海洋牧场。通过海洋牧场建设和增殖放流,青岛近海的渔业生态环境得到有效改善,主要经济渔业品种及珍稀濒危水生动物等渔业资源得到有效恢复和保护,实现了集环境保护、生态修复、海上娱乐及海水增养殖发展于一体的产业发展新模式。

4. 渔业产业结构优化调整 充分发挥驻青科研院所的科研优势,大力开展水产良种的研发攻关,组织实施良种良法“双十行动”,建成国家级水产良种场8处,省级水产原良种场33处,国家级水产种质资源保护区1处,水产良种对产业发展的支撑作用越来越突出。以生态安全健康为方向,提升养殖设施标准,推广清洁高效养殖模式,大力发展标准化池塘养殖、陆基工厂化养殖、深水抗风浪网箱养殖,建设了一批规模化、标准化、产业化的现代渔业示范园区,截止到2015年年底,全市60%池塘完成标准化改造,总面积超过4 670公顷,建成工厂化养殖车间110万平方米,发展深水抗风浪网箱500余个。稳定发展水产加工,积极推动城阳区、黄岛区水产品加工基地建设,全市发展水产品加工企业1 000多家,其中100余家企业获得HACCP认证和欧盟认证,成为国内获此类认证最多的城市;积极培育休闲渔业,全市休闲渔业已从渔家宴、渔家乐等传统的以食为主的方式向玩、游、乐并举的方向发展,极大促进了渔区劳动力转移。发展国家级休闲渔业示范基地8处、省级休闲渔业示范点19处,省级休闲海钓基地3处,红岛西大洋休闲渔村被评为国家级农业旅游示范点,拥有500多年历史的田横祭海节,被列入第二批国家级非物质文化遗产名录。

5. 渔业综合管理能力逐步增强 集中实施了渔船安全保障工程,免费为1 152艘44千瓦以上渔船安装北斗卫星船载终端,为997艘渔船配备了AIS避碰终端,为1 700艘大马力渔船安装了救生筏,为渔民配发救生衣2万件,有效提升了渔船救助能力。建设了渔船信息管理系统和渔业安全生产短信平台,同时加快渔船信息化手段监管升级改造工作,为8 300余艘渔船安装电子身份标签,实现了数字化、精细化管理;着力改善渔民民生,扎实推进政策性渔业互保,渔民保费补贴比例达到95%,居全国领先,全市入保渔民1.41万人,人均保额达38.8万元,保额总数达到60亿元。深入开展渔业科技入户工作,通过上门指导、授课培训、发放资料、电话咨询等多种形式,为渔民提供全过程、多方位的技术指导和服务,聘请专家、编写资料,采取灵活多样的方式对渔民进行实用技术授课培训,“十二五”期间共举办培训班100多期,培训人员10 000多人次,编发《青岛市标准化养殖技术规范》《水产养殖常见病害诊断与防治》等科技书籍10余册3 000多本,有力提高了渔民科技素质。狠抓产地环境、渔用投入品、生产过程“三个环节”,积极开展水产品质量安全专项整治工作,水产品质量安全水平稳步提升。“十二五”期间,着力建立健全各项监管制度,加速推进标准化进程,创建农业部健康养殖示范场125处,建成无公害水产品生产基地111,获国家“三品一标”认证水产品130余个,组织抽检养殖水产品和水产苗种3 937批次,水产品质量安全综合合格率始终保持98%以上,水产品质量安全水平稳居全国大中城市前列。

(青岛市海洋与渔业局)

【宁波市】 “十二五”期间,在市委、市政府的正确领导下,宁波渔业按照“基础设施建设政府投、经营主体培育政府扶、主导产业发展政府引、社会化服务体系政府建”的发展方针,持续加强基础设施建设,大力优化调整产业结构,渔业综合生产能力不断提升,渔业科技支撑和管理服务水平不断加强,水产品质量安全保障水平不断提高,渔民收入不断增长,渔业经济实现稳步发展,成为农业农村经济发展的亮点和重要增长点,为保持“三农”发展的好势头作出了突出贡献,为“十三五"渔业发展奠定了坚实基础。据统计,2015 年,全市水产品总产量 103.34 万吨,实现渔业产值 125.32 亿元,渔民人均收入 25 367 元,分别比"十一五"末增长 5.69%、24.55% 和 57.94%。

1. 渔业生产能力稳步增长 "十二五"期间,全市渔业经济稳步发展,2015 年全市渔业经济总产出 252.01亿元,水产品总产量达 103.34 万吨,年均增长分别为 2.21% 和 1.11%,渔业产值 125.32 亿元,年均增长4.49%,水产品出口总量 16.18 万吨、出口贸易额 4.9 亿美元,年均增长 2.76% 和 4.51%,渔民人均收入达到 25 367 元,比"十一五"期末增长 57.94%。

2. 渔业产业结构持续优化 渔业经济一二三产内部转型升级加快,2015 年渔业一二三产结构比例优化调整至 1: 0.64: 0.37。生态高效养殖模式不断创新,全市水产养殖总产量稳定在 35 万吨;远洋渔业规模和水平稳步发展,具有农业部远洋渔业资格的远洋渔业企业已达 7 家,远洋渔船 30 艘,总功率 34 086 千瓦,海外渔业基地 2 个(分别在印度尼西亚和乌拉圭),共从事 10 个远洋渔业项目;水产加工流通渠道日益拓宽,水产品加工产量达 54.74 万吨,水产品交易量达 102.87 万吨,交易额超 163.76 亿元;休闲渔业蓬勃兴起,全市现有休闲渔业经营主体 132 家,其中国家级休闲渔业示范基地 5 家,省级休闲渔业基地 10 家,象山、宁海、奉化等地建造的 124 艘休闲渔船陆续投入运营,全市休闲渔业企业年接待游客超 320 万人次,年产值 3.10 亿元以上,成为渔业经济新的增长点。

3."3 +2"主导产业有效提升 积极实施以南美白对虾、三疣梭子蟹、岱衢族大黄鱼、中华鳖、锦鲤为代表的"3 +2"主导水产品提升计划。全市南美白对虾养殖面积超 1.2 万公顷,产值超 10 亿元,加工企业 37 家,年加工对虾 1.5 万吨,产值超 4.5 亿元。全市三疣梭子蟹养殖面积超过 0.7 万公顷,产量达 6 900 吨,梭子蟹加工企业超过 100 家,年加工量达到 2 000 吨以上,产值超过 3 亿元。岱衢族大黄鱼种苗繁育技术研究取得突破性进展,规模化养殖开始启动,产业链不断得到延伸。在"3 +2"主导水产品中,突破了中华鳖仿生态养殖、锦鲤高标准自动化智能养殖等关键技术,推广应用了养殖水质在线监测物联网等数字化水产养殖技术,涌现了一批国家、省级名牌,对促进区域优势特色产业发展、渔业增效、渔民增收发挥了积极作用。

4. 渔业基础设施明显改善 "十二五"期间,新实施水产养殖池塘标准化工程市级项目 9 个,新增建设规模近 0.3 万公顷,截止到 2015 年年底,全市累计完成池塘标准化改造总面积已超过 0.6 万公顷,占全市池塘养殖总面积的 24.64%,成为全国、全省水产养殖池塘改造典范;启动了宁波市水产种业园区、宁海三门湾现代渔业园区等一大批渔业园区建设,总投资超 3.45亿元,建成了渔业主导产业示范区 10 个,渔业精品园 52 个,成为全市现代渔业发展的有效载体;新建、改扩建一级渔港 2 个、二级渔港 6 个、三级渔港 2 个、小型渔港及避风锚地 34 个,新建渔政船艇 5 艘,安装船载北斗卫星终端设备 2 700 多套,渔业基础设施装备水平明显增强。

5. 水产良种化不断推进 水产良种繁育体系进一步完善,优势特色水产种质资源保护力度继续增强,优良水产种类的遗传育种工作有序推进。启动了岱衢族大黄鱼良种培育工程、三疣梭子蟹良种培育工程和"宁波市水产增养殖种质资源库"建设,开展了泥蚶、缢蛏等良种选育研究,突破了青蟹、黄姑鱼、银鲳和马鲛鱼等本地野生经济种类的采捕和繁育技术难题。全市现有海水苗种企业 153 家,建设国家级水产原良种场 4 家、省级水产原良种场 7 家、省级优质规模化育苗场 10 家,水产原良种生产能力不断增强,水产苗种优良率达到 70%。

6. 渔业科技支撑日益增强 积极实施科技兴渔战略,渔业科技创新体系得到进一步完善。全市拥有涉海(渔)高等院校 3 所、综合性研究机构 3 所;建设国家、省级及市级涉海(渔)企业工程(技术)中心、重点实验室 18 家,培育涉海(渔)创新型企业 3 家,新成立省级、市级水产科技创新团队 7 个、涉渔食品加工产业技术联盟 1 个,建成宁波市海洋渔业科技创新基地 1 个。努力推进科技创新,通过国家审定的水产新品种 4 个,获得国家、省、部、市科技成果奖励 9 项。基层渔业技术推广体系日臻完善,建立渔业科技示范户 312 户,推广了大黄鱼、南美白对虾、三疣梭子蟹等 10 余个主推品种,推广了保温大棚多茬养殖、稻田养鳖、虾 - 牧 - 草(菜)低碳循环养殖等 40 余项主推技术,应用养殖面积超过 1 800 公顷,实现实用技术入户率 95%。完成 170 项水产行业标准汇编,建立了市级农业(渔业)标准化示范区 41 家,全市水产养殖标准化实施率达到 60.53%。

7. 渔业资源养护力度全面加强 "十二五"期间,积极贯彻实施国务院《关于促进海洋渔业持续健康发展的若干意见》和《中国水生生物资源养护行动纲要》,全市组织开展以海洋、江河和湖泊为重点的大规模统一增殖放流活动,累计放流各类苗种超 20 亿尾(粒)。认真实施《宁波市海洋牧场建设规划》,韭山列岛升级为国家级海洋生态自然保护区,渔山列岛加挂国家级海洋公园、获批国家级海洋牧场示范区,完成了象山港海洋牧场试验区建设,投放人工渔礁 1 115

个,鱼礁单体超33 550立方米,在渔山列岛海域形成总空方达10万立方米的浙江省最大人工渔礁群,初步显现渔业资源和生态修复效果;严格执行伏季休渔制度,扎实有效推进渔场修复振兴暨“一打三整治”专项行动,取缔涉渔“三无”3 552艘,清理整治禁用渔具19万余顶(张),近海捕捞强度得到了有效控制,促进了全市水生生物种群资源的恢复和水域生态环境的改善。

8.渔业管理和公共服务水平不断提升 加强渔船检验、执法管理,全市渔船安全事故起数比“十一五”期末下降22.8%,死亡人数下降10.5%;强化水产品质量安全监管,建立了初级水产品质量安全工作责任网络化监管机制,水产品抽检合格率达到99.7%以上;积极探索建立现代渔业政策性保险机制,采用“政府定额保费补助,单品种封闭运作”的保险模式,建立了市县二级渔业互助保险组织,全市参保面积由2010年的533公顷扩大到2015年的2 760公顷;实施新型渔民培训工程,累计培训1.98万人次;有效开展养殖水域环境监测预警、水产养殖病害测报服务,渔业管理和公共服务水平不断提升。

9.发展和管理面临的主要问题

(1)近海传统渔业资源日趋衰退。受过度捕捞等因素影响,全市海洋渔业资源的生物多样性明显下降,种类组成趋于小型化、低龄化、低质化,带鱼、大小黄鱼、乌贼等传统渔业资源已形不成渔汛。

(2)渔业基础设施和公共服务体系比较薄弱。海洋捕捞渔船老旧现象突出,渔业养殖设施普遍老化,水产品加工增值率普遍不高,水产品质量追溯体系、水生生物疫病防控体系尚不完善,渔业机械化水平较为低下。

(3)水产养殖空间日益萎缩。全市水产养殖面积“十二五”缩减0.7万公顷,急需探索建立设置水产养殖面积最低保障线或称渔业“红线”制度,把渔业养殖面积保护制度纳入当地政府保护规划,保护渔业养殖面积,推动建立渔业水域滩涂占用补偿制度和渔业生态环境污染损害赔偿制度,以保证水产养殖可持续发展空间,保障水产品安全有效供给。要加大渔业空间的拓展与保护力度,推进海洋渔业由近海渔业向远洋渔业、海外渔业转变。

(4)水产苗种退化严重,严重制约正常养殖生产。特别是全市三大主导产业之一的南美白对虾养殖产业,由于缺乏种质资源库、原良种场的支撑,良种处于国外垄断状态,优质一代苗供应严重不足,苗种携带病毒、先天不足的现象严重,导致养殖生产过程中虾苗生长速度缓慢,大小不均匀,病害多发,目前可供选择的优质苗种空间变得越来越狭小。同样是全市三大主导产业之一的梭子蟹养殖产业,其苗种也有后顾之忧,工厂化育苗基本废弃,尽管梭子蟹土池育苗技术取得突破和大规模推广,苗种供给在一定时期内较稳定,但一碰上极端气候,土池苗种往往不能及时供应,势必会影响到梭子蟹产业的发展。因此,急需加快全市水产主导品种的原、良种场建设,加大种业科技投入力度,重点扶持建设水产育苗的育繁推一体化企业,做大做强做优水产苗种企业。

(5)渔业组织化程度不高。全市渔业规模化、标准化、信息化、品牌化水平提升乏力,现代化水平受到严重制约。急需加大政策扶持力度,加快建立一批带动力强、机制完善、运营规范的渔业专业合作组织。按照“民办、民管、民受益”的原则,鼓励龙头企业、养殖大户领办,养殖户联办渔业合作社。按大宗水产品分类建立行业协会,逐步建立以同一产品为纽带、相互联系、上下贯通的合作组织网络体系。发挥渔民合作社和渔业协会在专业化布局、标准化生产、产业化经营、社会化服务等方面的集约集聚功能,将分散经营的渔户组织起来,把渔业产前产中产后的相关环节链接起来,形成规模经济效应,解决好千家万户生产与千变万化市场对接问题。

(6)渔业抗风险能力有待提升。全市渔业尚未被纳入农业政策性保险范畴,商业性保险也刚刚起步,未对水产养殖业形成大面积覆盖,一旦遇到极端天气等自然灾害,受灾渔民恢复生产难度很大。

(宁波市海洋与渔业局)

【厦门市】 “十二五”期间,厦门市渔业经济总产值从2011年的53亿元增至2015年的54.12亿元。水产品总产量从2011年的3.2万吨增至2015年的5.2万吨,增长62.5%,主要是远洋捕捞快速增长,从2013年零产量至2015年达2.2万吨。水产加工产值稳中有升,水产苗种产值呈增长趋势,从2011年的3.8亿元增至2015年的4.4亿元,5年内增长约16%。

一是水产苗种持续走强。引导整合厦门市200多家水产苗种场建立专业合作组织,实现规模化专业化经营。以项目带动产业发展,推动种苗企业实施品牌战略,建设工厂化养殖关键技术集成与示范推广和凡纳滨对虾育、健康虾苗培育技术研究与产业化等项目,促进粗放型海水养殖向集约型工厂化健康养殖转变,培育出“兴兴代”“厦兴龙”“厦选1号”“东优1号”等高品质水产苗种。

二是加工流通转型升级。鼓励企业引入高新技术,引导加工企业转型升级。安井食品“海洋营养食品精深加工技术研发中心”产业化平台、源水“功能性胶原蛋白”、新阳洲“紫菜降血压肽功能饮料”等创新产品进入产业化生产。汇盛生物、源水、东海洋等企业由传统资源依赖型向可再生高附加值海洋生物制药制品业转型升级。发挥厦门自贸区作用，实现台湾省远洋渔船直航厦门，对台渔业贸易得到较快发展。

三是远洋渔业重新起航。自2012年以来，厦门市先后出台《厦门市海洋经济发展专项资金管理办法》《厦门市人民政府关于加快远洋渔业发展八条措施的通知》等政策措施，对远洋渔业企业落户厦门、远洋渔船更新改造进行资金补助。远洋渔业从零起步，已有5家远洋渔业企业、67艘远洋渔船落户厦门，拥有印度尼西亚瑟兰岛和巴淡岛两个海外基地。加强国际交流合作，组织经贸团出访印尼、斯里兰卡等国家，签订一批合作项目。落实国家省市远洋渔业扶持政策，发放各级财政补助。

四是渔港经济加快发展。启动厦门高崎闽台中心渔港建设项目，《厦门高崎闽台中心渔港提升改造规划》于2015年4月份编制完成，被列为“多规合一”平台推送项目，并策划出8个提升项目，各项目按照计划推进。落实“美丽厦门、共同缔造”，推进“一区一港”建设，翔安区完成琼头渔港的清淤整治，海沧区启动嵩屿避风坞综合性休闲渔港建设前期工作。五是水生生物资源逐步恢复。持续开展海域增殖放流，5年来共争取农业部下达厦门市增殖放流项目经费1 210万元，完成增殖放流真鲷等苗种618万尾和虾苗5亿多尾，超额完成增殖放流任务指标。2015年首次与金门共同开展厦金海域增殖放流活动。

六是休闲渔业不断拓展。发展休闲渔港，计划将群众渔港、码头升级改造为休闲渔船、游艇避风和停泊的综合性停泊点，发展串岛游、红树林游等。推动小嶝休闲渔村建设，渔村已成为一座“旅游、休闲、度假、娱乐”为一体的综合旅游度假景区，荣获“中国最美休闲乡村”等荣誉称号，年产值达1 200万元。休闲渔业博览会成功举办八届，已成为国内唯一以休闲渔业为主题的国际展会。

七是平安渔业体系日趋完善。狠抓渔业安全生产，做好宣传教育，做好渔港、渔业船舶安全监督检查和安全隐患排查治理，“十二五”期间未发生重大渔业安全生产事故，获得市安委会和省海洋与渔业厅的肯定。完成《厦门市水产品批发市场管理规定》规章修订，率先在全国实行批发市场的准入、准出制度。制订一系列水产品质量安全监管方案，广泛开展宣传培训，加强执法检查和质量监测，历年来养殖产地药残监测合格率百分百，2014年农业部对厦门市市场水产品药残监测结果予以表扬。

八是渔民转产转业能力增强。举办各类教育培训，提升渔民生产技能。发展远洋渔业、渔港经济、休闲渔业、种苗业等产业，引导推动渔民转产转业。落实惠民维稳政策，做好渔业互保、油价补助和伏季休渔生活补助等，维护渔区和谐稳定。

（厦门市海洋与渔业局）

【新疆生产建设兵团】 “十二五”时期，新疆生产建设兵团（以下简称“兵团”）渔业以党的十八大和十八届三中、四中全会精神为指导，认真贯彻中央新疆工作座谈会精神，在兵团党委的高度重视和正确领导下，全兵团渔业系统深入贯彻落实科学发展观，扎实推进渔业经济建设，以产业结构调整为主线，实施科技兴渔、可持续发展和依法治渔等战略，切实加强基础设施建设，转变增长方式，落实惠渔政策，实现了渔业增效、职工增收，圆满完成各项渔业经济任务指标，渔业在经济社会发展中的地位和作用更加突出。

1. 水产养殖业快速发展 2015年全兵团水产品产量为4.61万吨，是2010年产量的1.68倍，年均增长达到13.52％，其中养殖产量由2.63万吨增长到4.57万吨；渔业总产值由2010年的2.82亿元，增长到2015年的6.60亿元，增长了1.44倍；池塘、水库的养殖单产分别由2010年的633千克和19千克，提高到2015年的709千克和25千克；渔业职均收入由2010年的2.18万元提高到2015年的3.42万元。渔业已成为调整农业结构、增加职工收入的重要途径。

2. 渔业结构调整不断深化 “十二五”期间，兵团渔业以市场为导向，以效益为中心，稳步推进结构调整。一是养殖结构调整步伐加快。增养殖的品种不断增多，名优特养殖比重由“十二五”末不足8％，提高到2014的12%，河鲈、白斑狗鱼、鲂、鮰、罗非鱼、虾、蟹等品种的养殖初具规模；二是产业结构得到优化。近年来兵团休闲渔业发展规模不断壮大，目前已有7家单位获得“全国休闲渔业示范基地”命名。水产品加工也有所发展，十师利用大水面土著鱼类资源，延伸产业链，开展特色水产品加工，并注册了商标，形成净鱼冰鲜包装、盐干、熏制、烤制品、罐装等系列方便食品等，受到市场欢迎，产生良好的社会效益和经济效益。

3. 支撑保障体系进一步加强

（1）良种繁育体系逐步完善。在农业部的大力支持下，2011年至2015年共投入资金982万元，其中中央预算内资金790万元，全兵团先后建设了八师丁鲅良种场、十师河鲈原种场、十二师名优水产良种场等一批鱼苗繁殖场。人工繁殖种类由2010年的10种提高到目前的 15 种,鱼苗繁殖量由 2010 年的 4.46 亿尾增加到 2015 年的 10.89 亿尾,苗种自给率大大提高。

(2)渔政执法体系建设取得进展。兵团 2015 年批复成立了兵师两级水政渔政执法部门,人员正逐步到位。5 年来,共投入 475 万元,购置渔政执法快艇 19 艘,渔业基层执法能力大幅提升。

(3)科技推广能力得到提升。全兵团现有高级技术人员 10 人,中级 23 人,初级 42 人。经兵团编委批准,兵团水产技术推广总站加挂兵团水产科学研究所牌子,承担的科研课题曾荣获兵团科技进步二等奖,各师水产技术推广站正在逐渐健全并开展工作。石河子大学、塔里木大学水产师资和教学力量强大,开展的各类水产科研成果正发挥作用。

4. 渔业从业人员素质得到提高 为更新观念,提高渔业职工素质,兵团水利(水产)局加强了渔业职工的技术培训工作,5 年来,共举办水产养殖新技术培训班 9 期,培训基层渔业技术人员、渔业职工共 580 人次,通过开展科技入户以及组织观摩学习等,以点带面,有力的推动兵团渔业的健康快速发展。

5. 水产品质量安全意识不断提高 为解决水产品质量安全方面存在的突出问题,近年来,兵团除与自治区水产主管部门联合进行水产品质量安全检查活动外,每年还组织各师水产局开展水产品质量安全自查和交叉检查。除加强监管外,兵团各级渔业主管部门通过宣传,引导职工自觉树立质量安全意识,积极创建健康养殖示范区,截止到 2015 年,兵团已有 22 家单位获得全国水产健康养殖示范场称号。

(新疆生产建设兵团水利(水产)局)

发 展 综 述

全国渔业发展概况

【概况】 2015 年是"十二五"收官之年，在经济增长速度放缓、下行压力增大的不利条件下，渔业经济保持了稳中有增的发展势头。全年水产品总产量 6 699.65 万吨，同比增长 3.69%；渔民人均纯收入 15 594.83 元，同比增长 8.1%。按当年价格计算，全社会渔业经济总产值 22 019.94 亿元，实现增加值 10 203.55 亿元，其中渔业产值 11 328.70 亿元，渔业增加值 6 416.36亿元。

1. 渔业生产稳定增长 2015 年渔业生产继续保持平稳增长，水产养殖产量 4 937.90 万吨，同比增长 3.99%，国内捕捞产量 1 542.55 万吨，同比增长 2.13%，国内渔业生产养捕比例为 76∶24。远洋渔业产量 219.20 万吨，同比增长 8.12%。全国水产品人均占有量 48.74 千克。

2. 水产品市场健康运行 2015 年水产品批发市场交易量增加，价格小幅下降。据监测，水产品批发市场成交量同比增长 8.49%，综合平均价格 21.00 元/千克，同比下降 0.25%，其中，海水产品价格 36.92 元/千克，同比增长 0.76%，淡水产品价格 15.03 元/千克，同比下降 1.52%。水产品进出口贸易下滑。据海关数据统计，2015 年我国水产品进出口总量 814.15 万吨，进出口总额 293.14 亿美元，同比分别下降 3.59% 和 5.08%。其中，出口量 406.03 万吨，出口额 203.33 亿美元，同比分别下降 2.48% 和 6.29%；进口量 408.13 万吨，进口额 89.82 亿美元，同比分别下降 4.66% 和 2.22%。贸易顺差 113.51 亿美元，同比下降 9.29%。

3. 强渔惠渔力度加大 各级政府重视渔业发展，加强了对渔业的支持和投入。中央财政落实渔业基本建设中央资金 26.17 亿元，比上年增加 5.8 亿元，渔业财政项目资金 11.1 亿元，比上年增加 1.22 亿元，渔业油价补助资金等与上年基本持平。积极开展养殖池塘标准化改造，2015 年中央财政渔业标准化健康养殖项目安排 2 亿元，引导各级财政资金，支持各地开展池塘改造等养殖基础设施建设，重点用于养殖水处理等环保设施升级，据不完全统计，全年共开展池塘标准化改造约 18 万公顷，各级财政投资约 16 亿元。渔业油价补助政策调整稳步推进。财政部、农业部印发了《关于调整国内渔业捕捞和养殖业油价补贴政策 促进渔业持续健康发展的通知》，随后两部联合召开视频会议进行安排部署，并印发了油补调整政策的各项实施方案，未来 5 年每年约有 40 亿元资金以专项转移支付形式统筹用于渔民减船转产、渔船更新改造、水产养殖等重点工作。渔业互保业务保持平稳发展态势，全行业共承保渔民 95 万人、渔船 7.8 万艘、养殖水面 1.7 万公顷、养殖网箱 2 590 口，提供风险保障 3 300 亿元，同比增长 14.2%，年内支付经济补偿金 6.6 亿元，同比增长 24.3%。2015 年 3 月 30 日，中国远洋渔业 30 年座谈会在北京举行，国务院副总理汪洋出席会议并作重要讲话，农业部部长韩长赋部长主持会议，副部长于康震副部长在会上介绍了我国远洋渔业发展情况，20 个部门的 18 位部委领导参加会议。

4. 水产健康养殖全面推进 继续在全国范围组织开展水产健康养殖示范创建活动，新创建水产健康养殖示范场 614 家，使农业部水产健康养殖示范场总数达到 5 856 个，新创建渔业健康养殖示范县 5 个。加强现代种业建设，开展国家级水产原良种场复查验收工作，对 9 家国家级水产原良种场进行复查，取消 1 家原良种场称号，验收通过了 2 家国家级水产原良种场，国家级场总数达到 80 家，支持 8 省 41 个县的重点苗种繁育场开展亲本更新；组织 2015 年全国现代渔业种业示范场创建活动，评审通过全国现代渔业种业示范场 21 家，引导种业企业向育繁推一体化方向发展。继续组织实施 2015 年国家水生动物疫病监测计划，组织 25 个省（自治区、直辖市）开展鲤春病毒血症等 8 种疫病的专项监测。指导和推进水产苗种产地检疫，共有 621 个县试点启动了检疫，年检疫 7 200 余批次，提高从源头控制水生动物疫病能力和效果。组织举办第二届水生动物官方兽医师资培训，经考试合格221人取得结业证书。启动水产养殖面源污染防治工作。制定了《水产养殖面源污染防治行动方案》；在江苏省盐城市召开全国水产养殖面源污染防治现场会。

5. 渔业科技支撑加强 完成"十三五"渔业科技发展战略研究工作，启动"十三五"渔业科技发展规划编制工作。全年有37项国家标准和行业标准获准实施，新增13类63个主导品种和9类36项主推技术，渔业科技贡献率达到58%。稻田综合种养作为发展生态循环农业的重要内容，写入《关于加快转变农业发展方式的意见》，农业部等八部委印发的《全国农业可持续发展规划（2015—2030年）》提出了要发展"稻鱼共生"等生态循环农业发展模式。在江苏、四川、山西、湖北和福建开展了养殖节能（水）减排试点示范，示范推广了池塘循环水养殖、池塘网箱减排、鱼菜共生生态养殖、大水面网箱养殖底排污等技术和渔用配合饲料应用技术。

6. 水产品质量安全继续提升 组织开展2015年国家产地水产品和水产苗种质量安全监督抽查、捕捞水产品质量安全监测、渔用投入品质量安全风险隐患排查和海水贝类产品卫生监测及生产区域划型工作，检测各类样品达到1万个以上。水产品产地监测合格率为99.6%，比上年提升0.4个百分点。研究起草《"三鱼两药"联合专项整治行动方案》，在国家产地水产品监督抽查中加大了对"三鱼两药"的抽查力度，同时加大执法力度，重点打击养殖及育苗过程使用孔雀石绿、硝基呋喃类代谢物、氯霉素等禁用药物以及原料药和不执行休药期等违法行为。在全国范围内首次开展水产品质量安全监管与执法交叉督察工作。全年未发生重大水产品质量安全事件。

7. 渔业资源养护和环境保护持续推进 认真贯彻中央领导同志重要指示精神，持续加大对违规渔具清理整治力度，清理整治"绝户网"取得阶段性成果。4月20日，农业部在浙江象山召开全国清理整治"绝户网"和涉渔"三无"船舶现场工作会，部长韩长赋部长亲自对清理整治工作进行再动员再部署，会后各省（自治区、直辖市）区市进一步完善方案、落实责任，全国形成政府主导、上下联动、部门协作、海陆并举的工作机制。截止到2015年年末，全国共取缔涉渔"三无"船舶1.6万艘，取缔渔具近55万张（顶）。加强水生生物增殖保护力度，中央财政安排增殖放流资金4亿元，带动全国投入10.9亿元，放流重要水生生物苗种和珍稀濒危物种361.2亿尾（只），同比增长5.2%。继续开展近海渔业资源和近岸产卵场调查，以及长江、珠江和黑龙江等重要内陆水域产卵场调查。2015年是海洋伏季休渔制度实施20周年，委托中国水产科学研究院下属三个海区水产研究所开展伏休委托中国水产科学研究院下属3个海区水产研究所开展伏休20年效果评估工作，评价伏季休渔工作成效，为完善伏季休渔制度提供科研支撑。长江、珠江禁渔工作向纵深持续发展。加强水生生物保护区建设和管理，新增国家级水产种质资源保护区28个，总数达到492个。创建国家级海洋牧场示范区20个，充分发挥了典型示范和辐射带动作用。10月，汪洋副总理专门到山东看海洋牧场建设，并召开座谈会发表重要讲话。加强水生野生动植物保护与管理，积极推进长江江豚拯救行动计划和中华白海豚保护行动计划，加强水生野生动物特许利用管理，规范水生野生动物驯养展演活动，开展水生野生动物及其产品进出口及特许利用审批，做好水生濒危物种履约工作。继续组织全国渔业生态环境监测网成员单位，对海洋和内陆重要天然渔业水域和养殖水域环境状况进行监测。强化对重点渔业水域污染监测监视和监督检查，积极稳妥处置突发性死鱼事件。据不完全统计，全年列入环保投资的渔业资源生态补偿资金达7.6亿元。

8. 渔业安全生产进一步好转 继续深入开展"平安渔业示范县"和"文明渔港"两个创建活动，评选公布了第三批11个"文明渔港"名单，并对第三批"平安渔业示范县"创建工作进行了部署。认真汲取天津港爆炸、长江沉船等重特大事故事件教训，加大督查检查力度，全年共组织督查检查15批次，多次会同国家安全生产监督管理总局赴重点渔区开展专项督查。2015年，全国共发生渔业船舶水上事故254起，同比减少12.56%，死亡（失踪）307人，同比增长7.34%。组织开展"部领导与渔业企业经理、渔船船主谈心对话"活动，农业部副部长于康震副部长出席活动。全面贯彻实施《中华人民共和国渔业船员管理办法》，加大渔业船员安全基础培训和宣传教育工作。坚持渔业24小时应急值班和领导带班制度，及时通报灾害性天气预警预报信息，协调配合专业力量进行海难救助，组织渔船自救互救，组织渔业救助1 044起，救助渔船1 324艘、救起渔民14 139人，投入救助费用2 886.1多万元，挽回经济损失8.82多亿元。

（农业部渔业渔政管理局 王 良 张 成）

渔 业 投 入

【概况】 2015年，中央财政对渔业的投入达到37.26亿元。其中，基本建设投入26.17亿元，主要用于渔业发展和管理的基础设施建设；财政专项投入（包括转移支付)11.09亿元,主要用于水生生物资源养护和水产健康养殖。

(农业部渔业渔政管理局 鲁 泉)

水产养殖管理

【概况】 2015年,全国各级渔业主管部门认真贯彻中共中央1号文件和《国务院关于促进海洋渔业持续健康发展的若干意见》精神,促进渔业转方式、调结构,全面推进水产健康养殖,构建现代渔业种业体系,提升水生动物防疫能力,完善水域滩涂养殖权制度,确保了产品有效供给和产业快速发展,加快了渔业现代化建设步伐。

1.推进水产健康养殖示范 组织开展全国水产健康养殖示范创建活动。各地继续开展农业部水产健康养殖示范场创建活动,鼓励企业、合作社和养殖大户按照健康养殖的标准,自觉加强基础设施改造,规范养殖生产操作,健全质量安全管理制度,促进节能减排,扩大辐射带动,率先实现健康养殖,2015年复查通过第一、二批示范场164家,新创建农业部水产健康养殖示范场614个,使示范场总数达到5 856家。同时,重点推进农业部渔业健康养殖示范县创建活动,实现养殖主产县养殖场、合作社全面达到健康养殖要求,改善企业生产条件,完善县域服务体系,健全行业管理制度。到2015年底,共有10省(自治区)的44个县区申报创建示范县,其中农业部已验收湖北洪湖等5个县(市),并公布第一批示范县名单,促进健康养殖从整县和养殖场等不同层次同步快速推进。以中央财政渔业标准化健康养殖项目等支持手段,指导各地继续开展池塘标准化改造,全年完成改造面积约20万公顷,各级财政资金投入约17亿元,其中,中央财政4.7亿元,有力提升了养殖基础设施水平。

2.加强现代水产种业建设 组织2015年全国现代渔业种业示范场创建活动,创建全国现代渔业种业示范场21家,全国现代渔业种业示范总数达到87家,通过活动引导种业企业向育繁推一体化方向发展。完善水产原良种繁育体系建设,组织对8家国家级水产原良种场复查,取消1家国家级水产原良种场资格,验收通过了2家国家级水产原良种场,国家级场总数达到80家。加强原良种保种和品种创新,安排项目资金支持69个国家级水产原良种场和遗传育种中心开展原良种保种选育工作,支持41个县的重点苗种繁育场开展亲本更新。召开现代渔业种业建设与监管座谈会,分析当前渔业种业发展面临的形势,研究推进现代渔业种业建设管理的对策措施,部署下一步渔业种业体系建设及水产苗种生产监管重点工作。进一步规范水产苗种进出口审批,做好水产苗种免税管理,办理水产苗种进口审批223件,批准进口水产苗种和亲本1.27亿尾(粒、只),免税金额达到2 600万元。组织水产新品种审定推广,开展翘嘴鳜"华康1号"等25个水产新品种推广,审定通过白金丰产鲫等12个水产新品种。

3.提升水生动物疫病防控能力 实施《2015年国家水生动物疫病监测计划》,组织25个省份对鲤春病毒血症等8种重大水生动物疫病进行监测,完成采样检测3 921个。及时公布疫病信息和卫生状况,在《兽医公报》公布2014年度水生动物疫病信息,编写出版《2014年中国水生动物卫生状况报告》,全面公开我国水生动物防疫现状。推进水产苗种产地检疫,全国共有621个县实施水产苗种产地检疫制度,年检疫苗种7 200余批。在北京、天津、浙江、青海等4省(直辖市)开展无规定疫病苗种场建设试点,探索疫病区域化管理新模式。在部分省份开展主要病原微生物耐药性普查,为指导水产养殖科学用药和规范用药提供基础数据。加强官方兽医和渔业乡村兽医队伍建设,举办开展第二届水生动物官方兽医师资培训班,培训各省相关人员221名,累计登记渔业乡村兽医1.7万余人。推进水生动物防疫系统实验室能力建设,组织开展水生动物防疫系统实验室检测能力测试,62家检测机构通过测试。召开农业部水产养殖病害防治专家委员会第一届第三次全体会议,通过印发了《农业部水产养殖病害防治专家委员会章程》。

4.完善水域滩涂养殖权制度 指导各地继续全面推进养殖水域滩涂规划编制颁布工作,湖北省等地颁布了省级规划,部分重点渔业县养殖规划陆续颁布或修订,保护了养殖水域滩涂不受侵占,为产业发展预留了空间。各地不断推进养殖水域滩涂发证登记工作,稳定养殖渔民水域滩涂养殖使用权,保障渔民合法权益。截止到2015年年底,全国水域滩涂养殖发证登记系统内有效的新版《水域滩涂养殖证》达到15.3万本,确权登记水域、滩涂面积493万公顷,占总养殖面积的59%。2015年新发证1.8万本,新增确权面积80万公顷。

(农业部渔业渔政管理局 王 丹)

近海捕捞

1.近海海洋捕捞生产稳定运行 据全国海洋捕捞动态采集网络监测数据分析,2015年,我国海洋渔业总体状况好于2014年。拖网、围网、流刺网和张网渔业构成全年海洋渔业的主体；鳀鱼、鲹类、小黄鱼、鲐鱼、沙丁鱼、带鱼、二长棘鲷、马面鲀、马鲛鱼和鲳类等资源种类是我国海洋渔业的主要利用对象，但资源利用结构仍以当年和低龄鱼为主。分品种渔获量与2014年相比，鲳鱼、鳀鱼、小黄鱼、蛇鲻类和鲹类产量较上年有明显增加，而大眼鲷和金线鱼有明显下降，带鱼、马鲛鱼、鲐鱼和沙丁鱼与上年基本持平。全国各渔港多数渔获种类的销售价格相比上年有明显下降，但总产量好于上年；渔获质量相对平稳、未有提高；渔业生产燃油成本继续有较大幅度下降，人力成本也略有下降，捕捞渔民的总体收益好于上年。

2. 近海主要作业类型生产特点

（1）单拖作业。渤海产量相对较高水域出现在滦河口渔场、辽东湾渔场和莱州湾渔场，东海产量相对较高水域出现在闽中渔场、台北渔场和舟山渔场，南海产量相对较高水域出现在北部湾南部及海南岛西南部渔场、西沙西部渔场和南沙中部渔场。全国单拖作业整体生产情况继续好于上一年度。

（2）双拖作业。黄渤海产量相对较高水域出现在石东渔场、连青石渔场和青海渔场，东海产量相对较高水域出现在鱼山渔场、闽南渔场和闽中渔场，南海产量相对较高水域出现在中沙东部渔场、粤西及海南岛东北部渔场和粤东渔场。全国双拖作业整体生产情况继续好于上一年度。

（3）桁杆拖虾作业。黄渤海产量相对较高水域出现在海洋岛渔场、大沙渔场和吕四渔场，东海产量相对较高水域出现在鱼山渔场、温台渔场和舟山渔场，南海产量相对较高水域出现在粤东渔场、粤西及海南岛东北部渔场和北部湾北部渔场。全国桁杆拖虾作业整体生产情况继续好于上一年度。

（4）围网作业。黄渤海产量相对较高水域出现在沙外渔场、连东渔场和连青石渔场，东海产量相对较高水域出现在闽中渔场、闽东渔场和台北渔场，南海产量相对较高水域出现在海南岛东南部渔场、其它渔场和东沙渔场。全国围网作业整体生产情况继续好于上一年度。

（5）光诱敷网作业。黄渤海产量相对较高水域出现在连青石渔场和辽东湾渔场，东海产量相对较高水域出现在温外渔场、闽南渔场和舟外渔场，南海产量相对较高水域出现在东沙渔场、珠江口渔场和中沙东部渔场。全国光诱敷网作业整体生产情况好于上年。

（6）流刺网作业。黄渤海产量相对较高水域出现在辽东湾渔场、滦河口渔场和海州湾渔场，东海产量相对较高水域出现在鱼外渔场、江外渔场和鱼山渔场，南海产量相对较高水域出现在东沙渔场、粤东渔场和台湾浅滩渔场。全国流刺网作业整体生产情况差于上年。

（7）帆式张网作业。黄渤海产量相对较高水域出现在大沙渔场、沙外渔场和吕四渔场，东海产量相对较高水域出现在舟山渔场、舟外渔场和江外渔场。全国帆式张网作业整体生产情况继续好于上一年度。

（8）定置张网作业。黄渤海产量相对较高水域出现在滦河口渔场、海洋岛渔场和连青石渔场，东海产量相对较高水域出现在鱼山渔场、舟山渔场和闽中渔场，南海产量相对较高水域出现在海南岛东南部渔场、北部湾北部渔场和北部湾南部及海南岛西南部渔场。全国定置张网作业整体生产情况继续好于上一年度。

（9）钓具作业。黄渤海产量相对较高水域出现在辽东湾渔场，东海产量相对较高水域出现在闽南渔场，南海产量相对较高水域出现在东沙渔场、台湾浅滩渔场和南沙中部渔场。全国钓具作业整体生产情况差于上年。

（10）笼壶作业。黄渤海产量相对较高水域出现在连青石渔场、连东渔场和石东渔场，东海产量相对较高水域出现在江外渔场和闽南渔场，南海产量相对较高水域出现在台湾浅滩渔场、南沙东部渔场和粤东渔场。全国笼壶作业整体生产情况差于上年。

3. 近海主要经济渔业种类资源动态

（1）带鱼。全年主要汛期为8～12月。生产情况相对较好的水域分布在石岛渔场、石东渔场和长江口渔场。整体资源数量比2014年小幅增加。

（2）小黄鱼。全年主要汛期为8～11月。生产情况相对较好的水域分布在沙外渔场。整体资源数量比2014年有较大幅度增加。

（3）鲳鱼。全年主要汛期为9～12月。生产情况相对较好的水域分布在南沙中部渔场、长江口渔场和沙外渔场。整体资源数量比2014年大幅增加。

（4）马鲛鱼。全年主要汛期为9～11月、4～5月和1月。生产情况相对较好的水域分布在沙外渔场、连东渔场和长江口渔场。整体资源数量比2014年略有下降。

（5）鲐鱼。全年主要汛期为7～10月。生产情况相对较好的水域分布在舟山渔场、鱼山渔场和海洋岛渔场。整体资源数量比2014年小幅下降。

（6）鲹类。全年主要汛期为8～11月。生产情况相对较好的水域分布在闽东渔场、闽南渔场和闽中渔场。整体资源数量比2014年有较大幅度增加。

（7）鳀鱼。全年主要汛期为10月和3月。生产情况相对较好的水域分布在石东渔场、连东渔场和中沙东部渔场。整体资源数量比2014年大幅增加。

(8)虾蟹类。全年主要汛期为4月和8～11月。虾类生产情况相对较好的水域分布在鱼山渔场、连青石渔场和闽东渔场。蟹类生产情况相对较好的水域分布在沙外渔场、长江口渔场和吕四渔场。整体资源数量比2014年有较大幅度下降。

(9)头足类。全年主要汛期为9月。生产情况相对较好的水域分布在南沙中北部渔场、中沙东部渔场和南沙西北部渔场。整体资源数量比2014年大幅增加。

4. 近海渔业资源养护措施实施效果显著 伏季休渔制度对海洋渔业资源的养护作用持续显现。据全国海洋捕捞动态采集网络监测数据结果,2015年休渔期结束后,9月份全国海洋捕捞总产量仍维持为近5年同期最高,同比增长15.86%。其中,黄渤海区伏休前后产量差别最大,伏休后(9月)产量比伏休前(5月)增加2.0倍;其次为东海区,伏休后(9月)产量比伏休前(5月)增加1.6倍;而南海区差别最小,伏休后(8月)产量比伏休前(4月)增长81.32%。

(全国海洋捕捞动态采集网络)

远 洋 渔 业

【概况】 2015年,随着新建远洋渔船的陆续投产,我国远洋渔业克服了印尼政策变动、渔汛资源波动、市场波动等不利因素影响,继续保持稳定发展态势,作业船数、总产量、总产值和产品运回数量创历史新高。据统计,2015年获得我农业部远洋渔业企业资格的企业共167家,比上年增加3家;经批准作业渔船2 512艘,比上年增加51艘,其中新建投产渔船253艘;主机功率215万千瓦,总吨位125万总吨。2015年远洋渔业总产量、总产值分别为219.1万吨、206.5亿元,分别比上年增长7.8%、11.7%;2015年远洋渔业企业运回自捕水产品144.4万吨,占总产量的65.9%,比上年增长17.7%。远洋渔船作业海域分布在40个国家的专属经济区及太平洋、印度洋和大西洋公海及南极海域。公海作业船数及产量、产值比重分别占53.4%、71.1%和64.1%。外派船员近4.7万人。

1. 公海大洋性渔业发展迅速 公海作业渔船1 342艘,比上年增加80艘,产量和产值分别为155.7万吨和132.3亿元,分别比上年增长60%和42%。大洋性项目产量的增加主要来自于鱿鱼钓和公海拖、围网项目,其中鱿鱼钓船数达576艘,与上年基本持平;产量达到89万吨、产值63亿元,分别比上年增长27%和26%;公海拖、围网产量近三年从零起步迅速增长,2015年作业船数达到156艘,产量26.9万吨、产值18.7亿元。金枪鱼船数549艘,与上年基本持平,产量29.6万吨,44.2亿元,分别比上年增长4%和6%。秋刀鱼渔业资源波动较大,作业船数47艘,产量4.7万吨、产值3亿元,均比上年减少35%。

2. 过洋性项目(即在他国管辖水域作业)出现波动 作业渔船数量1 170艘,比上年减少28艘,产量63.4万吨,产值74.2亿元,分别比上年减少19%和2%。过洋性项目产量减少主要源于印尼项目渔船245艘全年处于停产靠港状态;朝鲜东部海域项目渔船数量不足上年1/10,产量由10万吨减少到1.7万吨;缅甸项目船数83艘,产量5.7万吨,产值5.7亿元,均比上年略有增长。非洲项目船数达619艘,比上年增长69艘,产量36.1万吨,产值35.2亿元,分别比上年增长57%和21%。南美洲项目渔船39艘,产量4.3万吨,比上年下降10%;产值6.7亿元,同比增长24%。

(农业部渔业渔政管理局 刘立明)

水产品加工业

【概况】 2015年我国水产加工品总量2 092.31万吨,同比增长1.91 %,其中海水加工产品1 718.41万吨,同比增长2.37%,占水产加工品总量的82.13 %,淡水加工品373.90万吨,同比下降0.17 %。水产品加工企业数量9 892个,同比增长2.37%,加工能力2 810.33万吨/年,同比下降1.30 %。从数据来看,2015年水产品加工业发展较为平稳,但据重点调研和企业反映的情况,2015年水产品加工业发展形势较为严峻,企业普遍面临较大困难,尤其是外贸型加工企业尤其艰难。受外需疲软、汇率波动、融资难度加大、国内生产成本增加、国际大宗水产品价格走弱等一系列因素影响,水产品出口下降,出口加工企业普遍开工不足,一批企业面临破产倒闭危险。较之于外销型加工企业,内销型加工企业开工率普遍较高,生产效益相对较好。因此,一些实力较大的外销型企业越来越重视国内市场,通过设立专卖店、借助互联网销售等模式加大国内市场开拓力度,加工产品差异化、品牌化发展趋势更加明显。

1. 最新进展 2015年水产品原料加工率33.95%,和2014年基本持平。其中,海水产品的加工率为50.22%,淡水产品加工率17.1%。2015年我国水产品加工实现产值388.06亿元,同比增长4.33%,加工产值占渔业产值的17.62%。冷冻、冰鲜等初级加工产品仍是我国的水产品加工主要品种,甚至还有增加的趋势,2015年水产品冷冻加工的比例达到

65.79%，我国水产品消费习惯决定了加工品仍将以冷冻品为主。由于消费渠道没有完全打开，前几年快速发展的渔糜加工发展遇到瓶颈，进入滞胀期。科研单位和企业在技术创新方面均更加注重实用性，关于鲜活水产品保活保鲜、船上冷藏冷冻技术、冷冻产品品质控制等研究开始增多，同时海洋生物技术应用、精深加工及提高副产物的价值等高新技术的研究也持续开展。此外，面对新形势，各级政府和企业开始更多地将关注点放在产业升级和市场开拓上，尤其是随着“互联网+”的不断升温，越来越多的企业开始尝试互联网销售，将电子商务作为市场开拓的主要方式之一，2015年水产加工品电商销售规模呈几何级数增长。

从各省情况来看，山东省、辽宁省、浙江省作为水产品加工传统大省，加工规模总体保持稳定，企业的工作重点主要放在提升产品品质、提高产品科技含量、培育产品品牌、探索全产业链发展模式、推动电子商务发展等方面。政府则在打造产业园区，促进产业聚集等方面开展了一系列工作。据了解，这些产业园区将原料基地、加工转化、现代物流、便捷营销合为一体，培育了标准化原料基地、集约化加工园区、体系化物流配送和营销网络“三位一体”的全方位服务，降低了园区内企业成本，提高了产业整体竞争力。湖北、江西、湖南等淡水养殖大省继续着力淡水产品加工开发，引导产学研联合，在淡水产品鲜活运输、保鲜调理等方面下功夫，取得了一定成绩。福建、广东、广西、海南水产品加工仍是以出口为导向，但随着出口形势的变化，越来越注重国内市场的开发，其中，海南省利用品牌农业发展资金，在渔业品牌发展和市场开拓上做出很多有益的尝试。

2. 区域布局 长期的发展形成了以沿海水产品加工为主的出口优势区域布局特征。山东、福建、辽宁、浙江、江苏、广东、广西、海南等8省的加工量占全国水产品加工总量的90%。山东半岛、辽东半岛来进料加工区域，广东、广西、海南南美白对虾和罗非鱼养殖加工区域，福建、广东鳗鱼加工区域，浙江捕捞水产品加工区域，江苏条斑紫菜养殖加工区域，福建大黄鱼和蟹肉加工区域，以及北方地区特色水产品养殖加工区域等传统优势产区正在悄然发生一些变化，随着劳动力成本的不断增加，来进料加工呈现萎缩态势，山东、辽宁借助传统优势，不断加强技术创新和品牌创建，不断开发新产品并努力开拓国内高档水产品市场，其中山东省在海洋生物制药等方面不断实现新突破。辽宁省通过质量可追溯体系的建立，推动大菱鲆走出国门。浙江大力发展海上冷链、海上加工、鲟鱼系列产品开发，在培育品牌、提升产品品质、探索电子商务等新型流通方式等方面取得较好效果。福建省充分利用中国东盟自贸区和“一带一路”战略的实施，着力培育水产品加工园区，不断强化优势特色产业。内陆省份中湖北省位列第一，但加工量占内陆省份加工总量的比例逐年下降，2015年占比50.48%，较上年下降5个百分点。江西位列第二，安徽、湖南属于传统第三梯队，但吉林依靠珲春港的区位优势，快速发展，2015年产量达到18.05万吨，是上年产量的近15倍，超过湖南成为第四大内陆出口省份，以上五省加工产量之和占内陆省份加工总量的95.13%，此外，云南、黑龙江水产品加工也呈现较快发展态势。湖北、江西、湖南等省在淡水鱼类精深加工、活鱼运输技术等方面的特色优势正在形成。

3. 工作情况 2015年，农业部委托相关行业协会在浙江省舟山市召开了首届水产品品牌大会，对加强水产品品牌建设提出了新要求。在加工技术方面，则继续依托国家水产品加工技术研发体系，在技术创新、发展战略研究、行业科技人才培训、科技成果转化、示范与推广等方面开展了一些工作。据统计，2015年研发体系各中心拿到科研项目420项，研发经费1.53亿元，发表论文524篇，授权专利197项，获得各级奖励18项次，制定标准34项。其中，以企业为主体的中心实现销售利润13.4亿元，销售利润再投入科研的经费8 730万元，开发新产品99个。为促进国家水产品加工技术研发体系健康发展，按照《国家农产品加工技术研发中心及专业分中心管理暂行办法》（以下简称《管理办法》）要求，农业部组织开展了2012—2014年度国家水产品加工技术研发专业分中心（以下简称分中心）考核工作，并发文通报了考核结果。

（农业部渔业渔政管理局 朱亚平）

水产品市场运行情况

【概况】 据对全国80家水产品批发市场成交价格情况统计，2015年水产品批发市场综合平均价格21.00元/千克，同比下跌0.25%。其中，海水产品综合平均价格36.92元/千克，同比上涨0.76%；淡水产品综合平均价格15.03元/千克，同比下跌1.52%。另据对可比的42家水产品批发市场的成交情况统计，2015年水产品成交量720.64万吨，同比增长8.49%；成交额1 330.36亿元，同比增长1.68%。

（1）综合平均价格总体稳中略降，年底出现反弹。2015年水产品批发市场价格较上年稳中略降。其中，一季度仍主要表现节日性波动，其中节前的1、2月份价格环比分别上涨2.80%、4.16%，春节过后价格出现回落,3 月份价格环比回落 1.49%;二季度价格十分平稳,月度间环比涨跌幅度均小于 1.5%;8 月份开始价格出现持续小幅下跌,8 ~ 11 月份价格环比分别下跌 1.75%、1.79%、0.42% 和 0.44%;年底价格出现反弹,12 月份价格环比上涨 3.08%。与上年同期相比,监测的 49 个品种中,有 19 个品种价格上涨,涨幅均未超过 10%;19 个品种价格下跌,其中 2 个品种价格跌

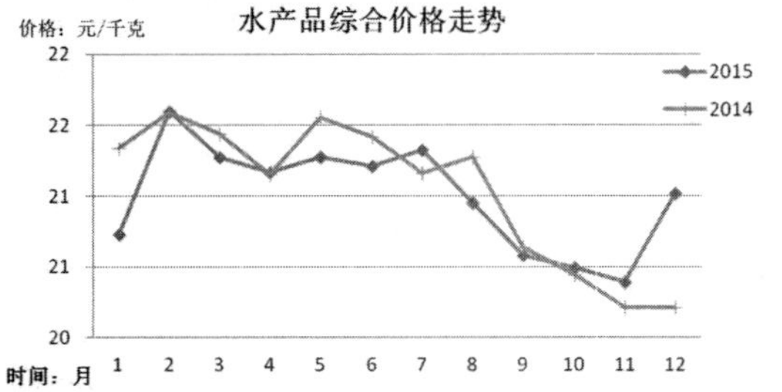

幅超过 10%;11 个品种价格基本持平。

(2)海水产品价格稳中略涨,下半年走势偏弱,但年底出现强势反弹。2015 年海水产品价格走势与上年几乎完全一致,其中,春节期间(2 月份)价格快速上涨,之后回落调整,二季度保持平稳。三季度呈现下降趋势,但国庆前后,价格止跌反弹,11、12 月份价格环比分别上涨 0.75% 和 5.23%。与上年同期相比,监测的 31 个海水品种中,12 个品种价格上涨,涨幅均未超过 10%;11 个品种价格下跌,其中 2 个品种价格跌幅

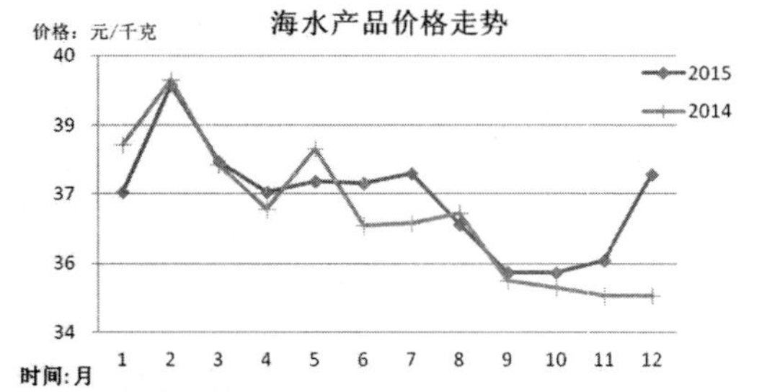

超过 10%;8 个品种价格基本持平(涨跌幅小于 2%)。

表 1 涨跌幅度较大的海水产品

品种	2015 年均价(元/千克)	2014 年均价(元/千克)	同比增减(%)
银鲳	110.35	102.04	8.15
海带	8.42	7.84	7.32
带鱼	26.46	24.78	6.79
青蟹	136.82	130.22	5.06
银鲳	110.4	103.4	6.77
花蟹	106.18	115.07	-7.72
南美白对虾	68.33	74.64	-8.46
牙鲆	47.16	53.29	-11.5
小黄鱼	61.17	70.11	-12.76

(3)淡水产品价格整体偏弱,6 年来首次出现负

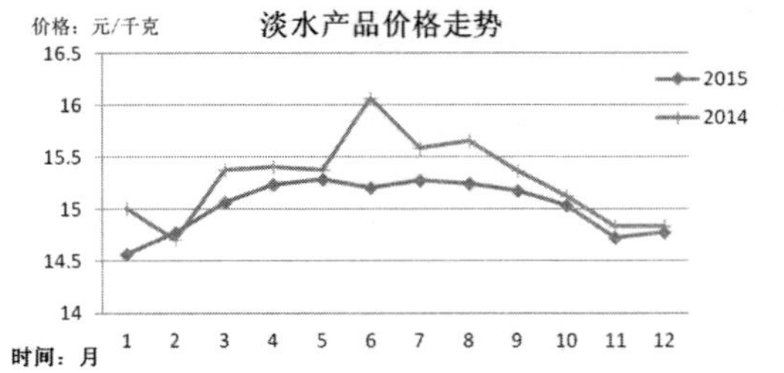

增长。2015 年,淡水产品价格整体低迷,月度间价格波动较小。与上年同期相比,在监测的 18 个淡水品种中,有 7 个品种价格上涨,8 个品种价格下跌,3 个品种价格基本持平(涨跌幅小于 2%),涨跌幅均未超过 10%。

表 2 涨跌幅度较大的淡水产品

品种	2015 年均价(元/千克)	2014 年均价(元/千克)	同比增减(%)
黄鳝	60.52	56.52	7.08
甲鱼	49.24	45.98	7.08
青虾	111.48	104.61	6.57
鳊鲂	14.59	13.93	4.68
鳜鱼	64.08	61.79	3.7
罗非鱼	15.02	15.6	-3.69
草鱼	12.53	13.33	-5.97
罗氏沼虾	67.2	71.65	-6.2
中华绒螯蟹	97.71	107.37	-8.99

【重点品种价格走势分析】

(1)大宗淡水鱼价格低迷。近年来,大宗淡水鱼产量稳步增加,加之市场需求偏弱以及受高档水产品价格回归的挤压,导致全年大宗淡水鱼价格普遍有所下降,监测的 5 种大宗淡水鱼中,除鲤鱼价格触底反弹外,草鱼、鲫鱼、鳙鱼、鲢鱼价格较上年均有不同程度下降。据主产区养殖户和批发市场经营户反映,近年来

大宗淡水鱼市场需求不振，价格已处于近3年来最低

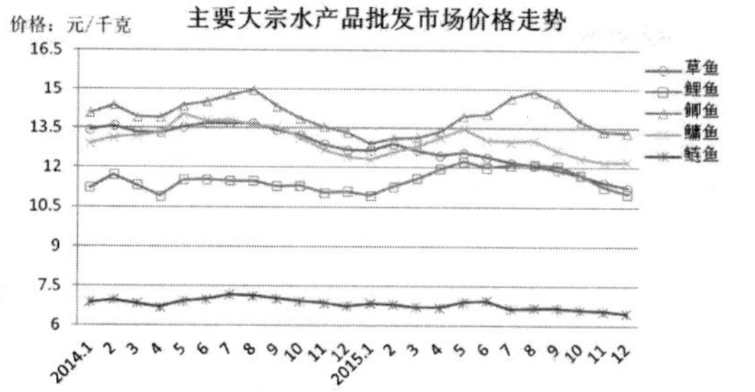

水平，市场成交量同比减少，养殖户普遍亏损。

（2）罗非鱼价格持续走低。作为出口导向型产品，受国际市场萎缩，药残超标事件尚未得到有效解决等影响，2015年罗非鱼出口下降，同时国内市场开拓也无明显进展，供过于求的市场行情导致罗非鱼价格下跌，2015年罗非鱼平均价格15.02元/千克，较上年同期下跌3.69%，除2、5和7月份的价格较上年同期稍有小幅度提升外，其余月份同比均有下跌，其中3、

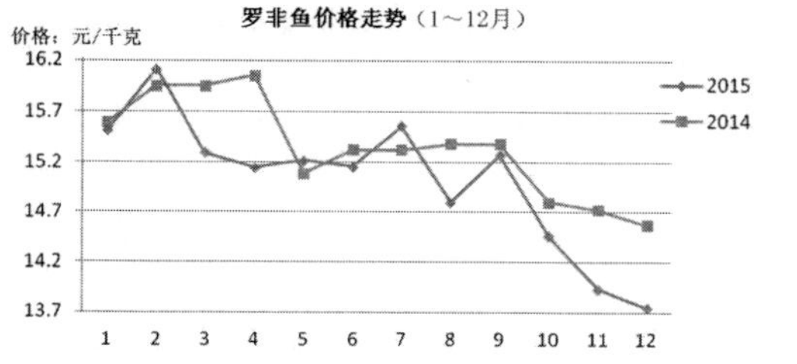

4、8、11和12月份降幅较大，同比分别下跌4.08%、5.61%、3.83%、5.30%和5.63%。

（3）南美白对虾价格高开低走。受病害和自然灾害影响，近年来对虾养殖出成率下降，市场供应偏紧，价格持续高位运行，市场价格的高启一方面刺激了对虾进口，一方面也刺激了养殖户的养殖积极性，2015年北方对虾养殖大幅增加，冬棚虾也取得了较高的养殖成功率，存塘虾增多，市场供应量充足，下半年起价

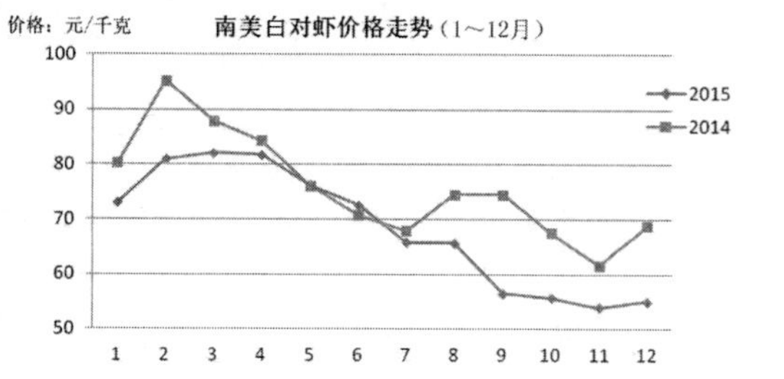

格持续走低，全年平均价格为68.33元/千克，较上年同期下跌8.46%，其中一季度价格降幅较大，前3个月价格较分别上年同期下跌8.98%、14.93%和6.65%，二季度价格与上年基本持平，下半年价格持续下滑。

（4）甲鱼市场价格回暖。前些年，甲鱼养殖规模不断扩大，加之高档水产品消费下降，市场需求减少，价格持续走低。自2014年起，以浙江为代表的甲鱼主产区加快对温室甲鱼养殖的整治和结构调整，大面积拆除甲鱼养殖大棚，甲鱼产量下降，导致价格开始回暖，据监测，2015年甲鱼平均价格49.24元/千克，较

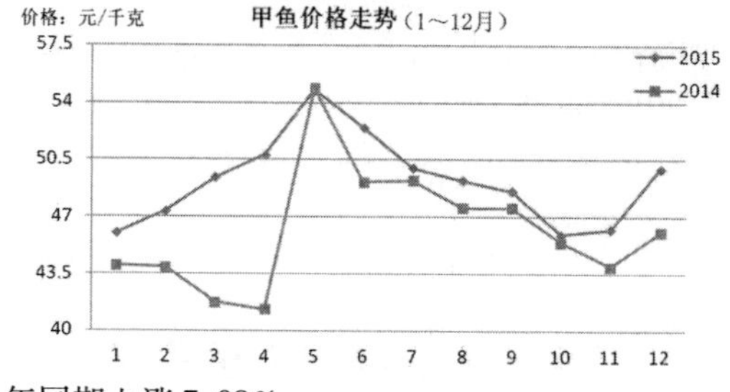

上年同期上涨7.08%。

【影响价格的主要因素】

（1）宏观经济。宏观经济直接影响水产品价格走势，2015年国际经济持续低迷，国内经济增长乏力，据国家统计局公布数据显示，2015年CPI同比增速有10个月徘徊在“1时代”，大宗消费品价格持续走低，特别是食品类价格长期低位徘徊，在很大程度上影响了水产品价格走势。

（2）生产成本。年内我国11次下调汽柴油价格，93号汽油回归“五元时代”，9月份迎来年内国内油价调整的首个“六连跌”，一定程度上降低了渔业生产成本。同时，饲料和苗种成本也有所下降。据了解，2015年饲料成本平均下降超过8%，苗种成本降幅超过10%。但塘租、人工成本继续上涨，其中，塘租涨幅约5%，用工成本涨幅近20%。综合以上各因素，2015年水产品生产成本小幅下降，但长期来看，渔业生产成本仍将以增长为主。

（3）供求关系。供求关系是决定市场价格最核心的因素。近年来，淡水小龙虾、牡蛎消费持续升温，价格走高；与之相反，受质量安全事件和一系列负面舆论的影响，大菱鲆消费持续萎缩，价格走低。由此可见，提高水产品生产效益，必须迎合市场需求、创造市场需求。

【主要工作】 2015年水产品批发市场信息采集工作进展顺利。一是加强人员培训。中国水产学会组织召开水产品批发市场信息采集培训班，邀请国家统计局、新华社、中国海洋大学等单位权威专家讲授价格信息采集、分析报告撰写、水产品品种识别等知识，并

组织优秀信息员交流实际工作心得，取得较好的培训效果，信息员素质不断提升。二是做好信息采集。据统计，80 家定点市场全年共报送价格信息 34 万余条，品种成交量信息 2 万余条，形成市场动态及市场形势分析报告 1 200 多篇，信息报送质量稳步提升。三是完成换届。为进一步规范水产品批发市场信息采集工作，确保信息采集质量和效率，根据《农业部水产品批发市场信息采集管理暂行办法》，在历年工作考核及征求各省渔业主管部门意见基础上，农业部重新确定了 2016—2020 年全国水产品批发市场信息采集定点单位、信息员和省级分析专家，并颁发了证书和匾牌。

（农业部渔业渔政管理局　朱亚平）

水产品进出口贸易

【概况】 受全球经济复苏缓慢，水产品消费萎缩等因素影响，2015 年全球水产品贸易普遍下滑，我国水产品贸易也未能幸免，面临近 20 年来最为严峻的形势。据海关数据统计，2015 年我国水产品进出口总量 814.15万吨，进出口总额 293.14 亿美元，同比分别下降 3.59% 和 5.08%。其中，出口量 406.03 万吨，出口额 203.33 亿美元，同比分别下降 2.48% 和 6.29%；进口量 408.13 万吨，进口额 89.82 亿美元，同比分别下降 4.66% 和 2.22%。贸易顺差 113.51 亿美元，同比减少 11.61 亿美元。尽管如此，我国作为全球第一大水产品出口国的地位没有动摇。据了解，2015 年全球主要水产品出口国家形势均不容乐观，挪威（－16.3%）、泰国（－10.6%）、美国（－3.7%）、加拿大（3.96%）、印度（－13.4%）、智利（－17.5%）等国出口额普遍下降，我国水产品出口竞争优势依然存在，但成本提升、汇率波动、融资困难、结构性产能过剩、同构竞争等问题必须引起高度关注。

（1）国内生产成本持续提高，来进料加工贸易竞争优势下降。受国内生产成本尤其是劳动力成本不断增加、国际水产品原料价格波动、汇率变化以及外需疲软等因素影响，2008 年起我国来进料加工贸易结束连续多年快速增长的态势，占水产品出口总额的比重持续下降。2015 年更是出现了出口量额双降，出口量 112.34 万吨，出口额 52.28 亿美元，同比分别下降 5.35% 和 4.22%，占水产品出口额的比重连续 3 年维持在 24% ~25% 之间，较 2007 年下降约 16 个百分点。细分来看，来料加工在来进料加工出口中所占份额也呈下降态势，2015 年来料加工出口量 22.55 万吨，出口额 13.18 亿美元，同比分别下降 8.41% 和 4.96%，出口额占来进料加工出口总额的比例降至 25.21%，较 2001 年下降近 13 个百分点；进料加工出口量 89.79 万吨，出口额 39.10 亿美元，同比分别下降 4.55% 和 3.97%。

（2）部分品种出现结构性过剩，一般贸易出口竞争优势呈现下滑趋势。2015 年水产品一般贸易出口量 279.84 万吨、出口额 149.14 亿美元，同比分别下降 1.71% 和 7.07%。其中，头足类、贝类、蟹类出口量额均略有增长，鳗鱼出口量增额减，对虾、罗非鱼、大黄鱼、淡水小龙虾出口量额双降。罗非鱼产能过剩的情况较为突出，产品价格低，养殖、出口各环节利润不断被挤压，产业后续发展面临较大压力；对虾苗种质量参差不齐，养殖病害尚未得到有效控制，加之极端天气增多，养殖风险持续加大，加工货源不稳定，直接影响了出口的可持续性。淡水小龙虾国内消费持续升温，价格居高不下，加工出口企业利润低，生产积极性普遍不高。

表 1　一般贸易主要出口品种

数量：万吨；金额：亿美元

出口品种	占一般贸易出口额比例 %	2015 年全年		同比增减%	
		数量	金额	数量	金额
墨鱼鱿鱼及章鱼	18.89	44.59	28.17	7.85	5.66
贝 类	11.59	28.07	17.28	2.83	1.35
对 虾	10.91	14.99	16.26	－16.06	－26.17
罗非鱼	8.73	39.26	13.02	－2.57	－14.11
蟹类	6.65	6.92	9.92	5.14	0.06
鳗 鱼	6.62	4.37	9.87	10.06	－1.08
淡水小龙虾	1.78	2.01	2.66	－32.9	－30.26
大黄鱼	1.64	3.68	2.45	－2.53	－3.95

（3）全球经济复苏总体乏力，国际市场需求疲软。当前，世界经济复苏依然缓慢，尤其是作为我国主要出口目的地的发达经济体市场消费萎缩，需求下降，订单减少，价格低迷，2015 年我国对日、美、欧、韩、中国香港等传统市场出口量额均出现负增长。相比而言，东盟市场可谓一枝独秀，尤其是 6 月份之前，我国对东盟出口一直保持强劲的增长势头，6 月份之后增幅出现回落，但仍保持了稳定增长，目前东盟已赶超欧盟和韩国，成为我国第三大出口市场，其中，泰国是我国对东

盟第一大出口市场，2015 年我国对泰国出口额达到 12.00 亿美元，占我国对东盟出口总额的 43.23%，主要出口品种为金枪鱼、墨鱼鱿鱼及章鱼等。

表2　主要出口市场

数量:万吨;金额:亿美元

出口市场	数量	同比增减%	金额	同比增减%
日本	60.56	-8.51	36.38	-4.25
美国	55.08	-5.47	31.95	-5.83
东盟	56.29	6.94	27.76	2.25
欧盟	51.34	-7.29	22.14	-6.41
中国香港	21.97	-5.07	21.15	-16.13
中国台湾	13.2	-3.54	15.88	1.51
韩国	49.12	-2.26	15.61	-7.56

(4)主要省份出口形势整体欠佳，优势区域布局持续微调。福建、山东、广东、辽宁、浙江、河北、海南、广西等沿海省份仍是我国水产品主要出口省份，出口额之和占全国水产品出口总额的 93.67%，但省份间排名继续调整。其中，福建省借助地域优势，在保持中国台湾市场优势的基础上大力拓展东盟市场，自 2013 年以来连续 3 年位居出口首位，且所占份额逐年增加，2015 年在全国出口形势普遍较差的情况下，出口额依然实现了稳中略增；山东、辽宁作为来进料加工出口大省，随着劳动力成本的增加，来进料加工贸易竞争优势逐年下降，2015 年两省水产品出口均出现较大幅度下滑；受鳗鱼、罗非鱼价格下跌影响，广东出口量增额减；而以罗非鱼出口为主的海南、广西也均出现了量额双降的情况；浙江省主要出口品种海水鱼和对虾出口明显下滑，全省出口量额双降；河北省大力发展沿海优势产业带，积极打造加工出口贸易平台，出口实现平稳增长，超过海南、广西成为第六大出口省份。内陆省份排名没有变化，江西、湖北和吉林依旧位列前三，但差距逐渐缩小。其中，江西、湖北出口大幅下滑。吉林省充分发挥区位优势，大力发展珲春港贸易，出口量额均实现较大幅度增长。

(5)来进料加工原料进口大幅下降，保税区仓储进口增幅明显。2015 年我国水产品进口量 408.13 万吨，进口额 89.82 亿美元，同比分别减少 4.66% 和 2.22%。其中来进料加工原料进口量 116.06 万吨、进口额 23.06 亿美元，同比分别减少 28.74% 和30.65%。鱼粉进口量减额增，进口量 102.54 万吨，同比减少 1.24%，进口额 17.92 亿美元，同比增长 14.93%。除

表3　主要出口省份

数量:万吨;金额:亿美元

沿海	数量	同比增减%	占出口总量%	金额	同比增减%	占出口总额%
福建	85.38	7.52	21.03	54.94	0.05	27.02
山东	107.73	-7.88	26.53	44.9	-7.14	22.08
广东	51.4	6.7	12.66	30.99	-5.3	15.24
辽宁	73.39	-5.67	18.08	27.69	-4.26	13.62
浙江	46.8	-6.06	11.53	18.79	-11.29	9.24
河北	4.69	5.13	1.16	4.56	0.02	2.24
海南	12.19	-1.64	3	4.48	-18.62	2.2
广西	8.2	-23.24	2.02	4.11	-29.72	2.02
内陆	数量	同比增减%	占出口总量%	金额	同比增减%	占出口总额%
江西	0.9	-8.4	0.22	2.71	-13.12	1.33
湖北	2.17	-32.35	0.53	2.65	-32.58	1.3
吉林	4.28	41.63	1.05	1.25	20.68	0.61

鱼粉外其他以一般贸易方式进口(主要供国内食用)产品进口量 83.04 万吨、进口额 31.10 亿美元，同比分别增长 0.56% 和 0.44%。其他方式进口(边境小额贸易、保税区仓储等)进口量 106.49 万吨，进口额 17.74 亿美元，同比分别增长 35.09% 和 47.16%，其中，保税区仓储转口货物进口量 41.62 万吨，进口额 8.74 亿美元，同比分别增长 84.45% 和 124%；保税仓库进出境货物 60.58 万吨，进口额 8.38 亿美元，同比分别增长 23.6% 和 16.19%。从主要进口市场看，除自秘鲁、加拿大和新西兰的进口额有小幅增加外，从其他市场的进口均有不同程度下降。

表4　主要进口国家和地区

数量:万吨;金额:亿美元

国家和地区	占进口总额比例%	2015 年全年		同比增减%	
		数量	金额	数量	金额
俄罗斯	14.59	88.23	13.11	1.01	-6.65
美国	14.19	53.17	12.74	-10.05	-7.58
秘鲁	13.03	67.7	11.7	4.58	11.96

（续）

国家和地区	占进口总额比例%	2015 年全年		同比增减%	
		数量	金额	数量	金额
东盟	11.91	51.8	10.7	-4.48	-0.89
加拿大	6.16	9.4	5.53	11.65	18.52
智利	4.86	15.52	4.37	-16.24	-18.06
印尼	4.59	24.68	4.12	5.96	-1.31
新西兰	4.33	7.7	3.89	3.01	0.79
挪威	3.91	15.79	3.52	-25.96	-34.84

（农业部渔业渔政管理局　朱亚平）

国际交流与合作

【概况】 2015 年，在党中央领导下，中国特色大国外交全面推进，"一带一路"重大战略构想完成规划并启动实施。渔业国际交流合作工作紧紧围绕国家政治外交大局，服务国家食物安全及渔业发展战略需要，贯彻落实创新、协调、绿色、开放、共享发展理念，继续以维护我国渔业权益和周边稳定为重点，以促进渔业可持续发展为目标，积极深化渔业国际交流合作，坚持双边与多边两手抓，完善国际国内渔业秩序，稳步推进渔业"走出去"战略，为我国渔业发展拓展空间，营造良好的发展环境。

1. 组织做好周边渔业协定谈判和执行工作 在国家海上执法机构改革调整后，农业部渔业渔政管理局会同外交部、中国海警局，组织协调有关地方渔业主管部门和中国渔业协会，在深入开展中日、中韩、中越渔业协定执行情况调查研究的基础上，继续认真做好周边渔业协定谈判和执行各项工作。积极协调各方组成谈判代表团，召开了中韩渔委会第十五届年会、中日渔委会第十六届会议、中越北部湾渔委会第十二届年会，协调参加了有关渔业资源专家组会议和渔业执法会议。经过紧张激烈和有理有据的谈判，与外方就双边渔业安排、资源管理措施以及维护海上作业秩序等有关问题达成协议，签署了有关双边渔委会会议纪要，为下一年度我国渔船在协定水域作业奠定了基础，争取了空间，提供了保障。经过中国海警局、有关地方人民政府及其渔业部门持续努力，红珊瑚船问题得到有效解决，得到了外方理解和肯定。

2. 深化和拓展重要双边渔业交流与合作 推进中俄渔业合作。积极开展中俄渔业合作交流谈判，由农业部渔业渔政管理局局长赵兴武率团出席中俄渔业混委会，推动双方就我国渔船入渔俄水域捕捞配额以及打击 IUU、两江联检、资源养护等达成一致，并通过多方努力，争取到俄方对我追加捕捞配额。积极组织有关企业入俄水域生产，并协调召开黑龙江、乌苏里江渔政工作会，继续组织开展中俄两江联检和资源联合调查工作。会同海关总署有效执行中俄防止 IUU 协定，实施中俄《合法捕捞产品通关证明》联网核查系统，为我国企业进口俄罗斯部分水产品办理通关证明。

加强中美、中欧渔业交流。参与中美战略与经济对话工作，会同外交部就中美战略与经济对话中涉渔议题加强与美方磋商协调，农业部渔业渔政管理局副局长崔利锋参加有关对话，并就渔业可持续发展、打击非法捕捞和水生野生动物保护等问题作了专题发言，最终形成一系列对话成果。组织召开中欧双边渔业磋商，经深入沟通协调，双方同意建立中欧打击非法捕鱼工作组，继续保持我国海洋捕捞产品继续顺利对欧出口。参与中美、中欧投资协定谈判，研究并确定可以保留的有关渔业外资限制性措施，得到有关部门理解。

统筹开展与东盟、新西兰、印度尼西亚、日本、墨西哥、蒙古等其他国家或地区的双边渔业交流，参与有关部门与周边国家海洋事务和海域划界谈判，做好渔业安排谈判研究等基础工作。

3. 巩固和强化多边渔业合作机制 积极参加《养护大西洋金枪鱼国际公约》修订、东亚地区鳗鱼养护协定制定等国际渔业管理谈判工作，积极参与国际渔业管理规则的制定，提高我国国际话语权，拓展我国渔业发展空间，统筹推进渔业"走出去"战略。

积极开展国际渔业发展和管理制度研究，配合有关部门参与 WTO 渔业补贴谈判、国别贸易政策审议、世界银行地区发展政策研究、北极渔业磋商等工作，为我国渔业发展和"走出去"营造良好的国际环境。

为积极争取渔业发展权益，我国参与了诸多重要的区域性渔业管理组织。根据有关国际组织章程，为履行国际义务，保证我国在这些国际组织中的话语权，经协调财政部等部门，我国继续向此类国际组织足额缴纳会费并适当捐款。

（农业部渔业渔政管理局　孙海文）

渔 业 管 理

渔业法制建设

【概况】 2015年,全国各级渔业行政主管部门认真履行职责,不断推进依法治渔、依法护渔、依法兴渔,健全完善渔业法律法规体系,加强渔业执法,维护渔民权益,保护渔业资源与环境,深入开展渔业普法活动,渔业法制建设得到明显提升。

1. 渔业立法活动

(1)积极推进《渔业法》修订工作。2015年,《渔业法》修订继续列入国务院立法计划。农业部按照立法工作计划,组织开展了大量前期准备工作,在农业部领导的领导下,成立了修法领导小组、课题研究组、修法工作小组,负责组织推进修法各项事宜。在考察调研、征求意见、专题研究论证、召开座谈会、收集国内外相关资料等工作基础上,形成《渔业法》修订草案,并对修订草案征求国务院有关部门、地方渔业主管部门、部分行业单位以及专家的意见,对收到的反馈意见进行了汇总归纳梳理,充分吸纳了有关意见,对修订草案作了进一步修改完善。

(2)积极开展立法协调。在《野生动物保护法》《海洋环境保护法》《食品安全法》《最高人民法院关于审理海上涉渔案件适用法律若干问题的规定》《不动产登记暂行条例实施细则》、湿地保护立法等重要涉渔法律、行政法规的制(修)订中,农业部积极协调,为全国渔业发展和管理工作创造良好的法制环境。

2. 渔业行政执法 各级渔业行政主管部门及其所属的渔政渔港监督管理机构认真履行法律法规赋予的各项行政执法职能,依法开展渔业行政执法工作。深入开展"绝户网"和涉渔"三无"船舶清理整治,持续加大打击力度,清理整治工作取得阶段性成果。加大对"三鱼两药"的抽查和执法力度,重点打击使用禁用药物和不执行休药期等违法行为。

3. 渔业普法活动 2015年,各级渔业行政主管部门深入基层,普及渔业法律法规,宣传保护渔业资源和生态环境,提高渔业依法生产意识。农业部和各地采取多种形式,加强舆论宣传引导,印制通告和渔具宣传手册,免费发放渔具标准检测工具,组织基层执法人员开展培训,取得了很好的效果。各地因地制宜,有针对性地开展宣传工作,邀请新闻媒体参与海洋伏季休渔、渔具专项整治行动,开展渔具规范使用普法宣传,大力营造保护渔业资源的良好社会氛围。

(农业部渔业渔政管理局 赵 明)

渔 业 标 准 化

【基础性工作】

(1)进一步完善渔业标准体系。根据现代渔业建设需要,开展了"十三五"渔业标准化规划基础工作,调研渔业标准需求,拟订了渔业标准体系建设框架。适时提出了2015年渔业国家标准制定和修订计划建议,组织全国水产标准化技术委员会及各分技术委员会开展了2016年农业行业标准制修订渔业指南项目征集、申报和审核工作。

(2)加强渔业标准化队伍建设。积极开展全国水标委及各分技术委员会换届工作。拟定了全国渔业标准化工作座谈会暨第五届全国水产标准化技术委员会成立大会方案,提出了新一届全国水标委及观赏鱼、渔业资源、珍珠、淡水养殖、海水养殖、水产品加工、渔具与渔具材料、渔业机械仪器等8个分技术委员会委员组成方案,组织开展了委员征集和换届材料准备工作。顺利召开了全国渔业标准化工作座谈会暨第五届全国水产标准化技术委员会成立大会,会议总结交流了"十二五"期间渔业标准化工作取得的成效和经验,分析了面临的形势和任务,部署了"十三五"期间进一步开展渔业标准化工作。

【水产标准制定修订】 加快标准制定和修订进度,提高标准起草与审查质量,完成了45项渔业国家和行业标准审定任务。组织审定了《松江鲈鱼》等20项渔业国家和《水产养殖病害测报技术规范》等25项行业标准。《冻扇贝》1项国家标准获国家标准化管理委员会批准实施,《翘嘴鲌》等36项水产行业标准经农业部批准实施。

【技术性贸易措施官方评议】 2015年,共收到来自其他国家和地区的官方通报81项,对其中的61项提出了初评意见,对与我国水产贸易密切相关的16项通报进行了深度评议,包括对外提出了29条评议意见,对内提出了39条预警建议。同时,关注《实施卫生与植物卫生措施协定》(SPS措施协定),推荐人员参加了WTO/SPS第64次例会,持续关注美国鲶鱼和鲶鱼产品实施强制性检验法规等通报,并加强了跟踪与分析研究,派员参加国际会议,充分表达中方意见,为我国履行好WTO成员职责、维护我国水产品出口贸易利益提供了支撑。继续做好水产品官方评议工作,收集整理了2004年至2014年水产品技术性贸易措施通报评议意见,并汇编成册,供有关方面学习参考,起到了宣传与预警的作用。

【国际交流合作】 积极参与国际标准化组织活动,完成了国际食品法典委员会水产及水产加工品专业委员会(CAC－CCFFP)第34届会议。加强了国际和国外渔业相关标准跟踪研究。积极参加中日韩共同承担的CAC亚洲区域紫菜产品标准制定工作,邀请外方人员到中国考察,共同商议标准内容,对于对中国紫菜生产和出口有影响的关键指标,充分表达我方意见,协调解决分歧。渔业国际标准跟踪工作得到有关科研、教学、推广、协会和企业单位的重视和大力支持,建立了一支比较稳定的渔业国际标准化工作队伍,人员素质有所提高,参与国际标准化活动的能力有所增强。

【国家和行业标准目录】

2015年发布国家标准和行业标准目录

序号	标准编号	标准名称
		一、国家标准
1	GB/T 31814－2015	冻扇贝
		二、行业标准
1	SC/T 1123－2015	翘嘴鲌
2	SC/T 1124－2015	黄颡鱼　亲鱼和苗种
3	SC/T 2068－2015	凡纳滨对虾　亲虾和苗种
4	SC/T 2072－2015	马氏珠母贝　亲贝和苗种
5	SC/T 2079－2015	毛蚶　亲贝和苗种
6	SC/T 3049－2015	刺参及其制品中海参多糖的测定　高效液相色谱法
7	SC/T 3218－2015	干江蓠
8	SC/T 3219－2015	干鲍鱼
9	SC/T 5061－2015	人工钓饵
10	SC/T 6055－2015	养殖水处理设备　微滤机
11	SC/T 6056－2015	水产养殖设施　名词术语
12	SC/T 6080－2015	渔船燃油添加剂试验评定方法
13	SC/T 7019－2015	水生动物病原微生物实验室保存规范
14	SC/T 7218.1－2015	指环虫病诊断规程　第1部分:小鞘指环虫病
15	SC/T 7218.2－2015	指环虫病诊断规程　第2部分:页形指环虫病
16	SC/T 7218.3－2015	指环虫病诊断规程　第3部分:鳙指环虫病

（续）

序号	标准编号	标准名称
17	SC/T 7218.4－2015	指环虫病诊断规程　第4部分：坏鳃指环虫病
18	SC/T 7219.1－2015	三代虫病诊断规程　第1部分：大西洋鲑三代虫病
19	SC/T 7219.2－2015	三代虫病诊断规程　第2部分：鲩三代虫病
20	SC/T 7219.3－2015	三代虫病诊断规程　第3部分：鲢三代虫病
21	SC/T 7219.4－2015	三代虫病诊断规程　第4部分：中型三代虫病
22	SC/T 7219.5－2015	三代虫病诊断规程　第5部分：细锚三代虫病
23	SC/T 7219.6－2015	三代虫病诊断规程　第6部分：小林三代虫病
24	SC/T 7220－2015	中华绒螯蟹螺原体PCR检测方法
25	SC/T 9417－2015	人工鱼礁资源养护效果评价技术规范
26	SC/T 9418－2015	水生生物增殖放流技术规范　鲷科鱼类
27	SC/T 9419－2015	水生生物增殖放流技术规范　中国对虾
28	SC/T 9420－2015	水产养殖环境（水体、底泥）中多溴联苯醚的测定　气相色谱－质谱法
29	SC/T 9421－2015	水生生物增殖放流技术规范　日本对虾
30	SC/T 9422－2015	水生生物增殖放流技术规范　鲆鲽类
31	SC/T 3203－2015	调味生鱼干
32	SC/T 3210－2015	盐渍海蜇皮和盐渍海蜇头
33	SC/T 7002.6－2015	渔船用电子设备环境试验条件和方法　盐雾（Ka）
34	SC/T 8045－2015	渔船无线电通信设备修理、安装及调试技术要求
35	SC/T 6074－2015	渔船用射频识别（RFID）设备技术要求
36	SC/T 8149－2015	渔业船舶用气胀式工作救生衣

（农业部渔业渔政管理局　郭　薇）

水产品质量安全监管

【概况】

1.产地水产品监督抽查工作成效　显著，监测合格率创历史最好水平。各地大力开展产地水产品监督抽查工作，全国共检测样品近3万个，天津、江苏、福建、广东等省开展了快速检测工作，江苏省2015年快速检测样品达2.7万个。2015年，农业部安排1 224万元经费用于开展全国产地水产品质量安全监督抽查工作，加大了“三鱼两药”整治力度，共抽查样品4 954个，要求全部样品检测孔雀石绿，2 000多个样品检测硝基呋喃。其中2015年产地水产品监督抽查合格率达99.6%，为历年来最高，连续11年合格率在96%以上，没有出现重大水产品质量安全事件。产地水产品质量安全监管坚持做到检打联动，阳性样品查处率达100%，2015年全国产地水产品监督抽查各地共检出阳性样品32个，全部进行了查处。

2.市场水产品质量安全水平持续提升，监测合格率创新高　在农业部组织开展的农产品市场例行监测中，多年来水产品合格率在农产品一直处于较低水平，且合格率波动起伏较大，但2015年第四季度水产品监测合格率有了明显提高，并首次超过蔬菜合格率0.6个百分点，达到97.6%，甩掉了多年来农产品中合格率最低的帽子，全年监测合格率达95.5%，为自农业部开展例行监测以来的最好水平。2015年水产品监测合格率和市场监测合格率出现了少有的双提升的好局面。

3.水产品质量安全监管和检测体系建设取得新进展　一是全国水产品质量安全监管体系初步形成。

目前,省、地、县三级基本做到了水产品质量安全监管工作有机构、有人员,主要渔业大省渔业主管部门都设立了专门负责水产品质量安全的处室,截止到年底,全国共15个省(自治区、直辖市)建立了省、地、县、乡四级监管体系,共有水产品质量安全监管工作人员2.3万人。二是全国水产品质量安全检测体系日臻完善。2015年,农业部新建水产品检测中心一个,能力建设项目6个,总投资近6 000万元。全国已形成了以21个部级中心为主体,1 200余个省地县乡质检中心为补充的水产品质量安全检测体系。

4.2015年水产品质量安全专项工作情况

(1)异地产地水产品监督抽查。采用异地交叉互检的方式,对全国31个省(自治区、直辖市)产地水产品质量安全进行监督抽查,抽检的样品涉及19种水产品,检测项目包括孔雀石绿、氯霉素、喹乙醇、甲基睾酮、己烯雌酚和硝基呋喃类代谢物等6种禁用药物,共抽检3 020个样品。所有检出的阳性样品追溯到养殖企业(户),移交渔业执法部门对其依法处罚,阳性查处率100%。

(2)本地产地水产品监督抽查。组织对全国31个省(自治区、直辖市)本地产地水产品质量安全进行监督抽查,抽检的样品涉及19种水产品,检测项目包括孔雀石绿、氯霉素、喹乙醇、甲基睾酮、己烯雌酚和硝基呋喃类代谢物等6种禁用药物,共抽检1 975个样品,所有检出的阳性样品追溯到养殖企业(户),移交渔业执法部门对其进行依法处罚,阳性查处率100%。

(3)水产苗种监督抽查。对6个省(自治区、直辖市)的水产苗种质量安全进行监督抽查,检测孔雀石绿、氯霉素和硝基呋喃类代谢物等3种禁用药物,共抽检样品400个,所有检出的阳性样品追溯到养殖企业(户),移交渔业执法部门对其进行依法处罚。

(4)捕捞水产品质量安全风险监测。组织对14个省和计划单列市的捕捞产品,以及黑龙江、长江和南海三个海域的捕捞产品进行风险监测,主要监测铅、镉、无机砷、甲基汞、多氯联苯和孔雀石绿等6项指标,共抽检1 714个样品。安排河鲀毒素监测240个样品。

(5)海水贝类产品监测和生产区域划型。组织对11个省份牡蛎、蛤类、扇贝、缢蛏、贻贝、蚶类等贝类产品开展卫生监测,主要检测大肠杆菌、细菌总数、铅、镉、多氯联苯、腹泻性贝类毒素(DSP)、麻痹性贝类毒素(PSP)等卫生指标,共抽检3 027个样品。对7个省份开展贝类产品风险隐患排查,主要检测无机砷、甲基汞、镉、副溶血性弧菌、沙门氏菌、李斯特菌、多环芳烃、石油烃、挥发酚等8项指标,共抽检700个样品。相关省份根据卫生指标监测情况开展贝类划型管理。11个省(自治区、直辖市)及计划单列市渔业主管部门编制本省2015年贝类划型方案,开展包括贝类毒素、致病微生物、重金属等指标的检测,并在此基础上开展监测数据汇总分析、编制划型图以及采取临时性关闭措施等管理措施。

(6)渔用投入品风险隐患排查。组织对陕西等14个省(自治区、直辖市)渔用投入品质量安全风险隐患排查,排查范围包括渔用化学药品、渔用中草药、渔用饲料和非药品类等四类渔用投入品,共抽检386个样品,其中渔用化学药品127个、渔用中草药58个、渔用饲料105个、非药品类的其他投入品96个。检测了硝基呋喃类(含呋喃唑酮、呋喃妥因、呋喃西林、呋喃它酮)、孔雀石绿、结晶紫、氯霉素类(氯霉素、氟苯尼考)、喹乙醇、己烯雌酚、五氯酚钠、磺胺类(磺胺嘧啶、磺胺甲基嘧啶、磺胺间甲氧嘧啶、磺胺噻唑、磺胺甲恶唑、磺胺多辛)、喹诺酮类(环丙沙星、恩诺沙星、诺氟沙星、氧氟沙星)、阿维菌素类(阿维菌素、伊维菌素)、四环素类(土霉素、金霉素、四环素、强力霉素)、三唑磷,以及敌百虫、甲砜霉素、多拉菌素等规定外指标,共15类指标。

(7)水产品质检机构检测能力验证工作。组织开展了孔雀石绿和硝基呋喃药残、重金属铅和麻痹性贝类毒素检测能力验证,其中65家中心参加了药残检测能力验证、25家参加了重金属铅检测能力验证、17家中心参加了麻痹性贝类毒素能力验证,合格或满意率分别为91.9%、88%和94.1%。

(8)科技宣传等支撑性工作。开展水产品质量安全监督抽查数据复核工作、检测人员培训,舆论宣传与应急工作,全年发布水产品质量安全舆情专报32期。

(9)水产品质量安全交叉督查。2015年农业部组织对10个省、自治区、直辖市开展全国水产品质量安全交叉督查检查,各地也开展了多种形式的执法检查与培训工作,有效提升了队伍整体素质和水平。据不完全统计,各地共开展各类水产品质量安全检测、执法培训20万余人次,发放培训教材120多万册。

(10)养殖河鲀有条件开放市场。经过30年的发展,河鲀养殖产业迅速发展,目前年产量约4万吨,产值近100亿元,直接从业人员达到20余万人。但养殖河鲀合法食用问题一直未能解决,这显然与我国巨大的河鲀养殖产业规模不相适应。为解决养殖河鲀放开市场合法食用问题,促进河鲀产业健康发展,2015年农业部渔业渔政管理局会同农业部监管局与国家卫生和计划生育委员会、国家食品药品监督管理总局多次沟通，于12月11日初步达成有条件开放养殖河鲀市场的一致意见，养殖河鲀开放市场经营迈出了关键一步，取得重大进展。

（农业部渔业渔政管理局 王雪光）

渔业安全生产与渔港监督管理

【概况】 2015年是海上渔政执法体制改革以后，各项工作完整运行的第一个年头。原农业部渔政指挥中心和三个海区渔政局整建制划出，由农业部渔业渔政管理局和各省渔业主管部门承担了渔业安全生产管理各项工作。一年来，农业部和各级渔业主管部门齐心协力、同心同德、克服困难，深入贯彻落实国务院安全生产工作部署，高度重视渔业安全生产，加大工作力度，采取有力措施，扎实推进平安渔业建设，做了大量扎实有效的工作，渔业安全生产形势保持平稳态势。

1. 加强组织领导，强化责任落实 各级党委政府对渔业安全生产工作高度重视，不断创新工作机制，落实安全责任，完善管理制度，强化监管措施，深入开展清理整治涉渔"三无"船舶和"绝户网"等违规渔具，打击渔船非法捕捞作业，进行渔船安全隐患治理。为贯彻落实国务院安委会"安全生产月"和"安全生产万里行"活动部署，农业部组织了"部领导与渔业企业经理、渔船船主谈心对话"活动，副部长于康震和几位渔业企业经理、渔船船主和船长代表进行了深入沟通交流。

2. 加强基层基础，构建长效机制 为切实加强渔业安全生产基层基础工作，构建渔业安全生产管理长效机制，自2009年起，农业部会同国家安全生产监督管理总局组织开展"文明渔港""平安渔业示范县"两个创建活动，作为当前加强渔业安全生产工作的重要抓手。6年来，共创建"全国平安渔业示范县"133个、"全国文明渔港"47个。"两个创建"得到了各地政府和安监、渔业部门的高度重视。通过开展"两个创建"活动，渔业安全生产责任制进一步落实，基层基础工作进一步加强，为构建渔业安全监管长效机制奠定了坚实基础。

3. 加强督查检查，强化港监管理 认真汲取天津港爆炸、长江沉船等重特大事故事件教训，加大督查检查力度，全年共组织督查检查15批次，多次会同国家安监总局赴重点渔区开展专项督查。船检系统深入推进渔船检验执法三大行动，全国共普查渔船57万艘，排查整改安全隐患渔船5万艘，查处假冒伪劣船用产品11万台（件）。各地渔业部门充分发挥渔港监督机构职能，积极推行"依港管船"，开展渔港安全专项督查，消除渔船安全隐患。

4. 加强基础建设，强化船员管理 全面贯彻实施《中华人民共和国渔业船员管理办法》，大力推进中国渔业船员管理系统建设和使用，完成渔业船员管理信息系统一期的开发建设，实现全国范围内船员信息的统一管理。结合《渔业船员管理办法》的实施生效，加大渔业船员安全基础培训和宣传教育工作，组织编写渔业船员考试教材，严格渔业船员培训机构的管理，开展船员持证情况的检查，切实提高船员培训质量和持证上岗比例。充分利用伏季休渔有利时机，广泛开展商渔船碰撞警示教育和海上应急救助演练活动，切实提高渔民安全生产意识和自救互救能力。针对涉外渔业事件多发态势，紧急发文部署，要求有关省（自治区、直辖市）渔业主管部门进一步强化渔民涉外宣传教育，切实减少和避免越界捕捞、违规作业等涉外渔业事件的发生。

5. 加强应急处置，应对突发事件 各级渔业部门坚持24小时应急值班制度，加强与安监、海事、搜救、海警、外交等部门、我驻外机构和国外有关机构的沟通协调，通报核实有关信息，组织渔船自救互救，协调专业救助力量对遇险渔船进行救助。密切关注灾害性天气预警预报信息，做好信息沟通发布和防台减灾工作。农业部分别组织对部内机关人员和全国系统内人员进行应急值班培训，两次均邀请国家安监总局有关司局级领导当面授课。妥善应对和处置了"浙岱渔04889翻扣致16名渔民遇险"等多起重大海上险情以及"苏迪罗"等多个超强台风侵袭。共协调组织渔业海难救助1 044起，出动渔船、渔政船（艇）1 704艘次，成功救助渔民14 139人次、渔船1 324艘次，投入救助经费0.29亿元，挽回经济损失8.82亿元。

6. 加强协调配合，形成管理合力 农业部继续强化与交通、安监、气象等部门在水上安全管理、海上救助、灾害预警等方面的合作。特别是加强与国家安监总局合作，做好水上事故统计考核指标和责任认定的协调；深化与交通部合作，联合开展宣传教育和执法检查，形成管理合力，有效救助遇险渔船渔民，保护广大渔民群众生命财产安全。各地渔业主管部门在地方政府领导下，积极协调安监、海事、气象等相关部门，齐抓共管，提升了水上安全管理合力。

7. 加强无线电管理，保障渔船通信安全 2015年，农业部渔业渔政管理局正式接手渔业无线电管理工作，重点开展了渔业无线电频谱资源专项核查工作，梳理渔业无线电频率规划、分配和指配文件，调研无线电频率使用情况。重点对渔业短波、超短波频段、AIS以及北斗终端使用频段等渔业常用频段开展调研。提出超短波通信网络升级改造方案和短波通信网络优化方案，提升现有安全通信网络运行质量。

8. 加强能力建设，提高风险保障 在财政、发改、安监等有关部门支持下，农业部和各地多渠道积极争取项目和资金，加大渔船集体救生设备和渔港航标等安全设施设备建设投入，充分利用现代信息技术装备渔船，提高监管能力。目前已初步形成融合现代通信方式，辅以船舶自动识别（AIS）、无线射频识别（RFID）、船位监测等技术手段的渔船安全监管信息系统，初步实现了各地渔业部门对大中型海洋渔船的实时联络及船位监测，有效提升了渔业安全生产能力和监管水平，为灾害预警、海难救助、渔船监管和维护海洋权益等发挥了重要作用。2015 年，全国渔业互助保险系统共承保渔民 95 万人、渔船 7.8 万艘、养殖水面 1.73 万公顷，提供风险保障 3 300 亿元，共支付经济补偿金 6.6 亿元。

（农业部渔业渔政管理局 朱宝颖）

远洋渔业安全生产与监督管理

【概况】 近年来，随着远洋渔业企业和远洋渔船数量的增多，远洋渔业安全事件时有发生。2015 年共发生涉外违规和海上安全应急事件 11 起，造成 2 人死亡、3 人失踪，6 艘渔船沉没。这些事件严重损害了渔民群众的生命安全，造成了有关企业的重大经济损失，损害了我负责任渔业国家的良好形象，影响了远洋渔业的持续健康安全发展。为加强远洋渔业安全管理，农业部不断建立健全远洋渔业管理制度，提高从业条件，强化安全生产监管，提高远洋渔船设备装备水平，加强从业人员培训，妥善处置安全事件，依法处罚违规企业和渔船。

1. 妥善处置安全应急事件 会同外交部、驻外使馆和地方渔业主管部门，指导企业尽快妥善处置涉外违规事件，协调相关国家切实保障我国企业和渔民的合法权益；协调相关国家积极救助被海盗劫持的“鲁荣远渔 917”、调查并妥善处置“鲁荣远渔 896”与“顺行 8”碰撞等发生海上事故的渔船。

2. 加强远洋渔业企业管理人员培训 举办三期远洋渔业企业管理培训班，共培训 9 个省份 111 家企业的 186 名学员。所有新企业管理人员必须经培训合格后持证从业，否则不能取得远洋渔业企业资格。

3. 依法处罚违规企业和渔船 对 2015 年发生远洋渔业涉外和违规事件的企业和渔船进行严肃处理，取消了 1 家企业的远洋渔业企业资格和所有渔船远洋渔业项目，暂停了 3 家远洋渔业企业的资格，取消了相关渔船的远洋渔业项目，责成相关企业进行整改并扣减相关渔船的柴油补贴。

（农业部渔业渔政管理局 刘立明）

渔业船舶水上安全事故及救助情况

【事故情况】 2015 年，全国渔业船舶（不含特殊船舶）共发生水上安全事故 263 起、死亡（含失踪，下同）305 人，同比分别减少 12.33 % 和增长 13.81%。其中，水上生产安全事故发生 208 起、死亡 154 人、沉船 64 艘；水上交通事故发生 28 起、死亡 94 人、沉船 13 艘；自然灾害事故发生 27 起、死亡 57 人、沉船 13 艘。

1. 按事故分类划分

（1）生产安全事故。生产安全事故发生 208 起、死亡 154 人，分别占全年水上安全事故的 79.09% 和 50.49%，同比分别减少 43 起、29 人。

生产安全事故中，渔船间碰撞 7 起、死亡 16 人；自沉 11 起、死亡 26 人；风损 7 起、死亡 7 人；触损 14 起、无人员死亡；火灾 12 起、死亡 34 人；溺水 57 起、死亡

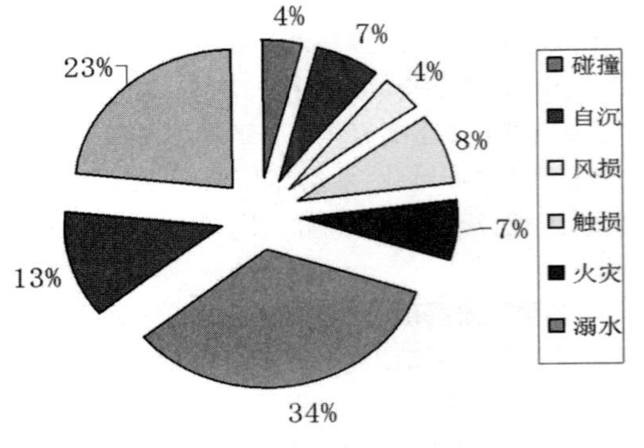

图 1 2015 年度生产安全事故起数比例

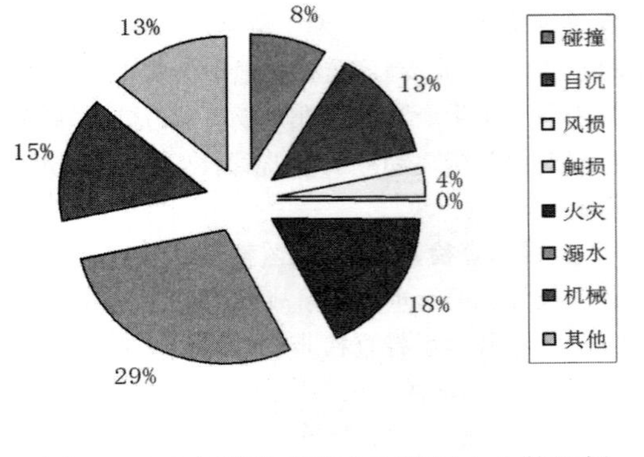

图 2 2015 年度生产安全事故死亡人数比例

56 人；机械损伤 21 起、死亡 29 人；其他事故 39 起、死亡26 人（含中毒 1 起、1 人；触电 2 起、2 人）。各类

型生产安全事故占全年比例和同比情况见图1、2、3、4。

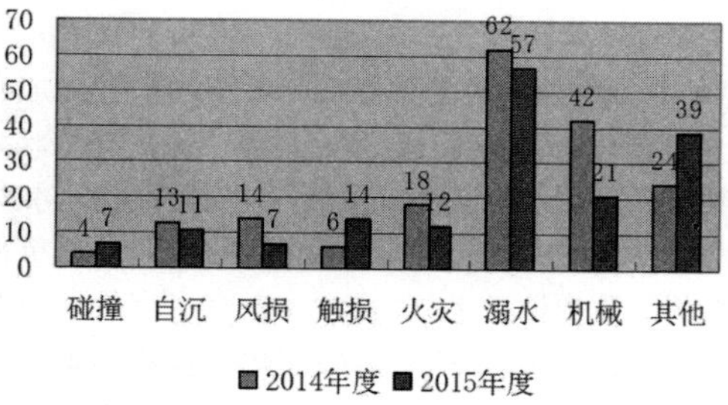

图3　生产安全事故发生起数比较

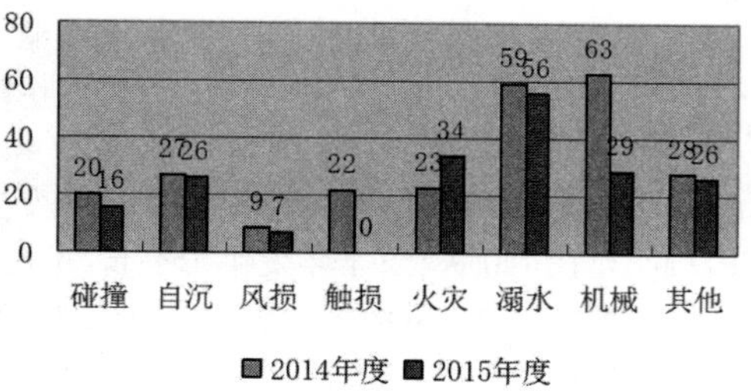

图4　生产安全事故死亡人数比较

(2)水上交通事故。水上交通事故发生28起、死亡94人,分别占水上安全事故的10.65%和30.82%,同比分别增加1起、36人。在水上交通事故中,渔船被外轮碰撞6起、死亡16人,被国内商船碰撞10起、死亡21人,被不明船舶碰撞12起、死亡57人,分别占水上交通事故的21.43%、17.02%,35.71%、22.34%和42.86%、44.68%。

(3)自然灾害事故。自然灾害事故发生27起、死亡57人,分别占水上安全事故的10.27%和18.69%,同比分别增加了5起、30人。在自然灾害事故中,大风造成事故12起、死亡30人;台风造成事故5起,未造成人员死亡;龙卷风造成事故1起,死亡3人;其他因素造成事故9起,死亡24人,分别占自然灾害事故的44.44%、52.63%,18.52%、0%,3.7%、5.26%和33.33%、42.11%。

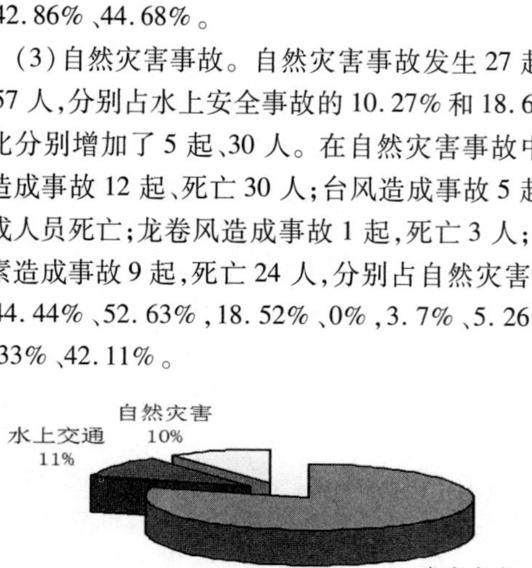

图5　2015年度分类事故起数比例

分类事故所占比例和同比情况见图5、6、7、8。

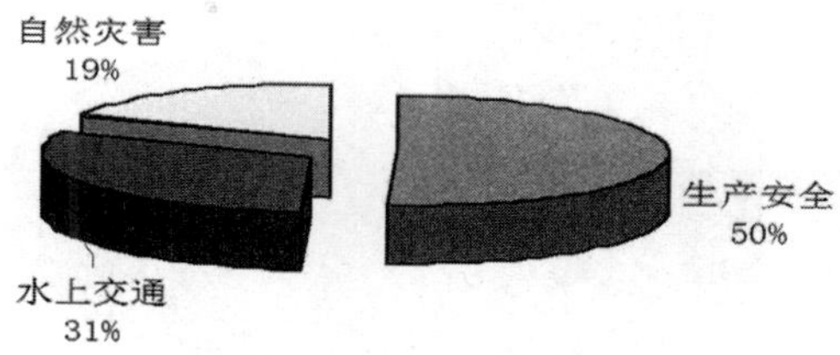

图6　2015年度分类事故死亡人数比例

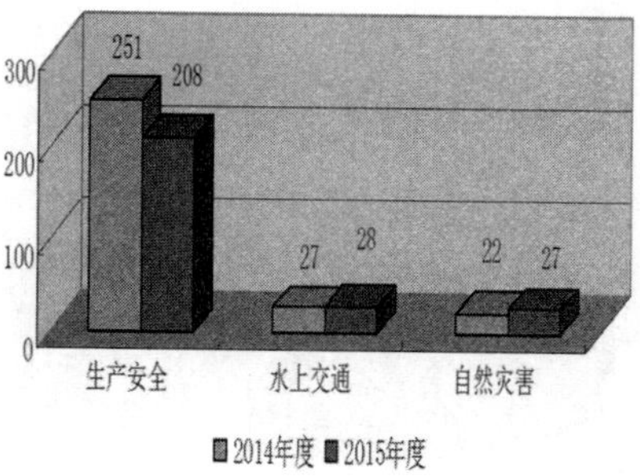

图7　分类事故发生起数比较

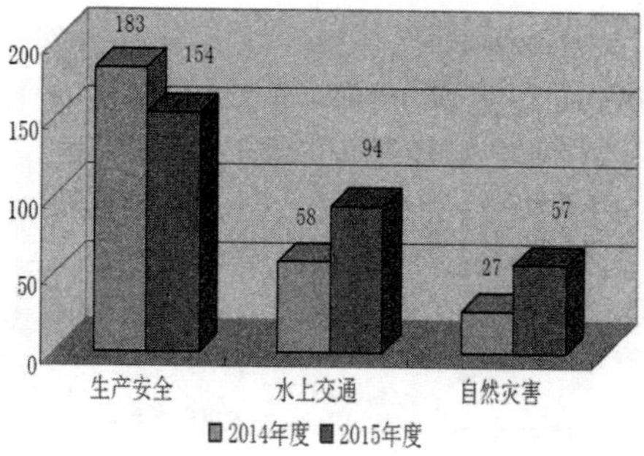

图8　分类事故死亡人数比较

2. 按事故等级划分

(1)一般事故。一般事故发生232起、死亡129人,分别占水上安全事故的88.89%和42.30%,同比分别减少42起、10人。

(2)较大事故。较大事故发生27起、死亡124人,分别占水上安全事故的10.27%和40.66%,同比分别增加2起、8人。

(3)重大事故。重大事故发生4起、死亡52人,分别占水上安全事故的1.52%和17.05%,同比分别增加4起、52人。

(4)特别重大事故。特别重大事故未发生,同比减少1起、13人。

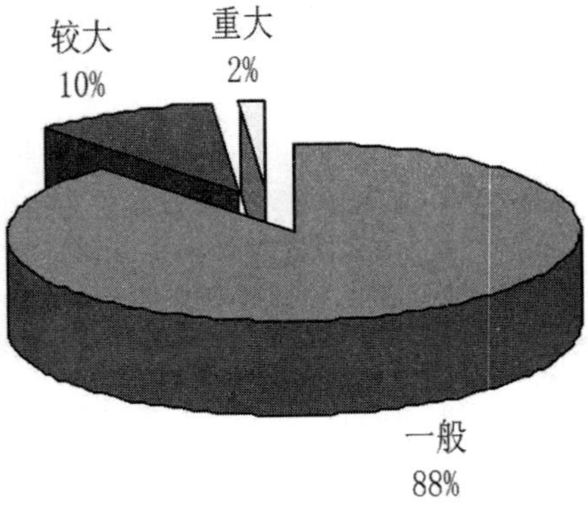

图9 2015年度等级事故起数比例

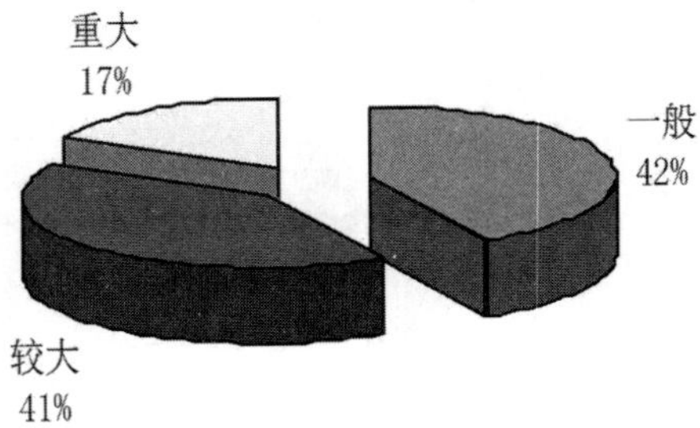

图10 2015年度等级事故死亡人数比例

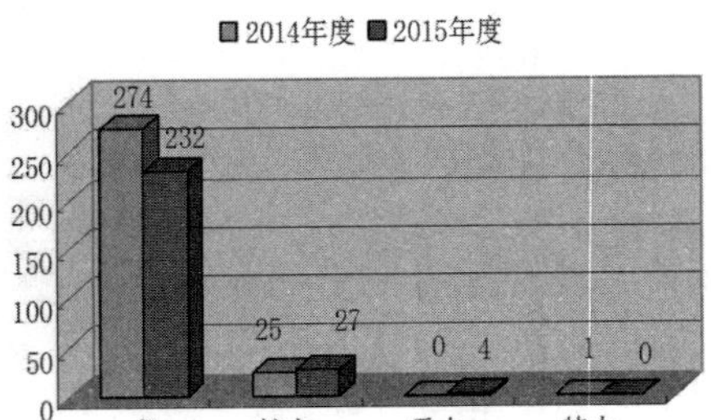

图11 等级事故发生起数比较

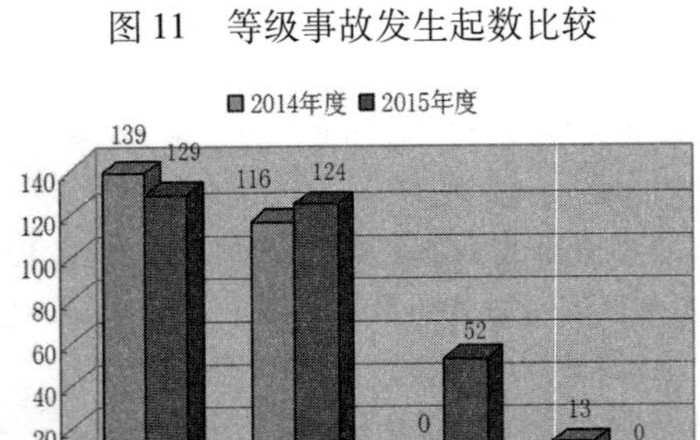

图12 等级事故死亡人数比较

等级事故所占比例和同比情况见图9、10、11、12。

3. 按照事故发生省份划分 2015年度各省渔业船舶水上安全事故发生情况如下页表。

【事故特点与原因分析】 2015年全国渔业船舶水上安全事故与2014年同期比较,各类事故的起数和死亡人数有增有减。生产安全事故的起数和死亡人数均有下降,分别减少17.13%和15.85%;水上交通事故和自然灾害事故均呈上升趋势,水上交通事故起数和死亡人数分别上升3.70%和62.07%;自然灾害事故起数和死亡人数分别上升18.52%和111.11%。2015年事故起数和死亡人数总体呈上升趋势。全年渔业船舶水上安全事故特点和原因分析如下:

1. 按事故发生时态分析 2015年渔业船舶水上安全事故时态如图13所示。全年平均每月发生事故21.92起、死亡25.42人。10月事故最多,发生40起、死亡40人;6月事故最少,8起、4人。上半年发生事故109起、死亡150人,下半年发生154起、死亡155人,下半年事故起数上升明显,死亡人数却增长较少。伏季休渔结束后,随着渔船出船率的增加和捕捞生产强度的加大,生产安全事故有所上升。下半年尤其是9月后,北方沿海天气逐渐变冷,大风寒潮增多,海水温度降低,溺水、风灾和自沉事故增多。

渔船水上安全事故总体发生时态和生产安全事故发生时态,与我国沿海的气候特征和春节期间停船、伏季休渔的特点相吻合;渔船水上交通事故发生时态与其也有相似之处。2015年渔船生产安全事故、水上交通事故发生时态见图14。

2. 按事故类型分析

(1)渔船被商船碰撞事故较多。近年来,经过全国上下的齐心努力,商渔船碰撞事故高发的势头在2012年得到有效控制,但是2015年又有上升趋势。全年发生渔船被商船碰撞事故28起、死亡94人,同比分别增加3.70%和62.07%,事故死亡人数位居渔船水上事故的第一位,占渔船水上事故30.82%。

(2)溺水事故依然高发。2015年溺水事故发生57起、死亡56人,同比分别减少8.06%和5.08%,但事故起数和死亡人数位居全年事故的第二位,分别占水上安全事故的21.67%和18.36%。究其原因主要是从业人员防范风险能力差,辨识风险意识低,自我保护能力不足,违章操作严重等造成的。这也与内陆劳务人员大量上船、船员对专业培训重视不够有关。

(3)机械损伤事故明显减少。机械损伤事故发生21起、死亡29人,同比分别减少50.00%和53.97%。事故起数和死亡人数占全年水上安全事故的

2015年度渔船水上安全事故汇总表

地区	生产安全事故		水上交通事故		自然灾害事故		合计	
	事故起数	死亡人数	事故起数	死亡人数	事故起数	死亡人数	事故起数	死亡人数
辽宁	33	34	4	12	15	30	67	76
河北	12	11	3	11	2	7	22	29
天津	0	0	0	0	0	0	0	0
山东	3	0	3	3	1	0	6	3
江苏	15	9	2	9	0	0	17	18
上海	3	0	0	0	0	0	3	0
浙江	78	61	7	46	3	7	92	114
福建	19	6	5	4	3	0	24	10
广东	9	14	3	7	3	13	25	34
广西	22	8	0	0	0	0	22	8
海南	11	5	0	0	0	0	11	5
重庆	0	0	1	2	0	0	1	2
安徽	1	0	0	0	0	0	1	0
湖南	1	3	0	0	0	0	1	3
四川	1	3	0	0	0	0	1	3
合计	208	154	28	94	27	57	293	305

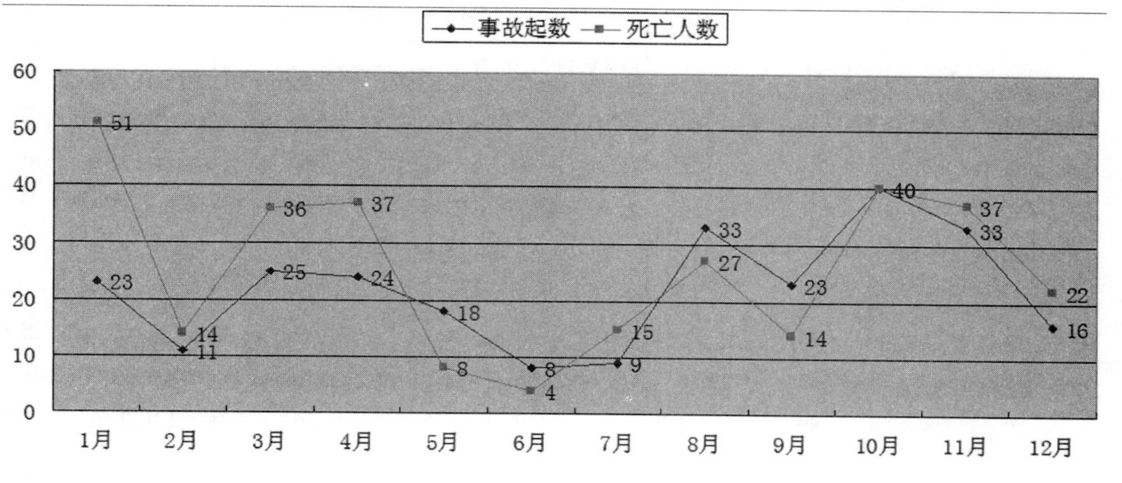

图13 2015年渔船水上安全事故时态图

7.98%和9.51%，分别排在第二位和第四位。机械损伤事故明显减少的主要原因是从业人员加强专业训练，提高防范意识，避免了站位不当、违章操作，以及加强了船舶设备设施、网具索具维修保养、检查更换及时，有效地避免了人身伤害事故的发生。

3. 按渔船类型分析 从渔船作业类型看，捕捞渔船中的拖网、刺网船事故较多。全国沿海发生事故的渔船中，捕捞渔船发生事故236起、死亡234人，分别占全年水上安全事故的89.73%和76.72%。拖网和刺网渔船事故起数和死亡人数较高。拖网渔船发生事

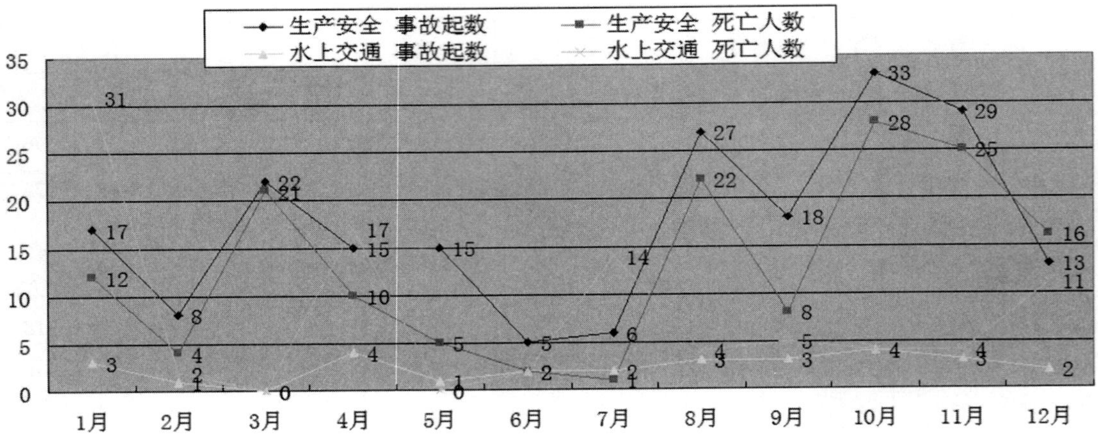

图 14　2015 年渔船生产安全事故、水上交通事故时态图

故 99 起、死亡 87 人，刺网渔船发生事故 89 起、死亡 74 人，分别占捕捞渔船事故的 37.64%、28.52% 和 33.84%、24.26%，事故位居捕捞渔船的前两位。

2015 年全国渔业安全虽然取得了一定的成绩，渔业船舶水上安全事故有所下降，但是，全国渔业安全基础薄弱、安全监管和安全责任落实未到位的现象仍然存在，渔业安全隐患、影响和制约渔船安全的因素仍未有效解决，加之极端和灾害性天气的突发性、不可预知性，这些都增加了渔业安全事故发生的不确定性，也加大了管理难度，2016 年渔业安全形势仍然不容乐观。

【救助情况】　2015 年，全年共组织渔业救助 1 062 起，救起渔船 1 354 艘、救起渔民 14 270 人，渔船参与救助 1 508 艘次，各项救助指标同比均有所增加。渔业行政执法船艇参与救助 226 艘次；实际投入救助费用 2 887.46 万元，挽回经济损失 91 357.3 万元。2015 年度渔业海难救助具体情况见下表。

地区	救助起数（起）	救起渔民（人）	救起渔船（艘）	调度救助船舶（艘）		公务船	渔船
				投入救助费用(万元)	挽回经济损失(万元)		
河北	42	151	123	24	114	91.4	880
辽宁	56	265	44	33	124	297.81	7 243
山东	30	363	64	11	58	110.79	1 315
福建	178	2 091	182	3	240	447.58	41 595
上海	13	87	13	4	9	12.76	3 555
江苏	22	95	25	12	19	62.53	1 259
浙江	614	4 620	694	45	656	1 433.61	33 812.9
广东	28	80	44	40	36	121.2	640.5
广西	14	42	20	3	25	110	327
海南	59	6 470	131	34	149	101.45	684.8
重庆	1	0	10	2	8	0	0
安徽	4	6	4	2	2	1.43	45.1
湖南	1	0	0	13	68	96.9	0
全国总计	1 062	14 270	1 354	226	1 508	2 887.46	91 357.3

（农业部渔业渔政管理局　朱宝颖　徐丛政）

捕捞许可和渔船管理

1.加强研究,改革完善渔船控制制度 2015年是"十二五"规划最后一年,也是经国务院批准农业部下发的《"十二五"期间加强渔船管理控制海洋捕捞强度意见》实施的最后一年。继续深入贯彻落实"十二五"渔船控制制度确定的政策措施,不断完善渔船管理制度,促进各环节相互衔接,确保渔船和捕捞许可管理工作扎实有序推进。深入开展渔船控制制度专题研究,提出进一步完善渔船控制制度的总体思路和主要措施。组织管理部门和专家集中研讨,撰写"十三五"渔船控制制度专题研究报告,系统总结渔船控制制度实施情况,特别是"十二五"期间渔船控制与管理取得的成效,准确分析存在的主要问题与成因。在此基础上,组织起草"十三五"渔船控制制度实施意见。目前,该意见已征求沿海各省渔业主管部门和渔民群众意见,拟于近日征求各省人民政府和有关部委意见后上报国务院研究。期间,组织各地深入开展渔船控制与管理研究,确定就7个重点题目进行专题调研,形成专题调研成果。同时,部署开展海洋渔船基本情况摸底调查,组织人员对各地上报数据进行汇总、分析,初步掌握各地渔船基本情况、纳入地方管理渔船数据和涉渔"三无"船舶情况,为制定"十三五"渔船控制政策和目标提供依据。针对各地反映突出的"船证不符"问题,组织开展摸底调查,摸清情况、研究对策,提出处理意见。

2.狠抓落实,扎实推进渔船规范化管理 切实抓好"十二五"渔船控制制度和《渔业船舶登记办法》及《海洋捕捞渔船拆解操作规程》等规章制度的落实,组织研讨渔船管理以及渔船所有权转移等管理制度,梳理完善渔船购置、继承、赠与、拍卖和法院生效判决等业务流程,提出进一步明确和规范渔船管理的指导性意见,并督促全面落实。加快推进南沙骨干船队建设,按时完成建设计划审核公布与实施工作。贯彻落实《渔船用柴油机型谱和标识管理办法》,指导公布三批27家渔船用柴油机制造企业申报的595个型号的柴油机型谱,并针对实施中的问题提出具体处理意见,确保渔船管理和主机型谱管理各环节的相互衔接,为避免新的"大机小标"现象产生奠定了基础。

3.开拓创新,全面提升渔船信息化水平 加快推进海洋渔船动态管理系统建设,优化完善渔船各管理环节的系统功能,指导开展远洋渔船检验子系统上线运行,基本实现海洋渔船与渔具间的无缝对接,基本建成全国统一、规范的海洋渔船管理数据库。组织开展海洋渔船数据库清理工作,指导各地对重复和"有证无船"等无效数据予以公示并清理,确保渔船管理数据真实、准确。优化完善渔船管理数据"三级"纠错功能,研究下放"六项指标"数据运行维护权限,制定并推广应用渔船数据共享接口标准,不断增强互联互通服务功能。全面总结评估内陆渔船"三证合一"改革试点工作成效,对试点方案进行修改完善,制定全面推广应用工作方案,研究发布"农业部公告第2315号",颁布"三证合一"证书样式,明确自2016年1月1日起,全面启用新版证书和内陆渔业船舶动态管理系统。组织开展业务和系统操作培训,印发加快推进内陆渔业船舶证书"三证合一"改革,做好新版证书换发有关工作的指导意见,明确通过1~2年时间实现内陆渔船"一套管理数据、一本渔船证书、一个窗口受理和一个证书印章"的"四个一"改革目标,为建立健全全国统一的渔船管理数据库奠定基础。

4.健全机制,南海渔业管理工作交接平稳有序 切实履行南海渔业管理的职责任务,有效解决因海上执法机构改革带来的实际困难,全面梳理南海渔业管理工作职责和任务分工,研究提出南海渔业管理新工作机制和具体工作安排意见,争取解决南海渔业管理专项经费,积极筹建南海渔业管理工作机构,指导开展日常工作。研究起草南海渔业专项柴油补助资金管理办法,组织开展2015年度专项柴油补助申报审核,并指导资金核发工作。研究安排2016年度南海专项捕捞许可证核发工作,目前南海渔业管理工作机制运行和任务交接总体顺畅、平稳有序。

5.规范透明,渔船许可审批公平公正 渔船许可审批是一项具体事务性工作,但由于时间紧、任务重、涉及面广、政策性强,既要认真审核,又要按时办结,既要严格把关、又要优质服务。2015年,共受理各类渔船许可审批申请365份、涉及渔船近956艘。同时,为转变工作作风,推进远洋渔船审批公正透明,建立健全远洋渔船造船审批局长办公会制度,共同研究,集体决策。为转变工作作风,推进渔船审批公正透明,发布实施船网和捕捞许可证审批服务标准和审批规范。对渔船许可审批中遇到的矛盾和问题,及时与有关方面沟通协调,妥善予以解决。

(农业部渔业渔政管理局 张信安)

渔 具 管 理

2015年,农业部渔业渔政管理局认真贯彻在浙江召开的全国清理整治"绝户网"和涉渔"三无"船舶工作现场会精神,切实落实中央有关领导关于保护海洋生态环境和清理整治"绝户网"的讲话要求及农业部领导的指示,继续在全国范围内组织深入开展违规渔具清理整治行动,取得了阶段性成果,形成了严厉打击"绝户网"等非法捕捞的声势,为全面规范渔具管理打下了坚实的基础。

1. 切实加强组织领导,推进清理整治工作深入开展 2015年4月浙江象山全国清理整治"绝户网"和涉渔"三无"船舶工作现场会后沿海各省高度重视,根据各地实际制定了深入开展清理整治行动工作方案,努力做到组织领导、行动方案、工作部署三到位。目前,各地对清理整治"绝户网"工作保持高度重视,相关工作列入各级政府工作议程,工作机制进一步完善,清理整治工作持续开展。

2. 抓重点重实效,进一步加大执法力度 为确保清理整治行动取得实效,农业部和各地继续加大执法力度,联合边防、海警、海事、工商等多个执法力量开展联合行动。同时统一调配渔业执法和管理力量,针对执法中出现的重点、难点问题,"海上巡,陆上堵、港口查",从多环节对违规渔具进行清理整治。据不完全统计,2015年沿海各省(自治区、直辖市)共开展执法行动1万多次,出动执法人员12万人次,清理违规渔具近26万张(顶),使禁用渔具和"绝户网"蔓延态势得到一定程度遏制。

3. 创新清理整治方式,强化渔具源头管控 广西壮族自治区渔业部门加强与司法部门协调沟通,建立渔政执法与刑事司法衔接机制,在违规渔具清理整治专项行动中共移送涉嫌刑事案件7起,有效震慑了使用违规渔具非法捕捞行为。江苏省组织开展"百人护江"行动,选取专业渔民、渔村党员干部、渔业协会成员、垂钓爱好者、人大代表、政协委员、媒体记者等社会各界人士作为志愿者,参与清理违规渔具群防群治工作。浙江省联合经信、工商等部门查处了数十家禁用渔具制售点,并向浙江淘宝网络有限公司发出《关于要求进一步屏蔽电力捕鱼器具销售网页的函》,切实推进网上违规违禁渔具制销"黑色"产业链的整治,进一步强化渔具源头管控。

4. 加强宣传教育,营造社会氛围 为了取得广大渔民群众的配合及社会各界的支持,在整个清理整治过程中,始终把宣传教育放在首位。农业部和各地采取多种形式,加强舆论宣传引导,印制通告和渔具宣传手册,免费发放渔具标准检测工具,组织基层执法人员开展培训,取得了很好的效果。各地也因地制宜,有针对性地开展宣传工作,邀请新闻媒体参与海洋伏季休渔、渔具专项整治行动,开展渔具规范使用普法宣传,大力营造保护渔业资源的良好社会氛围。

(农业部渔业渔政管理局 徐 明)

渔业节能减排

2015年,农业部渔业渔政管理局继续通过渔业节能减排项目,实施渔船节能和水产养殖节水减排等技术示范,进行渔业节能减排情况调查,开展节能减排新技术应用交流和宣传,工作取得了一定进展和成效。

1. 渔船节能减排产品技术示范取得新进展 一是玻璃钢渔船船型研发与示范建造。辽宁省建造10.5米和12.5米休闲游钓玻璃钢船68艘,超额完成30艘,其中大连市政府投资1 000万元,研发10个新船型,实际建造110艘玻璃钢示范船,比木质渔船节能10%、减排50%;山东省设计19个玻璃钢休闲海钓标准船型,建造139艘,并在实地调研的基础上研发设计出11个标准化远洋渔船船型、4个内陆渔船标准化船型。二是新型动力渔船试验示范。山东省研发了3千瓦电力推进器,作为7米渔船电推挂桨机,将有效杜绝对水域的污染。天津市对"津海巡02"号船分别使用汽油、甲醇、天然气、液化石油气等四种燃料进行环保性、动力性、经济性、安全性对比试验,试验表明适量添加戊烷的M100甲醇可以100%替代汽油,减少有害气体排放,且降低燃料成本近一半。河北省开展渔船LNG－柴油双燃料实船改造,测试数据表明天然气替代柴油率可高达50%至80%,在满足船舶动力需求下,碳、硫、烟尘、废油水排量明显降低。三是渔船节能装置与产品推广应用。山东省推广海洋节能环保船机183台(套),内陆渔船节能环保船机1 000余台(套)(潍柴、常柴节能系列);浙江省在6艘渔船应用LED节能灯,产量与同海域同类渔船平均产量持平,集鱼灯节能普遍达到50%以上。

2. 水产养殖节能减排新技术得到示范和推广 一是淡水池塘工程化循环水生态养殖技术和鱼菜共生养殖技术示范。江苏省研制一套经济型浮式养殖水槽,系统整体技术体系成熟,运行稳定利用异向沉淀管增加湿周面积,改进固定式养殖系统粪便回收方式,粪便残饵回收率达14.37%,养殖周期内不增加养殖水体N、P含量。湖北省在6个示范县市推广建设生物浮床面积39 671平方米,完成精养鱼池浮床配套及水生植物移植示范面积共86.2公顷,辐射带动面积275.8公顷,示范区有效改良养殖水体富营养化状况,平均实现节水53%、节电45%,亩池塘平均节本增效1 512元。二是养殖排泄物及残饵等废物收集示范。山西省完成4组池塘网箱自动清污设备养殖模式示范,建设6个养殖槽,面积480平方米。在永济市示范点进行了池塘净化区机戒水质调控示范,示范池塘鱼类排泄物及残饵收集率在30%以上、节水率70%以上。四川省在成都军区新津军需培训基地的1.13公顷试验塘，架设网箱22套，安装鱼体排泄物收集系统14套，改进投饵网箱养殖排泄物及残饵废物抽提系统，鱼粪回收率达84.06%；养殖动物成活率提高10.39%～12.13%，饵料系数降低0.114～0.157，饲料成本降低15.69%～17.28%，综合养殖成本降低16.9%，示范区氨氮、亚硝酸盐等均明显小于非收集区。三是大黄鱼养殖浮性配合饲料筛选。福建省实施大黄鱼浮性配合饲料网箱养殖和池塘养殖两种模式示范和试验比较。其中示范网箱100口，三种饲料综合经济效益提高20%以上，氮磷总排放量减少55.96%；示范池塘12公顷，大黄鱼平均成活率约92%，生长速度明显超过同期海上网箱养殖的平均水平。福建通过示范推广大黄鱼浮性配合饲料网箱养殖，辐射大黄鱼养殖网箱26 500口，取得良好的社会和经济效益。

3. 水产品加工综合利用技术示范工作有所推进 2015年，中国水产科学研究院南海研究所开展了国内水产品加工综合利用现状调查，总结了包括虾壳制备氨基葡萄糖盐酸盐的高值化综合加工利用技术、鳗鱼综合加工利用与节能减排技术和罗非鱼头、鱼排、内脏加工制备调味基料的加工技术等多项适合推广的水产品加工综合利用技术及节能减排生产模式，其中罗非鱼加工利用率可达到70%以上。

4. 渔业节能减排技术政策研究和宣传得到加强 2015年，中国水产科学研究院渔业机械仪器研究所对山东、湖北、四川、安徽、湖南、江西、广东等地渔船排放状况开展了调查，为采取行动控制渔船大气污染提供基础依据。继续收集整理国内外在海洋捕捞渔船、水产养殖与工程、水产品加工等领域节能减排技术及研究进展，撰写国内外渔业节能减排技术研发进展报告。全国水产技术推广总站组织开展水产养殖节能减排成熟技术和模式集成汇总，完成了《水产养殖节能减排实用技术》印发工作，为水产养殖生产和相关生产与管理者提供参考，受到大家欢迎和好评。

（农业部渔业渔政管理局　郭　薇）

水生生物资源养护与水域生态环境修复

2015年，各级渔业部门认真贯彻落实十八届四中、五中全会精神，按照《中国水生生物资源养护行动纲要》和《国务院关于促进海洋渔业持续健康发展的若干意见》的要求，不断加强渔业资源环境保护，养护水生生物资源，改善渔业水域生态环境，为渔业健康发展、渔民持续增收和生物多样性保护提供有力支撑。

1. 扎实推进增殖放流工作 2015年，农业部继续把水生生物增殖放流作为为渔民办的实事之一，抓紧、抓实、抓好。积极争取并落实好中央财政增殖放流转移支付项目资金4亿元（包括海洋牧场），带动全国共投入增殖放流资金10.9亿元；全国共开展水生生物增殖放流活动2 165次，放流重要水生生物苗种和珍稀濒危物种达361.2亿尾（只），同比增长5.2%，有效促进了渔业资源恢复，实现了渔业增效、渔民增收。

（1）继续组织好重大放流活动。农业部办公厅下发《关于做好2015年增殖放流工作的通知》，要求各地组织落实好增殖放流项目，开展好增殖放流活动，积极扩大社会影响。4月20日，农业部和浙江省人民政府，在宁波市联合举办“东海渔业资源增殖放流活动”。活动期间，共放流大黄鱼、黑鲷、黄姑鱼、中国对虾等各种苗种共计1 700多万尾。6月6日，农业部与福建省人民政府、中国海洋石油总公司在福州联合举行2015年全国同步增殖放流“放鱼日”活动（主会场）暨台湾海峡增殖放流活动，共放流大黄鱼、花鲈、黄鳍鲷等重要经济和珍稀濒危生物苗种超过4亿单位。同日，全国共有23个省（自治区、直辖市）开展了增殖放流活动，共举办大型增殖放流活动90场，放流水生生物苗种超过10亿单位，社会各界广泛参与、反响良好，形成全国水生生物增殖放流活动新高潮。

（2）组织实施好转移支付项目。农业部办公厅下发了《关于2014年度中央财政经济物种增殖放流苗种供应有关情况的通报》，对2014年增殖放流项目的苗种供应情况进行汇总分析，查找存在的主要问题，研究进一步提高苗种质量的有效措施。农业部渔业渔政管理局组织对各地申报的珍稀濒危物种增殖放流供苗单位进行审查，以农业部公告形式公布了38家濒危物种增殖放流供苗单位。为进一步规范和加强增殖放流项目管理，农业部办公厅下发了《关于开展渔业资源保护和转产转业项目执行与资金使用情况专项检查的通知》，督促各地开展项目自查，组织检查组赴广东、广西、海南、湖南等地开展现场检查。

（3）强化效果评估和宣传引导。农业部渔业渔政管理局总结、汇编2014年增殖放流效果评估报告，督促各项目单位制订2015年增殖放流效果评估实施方案并抓好落实；要求地方加强放流效果评价，使其既作为检验放流效果的重要依据，也成为指导放流工作的重要支撑。同时，强化以增殖放流为主的水生生物资源养护宣传，引导各地开展形式多样、文明节俭的增殖放流活动，加强科普宣传，提高社会各界资源养护意识，共建水域生态文明。农业部渔业渔政管理局组织编制了《增殖放流宣传手册》《水生生物增殖放流管理制度与技术规范汇编》和《水生野生动物科学放生手册》，并分发省级渔业行政主管部门和各相关单位，加强增殖放流工作宣传。

2. 坚持并不断完善资源养护制度 农业部办公厅下发了《关于做好2015年海洋伏季休渔工作的通知》，对伏季休渔工作进行部署安排。同时，组织沿海各省（自治区、直辖市）渔业部门对20年来伏季休渔工作进行全面总结，委托中国水产科学研究院下属三个海区水产研究所开展伏休20年效果评估，客观评价20年来伏季休渔工作取得的成效。在此基础上，加大宣传力度，在《人民日报》《中国渔业报》刊登《休渔20年 为了鱼满舱》《伏休20年 只为大海丰美渔民笑》等报道。

长江、珠江禁渔工作向纵深持续发展。据统计，2015年禁渔期间长江流域各级渔政管理机构共组织统一检查行动17 096次，参加检查车辆13 394辆次、船（艇）12 329艘次，参加检查人员793 26人次，查获违禁捕捞船1 609艘次，取缔迷魂阵10.11万米，捣毁、没收深水张网7 173顶，查处电捕鱼器具1 969台（套）、毒鱼案件57起、炸鱼案件31起，行政处罚1 770人（次），刑事处罚324人，罚款157.49万元。

3. 科学划定水产种质资源保护区 经过认真核定，农业部办公厅对外公布第八批国家级水产种质资源保护区面积范围和功能分区。水产种质资源保护区信息系统得到完善，前七批428个国家级水产种质资源保护区的数据已录入系统，并正在对数据进行再次核对。继续组织各地做好第九批国家级水产种质资源保护区申报工作，以农业部公告形式公布了第九批国家级水产种质资源保护区28个。

4. 继续组织实施好渔业资源和产卵场调查 农业部渔业渔政管理局组织对2014年近海渔业资源调查项目和近岸产卵场项目进行总结，制定两个项目的2015年实施方案，优化调查目标和任务安排，计划通过三至五年时间拿出一份有说服力的我国近海渔业资源和近岸产卵场现状分析和管理政策建议。同时，组织对2014年长江和黑龙江重要渔业水域产卵场调查项目进行总结，制定2015年长江、珠江和黑龙江流域产卵场调查实施方案，争取利用几年时间逐步摸清产卵场分布现状，为内陆重要流域的渔业资源养护政策制定提供基础支撑。

5. 人工鱼礁和海洋牧场建设取得突破 农业部下发了《农业部关于创建国家级海洋牧场示范区的通知》。按照“科学布局、突出特色、明确定位、理顺机制”的总体思路，在现有海洋牧场建设的基础上，高起点、高标准地创建一批国家级海洋牧场示范区，推进以海洋牧场建设为主要形式的区域性渔业资源与生态环境养护以及渔业综合开发，使之成为现代渔业的强有力支撑和重要推动力量。经农业部公告，天津市大神堂海域等20个海洋牧场示范区成为首批国家级海洋牧场示范区。汪洋副总理在山东考察“海洋生态牧场”时，对海洋牧场建设取得的成绩给予充分肯定。

6. 强化渔业水域生态环境保护 农业部和环境保护部联合发布了《中国渔业生态环境状况公报（2014）》。农业部渔业渔政管理局组织制订2015年渔业生态环境监测方案，继续组织全国渔业生态环境监测网成员单位，对海洋和内陆重要天然渔业水域和养殖水域环境状况进行监测。同时，强化对重点渔业水域污染监测监视和监督检查，积极稳妥处置突发性死鱼事件，及时协助地方渔业主管部门对官厅水库、安徽五河县、天津海河死鱼事件进行调查处理，组织中国水产科学院派专家组赴河北、天津进行现场技术指导；继续推动开展涉渔工程渔业资源生态补偿，据不完全统计全年列入环保投资的渔业资源生态补偿资金达7.6亿元。

（农业部渔业渔政管理局 姜 波）

水生野生动植物保护与管理

2015年，水生生物重要栖息地和重点物种保护力度进一步加大，法律法规不断健全，履约工作积极有效开展，水生野生动植物保护与管理得到进一步规范和加强。

1. 加强水生生物自然保护区管理 环境保护部和农业部等10部委联合下发了《关于进一步加强涉及自然保护区开发建设活动监督管理的通知》。农业部渔业渔政管理局组织3个督查组对大连斑海豹国家级自然保护区等9个保护区进行督查，重点督查各地根据《通知》要求开展水生生物自然保护区内违法开发建设活动检查情况，以及对违法违规活动的专项整治情况。同时结合督查，调研各地在自然保护区管理与监测等方面工作开展情况、主要做法和经验、存在的主要问题，以及进一步加强保护区管理的建议等。

2. 加强重点物种的保护和规范管理

（1）鳗鱼。农业部渔业渔政管理局进一步规范欧鳗进出口管理，与国家濒危物种进出口管理办公室组成调研组，赴福建对鳗鱼养殖加工企业开展实地调研，召开座谈会听取企业意见，部署鳗工委尽快制定欧鳗溯源管理制度，推动欧鳗产业可持续发展。针对欧盟等部分国家和组织提出将日本鳗纳入《濒危野生动植物种国际贸易公约》(CITES)管理的建议,开展了专题调研,起草了给欧盟关于中国日本鳗资源情况及相关保护管理措施的回函。

(2)大鲵。为加强大鲵野生资源保护,规范经营利用,农业部下发《关于加强大鲵资源保护规范经营利用管理的通知》,首次决定对驯养繁殖子代大鲵及其产品实行标识管理,从而开创我国水生野生动物驯养繁殖产品标识化管理的先河。农业部办公厅下发了养殖大鲵标识管理技术规程,明确管理的各个流程安排;开发了大鲵标识管理数据库,为标识管理提供非常重要的技术支撑;组织完成标识环和标识签的招标工作和标识产品的生产。6月1日大鲵标识管理制度正式运行,截至2015年底已有435家企业完成了网上注册;各地审核通过的标识牌申请数量为672 259个,标识签申请数量为242 573个;已完成合同签订并下发的标识牌数量为331 105个,标识签数量为135 373个。

(3)鲟鱼。农业部渔业渔政管理局召开鲟鱼保护管理工作座谈会,就国内鲟鱼产业现状和问题,鱼籽酱生产及出口贸易管理存在的问题,以及鲟鱼管理12.7号决议的修订建议,对国内鲟鱼保护管理及相关履约工作的建议等几个方面开展讨论。组织协调向泰国赠送10 000粒杂交鲟鱼鱼卵作为诗琳通公主生日贺礼。

(4)石首鱼。加大对加利福尼亚湾石首鱼非法贸易的市场监管力度,部署广东省渔业部门开展保护宣传和执法督察,提高广大商户和群众的保护意识,严查非法贸易等问题。农业部渔业渔政管理局会同国家濒管办,赴广州开展专题调研,并就石首鱼保护问题回函CITES秘书处。

(5)鲨鱼和蝠鲼。做好鲨鱼和蝠鲼履约有关工作,在详细梳理鲨鱼和蝠鲼履约各个环节管理要求的基础上,农业部渔业渔政管理局与国家濒管办联合下发《关于进一步做好鲨鱼和蝠鲼物种履约管理工作的通知》,指导地方做好证件核发、监管等工作以及明确企业和个人如何申报等问题。继续组织有关行业协会和科研机构做好宣传、培训和研究工作。及时总结鲨鱼和蝠鲼履约工作开展情况,向CITES秘书处进行通报。

(6)红珊瑚等。农业部渔业渔政管理局组织召开红珊瑚管理工作座谈,就红珊瑚非法采捕、市场销售、执法等情况进行交流;就砗磲加工销售问题专门赴海南进行调研,并与海南省海洋与渔业厅、琼海市、潭门镇以及捕捞渔民、行业协会等多方代表就如何进一步加强砗磲管理问题进行座谈。在深入研究红珊瑚、砗磲、海龟等珍稀濒危水生野生动物保护和管理的基础上,农业部渔业渔政管理局与国家濒管办联合下发《关于进一步加强海洋珍稀濒危水生野生动物管理工作的通知》。

3. 加强履约及对外交流合作 农业部渔业渔政管理局加强对CITES履约相关知识的培训,组织专题培训班,对相关省级和地市级渔业主管部门、企业进行履约管理知识培训,提高各地对履约工作重要性及相关要求的认识,帮助企业在CITES规则下实现合法贸易。作为“部门间CITES履约执法协调小组”成员单位,农业部渔业渔政管理局参与了我国与有关国家和国际组织共同组织实施的“眼镜蛇三号行动”。行动期间,海南省琼海市海洋与渔业局在砗磲非法交易源产地琼海市潭门镇持续开展专项整治行动,有效打击了砗磲非法交易,在海南省内起到了明显的震慑效果。海南、浙江、广东等省在行动期间也查获了数起走私红珊瑚和非法捕捉海龟的案件。参与中美战略与经济对话打击野生动植物非法贸易有关议题有关材料和口径准备工作,就美方关注的石首鱼、海龟等物种提出我方观点。提供CITES公约动物委员会的鲨鱼议题大会对案,中国水产流通与加工协会派员参加CITES第28次动物委员会,并在会上做了我国鲨鱼履约情况的报告。

4. 加强水生野生动物保护宣传 水生野生动物保护分会与国家乒乓球队总教练刘国梁签约,聘其为全国水生野生动物保护公益宣传形象大使。农业部继续组织开展了第六届全国水生野生动物保护科普宣传月。宣传月期间,各地通过深入基层、走进“四区”(社区、学区、渔区和景区)等多种形式,广泛宣传水生野生动物保护知识及相关法律法规。组织有关科研机构开展珍稀濒危水生野生动物的宣传资料设计工作,为进一步加强宣传、提高公众对上述物种的认识以及保护意识打下基础。

5. 做好相关法律和政策制修订工作 农业部渔业渔政管理局积极参与《野生动物保护法》修订相关调研、文本修改等工作,及时研究提出修改方案,并参与谈论完善,赴广东调研水生野生动物自然保护区、驯养繁殖、展演等机构情况,了解野生动物保护工作存在的主要问题以及修法建议。就《国家重点保护野生动物名录》(水生野生动物部分)征求各省(区、市)意见,并提出修改意见建议。

6. 做好水生野生动植物行政审批和规范管理

一是农业部印发《农业部公告第2261号》,自2015年6月30日起,启动3项渔业行政许可项目网上申报工作,包括出口国家重点保护的或进出口中国参加的国际公约所限制进出口的水生野生动物或其产品审批、从国外引进水生野生动物审批、重要水产苗种进出口审批。

二是农业部渔业渔政管理局认真开展行政审批，未发生违规审批和超期审批等问题。全年共办理行政审批事项751批次，其中水生野生动物及其产品特许利用申请342批次，包括经营利用申请307批次；驯养繁殖申请34批次、外国人考察申请1批次；水生野生动物及其产品进出口申请409批次。

三是为进一步规范海洋馆和水族馆等场馆水生野生动物特许利用行为，切实加强水生野生动物保护，农业部渔业渔政管理局下发了《关于进一步规范海洋馆和水族馆等场馆水生野生动物特许利用行为的通知》。

（农业部渔业渔政管理局 姜 波）

周边渔业协定执行情况

【中日渔业协定】 2015年是《中日渔业协定》实施的第16年。经过中日双方共同努力，协定水域海上作业秩序稳定，协定执行情况总体良好。

根据2014年12月中日渔业联合委员会第十五次会议纪要的规定，2014年度日方许可我入渔渔船数量为拖网245艘（实际日方批准202艘）、鱿钓55艘，渔获配额分别为5 300吨、4 141吨。因2014年中日渔委会召开较晚，日方许可的作业时期为“2014年9月16日至2015年5月15日”，并且新增设了休渔期（2015年1月1日至2月20日），导致可生产渔期只有1个月（3月19日至4月18日），中方底拖网船、鱿钓船实际入渔船数和捕捞产量均未达到批准数。2014年中方许可日方入渔船数总计303艘，实际日方没有入渔。在中日暂定措施水域，根据纪要规定，2014年度中方在暂定措施水域作业的渔船数量和渔获量要控制在17 989艘、168.5万吨之内，日方的渔船数量和渔获量要控制在800艘、10.9万吨之内。中方实际向日方通报船名号16 168艘，日方向中方通报作业渔船名册569艘。

根据双方商定，中日双方在日本东京召开了中日渔业执法工作会谈，就中日暂定措施水域违规情况通报、预防违规行为采取的措施等进行了会谈。在中国苏州召开了中日海洋生物资源专家小组会谈，就中日暂定措施水域的渔业资源状况、带鱼和鲐鱼的资源状况，以及鲹类的资源动态等议题展开了双边交流；日方介绍了方头鱼、马鲛鱼、剑尖枪乌贼等鱼种的资源动态，希望中方在信息交换方面继续给予协助。

2015年7月16日，中日双方在日本东京签署了中日第十六次渔业联合委员会会谈纪要。根据纪要规定，2015年6月1日至2016年5月31日，日方许可我进入日本管辖水域的拖网渔船240艘、渔获配额5 200吨；2015年1月1日至2月20日为禁止作业期；渔船作业时船间距应保持1 500米以上；禁止在作业水域内转载；在作业水域外转载时，应按附件1规定在捕捞日志上记载。鱿钓渔船55艘（含3艘辅助船）、渔获配额4 141吨，作业时间2015年10月1日至12月31日。在中日暂定措施水域，我国渔船数量和渔获量需分别控制在17 500艘、166.2万吨以内。日本渔船控制在800艘、10.9万吨以内。

【中韩渔业协定】 2015年是《中韩渔业协定》实施的第15年。在中韩双方共同努力下，协定得以顺利实施，海上作业秩序保持稳定，协定执行情况总体良好。根据中韩两国首脑商定，中韩海域划界谈判于2015年内启动，渔业协定谈判一波三折、日趋艰难。

根据2014年10月31日中韩渔业联合委员会第十四届年会纪要的规定，2015年许可对方渔船到本国水域作业的渔船分别为1 600艘，捕捞配额分别为6万吨；中方一般渔获物运输船58艘，韩方13艘。

根据双方商定，2015年度中韩渔业执法工作会谈于2015年5月在韩国首尔举行，双方就维护中韩渔业协定水域作业秩序、渔业执法交流合作、渔委会委托事项等进行了讨论并签署了纪要。

第十二次中韩海洋生物资源专家组会谈于2015年5月在中国天津召开，双方就编写并交换鲐鱼资源状况及动态分析报告书、制定调整渔获报告对象鱼种的依据和原则、探讨实行鱿鱼钓鱿鱼配额管理、设定美鳐作业保护区域、编写并交换暂定措施水域渔业资源调查报告书、交换渔业资料及其他事项进行了讨论并签署了纪要。

2015年10月30日，中韩双方在中国北京签署了中韩渔业联合委员会第十五届年会会议纪要。根据纪要规定，2016年各自许可对方渔船到本国水域作业的渔船为1 600艘，捕捞配额为6万吨；中方一般渔获物运输船58艘，韩方13艘。

【中越北部湾渔业合作协定】 2015年是《中越北部湾渔业合作协定》实施的第12年。经过中越双方共同努力，北部湾渔业生产秩序基本稳定，渔业生产稳步发展，协定执行情况总体良好。

根据2014年10月中越北部湾渔业联合委员会第十一届年会达成的共识，2014—2015年度进入共同渔区对方一侧水域的船数和功率数分别为1 466艘和147 703千瓦，执行日期为2014年12月1日至2015年11月30日。协定执行过程中，双方作业渔船基本遵守协定有关规定，悬挂有效标志牌，凭捕捞许可证生产，渔业生产秩序良好。我渔民实际申请进入共同渔区对方一侧水域船数和渔船总功率均未达到纪要限制数。

2015 年 9 月 10～11 日，中越北部湾渔业联合委员会第十二届年会及筹备会于在中国上海举行。双方根据资源专家组的建议，就 2015—2016 年度北部湾共同渔区渔船作业指标进行了协商并达成一致，签署了会议纪要。根据纪要规定，2015—2016 年允许进入北部湾共同渔区己方一侧水域的对方作业渔船数量和功率数分别为 1 393 艘和 140 318 千瓦。在共同渔区作业渔船数量和马力数总体不变的前提下，将单船作业功率范围从 44～294 千瓦调整到 44～441 千瓦的方案报政府批准后实施。越方认真研究制定 2016—2017 年度在北部湾共同渔区分界线西侧水域（越方一侧水域）具体实施休渔的方案，于第十三次中越渔委会召开前两个月向中方通报。

（农业部渔业渔政管理局　孙海文）

渔情统计监测与渔业信息化

2015 年，农业部渔业渔政管理局着力加强“大渔情”工作体系建设，推进渔情统计方法改革，拓展信息采集范围，提升分析服务能力，提高数据质量，渔情统计监测工作成效初步显现。2015 年 11 月，成功召开首次全国渔情信息工作会议，标志着适应现代渔业建设需要，以支撑和服务渔业转型升级的渔情统计监测工作正式启动。

1. 全面统计工作稳步推进　渔业统计在渔情工作中发挥出了骨干带头作用。不断提高统计服务水平，出版《2016 中国渔业统计年鉴》，发布《2015 年渔业经济统计数据公报》。继续开展基层统计人员培训，共举办全国性的基层渔业统计人员培训 3 期、培训 285 人次。强化渔业经济形势分析研究，组织撰写了一批形势判断准确、反映新常态规律的渔业发展形势分析报告，为各级党委政府和渔业部门决策提供参考。积极推进统计方法改革，在辽宁、黑龙江等 12 个省（自治区）开展内陆捕捞抽样调查试点工作，为进一步探索适合我国渔业发展实际的统计制度和方法改革积累了经验。

2. 养殖渔情信息采集能力不断提升　2015 年，养殖渔情信息采集工作网络共覆盖了河北、辽宁、吉林、江苏、浙江、安徽、福建、江西、山东、河南、湖北、湖南、广东、广西、海南、四川等 16 个省（自治区）的 200 个水产养殖重点县，建立了 800 个信息采集点、6 000 多个采集终端和近 1 300 人的采集分析队伍，对 76 个养殖品种、9 种主养模式进行了信息动态采集。2015 年重点开展了养殖渔情信息系统维护升级和养殖渔情云服务平台建设工作。编辑出版《2015 年养殖渔情信息分析》。

3. 海洋捕捞动态采集系统不断完善　2015 年，在全国共布设 25 个信息采集点，共落实信息船 385 单位（艘或对），其中黄渤海区三省一市 124 单位（艘或对），东海区三省一市 118 单位（艘或对），南海区三省 143 单位（艘或对）；作业类型涉及双拖、单拖、拖虾、灯光围网、灯光敷网、流刺网、帆式张网、定置张网、钓、笼捕等海洋渔业主要作业形式；获取信息船信息 3 305 航次、32 748 网次，鱼种组成信息 209 310 条，随机调查信息 20 949 条，经济效益随机调查信息 1 336 条。

4. 市场价格采集范围不断拓展　不断丰富水产品生产者价格、成本价格和批发市场价格信息，对重点品种进行跟踪研究，为研判生产形势和应对突发情况提供支撑。2015 年，80 家定点水产品批发市场共报送价格信息 407 733 条，同比增长 3.94%；品种成交量 392 754条，同比增长 2.66%；月成交量、成交额信息 916 条，同比增长 1.33%；市场月底分析文章 1 535 篇，同比增长 6.89%；省级专家月度分析文章 201 篇，同比增长 0.5%。及时向社会发布市场价格信息，组织信息源培训，提高信息员整体素质，加强数据分析水平。

5. 启动重点渔业村经济调查工作　为拓展渔情监测手段，加强对渔业微观经济的跟踪了解，2015 年农业部启动重点渔村调查工作，在辽宁、浙江、福建、广东等 4 省开展重点渔业村经济调查试点。全面了解调查渔村经济运行概况，完成每个村渔业生产经营方式的成本和收益核算，评估影响渔业生产效益的关键因素，提出提高渔业生产效益的有效措施。通过开展调查，切实掌握了渔村发展一手数据，了解到了渔区经济发展的实际情况，并开展有针对性的研究分析，取得了积极成效，同时，对丰富渔业统计方法和工作机制提供了有益借鉴。

（农业部渔业渔政管理局　王　莎）

渔 政 执 法

【清理取缔涉渔“三无”船舶】　在中央统一部署领导下，沿海各地按照中央有关部门、农业部等六部门关于集中开展清理取缔海洋涉渔“三无”船舶专项整治行动的具体部署要求，坚持政府主导、上下联动、部门联动、海陆联动，通过清查摸底、宣传发动、接受主动上交、执法检查等措施，有序组织开展了专项整治行动。

据不完全统计，2014 年以来，沿海 11 个省(自治区、直辖市)共摸排涉渔“三无”船舶 36 622 艘，累计取缔 1.67 万艘，取缔数占摸排总数的 44.3%。2015 年专项整治行动期间，沿海各省(自治区、直辖市)共出动执法人员 19.3 万余人次、执法船艇(车辆)4.4 万余艘(辆)次，印发宣传资料 12.5 万余份，查处非法案件 900 余件、向公安机关移送 161 人，其中破获非法采捕、交易红珊瑚案件 29 起、抓获犯罪嫌疑人 78 人、查获疑似红珊瑚 380.25 千克、涉案金额达 1.3 亿元、21 名涉案人员分别被判处 5 个月至 5 年半不等有期徒刑。

此次专项整治行动是继 1994 年农业部、交通部等五部门联合开展“三无”船舶专项整治行动之后，时隔 20 年中央有关部门再次联合开展的涉渔“三无”船舶专项整治行动，也是从 20 世纪 80 年代实施海洋捕捞渔船“双控”制度以来的历次涉渔“三无”船舶清理取缔行动中成效最为显著的一次。通过此次专项整治行动，实实在在地取缔了一大批涉渔“三无”船舶，切实降低了海洋渔业捕捞强度，有力推动了海洋渔业资源的恢复；严厉打击了非法采捕红珊瑚等珍贵、濒危水生野生动物等违法违规行为，惩治了一批相关涉案人员，有效震慑了海洋涉渔违法犯罪分子；营造了全面打击涉渔“三无”船舶的良好社会氛围，为进一步加强渔船管理，维护海上渔业生产秩序，推动海洋渔业生态文明建设打下了坚实的基础。此次涉渔“三无”船舶清理取缔的主要经验做法如下：

(1)树立典型，示范引导。为指导地方切实做好相关工作，2015 年 4 月农业部在浙江省象山县组织召开了全国专项整治行动工作现场会，农业部部长韩长赋和副部长于康震亲自参加会议，对清理取缔涉渔“三无”船舶专项整治行动做出进一步部署，同时组织了涉渔“三无”船舶现场销毁拆解观摩活动，宣传推广浙江及有关省份的好经验、好做法。现场会结束后，各地先后组织召开了由省委或省政府有关领导参加的本省专项整治工作会议，专题研究部署有关工作。

(2)广泛宣传发动，深入清查摸底。按照中央的有关要求，沿海各地积极利用电视、网络、执法公告等方式将专项整治行动要求宣传到船主、渔民中间，充分营造良好的工作氛围。浙江、福建、广西、天津等地发布了严厉打击违法违规行为的通告；海南举办了记者会，通过岛内 11 家主要新闻媒体宣传整治活动，并约谈了相关船主(船长)和企业；福建、海南等地通过推送手机短信、张贴宣传标语等形式，提高信息覆盖率；浙江、福建、江苏、山东、辽宁、广东、海南等地组织广大渔民参加涉渔“三无”船舶销毁拆解现场会，并通过电视、网络等媒体进行宣传报道。同时，沿海各地按照“边宣传、边清查”的要求，通过多种方式开展涉渔“三无”船舶全面排查摸底登记。山东等地组织海洋渔业等部门成立工作组，以乡镇、村为单位对大中型涉渔“三无”船舶进行全面统计登记；浙江在清理取缔结束前，对已拆解的涉渔“三无”船舶档案进行核查，并再次全面开展排查摸底，力争做到准确无误。

(3)组织执法检查，实施清理取缔。各地按照“海上查，港内堵、坞上审”的总要求，在港口、海上、船舶修造厂等重点地区开展了执法检查。浙江组织开展了浙南海域伏休前的专项执法行动；福建组织实施了打击船舶非法建(改)造、非法采捕红珊瑚暨整治“三无”船舶、制造销售使用违规渔具、非法购销加工红珊瑚等 4 项专项执法行动；海南查处了清澜造船厂违规建造涉渔“三无”船舶案件；广西对辖区 13 个渔港及港外海上进行专项执法检查；浙江、上海、福建、广东、广西、江苏等地之间多次组织开展海上联合执法检查。浙江、福建、广东、广西等地向周边省、自治区发出协查函，严防涉渔“三无”船舶跨地区逃避打击。按照“可核查、不可逆、无水分”的要求，各地对前期船主主动上交和执法检查中查获的涉渔“三无”船舶采取了“定点拆解”“改作人工鱼礁”等不可逆方式进行取缔，并对所有已取缔的涉渔“三无”船舶全部建立档案、实现“一船一档”。浙江对以拆解方式取缔的 11 313 艘涉渔“三无”船舶有关信息在浙江省海洋与渔业局官方网站进行了公示，接受社会监督。在清理取缔涉渔“三无”船舶过程中，福建、广东、浙江、海南等地还对非法采捕红珊瑚、砗磲等国家重点保护水生野生动物行为一并进行严厉打击，对涉案犯罪嫌疑人依法进行了公开宣判。

(4)完善保障措施，加强督导检查。一是完善法律保障。针对地方反映有关涉渔“三无”渔船没收法律依据不清等问题，我们积极组织力量开展专题研究，吸纳沿海各地的意见和建议，适时向最高人民法院提出相关问题的司法解释草案建议，全力推动出台相关司法解释。据悉，最高人民法院关于海上涉渔案件综合管理司法解释将于近期出台。二是强化各地情况调度。为及时掌握各地情况，我们专门下发通知对专项整治行动进展信息报送工作进行了部署，建立了月度进展情况信息报送工作机制。6 月中旬，向中央有关部门和沿海 11 个省级渔业主管部门进行了通报。三是强化实地督导。根据有关进展情况，农业部组成督导组先后多次赴江苏、山东、福建和广东等地开展涉渔

"三无"船舶专项整治督导活动，指导地方抓好工作。同时，一些地方党委政府根据本地的实际情况进一步完善财政资金保障和工作督导落实。福建省财政专门安排资金10 570万元为行动开展提供保障。浙江、福建等地建立省委、省政府督办制度、相关部门包点制度，确保工作有效落实。

【渔业文明执法窗口评比】《中共中央关于全面推进依法治国若干重大问题的决定》《法治政府建设纲要（2015—2020年）》对行政执法工作提出了严格规范公正文明执法的新要求。为了进一步加强渔业行政执法能力建设、全面提升队伍的整体素质和严格规范公正文明执法水平，农业部结合全国渔业行政执法现状，以基层一线执法机构为主体，以树立先进、弘扬典型为抓手，强化"突出执法全程规划化"和"执法条件保障"两个方面的建设，在全国范围内继续开展渔业文明执法窗口单位创建活动。

（1）下发通知、明确要求，对创建活动进行整体设计和部署。2015年初，农业部印发了《农业部办公厅关于继续开展渔业文明执法窗口单位创建活动的通知》，明确了创建活动的组织领导、创建重点、评选办法和工作要求。一是创建活动由农业部统一领导，部渔业渔政管理局组织实施，部长江流域渔政管理管理办公室和部渔业船舶检验局配合，各省（自治区、直辖市）渔业行政主管部门负责组织本辖区的创建活动。二是在创建活动中突出基层执法机构创建、执法全程规范化建设、执法条件保障建设。三是从材料报送、实地审查和评分、材料审查、公示方法、窗口单位公布等方面对评选办法进行细致说明。四是要求各地组织开展创建工作，认真做好考核推荐工作。

（2）开展督导、创新评审，公布文明执法窗口单位名单。农业部部署开展创建活动后，先后组织人员赴湖南、江苏、北京、陕西等地开展创建情况督导调研，实地查看了部分渔业文明执法窗口申报单位，肯定了成绩，同时也指出不足，要求他们进一步明确中央对行政执法工作提出的新要求，利用申报渔业文明执法窗口的机会进一步梳理业务，提高为渔民群众服务的水平。

在2015年渔业文明执法窗口评审工作中，进行了一些探索和尝试，打破原有渔业系统自我评价模式，专门邀请曾开展过类似工作的中央有关部门、最高人民法院、公安部等外部门的专家参与进来。经专家评审、集中公示和相关部领导审定批准，北京市平谷区渔政监督管理站等29个机构荣获"2015年渔业文明执法窗口单位"称号（具体名单附后）。

附件

2015年渔业文明执法窗口单位名单

北京市

北京市平谷区渔政监督管理站

内蒙古自治区

扎兰屯市渔政监督管理站

辽宁省

中华人民共和国辽宁渔业船舶检验局丹东检验处

中华人民共和国锦州渔港监督处

黑龙江省

宾县水产管理总站

上海市

中华人民共和国上海渔业船舶检验局堡镇分局

中华人民共和国上海渔港监督局"中国渔政31006"船

上海市渔政监督管理处"中国渔政31008"船

江苏省

江苏省洪泽湖渔政监督支队一大队

江苏省渔政监督总队直属支队执法三大队

东台市渔政监督大队

浙江省

岱山县海洋与渔业执法大队

玉环县海洋与渔业执法大队

温州市龙湾区海洋与渔业执法大队

福建省

中国渔政泉州支队

中国渔政将乐县大队

江西省

湖口县鄱阳湖渔政局

山东省

山东省海洋与渔业监督监察总队第一支队

潍坊市海洋与渔业行政执法处

湖北省

荆门市渔政船检港监管理处

湖南省

桃江县渔政监督管理站

广东省

广东省渔政总队中山支队

广东省渔政总队南海大队

广西壮族自治区

钦州市渔政管理中心站"中国渔政45021"船

中国渔政广西壮族自治区支队"中国渔政45003"船

海南省

陵水黎族自治县渔政监督管理站

重庆市

重庆市永川区渔政渔监船检站

四川省

雅安市雨城区渔政监察大队

云南省

玉溪市抚仙湖管理局

（农业部渔业渔政管理局渔政处　于沛民）

渔业政务信息与宣传

严格执行《中华人民共和国政府信息公开条例》和《农业部信息公开规定》等有关制度，坚持“公开为原则，不公开为例外”的原则，加大主动公开力度。2015 年，按照所有部、厅发文由原来的 15 日内公开调整为印发当日必须公开的要求，尽管给公开工作增加了很大难度，为适应新的工作要求，增加了到期文件统计和督促次数，保障信息公开工作全面、准确、按时完成。同时，及时、认真处理依申请公开事项。全年共主动公开信息 98 条，办结申请公开事项 37 项，主动公开率、按时公开率及依申请公开率均达到 100%。组织开展政务信息报送工作。全年报送农业部信息 21 篇，采用 15 篇；报送每日要情 212 条，采用 118 条，有多条信息被中办、国办有关信息刊物采用。

围绕加快现代渔业建设中心任务，积极做好重要工作的宣传报道。一是组织召开了渔业宣传工作研讨会，农业部渔业渔政管理局领导到会并讲话，重点渔业省份主管宣传工作的处室负责同志参加了会议，就进一步做好渔业宣传工作进行了研究和部署。二是围绕全国渔业厅局长座谈会、远洋渔业 30 年座谈会、违规违法渔具专项整治、水生生物资源养护等多项重大渔业事项，组织开展宣传。为贯彻学习汪洋副总理在山东省调研海洋牧场建设时的讲话精神，组织相关媒体大力宣传海洋牧场建设。三是做好渔业突发事件媒体应对工作和对外宣传工作，加强涉渔舆情收集和研判工作，及时发布权威信息，塑造正面行业形象，针对媒体报道有关被抗生素污染影响水产品质量安全问题，组织稿件，及时辟谣，避免了事态扩大。四是启动“十二五”全国渔业发展专题宣传工作，联合相关媒体组织开展宣传报道。全年中国渔业政务网审核信息8 200余条，编发信息 5 300 余条，编发渔业情况 27 期。

（农业部渔业渔政管理局　徐乐俊）

长江流域渔政管理

长江流域渔政监督管理始终坚持以生态文明建设和渔业可持续发展为中心，紧紧抓住渔政执法和资源养护两个重点，长江流域及其以南内陆渔政管理工作开局良好。

【渔政执法管理】

1. 禁渔期管理 4月1日，长江办组织江西、广西、湖南、贵州、云南、广东、四川、重庆、湖北、安徽、江苏、上海等12个省（自治区、直辖市）开展同步执法行动，组织渔政船艇和执法力量对相关重点水域开展执法检查，清理取缔违禁渔具和非法捕捞，加强禁渔期执法管理，确保禁渔期制度稳步实施。

禁渔期间长江和珠江流域各级渔政管理机构共组织统一检查行动1.72万次，参加检查车辆1.36万辆次、船（艇）1.27万艘次，参加检查人员7.76万人次，查获违禁捕捞船1 644艘次，取缔迷魂阵10.1万米，清理没收深水张网7 173顶，查处电捕鱼器具1 995台（套）、毒鱼案件57起、炸鱼案件55起，行政处罚1 770人（次），刑事处罚327人，罚款157.5万元。

2. 非法捕捞清理整治 组织协调长江流域各省（自治区、直辖市）渔业主管部门对非法捕捞渔具进行全面清理整治，取缔"绝户网"、迷魂阵等违规渔具，严厉打击大范围、群体性、普遍性的使用违规渔具捕捞行为，为进一步规范渔具使用、保护渔业资源打好基础。各级渔业主管部门通过有效调配现有渔业执法力量和管理力量，开展水上、陆上巡回检查，加强重点水域、交界水域和违法违规渔业案件高发水域的联合检查、交叉检查、驻守检查等，全面清理整治违规渔具。

江西省渔政与公安部门联手于7月24日开始在鄱阳湖区开展专项整治行动，行动以打击非法捕捞螺蛳为重点，维护湖区稳定为主题，主要打击机械吸螺、机动底拖网、电毒炸鱼、密眼定置网、越界偷捕等破坏渔业资源的各类非法捕捞行为，开展凭证生产执法检查，打击破坏江豚等水生野生动物保护区环境的行为。

3. 长江口"清江行动" 农业部会同上海市政府于4月初至6月底在长江水域上海段开展了为期3个月的清理整治非法捕捞联合执法行动，代号"清江行动"。农业部副部长于康震出席4月9日的启动仪式。行动期间，长江办组织上海、江苏、浙江三省（直辖市）渔政执法力量会同公安、海警、海事等部门，统一部署、共同巡航、协同执法，持续保持高压态势，依法清理整治各种类型"绝户网"，打击取缔涉渔"三无"船舶，取得显著成效。行动期间先后调集出动执法船100多艘次、直升机10多架次、执法人员2 000多人天，共查处案件331起，移送公安部门追究刑责案件1起，取缔各类涉渔"三无"船舶27艘、禁用渔网具5 500余件。

10月8日，上海市政府根据"清江行动"取得的成果和发现的问题，研判形势，查找根源，审议通过《上海市清理取缔涉渔"三无"船舶专项行动工作方案》，决定自2015年10月至2016年底，在全市范围内开展清理取缔涉渔"三无"船舶专项行动。

【渔政执法合作】 10月，长江办会同交通部长江航运公安局共同签署了《执法合作协议》，联合签发了《移送长江涉渔违法犯罪案件暂行规定》，研究部署加强内陆渔政和公安执法合作，完善两法衔接的体制机制和工作规范，并下发到各有关省份渔业行政主管部门要求参照执行。通过渔政与公安执法合作，可以有效发挥渔政执法和刑事司法衔接的整体优势，使两法衔接工作步入持续良性发展的轨道，开创内陆水域生态环境保护和生物资源养护工作的新局面。

【长江流域禁渔期制度调整】 12月23日，农业部发布调整长江流域禁渔期制度的通告（农业部通告〔2015〕1号），通告自2016年1月1日起实施。禁渔范围包括：青海省曲麻莱县以下至长江河口（东经122°）的长江干流江段；岷江、沱江、赤水河、嘉陵江、乌江、汉江等重要通江河流在甘肃省、陕西省、云南省、贵州省、四川省、重庆市、湖北省境内的干流江段；大渡河在青海省和四川省境内的干流河段；鄱阳湖、洞庭湖；淮河干流河段。禁渔时间为：每年3月1日0时至6月30日24时。禁止类型为：在规定的禁渔区和禁渔期内，禁止所有捕捞作业。禁渔期间，凤鲚（凤尾鱼）、刀鲚（长江刀鱼）、中华绒螯蟹（河蟹）捕捞实行专项管理，具体管理办法由农业部另行制定。因养殖生产或科研调查需要采捕长江天然渔业资源的，须经省级以上渔业行政主管部门批准。

【长江、珠江流域渔业资源管理委员会换届】　11月9日，农业部长江流域渔政监督管理办公室在昆明宣布成立新一届长江流域渔业资源管理委员会（以下简称长渔委）和珠江流域渔业管理委员会（以下简称珠渔委）。新一届长渔委和珠渔委扩大了委员单位范围，将环境保护部自然生态保护司、交通运输部长江航道局、交通运输部长江航运公安局、水利部长江水利委员会长江流域水资源保护局、国务院三峡工程建设委员会办公室水库管理司、国家林业局湿地保护管理中心和中国长江三峡集团公司科技与环境保护部等涉及长江经济带发展、黄金水道打造和长江生态流域保护的各有关部门和相关企事业单位纳入了长渔委；将水利部珠江水利委员会纳入了珠渔委；将珠江流域渔业管理委员会办公室调整到中国水产科学研究院珠江水产研究所。

【重要物种保护】

1. 长江江豚迁地保护　3月，在湖北何王庙（集成垸）启动长江江豚迁地保护行动，选择了8头合适的个体迁出鄱阳湖。其中4头迁至何王庙（集成垸），另外4头迁往天鹅洲，11月再从天鹅洲移出4头长江江豚到何王庙（集成垸），以改善其种群的遗传多样性。

2. 中华鲟拯救行动计划发布　9月28日，农业部印发了《中华鲟拯救行动计划（2015—2030年）》（农长渔发〔2015〕1号），就2015—2030年中华鲟保护的指导思想、基本原则、行动目标提出了意见，制定了具体的保护行动措施，是下一阶段实施中华鲟保护工作的指导性方针。

【水域生态补偿】

1. 涉渔工程环评　建立了涉渔工程水生生态影响审查工作流程规范，严格依法依规开展环境影响评价工作。2015年，长江流域共开展涉渔工程专题环评54次，争取生态补偿资金近2亿元。

2. 生态保护合作　农业部与中国长江三峡集团公司商定开展长江生态环境保护战略合作，双方签署了《修复向家坝库区渔业资源及保护长江珍稀特有物种合作执行协议》，开展水生态保护、监测监控能力建设、重点物种保护工程等工作。

【渔民转产转业工作】　12月23日，农业部与贵州省人民政府在北京共同签署《关于开展长江流域赤水河贵州段捕捞渔民转产转业合作备忘录》。按照“中央补助，地方保底”的原则，农业部负责提供政策指导和资金补助，贵州省人民政府负责整合地方层面政策与资源，并组织有关地方政府和部门具体落实赤水、仁怀和习水3县（市）赤水河捕捞渔民转产转业工作。

【渔政执法信息化平台】　为了实现渔政执法工作“全方位、实时性、全天候”高效监管，长江办在深入调研渔政监管领域信息化现状的基础上，部署推进流域渔政执法信息化平台建设。通过全业务视角深入研究渔政信息化需求，基于“全、简、活、管”的设计理念，按照“顶层设计、技术领先、数据汇集、面向服务、分步实施”的总体建设原则，顺利完成了“私有云、大数据、互联网”的渔政信息化规划。规划方案主要包括渔政执法基础服务平台、渔政执法业务统一办理平台、渔政执法远程监控平台、应急指挥平台、大数据分析平台、统一综合门户、内部办公系统、社会化服务系统等八大板块。

【渔业政策理论研究网络】　组建渔业政策理论研究网络，网络成员包括长江流域渔业渔政管理部门、研究院所及高校的32名专家。研究网络以服务渔业渔政管理为宗旨，以渔业发展政策研究咨询为主攻方向，以提升理论创新、政策创设、战略咨询能力为重点，为管理部门提供决策咨询服务的智库型研究网络平台。近期研究网络将围绕当前内陆渔业发展和管理的形势，针对内陆渔政执法能力建设规划、渔业管理政策变化对流域渔业资源保护工作带来的机遇和影响、长江与珠江水生生物资源养护管理规定的修订、内陆水域违规渔具清理整治及准用、禁渔渔具目录编制等议题开展深入研究。

【渔业安全生产】

1. 渔业安全生产　全面贯彻农业部关于安全生产工作部署，并在台风、汛期、暑期和抗战胜利70周年活动期间进行再动员，多次就安全生产情况开展专项督查，确保辖区渔业行政主管部门时刻绷紧安全弦，稳稳守住安全线，确保管辖水域未发生重大安全生产事故。

2. 渔业事故救助 2015年“东方之星”沉船事故发生后，长江办第一时间派出工作组赶赴现场，组织渔政执法力量和渔船协助事故指挥领导小组做好相关沉船打捞和搜救工作，要求沿江下游各省协助做好遗体打捞等善后工作。

【国际交流与合作】

1. 深化中美绿色合作伙伴关系 6月22日，长江办参加了在第七轮中美战略与经济对话期间召开的中美绿色合作伙伴研讨会，并代表“长江－密西西比河”绿色合作伙伴在会上发言，介绍了绿色合作伙伴项目工作经验。双方续签了中美“长江－密西西比河”绿色合作伙伴意向书，进一步扩大了中美绿色合作伙伴范围，提升了长江水生生物资源保护工作，促进了双方经验交流、信息交换、资源共享和技术分享，为寻求更好的流域可持续管理决策的方案，改善水域生态环境、实现渔业资源以及流域经济的可持续发展提供了组织基础和技术支持。

2. 加强与世界自然基金会合作 8月27日，长江办与世界自然基金会（瑞士）北京代表处（2017—2022）合作谅解备忘录在瑞士签署。在未来5年双方将支持“长江淡水豚保护网络”基础上进行长江江豚保护策略研究，积极推动有效保护工作，如长江江豚迁地保护工程、推动江豚升级为国家一级保护动物等。

3. 中老边境水域渔政执法和资源养护国际合作 2015年长江办加强边境水域渔政执法和资源养护国际合作，部署澜沧江－湄公河流域联合执法行动和增殖放流活动。11月10日长江办会同老挝相关职能部门落实开展了澜沧江－湄公河渔政联合执法行动，农业部副部长于康震和中、老双方相关领导共同出席了启动仪。双方初步达成了签订《中老渔业资源保护合作备忘录》的意向，就进一步提升渔业资源养护合作层级、拓展合作内容、探索两国间跨境渔政监管和渔业资源保护合作机制等方面取得共识。

（农业部长江流域渔政监督管理办公室　曹剑峰）

渔业科技与推广

“十二五”渔业科技工作成效显著

“十二五”以来，全国渔业科技工作按照“自主创新、加速转化、突破瓶颈、提升产业、率先跨越”的发展方针，认真贯彻党的十八大和十八届三中、四中、五中全会精神，以邓小平理论、“三个代表”重要思想和科学发展观为指导，认真学习贯彻习总书记系列讲话重要精神，全面贯彻落实国发[2013]11 号文件和国务院全国现代渔业建设工作电视电话会议精神，为确保水产品安全有效供给提供科技支撑，为确保渔民持续较快增收提供科技保障，为促进渔业可持续发展提供创新驱动，紧紧围绕推进现代渔业建设，以提升渔业科技自主创新能力为核心，加快关键技术突破、技术系统集成和科技成果转化，促进渔业发展方式转变，为形成生态良好、生产发展、装备先进、产品优质、渔民增收、平安和谐的现代渔业发展新格局提供了强有力的技术支撑，取得了显著成效。

1. 渔业科技投入力度不断加大 据不完全统计，“十二五”期间，全国涉渔科技与推广经费达 50 多亿元。其中，国家级科研项目近 1 000 项，经费 20 亿元，省级科研项目 4 500 余项，经费 16 亿元。“十二五”期间，农业部重点推进实施了现代农业产业技术体系、公益性行业科研专项、支撑计划和高技术船舶科研计划等项目。推进实施大宗淡水鱼、罗非鱼、虾、贝类、鲆鲽类等 5 个现代农业产业技术体系，累计投入经费 5.9 亿元；启动实施 15 个公益性（农业）行业科研专项渔业项目，投入经费 2.4 亿元；启动实施高技术船舶科研项目 2 个，投入经费 2 500 万元；启动实施淡水育种和海洋资源养护 2 个科技支撑计划，投入经费 5 000 万元。国家科技 863 计划、973 计划等渔业领域研究经费也大量增加，累计约 6.2 亿元。在国家农业科技项目的带动下，地方渔业科技投入增幅较大，有的省渔业科技年投入在 2 亿元以上。

“十二五”期间，国家加大了渔业科研条件建设力度，据不完全统计，5 年累计投入近 15 亿元，用于建设示范基地、实验室，目前，全国涉渔国家级实验室共 19 个，省部级实验室近 200 个，另外还建成了一艘资源调查船。

2. 科技与推广成果不断涌现 在前期积累的基础上，在科技投入的支持下，“十二五”渔业科技领域取得了众多突破，涌现了一大批科研成果和科研人才。“海水鲆鲽鱼类基因资源发掘及种质创制技术建立与应用”“鲤优良品种选育技术与产业化”等 11 项渔业科技成果获得国家科技奖励，青虾优良品种的培育及产业化示范推广等 23 项成果获得中华农业科技奖，翘嘴红鲌优质高效养殖技术研究与示范等 8 项成果获得范蠡科学技术奖。在推广奖励方面，有 20 个项目获得全国农牧渔业丰收奖农业技术推广成果奖，30 名个人获得农业技术推广贡献奖，1 项成果获得农业技术推广合作奖。“十二五”期间，共培育大菱鲆“多宝 1 号”、易捕鲤等 68 个水产新品种。

3. 科技服务亮点纷呈 “十二五”期间，以保障供给、渔业增效、渔民增收为目标，在全国 20 多个省份大力开展科技下乡、科技入户、科技培训、科技咨询等科技服务活动，成效显著。“十二五”期间，农业部共遴选发布助推产业升级、促进节本增效、推进健康养殖的 60 多个渔业主导品种和 36 项渔业主推技术，在全国范围内引导各地产业发展和技术推广服务。各级科研教学推广部门面向生产一线做好科技服务工作，开展了大量技术推介、培训、现场技术指导、成果展示等活动，建立了一大批示范基地，培育了一大批科技示范户，为渔业渔村发展培养了一大批懂政策、懂管理、懂技术，会组织、会经营、会服务的先进实用人才。中国水产科学研究院大力推进“122 推广工程”取得了良好效果，取代了以品种、单一技术为主的推广模式，实现了一体化输出，大大提高了推广效率。全国水产技术推广总站在多个省份组织实施的水产养殖节能减排技术集成试验示范、稻田综合种养技术推广，为渔业提质增效、渔民增收、渔业面源污染防治提供了有力支撑。“十二五”期间,全国水产技术推广系统累计取得各类技术成果86项,获得实用新型和发明专利127项。2012年,在农业部全国农业科技促进年活动中,全国水产技术推广总站和云南省水产技术推广站获得先进单位称号。

4. 科研与推广体系日趋完善 截止到2015年年底,全国已形成由1个国家级水产科学研究院、9个国家级水产科研所、38个省级渔业科学研究所、60个市级渔业科研所组成的庞大的科研体系,还有中国科学院、教育部以及地方科技、教育部门所属的10多个从事渔业科研的研究所和大学。全国共有涉渔院士10余名,仅38个省级研究所和9个国家级院所就有科技人员4 000多人,其中高级职称人员约占1/3以上。全国各级水产技术推广机构14 000多个,实有人员40 000余人,技术人员占实有人数的72%。全国渔业科研与技术推广体系的机构和人员趋于稳定,公益性职能不断强化,经费保障水平显著提高,设施条件得到改善,为渔业科研与技术推广工作奠定了坚实基础。

(农业部渔业渔政管理局　王雪光)

“十二五”国家科技支撑计划项目进展情况

【淡水养殖品种选育及规模化繁育技术研究与示范项目】

1. 项目总体目标

(1)开展重要水产种质资源群体构建与遗传评价方法研究,建立种质资源高效、快速评价与鉴别技术平台。

(2)重点进行鱼、虾、蟹等新品种选育技术研究,强化优质、高产与抗逆等性状的遗传改良,全面构筑我国淡水主养品种选育技术体系,选育优质、高产、抗逆的养殖新品种。

(3)突破特色品种的苗种规模化繁育的技术瓶颈,实现流域特色品种的苗种规模化繁育,并进行产业化示范。

(4)培养和造就一支科技创新能力强、学术水平高的淡水遗传育种研究队伍,完善一批设施完备、功能齐全、运行高效的育种研究基地。

2. 项目进展情况

(1)主要育种性状遗传参数估计研究。

①牙鲆主要生长性状的遗传参数估计。利用动物模型估计了牙鲆与形态性状相关的主要长度比遗传参数。在3个不同日龄,记录了52个全同胞家系4757－5224尾鱼5个形态性状的表型值,构建了与牙鲆体型相关的4个长度比性状。通过似然比检验,获得估计牙鲆长度比性状的最优动物模型。利用最优模型,估计了主要长度比性状的遗传力和不同长度比之间的遗传相关。

②鲤鱼几种定性指标的定量描述技术构建。进行了抗病镜鲤和松浦镜鲤体色、脂肪含量指标测量。表明,在两种镜鲤中,4个体色指标与总脂肪含量没有相关性,而饱和度和亮度在两种鱼中均差异显著。

③青海湖裸鲤形态性状对体质量的影响效果分析。测定人工养殖的200尾2＋龄青海湖裸鲤的全长、体长、头高、眼间距、体高、体宽、尾柄长、肛前距和臀鳍基长等9项形态学指标和体质量,采用通径分析、多元回归分析方法,研究青海湖裸鲤各形态形状与体质量的相关性。

④不同地理来源草鱼群体杂交后代的生长性能分析。对10个不同地理来源草鱼群体杂交后代的生长性能进行同塘生长对比。对不同月份体质量进行测量。筛选出2个组合。

⑤团头鲂耐低溶氧及抗病性状评估。在耐低氧性状选育方面,对F3自交群体进行了两次低氧测试,获得了耐氧群体F1代个体;同时对种间杂交后代进行了耐低氧测试。在抗病性状选育方面,2014年对团头鲂F3代家系进行了嗜水气单胞菌抗性实验,获得了相对抗病和易感的家系。

(2)育种策略研究。

①家系选育法。构建了145个草鱼家系,对草鱼生长性状的进行了遗传参数估计。构建了129个罗非鱼家系,包括核心群67个、对照群家系10个,野生群家系9个,近交群家系2个杂交家系10个,饵料选育家系31个。继续保持建设国内较为完整的SPF罗氏沼虾种质库。

②细胞工程方法。草鱼中,利用冷休克诱导,构建抑制第二极体释放雌核发育后代,最终孵化出10万尾雌核发育苗种。初步开展了草鱼生殖干细胞植入赤眼鳟可行性研究工作,摸索了草鱼生殖细胞提取及移植的最适条件。

③杂交育种。利用团头鲂“浦江1号”(♀)×翘嘴鲌(♂)进行属间人工杂交,获得了遗传背景不同的杂交子代。

④分子标记辅助育种。获得了一批与大口黑鲈生长性状显著相关的分子标记。获得易摄食配合饲料的快长选育品系,完成了第三代选育群体的效果评估,第

3代选育群体和对照群体在11月龄时的平均体重分别为519.4克和455.5克，选育群体的生长速度比对照群体快14.1%。

⑤综合选育法。确定了鲤鱼最优的繁殖配组方案，加速选育进程。对优质鲤F3进行筛选组成繁育群体进行人工繁殖，对三种鱼的形态、成活率、生长、肌间脂肪进行测定，优质鲤F4一龄鱼种与其他品种肌间脂肪和生长性能测定。将传统家系选育与分子育种相结合，建立青虾家系50个左右，采用BLUP法预测育种值，已创造青虾育种新材料1个，建立青虾优良品系1个。

(3)基因资源发掘。

①全基因组资源发掘及应用。黄鳝优质基因的挖掘及其基因特征研究，对黄鳝全部编码基因进行了确定，建立了黄鳝染色体精细物理图谱。基于乌鳢全基因组数据，研究了乌斑鳢杂交鳢耐低温机理；乌斑杂交鳢杂交优势形成机制，乌鳢、斑鳢性别连锁标记筛选，为鳢科鱼类的进一步育种研究提供基础数据。

②分子标记开发。开展了牙鲆家系亲权鉴定的微卫星标记分析。利用微卫星标记指导红鳍东方鲀亲本选配。开展了鲤鱼QTL定位研究。利用鲤基因芯片进行QTL定位研究，共获得10 324个有效SNP位点，最终构建的连锁图谱包括3 817个标记，分散于50个连锁群上，每个连锁群标记数量20～164个。开展了青海湖不同支流中青海湖裸鲤的AFLP遗传多样性分析。

③功能基因克隆。细胞周期相关基因的克隆。以鲤科鱼类cDNA序列设计引物，在肝和脑中对这些基因进行克隆。采用比较转录组学和蛋白质组学方法，筛选获得与珍珠颜色显著相关的基因。

(4)育种信息系统构建。补充开发选育及规模化繁育品种种质资源数据库。针对项目选育及规模化繁育品种开发了种质资源数据库，外网用户可浏览项目涉及的28个品种的种质资源信息，涉及各品种的学名、别名、地理分布、形态特征、生活习性等等。对项目外网进行整体测试和完善修改，进一步整合项目数据，优化项目管理模式。

(5)新育种材料、新品系制备及新品种申请、审定及推广。

①新育种材料、新品系制备及新品种申请。利用微卫星鉴别出新的四倍体鲫育种材料4份，完成四倍体异育银鲫“长丰鲫”新品种申报流程。通过电子芯片辅助多性状复合育种技术培育出虹鳟优良品系4个，分别为早熟品系、晚熟品系、快速生长品系、高怀卵量品系。开展全雌鱼苗种生产试验，利用培育的伪雄鱼进行人工授精，获得全雌虹鳟发眼卵10万粒。完成了辽河蟹选育品系的传代和筛选，并再次形成了300组全或半同胞家系，完成了抗逆(抗氨氮)和红色壳色河蟹新品系的构建。

②新品种推广应用。推广了罗非鱼新品种“中威1号”，累计建立罗非鱼繁育和养殖试验基地9个，苗种生产线1条，本年度向全国各地提供推广良种罗非鱼亲本累计70万尾，预计可生产鱼苗15亿尾，推广养殖面积0.35万公顷。新品种“乌斑鳢”本年度在广东、广西、福建、浙江、山东、重庆、湖北等地0.12万公顷，累计建立苗种繁育基地2个，养殖试验基地3个。进一步扩大新品种“江丰1号”推广范围，项目组在江苏泰兴、海安、湖北嘉鱼、湖南益阳、安徽巢湖等的二级扩繁点共生产斑点叉尾鮰苗种1.5亿尾左右，供应到湖北、四川、江苏、安徽、广东等地养殖。大口黑鲈“优鲈1号”在江浙地区推广工作取得新进展，种苗生产量近5亿尾，新增推广面积超0.33万公顷。推广总面积达1.19万公顷，约占全国总养殖面积的60%以上，实现了大口黑鲈“优鲈1号”新品种在国内的养殖覆盖率达60%以上，取得了显著的经济效益和社会效益。易捕鲤新品种获批，并配套了新品种的人工繁育技术。完成了河蟹“长江2号”2个新品种生产种群和核心种群的传代、筛选，并初步推广。三角帆蚌“申紫1号”新品种已推广到江苏吴江、安徽宣城、江西万年、余干等地养殖。

(6)名优特色淡水养殖种类群体繁殖和规模化繁育技术研究。开展了哲罗鲑和江鳕驯化培育，养殖、生殖调控和人工繁殖技术研究。开展了江鳕精子稀释液筛选及冷冻保存研究，开发3种精子稀释液，开展了青海湖裸鲤精子冻存试验。进行了长江刀鲚亲鱼强化培育及自然产卵规律研究。开展了 细鳞鲑苗种繁育工作。黄颡鱼“全雄1号”苗种规模化繁育和大规格苗种培育技术完善和优化取得进展。鲟鱼冬季反季节人工繁殖取得积极进展。

海洋重要生物资源养护与环境修复技术研究与示范项目

【项目总目标】 针对我国近海渔业亟待解决的资源养护与开发利用的突出矛盾，重点突破近海典型水域生态承载力和渔业增殖潜力评价等关键技术，集成近海渔业典型生境修复、重要渔业种类增殖和近海资源养护型捕捞等近海水生生物养护与环境修复新模式，构建近海渔业技术创新平台，为近海渔业可持续发展提供技术支撑。

【项目进展情况】

1. 评价了典型水域渔业资源利用水平 2015 年6～9 月,使用“黄海星”号在崂山湾海域进行了渔业资源结构逐月调查。崂山湾渔业资源种类主要以鱼类为主,其次是虾蟹类,头足类最少;8 月种类最多,6 月种类最少。鱼类主要是短吻红舌鳎、叫姑鱼、赤鼻棱鳀和小黄鱼等;虾蟹类主要是口虾蛄、双斑蟳、戴氏赤虾、细巧仿对虾等;头足类主要是日本枪乌贼等。

2. 评估了典型水域渔业资源增殖潜力 开展了崂山湾水域渔业增殖潜力研究分析,崂山湾夏季鱼类群落的优势鱼种共有 10 种,包括六丝矛尾虾虎鱼、中华栉孔虾虎鱼、红狼牙虾虎鱼、皮氏叫姑鱼、白姑鱼、小黄鱼、绿鳍鱼、短吻红舌鳎、斑鰶和赤鼻棱鳀;夏季崂山湾 2 月份鱼类群落的优势种组成差异较大。

3. 研发了典型水域渔业资源的养护模式 开展了崂山湾海域中国对虾的增殖容量估算,在 8 月 Ecopath 模型基础上,评估了放流种类中国对虾的增殖容量。以崂山湾海域 8 月份的 Ecopath 模型为基础,估算的中国对虾的增殖生态容量为每平方公里 0.05 吨,与中国对虾现存生物量相比,崂山湾海域中国对虾有 20 倍的增殖空间。根据生物学测定,8 月份中国对虾的平均体重约为 34.7 克,假设此时中国对虾达到增殖容量为每平方公里 0.05 吨或 58.65 吨,换算为尾数约为 169 万尾。

开展了鹅公湾海域增殖容量评估技术,基于海域无机氮和磷酸盐供需平衡法初步评估南海近海典型渔业水域－鹅公湾海域增殖容量。该海域贝类增殖容量为 43 916.04 吨。单位面积贝类增殖容量为 17.21 吨/公顷。以磷酸盐为限制因子计算,海域磷酸盐含量可供养的贝类生物量即为该海域贝类的增殖容量。该海域贝类增殖容量为 46 244.22 吨。单位面积贝类增殖容量为 18.12 吨/公顷。海域无机氮含量可供养的游泳生物的生物量即为该海域游泳生物的增殖容量。以无机氮为限制因子计算,该海域游泳生物增殖容量 7 279.17吨,单位面积游泳生物增殖容量为10.69吨/公顷。以磷酸盐为限制因子计算,海域磷酸盐含量可供养的游泳生物的生物量即为该海域游泳生物的增殖容量。该海域游泳生物增殖容量为286 751.31吨,单位面积头足类增殖容量为11.23 吨/公顷。

开展了莱州湾增殖放流物种筛选与风险评估莱州湾增殖放流种类量化筛选。量化与经济相关的增殖放流因素,包括:苗种评价、回捕率、生长速度与生命周期、经济价值、繁殖力、生态位,得出的莱州湾最适放流种类依次是魁蚶、毛蚶、海蜇和中国对虾(并列)第一、三疣梭子蟹第四、牙鲆和半滑舌鳎(并列)第七。莱州湾放流种群进行增殖放流风险的评估,首先,对莱州湾筛选出的每个物种,逐一对照指标层进行情况有无分析,有者打上相应指标权重,无者指标权重为零。

4. 研发了典型水域渔业生境修复的适宜模式 开展了人工鱼礁牧场生境造成与优化技术研究,添加不同牡蛎壳粒径混凝土人工鱼礁材料生物适用性研究。

开展了大型海藻(草)场生境营造技术研究,设计了一种适宜泥底海域藻类移植的人工藻礁,并进行了试验。

开展了底栖动物栖息生境营造技术,设计的适于泥地底质底栖鱼类养护的人工鱼礁横断面为矩形的基座,基座最长的边为 100～150 厘米,在基座上均匀分布有多个与基座相垂直的鱼礁柱,在最外层的鱼礁柱外围有网衣,网衣的网眼大小为 1～3 厘米,在鱼礁柱的外表面还开设有多个与水流方向相平行的凹槽。

开展了筏立体增殖生境造成技术研究,海马齿浮床和贝类筏式综合生境造成技术。

5. 解析了渔业增殖种类的遗传背景 发掘出热带海参免疫抗病基因及作用新机制。从花刺参鉴定出首个棘皮动物的 GILT,发现花刺参 GILT 具有巯基还原酶活性。从花刺参里克隆了首个棘皮动物 PUF60,发现 PUF60 在花刺参生殖腺里的表达量最高,其次是腔胞、肠、呼吸树和体壁。首次克隆出花刺参钙调蛋白(Calmodulin)基因,发现在溶藻弧菌(Vibrio alginolyticus)注射刺激下,花刺参肠道和体腔液中钙调蛋白 mRNA 表达会显著上升;同时,在体外培养的花刺参体腔细胞中,弧菌刺激也会诱导钙调蛋白的 mRNA 表达和蛋白合成。弧菌诱导钙调蛋白表达的反应,可以被弧菌细胞膜组分和脂多糖(LPS)所模拟,并被 LPS 抵消物 PMB 所阻断。

6. 开展了资源养护型网具的研究 开展了帆张网网目尺寸选择性特征分析。张网渔获中幼鱼的比例较高不仅与网囊网目尺寸有关,可能还与张网的作业原理密切相关,建议适当增大网囊网目的同时,应严格控制并缩减张网渔业的发展规模。

7. 示范区建设 南海渔业水域环境修复示范区。在南海建立了南海渔业水域环境修复示范区 1 个、面积超过 433 公顷,巽寮湾建成人工鱼礁及大型海藻场生境修复示范区 1 个、面积 80 公顷,鹅公湾建成人工鱼礁生境修复示范区 1 个、面积超过 253 公顷,浮筏立体式增殖生境修复示范区 1 个、面积 100 公顷。在南海深圳鹅公湾海域，投放 4 米 ×4 米 ×4 米 人工鱼礁 800 个，形成礁区 2.54 平方公里。

黄海渔业水域环境修复示范区。獐子岛海域建成人工鱼礁牧场生境修复示范区 1 个，面积 400 公顷、已投放礁体 2 万空方；獐子岛海域建成人工藻礁生境修复示范区 1 个，面积超过 133 公顷、已投放藻礁礁体 2.2万空方。在黄海北部獐子岛海域，投放 1.4 米 × 1.4米 ×1.4 米人工鱼礁 6 234 块，1.71 万空方。在长海县獐子岛近岸 20 米水深内投放 0.8 米 ×0.8 米 × 0.8米 小型人工藻礁 1 000 块，合计投放共 2.2 万空立方米。建立了人工鱼礁示范区 1 个。

（农业部渔业渔政管理局 王雪光）

各 地 渔 业

北京市渔业

【概况】 2015年,全市实现渔业总产值26.47亿元,同比增长7.6%;水产品总产量6.58万吨,同比下降3.23%;渔民人均纯收入15 580.85元,同比增长2.95%。

1. 功能定位不断清晰,空间布局趋于合理 北京市渔业围绕建设都市型现代渔业、京津冀协同发展的目标,向"生态、生活、生产、示范"的方向发展,以"小产业、大功能;小行业、大价值"理念创新发展模式,确定了重点发展籽种鱼、休闲鱼和精品鱼的目标,由过去的养殖生产型,向都市现代渔业转变。由单纯商品鱼生产,转为发展籽种鱼、休闲鱼和精品鱼。

着手建设4个重点渔业资源养护增殖区域,6个重点养殖观赏带,10条重点沟域,由点状、带状布局向整体性强的圈层布局转变。空间布局更为合理。

2. 健康养殖水平进一步提高,现代化渔业不断发展 重点做好健康养殖示范场、标准化养殖示范场和无公害养殖示范场的认证工作,截止到2015年年底,全市通过国家级健康养殖示范场认证的养殖场,共有9批74家760公顷、优级标准化养殖基地达到62家567公顷、无公害养殖基地257个920公顷。

以提升"三率一能力"水平为目标,按照"四化"养殖和"三节两高"要求,大力推进池塘标准化改造及工厂化养殖等设施渔业建设。全年改造高效节水养殖基地24个,改造面积61公顷,比上年增长11.8%。安排节水设施改造转移支付资金3 000万元。到2015年年底,全市对渔业基础设施改造共投入资金6.02亿元,新建和改造工厂化养殖车间36家、阳光温室循环水养殖场25家、改建标准化池塘养殖场118家,改造面积533公顷,有效提升了北京市的水产养殖集约化、标准化和产业化发展水平,同时积极引进先进节水理念和技术、推广节水养殖技术和模式,加速更新养殖品种。2015年继续引进、试验、推广松浦镜鲤、匙吻鲟、巴丁鱼等优质节水养殖品种。北京市已先后累计引进、试验、推广名优品种50余种,占养殖比重达45%以上。

3. 落实增殖放流责任,水域环境持续改善 按照生产与资源养护、生态保护协调发展的原则,突出科学性。以发挥生态涵养作用为根本,狠抓公开招标、技术规范和项目验收等关键环节。2015年,全市共投入增殖放流资金1 913万元,分春季和秋季两次放流鲢、鳙、青鱼、草鱼、鲂鱼、细鳞斜颌鲴、细鳞鱼等鱼苗2 596.5万尾。为恢复濒危水生生物种群,维护生物多样性,组织开展了多鳞白甲鱼、细鳞鱼等野生保护动物的驯养繁殖工作。同时,进一步完善了水生野生动物监管网络,推广执法联动,对涉重点水生保护动物的养殖、经营单位实施了全面监管。

4. 水产种业为结构调整、产业升级提供支撑 2015年,北京市籽种渔业继续得到国家和本级财政的大力扶持。围绕着建设"种业之都"的目标,北京市大力推进"育繁推"一体化水产良种体系建设,至2015年底,全市共完成农业部、本市种业项目8个,总投资3 247.14万元。其中:国家投资400万元、市区财政投资1 902.47万元、企业和个人投资944.67万元,苗种繁育基础设施水平显著提升,虹鳟鱼、鲟鱼、观赏鱼等优势品种苗种产量和良种覆盖率明显提高。通过实施《北京种业发展一期规划》项目,鲟鱼苗年产量增加2 000万尾,实现鲟鱼苗种多季孵化能力及养殖用水的循环利用水平大幅提升,进一步巩固了本市鲟鱼苗种产业在全国的优势地位。

5. 休闲渔业取得快速发展 休闲渔业作为一、二、三产融合发展的载体,在结构调整中,取得快速发展。2015年底全市休闲渔业面积达到1 447公顷,占全市渔业总面积37%。比上年同期增长16%。逐步形成了养殖垂钓型、休闲基地型、生态观光型、观赏鱼鉴赏型、科普旅游型、文化传播型等各有特点的多种休闲模式,为首都市民提供了更多的休闲选择。

为进一步促进休闲渔业的健康发展,结合北京休闲渔业的特点,2015年制定了《北京市市级休闲渔业示范基地标准》并认定13家企业为本市第一批市级休闲渔业示范基地。北京市将通过提升休闲渔业档次，丰富文化内涵，进一步推动休闲渔业的发展。

6. 坚持依法行政，水产品质量安全水平明显提升 推动渔政机构建立健全日常执法监管机制，加强养殖场(户)日常监督检查。2015年，在水产养殖和水产品质量安全执法工作中，全市出动执法人员5 019人次，检查水产养殖场3 182个次。开展宣传培训93次，参加人员2 195人次，共发放宣传材料2.58万份。开展违禁药物残留速测筛查4 181个，未发现阳性样品；下发《责令整改通知书》68份，立案3起，结案3起，罚款900元。全年未发生重大水产品质量安全事件。执法工作向规范化、标准化、精细化推进，执法能力和水平稳步提升，养殖者依法健康养殖意识进一步加强。

2015年在农业部组织的水产品质量安全例行监测和监督抽查(包括异地抽查和本地抽查)中，本地水产品例行监测合格率98.75%、监督抽查合格率100%，达到全国领先水平目标，在4次例行检测的160个样品中仅2个不合格，监督抽查的110个样品中，所有检测样品全部合格。本市已实现连续5年检测合格率为100%。

7. 存在的主要问题

(1) 产业布局已不适应新形势。北京渔业由于环境变化快、上位政策要求高和内在功能调整等原因已不能满足要求。北京城市功能发展导致农业空间压缩，特别是城区和近城区渔业发展空间越来越少甚至消失，渔业的生态、生活等功能难以得到发挥。北京现代渔业的发展，要站在更高层次、考虑各级需求进行布局，强化组织和网络功能，弱化空间功能，化解空间约束大、可展空间小的难题。

(2)产业结构和发展方式需进一步优化。北京渔业产业以生产性渔业为主，难以满足北京及京津冀协同发展的功能需求。在产业结构上，北京的水产种业有一定的品种、技术和资源优势，但存在着产量有限和规模不大等问题，更加之缺少龙头企业带动，产业化发展水平还很不够。休闲渔业虽然具有一定的区位优势，但多数场所存在着交通不便、设施较陈陋、服务条件不高、休闲内容相对少等问题，不符合北京市的国际、国内地位要求。在观赏鱼养殖和销售方面，需要进一步提高档次、拓宽渠道。在渔业文化建设方面，内容相对简单、质量有待提升。随着京津冀协同发展，北京的渔业发展空间还有进一步压缩的可能，如不尽快调整渔业产业结构，北京渔业发展的压力会越来越大。

(3)渔业生产方式和组织形式相对落后。北京渔业仍以传统养殖生产方式为主，存在着生产方式不规范、技术水平不够高、资源消耗量大、养殖污染重等问题，严重制约了渔业的可持续发展。另外，北京市渔业生产的组织形式比较简单，多以家庭生产为主，规模化生产方式较少，不利于渔业生产的进一步发展。北京生产以普通水产品为主，多数优质水产品供应缺口较大、需要外地供应。水产种业和水库渔业虽具有一定的优势，但种类规模还很小，销售渠道还很窄，缺少品牌建设，没有形成产业链条和品牌优势。

(4)依法行政能力亟待提高。北京大部分区县的渔政执法机构存在着“一支队伍，两种待遇”的现状，严重影响执法队伍稳定。在执法依据方面，渔业法律法规和相关规范性文件有缺失，面对来源复杂的外埠产品，依然存在执法难、难执法等问题；且用地政策、执照颁发政策等方面对渔业发展有一定制约，农民难以得到相关支持。在执法机制方面，由于体制的原因，水产品产地准出和市场准入制度落实难以到位，实现水产品质量安全监管的无缝对接还存在很大难度。在执法人员队伍方面，渔业编制从20世纪80年代末到现在基本未变，但职能工作却暴增，亟待从全市层面去解决。在执法物质保障方面，由于渔业公共基础设施建设渔政投入不足，渔政装备设施、安全救助设施、病害监测防治设施等基础性、公益性、保障性体系的建设难以适应推进现代渔业发展的要求。面对水产资源衰退、养殖病害多发、极端灾害性气候增多等严峻形势，亟待提升渔业安全保障能力，加大依法管理力度。

(5)管理方式难以满足行业发展需求。北京渔业基于信息网联平台的市场监管体系没有形成，难以满足专业化的水产品市场需求。北京水产品的专业化销售管理体系建设还不完善，水产品销售网络、电子商务等现代营销方式还很少，鲜活水产品贮养、运输等专业化系统还比较零散。在市场销售环节，还需要加强政府在市场监管调整中的作用，保护生产者的利益，打击市场垄断、欺行霸市等行为。

【重点渔业区(县)基本情况】

北京市重点渔业区(县)基本情况

区(县)	渔业人口(人)	渔业产值(万元)	水产品产量(吨)	其中		养殖面积(公顷)
				捕捞	养殖	
平谷区	3 171	36 651	14 051	461	13 590	804

（续）

区(县)	渔业人口(人)	渔业产值(万元)	水产品产量(吨)	其中		养殖面积(公顷)
				捕捞	养殖	
怀柔区	3 295	18 980.5	3 793	95	3 698	106
通州区	2 600	15 374	7 364	0	7 364	907
密云县	14 375	8 670	4 250	2 050	2 200	192
顺义区	1 150	15 334.9	8 818	0	8 818	633
房山区	1 146	10 700	3 510	0	3 510	275

【大事记】

[1]3月19日，北京市农业局2015年第一次局务会审议通过了《北京市重点保护渔业资源品种及其可捕标准和渔获物中幼鱼比例的规定》。

[2]6月6日，为配合农业部在全国范围开展的“放鱼日”集中增殖放流活动，北京市农业局、北京市延庆县人民政府于在延庆县野鸭湖湿地自然保护区共同举办主题为“增殖水生生物资源 保护首都碧水蓝天”的增殖放流活动，并同期召开北京市渔业生态文明建设座谈会。

[3]6月23日，农业部渔业局副局长李书民、全国水产技术推广总站副站长王德芬、病防处处长李清等领导来到北京市通州区现场了解鱼病发生情况，指导鱼类疫病防控工作，并对斑点叉尾鮰等品种提出具体的防治措施建议。

[4]8月12～14日，北京市水产技术推广站派员前往天津、河北参加渔业合作协同发展交流座谈会，在三地开展水产养殖重大疫病(病害)防控技术研究、跨界水域应急事件合作、观赏鱼及水产养殖新品种示范推广等工作，促进“京津冀一体化”发展。

[5]6月18日至9月14日，北京市完成“中国人民抗日战争暨世界反法西斯战争胜利70周年纪念活动”水产品供应工作。供应鲜活鱼17 571.05千克。其中供应受阅部队16 505.2千克，供应代表驻地1 065.85千克。

[6]10月17～19日，2015年中国北京国际渔业博览会在全国农业展览馆举办。本次展会以扩大消费、安全供给、品牌发展、区域合作为主题。来自3个国家、17个省份、共312家企业参展。

[7]11月10日，京承两地开展水生野生动植物自然保护区建设经验交流，双方同意在水域物种恢复、渔政监督检查、信息资源共享、技术交流合作等方面开展协作。

[8]11月25日，北京市休闲渔业微信服务平台正式上线，具有服务及咨询功能。

[9]11月26日，京津冀渔政部门在京组织召开京津冀渔政协同执法工作第一次联席会，标志着京津冀渔政协同执法工作正式启动。

[10]11月29日至12月6日，北京市农业局组织养殖学习团前往德国、以色列就渔场工厂化养殖技术、生态环保设备等方面进行学习与交流，洽商相关生态环保技术的引进合作事宜。

[11]至2015年底，北京市安排转移支付资金3 000万元，改造高效节水养殖基地24个，总面积61.5公顷并同时进行节水改造工程。

[12]2015年全市共投入增殖放流资金1 913万元，分春季和秋季两次放流鲢、鳙、青鱼、草鱼、鲂鱼、细鳞斜颌鲴、细鳞鱼等鱼苗2 596.5万尾。

（北京市农业局）

天津市渔业

【概况】 2015年，天津市水产品产量40.12万吨、渔业产值84.63亿元、渔民人均纯收入2.26万元，分别比2010年增长16.32%、63.5%、64.8%。水产养殖面积3.99万公顷，其中淡水养殖面积3.67万公顷，海水养殖面积0.32万公顷。2015年生产各类水产苗种149.88亿尾，同比增长6.32%。水产苗种产值2.54亿元，同比增长4.5%。

1.现代渔业建设 启动实施渔业“356”工程。制定了《天津市现代都市型渔业池塘改造项目和资金管理办法》，发布了《池塘改造项目申报指南》。并按照计划进度，启动0.67万公顷池塘清淤、改造，完成16万平方米工厂化养殖车间提升改造的建设任务。组织实施了20个渔业设施提升工程建设项目，总投资2.18亿元，其中市补助资金3 400万元。共改造池塘747公顷、工厂化养殖车间面积8.02万平方米，温室大棚

1.32 万平方米。建成水产品生产基地 10 个，设施渔业示范区 20 个。

2. 水产健康养殖 新创建农业部水产健康养殖示范场 16 家，累计已创建 72 家。实施农业部“菜篮子”项目 5 个。新创建全国现代渔业种业示范场 1 家，累计已创建 4 家；复审市级水产原良种场 3 家，全市国家级水产原良种场已达 2 家、市级水产原良种场达到 16 家。无公害水产品产地认定达 82 个、产品认证达 159 个，累计产地认定已达 162 个、产品认证已达 306 个。全年发放水域滩涂养殖证 46 本、面积 4 292 公顷。开展水域滩涂养殖权抵押贷款担保试点，联合中国银行业监督管理委员会天津监管局出台了《天津市水域滩涂养殖权抵押贷款指导意见》，2 家企业贷款 1.5 亿元，迈出了农村资源资产抵押担保融资的新步伐。

3. 渔业资源养护 积极拓展政府投入、企业用海补偿、社会参与等多元化投入渠道，2015 年增殖放流投入资金 3 458.2 万元，其中，社会补偿资金占 67.4%。累计放流中国对虾、三疣梭子蟹、半滑舌鳎等各类苗种 19.63 亿单位。进一步扩大海洋牧场建设规模。完成礁体设计，全力推进投资 1 400 万元、投放人工鱼礁 2 261 个、1 万空方的工作任务。印发了《关于做好我市海洋牧场建设有关工作的通知》，明确了职责分工，规范了项目方案编制、论证及人工鱼礁礁体设计、造价咨询、公开招标等程序。编制了《天津市海洋牧场建设规划（2016—2020）》，科学布局“十三五”期间海洋牧场建设选址、数量及保障措施。“天津市大神堂海域国家级海洋牧场示范区”被认定为首批国家级海洋牧场示范区。

4. 水产品质量安全监管 开展专项整治行动，做好重要节假日和 2015 年女排世界杯期间的水产品质量监管工作。加强检测，产地水产品实验室检测样品 994 个，合格率为 99.4%；市场水产品例行监测样品 160 个，合格率为 99.4%，较上年高出 2.2 个百分点；产地快速检测样品 12 908 个，合格率为 99.9%。机场检疫苗种 121 批次、31.24 亿尾；增殖放流和育苗场检疫苗种样品 216 个，均未检出重大疫病病源。强化责任安全意识，向基层和养殖户发放“明白卡”16 588 张，并要求其填写“承诺书”、签“责任书”等，多层级责任落实，保障了监管工作全面到位。加大宣传与培训力度，开展了“农资下乡进村”和“全国食品安全宣传周”等活动。组织了水产品质量安全管理和第六期无公害水产品内检员培训班，现全市拥有内检员 280 名。

5. 渔政管理 联合有关单位开展清理整治涉渔“三无”船舶和“绝户网”专项行动。全市共组织执法检查 148 次，累计出动执法人员 1 180 人次，实现本市所辖海域全覆盖。销毁滩涂水域小插网 603 张，没收地笼网 923 条、小拖网 65 条、拖网分水板 48 对。加大伏季休渔管理力度，扣押 32 艘违规渔船进闸强制休渔，全年共查处渔业违法案件 105 起，收缴罚款 60 余万元。强化涉外渔业管理。严格按规定组织集中培训考核和定点发放入渔许可证，制定了《天津市海上涉外渔业综合管理方案》，确保全市 84 艘涉外渔船在规定水域作业。开展渔业安全生产大检查大排查大整治专项治理行动，组织海上渔业船舶应急演练，切实提高安全生产水平。

6. 渔业科技与培训 2015 年新立各类项目 58 项，项目经费总额 1 200 余万元。首次设立了青年科技创新项目，极大调动了青年科技人员申报项目的积极性，为培养青年科技人才提供了平台。结题各类项目 10 项。“鲶鱼高值化综合利用关键技术研究与集成示范”获天津市科学技术进步二等奖，“观赏鱼规模化养殖关键技术研发与应用”等 3 个项目获天津市科学技术进步三等奖，“设施集约化主要养殖鱼类重大疾病免疫防治”项目获 2015 年度中国水产科学研究院科技进步三等奖。全年转化推广渔业新品种 6 个、渔业技术 7 项，5 个单位被认定为第一批天津市科教兴农集成创新示范基地，3 个单位被认定为渔业种业基地。认真做好困难村科技帮扶，组织 8 个帮扶团队先后与 22 个帮扶镇的 36 个困难村进行了对接，制定了帮扶工作方案，并对 6 个乡镇、14 个困难村的 150 名水产养殖从业人员进行了南美白对虾及其他水产新品种的养殖技术培训。开展了“创新创业 科技惠民”为主题的科技周活动。举办了“封闭循环水池塘网箱养殖技术”现场会，并编印发放了《节能减排 低碳渔业》手册 650 份。开展实用技术普及培训 2 500 人次、渔业行业特有工种职业资格证书培训 1 095 人。组织承办了首届全国水产技术推广职业技能竞赛天津赛区选拔赛，选拔组成天津代表队并在全国竞赛中获团体三等奖。

7. 存在的问题 一是产业结构调整还不够优、力度还不够大，水产养殖、增殖渔业和休闲渔业等产业在发展上还有很大空间。良种化程度低，种业发展有待进一步提高。二是渔业发展的政策支持和投入不足，渔业生产设施、设备条件差；科技成果转化率不高，创新驱动力不强；水产养殖新品种推广及应用的力度不够；水产品质量安全仍存在隐患。三是渔业法律法规建设相对滞后。渔政执法条件和水平还有待进一步提高。

【重点渔业区(县)基本情况】

天津市重点渔业区(县)基本情况

区(县)	总人口(万人)	渔业产值(万元)	水产品总产量(吨)	其中				养殖面积(公顷)	
				海洋捕捞	海水养殖	内陆捕捞	内陆养殖	海水	内陆
滨海新区	248.21	112 118	77 420	47 094	9 230	2 352	18 744	2 852	5 865
武清区	94.94	100 676	73 153				73 153		7 098
宁河区	41.61	104 640	68 633		950	735	61 750	233	7 055
宝坻区	79.91	98 881	43 671			2 211	41 460		3 586
西青区	68.47	39 812	29 961			1 200	28 761		3 428

注:总人口数来源于天津市2010年第六次全国人口普查主要数据公报。

【大事记】

[1]3月11日,2015年天津市渔业工作会议召开。会议总结了天津市2014年渔业工作情况,部署了2015年重点工作。天津市水产局领导班子成员、局属单位党政主要负责人、机关全体处级干部、各区县渔业主管部门的局长、分管副局长、水产科长以及市水产集团、农垦集团等共计80余人参会。

[2]3月25日,全市渔业安全生产工作管理会议在宝坻区召开。市水产局副书记刘金全、副局长马维林参加会议,全市各区县水产(畜牧)局分管局长,渔政科长参加了会议。

[3]5~10月,天津市水产局组织开展增殖放流。累计放流中国对虾、三疣梭子蟹、半滑舌鳎、花鲈、海蜇、菲律宾蛤仔及鲢、鳙、草鱼淡水鱼类等各类苗种19.63亿单位,其中海水苗种18.8亿单位,淡水苗种0.83亿单位。

[4]6月1日,10万尾中华胭脂鱼水花鱼苗在天津市换新水产良种场下塘培育,标志着这一濒危的国家二级保护水生动物、名贵珍稀物种,在天津市(乃至北方地区)人工繁殖成功。

[5]10月8日,天津梭鱼原种场围海迁建项目围海养殖面积98.0412公顷,取得海域使用权证书;11月6日,天津市中国对虾良种场围海迁建项目围海养殖面积98.0409公顷,取得海域使用权证书。

[6]11月20~22日,天津代表队在首届全国水产技术推广职业技能竞赛中取得团体三等奖,个人三等奖1项、优秀奖1项。

[7]11月26~27日,京津冀渔政部门在京组织了京津冀渔政协同执法工作第一次联席会,标志着京津冀渔政协同执法工作正式启动。

(天津市水产局)

河北省渔业

【概况】 2015年,河北渔业坚持生态优先、以养为主、突出特色的方针,走“优质、高效、控量、增收”的发展道路,不断巩固发展“三大产业带”“八大基地”的特色产业格局,全省渔业保持了平稳、健康、快速发展的良好局面,“优质、高效、平安、生态”的特色渔业发展日趋鲜明。全年水产品总产量达到129.31万吨,同比增长2.3%,渔业总产值达245.8亿元,同比增长4.65%,渔业增加值130.9亿元,比上年增长1.77%,渔民人均纯收入12 961.77元,同比增长8.7%。

1.产业结构调整

(1)海洋捕捞业。以渔船改造为抓手,发展新型专业化渔船,配套发展渔具、渔机、冷藏等相关产业,使之成为渔业产业结构调整和发展的战略重点之一。近远海、远洋渔业取得新的发展,远海生产渔船数量达1 000艘以上。争取国家远洋渔船更新改造补助资金6 000多万元,批准建造21艘远洋渔船,已建好16艘赴非洲塞拉利昂、毛利塔利亚海域的远洋渔船,实现了全省远洋渔业的新突破。强化渔政执法监督,严格执行近海渔船网具双控制度和伏季休渔制度,有效降低了近海捕捞强度。狠抓海上渔业生产秩序和渔事纠纷隐患排查、应急处置与调处工作,渔船编队生产水平提高,涉外渔船无恶性违规事件发生。

(2)水产养殖业。全省海水养殖面积达到11.7万公顷,淡水养殖面积7.8万公顷,中国对虾、日本对虾、南美白对虾等多品种生态养殖的发展格局已经形成;中华鳖、虹鳟鱼等优质特色养殖规模进一步扩大。新创建农业部健康养殖示范场14个,总数达到131个,辐射带动养殖面积6万公顷;唐山市曹妃甸区以优异成绩顺利通过农业部渔业健康养殖示范县验收，成为全国首批5个示范县之一。黄骅三疣梭子蟹原种场经农业部批准认定为我国现有唯一一家国家级三疣梭子蟹原种场。大力推进近岸海域环境综合整治工作，北戴河浅海养殖区累计压减扇贝养殖面积逾1万公顷，引导和鼓励渔民进行岩礁和底播生态养殖、开展了扇贝标准化健康养殖，增植了羊栖菜、龙须菜等大型藻类，海域生态环境改善明显。

(3)水产加工流通业。抢抓国际水产品市场回暖的有利时机，以秦皇岛为重点，加快推进水产加工龙头企业改造升级，协调有关部门简化对外注册评审程序，促进出口型企业迅速打开国外市场，水产品加工和出口能力显著增强。全省水海产品及其制品共实现出口3.62万吨，出口额3.71亿美元，出口额已位居全国第六位。特别是扇贝出口量居全国第一位，成为全省农业出口的领头羊。

2.水产品质量安全 一是全力推进水产品质量安全监管工作。认真落实"四个最严"及"产出来"与"管出来"两手抓的要求，大力推进标准化生产，突出水产品生产源头监管和专项整治，坚决打击水产品非法添加禁用药物行为，全省水产品质量安全形势平稳，未发生等级以上水产品质量安全事故。全年组织省部级以上水产苗种和渔用投入品质量安全抽检33个，合格率为100%；组织产地水产品质量安全监督抽查150个，合格率为99.3%，与2014年持平；组织市场水产品质量安全例行监测200个，合格率95.5%，比2014年提高了3个百分点；组织开展海水贝类产品卫生监测和生产区域划型抽检140个，完成划型总面积为28 461公顷，其中一类生产区面积28 221公顷，占划型面积比例99.16%；二类生产区面积240公顷，占划型面积比例0.84%；无三类生产区。无公害"双认"工作稳步推进，新认定无公害水产品产地69个（含11个复查换证）、面积3万公顷，全省共认定无公害水产品产地225处、面积8.29万公顷；新认证无公害水产品76个，认证产量10.8万吨，全省共认证无公害水产品238个、总产量24.5万吨。唐山市申报的"黑沿子毛蚶"已顺利通过农业部地理标志登记评审，使全省渔业地标产品达到2个，无公害水产品的抽检合格率100%。

二是加强水产品质量安全执法工作。深入开展水产品禁用物质专项治理行动，全省各级渔政机构以企业"三项记录"制度的建立执行情况、渔药及饲料等投入品的使用情况为重点，组织对水产养殖场、苗种场进行执法检查，对发现违法问题的处理率达100%。水产养殖病害测报、重水生动物疫病专项监测和水产苗种产地检疫工作有序推进，为水产品质量安全提供了有力保障。

3.渔业资源养护

一是加大渔业资源增殖放流工作力度。全省累计投入各类增殖放流资金2 504万元，放流各类海淡水苗种39.78亿尾（粒）。对虾增殖效果明显，今年增殖对虾7.74亿尾，产量约3 800吨，资源量较上年增加近两倍，投入产出比达到1: 30以上。6月6日，以"增殖水生生物资源、促进生态文明建设"为主题，营造"关爱水生生物资源、保护水域生态环境"氛围，在沧州市黄骅市和保定市阜平县分别举办了渔业资源增殖放流活动，现场放流中国对虾、三疣梭子蟹、褐牙鲆、中华鳖苗种2 200万尾，产生了良好的社会影响。

二是落实各项渔业资源管理措施。认真落实捕捞许可、伏季休渔、内陆大水面禁渔期（区）等资源养护和管理制度，扎实开展鲅鱼、鲈鱼苗、对虾亲虾、海蜇、毛虾以及水生野生动物保护等专项资源管理工作。

三是深入开展渔业水域生态环境保护工作。加大渔业水域生态环境保护力度，积极参加涉海工程环境影响评价评审，依法开展渔业资源生态补偿（赔偿）金收缴工作，进一步理顺了涉海工程环境影响评价工作，全年共参加评审论证涉海工程环境影响报告等64个，和项目单位签订补偿协议9份，补偿资金4 546.23万元。

四是大力开展清理违规渔具专项行动。涉渔"三无"船舶和"绝户网"清理整治专项行动初见成效。对排查出的2 500艘涉渔"三无"船舶进行集中管理，拆解124艘，封存各类违规渔具5.8万余米，滩涂陷阱类"绝户网"得到彻底清理。

五是海洋牧场示范区建设进展顺利。建设国家级海洋牧场示范区3处，新建海洋牧场3个，扩建海洋牧场面积732公顷。共计投入资金20 303.58万元，其中财政资金1 827.29万元；共计投放混凝土构建鱼礁11.59万空方，石块渔礁81.70万立方；扩建藻场面积逾33公顷；底播增殖苗种（底播魁蚶、增殖海参等）约6 750万单位。

4.渔业科技与推广

一是渔业科技支撑能力进一步提升。围绕全省重点养殖品种、特色渔业发展要求，着力强化技术推广能力建设，加速科技成果转化，实施科研项目5项，推广计划2项。推介全省渔业主导品种4项、主推技术5项。

二是加强标准化示范区建设。组织创建省级渔业标准化示范区18个，示范区面积达到1067公顷，工厂化养殖面积39.5万平方米。全省已累计创建渔业标准化示范区78个。组织申报2015年渔业地方标准13项，审定2014年省渔业地方标准8项。

5. 水生野生动物保护

一是严格落实水生野生动物利用特许制度。加强水生野生动物利用监管，全年共办理特许许可事项 26 项，包括水生野生动物经营利用证件 10 项、水生野生动物驯养繁殖证件 8 项、水生野生动物特许运输证 8 项。

二是开展水生野生动物保护宣传活动。组织相关单位开展水生野生动物保护知识科普宣传周和“关爱水生生物，共建和谐家园”主题的科普宣传月活动。深入燕山大学开展了水生野生动物保护科普宣传校园行活动，采取悬挂展板、横幅，张贴宣传画，发放水生野生动物保护知识手册、宣传 T 恤、宣传气球等方式，宣传水生野生保护知识。

三是继续加强水生野生动物展馆管理。对水生野生动物重点驯养繁殖及经营利用场所进行实地审查并完成特许证件年度审验，办理新建水生野生动物展演场馆评估项目 3 个。

四是积极救助水生野生保护动物。全年共救助幼年雌性斑海豹 2 头，经鸽子窝公园内的海豹救助中心和山海关欢乐海洋公园分别救治，现状况良好。

五是认真履行 CIETS 国际贸易公约，加强水生野生动物利用执法检查力度。全年开展了专项执法行动 3 次，检查水生野生动物驯养场馆 7 家，抽查红珊瑚经营企业 2 家。

6. 渔业法制建设 积极开展对海洋伏季休渔执法管理和违规网具专项整治行动的督查，推进海洋伏季休渔管理规范化、违规网具专项整治常态化。大力推进“平安渔业”建设，按照农业部和国家安全监管总局的要求部署，深入开展了“全国平安渔业示范县”“文明渔港”和“全国休闲渔业示范基地”创建活动。沧州渤海新区管理委员会被评为 2014—2015 年度“全国平安渔业示范县”，涿鹿县丰达水产养殖有限公司和阜平县怡心园度假村有限公司被评为 2015 年度全国休闲渔业示范基地。

7. 渔业综合管理

一是争取并落实惠渔政策。完成 2014 年度 5.81 亿元渔业油价补助资金发放的渔船数据审核汇总。根据国家渔业油价补助政策调整方案，组织开展全省油补政策调整实施方案编制工作，起草油价补助政策调整 2015—2019 年和 2015 年的实施方案，初步确定将渔船更新改造、减船转产、渔船 LNG 改造、休闲渔业和渔政渔港基础设施改造提升作为 2015 年度渔业发展的重点支持方向。渔业政策性保险工作迈出新步伐，承保规模和保障额度逐步提高。2015 年承保渔民 36 712人，同比增长 2.4%，渔船 2 919 艘，同比增长 1.3%；渔民雇主责任险保障金额人均保额保持在 20 万元。承保远洋渔船 12 艘，互保总金额 1.3 亿元。各级财政对渔民保费补贴取得了新突破，省、市、县三级配套补贴制度逐步建立。水产养殖保险试点工作稳步推进，承保海参养殖池塘逾 15 公顷、淡水鱼网箱 20 个，承保金额 362.4 万元。

二是加强渔业生产安全管理。各级船检港监、渔政管理机构围绕渔业安全管理，严格开展渔船检验和渔港监督工作，不断强化海上作业秩序和涉外渔业管理，积极组织抢险救助工作，使得渔损海难事故发生率进一步降低，渔民生命财产得到了有效保障。渔业安全设施和装备建设加强，渔业海上突发事件应急救助辅助管理系统投入使用。全省各级渔政机构共计出动检查人员 10 915 人次，检查车 1 674 辆次，出动渔政检查船舶 791 艘次，登临检查渔船 111 艘次，渔业生产秩序总体平稳。据统计，全年共发生涉渔水上事故险情 29 起，死亡失踪 25 人，未发生重、特大渔业船舶生产安全事故；参与组织救助 30 起，救起渔民 125 人，挽回经济损失近 317 万元，未发生重大渔民生命财产安全损失事故，未出现涉外渔船严重违规和越界捕捞行为。

三是积极组织开展水产养殖执法检查。开展多种形式的执法检查，全年累计组织质量安全监管和执法检查 2 000 多次，出动监管和执法人员近 7 000 人次，检查水产苗种、养殖企业、市场等 2 500 多家(次)，下达整改通知书 173 份，为消除区域性、行业性的问题隐患起到了积极作用。

8. 渔业宣传 全省各级渔业行政主管部门围绕现代渔业建设工作重点，加强政务信息采集与报送、新闻宣传报道，渔业信息宣传工作取得积极成效。全年在《中国渔业报》登载稿件 46 篇，在《河北日报》《河北经济日报》等省级以上媒体刊物发表信息 21 篇，在“河北渔业”专题网站为市县渔业部门和水产企业发布行业信息 353 条、经济价值的企业信息 126 条，其中被农业部渔业渔政局网站和全国专业渔业网站采纳信息 200 多条。

9. 存在的问题

一是资源环境约束趋紧，渔业发展空间受到极大影响。受极端天气、水域污染、地方政府调控(水源地、特殊要求水域)和工程占海等各种因素影响，渔业发展空间逐步萎缩。

二是基础设施建设滞后，基层水产品检疫体系、推广体系改革推进难的问题及良繁体系、病害防治体系缺失和不足严重制约了渔业的进一步发展。

三是渔业产业化程度不高，规模型龙头企业少，对行业的引领带动作用发挥不明显，需要从政策、资金上加大集中扶助力度，充分发挥利用好龙头企业的集聚、带头作用。

四是渔业立法工作亟待加强。休闲渔业是新兴产业，没有上位法做依据，处于自发无序的发展状态，存在着许多亟须解决的问题，特别是以渔船为载体的休闲渔业，涉及海上安全问题，需要尽快立法规范。

【重点渔业市（县）基本情况】

河北省重点渔业县（市、区）基本情况

市（县、区）	渔业人口（人）	水产品产量（吨）	其中				养殖面积（公顷）	其中	
			海洋捕捞	海水养殖	内陆捕捞	内陆养殖		海水	内陆
北戴河新区	24 642	259 205	15 947	242 988	0	270	29 210	29 106	104
乐亭县	10 565	137 270	36 589	97 058	618	3 005	28 653	28 319	334
曹妃甸区	22 686	94 336	16 708	12 469	14	65 145	11 847	5 482	6 365
滦南县	12 455	84 805	33 248	27 460	1 136	22 961	14 929	13 302	1 627
昌黎县	13 598	81 985	3 217	77 838	7	923	13 787	13 685	102
黄骅市	49 870	77 674	66 598	8 253	0	2 823	6 340	4 965	1 375
丰南区	10 960	76 859	22 470	450	1 094	5 2845	4 483	999	3 484
迁西县	2 220	44 900	0	0	3 700	41 200	1 128	0	1 128
海港开发区	587	43 202	12 976	27 417	214	2 595	13 448	13 219	229
安新县	31 170	34 080	0	0	31 770	2 310	1 006	0	1 006

【大事记】

[1]3月6日，农业部黄渤海区渔政局党组副书记罗汉亚一行来河北调研海上渔业生产秩序管理工作。河北省农业厅厅长助理闫建民陪同调研。

[2]3月10日至4月8日，河北省农业厅组织开展全省无公害水产品和地理标志水产品标志使用情况专项检查。

[3]3月18日，发布《关于进一步规范内河渔业船舶登记管理工作的通知》，首次在全省实现了内河渔业船舶登记网络化管理。

[4]3月20日，冀辽两省交界海域春季渔业生产秩序稳控协作会在秦皇岛市召开。会议对河北、辽宁海上春季渔业生产秩序稳控工作进行了分析研讨。

[5]4月16～17日，河北省农业厅厅长助理闫建民带领渔政处、渔船检验渔港监督管理处有关负责同志，对秦皇岛市、唐山市涉渔“三无”船舶及“绝户网”整治工作进行调研。

[6]4月23日，河北省渔业互保协会与中国邮政储蓄银行河北省分公司达成渔业金融信贷服务战略合作。

[7]4月27日，在全省范围内开展规范整治海洋渔业生产秩序工作，重点对渔船登记证书、渔船检验证书、渔船捕捞许可证等持有情况和船舶标识情况进行整治。

[8]5月1日，唐山市配套落实河北省渔业互助保险“以奖代补”市级财政补贴。

[9]5月6～7日，在秦皇岛市召开渔业船员管理办法宣传贯彻座谈会。全省共有9个地市的45名渔港监督执法人员参加了《渔业船员管理办法》宣贯座谈会。

[10]5月8日，中国渔业互保协会、安华农业保险公司到乐亭县进行水产养殖保险调研。

[11]5月11日，河北省渔船检验机构权限调整方案获农业部渔业船舶检验局批复同意，全省渔船检验业务职能进一步下放，市县渔船检验机构权限进一步扩大。从2015年7月1日起，全省各级渔船检验机构按照新的业务职能划分开展渔船检验工作。

[12]5月18日，批复同意廊坊市农业局成立“中华人民共和国廊坊渔港监督处”。

[13]5月21日至6月12日，开展河北省2015年春季海洋渔业船舶安全管理大检查工作。为做好检查工作，河北省渔港监督局发布了检查实施方案、检查量化考核指标和检查通知。

[14]5月26~27日,河北省农业厅在保定市组织开展第一期全省无公害水产品认证内检员培训班。

[15]5月29日,河北省2015年渔业工作暨伏季休渔和安全生产工作会议在秦皇岛市召开。会议研究了全省渔业发展形势,部署了2015年伏季休渔、渔船渔港安全和渔业重点工作,并对近年来渔业主要工作和"十三五"渔业重点工作进行了研讨交流。河北省农业厅副厅长吴更雨参加了会议并讲话。农业部渔业船舶检验局唐金龙处长、河北海警总队参谋长马涛应邀出席会议。省农业厅厅长助理闫建民主持会议。

[16]6月16~18日,河北省渔业船舶应急管理人员业务培训班在秦皇岛举办。

[17]6月24日,2015年河北省渔港防汛应急演练在唐山市滦南县嘴东渔港举行。

[18]6月25~26日,河北省农业厅在唐山市组织开展第二期全省无公害水产品认证内检员培训班。

[19]7月16日,发布并施行河北省内陆渔业船员考试大纲。

[20]7月29~30日,河北省农业厅在沧州市组织开展全省无公害水产品认证检查员培训班。

[21]8月6日,河北省农业厅在石家庄市组织召开了上半年全省水产品质量安全风险排查工作座谈会。

[22]8月17~19日,河北省农业厅副巡视员刘化俊、厅长助理闫建民带领渔船渔港处、渔政处、渔船检验渔港监督管理处有关负责同志,对秦皇岛市、唐山市、沧州市涉渔"三无"船舶及"绝户网"整治工作进行调研督导。

[23]8月26日,河北省渔业互保协会与中国邮储银行在滦南县开展渔业小额贷款面签仪式。

[24]9月1日,河北省农业厅厅长助理闫建民带领渔政处、渔船检验渔港监督管理处有关负责同志,对唐山市、秦皇岛市渔业安全生产和渔业生产秩序稳控工作进行督导检查。

[25]9月6日,唐山市首艘远洋渔业船舶登记完成。

[26]9月21日,批复同意沧州渤海新区社会事务管理局成立"中华人民共和国沧州渤海新区渔港监督处"。

[27]10月20日,河北省渔业互保协会成立财务中心。

[28]10月21~23日,组织开展全省渔船渔港管理大检查工作。组成省督查小组,对秦皇岛市渔船渔港安全管理工作情况进行了督导检查。

[29]11月2~5日,河北省农业厅副巡视员刘化俊带领渔船渔港处、水产养殖处、渔业资源保护处有关负责同志赴山东考察学习生态健康高效水产养殖业发展、渔船改造和远洋渔业发展以及海洋牧场、休闲渔业、园区建设等工作。

[30]11月9~30日,河北省农业厅组织开展全省水产品质量安全监管与执法交叉督查工作。

[31]11月,河北省渔船检验执法监督三大行动暨海洋渔业船舶"船证不符"情况摸底调查落下帷幕,共完成渔船普查7 932艘,检查救生设备81 081件,消防设备38 133件,通信设备10 361件。

[32]12月18日,大连海洋大学专家一行到昌黎县进行木质渔船安全隐患调研,标志着全省木质渔船安全隐患排查专项整治行动的正式启动。

[33]12月24日,河北省渔业互保协会与中国邮储银行正式联合发行渔民专属借记卡——"富渔通"银行卡。

(河北省农业厅 周永刚 刘丽艳)

山西省渔业

【概况】 2015年,山西省广大渔业干部职工和渔农群众,认真贯彻执行党和国家的渔业发展战略部署,努力应对经济发展新常态,转变渔业经济发展方式,深化产业结构调整,开展资源环境保护,加强水产品质量安全管理,加大科技工作力度,提高行业管理水平,渔业各项工作取得新进展,渔业生产和经济继续保持较快平稳发展态势。全省水产品总产量52 427吨,较上年增长2.3%,其中:养殖产量51 353吨,同比增长2.3%,捕捞产量1 074吨,较上年增长1.3%;养殖产量中池塘产量34 400吨,同比增长1.6%,占养殖产量的66.98%,位居第一;水库产量14 551吨,同比增长1.48%,占养殖产量的28.33%,位居第二。水产养殖总面积15 688公顷,同比减少0.8%;渔业经济总产值8.22亿元,同比增长0.33%,其中:渔业产值6.12亿元,同比增长2.34%,渔业工业和建筑业产值0.18亿元,同比减少18.18%,渔业流通和服务业产值1.91亿元,与上年持平;渔民人均纯收入7 988元,较上年增长9.89%。

1.水产健康养殖

一是水产健康养殖示范场创建活动深入开展。2015年全省继续将开展水产健康养殖示范场创建活动作为推进水产健康养殖,转变渔业发展方式,加快渔业现代化建设的有力抓手。经申报筛选、考核验收,1家创建单位获得"农业部水产健康养殖示范场"称号,9家创建单位获得“山西省水产健康养殖示范场”称号。经复查,2015年底有效期到期的1家农业部第一批示范场通过复查,16家2012年省级示范场中有10家通过复查,原健康养殖示范场称号继续有效。

二是池塘标准化改造建设工程扎实推进。按照《山西省池塘标准化改造建设标准》和《山西省池塘标准化改造建设项目考核验收暂行办法》的要求,结合中央财政扶持渔业标准化健康养殖项目的实施,继续投入省级财政支渔资金600万元,重点扶持具有较大养殖规模、较好基础条件、较高管理水平、较强辐射带动能力的养殖生产单位实施池塘标准化改造建设工程,通过完善升级池塘养殖设施装备,进一步提升池塘养殖标准化水平和安全有效供给能力。全年改造老旧池塘264公顷,比上年增加44.5公顷,新建池塘107.5公顷,比上年减少7公顷。

2. 水产品质量安全监管

一是水产品质量安全抽检力度持续加大。2015年,全省进一步扩大产地水产品质量安全抽检范围,增加抽检数量,省级全年共开展了三批产地水产品质量安全监督抽查和二批水产苗种质量安全监督抽查,涉及15个品种、148个养殖场和17个苗种场。共抽检产地水产品261个样,合格率98.1%,较上年下降0.7个百分点,不合格样品为草鱼、鲈鱼、鲟鱼,其中:抽检在养无公害水产品118个样,合格率98.3%;共抽检水产苗种29个样,合格率89.7%,不合格样品为虹鳟苗种。共抽检水产品药物残留5项,其中:氯霉素、喹乙醇、甲基睾酮的抽检合格率均为100%,孔雀石绿抽检合格率为98.3%,硝基呋喃类代谢物抽检合格率为97.1%。协助农业部渔业环境及水产品质量监督检验测试中心(武汉)完成了2批产地水产品质量安全监督抽查,合格率继续保持100%的良好水平,协助农业部渔业环境及水产品质量监督检验测试中心(天津)完成了4次市场水产品质量安全例行监测,监测总体合格率为91.4%,不合格样品均来自外省。

二是无公害水产品认证工作扎实推进。为进一步规范全省无公害水产品认证审查工作,着力提升市县两级渔业主管部门无公害水产品管理工作机构审查工作质量水平,切实保障认证工作的严肃性、权威性和认证无公害水产品质量安全,省水利厅下发了《关于加强无公害水产品认证审查工作质量督导检查的通知》,明确今后要切实加强无公害水产品审查工作质量督导检查。在无公害水产品产地认定和产品认证方面,进一步严格认证准入条件,以生产规模作为衡量无公害水产品发展的重要指标,科学设定无公害水产品认证申请主体准入条件,全年新认定无公害水产品产地15个,认定面积849公顷,新认证无公害水产品27个,认证产量2 241吨。无公害水产品产地和产品复查换证率均达到90%以上。

三是水产品质量安全宣传和培训不断强化。6月上旬,在全省范围内组织开展了主题鲜明、形式多样、内容丰富的水产品质量安全宣传周活动,动员全社会关心、支持和参与水产品质量安全工作。并于11月中旬举办了一期全省水产品质量安全管理暨无公害业务知识培训班,来自全省11个市、30多个渔业重点县的130余名水产品质量安全监管工作骨干参加了培训。全省上下共组织各类培训42次,受训人员1 046人次,发放各类宣传资料8 850份,媒体宣传报道56次。

3. 水产种业建设 针对山西省黄河流域的标志性土著鱼类——黄河鲤种质资源的储备条件缺乏,致使种质资源衰退,种质退化、优质苗种供应量不足日趋严重的现状,在农业部惠渔政策的支持下,经积极努力,2015年上半年,由山西省水产养殖育种科学实验中心承担并实施的山西省黄河鲤保种场建设项目经农业部批复立项,项目总投资457万元(中央投资381万元,省级配套76万元)。项目建成并投产后,将对全省稳定保有优质黄河鲤种质资源,尽快恢复黄河鲤种群数量,夯实现代渔业种业体系建设具有重要的现实意义。

4. 水生动物防疫 为了有效解决当前水产养殖病害种类日趋增多且呈多发、频发,导致用药次数增加,质量安全难以保证的问题,显著提高水产养殖病害诊断技术水平,缩短鱼病诊断时间,避免和降低鱼病发生给养殖户带来的经济损失,2015年投入省级财政支渔资金53万元,选择省水产技术推广站和具备一定基础条件的4个市级水产站、2个养殖场共7个建设点,开展了水产养殖病害测报与鱼病远程辅助诊断系统建设试点,各建设点已加紧筹备建设。

5. 渔业资源与环境保护 按照农业部统一部署,6月6日,与太原市人民政府联合组织开展了汾河太原段水生生物增殖放流活动,省委常委、市委书记吴政隆及省市有关部门干部职工代表和游园群众参加了活动,提高了增殖放流活动的层次及质量,进一步强化增殖放流制度建设,得到了社会各界的广泛好评。为规范全省水生生物资源增殖放流制度管理,确保增殖放流取得实效,制订了《水生生物增殖放流管理暂行办法》和《山西省2015年度渔业资源增殖放流项目绩效考评办法》,保障了增殖放流项目事前、事中和事后的全过程监管。放流经济鱼类1 021.9万尾。

开展了运宝高速公路黄河大桥对国家级水产种质

资源保护区专题影响评价和晋蒙大桥对水生生物资源影响评价，开始对运宝高速公路黄河大桥对国家级水产种质资源保护区影响进行监测。参与了农业部黄河流域渔业资源管理委员会组织的蒙西新建蒙西至华中地区铁路煤运通道工程三门峡黄河公铁两用大桥建设对黄河中游禹门口至三门峡段国家级水产种质资源保护区影响补偿方案论证，承担了部分增殖放流和渔业资源环境修复工作。按照全国渔业生态环境监测网实施方案，对漳泽水库、小浪底水库、汾河二库开展了渔业环境监测工作，监测水域8 567公顷，

根据农业部水生野生动物保护管理办公室的统一安排部署，在太原迎泽公园海底世界举行了山西省水生野生动物保护科普宣传月活动启动仪式，开展了为期一个月的“水生野生动物保护科普宣传月活动”。各市各单位深入基层、走进“四区”（社区、学区、渔区和景区）开展主题活动，增进人们对水生生物的认知程度，为水生动物保护工作开展创造了良好的社会氛围。组织开展了所有水生野生动物展演场馆的经营资质、实际经营范围等情况清查工作。对已领取驯养繁殖、经营利用许可证，但未经农业部濒危水生野生动植物种科学委员会专家评估的2家海洋馆提出了限期整改意见。发放水生野生特许经营利用许可证3个，水生野生特许驯养繁殖许可证5个，水生野生特许运输证1个，出具准入函3份。完成了福人德国际（北京）红珊瑚珠宝有限公司等2家红珊瑚制品经营企业许可证延期审核及太原华盛行贸易有限公司男宝胶囊出口许可审核工作。进一步加强对濒危水生野生动物的救护工作，在黄河干流偏关段救护鳄鱼1条，在太原尖草坪区和小店区救护大鲵2尾、蝾螈5尾，在运城市沸泉灌区救护大鲵1尾。

6.渔政执法和渔船管理 一是与各地市渔业主管部门签订了安全生产责任状，实行一把手负责制，建立了工作台账。二是召开了渔政管理人员和渔民代表会议，对达不到登记要求的渔船一律不予登记办证，已登记但不符合安全生产要求的渔船，签证时限期整改到位。三是根据《中华人民共和国渔业法》《山西省实施〈中华人民共和国渔业法〉办法》等有关规定，发布了《山西省渔政监督管理局关于2015年实施春季禁渔的通知》，对黄河干流偏关老牛湾到河曲娘娘滩段、黄河干流河津到垣曲段、沁河安泽段实施了禁渔制度管理。同时组织开展了春季禁渔专项执法活动，共出动执法人员100人次，印刷宣传资料5 000份，没收违规渔具15套，教育违法违规人员23人次。四是按照农业部办公厅有关文件的要求，在全省范围内继续广泛开展渔船检验、执法、监督三大行动，严厉打击非法捕捞以及使用禁用渔具等违法行为，维护渔民合法权益，保障人民生命安全，进一步完善渔船安全监管长效机制。五是依法严厉打击养殖环节非法添加和滥用孔雀石绿、氯霉素、硝基呋喃类代谢物、喹乙醇、等违禁药物的行为，着力加强苗种、渔药、饲料三大关键节点和“三项记录”的监管。省、市、县三级渔政执法机构共出动执法人员1 195人次，检查水产养殖生产单位（户）509家。在省渔政执法总队的现场监督下，阳性样品所在地渔政执法机构依法对第一批、第二批产地水产品质量安全监督抽查发现的3家养殖单位水产品药物残留超标事件进行了立案查处，共销毁和无害化处理阳性水产品17 686尾、25 300千克，涉及金额5.8万元，阳性水产品执法查处率达到100%。

7.渔业科技与推广

一是“三基三促”项目取得新进展。在对2014年度“三基三促”项目进行系统梳理及科学评价的基础上，紧贴产业发展需求，组织开展了2015年度渔业“三基三促”项目的申报、审定及实施工作。为确保项目顺利进行，广大青年技术人员顾不上家庭和个人，没有节假日，冒酷暑、顶烈日、战蚊虫，一心扑在项目上，各项目实施均取得一定成果。同时，通过渔业“三基三促”活动的开展，打破了省直各渔业单位间交流与协作的壁垒，相关项目单位之间能够互动交流，及时就项目实施中遇到的技术问题进行会商研讨、协作，增强了大家的全局意识和合作意识。

二是渔业科技创新能力逐步增强。完成了省科技农村承包项目“鲟鱼规模化人工繁殖及养殖技术示范”并获得2015年度山西省农村科技承包一等奖。申报了山西省2015年度科技进步奖及中国水产科学研究院2015年度科技进步奖。先后与中国水产科学研究院渔业机械与信息研究所、中国水产科学研究院黑龙江水产研究所等多家科研院校进行了合作交流，并就名特优品种的人工繁育、利用生态模式解决池塘水质问题达成了合作意向。由省水产技术推广站承担的省财政厅科技推广示范专项经费项目盐碱地南美白对虾高效生态养殖技术项目，养殖总面积达到73公顷，超出项目指标10%，虾苗成活率由预计的50%提升到了60%，为本省养殖品种结构的改善及养殖关键技术的掌握和突破提供了经验和人才、技术储备。由省直渔业单位技术骨干组成的山西省代表队在首届全国水产技术推广职业技能竞赛全国总决赛中取得个人三等奖1项、个人优胜奖1项、代表队优秀组织奖1项。

三是基层水产技术推广体系改革与建设取得新突破。以实施中央财政扶持基层农技推广体系改革与建设项目为契机，大力推进基层水产技术推广体系改革

与建设工作，进一步完善了县级水产技术推广体系绩效考核和动态管理机制。组织举办了二期全省基层水产技术推广骨干人员培训班，共培训基层渔技人员、试验示范基地、示范户代表256人次。

8.存在的问题 2015年，虽然全省水产养殖业发展继续保持平稳增长态势，但由于受主客观原因的影响，仍存在一些较为突出的困难和问题：一是几经努力，虽然水产养殖规模化、标准化、法制化水平显著提升，但规模小、分布散、标准低、不规范的状况仍未得到全面彻底改善；二是受国家经济发展下行压力加大和行业自身市场竞争力弱的影响，水产品市场价格持续低迷，渔业经济增速明显放缓，呈现出下行态势；三是水产养殖业科技创新能力不足，科技支撑作用没有充分显现，水产养殖缺乏内生动力；四是城镇化建设加速推进与城郊渔业发展之间的矛盾日益突显，城郊水产养殖用地被侵占、挤占的现象日趋严重，在一定程度上阻碍了养殖权制度建设的顺利推进，影响了养殖水域滩涂规划发布进程；五是渔户品牌意识差，应对市场能力弱，创新意识和能力差，经营管理意识和能力差。

【重点渔业县(市)基本情况】

山西省重点渔业县(市、区)基本情况

市(区、县)	总人口(万人)	渔业产值(万元)	水产品产量(吨)	其中		养殖面积(公顷)
				内陆捕捞	内陆养殖	
永济市	45.624	16 710.63	15 002		15 002	908
万荣县	45.156	5 857	5 492	6	5 486	400
曲沃县	24.411	2 189.43	1 852		1 8	357
尧都区	97.144	1 840	1 550		1 550	237
垣曲县	23.738	1 689.19	1 415	723	692	46
清徐县	35.078	1 891.14	1 351			314
襄汾县	45.594	1 511.6	1 312		1 312	142
洪洞县	75.201	1 534	1 301		1 301	108
芮城县	40.642	1 511.92	1 092	30	1 062	256
文水县	43.295	2 230	845		845	316

【大事记】

[1]9月8～9日，山西省水利厅渔业局在太原举办了新《安全生产法》解读及渔政管理指挥系统培训。此次培训的目的是为加强渔业安全生产管理工作和渔政管理工作，来自全省各级相关业务人员共80余人参加了培训

[2]10月13～15日，山西省水利厅在太原举办水产品质量安全管理暨无公害水产品认证业务培训班。省水利厅渔业局和省鱼病防治中心有关领导出席开班仪式并讲话，来自全省各市、县水利(水务)局及部分水产养殖单位负责水产品质量安全管理及无公害水产品认证的人员共计120余人参加了培训。

[3]11月17～19日，山西省渔业局在太原主办，由省水利技工学校具体承办了基层水产技术推广骨干人员培训班。省水产技术推广站刘松林站长出席开班典礼并讲话，来自全省各市及县区的170余名学员及授课教师参加了开班仪式。

[4]11月21～22日，2015年首届全国水产技术推广职业技能竞赛在北京举行。山西省在省级预赛的基础上，选派来自省水产育种养殖科学实验中心及省水产技术推广站的3名青年专业技术人员毋占勇、张元、郭少敏组成山西代表队参加了此次竞赛。最终，毋占勇获得个人三等奖、张元获得个人优秀奖，山西代表队获得优秀组织奖。

[5]12月14～26日，山西省水利厅会同省财政厅组织财务管理、项目管理、水产养殖等方面的专家组成验收考核组，对2015年中央财政扶持渔业标准化健康养殖项目申报单位，分别就项目执行完成情况、项目资金使用和管理情况、是否存在违规违纪行为等进行了

现场验收考核。最终8家项目单位全部通过验收考核，并分别获得50万元中央财政补助资金支持。

（山西省水利厅渔业局　丁秋生　蓝天慧）

内蒙古自治区渔业

【概况】 2015年，在农业部以及内蒙古自治区党委、政府和农牧业厅的正确领导与大力支持下，坚持“生态优先、以养为主”的发展方针，以渔业增产、增效、渔民增收为目标，现代渔业建设为主攻方向，主抓水产健康养殖、渔业资源养护、渔政管理、渔业安全生产和水产品质量安全，渔业生产得到稳步发展。全区水产品产量达15.3万吨，同比增长3.4%。渔业产值27.7亿元，同比增长5.0%，渔民人均纯收入12 145元。

1.推进水产健康养殖 全区各盟市认真贯彻落实自治区《关于加快现代渔业发展的实施意见》，大力推广水产健康养殖。全区新创建农业部健康养殖示范场9个、复查验收9个，创建农业部健康养殖示范县1个，实施池塘健康养殖6 200公顷、推广中小水面人工养殖1.2万公顷、稻田养殖2 933公顷。全区新建池塘232公顷，改造池塘957公顷。

2.调整渔业产业结构 一是调整增养殖品种结构，发展黄河鲤、长丰鲢、松浦鲤、福瑞鲤等名特优品种养殖。二是发展水产品加工业，因地制宜开展传统速冻方便水产产品、风味食品、螺旋藻及盐藻保健品的加工。三是创建品牌，拓展营销渠道。6月5日，赤峰市“达里湖”商标被国家工商行政管理总局商标局认定为中国驰名商标，这是内蒙古渔业第一个中国驰名商标品牌。各地在发展“三品一标”的基础上，大力发展直销、专卖、互联网+等便民销售方式，拓宽了销售渠道，提高了生产经营效益。四是发展休闲渔业。以湖泊水库观光、城郊垂钓、特色餐饮为主的休闲渔业，成为渔民增收新亮点。呼伦贝尔市诺干湖休闲渔业示范基地被农业部评为“全国休闲渔业示范基地”。

3.加强渔业资源养护 2015年全区累计放流各类经济鱼类苗种4 979万尾，开展放流活动54次，放流活动得到各级领导的支持和重视。6月6日，全区各盟市开展了以“增殖水生生物资源、促进生态文明建设”为主题的增殖放流活动。6月9日，内蒙古自治区农牧业厅和乌海市人民政府联合举办了“黄河内蒙古乌海段水生生物资源增殖放流活动”，此次共计放流200克/尾以上的黄河鲤3万尾，夏花55万尾。8月27日，内蒙古自治区农牧业厅和呼伦贝尔市人民政府联合举办了“呼伦湖水生生物资源增殖放流活动”，此次共放流呼伦湖土著鱼种1 000千克、鲢鳙鱼种2 000千克，土著鱼夏花100万尾、鲢鳙夏花200万尾。8月18日，内蒙古自治区渔政渔港监督管理局和呼伦贝尔市农牧业局联合举办了“中蒙界湖贝尔湖水生生物资源增殖放流活动”，本次活动共放流鲤鱼夏花500万尾、土著鱼种5 000千克、细鳞鱼夏花3万尾。此外，积极推进呼伦湖、乌梁素海生态综合治理，加强种质资源保护区建设。

4.提高水产品质量安全水平 按照内蒙古自治区农牧业厅《关于印发〈内蒙古自治区2015年农畜产品质量安全专项整治方案〉的通知》部署，渔业部门强化了产地水产品质量安全监管。一是进一步落实了生产者主体责任和属地监管责任。二是开展专项治理。三是强化督查检查，严厉打击违法行为。对610个重点养殖场（户），进行了养殖执法检查。组织了常规病害和疫病监测，加大了水生生物病害防控力度。配合农业部（河北）水产品质量检验检测站，抽检了赤峰市、通辽市、包头市、乌海市、阿拉善盟60个批次的产地水产品。自治区水产品质量检测中心和各盟市水产站组织抽检了231个批次的样品，产地水产品质量安全水平明显好于上年。四是规范养殖生产行为。

5.强化渔政管理工作 开展了渔业法宣传月活动。下发了《关于印发〈内蒙古自治区2015年禁渔期禁渔区渔政管理通告〉的通知》，强化禁渔期、禁渔区管理，严格控制捕捞强度。查处“绝户网”等违规渔具和电鱼、毒鱼、炸鱼等违法案件，打击非法捕捞行为，查处非法捕捞案件178起，没收非法捕捞渔具3 150件套、非法捕捞产品1 847千克。规范水生野生动物特许利用行为，保护水生生物资源。

强化渔政队伍建设。2015年，扎兰屯市渔政监督管理站被评为农业部“全国渔业文明执法窗口单位”。

6.构建平安渔业 加大了安全生产宣传、培训力度，落实了安全生产责任制。开展了“安全生产月”“安全生产年”“安全生产大检查”、安全生产“三大行动”“与重点企业对话”“文明渔港创建”“平安渔业示范县创建”等活动。年初和“8.12”后，两次派督查组深入全区12个盟市的重点渔区开展渔业安全生产检查、督查和隐患排查，消除了安全隐患。开展渔业安全生产应急演练与培训，保障渔业生产安全。

7.谋划“十三五”渔业 11月13日，组织召开了全区水产站长座谈会，贯彻落实全国渔业厅局长座谈会精神和《内蒙古自治区人民政府关于加快现代渔业发展的实施意见》，分析了当前渔业发展形势，交流了各地发展经验，对渔业“十三五”发展规划提出了修改意见和建议。

【重点渔业市(县)基本情况】

内蒙古自治区重点渔业市(县)基本情况

市(旗、县)	总人口(人)	渔业经济总产值(万元)	水产品产量(吨)	其中		养殖面积(公顷)
				捕捞	养殖	
莫力达瓦达斡尔族自治旗	31.9	10 686	9 218	3 395	5 823	5 000
土默特左旗	36.5	10 165	6 386		6 386	2 885
达拉特旗	33.1	12 103	5 384	35	5 349	1 215
杭锦后旗	31.3	6 384	5 290	320	4 970	2 195
临河区	55	6 105	5 221	118	5 103	1 554
磴口县	12.3	8 271	4 767	1 101	3 666	2 382
九原区	20.1	8 593	4 620	187	4 433	516
扎赉特旗	39.2	6 144	3 942	618	3 324	10 620
克什克腾旗	25.1	7 422	3 286	364	2 922	5 456
鄂托克旗	16	7 902	2 061	81	1 980	1 162

【大事记】

[1]4 月 15 日,内蒙古自治区渔政渔港监督管理局组织全区开展《渔业法》宣传月活动。

[2]5 月 1 日至 7 月 31 日,内蒙古自治区渔政渔港监督管理局组织各盟市渔业主管部门及其所属的渔政执法机构,在黄河内蒙古段,贝尔湖、额尔古纳河等边界水域,自治区重要湖泊、水库开展禁渔期渔政综合执法行动。

[3]6 月 6 日,内蒙古自治区渔政渔港监督管理局组织全区各盟市开展了以“增殖水生生物资源、促进生态文明建设”为主题的增殖放流活动。

[4]6 月 9 日,内蒙古自治区农牧业厅和乌海市市政府联合举办了“黄河乌海段水生生物资源增殖放流活动”。

[5]8 月 27 日,内蒙古自治区农牧业厅和呼伦贝尔市人民政府联合举办了“呼伦湖水生生物资源增殖放流活动”。

[6]8 月 18 日,内蒙古自治区渔政渔港监督管理局和呼伦贝尔市农牧业局联合举办了“中蒙界湖贝尔湖水生生物资源增殖放流活动”。

[7]11 月 13 日,内蒙古自治区渔业局组织召开了全区水产站长座谈会,贯彻落实全国渔业厅局长座谈会精神和《内蒙古自治区人民政府关于加快现代渔业发展的实施意见》,分析了当前渔业发展形势,交流了各地发展经验,对渔业“十三五”发展规划提出了修改意见和建议。

(内蒙古自治区农牧业厅渔业局 陈春雷 冯阁春)

辽宁省渔业

【概况】

1.现代渔业建设扎实推进 惠渔政策支持产业发展。辽宁省创建农业部水产健康养殖示范场 35 家,安排资金 1 600 万元,落实标准化项目 21 个、引种项目 14 个。沈阳市发放水产养殖贷款贴息资金 1 000 余万元,受益面积占全市 27%。大连市加大投入,正式启动了水产养殖政策性保险。盘锦市专项补贴 1 900余万元,支持泥鳅产业从育苗到出口全产业链发展。盘锦河蟹养殖保险全国首创,408 户蟹农受益。

水产品出口保持优势地位。全省渔业积极融入“一带一路”战略,开拓出口新兴市场。水产品出口量 73 万吨,出口额 27.4 亿美元,占农产品出口额的 57.2%,仍位居大宗农产品出口首位。大连市建设 7 个出口示范区,出口总额名列前茅。营口市出口创汇逆势上扬,增幅高达 95% 以上,海蜇加工出口在全省独占鳌头。盘锦市被评为国家级河蟹出口示范区,扣蟹出口量占全国的 90% 以上。

渔业三产成为新的增长点。水产流通运输业、休闲渔业蓬勃发展,渔业第三产业产值实现 286 亿元,占总产值比重已达 21%。全省创建了省级现代渔业园区 7 个、休闲渔业示范点 10 个,新增省级示范合作社 2 个、特产之乡 2 个。国家级大连水产品市场进一步完善,东港市黄海大市场引入“互联网 +”销售新模式。大连市开发建设 7 个近海和外海垂钓区。鞍山市已成为东北地区最大的观赏鱼养殖基地和批发流通集散地。锦州、辽阳等市大力发展特色休闲渔业。

远洋渔业开拓发展。中韩渔业合作稳步发展,入渔渔船601艘。省厅与省发改委联合争取国家远洋渔船造船补贴1 400万元。全省获得农业部批准远洋企业27家,执行远洋项目18个,外派远洋渔船347艘。丹东市远洋渔业快速发展,新开拓了俄罗斯远东项目。

海洋牧场建设深入推进。投入财政资金7 180万元,海洋生物资源增殖放流规模52亿个单位,其中中国对虾36亿尾,增殖效果显著,受到沿海渔民称赞。安排中央资金2 200万元,新增人工鱼礁示范区3处,礁区面积360公顷。累计落实省财政资金5 000万元,支持长海县现代海洋牧场示范区建设。

养殖结构进一步优化。通过资金扶持和项目拉动,全省精品养殖规模达到38万公顷。全省海参养殖规模12万公顷,产量7万吨,大连占78%;河蟹养殖12.6万公顷,产量8万吨,盘锦占85%;大菱鲆养殖280万平方米,产量4万吨,葫芦岛占98%;本溪、鞍山等地冷水鱼养殖逐渐壮大,面积达到64万平方米,产量7 000余吨。丹东创新发展海水生态立体养殖,总体效益提高;锦州南美白对虾生态高效养殖创造了该市虾类最高单产纪录;营口开发土著品种大竹蛏成效显著;盘锦"中国河蟹第一市"影响力逐渐扩大,大规格河蟹产出率达到90%;沈阳鲟鱼、辽阳鲶鱼实行精养模式,独具地方特色。

水产品质量安全监管成效突出。全年完成抽检3 557批次,总体合格率98.6%,其中国家例行监测的合格率位居全国前列。大力开展交叉执法督查检查,重点打击海参育苗违法违规用药行为,确定了丹东、本溪、绥中、大石桥为首批省级执法示范单位,全面提高执法水平。无公害水产品产地认定2.86万公顷,认证产品24个,获批地标产品3个,东港大黄蚬作为全国唯一的水产品跻身首批6个国家级农产品地理标志示范样板之列。大连市金州新区检测站成为全国第一家取得资质认证的县级水产品检测机构。葫芦岛市在绩效考核中实现"四连冠",其水产品质量安全突发事件应对机制成为全国经验典型。丹东宽甸县被评为"国家级出口淡水鱼质量安全示范区"。

2.科技支撑作用进一步提升 科技项目加强管理。组织申报和推荐国家和省级科技项目17项,获批8项。下达厅本级科技项目20项。组织评审认定渔业科技型企业34家,并对部分企业项目予以资金扶持。

科研成果喜获丰收。2015年,全省海洋与渔业科技项目荣获国家科技进步二等奖1项,省科技进步一等奖1项、二等奖2项,辽宁海洋与渔业科技贡献奖6项。由省海科院主持的"刺参健康养殖综合技术研究及产业化应用"被评为国家科技进步二等奖,这是辽宁省海洋与渔业科技战线近年来获得的最高荣誉。省海科院荣获"全国海洋系统先进集体"称号。

技术推广和体系建设有序推进。获批了18项地方海洋与渔业标准,遴选了10个渔业标准化示范县,5个省级以上技术推广项目完成年度任务并取得较好效果,21个县被确定为基层水产技术推广体系改革与建设项目示范县。水生动物重大疫病监测扩大到5项,完成了二期远程辅助诊断系统建设并诊断病害47例,减少损失640万元,受到养殖户欢迎。

3.渔业管理力度进一步加大 渔业法制建设实现新突破。《辽宁省渔业管理条例》于2月1日起正式实施,新条例突出了渔业资源的保护、渔业安全生产和水产品质量安全监管,强化了刚性执法。修订完善了《辽宁省水丰水库边境渔政渔港管理规定》。盘锦市开展了管理体制改革,形成了权责统一、执行高效的工作局面。

渔船管理取得阶段性成果。以省政府名义组织开展了海洋涉渔"三无"船舶专项整治,全省拆解取缔374艘,盘锦市率先垂范,首开先河;丹东市委市政府高度重视,实施联动化、程序化、法制化规范拆解;锦州市不断扩大战果,为全省行动取得突破性进展做出了重要贡献。伏季休渔期间大力实施了海上异地交叉联合执法,查处违规渔船1 299艘,实现连续13年全省海蜇资源统一开捕。加快推进了渔船更新改造工作,启动了海洋标准化渔船船型选划工作。举办了12期660人的涉韩入渔培训班,渔民守法意识显著增强,全年没有发生重大越界捕捞事件。

安全生产监管成效卓著。召开了两次全省海洋渔业安全生产工作会议,开展了一系列专项排查和整治活动,修订了渔业船舶水上安全突发事件应急预案并组织了应急演练,渔业生产安全环境保障服务系统实现业务化运行。全省渔船检验工作受到国家局充分肯定和表扬。切实加强安全生产教育,全面落实监管责任,近10年来第一次无较大及以上等级渔业生产安全事故发生。锦州市在渔港码头安装电子安全警示板和太阳能气象灾害预警服务器,强化预警服务和安全监管。

水生野生动物管理不断加强。开展了关爱水生野生动物科普宣传活动,发放宣传资料2万多份。成立了农业部辽东湾斑海豹科研救助中心,组织开展了专项执法行动,联合大连市公安局查处大连长兴岛"1.23"偷捕斑海豹案件。

(辽宁省海洋与渔业厅)

吉林省渔业

【概况】 2015 年,吉林省共开展水产养殖面积 31.7 万公顷,比上年增长 5.6%;完成水产品产量 19.5 万吨,比上年增长 2.6%,其中养殖产量 17.5 万吨,同比增长 3.2%,捕捞产量 2 万吨,同比下降 2.4%。水产品加工出口 4.28 万吨、创汇 1.25 亿美元,同比分别增长 41.63%和 20.68%,连续 14 年排在全国内陆省份前 3 位。

1. 产业发展举措、成就及特点 2015 年是吉林渔业发展史上可圈可点的一年,一年来,在各级党委政府坚强领导下,全省渔业系统认真学习贯彻习近平总书记关于"三农"发展的系列重要讲话精神,落实省委、省政府的部署要求,紧紧抓住新常态为渔业发展带来的新机遇,开拓创新、扎实工作,大力发展渔业经济,统筹做好资源养护、安全管理、科研推广等各项工作,取得明显成效。

(1)结构调整取得新进展。稻渔综合种养示范在镇赉、东辽、柳河、前郭等县市全面铺开,促进农民增收效果显著,全省实施约 0.87 万公顷,每公顷平均直接增收 6 120 元,同时,促进稻谷增产、稻米提质提价,间接增收超过 10 亿元,东辽县"妇字号"有机水稻种植专业合作社等生产的蟹田米平均售价高达 50 元/千克,市场供不应求。水产加工业发展迅猛,仅珲春市就有水产品贸易和加工企业 148 家,全年固定资产投资额达到 10.2 亿元,共加工水产品 17 万吨,完成产值 43 亿元。养殖品种结构调整加速推进,大银鱼、池沼公鱼移植经济效益显著,查干湖 2015 年仅大银鱼一项就实现产值 2 000 多万元;冷水鱼养殖提档升级,从冰岛、波兰等国家组织引进了大西洋鲑、三倍体虹鳟等高档养殖品种;休闲渔业方面,延边大河渔业有限公司被评为"全国休闲渔业示范基地",全省"示范基地"达到 10 处,以渔为特色的休闲、餐饮、旅游产业实现产值近 10 亿元。

(2)基础保障得到新提升。全年共落实中央及省级财政渔业投资 7 100 万元,重点加强了水产良种繁育、推广体系建设、渔业资源养护、渔港、渔政执法装备、渔业标准化生产基地等领域的建设,同时,进一步严格了渔业项目管理,正式组建了省级渔业项目专家库,立项时由专家进行评审把关,项目实施过程中组织专项督导检查,项目完工后实行省、市"两级"验收。2015 年共建成水产良种场 3 处、渔政船艇 38 艘、渔业标准化生产基地 25 处,为提高渔业综合生产能力、提高水产品质量,增加渔民收入、改善渔业生态环境等创造了有利条件。

(3)质量管理迈上新台阶。首次建立了质量安全工作季度例会调度制度,增加了督导和抽检频次,顺利完成了国务院和省"双打""质量强省"、"水产品质量安全"等工作内容和绩效考核任务。在国家和省年度水产品抽检中,产地水产品合格率分别达到 97.89%和 99.47%。与此同时,水产健康养殖取得突破,进入整县推进阶段,镇赉县成为全国首批 5 个健康养殖示范县之一,公主岭市、敦化市、榆树市等 3 个县(市)参加了国家农产品质量安全示范县创建活动,7 家养殖场被授予"农业部水产健康养殖示范场"称号,制(修)订渔业地方标准 11 项,认定无公害水产品产地 27 处、认证无公害水产品 41 个。水产品质量安全管理保障机制得到改善,有 18 个县(市)增机构、增编制、增经费。

(4)资源养护取得新成效。加强渔业保护区建设和管理,新建 2 处国家级水产种质资源保护区,保护区总数位居全国前列,鸭绿江上游国家级自然保护区在全国 70 个水生生物自然保护区考核中位列第 7 位。加大濒危水生生物保护力度,开展了水生野生动物保护宣传月和专项执法活动,查处了一批非法经营利用水生野生动物案件。大力开展水生生物增殖放流,先后在鸭绿江、松花江、图们江等重要水域组织增殖放流活动 43 次,放流各类鱼苗 2.5 亿尾,投入资金超千万元。严格执行各类工程涉渔环评制度,推进落实了河湖连通工程配套建设渔业资源增殖放流站等补偿措施。

(5)科研推广取得新突破。全年完成鸭绿江野鲤驯化繁育及规模化养殖等渔业科技攻关项目 13 项,为全省渔业发展提供了技术支撑;深入实施了国家大宗淡水鱼和省渔业产业化技术体系建设,推广了松浦镜鲤、长丰鲢等优良养殖品种。开展了"鲤春病毒血症"等重大水生动物疫病专项监测和池塘养殖渔情动态信息采集工作,完成监测采样 85 个,监测面积 87 公顷。加强了基层水产技术推广体系建设,在 38 个县实施了补助项目,落实补助资金 530 万元。渔业科技成果转化应用方面,推广了稻渔综合种养、水产健康养殖、微孔增氧等水产技术推广项目 7 项,推广面积 1.33 万公顷,取得显著的经济和社会效益。开展了水产养殖病害测报工作,设置测报点 43 个,监测面积 0.8 万公顷。组织开展了渔业科技服务活动,广泛开展了送科技下乡、科技入户、技术咨询培训,累计办班 120 期、培训农渔民 7 600 余人次,发放各类技术资料 5 万份。

(6)依法治渔取得新成绩。严格执行禁渔期、禁渔区制度,根据全省主要自然水域鱼类繁殖特点,及时发布了2015年禁渔通告，通过组织开展涉外渔业、重点湖库、自然保护区等渔业专项执法行动，加强了松花江、嫩江、鸭绿江、图们江等主要江河及边境水域的渔业管理，严厉打击了各类破坏渔业资源的违法行为。加强渔政队伍建设，组织开展了渔政督察活动，强化了渔政执法人员培训，共培训执法人员357人次。强化渔业安全生产检查，深入开展"平安渔业示范县"创建活动和渔船检验执法监督三大行动，全省排查渔业船舶4 527艘，检查救生设备9 057件，查处假冒伪劣产品427件，镇赉县和大安市被评为全国"平安渔业示范县"。

2.存在的主要问题 当前全省渔业发展还存在不少困难和问题：一是资源衰退与环境恶化，难以满足渔业作为经济和生态产业发展的需要；二是市场化、产业化水平较低，难以满足现代渔业建设和发展的需要；三是科技创新水平不高，难以满足渔业发展方式转变的迫切需要；四是水产品质量安全保障能力有限，难以满足消费市场对水产品质量安全的更高要求；五是投入不足，难以满足支撑保障体系服务渔业发展的需要。

【重点渔业县(市)基本情况】

吉林省重点渔业县(市)基本情况

县（市）	总人口（万人）	渔业产值（万元）	水产品总产量(吨)	其中		养殖面积(公顷)
				捕捞	养殖	
前郭尔罗斯蒙古族自治县	60	40 223	16 765	1 285	15 480	41 279
镇赉县	29.5	21 700	16 500	2 710	13 790	21 333
扶余市	77.17	14 465	13 200	3 540	9 660	7 105
大安市	43	14 434	8 250	920	7 330	32 101
舒兰市	65.6	7 300	7 718	330	7 388	4 885

（吉林省水利厅 刘 革 何衍林）

黑龙江省渔业

【概况】 2015年，黑龙江省渔业系统认真贯彻全国渔业工作电视电话会议精神，狠抓年初确定的各项工作任务的落实，坚持以特色养殖为牵动，以"菜篮子"工程和"安全生产年"创建活动为抓手，全面推进以规模化、集约化和健康养殖为主要内容的现代渔业建设。全省水产养殖面积38.9万公顷，比上年增长3.3%；水产品总产量54.2万吨，比上年增长5.7%；渔业经济总产值实现90.5亿元，比上年增长5.4%；渔民人均纯收入达到13 447.46元，比上年增长15.4%。

1.全省渔业发展的主要特点

（1）认真谋划，不断推进全省渔业转型升级。根据省农委党组要求，多次召开专题会议研究推进全省渔业转方式、调结构的工作措施，加速全省渔业经济由速度数量型向质量效益型转变。印发了《关于做好2015年渔业工作的意见》，对全省渔业转方式、调结构的重点工作逐项进行了专门部署，在渔业科技上不断提高支撑能力；在渔业基础建设上，不断提升渔业设施装备水平；在经营上，不断创新体制机制。全省渔业经济呈现稳定、持续、健康发展态势。

（2）加强指导，不断提高现代渔业发展水平。各地加大优质高效实用技术的推广力度，全省举办各类培训班350多期，培训渔民1.8万多人，提升了科技对养殖生产的支撑力度，推动了特色养殖和驯化养殖等集约化养殖生产方式的发展。全省驯化养鱼面积发展到6.8万公顷，比上年增长4.8%。名特优水产品养殖面积发展到17.4万公顷。全省繁育鲟鳇鱼、兴凯湖大白鱼、怀头鲶、方正银鲫等地产名贵特产优质鱼类苗种达5.1亿尾，比上年多繁育0.2亿尾，为全省养殖品种结构调整，发展名特优水产品和增殖放流提供了苗种支撑。与此同时，微孔增氧、节能减排、主推品种技术的应用范围进一步扩展，"互联网+渔业"试点稳步推进，一些渔场安装了养殖管理监控系统，养殖生产管理向着自动化、智能化方向迈进，渔业养殖生产的现代化水平得到提升。在此基础上，提高运用互联网能力，发挥网络联通功能，加强沟通、联系、服务，鼓励企业、渔民专业合作社、家庭渔场积极参与，搞活水产品流通，加快推进"互联网+渔业"发展。

（3）加快培育，不断提高渔业生产组织化程度。大力培育家庭渔场、渔业经济合作组织和龙头企业等渔业新型经营主体。在重视数量增长的同时，更注重体制机制的建立与完善，不断提高水产养殖场户自我服务、自我发展能力，推进全省渔业生产组织化程度的提高。2015 年，全省渔民专业合作组织发展到 260 个，吸纳养殖场户 2 780 户。

(4)强化监管，不断提升水产品质量安全水平。深入开展水产品质量安全专项整治行动。印发了《关于切实做好水产品质量安全监管工作的通知》，加强了渔业投入品质量安全的监管，全省共出动执法检查人员 3 533 人次，对 2 920 家养殖场(户)及经销点进行了执法检查，对发现问题的 42 个养殖场户进行了执法整改。强化养殖场户的宣传教育工作。全省各地举办各种形式培训班 86 场次，培训 4 630 人次；发放各种宣传材料 15 400 余份，媒体宣传 176 次。全面做好产地水产品质量安全监测工作。全年抽取 120 批次样品进行药残检测，合格率达 100%。积极开展水产健康养殖示范场创建活动。全省已建成 161 处部级和 275 处省级水产健康养殖示范场，示范面积达到 15.7 万公顷；无公害水产品养殖面积发展到 31.5 万公顷，占水产养殖面积的比重达到 77.4%，产品认证 169 个。全省水产品的市场开拓能力得到不断增强。

(5)搭建金融服务平台，缓解渔民贷款难问题。省农委与省邮政储蓄银行共同搭建起企业(渔民)和金融界之间金融服务平台，出台了《黑龙江现代渔业金融服务工作实施方案》，为全省渔业融资提供年度授信额度 5 亿元的快速服务通道，在一定程度上缓解了渔业生产资金短缺的局面。

(6)加强渔政管理，养护水生生物资源。加大清理整治违规渔具力度。全省共出动执法船艇 2 557 次，清理密眼箔等违禁渔具 4 068 件(套)，查处电鱼 55 起，查处没收涉渔“三无”船舶 49 艘。先后制定了《黑龙江省渔业资源增殖保护有关问题的规定》和《黑龙江省实施〈渔业捕捞许可管理规定〉办法》。按照《农业部办公厅关于开展内陆捕捞准用渔具和过渡渔具网具尺寸调查和标准制定工作的通知》要求，省渔政局组织有关单位及科研部门对准用渔具和最小网目尺寸进行了调查，并将调查报告上报农业部渔业渔政管理局。全面落实各项禁渔制度。一是各地能够做到令行禁止，为鱼类繁衍生息创造有利条件，特别是边境水域采取船上锁、网入库、人员撤离作业场所等方式，并坚持常态化渔政执法检查，效果明显。加大增殖放流力度，养护渔业资源。二是 2015 年增殖放流各种鱼类 9 085万尾，通过放流增殖，主产区鲟鳇鱼、大马哈鱼资源得到有效保护和恢复，渔业资源养护工作得到了俄罗斯有关方面的高度评价。

(7)强化监督管理，遏制涉外渔业事件。省渔政局始终高度重视边境渔业管理工作，将其作为事关国家政治外交大局、边境长治久安、中俄双边渔业合作的大事来抓。一是运用现代科技手段实施动态监管。抚远、兴凯湖、黑河等地为渔船安装 GPS 监控设备，有效提高了对捕捞渔船的管控能力。二是积极引导扶持渔民转产转业；抚远县积极引导捕捞渔民发展水产养殖生产。捕捞渔船由 2014 年的 450 只减少到 348 只，县政府对削减的渔船每年每只船补贴 1 万元，用于缴纳渔民的“三险一金”。加大边境水域执法检查力度。三是边境地区渔业主管部门认真履行职责，加大执法检查力度和密度，严防跨界生产、越界捕捞行为，重点打击“三无”船舶非法捕捞作业，有效遏制涉外渔业事件。

2. 存在问题

(1)基础设施薄弱。由于国家扶持政策少，长期投入不足，渔业基础设施十分薄弱。全省现有池塘 11.53 万公顷，不但注排水设施、生产用房等不配套，池塘本身老化淤积的面积已达 5.3 万公顷，占池塘总面积的 46.2%，不但影响了资源的有效发挥，也给水产品质量安全带来隐患。

(2)水产养殖成本攀升。饲料、鱼药等渔业生产资料和雇工价格、苗种和运输的成本都全面上涨，但商品鱼售价并没有同步上涨，导致养鱼场户发展生产的积极性下降。

(3)产业化程度低。渔业增长方式仍然粗放粗养，产业结构中二三产业比重偏低，水产品加工仍然是全省渔业发展中的“短腿”，与先进省份相比有较大差距。生产水平、产品质量、科技在不同地区之间发展不平衡。具有鲜明区域特色和规模效益的一县一鱼、一乡一鱼的生产格局在全省还不多见。全省各地普遍缺乏有带动力的渔业龙头企业，多数养鱼场户处于家庭式的分散经营状态，市场竞争力弱，渔业增效、渔民增收后劲不足。

(4)资源利用率低。已开发利用的水域存在单产低、效益差的问题。

(5)自然条件不利。黑龙江省纬度高、气温低，鱼类生长期只有短短的 5 个月左右，而每年鱼类在冰下越冬的时间长达 7 个多月，不但不能正常摄食生长，反而因自身消耗而减轻重量，与南方省份鱼类常年摄食生长形成了较大的反差。同时，寒冷的气候条件十分不利于省内的鱼类苗种繁育。

(6)政策支持不够。近年来，国家逐步加大了对“三农”的支持力度，对种植业、畜牧业和农机化都给予了大量补贴，但对水产养殖业除机动渔船燃油补贴外，还没有其他补贴政策，一些养鱼场户积极性受挫，改池种稻的现象时有发生。

(7)技术支撑不足。适用新技术的推广速度慢，规模小；技术开发创新力度不大，省内一些特有鱼类品种的养殖技术还不过关；很多市、县的水产技术推广机构不健全，工作条件艰苦，经费不足，导致技术服务不到位，适应不了水产养殖业快速发展的需要。

【重点渔业县(市)基本情况】

黑龙江省渔业重点市(县、区)基本情况

市(县、区)	总人口(万人)	渔业总产值(万元)	水产品产量(吨)	其中		养殖面积(公顷)
				养殖	捕捞	
肇东市	94	50 212	35 046	34 752	294	15 333
绥化市北林区	88	34 017	27 241	27 182	59	7 417
哈尔滨市区	473.6	30 321	26 768	25 454	1 314	9 712
杜尔伯特蒙古族自治县	25	30 000	26 092	17 221	8 871	29 000
密山市	44	46 500	24 411	22 450	1 961	25 000
肇源县	45.1	25 180	21 521	17 306	4 215	26 000
大庆市区	132	23 690	18 799	15 229	3 570	21 376
安达市	47.3	18 000	14 234	12 862	1 372	15 333
同江市	21	20 000	12 860	12 076	784	6 667
泰来县	32	17 412	12 651	10 298	2 353	15 433

【大事记】

[1]3月10日，黑龙江省渔业渔政工作座谈会在哈尔滨市召开。全省13个市(地)、省直管县(市)、养殖重点县、省渔业协会、省农委直属水产事业单位、中国水产科学研究院黑龙江水产研究所、省农垦总局负责人及省渔业局全体机关干部约40人参加。会议由省渔业局副局长郭政学主持，副局长于泽江对2014年工作做了总结，对2015年重点渔业工作做了部署，各地作了汇报。省农委副巡视员许文涛到会并作了讲话。同时签订了边境渔业水域责任书。

[2]3月16~20日，以农业部渔业渔政管理局局长赵兴武为团长的中方代表团和以俄罗斯联邦渔业署副署长、混委会俄罗斯联邦代表瓦西里·索科洛夫为团长的俄方代表团的中俄渔业混合委员会第24次会议在俄罗斯符拉迪沃斯托克举行。黑龙江省渔政局副局长于泽江及有关同志参加了会议。中俄双方渔政人员交换了2014年边境水域渔政管理情况，对2015年中俄渔政合作的时间、地点及程序进行协商、确认。双方还讨论了扩大《两江议定书》适用范围、鲟鱼资源调查、互派专家参加边境水域水生生物增殖放流等问题，形成会议纪要。

[3]4月3日，黑龙江省农业委员会印发了《2015年禁渔期通告》，通告规定了在禁渔期内，自然捕捞水域禁止捕捞作业(包括抄网)，渔船、渔具要撤出作业场所(滩地)，采取渔船与渔具分离、船加锁(边境地区要设专人看管)、渔具入库等行之有效的措施。并要加大监督检查力度，依法打击违法捕捞行为，积极开展人工增殖放流及监督管理力度，为保护鱼类产卵繁殖，养护渔业资源，促进渔业可持续发展奠定坚实基础。

[4]5月14日，为认真贯彻落实全国清理整治“绝户网”和涉渔“三无”船舶工作现场会议精神，下发了《关于开展清理整治违规渔具和涉渔“三无”船舶工作的通知》，并专门召开会议，明确了工作目标，提出了具体要求。全省共计出动检查车2 419次，出动检查船艇3 773次，出动检查人员19 629次，清理密眼箔等违禁渔具4 068件(套)，查处电鱼55起，查处没收涉渔“三无”船舶49艘，受教育人员9 874人。

[5]6月3日，黑龙江省农业委员会党组任命李伟同志任省农委渔业局局长，张雪松同志任渔业局渔业处处长，姜兆伟同志任渔业局渔政处处长。

[6]6月3~15日，以黑龙江省渔政局副局长于泽江为团长的中方代表团和以俄联邦渔业署阿穆尔流域管理局副局长克雷洛夫为团长的俄方代表团，对中俄界江黑龙江进行了夏季渔政联合检查。联合代表团检

查了黑龙江边境水域渔民违规情况和双方渔政执法站及中方网滩。

[7]7月17日，黑龙江省农业委员会与中国邮政储蓄银行黑龙江省分行联合印发《关于创新黑龙江现代渔业金融服务工作实施意见》。

[8]7月22日，黑龙江省渔业协会会长单位肇东市东发渔业有限公司向松花江放流黑龙江野鲤大规格鱼苗650万尾。

[9]8月20日，以黑龙江省渔政局渔政处副调研员张鸿钧为团长的中方代表团和以俄联邦渔业署阿穆尔州渔业局水生生物资源增殖和保护处处长伊娜为团长的俄方代表团，分别参加了中国抚远县抚远渔场和俄罗斯弗拉基米罗夫卡放流站开展的黑龙江边境水域鱼类增殖放流活动。中方抚远县放流鲟鱼10万尾（15厘米以上）、鳇鱼5万尾（15厘米以上），翘嘴鲌50万尾（6厘米），黑龙江野鲤10万尾（8厘米）。

[10]8月23日，黑龙江省农业委员会党组任命于涛同志任省渔业船舶检验站站长，康萌同志任省渔业经济研究所副所长。

[11]9月1日，农业部渔业渔政管理局在哈尔滨召开了《2015年上半年国家产地水产品质量安全监督抽查结果会商会》。农业部渔业渔政管理局副局长李书民参加会议并讲话；科技与质量监管处于秀娟处长、王雪光副处长、中国水产科学研究院马兵处长参加会议。会议通报了上半年国家产地水产品质量安全监管抽样结果，研讨了进一步加强水产品质量安全监管措施及方法。

[12]9月18～30日，以黑龙江省渔政局渔政处处长姜兆伟为团长的中方代表团和俄联邦渔业署阿穆尔流域管理局副局长萨莫连科为团长的俄方代表团，对黑龙江、乌苏里江进行了秋季渔政联合检查。联合代表团检查了双方渔政执法站及中方网滩。中方先进的管理设备及渔民转产转业政策得到了俄方代表团的认可。

[13]9月24日，黑龙江省机构编制委员会下发《黑龙江省机构编制委员会关于印发黑龙江省农业委员会所属事业单位分类方案的通知》，黑龙江省渔业经济研究所隶属于黑龙江省农业委员会，公益一类，按正处级事业单位管理，编制10人。主要职责为承担渔业经济发展、水产资源合理利用与管理、渔业现代化建设等领域的政策研究工作。

[14]10月，根据黑龙江省事业单位分类改革文件批准，黑龙江省鲟鳇鱼大马哈鱼放流站与省国营渔场管理指导站、省特产鱼类研究所和省农业委员会机关幼儿园等五单位合并组建黑龙江省水生动物资源增殖保护站。该站隶属于黑龙江省农业委员会，机构规格正处级，公益一类，事业编制68名，经费来源为财政全额预算拨款。主要职责任务是承担省内江河等自然水域水生动物资源的放流、保护、增殖和珍稀濒危水生动物救治救护工作；承担省内江河等自然水域水生动物资源的调查、监测及生态评估；承担水生动物资源增殖保护与珍稀濒危水生动物救治救护技术研究工作。

[15]11月4～9日，以黑龙江省渔政局局长李伟为团长的中方代表团和以俄联邦渔业署阿穆尔流域管理局局长谢尔盖为团长的俄方代表团，在俄罗斯哈巴罗夫斯克市举行了黑龙江、乌苏里江边境水域渔政管理工作会议。会议通报了2015年双方打击违法行为及违规捕捞情况，交换了双方互派专家参加对方鲟科鱼类放流活动相关信息，协商了2016年中俄边境水域渔业合作事宜，并讨论了增加或改变联检江段、互派专家参加对方的秋鲑放流活动问题、扩大《两江议定书》范围、鲟科鱼类商业捕捞等问题。

[16]11月21～22日，黑龙江省水产技术推广总站代表队获得首届全国水产技术推广职业技能竞赛优秀组织奖，孔令杰同志获得优秀奖。

[17]12月9～11日，全省现代渔业、水产品质量安全、机动渔船渔业油价补贴政策调整培训班在杜尔伯特蒙古族自治县举办。培训班聘请了中国水产科学研究院黑龙江水产研究所、东北农业大学、黑龙江生物科技职业学院、省农监局等部门的专家进行了授课，全省各市（地）、县（市、区）渔业行政主管部门及技术人员100余人参加了培训。

[18]12月21～23日，全省渔业统计培训班在安达市举办，各市（地）、县（市、区）负责渔业统计工作的人员70余人参加培训。培训班对渔业统计制度，常用指标等内容进行了详细讲解。

[19]2015年明水期全省向自然水域增殖放流鲟鳇鱼、大马哈鱼、翘嘴鲌（大白鱼）、哲罗鱼、细鳞鱼、草、鲢、鳙、鲤、鲫鱼不同规格的苗种共9 085万尾。其中：濒危物种鲟鳇鱼48万尾，洄游性的大马哈鱼228万尾，冷水性哲罗鱼5.6万尾、细鳞鱼3万尾，翘嘴鲌23万尾。

[20]黑龙江省水产技术推广总站承担的“稻田综合种养技术集成示范推广”项目，2015年完成推广面积824公顷，辐射带动面积18 466.7公顷，综合种养的稻田较水稻单种平均亩均增效36%，农药施用量平均减少41%，化肥使用量平均减少34%，总产值6 398.7万元，总盈利4 791.9万元，平均亩效益231元。该项目获2015年“黑龙江省农业丰收奖”一等奖。

［21］省水产技术推广总站承担的“水产养殖节能减排技术集成示范推广”项目，2015年完成推广面积344.7公顷，辐射带动面积4 000公顷，池塘水产养殖亩增效300元，药品投用量减少75%，节能达30%，降低渔民生产投入成本近600多万元。该项目获2015年黑龙江省农业丰收奖一等奖。

［22］省水产技术推广总站承担的“名特优鱼类健康养殖技术”项目，2015年完成推广面积8.8万公顷，总产3 850.6吨，总盈利1.74亿元，亩增效12%。该项目获2015年“黑龙江省农业丰收奖”一等奖。

［23］2015年，黑龙江省鲟鳇鱼大马哈鱼放流站在其所属的黑龙江省水生野生动物救护中心进行了利用人工全价配合颗粒饲料开口驯养培育野生施氏鲟仔鱼新技术试验取得了突破。经过45天驯养培育，仔鱼至幼鱼成活率63.33%，平均规格9.14厘米。此次试验的成功，属国内及省内首次，为全省驯养培育野生鲟鳇鱼仔鱼、加快推进野生鲟鳇鱼幼鱼增殖放流事业发展具有十分重要的意义。

（黑龙江省农委渔业局　郭政学）

上海市渔业

【概况】 2015年，上海市水产品总产量达32.39万吨，比2014年减少4.63%，其中养殖产量15.13万吨，同比减少3.92%；捕捞产量17.26万吨，同比减少5.27%。渔业总产值达57.74亿元，同比减少16.15%。渔民人均收入达25 739元，同比增长4.33%。

一是水产养殖基础设施和装备不断改善。2015年，市农委和市财政局联合行文批复了8个标准化水产养殖场建设项目，总面积为1 110公顷，总投资为19 839.73万元。至2015年，全市已累计批复建设标准化水产养殖场310个，面积达12 333公顷，总投资达19.2亿元。在金山区、奉贤区批复建设的4家标准化家庭水产养殖场试点项目的生产相关建设内容2015年已基本完成，金山区2个标准化家庭水产养殖场试点项目已经完工（其中1个已通过验收）。光明集团长江总公司94公顷大跨度柔性池塘温室大棚建设已全部完成并投入运行。完成水产养殖业布局规划编制工作，结合养殖布局规划，进一步完善了奉贤区持有土地承包经营权证的养殖水域信息备案工作，并逐步推广。新型养殖机械装备得到推广，2015年度本市渔民共获得600余万元渔业机械购置补贴。

二是渔业科技支撑和保障能力得到提升。有序推进水产原（良）种场建设，至2015年，本市已建成国家级水产原（良）种场1家，市级水产良种场8家，区级水产苗种场33家。据统计，2015年全市水产苗种生产情况较好，全市共有43家育苗场，育苗数为常规鱼约15.6亿尾，南美白对虾约97.1亿尾，罗氏沼虾约4.12亿尾，青虾约1.66亿尾，龟类约21.2万只，基本满足了本市水产养殖需要及部分供应外地。

积极推进中华绒螯蟹国家级良种资质认定，顺利向国家水产良种和原种审定委员会进行了申报并获得专家评审通过。河蟹产业技术体系经过5年的努力，形成了池塘养殖大规格河蟹的“松江模式”和“崇明模式”，在良种选育、大规格亲蟹繁育、大规格成蟹生态养成等产业链中的一些重点领域和关键环节取得重要突破。2015年，上海市虾类产业技术体系培育了罗氏沼虾22亿尾幼体，6亿尾虾苗，南美白对虾虾苗16.82亿尾，青虾虾苗2 400万尾，虾类养殖示范面积72公顷，技术辐射超667公顷，建立技术规范2个。

2015年，本市水产系统获得市科技兴农项目资金2 000余万元。市水产研究所刀鲚全人工繁养和种质鉴定关键技术获得上海市科学技术发明一等奖。市水产研究所在水产新品种引进、选育以及人工繁殖及养殖技术研究上取得新进展。在2014年稻虾蟹轮作养殖试点取得成功基础上，金山区枫泾镇稻虾共作养殖技术试验示范点建设稳步推进，2015年试点面积达73公顷。

渔业科技入户和产学研对接工作扎实开展，2015年共计培训养殖渔民1 515人。第二轮产学研对接工作共有38位专家与44家养殖场签约建立了49对产学研对接关系，有力提高了对接紧密度和渔业科技成果的转化及综合应用能力。

农业部健康养殖示范场创建工作扎实开展，至2015年本市共有29家养殖场获得“农业部健康养殖示范场”称号。2015年完成淡水养殖投保面积10 353公顷，保费收入6 488.53万元，市区两级财政补贴3 591万元，保险覆盖面达80%以上。本市南美白对虾互助运作总保费达到7 000余万元，投保面积2 800公顷，年平均简单赔付率控制在52%，大大低于非互助运作的南美白对虾养殖保险赔付率。

三是水产品质量和渔业生产安全监管进一步加强。加强地产养殖水产品抽检工作，2015年本市共抽检地产养殖水产品597件，其中例行检测583件，增殖放流检测14件，合格率100%；此外，农业部组织对上海抽检水产品样品65件，结果全部合格。开展水产苗种专项整治行动。共出动渔政执法人员139人次，抽检苗种生产企业12家，抽检样品12件，检测结果全部合格。推进水产品准出制度建设，2015年本市共有220家水产养殖场通过审核、公示，获得水产行业协会颁发的准出证明,覆盖水产养殖面积达 10 400 公顷。做好水产苗种检疫工作,2015 年共组织检测检疫出市境水产苗种 30 批次、2.4 亿尾,增殖放流水产苗种 56 批次、5 947.5 万尾。开展地产养殖水产品质量安全监管工作绩效考核,奉贤区、松江区、浦东新区列入全市考核前三名。

2015 年,本市共发生各类渔业安全生产事故 5 起,死亡(失踪)1 人,伤残 2 人,直接经济损失 12.7 万元,无船舶沉没,渔业安全生产形势平稳可控。认真落实渔业安全生产责任制,市农委、区县农委、乡镇、渔业村(合作社)、船东船长等层层签订了渔业安全生产责任书。加强对捕捞渔民宣传教育和培训工作,伏休期间举办各类船员培训班 14 期,培训渔民1 193人。组织开展渔业安全宣传月系列活动,开展渔业安全生产督查,开展平安渔业示范点创建活动。推进海洋捕捞渔船标准化更新改造工作,完成 36 米级和 20 米(16 米)级标准化渔船主机选型,上海渔港监督局与渔业机械仪器研究所共同编写的"上海市 36 米桁杆拖网渔船船型参数地方标准",被市质量技术监督局列入了年度修订项目立项计划,取得了阶段性成果。至 2015 年底,本市已累计建成标准化渔船 107 艘,其中 2015 年内建造完成 14 艘。推进标准化渔港建设,2015 年横沙一级渔港通过竣工验收,正式投入使用。

四是渔业六次产业发展势态良好。休闲渔业稳步发展。在以"缤纷水族、和谐生活"为主题的 2015 第十届上海国际休闲水族展览会上,共有 200 多家观赏鱼企业参展或参加观赏鱼大赛,吸引了 3 万多人次观展,现场销售额达 300 多万元,意向订单约 2 000 多万元。据统计,"十二五"以来,休闲渔业年总产值增加 15%,垂钓服务年总收入提高 30%,水族产业年总产值提高 15%。远洋渔业稳步推进。

2015 年上海远洋捕捞产量达 15.26 万吨,同比减少 4.45%,本市远洋渔业企业全年共回运自捕水产品 88 357 吨,同比增长 22.33%,占远洋捕捞总产量的 57.9%,同时回运自捕水产品结构不断优化,除传统的鱿鱼、鲣鱼、竹荚鱼回国外,西白令海的狭鳕、阿根廷的红虾、无须鳕、北太的鲐鱼、西非的章鱼、目鱼等产品,回国比例也逐年增长。

五是渔业行政执法和生态资源养护有力推进。组织开展清理取缔涉渔"三无"船舶专项整治行动并取得阶段性成果。打击非法捕捞工作常态化开展,2015 年农业部联合上海市政府结合长江禁渔期管理,共同开展了长江水域上海段清理整治非法捕捞联合执法行动,重点整治长江口区涉渔"三无渔船"及"绝户网"等非法捕捞行为,共开展了 10 次联合执法行动,共查获、处罚各类案件 574 起,罚没款 23.1 万余元,没收、清除、取缔非法渔具 680 余顶,清除浮子 4 700 余个。

内陆水域打非网格化逐步形成,非法捕捞得到有效遏制。渔业行政执法和刑事司法衔接再获突破,2015 年本市共有 3 起案件移送公安机关,2 名当事人被人民法院依法追究刑事责任,判处拘役 3 个月。2015 年在长江禁渔期间全市共计审核发放鳗苗捕捞许可证 175 张,刀鲚专项证 122 张,凤鲚专项证 39 张,共计取缔、查没鳗苗网、深水张网各类违规网具近 2 000顶,浮具2 858 只,有效确保了长江渔业生产有序、深水航道畅通和重点工程顺利实施。

本市 2015 年伏季休渔工作进展顺利,应休渔船 301 艘,实际休渔 301 艘,无渔船在外违规航行作业。顺利实施 2015 年本市水生生物增殖放流计划,各级渔业管理部门共投入中央财政、市区两级财政总资金 1 278.35万元,在淀山湖、黄浦江上游、长江口、杭州湾等水域共计放流各类苗种10 334.895万尾(只),取得了良好的社会和生态效益。

海洋牧场示范区项目建设成效凸显;青草沙水库邻近水域生态修复工作全面完成;东海大桥海上风电场邻近水域生态环境调查项目任务有序开展;浦东机场外侧滩涂促淤圈围工程渔业生态修复工作取得较好效果。2015 年完成水生野生动物进出口初审 38 件,审核水生野生动物经营利用许可证 21 张、驯养繁殖证 3 张、运输证4 张,年审特许证件 55 张。2015 年开展水生野生动物救护行动 13 起,救护大鲵9 尾、红海龟 2 只、绿海龟1 只,江豚 1 头。2015 中华鲟保护区崇明基地建设项目基本建成,中华鲟保护区管理处充分发挥自身优势,在长江口水域共监测到野生中华鲟幼鱼 3 032尾,收救1 032尾,得到有关部门和领导的充分肯定。

渔业行政执法督察得到加强,组织各区县和有关单位重新上报了本市渔政执法督察人员名单,并开展了长江、内陆水域禁渔期、海洋伏季休渔等专项督察。2015 年上海海洋大学远洋渔业资源调查船项目已正式开工;崇明县 100 吨级渔政船项目已建造完成。组织开展了渔业文明执法窗口创建工作,上海渔港监督局堡镇分局、中国渔政 31006 和市渔政处中国渔政 31008 成功获得渔业文明执法窗口单位称号。2014 年全市群众渔业和远洋渔业企业共有 1 032 艘渔船申报渔业油价补助,总功率 159 631.15 千瓦,合计补助总资金 30 292 万元。《上海市志 · 农业分志 · 渔业卷》编纂工作有序推进,2015 年编纂资料长编撰写基本完成。完成了渔业发展"十二五"规划梳理及"十三五"发展规划编制工作。

【重点渔业区(县)基本情况】

上海市重点渔业区(县)基本情况

区(县)	渔业人口(人)	渔业产值(万元)	水产品产量(吨)	其中				养殖面积(公顷)	
				海洋捕捞	内陆捕捞	长江捕捞	内陆养殖	海水	内陆
崇明县	10 262	153 040	57 104	15 107		72	41 925		5 333
奉贤区	7 789	69 857	17 533	594	724		16 215		3 190
青浦区	3 656	50 639	19 019		1 035		17 984		2 401
浦东新区	2 233	42 409	27 087	7 876		6	19 205		2 755
金山区	2 580	26 443	9 667	274	653		8 740		1 147

【大事记】

[1]2月3日,全国水产技术推广总站副站长李可心一行三人到本市奉贤区就“基层水产技术推广示范站”创建工作开展实地检查,先后参观了奉贤区庄行镇的集贤虾业水产专业合作社、景海水产专业合作社,并听取了奉贤区关于示范站创建工作的汇报。

[2]4月9日,农业部副部长于康震、上海市政协副主席张恩迪,上海市农委主任孙雷、副主任邵林初出席在本市长兴岛举行的长江水域上海段清理整治非法捕捞联合执法行动启动仪式,并登上渔政执法船,慰问渔政执法人员;到上海横沙一级渔港开展调研,听取上海都市现代渔业发展和横沙渔港建设等工作情况汇报。

[3]4月22日,为迎接第46个“世界地球日”,上海市农业委员会与青浦区人民政府在淀山湖共同举办以“增殖渔业资源,建设生态湖区”为主题的2015年淀山湖水生生物增殖放流活动。上海市农业委员会副主任邵林初、青浦区人民政府副区长赵明、农业部长江流域渔政监督管理办公室副主任韩旭、上海海洋大学校长程裕东、中国水产科学研究院渔业机械仪器研究所副所长倪琦以及社会各界代表约100人参加本次活动。

[4]6月5日,市委农办、市农委副主任邵林初在上海市水产研究所多功能会议厅,为市农委机关相关处室、水产和畜牧系统及农广校党员干部作“三严三实”专题党课。

[5]7月28日,中国水产科学研究院暨国家大宗淡水鱼产业技术体系淡水养殖技术培训会在上海综合试验站松江试验片举办。国家大宗淡水鱼产业技术体系首席科学家戈贤平、上海海洋大学副校长李家乐等出席培训会。

[6]9月15~16日,农业部渔业船舶检验局局长李昌健一行四人,来沪到上海渔业船舶检验局、上海海洋大学、中国水产科学研究院渔业机械仪器研究所等单位调研渔船检验、渔业安全及信息化建设工作。

[7]10月8日,市委副书记、市长杨雄主持召开市政府常务会议,研究部署本市开展清理取缔涉渔“三无”船舶专项行动等事宜。会议审议通过《上海市清理取缔涉渔“三无”船舶专项行动工作方案》,决定自2015年10月1日起至2016年底,在全市范围内统一开展清理取缔涉渔“三无”船舶专项整治行动。

[8]10月14~15日,中共中央政治局委员、上海市委书记韩正在崇明县调研崇明生态岛建设期间,前往长兴岛,察看长兴岛横沙国家一级渔港和长兴郊野公园建设进展情况,听取市长兴岛开发建设管理委员会办公室的工作汇报。市领导姜平、尹弘、周波、蒋卓庆参加调研。

[9]10月22日,市委农办、市农委主任孙雷深入本市奉贤、崇明等区县,就本市清理取缔涉渔“三无”船舶专项行动开展调研,检查工作,听取情况汇报,提出工作要求。

[10]10月28日,全国水产技术推广总站副站长王德芬等一行到上海市水产研究所(上海市水产技术推广站)考察指导工作,先后参观了所(站)新技术推广室、加工研究室和病防科疫病检测实验室,详细了解了灰海马、江魟鱼、杂交鳜鱼等品种的繁育、养殖及市场推广情况和水产品加工研发以及水生动物疫病检测实验室建设等工作。

[11]10月30日至11月2日,2015第十届上海国际休闲水族展览会在上海农业展览馆举办。市委农办、市农委副主任邵林初出席展会开幕活动。

[12]11月13日,2015年上海市新型职业农民职业技能大赛(水产行业赛区)在上海崇明县余丰水产养殖场举行。市委农办、市农委副主任邵林初出席开幕式。

[13]11月23日,本市启动清理取缔涉渔"三无"船舶水上综合执法第一阶段执法行动,充分发挥既有的联勤联防联动机制,在公安、海警、海事、海监等相关部门紧密配合下,组织完成了第一阶段的宣传告知、现场演练、登临扣押等各项任务。

[14]12月2日,本市召开了清理取缔涉渔"三无"船舶专项行动领导小组第一次会议,副市长时光辉在会上做了指示;同日为建立完善各部门联勤联动机制和清理取缔综合管理机制,组织执法船队开展了清理取缔涉渔"三无"船舶专项行动现场汇报演练,得到了现场观摩的副市长时光辉、副秘书长吴建融、孙雷主任等各级领导的肯定。

(上海市水产办公室)

江苏省渔业

【概况】 2015年,江苏渔业系统认真贯彻落实省委、省政府决策部署,以渔业调结构转方式为主线,现代渔业建设取得新成效,渔民增收实现新突破。全省水产养殖面积稳定在76万公顷左右,水产品总产量522万吨,稳中有增;渔业产值1 545亿元,同比增长4.33%;渔业经济总产值2 736亿元,增长6.04%;渔民人均可支配收入2.1万元,超过全省农民人均收入4 000多元。

1.加快推进高效设施渔业建设 扎实推进标准化池塘改造,编制出台了《江苏省百亩以上连片养殖池塘标准化改造专项规划》,计划用5年时间对全省连片养殖池塘全部进行标准化改造。2015年全省共投入财政资金3亿元,组织改造池塘面积近6万公顷,其中标准化池塘4万多公顷。加强现代渔业"四个一批"建设,"十二五"期间,全省建成标准化池塘超过20万公顷,约占池塘养殖总面积的一半,微孔增氧设施应用面积超过6.67万公顷、渔业物联网技术应用面积超1.33万公顷,高效设施渔业面积累计超过19.46万公顷,占水产养殖总面积的25.7%。建成省级现代渔业产业园区21家、省级现代精品园41家、省级现代渔业示范场(基地)73家和示范村91个。

2.扎实推进生态健康养殖 组织开展了第十批全国水产健康养殖示范场创建,新增24家全国示范场,"十二五"以来,全省共创建农业部水产健康养殖示范场518家,居全国前列。积极宣传引导,积极推广应用池塘工业化生态养殖系统,截至止到2015年年底,累计在全省57个点建设工业化生态养殖系统面积5.53万平方米,初步实现高产、高效和减排的效果。扎实推进太湖流域池塘循环水养殖工程实施,累计建设工程面积2.33万公顷,养殖池塘氮磷排放下降40%以上。

3.着力提升渔业产业化经营水平 省海洋与渔业局制定下发了《关于做好2015年水产品加工业重点工作的通知》,积极推动促进水产品加工业发展有关政策的落实。积极培育渔业龙头企业,到"十二五"末,全省省级以上渔业龙头企业达到71家,其中国家级龙头企业9家。在全国率先制定《省级示范家庭渔场认定办法(试行)》,认定了首批省级示范家庭渔场37家。推进渔民专业合作社发展,新增渔民专业合作组织300多个,总数已超过4 200个,渔户参合率达60%。积极发展休闲渔业,制定了《关于加快发展休闲渔业的意见》,新增全国休闲渔业示范基地9家。

4.不断开拓国内国际市场 组织省内水产品企业在福州、上海等地举办"江苏优质水产品推介活动"。协助海南省海洋与渔业厅在南京成功举办"海南省优质水产品推介会",促进苏琼两省渔业的交流合作。发力"互联网+",探索水产品流通的新途径,推动可追溯"江苏优质水产品"成功上线苏宁易购,当年实现网上销售约5亿元。在第十七届江苏国际农洽会期间,成功举办渔业国际合作专场推介签约会,签约28个项目、总额3.26亿美元。2015年全省水产品出口6.19万吨,出口额4.61亿美元,同比分别增长2.68%和1.42%。指导省渔业协会、省休闲垂钓协会、省紫菜协会首次成功举办了2015江苏国际水产品暨休闲渔业展销会,受到业内外欢迎。

5.积极推动远洋渔业发展 江苏省政府办公厅印发《关于促进远洋渔业发展的意见》,明确了到2020年的发展目标、总体要求和主要任务等。2015年度,江苏共有48艘远洋渔船分布在北太平洋、东南太平洋、西南太平洋、缅甸、文莱、几内亚、摩洛哥等海域作业,捕获各类远洋水产品3.37万吨,产值2.99亿元,同比分别增长50%和44%,自捕鱼运回222批次,共计2.31万吨,回运率69%。积极推进南极磷虾项目落户南通海门市,促成中国水产科学研究院在江苏发起成立"南极磷虾科技创新产业联盟"。

6.加快推进渔业科技进步 现代水产种业发展加快,"十二五"期间,全省建成国家级水产原良种场6家,全国现代渔业种业示范场3家,培育了"长江1号""长江2号"河蟹、"太湖1号"青虾等5个水产新品种。大力推广渔业新品种、新技术、新模式,2015年累计建立"长江1号"蟹种培育基地1 449公顷,推广"长江2号"河蟹养殖6 793公顷,推广"太湖1号"青虾养殖4.38万公顷。建立了沙塘鳢育繁推一体化技术体系,建立罗氏沼虾-鳜鱼接茬生态养殖、河蟹南美白对虾双主养等新模式。渔业科技入户工程覆盖全省59个涉渔县(市、区),培育渔业科技示范户2.3万户。成功举办首届江苏省渔业技术推广职业技能竞赛,前三名选手代表江苏参加了全国水产技术推广职业技能竞赛,获得团体第二名及两项个人三等奖、一项个人优秀奖的佳绩。“长江刀鲚全人工繁养技术的创建与应用”获得2015年江苏省科学技术奖一等奖,“十二五”期间全省渔业系统共获得省科学技术奖一等奖3个。

7. 大力强化水产品质量安全监管 推进渔业标准化生产与品牌建设,2015年共立项制订省级地方标准12项,新增农业部登记保护地理标志水产品3个,认定无公害水产品产地10.27万公顷,获证产品154个。加强快速检测能力建设,在全省56个渔业重点县(市、区)和南京众彩农副产品批发市场建成快速检测室345个。深入开展水产品质量安全专项整治行动,全年共出动执法人员16 223人次,检查生产经营单位7 521家,查处问题132起。加强产地水产品质量安全监测,农业部监督抽查江苏产地水产品570个,合格率99.5%。省级组织监督抽检产地水产品样品2 675个,合格率99.6%。

8. 扎实开展水生动物疫病防控工作 加强防控体系和能力建设,新增2家县级水生动物防疫实验室通过资质认定,全省通过认证的实验室达到14家,居全国前列。完善病害测报体系建设,在46个建有水生动物防疫站的县(市、区)全面开展水产病害测报工作,开展渔业乡村兽医培训4 076人次,开展规范用药宣传。组织开展部分地区河蟹“水瘪子”病、鳜鱼虹彩病毒病的专题调查和有效应对。

9. 切实加强渔业资源环境保护 省委、省政府高度重视水生生物资源养护,省政府专门召开了江豚保护工作座谈会,稳妥处理了长江深水航道建设与渔业资源损失赔偿事宜,批准实施《江苏省长江江豚保护行动计划(2016—2025年)》。积极开展渔业资源增殖放流,全年共投入增殖放流资金7 907.78万元,放流各类苗种20.97亿尾(只、颗),其中海洋经济物种8.15亿尾(只、颗)、内陆经济物种12.81亿尾(只、颗)、珍稀濒危物种84.8万尾(只、颗)。新建了洪泽湖虾类国家种质资源保护区,全省各类涉渔保护区达36个,保护面积2 500多平方公里,渔业生态保护体系进一步完善。在连云港海州湾继续推进海洋牧场建设,累计投放人工鱼礁礁体6.6万个,形成人工鱼礁群面积达150平方公里。太湖鱼类抑藻放流、池塘循环水工程等项目的实施,赋予了生态渔业建设新内容。

10. 大力推进渔船更新改造和渔港建设 从2011年开始,江苏实施了海洋渔船标准化更新改造工程,省财政累计下达补助资金2.67亿元,支持1 054艘海洋捕捞渔船更新改造,拆解老旧渔船2 645艘,撬动渔船更新改造社会资本30亿元左右,淘汰一批老旧渔船,新造一批标准化渔船,到2015年底登记在册的海洋渔船降至4 819艘,比2011年减少5 254艘。“十二五”期间,全省新建渔港14座,省级以上扶持资金3.96亿元。

11. 着力强化渔业法治建设 制定出台了《〈中华人民共和国渔业船员管理办法〉江苏省实施办法》《江苏省特种养殖船检验与安全生产管理规定》《江苏省洪泽湖渔业管理规定(修订)》《高宝邵伯湖渔业管理规定》等规章。扎实推进水域滩涂养殖权制度建设,基本完成13个地级市水域滩涂养殖规划工作,新版养殖证换发有力推进。海洋与渔业执法能力不断加强,新列装执法船(艇)158艘,全省123个渔政机构除7个县外都实现了参公或全额拨款事业单位管理。全年渔政执法检查共立案10 373宗,结案10 109宗,结案率达97.5%;实施行政处罚10 407人次,刑事处罚210人,处罚金额6 697万元。

12. 不断改善渔民民生 加强渔业安全生产,严格落实安全责任,强化隐患整治,针对个别区县渔船事故、险情多发问题,给区政府发函督促整改。2015年,全省共发生渔业安全生产事故18起,死亡(失踪)10人,死亡人数和较大事故起数均在省下达的控制指标之内。根据国家统一部署,制定并报省政府批准了渔业油价补贴调整方案,会同省财政厅下达2014年度油补资金12亿元。会同省住房与城乡建设厅等相关部门,加强对以船为家渔民上岸安居工程实施的督查推进,落实中央财政补助资金2.174亿元。推进渔业政策性互助保险工作,完成保费收入1.29亿元,为全省渔民和渔船提供风险保障287亿元。

13. 渔业水域生态环境状况 2015年,江苏省海洋与渔业局组织有关单位在太湖、滆湖、洪泽湖、高宝邵伯湖、骆马湖、长江干流江苏段、江苏近岸海洋重要渔业水域共设置监测站位330个。监测结果表明,江苏省渔业生态环境状况总体良好。

(1)省内主要湖泊 。水质状况总体良好。石油类、铜、铅、镉、汞、砷符合渔业水质标准,与2014年相比,湖泊水质氨氮、化学需氧量总体有所降低,总氮、总磷基本保持稳定。湖泊底质状况良好。浮游生物资源丰富,鱼类群落结构基本稳定,水生生物资源增殖放流效果明显。

(2)长江干流江苏段 。水质状况总体良好。铜、铅、镉、汞、砷符合渔业水质标准,总磷符合地表水Ⅲ类标准。底栖动物生物多样性水平较低，鱼类群落结构逐步改善，水生生物资源增殖放流效果逐渐显现。

(3)江苏近岸海域重要渔业水域。水质状况总体良好。粪大肠菌群符合海水水质Ⅰ类标准；化学需氧量大部分符合海水水质Ⅰ类标准；部分增养殖区无机氮、磷酸盐较高。沉积物及海洋生物质量状况基本良好。浮游植物生物密度较高，浮游动物、鱼卵仔稚鱼、底栖生物密度基本稳定，滩涂潮间带贝类等生物资源丰富，游泳生物资源量较平稳。吕泗渔场大黄鱼，蒋家沙竹根沙大竹蛏、文蛤等水生生物资源养护效果明显。

【重点渔业市(县)基本情况】

江苏省重点渔业市(县、区)基本情况

市(区、县)	水产品总产量(吨)	其中				养殖面积(公顷)	其中	
		海洋捕捞	海水养殖	内陆捕捞	内陆养殖		海水	内陆
赣榆区	457 766	136 405	230 630	1 261	89 470	24 471	19 316	5 155
启东市	364 963	199 614	121 781	8 005	35 563	37 306	24 997	12 309
如东县	315 999	50 230	201 936	6 018	57 815	57 029	48 551	8 478
兴化市	300 007	0	0	9 971	290 036	34 349	0	34 349
射阳县	210 996	33 521	71 032	7 912	98 531	16 927	6 927	10 000
东台市	182 572	28 435	68 616	13 075	72 446	28 370	21 070	7 300
大丰市	175 012	13 026	62 265	14 023	85 698	27 150	17 750	9 400
高邮市	161 824	0	0	5 154	156 670	26 625	0	26 625
宝应县	149 557	0	0	16 124	133 433	24 036	0	24 036
盐都区	101 360	180	0	11 080	90 100	8 333	0	8 333

【大事记】

[1]1月20日，江苏省海洋与渔业局和中国移动江苏公司在南京签署了《信息化战略合作协议》。省海洋与渔业局局长汤建鸣、副局长夏前宝，中国移动江苏公司总经理王建、副总经理关懿珉，南京分公司总经理周隽共同出席了签约仪式。根据合作协议，双方将本着“政企联动、着眼长远、共同发展、实现共赢”的原则，依托先进的移动通信技术、RFID 物联网技术和信息服务技术为基础，共同推进智慧海洋与渔业建设，以信息技术促进产业转型升级，以信息化推进服务型机关的建设。

[2]1月23日，江苏省海洋与渔业局副局长夏前宝率团访问了美国密歇根州农业与农村发展部(MDARD)，与密歇根州农业与农村发展部主任 Clover Adams 会晤并签署了合作协议书。根据协议，双方将在渔业生态、环境保护、养殖系统开发和渔业养殖等领域结成长期合作伙伴关系，开展更加深入的合作。

[3]1月28日，江苏省委常委、副省长徐鸣到省海洋与渔业局就推动现代渔业建设迈上新台阶进行专题调研。省政府副秘书长杨根平等有关负责同志参加调研。省海洋与渔业局局长汤建鸣向徐鸣副省长汇报了“十二五”以来江苏现代渔业建设基本情况，提出了推动江苏渔业现代化建设的总体目标和工作思路。

[4]3月9日，全省海洋与渔业工作会议在南京召开，总结回顾2014年海洋与渔业工作，部署安排2015年重点工作任务，奋力推动全省海洋与渔业迈上新台阶。江苏省海洋与渔业局局长汤建鸣出席会议并作了题为“把握新常态 落实新要求 奋力推动海洋与渔业迈上新台阶”的讲话，省纪委驻局纪检组组长谢国华作了题为“坚守责任担当严明纪律深入推进党风廉政和反腐败工作”的专题报告。会议由副局长沈毅主持，副局长夏前宝、林建华、张建军出席会议。会上还发布了《2014 年江苏省海洋环境质量公报》《2014 年江苏省渔业生态环境状况公报》和《2014 年江苏省海洋灾害公报》。

[5] 3月23日，江苏省海洋与渔业局和省测绘地理信息局签署战略合作框架协议，加强基础地理空间数据和海洋与渔业信息数据共建共享、海洋调查、海洋经济管理信息化、海洋开发重大工程的动态监管、海域和海岛管理工作的技术、海洋科研领域等方面的合作，推进渔业管理信息化交流与合作。

[6]4月1日，由江苏省海洋与渔业局、南京市人民政府联合主办，南京市农委、江宁区人民政府共同承办的"2015年江苏省暨南京市长江渔业资源增殖放流活动"在江宁渔业港区举行。此次增殖放流活动共投放四大家鱼大规格鱼种100万尾、中华绒螯蟹10万只以及胭脂鱼等。

[7]4月16日，江苏省海洋与渔业局与中国农业银行江苏分行在南京签署了《全面战略合作框架协议》。江苏省海洋与渔业局局长汤建鸣、农行江苏分行行长高友清出席签字仪式，副局长张建军、副行长韩静代表各自单位在合作协议上签字，仪式由农行江苏分行副行长许红波主持。根据协议，农行江苏分行将在未来3年内在海洋和渔业领域提供一揽子150亿元意向性信用额度，并保持高效设施渔业、渔业产业化、沿海开发等领域信贷资金投放量逐年增长。

[8]4月27日，江苏省海洋与渔业局和江苏海事局在南京签署《水上安全监管战略合作框架协议》，省海洋与渔业局局长汤建鸣、江苏海事局局长张同斌出席签字仪式并讲话。

[9]5月13日，江苏省海洋与渔业局印发了关于做好2015年海洋伏季休渔工作的通知，对相关管理工作作出部署。2015年江苏海域伏季休渔作业类型为：除钓具外的所有作业类型。具体休渔时间是：北纬35度至26度30分的黄海和东海海域为6月1日12时至9月16日12时。其中：桁杆拖虾、笼壶类和刺网休渔时间为6月1日12时至8月1日12时；灯光围(敷)网休渔时间为5月1日12时至7月1日12时。定置作业休渔时间为6月1日12时至8月16日12时，其中定刺网作业为6月16日12时至8月31日12时。

[10]6月8日，在"世界海洋日"和全国"海洋宣传日"来临之际，江苏省政府在南京召开长江江豚保护工作座谈会，邀请有关方面代表、专家集思广益，共商加强长江江豚保护对策。江苏省委常委、副省长徐鸣到会讲话，要求抓好强化长江江豚保护区建设，加大江豚人工繁育技术攻关力度、强化长江生物资源调查和监测救护，提高沿江开发依法管理水平。当天，江苏省海洋渔业指挥部还举行了"海洋日增殖放流活动"，在吕四渔场投放40万尾大黄鱼苗种。

[11]6月24～26日，江苏省海洋与渔业局局长汤建鸣一行深入建湖、兴化、姜堰、泰州、江都等地，践行"三严三实"，下基层接地气，冒雨考察调研当前渔业生产和现代渔业建设情况。

[12]7月14日，江苏省海洋与渔业局在无锡召开全省海洋与渔业工作座谈会，总结交流上半年工作，安排部署下半年任务。省海洋与渔业局局长汤建鸣出席会议并讲话，副局长沈毅主持会议。省海洋与渔业局领导班子成员，省局机关各处室、各直属单位主要负责同志，13个省辖市和3个省直管县海洋与渔业主管部门的负责同志参加了会议。

[13] 9月11日，2015江苏渔业国际合作推介会在盐城举行，宣传推介江苏省现代渔业发展成果，推进渔业对外合作。农业部副部长于康震，省委常委、副省长徐鸣，省政府副秘书长杨根平，农业部渔业渔政管理局副局长李书民，省海洋与渔业局局长汤建鸣、副局长沈毅，省商务厅巡视员王润亮，盐城市长王荣平等出席。省海洋与渔业局副局长张建军主持。

[14]9月10～12日，农业部副部长于康震、农业部渔业渔政管理局副局长崔利锋、李书民一行在江苏省委常委、副省长徐鸣，省政府副秘书长杨根平，省海洋与渔业局局长汤建鸣、副局长沈毅、张建军、副巡视员费志良，省农委主任吴沛良等领导陪同下，专程到盐城、南通等地，考察、调研了江苏的现代渔业发展情况。

[15]9月下旬，江苏省海洋与渔业局局长汤建鸣率江苏渔业代表团出访老挝、缅甸和印度，分别与老挝国防部渔业局、缅甸农业部渔业局和印访旁遮普邦牧业 奶业渔业发展厅举行会谈并签署了合作备忘录。

[16]9月28日，江苏省海洋与渔业局与苏宁云商集团股份有限公司在南京联合举办了苏宁易购"江苏优质水产品"签约及上线启动仪式。苏宁易购本次上线的水产品均接入江苏省水产品质量安全追溯系统，从而实现质量可追溯、产品可查证、责任可追究。

[17]10月23日和10月26日，江苏省海洋与渔业局局长汤建鸣带队分别在澳门特区和香港特区举办了"江苏大闸蟹推介会"。通过推介会，进一步加深与港澳两地的渔业合作，"以蟹为媒，共谋发展"，实现互利共赢。

[18]11月3～5日，农业部渔业渔政管理局在江苏省盐城市召开全国水产养殖面源污染防治现场会，来自全国30多个省份60余名管理部门、推广机构及相关企业代表参加了会议。农业部渔业渔政管理局副局长李书民、江苏省海洋与渔业局副局长张建军、盐城市吴晓丹副市长出席会议并分别作了讲话。

[19]11月7～13日，江苏省海洋与渔业局副局长沈毅率团赴我国台湾省开展苏台渔业合作交流与洽谈活动，就远洋渔业、渔业养殖及产品加工、休闲渔业发展、渔会组织建设等进行了广泛交流，并洽谈有关合作内容。

[20]12月9日，江苏省首艘内陆湖泊100吨级渔

政船"中国渔政32239"在高宝邵伯湖列装。"中国渔政32239"总长35.65米,型宽6.5米,型深2.35米,吃水1.2米,排水量102.85吨,主机功率522千瓦,航速14节。

(江苏省海洋与渔业局)

浙江省渔业

【概况】 2015年,浙江省水产品总产量602万吨,同比增长4.7%。其中,国内海洋捕捞产量336.7万吨,同比增长3.8%;海水养殖产量93.3万吨,同比增长3.9%;淡水捕捞产量8.8万吨,同比减少2.8%;淡水养殖产量102万吨,同比增长4.3%。远洋渔业产量61.2万吨,同比增长14.8%。2015年全省渔业经济总产出达到1 937.4亿元,比上年增长4.95%。其中渔业总产出707.9亿元,比上年增长4.85%。2015年全省水产品出口数量46.88万吨,比上年增加3.9%;水产品出口贸易额18.5亿美元,同比增长1.6%。全省渔民人均纯收入21 514元,同比增长9.01%。

1.水产养殖 2015年,在"五水共治"的大背景下,继续按照"保生态、保安全、促增收"的发展思路,浙江省积极实施以"优化水产养殖布局、转变发展方式、推动产业转型升级"为核心的渔业转型促治水三大工程,即池塘生态化改造工程、稻鱼共生轮作工程和水产禁限养区划定和整治工程。当年全省渔业转型促治水三大工程累计投入资金13.9亿元,完成池塘生态化改造1.21万公顷,完成年度任务的172%,投入资金4.6亿元;稻鱼共生轮作近1万公顷,完成年度任务的133%,投入资金1.6亿元;禁限养区划定整治面积近1万公顷,完成年度任务的118%,投入资金7.7亿元。当年全省淡水养殖产量101.95万吨,同比增长4.3%,淡水养殖产值227.5亿元,同比增长4.5%。海水养殖生产保持稳定,全年海水养殖产量93.34万吨,同比增长3.01%,海水养殖产值130.4亿元,同比增长1.7%。2015年,全省现代渔业园区建设圆满收官,建成并挂牌省现代渔业园区50个。"十二五"期间,全省建成的并通过省级挂牌验收的现代渔业园区322个,实施面积2.41万公顷,投入资金约28.7亿元。

2.海洋捕捞 2015年浙江省海洋捕捞总产量336.7万吨,比上年增长3.83%;总产值271.7亿元,比上年增长5.56%。2015年底,全省海洋捕捞渔船总数为19 493艘,总吨位237.9万吨,总马力366.7万千瓦,船数比2014年底减少1 440艘,总吨位增加5.9万吨,总功率减少1.7万千瓦。海洋渔业捕捞专业从业人员总数136 614人,比上一年147 299人减少7.3%。继续深入推进浙江渔场修复振兴暨一打三整治行动,取缔涉渔"三无"船舶5 217艘,包括拆解3 505艘,非拆解取缔1 712艘,完成5 306艘"船证不符"渔船的初步整治,其中"套牌"渔船2 120艘,"扩功"渔船3 019艘,"扩尺度"渔船167艘。全省共清缴违禁渔具8.5万余顶/张(累计超16.6万顶/张)。从2015年起,财政部和农业部对国内渔业捕捞和养殖业油价补助政策进行调整,其中一项内容是支持渔民减船转产,中央财政将减船补助标准从2 500元/千瓦提高到5 000元/千瓦,推动捕捞渔民减船转产。

3.远洋渔业 2015年,浙江省远洋渔业生产继续保持平稳的发展态势,全省共有农业部远洋渔业企业资格的企业47家,共有远洋渔船578艘(其中投入远洋生产的558艘),产量61万吨,比上年增产13%,捕捞产值45亿元,增长7.14%,直接从事远洋渔业渔民1.5万余名。浙江省远洋企业数、远洋渔船数、远洋产量和产值均占全国的1/4强、居全国第一,鱿钓渔业更是在全国处于绝对优势地位,2015年鱿钓产量48.9万吨,产值30.7亿元,分别占全国鱿钓产量、产值2/3。

4.渔业二三产业 在新形势下,以生态为统领,大力探索发展休闲渔业,开拓休闲渔业新业态开发休闲渔业新种类。2015年,全省6家休闲渔业基地获第四批全国休闲渔业示范基地称号,认定公布省级休闲渔业精品基地6家。全省共有各类休闲渔业经营主体1 881个,比上年增长10.8%;从业人员17 557人,比上年增长2.2%;全年休闲渔业总产出18.6亿元,比上年增长2.4%,税后利润5.1亿元,同比增长3.9%。组织企业参加美国波士顿、第十届中国国际(厦门)渔业博览会等国内外系列展会,取得了良好的业绩。继续抓好"浙江名优水产"电商平台建设、开展电商周边服务,目前平台合作企业数量已达13家,三项服务平均分达4.9分,高于全网92%的同类门店。与冰岛PROMENS(博曼斯)集团、"打渔去"平台等商谈合作,为浙江省水产企业寻求新的电商发展契机。

5.初级水产品质量安全管理 组织开展全省初级水产品质量安全百日会战行动。各地共检查水产养殖场5 102个,水产苗种场283家,海捕虾船277艘,发现各类风险隐患点56个,出动执法人员6 967人次,行政执法立案13起,涉案货值3.85万元,责令整改134起,无害化处理问题水产品1 410千克,其中一起移送公安部门立案处理。开展水产品监督检查和风险监测。全年完成近800批次样品的抽查任务。其中218批次的监督抽查样品中只有1批次产地水产品氯霉素指标阳性超标，合格率达到99.5%。加强水产品质量安全监测能力建设。先后组织专家对省内3家质检机构进行了农产品质量安全检测机构考核评审，经考核合格后，颁发了农产品质量安全检测机构考核合格证书。建设省初级水产品质量安全追溯体系。建设渔业生产经营主体信息库，开发了浙江省水产养殖和加工流通主体信息平台，要求全省各市县（市、区）渔业主管局对辖区内规模以上渔业生产经营主体进行调查并统一录入平台。在此基础上启动追溯试点建设。2015年完成220个追溯点建设，并顺利通过省政府对各市的食品安全考核。

6.渔业安全生产监管 2015年，全省共发生渔船水上生产安全事故89起、死亡（失踪）73人、沉船17艘、直接经济损失1 274万元，与上年同期相比，死亡（失踪）人数、直接经济损失数分别下降了17.04%、38.89%，事故起数、沉船数分别上升了11.25%、13.33%。发生较大事故1起，死亡5人。实现了死亡人数、直接经济损失数“两下降”；各类事故死亡人数占省控指标的32.15%、较大事故起数占省控指标的7.69%。积极开展海难救助。2015年全省各级共救助603起（其中渔船救助560起），救助4 543人（其中渔船救助4 372人），挽回经济损失3.2亿元（其中渔船挽回经济损失3.1亿元）。

7.标准渔港建设 2015年全省标准渔港建设进展顺利，截止到12月底，全省全年有岱山县万良渔港、普陀区樟州渔港、普陀区蚂蚁渔港、象山县渔业避风锚地渔船执法所等4个建设项目开工建设，嵊泗中心渔港新港区工程，临海市红脚岩渔港扩建工程，苍南县巴艚中心渔港、大渔渔港、中墩渔港，洞头县鹿西渔港，象山县蟹钳港崇埝港避风锚地等7个项目完工，通过竣工验收4个项目（普陀区月岙渔港、桃花渔港、沈家门中心渔港二期工程、瑞安东山埠渔港），全年累计完成投资3.5亿元。完成年度计划的140%。

8.渔船安全救助信息系统建设 利用系统平台的组合功能，实时监测钓鱼岛周边、韩朝敏感水域附近浙江省渔船动态，完成海上维稳工作，同时参与防台3次，完成渔船回港避风实时监控工作，全年系统各类短信通信量达1 200余万条；启动实施5 186套渔船用北斗卫星终端更新项目，更新北斗终端数量占全省北斗终端数量的1/3，占全国北斗海洋渔业应用示范项目的46.5%；实施了含终端设备年检、维保短波岸台网络化改造等项目的安全救助信息系统提升工程，总投资3 456.78万元，省财政补助1 382.71万元，占总投资额的40%；完成系统服务器迁移，新增12座AIS基站；推进救助信息系统民生版，移动终端版建设，进一步完善渔船安全救助信息系统综合平台功能；规范月度核查制度、月度工作例会制度和年度交叉检查制度，切实提高系统开机率和利用率。

9.水生生物资源增殖放流 2015年，浙江省继续贯彻落实省委、省政府关于“五水共治”和浙江渔场修复振兴的战略决策，开展“生态修复百亿放流”行动，大幅增加水生生物增殖放流资金投入力度，同时进一步完善相关制度，有力提升增殖放流工作水平。全年共投入增殖放流资金11 614.42万元，同比增长27.7%；放流各类水生生物苗种390 290.2万尾（粒），其中海洋苗种267 617.1万尾（粒），淡水苗种122 673.1万尾（粒），同比分别增长35.7%、31.7%和45.3%，全面超额完成年度任务。

10.渔业科技与推广 组织实施浙江省“十二五”水产新品种选育重大科技专项。该专项是省政府确定的“十二五”农业新品种选育重大科技专项之一，实施年限为2012—2015年。专项实施以来，共育成中华鳖“浙新花鳖”等国家水产新品种7个，收集保存种质资源67份、创制育种新品系27个，研究挖掘水产功能基因66个。建立了一个较为完整的水产良种育繁推一体化体系，累计繁育新品种（系）苗种357.3亿尾（只/株/枚/粒），推广养殖面积超6.18万公顷，实现经济效益超28.7亿元以上。开展全省渔业主推品种和主推模式与技术联合推广行动。重点推广中华鳖等15个品种和虾鳖混养等18项模式和技术。全省共组织实施各类示范推广项目436项；扶持建立科技示范户4 882家，示范面积3万公顷；养殖示范推广面积11.8万公顷，实现产量75.93万吨，实现产值163.3亿元，增加产值11.5亿元。组织实施水产养殖节能减排技术集成与示范推广。共推广新型稻田综合种养模式1.59万公顷；推广虾鳖混养模式与技术2 467公顷、围塘虾蟹贝混养与技术2.26公顷；推广虾鳖设施太阳能与生物质能互补加温养殖模式近5公顷，地源热泵加温模式28公顷。

11.渔业互助保险 2015年，全省渔业互保费承载风险保额近961亿元，累计受理理赔案件6 515起，已决赔案5 418起，为受灾渔民赔付金额2.57亿元，未决案件1 288起，未决预估赔款7 776万元。2015年，全省会员累计享受各级财政补贴8 753万元，其中，中央财政补贴272万元，省级补贴6 692万元，市县级补贴1 789万元，广大渔民真正享受到政府政策性补助的温暖。

12.渔业综合执法 2015年，全省各级渔政执法机构围绕“一打三整治”等重点任务，健全执法机制、强化执法监管、提升执法能力，以精细管理、精准发力、稳扎稳打、保持高压为要求,扎实推进渔业执法各项工作。在开展违规网具整治、加强伏休执法管理、维护浙北渔场平安稳定、水生野生动物保护、水生野生动物保护和渔业水域污染事件查处、水产品质量安全执法监管等领域,全年累计查处各类渔业违法案件 7 046 起(其中海洋 3 186 起),罚没款 5 285 万元(其中海洋 4 884万元),查获并没收拆解"三无"渔船 637 艘(其中海洋 345 艘),清缴违禁渔具 10.34 万顶(其中海洋 8.53万顶)。

13. 渔业防灾减灾 2015 年浙江省海洋灾害总体较轻,主要是台风过程,共有 4 次,分别是 1509"灿鸿"、1513"苏迪罗"、1515"天鹅"、1521"杜鹃"。海洋灾害造成直接经济损失 112 613 万元,人员死亡(含失踪)26 人。全年发生达到橙色及以上预警级别的台风风暴潮过程 2 次;灾害性海浪天数 42 天;发现赤潮 12 次,累计面积 837.5 平方千米。各级渔业主管部门扎实开展渔业灾害防御工作。一是全面巩固海洋防灾救灾体系。省市县三级海洋灾害应急指挥部及办公机构基本设立,海洋灾害应急预案体系不断完善,基本覆盖到县一级。二是强化落实渔船安全生产责任。全面部署 2015 年渔船安全生产工作,形成了省、市、县、乡、村、船六级渔船安全管理责任体系;细化了各设区市渔船安全生产目标管理责任制考核指标,进一步加强安全生产考核。三是加强海洋灾害预警报工作。全年共发布海浪警报 46 期、风暴潮警报 19 期,其中海浪警报的 24 小时准确率达到了 86.9%,风暴潮警报的准确率达到了 77.8%(超过省政府二类考核目标);通过电视、广播、网站等渠道定期对外发布海洋环境预报 730 份;发布北太鱿钓区海洋环境预警报 199 份。

14. 渔民技能培训 2015 年年全省共举办各类渔民素质培训班 1 117 期,培训渔民 75 824 人次。其中渔业实用技术培训共办班 652 期,培训人数 36 611 人次,职业技能培训共办班 446 期,培训人数 37 969 人次,通过培训后已取得各类职业技能资格证书的渔民(包含职务船员、四小证)人数为 32 384 人次。举办渔业行业"金蓝领计划"培训班 7 期,共 504 人次参加培训。举办省级示范性渔业合作社人员培训班 8 期,培训人数 462 人次。配合省局中心工作,做好全省养鱼稳粮增收工程培训工作,举办培训班 2 期,参训人数 191 人。做好职业技能培训与鉴定工作,实际参加职业鉴定 334 人。以干校培训基地为载体,承担起全省海洋与渔业系统的各类培训任务。从 2015 年 6 月起,培训基地共举办培训班(会议)13 期,培训人员 600 人次。

【重点渔业县(区)基本情况】

浙江省重点渔业县(区)基本情况

县(市、区)	总人口(万人)	渔业经济总产值(万元)	水产品产量(吨)	其中					养殖面积(公顷)	其中	
				海洋捕捞	海水养殖	内陆捕捞	内陆养殖	远洋渔业		海水	内陆
普陀区	32.3	2 973 690	841 452	454 644	32 812	0	4 115	349 881	2 828	2 384	444
温岭市	121.8	189 6484	592 196	516 775	67 912	382	7 127	0	6 739	5 663	1 076
象山县	54.9	1 041 234	591 203	447 880	112 389	0	10 354	20 580	13 633	10 933	2 700
岱山县	18.8	539 582	410 820	391 596	9 077	0	851	9 296	1 434	1 218	216
嵊泗县	7.8	314 447	354 139	255 152	96 037	0	0	2 950	1 496	1 496	0
玉环县	43	490 460	276 653	177 225	96 433	368	2 627	0	7 398	6 622	776
椒江区	52.7	623 164	261 666	246 749	5 227	0	760	8 930	255	182	73
三门县	44.1	609 246	237 616	17 263	216 448	410	3 495	0	13 410	12 439	971
苍南县	133.2	874 838	202 882	186 560	15 744	35	543	0	5 275	5 009	266
洞头县	13.2	138 960	178 996	161 216	17 597	0	183	0	2 985	2 962	23
定海区	38.6	513 761	158 170	48 419	3 775	0	2 892	103 084	1 605	681	924
奉化县	48.4	255 440	157 321	148 697	5 691	875	2 058	0	2 431	1 055	1 376

（续）

县（市、区）	总人口（万人）	渔业经济总产值（万元）	水产品产量（吨）	其中					养殖面积（公顷）	其中	
				海洋捕捞	海水养殖	内陆捕捞	内陆养殖	远洋渔业		海水	内陆
宁海县	62.6	271 966	154 683	8 659	140 761	221	5 042	0	17 278	15 192	2 086
临海市	119	166 971	127 794	101 935	10 725	1 427	13 707	0	4 536	1 484	3 052
南浔区	49.2	263 228	116 609	0	0	968	115 641	0	6 463	0	6 463
德清县	43.7	413 376	113 008	0	0	3 971	109 037	0	4 764	0	4 764
瑞安市	123.1	272 981	92 226	86 301	2 881	60	2 984	0	2 832	597	2 235
萧山区	37.5	1 135 836	76 501	0	0	721	35 989	39 791	2 911	0	2 911
吴兴区	61.5	158 593	70 220	0	0	3 686	66 534	0	3 940	0	3 940
乐清市	128.7	197 816	69 806	2 784	61 773	1 894	3 355	0	10 059	8 492	1 567

【大事记】

[1]1 月 26 日，浙江渔场修复振兴暨“一打三整治”协调小组第二次会议在杭州召开。省委副书记王辉忠在会上强调，要严字当头防回潮，标本兼治重长效。副省长黄旭明出席会议。

[2]1 月 29 日，省委书记、省人大常委会主任夏宝龙到省海洋与渔业局调研，并带队开展 2014 年度落实党风廉政建设责任制情况重点检查。他强调，要将海上“一打三整治”行动进行到底。赵一德、黄旭明等领导参加调研。

[3]3 月 5 日上午，省委副书记王辉忠一行到定海西码头国家远洋渔业基地实地调研，考察万吨级远洋专用码头、冷库以及一边三检等口岸相关设施，并召开专题座谈会。省海洋与渔业局局长彭佳学参加调研。

[4]3 月 10 ~ 11 日，省委副书记王辉忠赴宁波调研考察渔场修复振兴和远洋渔业发展工作。省海洋与渔业局局长彭佳学参加调研。

[5]4 月 7 日，农业部印发《关于舟山市建设国家远洋渔业基地的意见》，同意支持浙江省和舟山市建设国家远洋渔业基地。

[6]4 月 20 日，全国清理整治“绝户网”和涉渔“三无”船舶工作现场会在象山召开。农业部部长韩长赋出席会议并讲话，省委副书记王辉忠致辞，农业部副部长于康震，省委常委、宁波市委书记刘奇出席。

[7]4 月 21 日，农业部副部长于康震先后赴位于舟山的国际水产城、国家远洋渔业基地和位于宁波北仑的省远洋渔业集团金枪鱼加工基地考察调研。省海洋与渔业局局长彭佳学等陪同调研。

[8]5 月 15 日，全国人大常委会副委员长沈跃跃带领全国人大海洋生态环境保护专题调研组到象山县调研。

[9]5 月 26 日，省政协在杭州召开“开展一打三整治专项执法行动，推进浙江渔场修复振兴”对口协商座谈会。副主席陈小平在会上提出下一步工作要求。省海洋与渔业局局长彭佳学等参加座谈会。

[10]6 月 9 日，省政协副主席陈小平一行莅临省海洋与渔业局调研指导工作。省海洋与渔业局局长彭佳学等参加座谈会。

[11]6 月 17 日，省委、省政府召开浙江渔场修复振兴暨“一打三整治”工作会议。省委副书记王辉忠作重要讲话，副省长黄旭明主持会议。省渔场修复振兴暨“一打三整治”行动协调小组成员单位负责人，沿海有关市、县（市、区）党委和政府分管领导参加会议。

[12]8 月 12 日，省政协副主席、民革省委会主委、省侨联主席吴晶一行赴象山专题调研远洋渔业。

[13]8 月 22 日，省长李强、副省长黄旭明先后致电省海洋与渔业局，询问全省海洋与渔业系统防御第 15 号台风“天鹅”工作情况，并对在岗值班同志表示亲切慰问。省委书记夏宝龙对防台工作作出批示：要吸取上次台风的教训，认真防范及早部署，确保不出现伤亡。

[14]9 月 7 日，副省长孙景淼一行到省海洋与渔业局调研海洋工作。孙景淼在会上强调海洋与渔业单位要再接再厉、乘势而上，干在实处、走在前列。省海洋与渔业局领导班子及相关处室负责人参加座谈会。

[15]9 月 13 ~ 16 日，省海洋与渔业局和“台湾总渔会”共同举办“2015 年浙台基层渔民交流周”活动。

期间，黄旭明副省长亲自接待了来自“台湾总渔会”代表团一行23人，省政府办公厅副主任蒋珍贵、省台办主任裘小玲、省海洋与渔业局局长彭佳学陪同。

[16]10月21日，副省长黄旭明在省海洋与渔业局党组书记、局长黄志平等陪同下，专程赴衢州市柯城区省级鲟鱼产业示范区考察调研。

[17]12月11日，省政协副主席陈小平带领省政协评议组对省海洋与渔业局近两年来省政协提案办理工作进行民主评议。省海洋与渔业局局长黄志平等参加会议。

（浙江省海洋与渔业局　方康保　谢雷宁）

安徽省渔业

【概况】 2015年，安徽各级渔业部门认真贯彻落实中央和省委、省政府加快现代渔业发展的工作部署，秉持生态优先理念，以“增产能、调结构、转方式、提质效、保安全、惠渔民”为重点，着力推进水产跨越工程，调整优化产业结构，发展绿色健康养殖，加强渔业基础设施建设和渔业资源保护工作，加大水产品质量安全监管力度，全省渔业经济保持稳定健康发展态势。

全省水产养殖面积58万公顷，同比增加0.43万公顷；水产品总量230.4万吨，同比增长3.01%；全省渔业经济总产值745.7亿元，同比增长7.9%；渔民家庭人均纯收入为1.38万元，同比增长12%。

1. 全面推进渔业绿色增长和健康养殖　一是开展农业部水产健康养殖示范场创建活动。新创建了50家部级水产健康养殖示范场，全省农业部水产健康养殖示范场达到388家。二是推进规模化水产养殖基地建设。利用财政资金引导社会资本投入水产养殖基地建设，着力规模化养殖池塘改造，全省共筹措各类资金2.8亿元，改造老旧池塘0.67万公顷；在6个市13个县（市、区）发展池塘低碳高效循环流水养鱼示范点22个。三是推进大水面生态友好型渔业。优化湖泊渔业利用模式，向增殖为主方向转变，以渔养水，和谐发展。四是稻田综合种养等生态渔业发展步伐加快，全省稻田综合种养发展到4.1万公顷。

2. 加强现代渔业种业建设　一是抓好水产良种生产基地建设。新创建8个省级水产良种场，全省省级以上水产良种场达到42个。二是积极培育现代渔业种业示范企业，促进水产种苗生产规模化、品牌化和产业化，新创建3家“育繁推”一体化全国现代渔业种业示范场。三是加大良种选育力度。组织专家团队，开展鳜鱼、淮河鲤、滁州鲫、石臼湖青虾和淮河系中华鳖的品种选育工作，培育的“秋浦杂交斑鳜”通过全国水产原良种委员会新品种审定。

3. 大力发展渔业产业化经营　一是积极培育渔业龙头企业、渔民专业合作社、家庭渔场等新型生产经营主体。全省水产专业合作组织达1 600余家，养殖大户近6万户，规模养殖达到30.7万公顷。二是发展水产品加工。大宗淡水鱼类深加工能力提升明显，全年水产品加工产值超过51亿元，同比增加5亿元。三是推进渔业标准化生产。着力打造区域公共品牌和企业知名品牌，开展“徽蟹十大品牌”推介活动，合肥市成功举办了中国（合肥）2015第14届龙虾节，“中国淡水龙虾之都”的区域品牌价值过亿元。全省渔业获省著名商标23个，国家地理标志保护产品9个，中国驰名商标2个。四是积极发展休闲、观赏渔业。创建了33家省级休闲渔业示范基地、7家全国休闲渔业示范基地。全省省级以上休闲渔业示范基地达105家，其中国家级31家。全年休闲渔业总产值超过25亿元。

4. 强化水产品质量安全监管机制建设　一是加强水产品产地质量安全监管与整治，各级渔业部门以推进水产健康养殖、落实养殖生产主体责任为重点，全面提升产地水产品质量安全水平。二是加强水产品质量安全督查。组织全省渔业系统开展水产品质量安全督查、互查，召开会商会，印发督查通报，进一步推进了水产品质量安全责任制的落实。三是继续开展水产苗种产地检疫试点。全省11个县、20家水产良种场启动了水产苗种产地检疫试点工作，检疫苗种55亿尾。四是开展常见疫病测报。全省登记备案水产养殖病害测报点71个，测报面积1.76万公顷。

5. 加强渔业资源养护　一是深入实施禁渔期管理。长江和巢湖、太平湖等水域禁渔期制度常态化，加强重点水域禁渔期（区）管理，严厉打击违法捕捞行为。二是大力开展渔业增殖放流。全省共投入资金2 986万元，在长江、淮河、巢湖等天然水域放流经济鱼苗3.8亿尾，同比增长1.1%；放流珍稀动物胭脂鱼43万尾，大鲵1 220尾。三是开展整治非法捕捞行为。查处使用电炸毒鱼、迷魂阵、滚钩等方式和渔具进行捕捞的有害作业方式，查处违法制造、销售电捕鱼器等非法捕捞工具的行为，查处无证捕捞、违规捕捞行为，取缔涉渔“三无”船舶。四是加强水产种质资源保护区建设。新创国家级水产种质资源保护区1个，累计建立了34个省级水产种质资源保护区，其中25个被农业部批准为国家级水产种质资源保护区，水产种质资源保护区总面积达到7.67万公顷。

6. 加强渔业安全生产管理　一是建立健全安全生产责任体系。认真落实渔业安全责任制，明晰监管职责，健全自上而下、严密的责任体系，用制度落实、责任落实推进渔业安全生产监管落实。二是排查、消除安全隐患。开展渔业安全生产大检查活动，加强渔业安全生产隐患排查，对重大安全隐患、重大危险源实施监控。三是加强预警。加强与气象部门沟通联系，及时有效预报预警灾害天气，最大限度减少灾害损失。四是深入开展平安渔业创建。新创建全国平安渔业示范县2个、省平安渔业示范县16个。各地借鉴平安渔业示范县创建经验，广泛宣传，营造政府和全社会支持关心渔业安全生产工作的良好氛围，不断夯实渔业安全生产基础。

7. 存在的主要问题

（1）水产养殖效益下降。受养殖产量增加和消费需求不旺影响，大宗淡水鱼价格持续低迷，水产养殖效益总体下降，部分出现亏损，养殖户生产积极性受挫；同时，品牌化经营程度低，优质优价多未体现。

（2）渔业发展基础依然薄弱。现有20万公顷养殖池塘中，近2/3因不同程度老化淤积，导致单产水平较全国平均低30%。

（3）渔业安全生产存在隐患。全省渔船数量大且分散，天然水域渔业资源日趋枯竭，渔民受利益驱使，冒险作业现象时有发生，渔业安全生产存在较大隐患，渔船安全监管任务艰巨。

（4）科技支撑不足。渔业科研人员、科技投入不足，仪器设备落后。名特优苗种规模化人工繁育不能满足市场需求，新型水产养殖模式和养殖技术研发跟不上生产发展需要，渔业技术推广不能适应现代渔业建设需要。

【重点渔业县（市、区）基本情况】

安徽省重点渔业县（市、区）基本情况

县（市、区）	总人口（人）	渔业总产值（万元）	水产品总产量（吨）	其中		养殖面积（公顷）
				养殖	捕捞	
巢湖市	864 113	640 783	38 854	25 475	13 379	5 269
庐江县	1 194 928	340 760	54 677	48 980	5 697	13 433
枞阳县	969 225	338 516	86 200	80 100	6 100	25 933
宿松县	854 580	327 923	85 310	79 230	6 080	49 330
明光市	635 363	289 150	75 314	67 742	7 572	16 443
无为县	1 221 272	279 497	62 007	56 007	6 000	15 333
天长市	631 519	264 945	72 500	67 400	5 100	13 396
当涂县	473 350	261 408	59 447	54 142	5 305	100 25
望江县	631 829	233 932	68 950	64 790	4 160	23 764
肥东县	1 055 093	220 036	54 769	33 458	21 311	6 641

注：1. 以渔业总产值取前10名的县（市）；
2. 渔业数据采集于2015年渔业统计年报；
3. 人口数（2014年末户籍人口）由省统计局提供。

【大事记】

［1］2月2日，根据农业部统一部署，安徽省农委对4月1日至6月30日安徽长江段全面实施2015年禁渔期制度工作做出具体安排，要求沿江各市县，明确任务，落实责任，强化执法，加强监督，确保2015年安徽长江段禁渔期制度顺利实施。

［2］3月18～19日，全国黄缘闭壳龟保护发展研讨会在南陵召开。来自安徽、广东、广西、海南、湖南、湖北、浙江、江苏、河南等省（自治区）从事黄缘闭壳龟保护、研究的专家、企业家以及渔业主管部门100多名代表与会。会议深入探讨了黄缘闭壳龟保护与发展，并就黄缘闭壳龟养殖技术、保护发展措施、市场动态、风险防控等方面提出了许多很好的意见。安徽是全国主要黄缘闭壳龟原产地，相关部门详细介绍了黄缘闭壳龟种质资源原产地保护工作。

［3］3月23日，全省“水产养殖质量安全服务信息系统”培训班在南陵县举办。省内渔业重点市县及10家试点企业共计60位水产管理与企业代表参加了培训。并正式在安徽启动了水产养殖质量安全服务信息

系统。

[4]3月30日，农业部第2242号公告，安徽省培育的“秋浦杂交斑鳜”通过全国水产原良种委员会新品种审定。“秋浦杂交斑鳜”是省级水良种企业池州市秋浦特种水产开发有限公司与上海海洋大学合作，经过近10年的不懈努力，成功培育出生长性能优良、品质好、备受市场欢迎的新品种，“秋浦杂交斑鳜”是安徽省首个人工选育的新品种，填补了水产养殖品种自主选育的空白。

[5]5月15日，桂建芳院士工作站在芜湖正式揭牌，这标志着相关研究工作正式启动。工作站的重点课题与任务是支持安徽省开展长江流域珍稀鱼类繁育和资源保护与开发研究工作。

[6]8月2~3日，全省现代生态渔业建设现场会在巢湖市召开。会议组织参观了环巢湖生态渔业产业化现场，总结交流了全省“十二五”以来渔业发展的做法与经验；分析形势，统一认识。省农委党组书记、主任孙正东作了讲话，从建设生态农业强省大局出发，对全省现代生态渔业建设进行了总体部署。

[7]8月15日，中国(合肥)2015第14届龙虾节举行开幕式。合肥市渔业资源十分丰富，是安徽省渔业强市、全国闻名的“中国淡水龙虾之都”。自2002年合肥成功举办首届龙虾节以来，该节连年举办，“合肥龙虾”名扬大江南北，并成功获得地理标志。

[8]10月10日，农业部公布第三批中国重要农业文化遗产名单，安徽休宁山泉流水养鱼系统在列，这是安徽省首次入选中国重要农业文化遗产。安徽休宁山泉流水养鱼系统也是全国第一个纯渔业的重要农业文化遗产。

[9]10月17日，安徽徽蟹“十大品牌”正式亮相。根据全省生态农业产业化“品牌引领、循环利用、三产融合”的核心理念，为加快提升徽蟹品牌的知名度和影响力，推进徽蟹产业做大做强，安徽省渔业协会正式向社会推介发布了“姑溪河”“黄陂湖”“女山湖”“小老海”“皖江”“白荡湖”“武昌湖”“渡江宴”“五河螃蟹”“南漪湖”等徽蟹十大品牌。徽蟹不仅具有青背、白肚、金爪、红毛、膏红饱满、肉鲜甜的品质，而且被国家首席专家王武教授誉为“腥、鲜、肥、大、甜、绿、嫩”七星最高标准。

[10]12月3日，安徽省渔业协会龟鳖产业分会成立大会在无为县举行，安徽省渔业协会龟鳖产业分会会员代表80多人参加会议，中国渔业协会龟鳖产业分会常务副秘书长顾博贤，海南、广东、江西、浙江等地龟鳖行业协会负责人应邀出席。会议审议通过了《安徽省渔业协会龟鳖产业分会工作条例(草案)》和《安徽省渔业协会龟鳖产业分会财务管理办法(草案)》，选举产生了安徽省渔业协会龟鳖产业分会第一届理事会组织机构、分会会长和秘书长。

[11]12月9日，第四届“中国名鳖”评审会在石家庄举行，安徽省黄淮甲鱼良种繁育有限公司生态养殖的中华鳖参加评审，通过外形打分评比，烹调风味品尝等环节，该公司的“金邦牌”中华鳖获得“中国名鳖”称号，排名三甲。

(安徽省农委渔业局　王永东)

福建省渔业

【概况】 2015年，福建省以建设亲环境现代渔业为目标，立足在节约资源、保护环境中求发展，在科技创新上挖掘内涵，积极实施科技兴渔、外向带动、可持续发展和依法治渔战略，调整优化养殖业结构，做大做强加工流通业，发展壮大休闲渔业，渔业经济实力显著提高。全省实现渔业经济总产值2 463.94亿元，同比增长5.76%；水产品总产量733.89万吨，同比增长5.45%，居全国第三位；水产品人均占有量191.99千克，居全国第二；全省远洋渔船投产规模达到521艘，远洋渔业总产值31.53亿元；海洋捕捞产量(含远洋)232.18万吨，同比增长3.61%；海水养殖产量404.13万吨，同比增长6.51%；淡水产品产量97.58万吨，同比增长5.54%；水产品出口创汇55.49亿美元，继续居全国第一；渔民人均纯收入16 003元，同比增长9.35%。

1. 产业规模不断壮大 远洋渔业持续壮大，主动应对主要入渔国印尼渔业政策大幅调整造成项目停产的严重影响，引导企业开展过洋性转场，有序推进毛里塔尼亚、几内亚等转场项目。福建省作为唯一省级政府代表在全国远洋渔业发展30年专题座谈会上作典型发言。2015年全省共有远洋渔业企业29家，新增外派远洋渔船37艘，近50艘远洋渔船正在建造。传统养殖优化升级，设施渔业加速推进，新增工厂化养殖25家、养殖面积15万平方米，新建标准化水产养殖池塘713公顷、“菜篮子”基地133公顷、健康养殖示范场12家、塑胶养殖网箱1 000口、抗风浪深水网箱50口，创建现代渔业产业园区20家。境外养殖乘势而上，恒盛昌、福州宏龙、春申等6家企业在印尼、缅甸建立7个对虾、石斑鱼养殖基地和海水网箱养殖基地，总投资6亿美元，占地近5 500公顷，建成养殖池塘334公顷、大规格养殖网箱3 000多口，在建网箱5 000多口。休闲渔业蓬勃发展，新增“水乡渔村”17家。

2. 安全生产不断加强 开展渔业船舶和远洋渔业企业安全生产标准化提升工程三年行动，全省应申报达标渔船 7 723 艘，确认达标 7 681 艘，达标率为 99.5%。开展渔业安全生产改革试点，为全省 7 085 艘 44.1 千瓦以上海洋渔船安装北斗海事卫星一体化船载终端，开发了“福建省海洋与渔业应急指挥决策支持系统”。推动平安渔业创建，确定了石狮市、福安市、清流县、云霄县、连江县、北岸管委会、漳浦县、秀屿区、集美区等 9 个县（市、区）为“2014—2015 年度省级平安渔业示范县（市、区）”，石狮市、福安市、清流县、云霄县等 4 个县（市、区）被国家安全生产监督管理总局、农业部评选为“全国平安渔业示范县”。2015 年全省共发生各类渔业船舶水上生产安全事故 21 起，同比下降 41.7%，事故造成死亡失踪 7 人，同比下降 53.3%，沉（毁、失踪）船 7 艘，同比下降 53.3%，没有发生较大事故，全省渔业船舶水上生产安全事故死亡失踪人数占年度指标数的 20%，较好地完成了省政府下达的安全生产目标责任任务。福建省海洋与渔业厅被省政府评为完成年度安全生产目标责任先进单位。

3. 防灾减灾不断提升 全面开展防汛备汛工作，公布《2015 年福建省避风渔港、避风锚地防台责任人名册》、《2015 年福建省海上养殖渔排集中区防台责任人名册》，开展渔船、渔排调查，对全省渔船渔排以县为单位重新进行登记造册，摸清底数。全年部署防御台风 9 起，其中苏迪罗、杜鹃正面登陆福建，对沿海造成了较大的影响，全省共撤离海上作业渔船 100 918 艘次，撤离人员 272 197 人次，全省海上没有因台风造成人员伤亡。认真处置海上渔业船舶涉外涉台突发事件，2015 年共处置涉外涉台渔业船舶事件 10 起，主要涉及我国台湾省和日本。全年全省共组织渔业海难救助 174 起，获救船员 2 003 人，被救船舶 174 艘，调度救助船舶 232 艘次，挽回经济损失 40 255 万元。

4. 民生保障不断加大 加快渔港建设，省委、省政府将渔港建设作为为民办实事项目，全年完成中心渔港批复 1 个、一级渔港 1 个，动工建设一级渔港 2 个，二级渔港立项 5 个，5 个完成主体工程，推进在建项目进度 20 个。完善水产品质量安全追溯体系建设，升级改造系统平台，开发手机客户端，实现追溯信息无线录入功能；扩大追溯体系覆盖范围，新增追溯企业 40 家，全省累计达 132 家；加强供青运会水产品质量安全监管，2015 年产地水产品质量安全监督抽查合格率达 99.7%，连续 8 年保持在 97% 以上。提升渔业风险保障能力，全年共办理渔工互保 98 414 人、渔船互保 10 307 艘，全省渔业互保签单会费 1.68 亿元，同比增长 5.91%，提供风险保障金额 412 亿元，共接互保理赔报案 1 107 起，赔付 503.97 万元。加强渔业资源保护，承办全国“放鱼日”主会场暨台湾海峡增殖放流活动，在腾讯大闽网公益频道开展“江河湖海·年年有鱼”公益筹款，全年投放水生生物苗种达 35.2 亿尾（粒）。

5. 对外合作不断深入 推动与东盟国家的渔业合作，推进中国－东盟海产品交易所建设，截止到 2015 年，交易所发展渔业企业会员 125 家，设立全国授权服务机构 135 家，发展交易商 1 033 家，实现线上总交易量约 3.7 亿批次，交易总额 2 409.7 亿元。交易所同马来西亚巴生港自贸区签订筹建分中心事宜合作框架协议。打造第十三届中国·海峡项目成果交易会海丝主题馆，成为规模最大的海洋专业馆，展馆以“21 世纪海上丝绸之路核心区建设”为主线，广泛开展对外招商活动，促成 197 项科技项目成功对接，项目投资总额达 219.98 亿元。开展对外交流活动，组团赴台湾省参加第五届闽台水产学术研讨会，到印度、法国、毛里塔尼亚、塞内加尔、香港特区等国家或地区开展远洋渔业开发与利用、渔业养殖技术、渔港建设、休闲渔业观光等领域的交流访问，与日本长崎县水产部签署《2016 年渔业合作交流备忘录》。

6. 机制创新不断优化 深化金融助推产业发展工作，推动金融机构、国资企业及远洋渔业企业等共同发起成立福建省远洋渔业发展基金，基金总规模 50 亿元，首期 10 亿元。中国农业产业发展基金投资平潭远洋渔业集团公司，注资 4 亿元认购平潭集团的股权，开创全国金融机构股权投资远洋渔业的新模式。省远洋渔业发展促进会与福建海峡银行签订“远洋渔业综合授信合作协议”，为远洋渔业企业提供 50 亿元总授信额度，促进银企共赢。开展“结对子、比服务”助推产业转型升级活动，组成 107 个调研组深入全省县（市、区）以及产业园区、经济开发区开展调研，形成调研报告 108 篇，收集到基层意见 49 条，对策建议 406 条。

7. 渔业执法不断强化 严厉打击非法采捕红珊瑚和整治涉渔“三无”船舶，全省共清理取缔涉嫌采捕红珊瑚船舶及涉渔“三无”船舶 1 089 艘，破获非法交易红珊瑚案件 29 起，抓获犯罪嫌疑人 78 人，查获疑似红珊瑚 380.52 千克，案值 1.3 亿元；审结涉红珊瑚案件 12 件，判刑 21 人。开展“渔船基本数据普查行动”“渔船安全风险隐患排查与整治行动”和“渔船船用产品质量监督整治行动”，深化“打非治违”工作，全省共打击非法违法及违规违章行为 269 起，排查渔船隐患

2 557 项，整治率 99.5%。严格执行伏季休渔制度，守住闽浙、闽粤以及北纬 26 度 30 分三条伏休管理线，严厉打击渔业捕捞辅助船和外省渔船非法入闽作业等违法行为。稳步实施渔具渔法执法监管，开展制造、维修、交易渔具渔网点排查，全省取缔禁用及违规网具 5 000余张。全面加强水产养殖与水产品质量安全执法，查处违法违规行为 65 起。

8. 存在问题 沿海各地渔业经济发展不均衡，因地区资源、产业等差异，各地在领导体制、工作机制、发展质量、增长速度等方面还存在一定差距；国际海洋管理制度日趋严格，渔业"走出去"的难度加大；渔业水域污染、资源衰退、水域滩涂被挤占等问题依然突出；渔业基础设施、装备水平不高，科技支撑能力不强，转变发展方式难度不小。

【重点渔业市(县、区)基本情况】

福建省重点渔业市(县、区)基本情况

市(县、区)	总人口(万人)	渔业产值(万元)	水产品总产量(吨)	其中				养殖面积(公顷)	
				海洋捕捞(含远洋)	海水养殖	内陆捕捞	内陆养殖	海水	内陆
福清市	128.6	789 211	425 309	21 227	297 799	157	106 126	14 669	5 946
连江县	58.1	1 902 091	946 800	334 500	605 398	709	6 193	19 697	452
秀屿区	58.8	549 694	484 520	75 120	408 182	527	691	10 889	322
霞浦县	46.45	765 142	395 006	101 755	292 615	0	636	20 326	230
东山县	21.9	506 915	383 184	168 249	204 148	0	10 787	7 332	577
平潭县	43.0	559 653	441 510	222 146	219 169	0	195	4 825	46
惠安县	99.5	338 365	248 434	130 437	116 868	470	659	3 256	305
石狮市	68.3	384 895	433 429	398 152	34 960	0	317	1 171	35
龙海市	93.3	491 973	424 331	128 806	177 414	6 310	111 801	4 898	4 698
漳浦县	81.9	555 296	406 230	65 277	285 470	3 699	5 1784	17 273	3 480

【大事记】

[1]1 月 22 日，全省海洋与渔业工作会议在福州召开。

[2]1 月 28 日，打击非法采捕红珊瑚暨涉渔"三无"船舶联合行动媒体通气会在福州召开。

[3]1 月 31 日，《大黄鱼增殖放流技术规范》《南美白对虾人工养成技术规范》《鳗鲡配合饲料》获得 2014 年福建省标准贡献奖。

[4]2 月 5 日，全省远洋渔业工作座谈会在福州召开。

[5]2 月 11 日，渔业互保微电影《幸福缘来是你》首映式在福州举行。

[6]2 月 27 日，中国农业产业发展基金与平潭县远洋渔业集团公司在福州举行合作签约仪式。

[7]3 月 6 日，国家发明专利——"一种褐毛鲿全人工育苗方法"获得 2014 年度福建省专利奖一等奖。

[8]3 月 24 日，2015 年"百姓富、生态美"福建海洋生态 · 渔业资源保护十大行动发布会在福州召开。

[9]4 月 3 日，福建广电网络高清互动电视"海上福建"电视专区暨"福建鱼多多"水产品交易电子商务平台启动仪式在福州举行。

[10]5 月 24 日，全球水产养殖论坛在厦门召开。

[11]5 月 25 日，第十届中国 · 国际(厦门)渔博会暨 2015 亚太水产养殖展览会在厦门召开。

[12]6 月 6 日，全国"放鱼日"活动(主会场)暨台湾海峡增殖放流活动在福州举行。

[13]7 月 28 日，福建省海洋与渔业厅荣获第十二届省级文明单位称号。

[14]7 月 28 日，第二批"福建十大渔业品牌"名单公布。

[15]7 月 29 日，福建省远洋渔业发展促进会在福州成立。

[16]8月6日,“互联网+大黄鱼节”暨第三届中国大黄鱼产业发展论坛在宁德举行。

[17]8月13日,福建省委、省政府召开清理整治“三无”船舶工作视频会议。

[18]8月24日,第一届全国青运会水产品质量安全培训班在福州举办。

[19]8月31日,“践行三严三实,结对子、比服务,助推产业转型升级”活动正式启动。

[20]9月7日,福建省海洋与渔业厅和海南省海洋与渔业厅在福州签订共同推进海洋经济发展战略合作框架协议。

[21]9月10日,福建渔业船舶检验局印尼检验点在印尼雅加达举行揭牌仪式。

[22]9月17日,2015海峡(福州)渔业周·中国(福州)国际渔业博览会在福州海峡国际会展中心开幕。

[23]9月17日,中国远洋产品交易中心授牌仪式暨中国-东盟海产品交易所推介会在福州海峡国际会展中心举办。

[24]10月28日,第三届中国(国际)鲈鱼文化节在福鼎市举行。

[25]11月7日,第十三届中国·国际农产品交易会在福州市开幕。

[26]11月12日,日本长崎水产部部长代表团在福建省进行交流访问。

[27]11月18日,第七届海峡两岸现代农业博览会·第十七届海峡两岸花卉博览会在漳州市开幕。

[28]11月25日,2015年度中韩民间渔业协议会在福州举行。

[29]11月30日,福建海洋“蓝剑”联合执法行动正式启动。

[30]12月27日,中国休闲垂钓协会官方APP-找鱼网垂钓之旅软件发布会在莆田召开。

[31]12月29日,福建省第九批“水乡渔村”名单正式公布。

[32]12月29日,渔业种业创新与产业化工程研讨会在厦门举行。

(福建省海洋与渔业厅　廖信宁　汤兴福)

江西省渔业

【概况】 2015年,江西省渔业在全国经济下行压力加大的背景下,迎难而上,开拓创新,大力推进“良种化、规模化、标准化、产业化”建设,努力转变生产方式,渔业产业稳中有进;加强资源保护,强化渔政执法,确保了渔业生产安全和鄱阳湖区渔民生产生活稳定。全省渔业经济继续保持着良好发展态势:一是水产品产量达264.25万吨,同比增长4.17%,其中特种水产品产量达87.6万吨,同比增长6%。二是渔业经济总产值达925.41亿元,同比增长6.11%,其中一产产值453.46亿元,同比增幅4.73%。三是渔民可支配性收入为11 656元,同比增长6.2%,渔民人均纯收入12 306元,同比增长5.6%。四是水产品市场供应充足、价格稳定,全年水产品价格综合指数为98.46,消费者选择性的消费需求愈趋明显。五是水产品出口体系逐步完善,出口市场基本稳定,出口量达1.13万吨,出口额3.12亿美元,已核发捕捞证书17 866本,完成率达到88%,困扰渔政管理多年的老大难问题得以破解。

1.“鄱阳湖”品牌建设取得突破 2015年,全省大力发展“鄱阳湖”品牌建设,取得了一系列成果:一是发布《“鄱阳湖”注册商标授权管理办法》,明确、规范品牌授权使用。二是整合“鄱阳湖”水产品基地,新增品牌供应基地10家,产品涉及大闸蟹、草鱼、甲鱼、鳙鱼、小龙虾、酒糟鱼等。三是在没有专项资金情况下,挤出预算内少量资金推动品牌专卖店建设,在南昌、九江等地建设了52家“鄱阳湖大闸蟹”品牌专卖店,截止到2015年年底,“鄱阳湖大闸蟹”品牌专卖店已销售河蟹达3 120吨,销售额4.8亿元。

2.调结构、转方式理念进一步增强 2015年。全省渔业部门积极学习、探索渔业新理念,调整发展思路:抚州创建全省首个渔业数字化智能管理系统,开启“智慧渔业”新篇章;南昌大力推广循环养殖模式,建设67公顷池塘自流水循环系统、200公顷稻渔(虾)连作示范基地;鹰潭、吉安、宜春等地大力发展泥鳅、胭脂鱼、澳洲龙虾、棘胸蛙、观赏鱼等特种养殖,新增产值近3亿元。

3.现代渔业建设深入推进 2015年,制定并印发了《江西省现代渔业建设规范》,涵盖大宗淡水鱼、甲鱼、河蟹、大鲵、棘胸蛙、泥鳅、小龙虾及鳗鱼等8个品种16个养殖基础设施建设规范,建设内容由单一池塘改造扩大到工厂化养殖设施改造、建设标准由每公顷2.25万元提高到3万元。全年累计投入1.846亿元,改造标准化池塘2 983公顷,其中工厂化面积68公顷,改扩建规模化良种繁殖场7个。

4.产业化发展水平逐步提高 全省以建设标准化与特色养殖基地、省级水产示范园和水产品牌为手段,积极开展服务,稳步推进渔业产业化建设进程。2015年全省第一家水产企业成功上市,新增省级龙头企业4家,达60家,年销售额达80多亿元,带动农户近8万余户；新增渔业专业合作社180家，达1 500余家，新增社员1 000多人；新增休闲渔业基地近90家，达610家，产值超26亿元；全年渔业项目招商引资近1亿元。

5. 健康养殖模式不断创新 全省大力推广健康环保的养殖模式，2015年健康养殖示范场建设、鱼菜共生试点、"测水投料"精准养殖、碳汇渔业、无规定疫区建设等都取得巨大成绩：创建部级水产健康养殖示范场33家，示范面积1 247公顷，投入国家资金900万元，改造18家示范场。依靠院士工作站在仙女湖开展碳汇渔业试点，监测水质和浮游生物变化，测算大水面初级生产力，基本确定了养殖容量，为水库有效利用和合理放养提供科学依据。在永修、新干、吉安科技园、乐平市等4个县开展的鱼菜共生试验，通过对比分析，池塘亩均增产草鱼70千克，生产蔬菜75千克，少换水1~2次，发病率降低15%，亩均综合增收节支800元左右，水质达标排放。

6. 渔政管理水平进一步提高 全省各级渔业主管部门及其渔政机构共同努力，全省基本完成完成渔业船舶证书"三证合一"核发，长期困扰渔政管理的老大难问题基本得到解决；编制了《渔政系统法律法规汇编》上、下两册，分发到全省各级渔政机构；制定印发了《鄱阳湖区涉渔群体性突发事件应急预案》；下发《关于进一步加强鄱阳湖区渔业捕捞管理工作的通知》，制定印发了《江西省农业厅关于禁止使用吊杆式机动捕螺渔具的通告》和《告渔民书》，定制电视公益广告在江西卫视宣传，进一步加强和规范全省渔具渔法管理。

7. 鄱阳湖区渔政执法信息化系统启动建设 鄱阳湖区渔政执法信息化系统于2015年8月开始建设，将于2016年3月建成并投入运行。系统是以渔政船为平台，以互联网为依托，集监控取证、通讯指挥、信息管理、船舶定位、视频会议等五大功能为一体的现代化渔政执法信息系统。该系统是"互联网+渔政"系统，可以通过互联网在移动终端、台式电脑上使用，是一个移动的"水上天网"。

8. 增殖放流规模历年之最 放流资金规模达2 037万元，流物苗种数量达5.023亿尾，其中经济物种5.1亿尾，濒危珍稀物种约23万尾。在规范实施的同时，努力创新放流模式，铜鼓大鲵和赣江中上游胭脂鱼种群恢复试验继续实施，2015年在铜鼓预定水域放流标记大鲵110尾，在赣江中上游放流胭脂鱼12.3万尾。经过多年开展增殖放流或，在不断规范工作程序工作程序的同时，其放流效果也在逐步显现。据科研部门监测显示，2014—2015年，鄱阳湖区监测渔获物中"四大家鱼"占总渔获量的比重为9.74%，与上年相比增长5.13%。赣江水域消失多年胭脂鱼重新出现，并形成了一定的种群量，铜鼓放流水域多次发现放流大鲵活动，已适应放流水域环境。

9. 渔业资源保护取得新进展 一是进一步推进保护区建设，全省新增省级水生生物自然保护区1个，国家级水产种质资源保护区3个，全省已经建立水生生物保护区达35个。二是开展珍稀水生野生动物遇险救护。2015年以来，救护国家级水生野生保护动物12尾(头)。三是严格落实禁渔期制度管理。2015年鄱阳湖及长江珠江江西段春季禁渔制度是管理力度最大的一年，据不完全统计，禁渔期间查处案件144起，移交公安处理6起，刑拘7人，查扣运螺车95辆，放生螺蛳2 000余吨。四是水生野生动物保护宣传力度明显加大。在全省举办了"水生野生动物保护宣传月"活动，活动期间3名同志获得全国海昌奖；会同有关部门开展了生态科普进校园活动，编印了宣传挂图和宣传册等2万份、宣传展板35块。

10. 安全生产 修订印发了《江西省渔业船舶水上安全突发事件应急预案》，全年召开4次省级涉水单位联席会议，完善了遇险渔船搜救联动机制，落实重点水域的联合安全巡查5次，执法督察5次；在全省重要水域开展渔业安全生产督导检查；彭泽县被评为全国平安渔业示范县，湖口县鄱阳湖渔政局被农业部评为渔业文明执法窗口单位。

【重点渔业县(市)基本情况】

江西省重点渔业县(市)基本情况

市(区、县)	总渔业人口(万人)	渔业产值(万元)	水产品总产量(吨)	其中		养殖面积(公顷)
				捕捞	养殖	
鄱阳县	19.2	863 321	172 650	22 408	150 242	31 462
余干县	6.5	619 415	149 314	15 588	133 726	27 508
南昌县	4.7	654 770	142 696	17 736	124 960	11 668.8

（续）

市（区、县）	总渔业人口（万人）	渔业产值（万元）	水产品总产量（吨）	其中		养殖面积（公顷）
				捕捞	养殖	
进贤县	5.4	503 415	129 562	26 364	103 198	30 769.7
丰城市	1.9	256 808	106 292	5 480	100 812	15 989.7
新建县	1.4	316 482	88 824	13 315	75 509	8 026.7
都昌县	2.9	255 717	86 048	18 920	67 128	13 046.7
九江县	0.8	186 627	55 518	1 917	53 601	13 010.6
彭泽县	0.8	176 407	54 730	3 288	51 442	7 800
永修县	2.1	184 208	52 088	4 215	47 873	10 149.9

【大事记】

[1]2月3～6日，农业部渔业渔政管理局局长赵兴武一行专程调研江西现代渔业发展情况。赵兴武局长考察了南昌县蒋巷镇渔民上岸安居工程，九江市水产科学研究所，万年县国际珍珠城及鄱阳湖生态水产品交易中心和湖口、万年、余干等县的现代渔业项目区，并充分肯定了江西省加强政策扶持和资金投入，因地制宜，发挥资源优势，在渔民上岸安居工程、池塘标准化改造、特种水产养殖、水生野生动物养护及救助等方面取得了快速的发展，探索了很好的经验，取得了显著的成效。

[2]7月31日，本省自主研发的即食银鱼加工技术获国家发明专利（专利号201410099781.4）。该银鱼加工技术充分保留了鄱阳湖银鱼原生态风味，口感好、即食方便。

[3]8月21日，江西正式成立彭泽鲫院士工作站，中国科学院武汉水生生物研究所桂建芳院士将担任院士工作站首席科学家。院士工作站将对彭泽鲫种质资源保护、加强对彭泽鲫生理营养、遗传机制、加工以及繁养技术应用等领域开展研究，为彭泽鲫深度开发提供理论支持和技术支撑。

[4]8月26日，"鄱阳湖"水产品牌创建工作座谈会在江西省鄱阳县召开。会议要求"鄱阳湖"水产品牌要以"生态鄱阳湖，绿色农产品"为总基调，按照"政府推动、企业为主、重点培育、市场导向、各方参与、形成合力"的原则，做大做强"鄱阳湖"水产品牌，努力把江西打造成全国知名绿色农产品基地。

[5]9月21～25日，全省特色渔业培训班在湖北武汉举办，来自全省11个设区市、18个重点县（市、区）渔业主管部门负责同志和特色渔业龙头企业负责人共67人参加了培训。培训班邀请了水生生物研究所和华中农业大学4位教授授课，并实地考察了湖北特色渔业养殖基地。

[6]9月23日，渔光电站项目落户江西。项目占地187公顷，总投资约10亿元，机容量为100兆瓦，预计建成后年均发电量约9 300万度，最高可超亿度。

[7]10月13日，华东六省一市第52届钓鱼比赛在江西省庐山区举行，来自华东六省一市的31支队伍122名运动员参加。

[8]10月20日，江西省首家"智慧渔业"系统——渔业数字化智能管理系统在黎川县建成。该系统集水质在线监测、自动报警、智能调控等功能于一体；并可实时记录苗种投入、饲料投入、鱼药使用和产品销售等情况，建立水产品质量安全溯源系统，确保每批次水产品质量安全。

（江西省渔业局）

山东省渔业

【概况】 2015年，山东省渔业经济总产值3 783.2亿元，水产品总产量达931.3万吨（其中远洋46.9万吨），渔业产值1 524.7亿元（不含苗种），分别比上年增长5.4%、3%和2.7%，渔民人均纯收入为1.7万元，同比增长9.3%。

1.**"海上粮仓"建设** "海上粮仓"建设起步良好、成效明显。编制实施了《山东省"海上粮仓"建设规划》，构建了"三区三带、一极一网"空间发展框架。2015年，省政府明确将海洋牧场建设纳入"粮食安全省长责任制"，设立了3.2亿元"海上粮仓"建设投资基金，启动渔业资源修复等43个重点项目，高起点规划建设了10处陆基生态型标准化渔业基地、10处集中连片海洋牧场"生态方"、25处育、繁、推一体化遗传种业基地、15处省级休闲海钓示范基地和10处省级休闲渔业公园。创建了离岸自然发展、近岸融合发展、陆基标准化发展、内陆生态发展等四种模式，总结推广了泽潭、明波、海益等多个发展模板。在全国率先实施海洋牧场观测网建设，“透明海洋牧场”初见成效。汪洋副总理视察山东省海洋渔业建设时，给予充分肯定，并就深耕海洋、建设海洋牧场、发展现代渔业等做出重要指示。

2. 合作社建设　大力推广实施“大渔带小渔”合作社模式。以合作社和园区建设为抓手，鼓励和引导有实力的渔业龙头企业领办合作社，实行“科研院所＋龙头企业＋合作社＋养殖户”模式。2015 年 40 家涉渔合作社被评定为省级示范社。截止到年底，全省国家级示范社 16 处，省级示范社 163 处，渔民专业合作社达到 1 700 多家，入社成员近 7.3 万户。由莱州明波水产有限公司创新发起成立的斑石鲷专业合作社，成为我国首个跨 6 省域的新型渔民合作社。

3. 增殖放流　2015 年放流数量再创新高，全省共投入海洋增殖放流资金 1.73 亿元，其中省级以上放流资金 1.45 亿元（省财政资金 8 000 万元，省海洋生态修复放流资金 2 000 万元，中央转产转业资金 1 240 万元，渤海种群恢复项目 3 292 万元），计划放流各类海洋水产苗种 63.6 亿单位，同比增加 7.2 亿单位，实际放流 69.7 亿单位，同比增长 17.1%，首次突破 60 亿大关。全省大力实施“放鱼养水”工程，2015 年，各级财政计划累计投入淡水增殖资金 1 960 万元，其中中央财政投入资金 1 510 万元，省级以上财政投入资金 450 万元。

4. 休闲渔业　2015 年，全省休闲渔业产值达 100 多亿元。

临沂市、威海市、高唐县分别荣获“中国休闲垂钓之都”“中国休闲渔业之都”和“中国锦鲤第一县”称号。在全国垂钓协会组织的“2015 中国海钓盛典”评比中，全省有 6 个省级休闲海钓基地获得“全国十大优秀海洋牧场和路亚基地”称号。认定了省级休闲海钓基地 7 处、休闲渔业公园 1 处。“渔夫垂钓”休闲渔业品牌内容不断丰富，“渔夫垂钓”微博、微信双微平台上线运行。通过“生态礁＋恋礁鱼”模式打造优质钓场已初见成效，“到山东，有鱼钓”成为山东旅游新热点。2015 年全年，15 处省级休闲海钓基地共接待游客 25.08 万人，收入 6 073.2 万元，同比增长 66.6% 和 55.4%，钓得渔获 47.9 万千克，拉动相关消费 7.62 亿元。

5. 远洋渔业　2015 年，山东省将远洋渔业作为“海上粮仓”建设的重要增长点，编制了《山东省远洋渔业提质增效转型升级实施方案》。全省具有农业部远洋渔业资格企业 36 家，专业远洋渔船 450 艘、总吨位 27.9 万吨、总功率 49.2 万千瓦，全年实现产量 46.9 万吨，产值 48.5 亿元，同比分别增长 29%、50%，创历史最高水平。青岛市远洋捕捞公司首次赴南极海域开展磷虾捕捞，实现产量 3 264 吨；在所罗门、塞拉利昂、俄罗斯和纳米比亚 4 国管辖海域实施了新的过洋性远洋项目，朝东捕捞合作项目顺利实施，加纳、乌拉圭等海外渔业基地建设进展顺利；远洋渔船及关键设备研发与制造基地研发了 20 多个世界先进水平的远洋渔船船型，远洋渔业船员培训基地培训远洋渔业职务船员 735 名，加强“渔超”对接，推动远洋渔业产品进超市，省内外各大超市累计销售近 1 万吨。海峡两岸渔业合作交流示范区建设取得新进展，有力推动了双方在远洋渔船建造、装备技术、资源开发等方面的深度合作。

6. 水产品质量安全　2015 年，认真贯彻落实党中央、国务院和省委、省政府关于保障食品安全工作的决策部署，以“食安山东”建设为统领，以努力确保不发生重大水产品质量安全事件为目标；以推行全生态链健康养殖模式，推行标准化养殖生产为手段，坚持“养出来”与“管出来”相结合，强化执法监管，固本强基，保驾护航“海上粮仓”建设，保持了水产品质量安全水平稳中向好的态势。年内安排部省级监督抽查和风险监测样品 4 552 个，省级产地水产品监督抽检合格率达到 99%，比 2014 年提高 0.2 个百分点；市场例行监测水产品药物残留监测总体合格率 96.00%，比 2014 年提高了 3.5 个百分点。深入开展“食安山东”行动，大力推广快速检测技术应用。2015 年全省各级渔业行政部门共检查渔业生产企业 9 638 家，出动执法人员 1.44 万人次，查出问题 24 起，责令整改 24 起，罚款金额 29.5 万元。组织媒体宣传 558 次，发放宣传材料 14.86 万份，指导组织监管执法培训 471 场次，培训监管、监测、执法、从业者人员 2.74 万人次。对联盟企业海参产品两次质量专项抽检合格率 100%；山东 3 个渔业品被评为农业部全国百个农产品公益品牌；12 个海参、海带制品被省质量强省名牌战略推进委员会认定为 2015 年度山东名牌产品。威海市被中国水产流加协会授予威海中国海参交易中心称号并挂牌；完成了无公害产品、地理标志产品认证审核、现场检查工作，审核申报无公害产品 329 个，认定无公害产地 51 家，申报公示地理标志产品 4 个。累计认定无公害水产品产地 622 个，认证产品 1 278 个，地理标志登记保护产品公告颁证 44 个，无公害产品认证、地理标志登记保护数量继续位居全国首位；获证产品纳入省级水产品质量监测计划，抽检无公害产品样品 500 多个，抽检合格率 100%。“三品一标”认证面积占养殖总面积比率达到69%，实现了“三品一标”认证面积占养殖总面积60%的任务目标。

7. 渔业科技创新能力建设 编制《“十三五”海上粮仓科技创新重大问题建议》和《“十三五”生态海洋科技创新重大问题建议》。制定印发了《山东省海洋工程技术协同创新中心管理暂行办法》，联合山东省发展和改革委员会认定了首批16家山东省海洋工程技术协同创新中心。成立“海洋牧场建设专家咨询委员会”，为海洋牧场建设发挥决策咨询和技术支撑作用。建立了主要经济品种分子遗传数据库、海藻种质库、水产生物种质资源平台。截止到年底，全省省部级以上海洋与渔业科技创新平台已达144个。

组织实施省渔业良种工程、重大应用技术创新等项目，在种质选育、资源开发等方面取得新突破，“参—贝—藻”立体化全生态养殖模式在全省范围内复制推广。单体三倍体牡蛎养殖模式试验已在乳山布局4个区域，有望明年大面积推广。“陆海接力”养殖新模式、稻田养蟹生态种养模式示范作用明显。莱州湾海洋牧场实现物联网全覆盖，提高了牧场生态安全稳定性。

省现代渔业产业技术体系刺参、鱼类、虾蟹类、贝类四大创新团队积极发挥在“海上粮仓”建设中的作用，在刺参安全度夏、三倍体牡蛎新品种研发推广、南美白对虾疫病防控等方面及时提供技术指导服务和决策咨询。全省范围内发布刺参等29个渔业主导品种和参贝藻浅海生态立体养殖等14项主推技术，依托渔业技术推广项目在68个基层县市区开展渔业良种+良法的推广应用。举办了以“合众科研、合作共赢”为主题的“海上粮仓”建设—海洋牧场专题科企对接活动，推介技术成果51项，发布技术需求58项，科企对接实现了20项成果的转化应用。

8. 渔业科技成果 围绕“海上粮仓”建设，引进了七带石斑、长茎葡萄蕨藻等种质资源。破译了刺参全基因组序列、BLUP技术为核心的贝类和鱼类育种技术体系。培育出半滑舌鳎、黑鲷等新品系167个。保存了藻类、贝类、罗非鱼等种质3 681份。“渤海红”“崆峒岛1号”等新品种通过审定。突破了刺参安全度夏、海水鱼低碳高效养殖等关键技术，开发应用海水养殖病害初诊检索系统。建立了凡纳滨对虾工厂化养殖模式，实现年6茬循环养殖，减少养殖废水排放量50%以上，产量由每公顷450千克提高到45吨。开发海星风味酱、浒苔配合饲料、可食抑菌保鲜复合膜等多种产品。以海参肠、海参精卵为原料开发出10种高活性副产物多糖（肽）产品。研发的胶原蛋白孢子粉和海力源胶囊成功入选国家功能食品申报序列。据统计，全年共获省部级以上科技奖励65项，转化及产业化技术成果216项。

9. 渔船渔港管理 全面推进渔船信息化管理工作，推进渔船身份电子识别系统建设，全面推广使用“数字船检”监察信息系统，完成了6.9万余艘渔船的电子身份标识的安装，完成了2.7万艘内陆渔业船舶证书“三证合一”工作，实现渔业船舶信息化管理。完善渔船定位信息采集系统，对应急救援系统进行升级优化，与渔船进出港智能识别系统深度融合，实现了渔船位置信息、轨迹信息、进出港信息的同步展现。新建渔港射频识别基站34座，全省渔港射频基站数量达到149座，顺利完成第二代北斗海洋渔业应用示范项目。开发山东省海洋与渔业执法指挥系统。建立了融渔政监督、海洋监察、渔港监督、渔船检验、安全监管和人员、装备管理为一体的综合性执法指挥平台。在全国率先出台《渔业船员管理办法》，实施《山东省渔业船舶管理办法》，启用渔业船员管理软件，已发放份新版证书1.8万余份，占全国发放新版证书的40.36%，居全国首位。

10. 渔业执法 共清理取缔各类禁用渔具15 687套（张/个），排查涉渔脱审及“三无”船舶1 659艘，收缴涉渔“三无”船舶45艘，查扣违法违规涉渔船舶71艘。加强伏季休渔管理工作，开展了3次全省大范围伏休督查，对荣成等重点地区进行驻点督查。认真落实船籍港管理制度，开展了海上联合执法、陆地交叉执法行动，对暴力抗法或达到刑事立案标准的，坚决移交公安机关追究刑事责任，全省共对16名涉嫌严重违规的船东、船长进行了刑事立案。查处违规渔船752艘，罚款807.7万元，没收渔获物2.3万千克。其中查处违规渔船、罚款和没收渔获物分别比上年减少23.1%、14.5%和44.8%，秩序良好平稳。加强内陆渔政执法管理。在南四湖开展以打击电、炸、毒鱼为重点的专项执法行动，养护内陆渔业资源。组织开展以打击违法使用禁用渔药、投入品为重点的水产品质量安全专项整治行动，查处违法使用禁用渔药案件24起，责令整改30余家，监督销毁药残超标的水产品一大宗。

11. 存在的主要问题 山东省是渔业大省，但还不是强省，水产品产量居全国首位，但多是初级产品，附加值不高。

近海渔业资源持续衰退，近海捕捞产量已连续4年负增长。内陆旱情严重，2014年全省中型水库几乎全年禁渔。远洋渔业发展空间受限，入渔成本和难度增加。水产品产能过剩与有效需求不足并存，供需结构不平衡问题突出。渔业生产、加工、流通、消费存在脱节问题，全产业链还未形成，组织化程度低，竞争力不强。同时，渔业文化挖掘、品牌打造、智库建设等方面的工作仍很薄弱。

【大事记】

[1]10 月 19 日，中央政治局委员、国务院副总理汪洋到山东烟台莱州市调研山东现代渔业建设工作。汪洋副总理在山东省省长郭树清、农业部部长韩长赋、中国科学院院长白春礼、山东省海洋与渔业厅厅长王守信及烟台、莱州市委、市政府等领导陪同下，实地察看了山东（莱州）蓝色海洋科技有限公司海洋生态牧场示范基地，听取了山东省副省长赵润田关于山东省现代渔业发展的情况汇报。汪洋副总理对山东现代渔业建设工作给予充分肯定，并强调指出："海洋是国土的重要组成部分，我国是海洋大国，把宝贵的海洋资源开发好、保护利用好，是事关民族生存和发展空间的大事。""深耕海洋，构建完善的现代海洋渔业产业体系，这是我国农业现代化建设的重大课题和战略。"

[2] 2015 年，按照省委十届十三次全体会议提出的推进"海上粮仓"建设和省政府办公厅《关于推进"海上粮仓"建设的实施意见》的具体要求，山东省海洋与渔业厅会同省发展改革委，积极推进"海上粮仓"建设。组织编制完成了《山东省"海上粮仓"建设规划》，年度重点项目按规划顺利实施，相关工作顺利推进实施。

[3]4 月 6 日，根据中央及农业部要求，全省组织开展清理取缔海洋涉渔"三无"船舶及"绝户网"专项整治行动。成立了由省政府领导亲自挂帅、各相关职能部门负责人为成员的海上渔业综合管理机制，制定印发了相关工作规程、责任分工和具体实施方案，明确了涉渔"三无"船舶的认定、行动安排及执法要点等内容，并对依法没收的涉渔"三无"船舶提出处置原则。沿海各地积极行动，也建立了以党委、政府为主导，上下联动、部门协作、海陆并举的工作机制，建立了联席会议协商、行政执法与刑事司法衔接等规范制度，广泛采集涉渔船舶信息，深入开展涉渔船舶排查和海陆联合执法检查，对涉渔"三无"船舶和"绝户网"禁用渔具进行认定调查和依法打击。2015 年，全省共排查涉渔脱审及"三无"船舶 1 659 艘，收缴涉渔"三无"船舶 45 艘，查扣违法违规涉渔船舶 71 艘，有力维护了海上生产秩序的稳定。

[4]11 月 4 日，全国水产技术推广职业技能竞赛山东选拔赛在威海海洋职业学院成功举办。此次竞赛由省海洋与渔业厅、省总工会联合举办，省渔业技术推广站承办，威海海洋职业学院协办，省海洋与渔业厅直属单位和 16 个市都派员参加了竞赛。竞赛采用理论知识和操作技能相结合的方式进行，共有 49 名选手参加角逐，最终省渔业技术推广站景福涛同志荣获第一名，获得由山东省总工会颁发的"山东省富民兴鲁劳动奖章"，其他 19 名选手分获二等奖、三等奖和优秀选手奖。省渔业技术推广站被省海洋与渔业厅、省总工会授予全国水产技术推广职业技能竞赛山东选拔赛优秀组织奖。11 月 21 日至 22 日，3 名优秀选手代表山东省参加了由中国农林水利工会与农业部渔业渔政管理局联合主办的首届全国水产技术推广职业技能竞赛，共有 28 支代表队近百名队员参加了决赛，最终山东省荣获团体三等奖、个人三等奖和优秀奖各 1 名的优异成绩。

（山东省海洋与渔业厅）

河南省渔业

【概况】 2015 年，河南省水产品产量达到 125 万吨，比上年增长 4.1%；渔业经济总产值 250 亿元，同比增长 7.7%；全省渔民人均纯收入达到 11 951 元，同比增长 8.8%，保持较快增长态势。全省未发生水产品质量安全事件和渔业安全生产事故，实现了水产品安全有效供给。

1. 水产健康养殖全面推进 2015 年全省共申报创建 39 家农业部健康养殖示范场和 7 家健康养殖示范场通过复核。中央继续在河南省投资建设渔业标准化养殖（菜篮子）基地，全省共 18 家水产养殖合作社进入项目建设范围，17 家通过项目验收。不断加大对渔业健康养殖示范县的投入力度，成功申报了固始县和民权县为"农业部渔业健康养殖示范县创建"。

2. 渔业资源养护持续开展 一是开展鱼类增殖放流活动。2015 年是河南省开展大规模水生生物增殖放流活动的第 10 年。6 月 6 日，响应农业部渔业渔政管理局统一行动，省水产局与郑州市联合在郑州东区如意湖举行了 2015 年河南省增殖放流活动启动仪式。先后带动开封、洛阳、平顶山、驻马店、信阳等省辖市开展增殖放流活动 52 次，放流鱼类上亿尾，品种包括经济鱼类及大鲵、黄缘闭壳龟等，累计投入资金 3 000多万元。二是继续实施禁渔制度。2015 年是河南省开展禁渔活动的第 11 年，在黄河、淇河、汉江干支流河道、水库等天然水域继续实行禁渔制度。各级渔业行政主管部门严格依照统一时间、统一部署、统一方案的要求开展禁渔工作。洛阳、信阳、南阳、济源等渔政人员克服困难，辛勤工作，历时 3 个月顺利完成了春季禁渔任务。各地共出动宣传车 610 余次，张贴禁渔通告 5 100 余份，挂、贴禁渔标语 3 700 余幅，印发宣传资料3万余份，出动执法人员4 400余人次，执法车辆1 600余次，执法船艇160余次。共查处违法捕捞案件13起，查获电捕鱼器22台，没收渔网2 200多米，没收各类网具86件，没收并放生非法捕捞鱼类1 500多千克。通过上述一系列工作开展，有效净化了水域环境，保护了渔业资源，为渔业生产可持续发展提供了保障。三是举办水生野生动物保护科普宣传月活动。9月22日，在开封东京极地海洋馆举行宣传月活动启动仪式，郑州、洛阳、南阳、信阳等地同步举行了宣传活动。各地的启动仪式内容丰富，有图片、展板、宣传册发放、专家咨询等，整个启动仪式共发放宣传资料1 800余份，接受咨询200余次。四是全省3人获得"农业部水生野生动物保护海昌奖"，这是河南省在水生野生动物保护方面首次获得全国的最高荣誉。五是加强涉渔工程环境影响评价工作。受农业部渔业局委托，河南省在年内开展了"国道G234焦作至荥阳黄河大桥及连接线工程建设对黄河郑州段黄河鲤国家级水产种质资源保护区环境影响论证专题报告"等6件涉渔工程环评，为减少涉渔工程对渔业资源、生态环境的破坏，加强省级自然保护区和国家级水产种质资源保护区建设起到了积极作用。

3.渔业科技支撑不断提升 一是稳步推进基层水产技术推广体系补助项目。基层水产技术推广补助项目投入资金1 775万元，评选出65个项目县和1个项目场，聘请专家184人次，遴选技术指导员469人，科技示范户1 695个，辐射带动户17 363户。二是组织实施水产科技下乡联合行动。组织省水产站、省水科院、河南师大、信阳农林学院、河南农大、郑州牧专等科研院所的169名副高以上专家组成省级专家库，针对64个渔业大县重点帮扶，为当地渔业的生产发展提供了支撑保障。三是积极开展基层水产技术人员培训和继续教育。开展县级水产站站长及技术人员培训，邀请省内外专家有针对性进行授课，采取教室授课和现场实训相结合的形式，培训效果明显。鼓励基层技术人员参加水产专业继续教育，共有219名基层技术人员在河南师范大学和信阳农林学院进修。四是持续提高渔业科研能力，不断推进渔业科技创新和成果转化。在多年开展黄河鲤选育种研究及推广应用成果基础上，2015年，由省水产院冯建新研究员领衔参加的"鲤优良品种选育技术与产业化"项目获国家科学技术进步二等奖，成为全省水产业获得的最高奖项，这也是河南省在黄河鲤研究及应用方面，坚持久久为功结下的硕果。五是渔业基础工作起步开展。组织各方专家编写出版了20多册渔业生产技术系列丛书；汇编涉及渔业管理方面的法律法规书籍；河南师大组织开展了河南省鱼类资源调查等。这些工作都将为全省渔业可持续发展打下了良好基础。郑州市不断促进水产养殖结构优化，开展了黄河鲤鱼、黄河甲鱼生态健康养殖、池塘循环水立体综合养殖等技术的示范推广，引进鲈鱼、中华绒螯蟹"长江2号"、斑点叉尾鮰"江丰1号"等一批新品种，大力发展锦鲤等观赏鱼规模化养殖。长垣县利用电厂余热资源，引进深圳华大基因研究院等多家单位合作，开展了集装箱设施养鱼工程，为全省现代渔业建设开了先河。

洛阳市创新信息宣传载体，加大信息宣传力度，先后在《农民日报》《中国渔业报》《中国水产》《河南日报》《洛阳日报》、洛阳电视台等主流媒体发表宣传文章30余篇，在中国文明网、中国农业网、河南省人民政府门户网、河南农业信息网、洛阳市政府门户网等网络媒体宣传洛阳水产信息153篇，为水产发展营造良好的社会舆论氛围。

4.水产品质量安全监管继续加强 开展了水产品违法添加禁用物质专项整治行动，严厉打击了养殖生产者违法使用硝基呋喃类药物、孔雀石绿等违禁药物行为。强化水产品产地监测，合格率为97%。省财政支持200万元，用于水产品质量安全监管及鱼病防治，具体开展了水产品产地准出试点、鱼病示范医院建设试点、水产品质量安全监督抽检和风险评估、开展水生动物病害远程辅助诊断等工作。

5.渔业安全生产不断强化 一是由省水产局统一组织全省船检力量，完成了全省4 162艘机动渔船年度检验、300多台(件)船用产品检验。组织专家审核申报的河南柴油机重工有限责任公司柴油机型谱已获农业部船检局审批公布。强化对渔船的监督管理，全面开展渔船"三证合一"推广应用。二是强化安全责任落实。省水产局与各省辖市渔业主管部门签订《渔业安全生产目标管理责任书》，并要求市、县、乡、户四级层层签订安全生产责任书，落实责任主体。5月份和11月份组织开展了两次全省渔船安全生产大检查，并要求各市县渔业主管部门定期开展渔船安全生产检查活动，及时消除安全隐患，保证渔船安全生产。三是深入开展"全国平安渔业示范县"创建活动。全省共有3个县成功创建为"全国平安渔业示范县"，5个单位成功创建为"河南省平安渔业示范单位"，有力地促进了全省渔业安全生产形势稳定好转。四是开展了渔船检验执法监督三大行动。以渔船检验为抓手，在全省开展渔船检验执法监督三大行动，成立了领导小组，制定了行动工作方案，配备了得力人员，采取各种措施保证三大行动顺利进行。截止到年底，全省开展渔船检验执法监督三大行动共登记渔船4 162

艘,进行执法检查 60 余次,参加执法检查人员 600 余人次,检查渔船 5 000 余艘,排查隐患 400 余处。

6. 支渔惠渔政策深入落实　一是顺利完成渔船柴油补贴发放工作。2015 年国家下达河南省渔船柴油补贴资金 3 313 万元。根据农业部要求,2015 年油补资金 50% 用于油补发放, 50% 用于建设现代渔业,其中主要用于减船转产、渔船标准化改造、渔业船员培训、渔船集中停靠点建设、渔业安全生产保障、现代渔业信息化建设等提高渔民安全生产保障水平的项目。二是落实以船为家渔民上岸工程。根据统计数据,河南省以船为家渔民共 243 户,主要分布在信阳、三门峡、固始等地。由于该工程涉及多部门,全省已开始积极协调沟通,力争将这一惠民工程落到实处。三是渔业互助保险工作稳步推进。通过组织外出考察、培训座谈等方式,进一步提高渔民保险意识,让越来越多渔民认识到渔业互助保险的优越性,参加渔业互助保险消除后顾之忧。截止大 2015 年年底,全省参保渔民 4 300人,提供风险保障近 6 亿元。

【重点渔业县(市)基本情况】

河南省重点渔业县(市)基本情况

市(区、县)	总人口(万人)	渔业经济总产值(万元)	水产品产量(吨)	其中		养殖面积(公顷)
				捕捞	养殖	
中牟县	48.14	77 630	58 396		58 396	2 827
固始县	175.1	69 010	48 364	5 072	43 292	13 555
潢川县	88	60 820	45 500	1 410	44 090	9 320
济源市	72.9	36 067	38 220	1 440	36 780	10 157
汝南县	85	30 972	37 300	5 652	31 648	12 720

(河南省农业厅水产局)

湖北省渔业

【概况】　2015 年,湖北省水产养殖面积 68.87 万公顷,淡水水产品总产量455.89 万吨,同比增长 5.21%,其中养殖产量 436.79 万吨,捕捞产量 19.1 万吨,淡水产品总量占全国淡水产品总量的13.7%,连续 20 年稳居全国第一。渔业经济总产值2 179.53亿元,同比增长 11.83%,提前两年实现省政府确定的“双千亿生态产业”目标。其中渔业产值1 032.27亿元,同比增长 9.39%,渔业产值占全省农林牧渔业总产值的 16.11%,创历史新高;渔业加工和流通服务业产值 1 147.26 亿元,同比增长 14.1%。渔民人均纯收入同比增长 14.42%,达到 15 515 元。

1. 产业发展

(1)基础设施建设。大力开展以设施渔业为核心的基础设施改造升级,工厂化、循环水流道养殖、温棚控温、微孔增氧、水质净化等现代化技术措施加快应用。全省高标准改造池塘 3 万公顷,新增现代渔业示范基地 9 个,全省已累计建成大型现代渔业示范基地 74 个。

(2)现代渔业种业建设。年产 30 亿尾苗种的湖北省小龙虾良种选育繁育中心基本建成,较好地解决了虾苗批量供应问题。河蟹本地化繁育和扣蟹培育面积大幅度提升,人工仿生态繁育黄鳝苗种超过 1 亿尾。2015 年全省苗种产量 1 159 亿尾,同比增长 10.38%,鱼种产量 116 万吨,同比增长 5.07%。新创建省级水产原良种场 12 家,省级场总数达到 70 家,新创建全国现代渔业种业示范场 5 家,总数达到 14 家。完成我省 2 家国家级原良种场复查验收任务。

(3)健康养殖。新创建 57 家部级、86 家省级健康养殖示范场,总数分别达到 465、319 家,创建洪湖、蕲春、公安 3 个农业部渔业健康养殖示范县,全国仅 5 家。洪湖、天门新增 2 家出口示范基地。

(4)三大“百亿元”特色产业。围绕“一鱼一产业”战略,充分放大资源新优势,大力发展特色养殖,推进结构调整,促进渔业转型升级、提质增效。全省小龙虾产量 43.3 万吨,同比增长 10.21%,养殖产值 156.8 亿元,综合产值达 603.1 亿元,同比增长 23.79%,小龙虾产量连续 9 年居全国第一。河蟹产量 18.1 万吨,同比增长 8.71%,养殖产值达到 160 亿元。鳝鳅产量 21.6 万吨,养殖产值 107.4 亿元,成为继小龙虾、河蟹之后的第三个“百亿元”特色产业。

(5)稻渔综合种养。全省稻渔综合种养面积新增

4.67 万公顷，总面积突破 20 万公顷，为农民创收近百亿元，实现“一水两用、一田双收、稳粮增效、粮渔双赢、生态环保”。全省稻渔综合种养大户 5 000 多户，专业合作社 900 多家，相关加工企业 100 多家，2015 年吸引各类新型主体生产经营投入资金超过 50 亿元。在其基础上依托产城互动打造的“华山模式”，被中央农办誉为是推进农业现代化、农村城镇化的成功典范。各级领导高度重视稻渔综合种养，农业部副部长于康震亲临潜江考察指导“虾稻共作”，部渔业渔政管理局局长赵兴武两次调研湖北小龙虾产业，鼓励实施“龙虾倍增”计划。省委书记李鸿忠指示要做大做强“稻虾”“虾稻”两大品牌，争做全国“虾王”；省委副书记张昌尔多次批示要求把稻渔综合种养作为农业转方式调结构的重要抓手强力推进。落实新增省级财政 1 000 万元“以奖代补”专项资金，奖励 10 个先进县市。在全国生态循环农业现场会上，作为 6 个先进省份之一，作了《扎实推进稻渔综合种养 大力发展生态循环农业》的典型发言，得到农业部部长韩长赋的充分肯定，稻渔综合种养成为全国生态循环农业的一面旗帜。

（6）水产品加工出口贸易。2015 年新增省级龙头企业 20 家，总数达到 70 家，水产品加工产值 345.01 亿元，同比增长 12.86%。受国际市场大环境影响，全省出口贸易大幅下滑。据海关统计，2015 年全省水产品出口 1.76 万吨，同比减少 45%，创汇 2.41 亿美元，同比减少 38.68%。

（7）水产品电子商务。抢抓“互联网 +”新机遇，大力发展水产品电子商务。全省从事水产品电子商务的网站（店）、手机 APP、微商已达 3 600 余家，销售水产品种类涵盖易运输的鲜活品和加工品、熟食品等十大系列 100 多个品种，2015 年交易量达到 1 万吨、交易额超过 8.5 亿元。仅潜江市近两年就发展 50 多家小龙虾电商，年交易额超 1 亿元。

（8）品牌建设。省水产局投入 150 多万元开展三大品牌强势宣传，安排 370 万元专项资金扶持 10 个水产品牌示范基地建设。新增“楚江红”小龙虾、“清江”牌有机鱼 2 个中国驰名商标，新增“绿林笔架”“多仁多利”省级著名商标，现有中国驰名商标 10 个、中国名牌农产品 4 个、湖北著名商标 39 个、湖北名牌产品 25 个。组织 18 家水产企业、128 种产品参加第十三届中国国际农产品交易会，签署订单 13.6 亿元，18 个水产品获金奖，成功举办“湖北荆州名优水产品推介会”。在《优质农产品》杂志刊登《湖北渔业品牌迈上提质增效的新征程》及三大品牌故事。

（9）新型市场主体。不断放大渔业比较效益的新优势，吸引社会资本聚焦投入，形成大众创业、万众创新的良性局面，通威、海大、中兴等一些大型企业集团纷纷投资渔业发展，逐渐成为湖北现代渔业发展的主力军。新型渔业经营主体不断壮大，全省有渔民合作社 4 468 家，家庭渔场 1 797 家，3.3 公顷以上养殖大户 3.6 万户，有规模以上水产加工企业 132 家，其中国家级龙头企业 8 家，省级龙头企业 70 家，全省新型渔业经营体系基本形成，组织化、规模化、专业化程度不断提高。

（10）政策资金争取。2015 年，共争取省级以上财政支渔专项发展资金 64 365 万元。省水产局系统预算 14 467.37 万元，比上年增加 2 398.73 万元，同比增长 19.88%。实行动态跟踪，严格项目资金监管，开展涉农资金专项整治活动。建立涉渔项目数据库，推进项目竞争性分配改革，实施绩效管理和信息化管理。

2. 渔业科技

（1）搭建渔科教对接平台。与省农业科学院签订《湖北省水产局 湖北省农业科学院战略合作框架协议》和《淡水产品加工技术合作项目合同委托协议》，在稻渔综合种养、水产品质量控制、水产品加工和综合利用等方面开展深度合作。组织全省 6 家科研单位和 33 家水产加工企业成立了湖北省水产加工科技发展战略联盟，共同开展淡水产品加工保鲜关键技术研究和科技成果转化应用。新增莱克公司桂建芳院士专家工作站，全省已设立水产院士工作站 10 家。

（2）技术创新。省水产科学研究所“淡水养殖鱼类主要病害气象指标研究”“克氏原螯虾产业技术研究与试验示范项目”等 2 个项目通过农业部验收，取得了 2 项科研成果、2 项专利，新增省科技支撑计划 1 项，全年争取科研经费 326.9 万元。省推广总站制定的《优质蟹种本地化培育技术规程》《河蟹池塘“3 + 5”分段式养殖技术规程》《虾蟹鳜池塘养殖技术规程》《克氏原螯虾稻田生态繁育技术操作规程》等湖北省地方标准通过专家评审。华中农业大学水产学院培育的水产新品种翘嘴鳜“华康 1 号”通过全国水产原良种审定委员会审定。

（3）科技入户。3 月，省水产局在沙洋县举办 2015 年全省水产系统“送科技下乡”活动启动仪式，拉开了全省渔业送科技、送知识、送服务下乡活动的序幕。全省各级渔业部门同步联动，组织水产科技专家进村入户，开展水产科技推广“百千万工程”、新型职业渔民全产业链培训等活动，加大新技术、新模式、新品种的推广力度，把适用技术及时有效送到池边塘头，努力打通技术服务“最后一公里”。据统计，全省共举办各类培训活动 2 725 期，培训 51.8 万人次。

（4）示范推广。进一步扩大基层渔技推广责任制度试点，新增仙桃、钟祥等10个试点县（市、区）。发布湖北省水产十大主导品种和十大主推技术，省、市、县三级联动进行示范、推广和应用，主推技术入户率、应用率超过95%，新增新品种、新技术、新模式试验示范面积0.8万公顷。联合全国水产技术推广总站编写的《全国渔业主导品种和主推技术》获2014—2015年度中华科技奖—科普奖。组织渔技人员参加全国水产技术推广职业技能竞赛，取得团体三等奖及个人优秀奖荣誉。组织国家级示范站创建，已有国家级示范站11个。

（5）技术服务。热情开展渔业咨询服务，开通的渔业科技服务热线电话坚持做到"服务热情、耐心询问、细致解答"，湖北12316农业综合信息服务平台渔技专家热线电话确保24小时开通，为养殖户和基层推广人员提供无偿服务，累计接待各类咨询电话280多个。

（6）水生动物病害监测预报。完成全省46个测报县市区的22个养殖品种鱼病预测预报，设立监测点152个，监测面积1.45万公顷。完成农业部下达的重大疫情专项监测任务，共采样180个，检出草鱼出血病阳性一例。认真开展疫病应急处置工作，组织专家对监利、洪湖、汉川等地的小龙虾养殖生产及病害情况进行了调查，并提出应对措施和用药方案。

（7）大宗淡水鱼武汉综合试验站工作。继续推广中科三号鲫鱼、长丰鲢、芙蓉鲫鱼等新品种。建立新型养殖模式2个，推广面积1.24万公顷。开发2种适合湖北地区大宗淡水鱼新型饲料配方，已在5个示范县试验。在全省建设了7个大宗淡水鱼示范基地。建立池塘种青武昌鱼主养模式、池塘主养青鱼生态养殖模式、新洲示范区"鸡—鳙鱼"养殖模式、水库"套箱"养殖大宗鱼类模式。

3. 水产品质量安全

（1）水产品质量抽检。全年共完成部省抽检12次，抽检水产样品809批次，合格806批次，合格率99.63%，比上年略高0.43个百分点。全年共进行4次产地抽检，农业部产地2次抽检145批次样品，本省2次自主产地抽检140批次样品，合格率均为100%，产地抽检连续5年合格率100%，位于全国前列。

（2）"三品一标"认证。把好产地产品检测关、现场检查关和材料审查关三个关口。新认定无公害产地91家，新认证无公害水产品347个、绿色产品3个，新认证地理标志产品6个。全省共完成无公害水产品产地认定700家、规模40.73万公顷，无公害产品认证1 501个，地理标志产品33个，绿色水产品78个，有机水产品10个，认定认证总数处于全省农业系统和全国内陆省份前列。

（3）专项整治活动。对全省苗种生产场进行了普查登记，建立了统一、完整、动态的苗种场统计数据库。严格开展水产苗种、违禁投入品、重点品种、渔资打假等专项整治行动。严厉打击违法行为，对部例行监测中发现问题的荆州市两例阳性样品和武汉市一例阳性样品，督导两市主管部门对产品来源进行详细调查，对源于本省的，依法查处相关责任人。

（4）开展业务培训。围绕水产品质量安全法律制度理解与适用、水产养殖安全用药技术等相关问题，针对不同对象，有针对性地开展培训工作。分别举办了无公害渔业检查员、水产品质量安全可追溯体系建设工作和水产品质量安全工作等培训班，培训300余人。

（5）完善监管体系。在2014年5个县市建设可追溯平台试点的基础上，新增10个平台试点，15个试点县（市、区）连片333公顷以上养殖企业基本建立了水产品质量安全可追溯平台监测点，水产品基本上达到了产前有记录、产中有监督、产后有检测、全程可追溯的四有要求。在全国率先开展了产地准出试点，在全国水产品质量安全监管工作会议上，作为唯一的内陆省份作了典型发言。

4. 依法治渔和渔业资源环境保护

（1）渔政执法队伍建设。组织全省渔政执法人员进行业务、军事培训，执法水平显著提高。全省新入列32艘船艇，执法装备显著改善。认真布置"六五"普法验收工作，积极开展3.15消费者权益日等专题宣传，法制建设卓有成效。在各类媒体上登载渔政宣传报道70多篇，尤其是3月2日，《中国渔业报》第693期头版头条刊登了题为《推行渔政执法工作考核，强化渔政监管》的文章，肯定了湖北创新渔政管理工作，进一步增强了全省渔政工作的影响。

（2）渔政执法。一是连续14年实现禁渔目标。全省禁渔期共出动执法车船艇3 280台次，执法人员9 757多人次，共查获违规违法渔船260艘、电捕鱼器417具，取缔迷魂阵式1 840部，行政处罚265人，刑事处罚96人，罚款41.86万元。二是组织开展农资打假行动。全年共出动执法人员3 350余人次，检查渔资经营户580余家，签诚信销售承诺书1 800余份，查处问题鱼药等450余瓶（袋），查获违规网具178条，整改18家违规门店。三是组织开展打击非法捕捞专项整治行动。在全省天然水域开展专项整治行动，查获非法捕捞案件400余宗，行政处罚520多人。

（3）江豚迁地保护。3月27日，农业部联合环境保护部、湖北省、湖南省、江西省人民政府和中国科学院共同在湖北何王庙启动了长江江豚迁地保护行动暨水生生物增殖放流活动,农业部副部长于康震,省人民政府副省长曹广晶,中科院、湖南省、江西省、环保部领导出席了活动,8头江豚正式迁入故道。天鹅洲保护区江豚的种群规模已经超过60头,充分表明长江江豚迁地保护工作取得了重大进展。持续开展"留住江豚的微笑"拯救江豚行动,形成了国内知名的公益行动品牌。

(4)湖泊保护。2015年定为湖泊水生生态建设年,制定了《湖泊水生生态建设年活动实施方案》,启动了湖泊拆围推进专项行动,重点推进了梁子湖拆围,同时开展清理整治珍珠养殖专项行动、湖泊水生生物资源修复行动、湖泊保护与管理督察行动等专项行动。全省拆除湖泊围栏近0.67万公顷,取缔珍珠养殖达万亩。

(5)资源养护。编制《湖北省水产种质资源保护保护规划》草案待审。加大增殖放流力度,全省组织开展各种放流活动130余起,共放流经济鱼类超13亿尾,珍稀物种64.24万尾。积极创建水生生物保护区,监利何王庙江豚保护区成功晋升省级自然保护区,新创建4个国家级、3个省级水产种质资源保护区。

(6)水生野生动物保护。认真做好水生野生动物特许证件审批,受理申请91个,办证136个,办证率100%。组织开展了救护大鲵放归自然行动。组织对7个省级以上保护区年度管理工作考核。开展8宗涉渔工程对渔业生态环境影响评价评审。扎实开展水生野生动物保护科普宣传月活动,承办了全国宣传月活动主会场启动仪式和海昌奖颁奖典礼。积极开展CITES部门间联合执法,加强全省珍稀水生野生动物的保护力度。

(7)以船为家上岸安居工程。43个相关县(市、区)按要求成立了工作领导小组,制定了实施方案,全省完成渔民上岸安居3 341户。

(8)参与"东方之星"救援工作。共出动渔政执法船艇17艘468航次、公务车23辆、执法人员2 450余人次,渔船400多艘3 500多航次,拦网2 000余米,救起落水旅客1名,打捞2名遇难旅客遗体及遗物3件。

5.渔业水上安全管理和惠渔政策落实

(1)健全安全管理责任体系。制定了《省水产局办公室关于实施中华人民共和国渔业船员管理办法的意见》,进一步完善渔业船员管理制度。全面推行渔业安全管理责任制,省水产局与市州渔业主管部门签订责任状、并督促各县市渔业主管部门与渔政机构、各地渔政机构与渔船船主之间层层签订责任状,100%明确了政府及渔业主管部门履行渔业安全生产监管的主体责任,100%落实了船东从事渔业生产作业安全的主体责任。

(2)强化渔业安全管理措施。一是加大渔船船员安全教育培训力度。全年共印发安全知识宣传材料2万份,举办渔政船船员培训班2期,培训渔政船船员100多人,培训渔民(船员)5万余人次。二是着力提升渔业水上安全应急保障能力。8月13日,在嘉鱼县组织举办了全省渔业船舶水上安全应急救助演练活动暨渔业安全培训会。三是渔船安全隐患排查率100%。严肃查处"三无"船舶、套牌、假船牌、涂改渔船船名号等违法行为,对渔船通信、救生、消防、信号等方面的安全隐患进行了全面排查。四是共建渔业水上安全。与海事部门建立联动机制,加大长江、汉江、湖泊水库等重点渔业水域安全生产检查力度,对非法违规造船、渔船违章载客等行为进行严厉打击。省水产局获得全国渔船检验执法监督"三大行动"突出贡献单位表彰,全省渔业水上作业连续7年保持零责任事故,省水产局连续5年被省安委会评为安全生产先进单位。

(3)开展平安渔业建设。组织各地以"平安渔业示范县"创建活动为基础,开展"平安渔业示范乡(镇)、平安渔业示范村、平安渔船"等创建活动。新创建公安、监利、洪湖等3个"全国平安渔业示范县",黄梅、老河口、安陆、随县等4个"省级平安渔业示范县"。

(4)渔船检验。严把渔船检验、发证、管理"三关",积极推进渔船检验证、渔船登记证和捕捞证"三证合一"工作,实现了渔船检验数据库管理,渔船年度检验率保持100%,渔船质量安全达到99%以上。检验沿海大型渔业船舶3艘,船用产品3 000余件(台)、13 100吨。对包括省水产局在内的全省90个渔业船舶检验机构进行了认可或复核认可,积极开展验船师资格评审,全省有1人晋升高级验船师,7人晋升中级验船师,34人晋升初级验船师资质。

(5)渔业油价补贴政策。印发《湖北省水产局关于切实加强渔业油价补贴管理工作的紧急通知》,健全完善油补工作机制。2015年,全省发放渔业燃油补贴资金2.12亿元。建立渔船油补动态数据库,实现信息公开透明。积极做好渔业油价补贴政策调整相关工作,并以省财政厅、省农业厅的名义向省政府作了专题汇报。印发《省水产局办公室关于开展渔业油价补贴专项清理和检查工作的通知》,认真组织开展渔船燃油补贴专项检查工作。

(6)渔业保险。全年共完成渔民互助保险保费579.66万元,参保率85%,为近4万渔民提供了近29亿元的风险保障。潜江市和通山县投保小龙虾养殖面积共2 220公顷,渔民缴纳保费资金216万元,风险保障金达3 000万元。全省共受理38起理赔案件，理赔率100%，理赔金额49.9万元，渔业保险在化解渔业风险、服务渔区群众等方面发挥了重要作用。

【大事记】

[1]1月7日，农业部渔业船舶检验局局长李杰人、副局长信德利到省水产局调研指导工作。

[2]1月12日，农业部召开全国渔业渔政工作电视电话会议。省农业厅党组成员、副厅长焦泰文，厅党组成员、省水产局局长李胜强，省水产局领导班子成员、机关处室和局直单位主要负责人在湖北分会场参加会议。

[3]1月16日，省水产局召开全省市州水产局长座谈会。省农业厅党组成员、省水产局局长李胜强主持会议并讲话。

[4]1月26日，农业部召开全国渔业安全生产工作视频会议。农业部副部长牛盾出席会议并讲话。省农业厅党组成员、副厅长焦泰文，厅党组成员、省水产局局长李胜强，局领导班子成员，局机关有关处室的负责同志在省分会场参加会议。全省17个市州和76个渔业重点县主要负责人在当地分会场参加会议。

[5]2月28日，省农业厅党组书记、厅长戴贵洲到省水产局调研，部署2015年水产工作。

[6]3月3日，省水产局在沙洋县高阳镇高阳村委会举办2015年全省水产系统“送科技下乡”活动启动仪式，拉开了全省渔业送科技、送知识、送服务下乡活动的序幕。省农业厅党组成员、副厅长焦泰文宣布活动开幕，省农业厅党组成员、省水产局局长李胜强讲话。

[7]3月3～4日，省水产局在沙洋县召开2015年度全省水产工作会。省农业厅党组成员、副厅长焦泰文出席会议并讲话，省农业厅党组成员、省水产局局长李胜强作主题报告。

[8]3月27日，农业部联合环境保护部、中国科学院和湖北、湖南、江西三省人民政府共同在湖北省监利县何王庙启动了长江江豚迁地保护行动暨水生生物增殖放流活动。农业部副部长于康震，湖北省人民政府副省长曹广晶，湖南省人大常委会副主任徐明华，中国科学院党组成员、秘书长邓麦村等领导出席启动仪式。此次行动，从江西鄱阳湖共迁入8头江豚，分别放入天鹅洲保护区和何王庙保护区。

[9]3月27～28日，农业部副部长于康震赴监利县、潜江市调研湖北现代渔业发展。农业部渔业渔政管理局局长赵兴武，长江流域渔政监督管理办公室主任李彦亮，中国水产科学研究院院长张显良，省农业厅党组书记、厅长戴贵洲，省农业厅党组成员、省水产局局长李胜强等随同调研。

[10]3月27日，2015年全省渔政船检港监工作会议在监利县召开。

[11]4月16日，全省水产技术推广工作会在武汉市召开。

[12]4月23日，省水产局、省水生野生动物救护中心（武汉东湖海洋世界）与竹溪县人民政府联合主办救助大鲵放归自然暨大鲵增殖放流活动，37尾娃娃鱼“安家”竹溪万江河大鲵省级自然保护区。

[13]5月4日至6月20日，省水产局在沙洋县毛李镇江新村开展“驻渔村、知渔情、接地气、转作风”主题实践活动，先后6次派出6个工作组50余名机关工作人员和水产专家对渔民进行帮扶指导。

[14]5月14日，省水产局和中国邮储银行湖北省分行联合印发《关于创新湖北现代渔业金融服务工作实施方案》，在2015—2018年为湖北渔业累计提供30亿元意向授信规模。

[15]5月18日，中国水产流通与加工协会在武汉市召开水产市场与金融合作对接研讨会。

[16]5月20日，农业部召开全国水产品质量安全监管工作会议，副部长于康震出席会议并讲话，湖北作为唯一的内陆省份作了典型发言。

[17]5月20日，省农业厅党组书记、厅长戴贵洲到江夏区专题调研澳洲淡水龙虾产业发展情况，厅党组成员、省水产局局长李胜强随同调研。

[18]5月20～22日，受农业部渔业渔政管理局委托，全国水产原种和良种审定委员会组织专家对湖北省长吻鮠良种场、湖北团头鲂原种场等2家国家级原良种场进行了复查验收。

[19]5月20日，湖北省三峡库区珍稀特有鱼类暨重要经济鱼类增殖放流项目启动仪式在秭归县政务中心码头成功举行。

[20]5月22日，湖北生物科技职业学院、省水产良种试验站在孝南区三汊镇举行水产养殖技术专业“场中校”实训基地揭牌仪式。省农业厅党组成员、总农艺师邓干生，厅党组成员、省水产局局长李胜强局长出席活动。

[21]6月1日，“东方之星”沉船事故发生后，湖北沿江各级渔业主管部门及渔政船检港监管理机构快速反应，积极行动，迅速开展救援和打捞等工作，共出动渔政执法船艇17艘468航次、公务车23辆、执法人员2 450余人次，组织渔船400多艘3 500多航次，渔民1 600余人次，救起1名落水旅客，打捞上岸2具遇难旅客遗体，3件遇难者遗物，出色完成了各项任务，为

整个救援搜寻工作做出了重要贡献。

[22]6月3日，湖北省潜江稻田综合种养暨“华山模式”座谈会在北京市举行。农业部副部长于康震，省人大常委会副主任张岱梨，中国农业经济学会会长尹成杰，中国农业大学校长柯炳生，人民日报社编委、海外版总编辑张德修，省农业厅党组成员、副厅长焦泰文，省农业厅党组成员、省水产局局长李胜强等领导出席座谈会。

[23]6月4～5日，农业部渔业渔政管理局副局长李书民来湖北检查指导渔业生产和渔政执法工作。

[24]6月5日，省农业科学院与省水产局签订水产科技创新战略合作框架协议。

[25]6月10～11日，农业部渔业渔政管理局组织专家对洪湖市创建农业部渔业健康养殖示范县进行了验收。

[26]6月12～15日，“第六届中国湖北潜江龙虾节”开幕，农业部渔业渔政管理局局长赵兴武，中国水产科学研究院院长张显良，省农业厅党组书记、厅长戴贵洲，厅党组成员、副厅长焦泰文，厅党组成员、省水产局局长李胜强以及省直相关部门负责人出席开幕式。同期举办了优质农产品展示展销、中国小龙虾良种选育繁育中心项目竣工暨院士工作站挂牌仪式、小龙虾良种选育繁育研讨会、招商推介与项目签约等系列活动。

[27]6月13～15日，农业部渔业渔政管理局局长赵兴武在潜江市调研小龙虾产业。省农业厅党组书记、厅长戴贵洲和厅党组成员、副厅长焦泰文，厅党组成员、省水产局局长李胜强陪同调研。

[28]7月7～9日，农业部长江流域渔政监督管理办公室主任李彦亮调研湖北渔政工作。

[29]7月9日，财政部、农业部联合在北京市召开渔业燃油政策调整工作电视电话会。财政部副部长刘昆、农业部副部长于康震出席会议，并对政策调整工作提出具体要求。省人民政府副秘书长程用文，省财政厅副厅长、省农村综合改革领导小组办公室主任洪流，省农业厅党组成员、省水产局局长李胜强，省财政厅、省农业厅有关处室主要负责人和省水产局分管局长及相关处室人员在湖北分会场参加会议。

[30]7月10日，省水产局在华中农业大学召开全省水产业“十三五”规划专家座谈会。

[31]7月22日，省水产局在武汉市召开全省上半年渔业经济形势分析会。省农业厅党组成员、省水产局局长李胜强出席会议并讲话。

[32]8月13日，省水产局在嘉鱼县组织举办了全省渔业船舶水上安全应急救助演练活动暨渔业安全培训会。

[33]8月29日，省科技厅、省水产局、华中农业大学联合举办湖北省淡水产品加工产业技术创新战略联盟成立大会暨淡水鱼加工保鲜技术培训会议。

[34]9月15日，全国水生野生动物保护科普宣传月活动启动仪式暨海昌奖颁奖典礼在武汉极地海洋世界举行，湖北共有3名同志分获海昌卫士奖和海昌科普奖。

[35]10月26～30日，农业部渔业渔政管理局组织专家对公安县和蕲春县创建全国渔业健康养殖示范县进行了验收。

[36]11月7日，由农业部和福建省人民政府共同举办的第十三届中国国际农产品交易会在福州海峡国际会展中心开幕。农业部渔业渔政管理局局长赵兴武、省政府副秘书长吕江文参观了湖北水产展区。湖北水产展团在此次农交会上一举拿下18个金奖，现场销售额达95.8万元，签署贸易订单13.6亿元。

[37]11月8～9日，农业部在浙江省衢州市召开全国生态循环农业现场交流会，部长韩长赋出席会议并讲话。省农业厅党组成员、总农艺师邓干生参加会议，厅党组成员、省水产局局长李胜强在会上作了题为《扎实推进稻渔综合种养 大力发展生态循环农业》的典型发言。

[38]11月12～13日，省水产局中青年干部培训班在红安干部学院大别山分院举行。

[39]11月26日，农业部渔业渔政管理局在武汉市召开长江渔民生计问题座谈会。农业部渔业渔政管理局局长赵兴武出席会议并讲话，省农业厅党组成员、副厅长焦泰文致辞，省农业厅党组成员、省水产局局长李胜强参加会议。

[40]12月1日，湖北省水产局在何王庙（集成垸）长江江豚省级自然保护区举行2015年冬长江江豚迁地释放活动。

[41]12月3日，省人民政府副省长曹广晶行到天鹅洲保护区实地调研江豚保护工作。

[42]12月8日，农业部渔业渔政管理局在武汉市组织召开《水产养殖环境卫生条件和清洁生产操作规定》研讨会。

[43]12月10日，第五届全国水产原种和良种审定委员会第三次会议在武汉市召开。

[44]12月11日，“十三五”全国渔业发展战略高层研讨会在武汉市召开。农业部渔业渔政管理局局长赵兴武出席会议并讲话，省农业厅副厅长王红玲致辞，厅党组成员、省水产局局长李胜强参加会议。

（湖北省水产局 王 勇 李金龙）

湖南省渔业

【概况】

1. 渔业生产

(1)养殖规模及产量。2015 年,湖南省水产养殖总面积 500 千公顷,同比增长 5.63%。水产品总产量 267 万吨,同比增长 6.0%。全省名特优水产养殖面积 321.3 千公顷,同比增长 4.4%,占全省养殖面积的 65%,产量 205 万吨,增幅 6.7%。

(2)产品价格及效益。全省水产品市场供给充足,但 2015 年不同养殖品种的价格波动较大。其中,常规水产品价格,草鱼均价 7.6 元/千克,塘边价最低时 7.4 元/千克,同比下降 20% 以上;大规格鳙鱼、鲫鱼价格稳中有升,鲤鱼价格稳定 10~12 元/千克,同比增长 10%。河蟹、黄颡鱼、乌鳢等名特水产品价格与上年持平,泥鳅、黄鳝价格同比略降,其中台湾泥鳅降 4 元/千克,本地泥鳅价格持平,甲鱼、鳜鱼价格上升,1 千克左右的甲鱼 120 元/千克,同比增长 20%,鳜鱼塘边价 64~70 元/千克,同比增长 30%。养殖效益提升,全省全年渔业产值 350 亿元,同比增长 4.6%;渔民人均纯收入 14 719 元,同比增加 1 410 元,增幅 10.6%。

(3)养殖基础设施建设。一是池塘标准化改造。全省实施 8 个养殖池塘标准化升级改造试点项目、13 个水产特色产业园项目、13 个水产品“菜篮子”项目、2 个农业综合开发项目,中央及省级财政投入项目引导资金 4 000 万元,升级改造标准化池塘 20.7 千公顷,新开挖池塘 2.4 千公顷。二是良繁体系建设。完成全省水产苗种场普查登记工作,全省有 386 个持证水产苗种生产单位,其中国有与集体所有制生产单位 81 个,个体与股份制生产单位 305 个,国家级、省级、市级、县级水产原良种场分别为 4 个、35 个、25 个、322 个,全国现代渔业种业示范场 4 个。

(4)养殖方式转变。一是开展水产健康养殖示范场创建活动。加强对 61 个创建单位的日常监管,经专家考核验收,41 家单位达到部级水产健康养殖示范场要求,涵盖养殖水面 1.96 千公顷,全省部级水产健康养殖示范场累计面积 81.6 千公顷,占全省养殖总面积的 17.6%。开展农业部水产健康养殖示范县创建活动,组织并指导 9 个县市区参加示范县创建,并组织在衡阳县召开全省示范县创建工作现场会。二是发展稻田综合种养。湖南省畜牧水产局联合省扶贫开发办将稻田综合种养纳入精准扶贫重点产业项目,提出到 2020 年力争建档立卡贫困农户发展稻田综合种养 66.7千公顷,帮助 50 万贫困农民脱贫。同时开办稻田综合种养示范点,在祁东、衡东、衡山、新化、安化、临湘 6 县市开展稻田综合种养试点示范,示范面积 0.2 千公顷,省渔业部门安排每个试点县 100 万元农技推广专项经费,并在祁东县红光水产养殖场进行稻田养泥鳅对比试验。联合湖南农业大学举办全省稻田综合种养技术培训班。三是严格水产品质量安全监管。全年通过农业部认证的渔业产品 65 个,新增渔业产地认定 19 个。专项整治水产品生产,组织市州交叉督查,开展全省水产品禁用药物和有毒有害物质、水产苗种生产专项整治行动。复查 6 家资质到期的省级水产良种场。四是强化水生动物防疫检疫。全年完成省内各监测点鲤春病毒血症、锦鲤疱疹病毒病、传染性造血器官坏死症、草鱼出血病 4 种疫病采样送检 190 个。对长沙等 11 个测报站 21 千公顷养殖水面进行病害监测,共监测到草鱼等 14 个养殖品种的 20 种病害。

(5)渔业结构调整。抓特色水产品种开发,近年累计发展水产“一村一品”特色村 400 多个,面积 160 千公顷,初步形成甲鱼、珍珠、大口鲶、黄鳝、鳜鱼、乌鳢、银鱼、斑点叉尾鮰、小龙虾和南美白对虾等水产品优势产区。开发特色养殖,郴州市利用高山流水和地下水等低温水,发展流水养鱼,21 家企业年产鲟鱼 384 吨、三文鱼 90 吨、娃娃鱼 9.7 吨、石蛙 4 吨。宜章县洪成特种水产养殖繁殖场利用地热水资源,建设室内鱼池 0.8 公顷,常年繁殖乌鳢,年产苗 2 亿余尾。创建全国休闲渔业示范基地 4 家、省级休闲渔业示范基地 12 家。鼓励支持顺祥食品、和平水产等龙头加工企业发展水产品精深加工。

(6)渔业科技研发与推广。全省引进推广 30 多个水产养殖新品种,示范推广“稻田综合种养技术”“生态种养技术”等 30 多项技术。“湘江四大家鱼种质创新技术研究与应用”等列入湖南省科技厅科技计划项目。湖南省水产公司与北京化工大学合作研发的“鱼鳞胶原蛋白的提取方法及相关食品的制备方法”获国家发明专利。湖南省农委、省人力资源和社会保障厅、省总工会联合举办首届湖南省水产技术推广职业技能竞赛,组织参加全国水产技术推广职业技能竞赛获团体三等奖。

2. 渔政管理

(1)资源养护。

一是鱼类人工增殖放流。4 月 1 日,湖南省畜牧水产局在湘江橘子洲举行“2015 年湘江干流春季禁渔暨人工放鱼活动”,投放大规格春片鱼种 200 万尾、湘华鲮 2 万尾、胭脂鱼 5 万尾、背瘤丽蚌 10 万只;4 月 24 日,组织在双牌县开展湘江源头水生生物增殖放流活动,放流120万尾冬片鱼种;6月6日在张家界放流大鲵600尾、常规鱼苗260万尾,其中210尾大鲵人工植入芯片进行身份标识。创新鱼类增殖方式,在新化、新邵、浏阳、岳阳等地开展人工鱼巢增殖技术示范,率先全国编制《淡水人工鱼巢技术规范》地方标准。2015年全省增殖放流四大家鱼等经济物种8.47亿尾(粒),其中银鱼受精卵3.65亿粒;大鲵、胭脂鱼、背瘤丽蚌等珍稀物种56.83万尾(只),同比增加长23.7%。

二是水生生物保护区管理。湖南省人民政府批准成立湖南华容集成长江故道江豚省级自然保护区,保护区从鄱阳湖、石首天鹅洲各迁入4头江豚。湖南省编办批复,湖南省大鲵救护中心(湖南张家界大鲵国家级自然保护区管理处)更名为湖南张家界大鲵国家级自然保护区管理处(湖南省大鲵救护中心)。12月17日,张家界大鲵国家级自然保护区功能区调整方案通过国评,调整后保护区范围和总面积不变,核心区由原3 525公顷调整为4 297公顷;缓冲区由10 745公顷调整为5 111公顷;实验区由15公顷调整为4 877公顷,三区比例由24.7∶75.2∶0.1调整为30.1∶35.8∶34.1,保护区功能更趋科学合理。张家界大鲵国家级自然保护区全年人工繁殖催产大鲵亲本20组,孵化幼苗1 500尾,“大鲵仿生态繁殖方法”获国家发明专利;仿生态繁殖发现受精卵33窝,捞取幼苗6 000尾。全省新增5个国家级水产种质资源保护区,批建4个省级水产种质资源保护区,水产自然保护区和水产种质资源保护区达43个。

(2)渔业行政执法。

一是渔政装备建设。完成农业部渔政装备建设项目,新增7艘渔政船、44艘执法快艇;完成省财政渔政装备项目,新增33艘执法冲锋舟、214台执法记录仪。推进南县渔政码头建设。

二是禁渔及渔业打非治违。持续实施长江和洞庭湖、湘江干流、珠江流域湘江段等重要天然水域禁渔期制度,坚持和完善“地方政府负责、相关部门协作、渔业部门具体实施”的禁渔管理长效机制;坚持渔政执法护渔、禁渔工作与渔政执法经费补助挂钩,强化禁渔工作目标管理考核。全省统一组织禁渔期间执法检查行动,开展全省清理整治违规渔具专项行动,严厉查处“三无”捕捞船、非法渔具渔法,行政和刑事处罚违法违规人员。加强渔业污染事故查处,组织开展渔业水域污染事故调查与技术鉴定,全省调查处理渔业水域污染案件12起。

三是渔业生产行为规范。推进养殖权证制度建设,2015年发放养殖证2 956本,涵盖水域面积7.2万公顷,全省养殖证发放率达76.6%,有102个单位颁布水域滩涂养殖规划。加强大鲵资源保护规范经营利用管理,全年核准95家符合申领标识的大鲵养殖企业,共核准领取标识牌343 392个、标识签94 364个。核发《水生野生动物驯养繁殖许可证》77个、年检48个,核发《水生野生动物经营利用许可证》58个、年检186个,核发《水生野生动物特许运输证》37个。开展水产品质量产地安全检查行动,2015年全省渔业环境水产品质量抽检合格率100%,产地水产品质量抽检合格率100%,产地水产苗种质量抽检合格率98.3%,水产品预警和风险监测合格率98.0%。

四是涉渔工程环评及生态补偿。全省各级渔业行政主管部门及渔政机构加强涉渔工程渔业生态环境监管,完成岳阳道仁矶港区彭家湾作业区二期工程建设等3个涉及国家级水产种质资源保护区的专题环评,并获农业部审批。开展张家界天门山景区标志门至天门洞客运索道工程建设。完成对湖南张家界大鲵国家级自然保护区专题环评工作。督促落实怀邵衡铁路、黔常张铁路等4个涉水工程项目的生态补偿。

五是渔业安全生产。组织开展“渔业文明执法窗口单位”和“平安渔业示范县”创建活动,桃江县渔政站被农业部评为“全国渔业文明执法窗口单位”;继南县、汨罗市后,津市市、桃江县、君山区获2014—2015年度“全国平安渔业示范县”称号,津市市、桃江县、华容县、赫山区先后评为“全省平安渔业示范县”。落实渔业安全行政主管部门行政首长负责制,省、市、县逐级签订《渔船渔港安全责任状》,开展渔民培训,建立渔业安全检查和渔船安全生产协管员等制度。组织全省深入渔区开展大型渔业安全生产检查,现场检查渔船非法载客载物、救生、消防设施配备情况。强化渔业船舶检验,加强渔业船舶安全技术监管,开展全国渔船检验执法监督三大行动,2014—2015年完成66 866艘渔船基础数据普查。开展渔业互保,全年核保8 458人,结案理赔32.3万元。

六是渔业惠民政策落实。全年申报渔业油补对象45 756艘渔船,核定油量4.14万吨,补助21 818万元。实施以船为家渔民上岸安居工程,推进国家下达湖南以船为家渔民上岸安居工程9 236户建设任务,截止到2015年,全省安居房开工9 236户,竣工7 657户。

3.稻田综合种养纳入精准扶贫项目 2015年11月,湖南省畜牧水产局与省扶贫开发办公室联合下发《关于大力发展稻田综合种养加快贫困农民脱贫致富的指导意见》。要求各级畜牧水产部门做好稻田综合种养技术指导、培训和相关服务工作;扶贫部门对参与稻田综合种养项目的贫困农户,给予产业扶贫资金支持。《意见》提出湖南稻田综合种养产业扶贫目标任务，到2020年，全省新增稻田综合种养20万公顷，其中建档立卡贫困农户发展稻田综合种养6.7万公顷，累计帮助50万贫困农民脱贫。

4.湖南顺祥授牌“中国小龙虾养殖加工研发中心” 2015年11月，中国水产流通与加工协会下发《关于授予湖南顺祥食品有限公司“中国小龙虾养殖加工研发中心”的决定》，并在湖南顺祥公司举行授牌仪式。此前，中国水产流通与加工协会对湖南顺祥申请的“中国小龙虾养殖加工研发中心”项目进行了评审，并获通过。顺祥公司旗下有小龙虾苗种繁育基地26.7公顷，养殖面积2 667公顷，年产小龙虾苗40多吨，商品小龙虾8 000多吨；有10万吨的加工厂，开发加工淡水龙虾及淡水鱼系列产品200多个，产品畅销欧美市场，带动当地2.67万公顷及周边6.7万公顷小龙虾养殖。

5.湖南省首届水产技术推广职业技能竞赛 2015年11月5~6日，首届湖南省水产技术推广职业技能竞赛决赛在长沙举行。竞赛由湖南省农业委员会、省人力资源和社会保障厅、省总工会联合主办，省畜牧水产局承办，省畜牧水产技术推广站和湖南农业大学动科院协办。赛前，全省14个市州开展预选赛遴选出42名参赛选手。通过竞赛，21名选手受到表彰，其中竞赛综合成绩第一名获“湖南省五一劳动奖章”和“湖南省技术能手”荣誉称号；8个市州代表队获团体奖，8个市州代表队获优秀组织奖。

6.2015年度神内基金农技推广奖在长沙颁奖 2015年10月21~23日“2015年度神内基金农技推广奖”在长沙颁奖，颁奖会由中华农业科教基金会主办，全国水产技术推广总站和湖南省畜牧水产技术推广站承办。按照分片获奖的原则，该年奖励范围为南方片区，有上海、江苏、浙江、安徽、福建、江西、湖北、湖南、广东、广西、海南、重庆、四川、贵州、云南、西藏16个省、自治区、直辖市的200名农技推广人员和农户获奖。其中，农技推广人员100名，农户100名，推广人员每人获奖金1万元，农户每人奖金3万元。

7.增殖放流对天然水域鱼类资源恢复效果明显 2015年，湖南省水产科学研究所对湘江和洞庭湖鱼类进行监测，同时对鱼类增殖放流效果开展评估，并发布《2015年湘江及洞庭湖鱼类资源监测报告》。《报告》显示，2015年湘江干流共放流鱼种1.84亿尾，据测算，全年湘江流域以渔获物形式移出水体的氮、磷分别为109.1吨、29.2吨，较2014年增加移除56.1%和9.3%。持续增殖放流增加了湘江及洞庭湖“四大家鱼”补充群体，对湘江长沙段“四大家鱼”的贡献率达4.21%。2015年在湘江衡阳段、长株潭段共调查到鱼类94种，监测到湘江“四大家鱼”早期资源为1998年来比例最高，表明2011—2015年湖南“四大家鱼”亲本放流对产卵场恢复作用积极，亲本放流对湘江长沙段“四大家鱼”卵苗发生量贡献率为3.93%。在洞庭湖监测到鱼类104种，分别隶属10目、21科，以鲤科为大宗；监测到的渔获物较2014年增加23.8%。增殖放流改善了鱼群结构，2015年洞庭湖渔获物中“四大家鱼”的比例为11.55%，为近年最高。

8.湖南研制出《淡水人工鱼巢增殖技术规程》 2015年5月18日，由湖南省水产科学研究所编制的《淡水人工鱼巢增殖技术规程》，通过湖南省地方标准评审委员会专家组综合评审。此前，湖南省乃至全国尚无统一的淡水人工鱼巢设置技术标准、评价方法，造成人工鱼巢推广的技术瓶颈。2013年起湖南省水产科学研究所系统开展人工鱼巢增殖修复技术研究和试验示范，提出软基质人工鱼巢、硬基质人工鱼巢及复合型人工鱼巢，取得较好的产卵场增殖修复效果，并开展人工鱼巢增殖技术规程编制，在全国率先研究编制出《淡水人工鱼巢增殖技术规程》。人工鱼巢增殖技术通过设置人工鱼巢，为产卵场被破坏的天然水域鱼类提供人工产卵繁殖场所，达到鱼类仿生态产卵、增殖目的技术，可弥补增殖放流管理难度大、成本高、种质易污染等局限，有效增殖和改善野生鱼类种群结构和数量、保护鱼类野生资源遗传种性。

9.湖南鱼类水生生物保护区面积逾80万公顷 农业部公布第八批共36个国家级水产种质资源保护区名单，湖南6个省级保护区晋升国家级，分别是安乡杨家河段短河鲚、永顺司城河吻鮈大眼鳜、沅水桃源段黄颡鱼黄尾鲴、沅水武陵段青虾中华鳖、浙水资兴段大刺鳅条纹二须鲃、龙山洗车河大鳍鳠吻鮈国家级水产种质资源保护区。至此，湖南省水产种质资源保护区达33个，其中国家级27个、省级6个，加上各级鱼类水生动物自然保护区，全省有鱼类水生生物保护区43个，总面积80.1万公顷。

10.华容集成长江故道江豚自然保护区晋升省级 2015年8月，湖南省人民政府批准成立湖南华容集成长江故道江豚省级自然保护区，主要保护珍稀濒危物种长江江豚，此前为华容县级自然保护区。保护区面积2 547公顷，其中核心区874公顷，缓冲区948公顷，实验区725公顷，地理坐标为112°40′40.8″E.至113°00′57.6″E，29°39′7.2″N至29°46′30″N。农业部、中国科学院等机构分别在2015年3月27日从江西鄱阳湖迁4头江豚、12月1日从湖北长江天鹅洲保护区迁4头江豚入华容集成长江故道江豚省级自然保护区。

11. 大鲵资源增殖与保护 2015 年 6 月 6 日，湖南组织开展张家界大鲵和鱼类资源增殖同步放流活动。活动以“放鱼养水、保护生态”为主题，现场共放流大鲵500 尾，其中六龄以上雌雄搭配亲本 10 组共 20 尾，平均体重5 千克以上，三龄以上大鲵480 尾，有 210 尾人工植入芯片进行身份标识；同时放流其他各类鱼苗鱼种 250 万尾 1 000 千克。2015 年 3 月 5 日，湖南张家界大鲵国家级自然保护区管理处救治一受伤大鲵，该鲵来自长沙市开福区青竹湖水库，呈棕灰色，长 78 厘米、重 8.6 千克；12 月 2 日，按照迁地保护与就地保护相结合的原则，保护区管理处在张家界永定区四都坪骡子塔出苗点救护野生大鲵苗种 200 尾。

（湖南省畜牧水产局　江为民　李书庚
薛跃祖　蔡汉华　陈　觅）

广东省渔业

【概况】 2015 年，广东省优化渔业产业结构，保护渔业生态环境，改善渔民民生，切实增加渔民收入，全面提升现代渔业发展水平，加快推动现代渔业强省建设。全省渔业经济总产值、水产品总产量保持了平稳快速发展，继续位居全国前列。2015 年全省渔业经济总产值达到 2 535 亿元，比上年增长 7.8%；全年水产品总产量 856.88 万吨，比上年增长 2.5%；其中，海水产品 461.14 万吨，比上年增长 2.3%；淡水产品 395.74 万吨，比上年增长 2.6%。水产品出口创汇 28 亿美元。渔民人均纯收入达到 14 960 元，比上年增长 11.9%。居民水产品消费价格比上年涨 3.5%。完成渔民转产转业议案第二阶段任务，扶持建设渔民安居房 5 000 户、现代渔业产业基地 100 个、渔民专业合作社 193 个。为 1.39 万艘渔船、3.42 万名渔民发放休禁渔生活补助 4 500 万元。为 1 万艘渔船、10 万渔民购买政策性保险。加强与南太平洋岛国在渔业领域的合作交流，成功承办“太平洋岛国高级公务员培训班”，举办中国与东盟、南太平洋岛国鱼类养殖技术培训班，培训渔业管理人员共 120 多人。

1. 副部长调研广东渔业 5 月 20～24 日，农业部副部长于康震在广东省考察现代渔业建设情况，先后深入阳江亚高水产养殖公司调研水产种业生产情况，到湛江国联水产公司、恒兴深水网箱养殖基地和特呈岛调研水产品加工、质量安全、健康养殖和休闲渔业发展情况。在广东省海洋与渔业局总值班室，于康震对广东省渔政、渔船、渔港管理信息化工作给予了充分肯定，他指出，要让渔业渔政事业发展插上信息化的翅膀，以信息化推动提高渔业渔政管理现代化水平。在阳江闸坡国家中心渔港和湛江特呈岛渔船避风塘，他详细询问了休禁渔、渔船停泊、防风防浪、水产交易等情况，叮嘱当地政府和渔业渔政部门要加大“绝户网”和涉渔“三无船舶”打击力度，维护好休禁渔秩序，同时，要进一步加强渔港和安全基础设施建设。在湛江调研时，他还登上了中国渔政 44061 船，看望慰问一线渔政执法人员，勉励他们为保护渔业资源和维护国家海洋权益做出更大贡献。在听取湛江市关于港湾养殖整治情况介绍，察看了特呈岛红树林生态保护区后，于康震指出，海洋是我们的共同家园，一定要保护好海洋生态，控制养殖污染，强化水域环境监测，加强渔业资源养护，引导支持渔民转产转业，实现渔业可持续发展。于康震先后到中山大学、中国水产科学研究院南海水产研究所和珠江水产研究所，仔细了解水产科研和科技人才队伍情况。在与当地政府负责人、渔业主管部门和企业代表座谈时，他强调，要抓住“一带一路”的战略发展机遇，充分发挥广东海洋资源优势，大力发展健康养殖，加强水产品质量安全监管，强化企业和养殖户的质量安全主体责任，做大做强水产品出口加工业，促进发展休闲观光渔业，加快推进渔业转型升级。

2. 全省渔业工作会议 3 月 27 日，全省海洋与渔业工作会议在广州召开，会议总结了 2014 年广东省海洋与渔业工作，并对 2015 年主要工作进行了部署。局长文斌作全省海洋与渔业工作报告，副局长、省渔政总队总队长白桦作渔业安全生产工作报告。会议要求，2015 年是全面完成“十二五”海洋与渔业经济发展规划的收官之年，全省海洋与渔业部门要把建好港、管好海、造好船作为全省海洋渔业工作头号工程，做好六方面的重点工作：一是做好渔港建设，落实人财，责任到人，确保渔港建设工作有人抓、有人管、能落实；二是科学规范用海，严格落实用海“三划”制度，加快海域使用审批制度改革，加强海洋生态环境保护；三是加快渔船更新改造，完善渔船建造和证照签发监管制度，确保渔船建造、更新可控可管，探索下放船网工具指标审批权限，探索建立金融支持渔船更新改造机制，引导金融资本支持渔船更新改造，全面开展渔船信息化普查工作；四是加快发展远洋渔业，积极争取远洋渔业扶持政策，打造专业化、标准化、现代化的远洋船队，结合现代渔港建设，高标准建设远洋渔业后勤保障基地；五是依法行政和维权执法，健全海洋渔业法规体系，深化行政审批改革，深入推进“两法衔接”，加强海上综合执法，建立基层队伍维权巡航常态化机制，狠抓渔船安全生产，加快执法基地和装备建设；六是提高基础能力，着力提升创新驱动能力,加强海洋渔业管理支撑能力建设,提升支撑水平,积极参与海上丝绸之路建设,大力发展内陆特色渔业和保障水产品质量安全。

3.部署建设现代渔港 省海洋与渔业局于1月初召开视频会议部署全省渔港建设工作。省政府办公厅于6月底召开加强渔港建设重点提案办理工作启动会,明确由省海洋与渔业局会同省发展改革委、公安厅、财政厅、国土资源厅、环境保护厅、住房城乡建设厅、水利厅、安全监管局具体办理。省级财政在两年内安排11亿元,重点建设一批现代渔港和避风塘,这是广东渔港建设最大的一笔投入。省海洋与渔业局联合省财政厅制定《广东省现代渔港建设项目实施方案》,由省财政厅牵头组织项目申报、材料评审和现场考核,确定扶持建设北部湾遂溪乐民避风港、台山烽火角避风塘等2个区域性避风锚地,每个项目补助6 000万元;扶持建设湛江市硇洲、阳江市闸坡、惠来县神泉等3个示范性渔港,每个项目补助2亿元;扶持建设湛江市通明和草潭、阳江市溪头、南澳县后江等4个二级渔港,每个项目补助5 000万元;扶持建设湛江市王村、徐闻县角尾港门等2个三级渔港,每个项目补助800万元;这11个项目,共安排补助资金9.36亿元,于12月分两批下达。省海洋与渔业局成立渔港建设领导小组及其办事机构,建立渔港建设局领导"分工包干"制度。12月18日举行全省现代渔港建设启动会,全省沿海各地级以上市分管副市长、各地渔业主管部门负责同志参加,省海洋渔业局与各有关市政府签订了现代渔港建设责任书,明确责任和任务,开始启动实施。当年,海门中心渔港、崖门一级渔港等完成竣工验收,下达了莲花山、博贺等渔港省配套资金4 100万元。全省渔港高清视频监控系统于6月24日通过终验竣工验收,47个重点渔港视频监控系统建成并投入使用。

4.加快渔船更新改造 2015年,广东加大渔船更新改造力度,6月,参照国家南沙骨干渔船建造模式,对省管权限海洋捕捞渔船更新建造实行"先建后拆"审批,简化渔船建造办理程序,强化各相关部门的职责,加快渔船更新改造进程,至年底共受理7个地市92艘渔船申请,已核准83艘。全省拆解老旧木质渔船938艘,新建海洋捕捞渔船871艘、南沙骨干渔船35艘。国家和省财政共投入1.26亿元,支持更新改造大型钢质渔船284艘,其中2015年新增大型钢质渔船104艘。东莞市2015年安排1亿元贴息贷款,争取金融机构贷款支持建造大型渔船。阳江市推动以渔船为抵押获得金融机构贷款3亿元支持渔船更新改造。

5.发展远洋及南沙渔业 2015年,广东抓住国家"一路一带"战略、推进海上丝绸之路建设的有利契机,结合农业部《南沙骨干渔船专用船网工具指标管理办法》的颁布实行,加快发展远洋及南沙渔业。3月召开全省远洋渔业企业座谈会,听取了企业代表介绍在东盟和太平洋岛国地区发展远洋渔业的现状与问题,商讨企业如何实施"走出去"战略,促进海上丝路建设的意见和建议。全省共有19家远洋渔业企业派出197艘远洋渔船赴国外或公海生产,同比增长13.2%。广东中鼎海洋渔业有限公司投资2亿元新建4艘大型钢质秋刀鱼远洋渔船(每艘船长76米,总吨1 450吨,总功率2 100千瓦),实现广东大洋性秋刀鱼项目零的突破。农业部核准广东建造南沙骨干船97艘,72 985千瓦,其中补助18 423千瓦,至年底开工建设32艘,其中建成投产12艘。

6.实施渔具准入制度 2015年,广东加大渔具渔法政策的宣传力度,提高渔具准入制度执行能力,联合南海水产研究所举办全省内陆捕捞准用渔具和过渡渔具网目尺寸调查和标准制定工作专题培训班,组织编绘南海区捕捞渔具图册和宣传教育视频资料。同时制定《广东省渔具政策宣传及违规渔具整治实施方案》并在沿海相关市县组织实施,有效打击违规违法渔业行为,提高群众对渔具渔法制度的认知,增强他们的海洋生态保护意识,营造良好的守法氛围。根据农业部的要求,广东于7~8月组织开展内陆捕捞准用渔具和过渡渔具网目尺寸调查及标准制定、海洋过渡渔具调研等工作,分别上报广东省内陆渔具调查汇总表及分类统计表和广东省海洋过渡渔具征求处理意见表及管理工作建议,因上报材料数据详实,建议合理且具有重要借鉴作用,得到上级高度肯定。

7.发展水产健康养殖 2015年农业部下达广东省渔业标准化健康养殖扶持项目资金800万元,8月27日,省海洋与渔业局和省财政厅联合发布了《2015年广东省渔业标准化健康养殖扶持项目实施方案》,明确为重点支持主产区、中心城市周边及距中心城市相对较近的优势产区。优先支持大宗鱼类品种的水产健康养殖示范场。安排补助项目16个,每个项目中央财政补助50万元。通过重点扶持一批有一定规模、生产基础条件好、对增加水产品产量和提高质量有示范带动作用的健康养殖示范生产基地,改善其生产条件,进一步提高标准化、规模化水平,提高抗御自然灾害能力,提高水产品质量安全水平。当年广东推广水产健康养殖,扶持渔业品牌发展,截止到2015年年底,全省累计创建农业部水产健康养殖示范场(区)188个,面积约3.5万公顷;建设"菜篮子"基地87家,面积0.25

万公顷。建成省级以上渔业标准化示范区124个、无公害产地427个,获农业部认证的无公害水产品499个,省级以上农业名牌产品109个。

8.加快发展淡水养殖 2015年,全省上下因地制宜,坚持大力发展水产养殖业。其中广州、佛山等市投入专项资金支持鱼塘标准化建设、发展设施渔业;韶关市推进以"公司+合作社+基地"这一产业化模式发展生态渔业;河源市打造"万绿湖水库鱼"生态品牌;梅州市生态甲鱼获得供应港澳通行证;茂名市成为全国规模最大的罗非鱼养殖优势地区。清远市成功举办首届"稻鱼节",东莞市成功承办中国(东莞)第一届龟鳖博览会。肇庆、云浮、揭阳等地特色生态渔业蓬勃发展;休闲渔业发展势头更猛。

9.提升水产种业水平 2015年,广东加快构建以产业为主导、企业为主体、基地为依托、监管为保障、产学研结合、"育繁推一体化"的现代水产种业体系。省级水产良种体系建设专项资金安排良种选育、技术更新改造项目36个。通过专项扶持,改善水产良种保存、繁育和选育基础设施,为遗传育种、新品种选育、苗种扩繁等提供有利的平台。截止到2015年年底,全省已建成5个国家级水产良种场、1个国家级水产种质监督检验测试中心、1个国家级水产引种保种中心、64个省级水产良种场和7个现代渔业种业示范场,形成以国家级遗传育种中心和国家级良种场为龙头、省级良种场为骨干、地级市繁育场和县级培育场为网络的苗种生产体系。

按照《办理水产苗种试行办法》和《国务院关于取消非行政许可审批事项的决定》,省海洋与渔业局对"重要水产苗种进出口审批"审核工作进行相应调整,进一步加强和规范水产苗种引进审批,更公开透明、高效率。广东受理企业申请进口水产苗种主要是南美白对虾亲虾,2015年度全国核定额度数量约66万尾,广东上报全年计划数量59.5万尾。

10.水产品质量安全 2015年,广东在成立乡镇水产品质量安全监管机构250个,建立覆盖省、市、县、乡镇的质量安全监管体系的基础上,投入3 000多万元,扶持在渔业重点乡镇建立快速检测实验室74个,建成以部省两级检测中心为龙头、地市级检测站为骨干的检验检测网络,15个市检测机构通过了国家计量认证。在全国率先建立省级水产品标准化数据库,制订省级渔业地方标准282项,初步建成覆盖全产业链的渔业标准体系。加强食用水产品质量安全监管合作机制,省海洋与渔业局于8月与省食品药品监管局签署《加强食用水产品质量安全监管合作协议》,推动建立以食用水产品质量安全可追溯凭证为核心的产地准出、市场准入管理衔接机制,加强生产环节和流通环节的监管衔接,落实食用水产品生产经营者质量安全主体责任。加大水产品抽检力度,全年省级抽检水产品近1万个,总合格率达97.3%,未发生重大水产品质量安全事故。开展水产品质量安全专项整治行动。全省出动执法人员超过1万人次,检查养殖生产和经营单位6 216个,发现并纠正水产养殖违法行为45起、立案15宗。全国水产品质量安全监管工作会议5月在广州召开,广东省水产品质量安全监管工作得到农业部高度肯定。

11.港澳流动渔民工作 2015年,继续贯彻落实"一国两制"方针政策,围绕"以渔业为窗口做好统战工作"的中心任务,坚决切实履行"协调、管理、教育、服务"工作职责,顺利开展港澳流动渔民工作。通过迎新春、庆回归、庆国庆以及各种庆典活动与流动渔民保持密切联系,全年共组织协调了赴港澳活动14批共65人次,接待做好流动渔民来访200多人次。纪念抗战胜利70周年期间,组织流动渔民代表和社团领袖分3批共40多人到内地参观考察,进一步激发流动渔民的爱国情怀和民族自豪感。举办第二届港澳流动渔民工作研讨会暨粤港澳流动渔民社团联谊活动,共同研究港澳流动渔民政策性问题。参加各渔民团体联谊活动,组织拜访了香港渔农署、海事处和澳门海事及水务局等相关政府部门,加强工作调研,进一步密切与港澳渔民社团联系。协调中央人民政府驻香港特别行政区联络办公室协同香港立法会渔农界议员何俊贤,以及港澳流动渔民代表组团到省海洋与渔业局访问,共同对港澳流动渔民关心的问题进行了座谈、研讨,对于如何解决港澳流动渔民共同关心的迫切问题达成了初步共识,为进一步开展港澳流动渔民工作明确了方向。

重视港澳流动渔民渔业互保工作,积极协调有关部门及时对流动渔民涉险事故的赔付,协助流动渔民做好善后处理工作,帮助他们尽快恢复生产,促进和谐平安渔业。今年全省港澳流动渔民投保11 859人次,保费982万元,渔船2 187艘,保费490万元,合计保费1 472万元,人险理赔672万元,船险理赔40万元。

12.强化渔业资源养护 2015年,省海洋与渔业局编制《珠江口及邻近海域生态修复工程规划》《广东渔业生态修复工程建设计划》,规划湿地、港湾等重要渔业水域的渔业生态修复工程。建成国家级水产种质资源保护区16个。开展内陆水域人工鱼巢建设工作,其中在西江、东江等内陆水域建成人工鱼巢3.24万平方米,鱼类在人工鱼巢产粘性卵超过18亿粒,增殖鱼苗约9亿尾。推动增殖放流科学化、规范化,建成国家级和省级海、淡水良种场及增殖站72个,先后多次举办南海、粤港澳(东江)生物资源增殖放流、广东休渔放生节等活动,放流鱼、虾苗60多亿尾。

13. 海洋牧场示范项目 2015年,广东省积极开展国家级海洋牧场示范区创建工作,组织各沿海市(县、区)申报海洋牧场规划和示范区,经过论证和评审,批准了汕尾市城区海洋与渔业局申报的龟龄岛东海域、珠海市万山区海洋开发试验区海洋与科技局申报的庙湾岛海域为国家级海洋牧场示范区,至年底,形成海洋牧场示范区12个、面积约773平方公里。确定由惠州市海洋与渔业局、珠海市万山区海洋与科技局、茂名市海洋与渔业局水东分局承担惠州东山海、万山区庙湾岛海域、茂名放鸡岛海域大型人工鱼礁建设示范项目,并确定每个项目建设资金5 000万元。2015年,完成南澳乌屿、汕尾红海湾、电白水东湾、惠东三角洲人工鱼礁礁体制作投放,完成礁体空方量28 566立方米。至年底,全省建成生态公益型人工鱼礁区46座,投放报废渔船88艘、混凝土预制件礁体7.6万多个,渔业资源密度比投礁前平均提高8.7倍,最高提高26.6倍。

14. 喜迎海龟上岸产卵 6月24日,惠东港口海龟国家级自然保护区海龟湾迎来了一头上岸产卵的百岁老海龟,顺利产下130枚海龟卵,这是年内第二头上岸产卵的海龟。由于海龟产卵点低于海潮线,极易被海浪卷走,目前保护区科研人员已将龟卵移到离海潮线较远的沙地自然孵化。为确保孵化成功率,保护区利用国际先进仪器监测卵窝内的温度和湿度等生态因子;同时,还为每头上岸产卵的海龟注射电子芯片,以便日后追踪研究。根据多年监测经验,自5月中旬开始,海龟保护区便安排工作人员开始昼夜巡逻,严查电、炸鱼等违规作业方式,并规劝在保护区临近海域作业的渔船不要阻挡海龟的洄游通道或惊吓、撞伤母龟,终于使这只百岁老海龟顺利产卵。

15. 救护中华白海豚 10月12日,佛山南海区东平河发现中华白海豚后,省海洋与渔业局和佛山市渔业主管部门积极开展救护工作,调集了渔政队伍、珠江口中华白海豚自然保护区管理局有关人员和当地渔船、渔民参加行动,长隆集团派出海洋动物专家到现场指导。经过多日的跟踪观察,最后研究决定采用声波驱赶方式送白海豚回珠江口。16日,驱赶行动全面开展,动用了8艘渔政船和40多艘渔船,采用"声驱法"将白海豚从佛山南海五斗桥水域驱赶往莲花山出海口,途经五斗桥-沙尾桥-芳村(广州圆)-莲花山出海口,全程40余公里,护送行动前后历时7个多小时,误入内河的白海豚按设定的方向游向游出内河,驱赶过程顺利,这是近十年广东首次成功在河道水域采用该方法驱赶海豚。

16. 突出渔业科技支撑 2015年,广东加强渔业科技研发,形成了一批具有自主知识产权的渔业科技成果,其中对虾、罗非鱼、卵形鲳鲹、石斑鱼、军曹鱼、加州鲈等苗种繁育、深水网箱装备技术和对虾高效健康养殖技术走在全国前列,科技支撑全省渔业产业发展的作用日益增强。连平、乳源、高要等10个县(市、区)级水产技术推广站被全国水产技术推广总站认定为全国基层水产技术推广示范站。2015年,由省总工会、省人力资源和社会保障厅、省经济和信息化委员会、省科技厅主办,省海洋与渔业局承办的2015年广东省鱼类免疫注射技能竞赛于10月12~13日举行。来自全省各地基层水产技术推广系统19支队伍参赛,广州市的李文卫获得个人第一名,由省总工会按程序颁发广东省五一劳动奖章。

17. 实施渔业科技专项 2015年,广东省申报科技攻关与研发项目共150项,立项项目49个,安排专项资金2 850万元。及时完成项目立项评审、立项答辩、经费安排、合同签订等工作任务。同时,为提高专项实施的规范化和可行性,对项目资金超过80万元的重点以上项目增设开题环节,组织各科研单位召开项目开题会,对项目技术路线、工作方案、经费使用等内容进一步把关并提出优化建议。截止到11月底,共组织完成2014—2015年度30个项目开题,为项目顺利实施奠定了良好基础。做好2016年海洋与渔业科技与产业发展专项科技攻关与研发申报指南的编制工作,向企业、高校、科研机构等征集技术需求和科研项目,凝练一批目标明确、边界清晰的高质量重点任务,纳入专项集中部署。

18. 抓好项目结题验收 6月,组织召开"省海洋渔业科技推广专项科技攻关与研发项目验收会议",主要对2011—2012年所有立项但尚未结题的项目,进行结题验收,共组织验收130个项目,通过验收的项目126项,未通过验收的项目4项。为实现对项目的科学高效管理,升级强化信息化管理手段,委托技术单位开发了项目档案系统,专项管理人员可根据相应权限完成对专项项目的综合查询和统计汇总工作。2015年,全省海洋渔业系统取得省科技奖一等奖1项,二等奖2项;省农业技术推广奖一等奖1项,二等奖3项,三等奖4项。

19. 水产技术推广活动 2015年,广东开展创建基层水产技术推广示范站活动,连平县、乳源县、高要市、连南县、博罗县、汕尾市城区、惠东县、雷州市、新兴县和徐闻县被定为全国第二批(在广东是第一批)基层水产技术推广示范站,广东省在安排2015年海洋渔业科技推广专项时给予连平等6县(市、区)水产技术推广站各20万元渔业科技入户示范工程项目的支持。实施各类科技推广项目,先后在雷州、高要、梅县举办了三场科技入户培训班,培训400多人次;在博罗、清远举办二期鱼菜共生养殖技术培训班,培训人数达200人次;在韶关、高要举办二期内陆高效健康养殖技术培训班,培训人数达200人次。10月12~13日,成功举办2015年广东省鱼类免疫注射技能大赛,这是由省总工会等单位主办,省海洋与渔业局承办,省水产技术推广总站等协办的,纳入全省职工职业技能竞赛项目。在竞赛中总分排名在第一的选手将被授予"广东省五一劳动奖章"的荣誉。利用【粤渔技推广·疫控】"手机信息平台"服务于广大渔民,2015年共制作各类短信100多条,合计发送60余万条次。

20. 水生动物疫病防控 2015年,省财政投入专项资金,建设省级水生动物防疫实验室二期工程;为100个市县装备水产苗种产地检疫现场出证设备,同时在广东鱼病会诊网站增设水产苗种产地检疫电子出证模块;加强水产病害测报和水生动物疫病监测预警工作,省先后派出40批次采样人员,在全省各地现场检测样品210批次鱼样,采集300批次虾样本;举办了5期渔业乡村兽医培训班,培训了408名在册渔业乡村兽医,全省已登记、注册的渔业乡村兽医已达3 809名。

10月4日,第22号台风"彩虹"在湛江市坡头区登陆后,组织受灾地区湛江、茂名、阳江、云浮四市县水生动物疫病预防控制机构技术人员到灾区一线协助做好死鱼虾无害化处理、公共水域防疫消毒等救灾应急工作,于8日紧急下拨救灾应急资金90万元和调拨应急救灾药物10吨,到一线开展救灾工作共1 464人次,无害化处理死鱼虾116.6吨,分发救灾药物20.1吨,病害检测1 100个样、水质检测2 365个样,分发救灾技术资料15 000份;举办了14期救灾复产技术和安全用药技术培训,培训渔农民1 856人次,发放资料3 500多份。

21. 渔业对外交流合作 2015年,广东加强与东盟、南太平洋岛国海洋渔业合作交流,推进海上丝绸之路建设。一年来共接待了太平洋岛国多个来访团组:太平洋岛国政治家联合考察团一行19人(由库克群岛、密克罗尼西亚、巴布亚新几内亚、萨摩亚、瓦努阿图、所罗门群岛等六国代表组成),汤加副首相索瓦莱尼一行,密克罗尼西亚联邦国会议长韦斯利·西米纳一行10人;密克罗尼西亚外事委员会威利主席和夫人;组织广东广远渔业集团公司等5家远洋渔业企业赴斐济参加2015年中国(广东)-斐济经贸合作交流会,签署了合作意向书。顺利完成渔业培训任务。该培训班由广东省外事办和省海洋与渔业局共同主办太平洋岛国高级公务员培训班,学员来自斐济、汤加、萨摩亚和密克罗尼西亚等南太4国。第一期培训班的24名学员于6月3日参观了广东省渔业种质资源保护中心,深入了解工厂化养殖情况,并开展座谈交流。第二期于11月至12月在广东省渔业种质保护中心开班,进行了为期10天的水产养殖技术培训,专门编辑了中英文对照的培训班《水产养殖技术培训教材》和《广东海洋与渔业宣传画册》,收到了良好效果。

22. 加强渔业安全生产 省海洋与渔业局于1月26日印发《远洋渔船安全生产管理制度》,落实远洋渔船出航检查、跟帮生产、安全检查、渔船联络等工作,重点落实远洋企业主体责任;6月26日,联合广东海事局在阳江市闸坡渔港开展2015年广东省"安全生产月"警示教育与应急演练。落实渔船船东主体责任、乡镇政府和村(居)委会属地管理责任,推进实施渔船跟帮生产、渔民作业时穿着救生衣等制度。联合工商、公安边防等部门,组织开展打击非法建造改装渔业船舶行为、进出港查船等专项行动,打击非法造船、非法改装渔业船舶行为,加强渔船修造质量的监管。组织开展渔船安全生产大检查,制订岁末年初、汛期及休渔期渔船安全检查方案,于1月底和6月底分别由5位局领导带队分赴各地开展督导检查。8月18日至9月10日,由10位局领导带队分赴各地开展渔业安全生产大检查,深化"打非治违"和专项整治工作。成功应对"尤特""天兔""蝴蝶""彩虹"等超强台风及强降雨灾害,全省渔政执法队伍参与海难事故救助97起,救助渔民287人、渔船97艘,挽回经济损失约1 000万元。江门市新会、惠州市大亚湾、湛江市廉江、阳江市阳东等县(区、市)被农业部、国家安监总局评为"全国平安渔业示范县"。

23. 组织开展救灾复产 10月4日,第22号台风"彩虹"在湛江市坡头区沿海地区登陆,粤西地区尤其是湛江、茂名、阳江的渔业受灾严重,省海洋与渔业局迅速开展灾害现场调查掌握灾情动态,并积极组织开展和协助各地救灾复产工作。10月6日,省海洋与渔业局派出救灾复产工作组赶赴粤西灾区,研究提出救灾复产方案,迅速开展渔业救灾复产。工作组与各级海洋渔业主管部门指导养殖户采取积极措施,尽快修复受毁、受损的塘基、海堤、渔船、网箱等渔业基础设施;及时做好死鱼的无害化处理和水体消毒防疫工作,防止疫病爆发;加强苗种生产管理,保证灾后复产所需苗种;紧急组织人员到受灾第一线派送技术资料,及时向养殖户提供省内外苗种供求信息,帮助其尽快恢复生产；组织渔业互保协会，做好受损渔船的统计与理赔工作。同时，省海洋与渔业局积极争取中央和省财政专项资金用于受灾地区灾后救灾复产工作。10 月 8 日，省水生动物疫病预防控制中心紧急下拨救灾应急资金 90 万元和调拨应急救灾消毒药物 10 吨到受灾地区。到 10 月 15 日为止，台风受灾重点地区市县水生动物疫病防控机构技术人员到一线开展救灾工作共 1 464人次，无害化处理死亡鱼虾 116.9 吨。为防止灾后水生动物疫病爆发流行，省市县共调拨了 20.1 吨应急救灾消毒药物对公共水域水体进行消毒。并及时加强对灾区水产养殖病害监测和公共水域水质检测，组织技术人员到养殖渔排、种苗场、养殖塘开展病害检测 1 100 个样、公共水域水质检测 2 365 个样，发放救灾技术资料 15 000 份。

24. 强化渔政执法检查 省海洋与渔业局于 4 月底在全省沿海组织“靖海 2015 – 1”专项行动，打击非法捕捞“三无”船舶和“绝户网”，共出动执法船艇 422 艘次，执法车 44 辆次，执法人员 2 714 余人次，检查渔船 2 703 艘次，查获涉渔“三无”船舶 121 艘，清理绝户网 1 266 张，5 万余米，销毁“三无”船舶 59 艘，效果明显，在沿海形成了打击“三无”船舶和“绝户网”的良好氛围。为清理取缔涉渔“三无”船舶，成立了以副省长邓海光为组长的行动协调小组，5 月 6 日召开全省清理取缔海洋涉渔“三无”船舶和“绝户网”视频会议，部署专项行动，通过堵疏结合的方式，认真清理、取缔各类涉渔“三无”船舶和“绝户网”。这次专项行动，共清理取缔涉渔“三无”船舶 218 艘、禁用渔具 6 929 张，查处违法案件 594 宗。加大了“集中用警、异地用警”的执法力度，顺利完成南海伏季休渔和珠江流域禁渔执法任务。全年共出动执法船 3 222 艘次，出航 4 678 天，执法快艇 18 069 艘次，执法车辆 15 374 辆次，执法人员 119 950 人次，检查渔船 89 233 艘次，查处渔船违规案件 2 964 宗，罚款 1 530 万元。办结水产品质量安全执法案件 15 宗，水生野生保护动物违法违规案件 13 宗。积极推动两法衔接，2015 年全省渔政队伍向公安机关移送涉嫌犯罪案件 193 宗，移送涉嫌犯罪人员 321 人，其中公安机关依法刑拘 202 人，有效破解暴力抗法、电炸毒鱼等“老大难”问题。加快省属广州执法指挥基地（东江仓）、横琴基地、高栏港等基地建设，出台《执法船艇装备管理千分制标准》。出台全省队伍船员出海补贴规定，配合省军区开展海上民兵建设。

25. 伏季休渔执法工作 2015 年休渔期间，省海洋与渔业局通过严查在港渔船、涉渔“三无”船舶和辅助船偷捕行为，与刑事司法衔接增加违法成本，暗访督查与执法协作相结合，突出“五个抓”，严厉打击涉渔违法行为，维护沿海各渔区社会稳定，确保广大渔民群众安全度过休渔期。据统计，休渔期间，全省沿海渔政队伍共出动执法船 508 艘次，艇 3 659 艘次，执法人员 2 123 人次，检查渔船 17 468 艘次。抓港口。认真查清休渔对象在港情况，实时掌控在外地外港休渔船动向。组织 5 个督导组赴各地开展综合检查督查。抓海上。全省渔政执法队伍在确保在册渔船休渔秩序的基础上，加大对顶风偷捕涉渔“三无”船舶和辅助船的海上查处力度。抓线报。渔政部门公布休渔投诉电话，安排专人 24 小时值班接受群众投诉，并成立督察组，专门核查群众举报案件。对违反休渔制度的投诉举报，专人负责实地调查。抓联检。为保障闽粤交界海域休渔开捕前海上秩序，根据中国海警局统一部署，广东省渔政总队与中国海警局南海分局筹备组、东海分局筹备组、广东省海警总队筹备组、福建省海洋与渔业执法总队一起，组织开展台浅海域渔业联合执法行动。开展“护渔 2015 – 2”区域性的海洋渔业执法行动，有效维护开捕前的海上秩序。抓震慑。为增加违法成本，严惩重大违法犯罪分子，省海洋与渔业局紧紧依靠省、市、县各级“两法衔接”（行政执法与刑事司法衔接）工作平台，积极主动与公、检、法等各部门沟通衔接，严厉打击违法捕捞行为，有力破解执法难、处罚难、执行难及遭遇暴力抗法等历史问题。

26. 南海（阳江）开渔节 8 月 1 日，由阳江市人民政府、省海洋与渔业局主办，海陵岛试验区管委会和阳江市海洋与渔业局共同承办的第十三届南海（阳江）开渔节开船仪式在阳江市海陵岛闸坡国家级中心渔港举行。阳江市委书记魏宏广，省海洋与渔业局局长文斌等领导和嘉宾等出席开船仪式。2015 年的南海（阳江）开渔节以“扬帆丝路水道 · 力促蓝色崛起”为主题，不仅有传统的开船仪式、祭海活动、渔家婚嫁庆典巡游、渔家大宴四大主要活动，还增设泼水活动、拔河比赛、捕鱼活动、音乐晚会、帆船表演等六大助兴活动，既具渔家特色，又丰富了国际旅游岛的现代气息。

27. 汕尾海洋文化旅游节 8 月 1 日，汕尾渔港集结了千艘渔船举行开渔仪式，拉开了 2015 年汕尾海洋文化旅游节的序幕。汕尾海洋文化旅游节以“推广汕尾，提升人气”为主题，至 11 月 30 日结束，以海洋产业为媒介，开展一系列的文化、旅游、经贸活动，包括城区渔歌节、红海湾沙滩狂欢节、鲘门海湾艺术秀、海丰龙舟赛等活动，集中呈现汕尾的美丽风光和人文资源，弘扬本土特色文化，促进汕尾海洋与其他产业发展。9 月 1 日晚，汕尾市城区在凤山妈祖文化广场举行“2015 · 汕尾渔歌节”启动仪式暨渔歌汇演。来自湛江、惠东和当地的 9 支表演队共计 16 个节目参加汇演。仪式上,“国家级非遗项目 - 汕尾渔歌”“汕尾市特色文化品牌 - 汕尾渔歌节”授匾。至 30 日结束,期间还组织渔歌进校园、进企业、进福利院等“汕尾渔歌倡文明颂小康大家乐”活动。

【重点渔业市(县)基本情况】

广东省地级市渔业基本情况

市别	总人口(万人)	渔业产值(亿元)	水产品产量(万吨)	其中				养殖面积(万公顷)	其中	
				海洋捕捞	海水养殖	内陆捕捞	内陆养殖		海水	内陆
广州	1 308	1 968 303	483 925	29 829	58 536	44 521	351 039	27 897	3 382	24 515
深圳	1 078	126 856	40 429	37 975	2 048	0	406	309	265	44
珠海	161	853 096	291 551	10 950	60 720	1 810	218 071	27 258	13 435	13 823
汕头	552	1 045 104	445 855	160 843	201 463	3 792	7 9757	15 641	11 481	4 160
佛山	735	2 007 659	615 955	0	0	6 428	609 527	36 761	0	36 761
韶关	291	84 320	82 453	0	0	2 930	79 523	20 361	0	20 361
河源	306	45 373	44 979	0	0	1 869	43 110	7 284	0	7 284
梅州	432	180 048	111 076	0	0	9 838	101 238	14 457	0	14 457
惠州	473	277 268	166 977	23 064	59 604	1 181	83 128	20 962	4 011	16 951
汕尾	301	977 714	632 049	259 568	316 437	3 351	52 693	26 985	19 828	7 157
东莞	834	281 997	68 946	8 375	4 287	1 560	54 724	8 570	590	7 980
中山	319	819 933	339 499	2 262	14 236	1 495	321 506	23 092	1 650	21 442
江门	451	1 771 530	770 952	98 684	213 487	11 519	447 262	65 455	22 909	42 546
阳江	250	1 854 646	1 215 905	382 531	711 962	8 439	112 973	40 427	24 790	15 637
湛江	721	4 278 002	1 262 195	295 472	786 167	5 628	174 928	97 510	64 608	32 902
茂名	605	1 288 736	848 826	161 899	417 298	4 453	265 176	37 374	15 222	22 152
肇庆	404	487 220	424 918	0	0	5 297	419 621	33 620	0	33 620
清远	382	155 148	124 192	0	0	1 875	122 317	17 289	0	17 289
潮州	272	261 029	203 041	21 281	128 031	2 606	51 123	13 779	7 793	5 986
揭阳	604	264 033	159 310	57 463	22 096	4 188	75 563	11 510	2 397	9 113
云浮	244	218 979	106 138	0	0	1 502	104 636	9 138	0	9 138

注:人口数据来源于《广东年鉴 2015 年卷》中的各市年末常住人口数,渔业数据来源于广东省海洋与渔业局编写《广东省 2015 年渔业统计年报》。

【大事记】

[1]1 月 4 日,副省长邓海光率省府办公厅、省海洋与渔业局等有关单位负责人到中国水产科学研究院珠江水产研究所展调研,实地考察水产疫苗工程中心、水产动物免疫技术重点实验室、珠江中下游仔鱼生态库、热带亚热带渔业生物综合实验室建设项目现场。

[2]1 月 6 日,省海洋与渔业局召开全省渔港建设视频会议,要求各市争取成立现代渔港建设协调机构,形成政府统筹部署、各部门合力推进的良好格局,积极探索填海造地建港、渔港项目海域使用金减免以及引导社会资金投资渔港建设等工作。

[3]1 月 13 日,省海洋与渔业局局长文斌到广州市番禺区调研,先后深入莲花山中心渔港、砺江河避风塘、番禺渔政大队执法码头现场调研,并登上渔船与渔民群众进行交谈,详细了解渔港区域建设规划、渔船更

新改造、渔政管理、柴油补助和休(禁)渔期补贴发放等情况。

[4]1月16日,省人大常委会副主任、民革广东省委会主委周天鸿一行到省海洋与渔业局,与局长文斌等就加快推动广东省休闲渔业健康持续发展进行深入交流。

[5]3月24日,副省长邓海光率省府办公厅,省海洋与渔业、发改、财政等部门以及有关中央驻粤科研单位负责人到广东海洋与水产高科技园开展专题调研。邓海光强调,要认真谋划,把海洋与水产高科技园建设好,推动海洋与水产科技产业做大做强。

[6]5月6日,省海洋与渔业局召开全省清理取缔海洋涉渔"三无"船舶和"绝户网"视频会议,强调要通过堵疏结合的方式,认真清理、取缔各类涉渔"三无"船舶和"绝户网"。同时,通过此次整治行动,积极推进全省渔船信息化工作,为渔船配备北斗和AIS终端设备,加强渔船信息管理。各地级以上市海洋与渔业主管部门主要负责人在各分会场参加会议。

[7]5月7日,省海洋渔业局与省科协联合在广州主办"南海海洋资源利用保护与广东建设海洋强省研究"专项调研专家咨询会,邀请南海海洋研究所、南海水产研究所、珠江水产研究所、中山大学、广东海洋大学等科研院校专家学者为南海海洋生物资源保护与利用等议题建言献策。

[8]5月20日,全国水产品质量安全监管工作会议在广州市召开。农业部副部长于康震出席会议并讲话,副省长邓海光到会致辞。广东省海洋与渔业局介绍作全面加强水产品质量安全监管的做法。

[9]5月21日,农业部渔业渔政管理局局长赵兴武到佛山调研,先后到广东何氏水产有限公司、南海百容水产良种有限公司等实地考察,详细了解当地淡水鱼类养殖生产、冷链物流运输和淡水鱼类种苗繁育等情况。

[10]5月25日,省海洋渔业局局长文斌到省渔政总队直属三支队和徐闻珊瑚礁、雷州珍稀海洋生物国家级自然保护区调研,深入了解保护区管护能力建设和宣教、科研、生态修复、执法等情况。

[11]6月1日,中央政治局委员、省委书记胡春华赴斐济出席中国(广东)——斐济经贸合作交流会,专门到苏瓦码头登上广东远洋渔船并慰问船员。

[12]6月3日,来自斐济、汤加、萨摩亚和密克罗尼西亚等太平洋岛国高级公务员第一期培训班的24名学员参观了广东省渔业种质资源保护中心,并与省海洋与渔业局就进一步加强远洋渔业、水产养殖、水产品贸易和物流、渔业技术培训等合作进行了深入交流。

[13]6月30日,省政府办公厅召集有关办理单位在省海洋与渔业局召开加强渔港建设重点提案办理工作启动会,会议明确由省海洋与渔业局会同省发展改革委、公安厅、财政厅、国土资源厅、环境保护厅、住房城乡建设厅、水利厅、安全监管局具体办理。

[14]7月9日,第10号台风"莲花"于12时在陆丰市甲东镇沿海登陆,登陆时中心附近最大风力有12级(35米/秒),中心最低气压为970百帕。第10号台风"莲花"是当年首个登陆广东的热带气旋,具有移动速度缓慢,路径复杂多变的特点,造成汕尾、汕头、揭阳、潮州等地遭受一定程度的损失,据统计,全省直接经济损失累计2.478亿元。

[15]7月10日,省海洋与渔业局与中国空间技术研究院在北京签署战略合作框架协议,双方在广东智慧海洋建设规划、渔船北斗终端开发应用、渔政执法船视频监控、水产品航天搭载与繁育等方面深化合作,全面提升全省渔业信息化水平和渔业安全生产水平。

[16]7月14日,东莞市政府常务会第121次会议,审议通过了《关于加快发展东莞市都市现代渔业的奖励资金办法》,设立现代标准鱼塘整治、健康养殖示范基地、水产良种场等3项奖励资金和设施渔业发展、水产良种体系建设专项资金,将在未来5年投入2 580万元,引导全市传统渔业向现代渔业转变,加快渔业转型升级。

[17]8月4~7日,省政协常委颜学亮和赵松峰委员率省府办公厅、省海洋渔业局有关负责同志及暨南大学教授赴江苏启东吕四中心渔港、浙江宁波石浦中心渔港及渔港古城、舟山沈家门渔港及国际水产城等地调研渔港建设情况,并与有关单位进行座谈交流。

[18]8月18日至9月10日,省海洋与渔业局在全省范围内开展渔业安全生产检查督查工作,以自查为主,同时组成10个督导小组,由省海洋与渔业局领导带队分赴各地辅助开展督导检查,保障渔业安全生产秩序和渔民生命财产安全。

[19]9月9日,省海洋与渔业局召开沿海地区渔船安全生产工作视频会议,对进一步加强渔船安全生产监管工作进行部署,要求各地海洋渔业主管部门高度重视渔民生命和财产安全,认真履行好渔业主管部门的渔船安全生产监管责任。

[20]9月16日,副省长邓海光率队赴浙江等省开展现代渔港调研,学习省外先进经验。邓海光要求省海洋与渔业局充分吸收外省先进经验,进一步加快渔港建设步伐。

[21]9月22日,省海洋与渔业局与中国平安财产保险股份有限公司广东分公司座谈,双方就平安综合

金融支持广东省渔船更新改造、现代渔港建设，推动设立海洋产业投资基金，积极发展政策性海洋产业保险等内容达成共识。

[22]9月28～29日，全省水产品“质量月”现场宣传咨询活动在东莞市举行，以“打造安全水产，提升质量水平”为主题，采取发放宣传材料、面对面咨询解答、实地参观考察等方式，宣传水产品质量安全科学知识，提升渔民群众的质量安全意识。参加活动的嘉宾还实地参观了监测站的水产品检验检测实验室、东莞市金桥水产品批发市场和东莞三泰环保渔业有限公司。

[23]10月1日，惠东海龟国家级自然保护区传来佳讯，当晚约10时，保护区养殖的绿海龟在人工条件下产卵49枚，标志着我国绿海龟人工繁殖首战告捷。

[24]10月4日，第22号强台风“彩虹”于14时在湛江市坡头区沿海登陆，中心最低气压940百帕，是1949年以来10月份登陆广东的最强台风，移动速度快、降雨强度大、影响范围广、破坏力强，给粤西带来严重的风暴潮、海浪灾害，造成湛江、茂名、阳江、江门等地遭受重大损失。据统计，全省造成直接经济损失累计26.28亿元。

[25]10月11日，省海洋渔业局联合广州海关、广州市海洋与渔业局、广东海洋协会等，在广州海洋馆共同举办“2015年广东省水生野生动物保护科普宣传暨罚没海马销毁活动”。活动现场展示一批广州海关近年查获并移交给省海洋与渔业局处理的罚没涉案物品海马干（干品总重量为217.12千克）。展示结束后，省海洋与渔业局根据《野生动物保护法》等法律法规以及濒危野生动植物种国际贸易公约（CITES）的有关规定，将罚没海马干进行无害化销毁处理。这是广东省首次对罚没的水生野生动物进行公开销毁。

[26]10月12～13日，广东省鱼类免疫注射技能竞赛在中国水产科学研究院珠江水产研究所举行，这是由省总工会、省人力资源和社会保障厅、省经济和信息化委员会、省科技厅主办，省海洋与渔业局承办，省海洋与渔业技术推广总站、省水生动物疫病预防控制中心等协办。来自全省各地基层水产技术推广系统19支队伍参赛。广州市的李文卫获得个人第一名，由省总工会按程序颁发广东省五一劳动奖章。

[27]10月16日，省海洋渔业局召开全省渔港建设及粤西受灾地区渔业救灾复产工作视频会议，重点部署全省渔港建设工作以及进一步落实粤西受灾地区的渔业救灾复产。

[28]10月20～23日，省海洋与渔业局局长文斌率队到梅州、河源、东莞开展“三严三实”调研，深入基层了解淡水渔业、渔政执法、生态保护等工作。

[29]10月22日，密克罗尼西亚外事委员会主席威利和夫人一行来访广东省海洋与渔业局并举行座谈。威利主席对广东远洋渔业企业在密克的发展和贡献表示支持和赞赏，并希望今后双方继续加强渔业各领域的交流合作。

[30]10月22日，湛江市市长王中丙率市政府及有关部门一行到省海洋与渔业局座谈，双方就湛江市台风灾后救灾以及渔业复产工作等内容进行深入交流。

[31]10月23日，省海洋渔业局组织广州市、佛山市海洋渔业行政主管部门、珠江口中华白海豚国家级自然保护区管理局以及其他相关救护单位和专家，召开近期误入内河的中华白海豚救护情况通报会，并回答《南方日报》《羊城晚报》等新闻媒体记者提问。

[32]10月29日，中国水产科学研究院珠江水产研究所在广州召开珠江流域水生生物资源养护暨可持续利用学术研讨会暨钟麟先生诞辰100周年纪念活动，缅怀钟麟先生弘扬务实、勇于探索的科研精神，全面谋划珠江流域渔业科技创新工作。

[33]11月1日，省长朱小丹、常务副省长徐少华、副省长邓海光等领导批示同意广东省现代渔港建设项目补助资金安排总体计划，12月1日批示同意2015年现代渔港建设补助资金安排方案。省财政厅下达补助资金至各市。

[34]11月4日，省海洋与渔业局局长文斌陪同省科技厅厅长黄宁生到广东海洋与水产高科技园调研。文斌希望与省科技厅继续加强合作，实现资源共享，共同将广东海洋与水产高科技园建设成为科技创新发展的示范园区。

[35]11月8日，由惠州市旅游局携手惠东海龟国家级自然保护区管理局共同发起的“海龟爱心竞认”活动，共有83只海龟被爱心市民命名。认养结束后，被命名为“享海”的大海龟被现场放生。

[36]11月20日，省海洋与渔业局召开全省海洋与渔业信息化建设现场会，总结“十二五”期间海洋与渔业信息化工作情况，研究“十三五”信息化发展思路与方向。国家海洋局信息中心、国家海洋技术中心、中国水产科学研究院渔业工程研究院、山东省海洋与渔业厅信息宣传中心、广东省信息中心、省国土资源厅信息中心、航天五院、海军大连舰艇学院、华南理工大学等单位的信息化专家应邀出席会议并进行专题研讨。

[37]11月23～24日，副省长邓海光率省府办公厅，省财政、海洋与渔业等部门负责人到江门市，就渔船更新改造及现代渔港建设，大力推动远洋渔业发展，

加快现代渔业转型升级开展专题调研，先后实地考察了江门新会区银湖湾、新会崖门国家一级渔港、台山鱼塘港等地，登船与渔民座谈，多方了解渔船更新改造、渔港建设有关情况。

[38]11 月 24 日，广东省外事办和省海洋与渔业局在广州联合举办 2015 年第二期广东太平洋岛国高级公务员培训班渔业培训。来自斐济、密克罗尼西亚、萨摩亚、汤加等国 7 名学员接受了为期 10 天的水产养殖技术培训和实地考察。

[39]12 月 1 日，全国渔业渔政信息化业务交流会在广东省海洋与渔业局举行，农业部渔业渔政管理局、中国水产科学研究院有关单位负责人，全国各省、自治区、直辖市渔业主管部门分管信息化的负责人参加会议。与会人员实地参观了省海洋与渔业局综合信息化管理平台，听取广东省海洋与渔业信息化建设情况介绍，观看信息化业务系统演示，并就"十三五"渔业渔政信息化建设规划进行了交流。

[40]12 月 8 ~9 日，中央纪委监察部驻农业部纪检组副组长、监察局局长蔡晓等到广东省，开展渔业油补工作调研，深入基层一线，到阳江市东平渔港，分别与当地渔委会、镇政府、渔政大队以及阳江市纪委、市公安局和检察院等单位进行座谈，并到省海洋与渔业局调研，与局长文斌等座谈。

[41]12 月 18 日，省海洋与渔业局在广州举行全省现代渔港建设启动会，全省沿海各地级以上市分管副市长、各地渔业主管部门负责同志参加启动会。会上，省海洋与渔业局与各有关市政府签订了现代渔港建设责任书。

[42]12 月 18 日，副省长邓海光等到雷州珍稀海洋生物国家级自然保护区、徐闻珊瑚礁国家级自然保护区调研，要求有效打击危害珍稀海洋生物违法行为。

[43]12 月 30 日，广东省第十二届人民代表大会常务委员会第二十二次会议通过《关于修改〈广东省实施《中华人民共和国海洋环境保护法》办法〉和〈广东省渔业管理条例〉个别条款的决定》，当天公布，自公布之日起施行。

[44]12 月 31 日，省海洋与渔业局局长文斌会见阳江市委书记魏宏广，并举行座谈会，双方就阳江有关项目用海、加快推动现代渔港建设等工作进行了深入交流。

（广东省海洋与渔业局　姚国成　钟小庆）

广西壮族自治区渔业

【概况】 2015 年，广西渔业经济保持良好的发展势头。据统计，全区全年水产品总产量 345.6 万吨，同比增长 4.1%。其中，淡水养殖 152.4 万吨，同比增长 5.5%，海水养殖 114.2 万吨，同比增长 4.7%；淡水捕捞 13.8 万吨，同比增长 2.8%，海洋捕捞 65.2 万吨，同比增长 0.2%。从生产结构看，养殖产量 266 万吨、捕捞产量 79 万吨，分别占总产量的 77.1% 和 22.9%。从产品结构看，海水产品 179 万吨、淡水产品 166 万吨，分别占总产量的 51.9% 和48.1%。全区全年渔业总产值 617 亿元。渔民人均纯收入20 155元，同比增长 10.6%。

1. 水产良种体系及渔业基础设施建设 2015 年，广西继续大力开展罗非鱼、罗氏沼虾、南美白对虾、鲤鱼、牡蛎三倍体等优势特色水产品良种保种扩繁和选育工作，以及台湾泥鳅、墨瑞鳕鱼等新品种引进与繁育工作；加强渔业基础设施建设和水产良种繁育场建设。一是建设了一批良种繁育场。组织建设了 1 个广西罗非鱼良种繁育示范基地、2 个县级鱼种场、3 个自治区级水产良种场、11 个海淡水特色品种良种场建设及升级改造；组织评审认定 3 家自治区级水产良种场资格；推荐 2 家自治区级水产良种场参加创建全国现代渔业种业示范场。渔业基础设施建设有力地支撑了产业的发展。二是发展发展高效设施渔业养殖。全区新建工厂化养殖基地 5 个；防城港、来宾、柳州等地开展池塘标准化改造并进行设施化池塘高效养殖，全区共标准化改造池塘超过 0.67 万公顷，共进行设施化池塘高效养殖超过 2.67 万公顷，池塘单位养殖面积产量增加 40% ~50%；钦州市实施深水抗风浪网箱养殖示范基地建设项目，新建抗风浪网箱 65 口 13 万立方米，大力发展深水抗风浪网箱养殖开发；实施 5 个内陆大水面网箱生态养殖升级项目，对传统普通网箱进行升级改造，改扩建养殖网箱 10 万平方米。三是创建了一批水产健康养殖场。年内组织开展创建 2015 年健康养殖示范场申报工作，组织开展督促检查和考核验收。年内共有 23 家养殖场通过专家的现场考核验收，获得农业部健康养殖示范场称号。

2. 水域滩涂养殖规划 一是落实养殖水域滩涂规划修编工作。将再次修编出台养殖水域滩涂规划工作列入对设区市的绩效考评指标，为切实推动落实工作，年初，印发了工作通知，明确了工作目标任务和标准要求，年中，组织开展一次监督抽查，年末，联合局绩效办，在各市自查自评基础上，开展了一次实地核验工作，对各市进行了考核评分。全区已有 14 个市局和 108 个县(市、区)局完成了本级《养殖水域滩涂规划》修编出台工作。二是加强水域滩涂养殖证核发工作。通过宣传、培训、实养殖证与扶持政策挂钩、为市县配备专用卫星定位仪、全站仪、测绘电脑等仪器，落实专人将水域滩涂养殖发证录入农业部“养殖证信息管理系统”，以及定期或不定期开展检查等方式，督促各地加大水域滩涂养殖证核发工作力度。全区累计核发《水域滩涂养殖证》5 300 本，确权登记面积 3.72 万公顷，约占全区水产养殖面积的 17%。其中国有水域滩涂养殖证 3 635 本、2.67 万公顷，集体所有水域滩涂养殖证 1 665 本、1.05 万公顷。

3. 水产品质量安全管理

（1）加强水产苗种生产监管。一是严格实施水产苗种生产许可制度。通过宣传、培训和检查，督促各市县依据水产苗种管理办法，严格核发水产苗种生产许可证，全区 718 家规模苗种繁育单位和绝大部分微小育苗场（户）都依法办理了许可证。二是组织编制《广西渔业种业发展“十三五”规划（2016—2020）》。成立编写组，开展调研，编制了《广西渔业种业发展“十三五”规划（2016—2020）》。目前，规划已完成专家评审工作。三是规范水产苗种场建设与管理。针对全区水产苗种场数量多、规模差别大、生产方式多样、建设管理标准不一等实际，组织有关专家将《广西水产苗种场建设与管理规范》编制成地方标准（年底将正式发布），进一步明确规范了苗种场建设与管理的建设规模、设施配置、人员配备、生产和质量安全管理等要求，逐步推动了水产苗种场的规范建设与管理。四是组织开展水产苗种产地检疫。在全区 16 县开展水产苗种产地检疫试点工作，全年共采集 200 个苗种样品共检疫苗种 5 420 万尾。试点县基本理顺了职能关系，推动了工作，水产苗种检疫工作取得了初步成效，从源头上有力地保障了水产品质量安全。

（2）开展水产苗种和养殖生产环节质量安全专项检查。联合渔政管理部门组织开展水产苗种和养殖生产环节质量安全专项检查各 2 次共 4 次。重点检查养殖、苗种生产单位持证经营、生产记录、用药记录、销售记录及投入品管理、违法存放和使用违禁药物、不按规定使用药物等情况。对存在问题提出整改意见，并将检查抽查情况在全区通报。全区全年共对 10 家水产苗种生产单位下发了限期整改通知书，对质量安全抽检中发现使用禁用药物的 5 家苗种生产单位给予了罚款、苗种无害化处理、对责任人处罚等处理，撤销了 1 家苗种场自治区水产良种场资格。此外，多次组织自治区水产原良种审委会成员深入检查，督促各个自治区级良种场完善质量安全管理制度，规范育苗生产行为。通过专项检查，进一步了规范水产苗种和养殖生产经营秩序，从源头上有力地保障了水产品质量安全。

（3）开展水产养殖动物疫病监测与防控工作。一是组织实施农业部重大水生动物疫病监测。2015 年农业部下达广西的任务是监测对虾白斑综合征、鲤科鱼类的锦鲤疱疹病毒病等两种主要疫病。全年共采集对虾检测样品 138 个、鲤科鱼类样品 42 个送实验室检测，同时对病因进行了分析研究并反馈给养殖户，为养殖业主科学防控提供参考，圆满完成了农业部下达的任务。二是指导开展水产养殖动物病情测报工作。在 28 个县区 113 个乡镇 186 个自然村设置精准测报点，监测池塘面积 1 689 公顷、网箱 124 238 平方米、水库 233 公顷、滩涂 1 905 公顷，监测病害 39 种，并将监测测报结果定期编印了 12 期公告向社会发布，对当前病情进行了分析，对今后病害流行趋势进行了预测，提出了病害防治的措施建议。三是加强水产养殖病害生态防控技术的应用推广。分别在钦州、玉林、来宾和北海市设立 10 个生态防控技术应用示范点，开展池塘底质改良示范技术、池塘病害生态防控示范技术、鱼类和黄沙鳖病害生态防控等技术的推广示范工作。四是组织开展养殖病害应急监测。针对防城港市养殖文蛤集中死亡和南宁市、河池市网箱养殖鱼类突发死亡事件，分别启动应急监测，组织开展抽样、检测，并将病害情况和监测结果及时上报，同时组织技术推广机构指导养殖户采取应急处置和防控措施。

（4）开展海水贝类养殖生产区域划型工作。在沿海 3 市组织开展海水贝类养殖生产区域划型工作。共布设监测点 77 个，划型面积 1 333 公顷，抽样 230 批次，重点监测近江牡蛎和文蛤两个产品体内的细菌总数、大肠杆菌数量、贝毒素和多氯联苯含量，以及铅、镉重金属含量。通过监测，科学划分贝类养殖区类型，建立贝类生产者数据库及贝类产品卫生质量安全预警预报系统，探索建立贝类产地准出制度，进一步强化海水贝类养殖生产监管，提高贝类养殖产品的卫生质量安全水平，保证养殖贝类消费安全。经监测评定，广西贝类生产区域全部达到二类以上生产区域标准，贝类产品质量安全状况良好。

4. 优势特色品种养殖 2015 年，全区优势特色水产品产量约达 140 万吨，同比增长 4.8%，占全区水产养殖总产量 52.6%。其中，罗非鱼 32 万吨，同比增长 3.1%；对虾 24.5 万吨，同比增长 3.5%；牡蛎 49.5 万吨，同比增长 3.2%；文蛤 26 万吨，同比增长 4.8%；海水鱼类 5 万吨，同比增长 5.2%；龟鳖 2.7 万吨，同比增长 7.1%。

实施广西罗非鱼产业提升行动方案，组织资格认定自治区级罗非鱼良种场 1 家，落实项目资金 1 930 万元，支持罗非鱼良种场开展保种、亲本扩繁培育与良种繁育以及升级改造，支持罗非鱼养殖场开展池塘标准化改造、池塘循环流水零排放设施建设和发展大水面罗非鱼网箱养殖，支持罗非鱼加工厂建设原料生产供应基地，进一步提升罗非鱼产业发展水平；全区实施18个"渔业标准化养殖"项目，重点扶持水产规模养殖场加强基础条件建设，扩大特色水产品种生产规模；建设14个海淡水石斑鱼设施化池塘养殖示范场，抓好海淡水石斑鱼养殖开发；指导建设9个亚冷水性鱼类养殖示范基地，抓好亚冷性鱼类养殖开发；通过组织开展海水养殖保险试点工作，进一步推进对虾、近江牡蛎养殖开发；开展龟鳖庭院养殖和禾花鲤稻田养殖开发；指导沿海发展方格星虫、锯缘青蟹、卵形鲳鲹等海水特色品种养殖开发；桂林和来宾市开展中华绒螯蟹生态养殖示范。

5. 远洋渔业 2015年，广西所辖远洋渔业企业共有3家，其中新建企业1家，2015年底获准新建专业远洋渔船14艘，年度尚未派出生产渔船。年度实施远洋渔业项目的企业2家，派出境外的远洋渔船共26艘，主机总功率17 811千瓦，总吨位7 024总吨。其中，年度获准实施远洋渔业项目的渔船13艘，其余13艘渔船因船龄较长不适宜投入生产。实施远洋渔业项目的13艘渔船，主机总功率12 529千瓦，总吨位4 707总吨，全年实现捕捞产量3 299.7吨，比上年2 787.4吨增加512.3吨，产品产值3 755.27万元人民币，比上年3 132万元增加623.27万元，同比增长19.9%。捕捞产品全部在国外销售。本年度广西所辖2家远洋渔业企业严格按项目确认的渔船投入生产，严格遵守有关国际条约、入渔国法律法规和远洋渔业相关管理规定，全年没有发生违规和涉外事件。

6. 海水养殖政策性保险 2015年，广西海水养殖政策性保险试点工作实现零的突破。积极开展调研工作和推动政策性渔业保险文件及保险条款出台，及时启动海水养殖政策性保险试点工作。在沿海三市启动了对虾养殖和牡蛎养殖政策性保险试点。全年共有231户养殖户投保，投保面积423公顷，缴纳保费391.9万元。

7. 休闲渔业 2015年组织开展创建全国和全区休闲渔业示范基地活动，共评选出全区休闲渔业示范基地10家，推荐评选全国休闲渔业示范基地1家；积极参与组织举办第5届中国－东盟（南宁）渔业文化周活动。目前，全广西共有休闲渔业基地2 000多处，累计有15家单位被评为全国休闲渔业示范基地，30家单位被评为自治区休闲渔业示范基地。年内钓鱼活动产值约达50亿元，休闲渔业综合产值约达150亿元，休闲渔业已成为渔业增效农民增收的亮点。

8. 渔业安全管理

（1）开展北部湾专属经济区巡航护渔工作。建立了北部湾广西管辖海域渔政、海警常态化联合巡航护渔机制，组织开展北部湾巡航护渔行动，维护北部湾海上渔业生产正常秩序和国家海洋权益，保护了渔民合法权益和生命财产安全。据统计，全年共下达巡航任务19次，共计出动渔政船27艘（次）、渔政人员606人（次），巡航时间145天，航程5 079海里，观察记录渔船1 298艘次，登临检查渔船311艘次，处理违规渔船42艘，驱赶外国渔船31艘。

（2）加强涉外渔业安全管理。一是密切关注广西渔船海上生产动态，坚持每天统计南沙生产渔船情况，对越界生产渔船及时发出告警，按规定程序认真做好渔业涉外事件的处置工作，协调各种海上救助力量解救遇险渔船和渔民。二是加强海洋渔业无线电、海洋渔业安全救助信息系统运行与管理，为沿海渔业电台发放渔业船舶电台空白执照1 000余本，督促沿海三市一县渔业电台做好无线电频率费用征收工作，广西渔业安全应急中心实行24小时值班和领导带班制度，确保渔业通信畅通。三是做好特殊水域渔业涉外事件损失核查和上报工作。

（3）做好渔业安全生产管理工作。做好海洋渔船渔民防抗台风和全区渔业安全生产检查有关工作。全年给海上生产渔船播发大风预警信息近11万条，处置渔业安全生产事件37起，协调海上救助有关部门的直升机、公务船只和事发海域就近渔船等赶赴事发现场，成功救助避免沉船10艘、脱离危险渔民79人。

9. 渔业捕捞许可管理 认真开展海洋渔船和捕捞许可管理工作调研，不断完善渔船动态管理系统建设，严格执行渔船"双控"管理制度，做好渔业行政审批权力下放工作。2015年，共核发渔船船网工具指标批准书425份、渔业捕捞许可证697本；审核上报农业部441千瓦以上渔船制造、更新改造、购置《渔业船网工具指标申请书》申请材料30份并全部获批；核发《南沙专项渔业捕捞许可证》183份；审核上报农业部《中越北部湾共同渔区入渔许可证》申请材料258份；审核上报农业部南沙生产骨干船队建设项目渔船54艘并全部获得批复；审核上报农业部修正2 200多艘（次）共6 000多项海洋渔船数据并全部获得修正；在本级管理权限内修正数据渔船数据900多艘（次），其中海洋渔船300多艘（次）、内陆渔船600多艘（次）；在渔船动态管理系统内清理重复数据或有证无船渔船476艘、功率7 641.46千瓦；下放或委托下放渔业捕捞许可证核发、渔业船网工具指标审批特殊情况下的禁渔区（期）内试拖试捕、捕捞有重要经济价值水生动物苗种或者禁止捕捞怀卵亲体、使用禁渔渔具和捕捞方法、捕捞重点保护渔业资源品种4等6项行政审批权至部分市、县渔业行政主管部门实施。

10. 水生野生动物许可管理和宣传保护 一是加强水生野生动物许可管理，全年共计核发水生野生动物特许运输证67件，审核上报农业部水生野生动物进出口、驯养繁殖、经营利用、涉外活动等许可11件并全部获批。二是委托或继续委托下放国家二级、自治区重点保护水生野生动物及其产品的特许捕捉、经营利用、驯养繁殖、特许运输的许可证核发行政审批权至14个市和9个重点县（市、区）渔业行政主管部门实施。三是开展水生野生动物科普宣传月活动，到南宁市动物园、天桃实验学校、新竹社区和钦州三娘湾旅游区等地进行水生野生动物保护科普宣传，印制并发放了《国家重点保护水生野生动物名录 广西海洋重点增殖放流的水生动物》《广西内陆重点放放生的经济鱼类和其他水生动物》《广西不宜放生的常见水生动物》宣传手册23 000本、水生野生动物宣传环保袋5 000个以及一批宣传伞、卡通扇等。四是组织开展了鲟鱼、珍稀淡水龟鳖养殖和利用情况调查，组织南宁海底世界救护了走私案件查获的397簇活体珊瑚。

11. 组织实施珠江禁渔和海洋伏季休渔 一是及时制定下发全区禁渔、休渔工作实施方案，4月1日和农业部长江渔政管理办公室联合在贵港市举办“2015年珠江禁渔期同步执法行动暨水生生物增殖放流活动启动仪式”，并邀请主要媒体进行了宣传报道。二是要求各地逐级签订责任状，加大广播、电视、报纸、网络等媒体宣传力度，深入渔村、渔港码头发放宣传资料，张贴通告、标语、横幅等，营造依法和谐禁渔休渔氛围，做到渔区渔村渔民家喻户晓、人人皆知。三是加大渔政巡航执法力度，向社会公开24小时值班举报电话，营造严厉打击违反禁渔休渔规定捕捞行为高压态势，进一步促使渔民群众自觉做到“船进港、网封存”，同时协助民政部门做好生计渔民纳入低保及生活补贴发放工作，维护渔区社会稳定，保证了珠江禁渔和伏季休渔顺利实施。

12. 开展保护区、人工鱼礁、海洋牧场建设和增殖放流活动 一是为全区各类保护区制作宣传牌18块，检查验收了保护区示意图、界牌、界桩等基础设施建设，对凌云洞穴鱼类自然保护区基础设施建设进展和漓江光倒刺鲃金线鲃、西江梧州段国家级水产种质资源保护区工作开展情况进行督查，开展平乐、阳朔、全州、凤山等地拟新建保护区调研。二是制定下发全区2015年增殖放流实施方案，下达农业部项目资金1 850万元，其中，海洋放流资金760万元、淡水放流资金610万元、防城港市水产畜牧兽医局继续实施海洋牧场建设资金450万元、委托广西水产科学研究院开展增殖放流效果评估项目30万元；组织召开渔业增殖放流方案评审会，检查指导各市年度增殖放流实施工作；组织申报农业部珍稀濒危水生动物增殖放流苗种供应单位4家，全年全区已完成增殖放流资金（含社会各界资金256.5万元）投入1 755.1万元，投放水生生物和珍稀濒危物种苗种52 219.65万单位。三是多次派工作组赴防城港海洋牧场检查指导建设情况，北海市人工鱼礁规划区、防城港白龙珍珠港白须公礁附近共投放人工鱼礁655个、约3.2万空方。

13. 开展渔业生态环境保护工作 一是继续开展全区渔业水域环境监测，保证了海洋4个站位、内陆3个站位的定点监测工作正常开展。二是参加海洋工程环境影响评审20项、内陆江河工程环境影响审查和评审3项，与工程建设单位协商有关建立渔业增殖站和渔业补偿问题，积极协助自治区环境保护厅、林业厅、海洋局等部门做好生态环境保护有关工作。三是做好各市开展渔业污染事故处置工作检查指导工作，年内全区共发生内陆渔业污染事故8起，已全部处理结案，获赔偿80.4万元，未发生海洋渔业污染事故。

14. 开展渔业油价补助资金发放工作 一是组织开展2014年度渔业油价补助资金的申报工作，起草《2014年度渔业油价补助资金发放办法》，编制《2014年度渔业油价补助资金分配建议表》，与自治区财政厅联合上报自治区人民政府批准后组织实施。经审核，2014年全区符合渔业油价补助的渔船24 771艘、主机功率为888 725.06千瓦、测算补助耗油量345 508.66吨，申请油价补助资金113 047.87万元。二是组织开展2015年度特定水域作业渔船渔业柴油专项补助申报、审核和发放工作，共审核特定水域作业渔船资料139份，发放专项补助资金2 397万元。三是开展2013年、2014年度油价补助资金发放工作检查，对检查中发现的问题进行通报。

15. 开展渔政人员和渔民培训工作 为提高全区渔政队伍业务水平，增强海上生产渔民涉外安全意识和技能，加强渔具网具管理，全年共组织举办了渔业捕捞许可行政审批权限下放、渔政执法、水产品质量安全管理、海洋渔船安全救助信息系统管理、内陆渔船动态系统管理、封闭式军事训练、准用网具管理、南沙渔业涉外安全管理等各种培训班共15期，培训渔政人员1 865人（次），培训渔业公司经理、渔船船主、船长和职务船员等2 368人次。此外，还为基层渔政机构配发执法记录仪等设备，协助区局做好全区渔政船（艇）建造与采购工作。

16. 存在的主要问题

(1)各地区虽已编制出台养殖水域滩涂规划,但推动落实思想认识不到位、工作力度不够,无证养殖现象比较普遍;苗种和养殖生产环节监管面大,无法做到全覆盖,使用违禁药物或不按规定使用药物现象时有发生,质量安全存在一定隐患。

(2)争取出台产业扶持政策、协调落实产业扶持项目资金工作力度不够;各项重点工作推动力度不够大、推动效果不够理想。

(3)随着广西沿江沿海开发深入发展,拦河筑坝、港口航道整治、工业水污染以及过度捕捞的影响越来越明显,鱼类产卵场、索饵场、越冬场逐渐丧失,渔业水域环境不断恶化,渔获物低龄化、小型化、低值化加剧,水域生产力明显下降,不少珍贵鱼类濒危甚至绝迹,渔业资源严重衰退,渔业生态补偿机制有待建立健全。

(4)非法电鱼和使用违规渔具捕捞行为屡禁不止,渔政执法与刑事司法衔接机制有待全面推行,部分地区管辖水域面积大、渔船多,渔政人员及装备相对不足,执法监管难以到位。

(5)水产品质量安全形势十分严峻,养殖业主非法添加违禁物品现象仍然突出,养殖档案没有按规定建立或不全,执法手段偏软偏弱。

(6)涉外渔业安全管理不容小视,海洋周边国家驱赶、袭扰、抓扣广西在传统渔场作业渔船事件时有发生,一些渔船违规越界生产仍然存在。

(7)渔政管理能力建设有待加强,渔政人员素质参差不齐、年龄老化,渔政管理工作经费不足、技术支撑难以到位,渔政执法装备仍然落后、科技含量不高,渔政机构体制机制不顺等问题仍十分突出。

【大事记】

[1]3月18日,广西壮族自治区水产畜牧兽医局在南宁召开全区渔业安全生产管理工作会议。

[2]4月1日上午10时,2015年珠江禁渔同步执法行动暨水生生物增殖放流活动在广西贵港市北车渡码头举行。从当天中午12时开始,为期两个月的(4月1日12时至6月1日12时)珠江禁渔全面启动,期间内在珠江流经广西的干流、支流及通江湖泊将禁止一切渔业捕捞活动。

[3]5月11日,广西壮族自治区水产畜牧兽医局根据与文莱渔业局签署的《渔业合作谅解备忘录》和目前已合作开展的文莱水域牡蛎引种养殖试样项目的实际需要,在南宁举行文莱大蚝养殖技术培训班。

[4]6月15日,广西壮族自治区财政厅下发《关于开展2015年水产养殖保险试点工作的通知》,启动广西渔业政策性保险试点工作。7月31日,钦州市举行渔业养殖政策性保险第一单签约仪式,广西渔业养殖政策性保险实现零的突破。

[5]9月,北海市银海区、东兰县参加第三批"全国平安渔业示范县"评选活动,经过严格而激烈的申报和逐级考评,最终,两县区均成功获此殊荣。

[6]9月15日至10月14日,广西壮族自治区水产畜牧兽医局为推动全区水生野生动物保护事业持续健康发展,在全区范围内开展为期一个月的水生野生动物保护科普宣传活动。

[7]9月20日,举办桂台渔业合作项目洽商会,广西壮族自治区水产畜牧兽医局局长蒋和生、党组书记梁雄、广西渔业代表与台湾省渔会理事长黄一成、台湾花莲区渔会总干事王镫亿等台湾方面代表参加洽谈会。

[8]9月21日,桂台渔业合作论坛在南宁举办,广西各市水产畜牧兽医局、广西渔业龙头企业代表及台湾省嘉农农业发展基金、花莲渔会等80多人,就两地渔业发展现状、渔业生态环境建设、海洋渔业产业开发、水产品加工等领域进行了广泛交流,达成共识。

[9]9月28~30日,农业部渔业渔政管理局副局长李书民率领调研组一行,赴广西沿海开展海洋渔业专题考察调研,并与广西、北海、钦州、防城港市等渔业主管部门领导及产业代表进行座谈。

[10]10月15日,广西壮族自治区人民政府办公厅印发《关于进一步加强渔船安全管理工作的通知》。

[11]10月21日,在广西钦州举行渔业养殖政策性保险赔付仪式,第一批参加渔业政策性养殖保险的养殖户因台风"海鸥"获得保险赔付。

[12]10月23日,广西壮族自治区政协组织区水产畜牧兽医局负责人、区政协委员以及专家学者,对口协商"加快广西海洋渔业发展"问题。

[13]12月8日,广西渔政工作会议在南宁召开。会议旨在贯彻党的十八大和十八届四中、五中全会精神,总结"十二五"、谋划"十三五"渔政管理工作,研究部署2016年工作。

[14]12月30日,中国渔业互保协会理事长李健华、监事会主席王朝华一行3人到广西北海调研渔业互保工作。

(广西壮族自治区水产畜牧兽医局)

海南省渔业

【概况】 2015年,海南省渔业经济保持平稳增长。渔业总产值325.45亿元,同比增长4.8%;渔业增加值242.67亿元,同比增长4.9%;水产品总产量207.29

万吨,同比增长4.8%。

(1)加快产业转型升级,拓展现代渔业的发展路子。一是实施南沙生产渔船更新改造项目;二是指导开展捕捞生产;三是着力打造现代养殖业;四是发展水产苗种产业;五是开展水产健康养殖示范创建工作。

(2)强化监管,维护和规范海洋渔业生产秩序。一是积极开展海洋渔业执法专项活动,构建海洋渔业执法综合治理体系;二是加强非“双控”海洋捕捞渔船审批管理,开展“船证不符”渔业船舶专项整治工作;三是加强南沙渔业管理;四是指导渔业油价补助发放工作;五是做好2015年伏季休渔工作;六是加强水产品质量安全监管。

(3)加强服务体系建设,促进海洋与渔业安全工作。一是推进渔港建设整改;二是着力推进海洋渔业防灾减灾体系建设;三是扎实推进海洋渔业预警报工作;四是提升海上救助能力。

1.海洋捕捞 2015年,海南省海洋捕捞总产量137.28万吨,占水产品总量的66.2%,其中外海捕捞产量53.67万吨;捕捞作业以流刺网作业为主,流刺网作业捕捞产量59.84万吨,占总产量的43.6%;捕捞产品以鱼类为主,鱼类捕捞产量111.96万吨,占总产量的81.6%,其中优质鱼类49.09万吨。主要开展以下工作:积极推进南沙生产渔船更新改造项目,扶持更新建造170艘大中型钢质外海捕捞渔船,组建南沙生产骨干船队;实施压小造大工程,报废旧、小渔船后建造或更新改造41艘大中型渔船;开展渔船通广播电视工程项目建设,配合省文化广电出版体育厅做好海南省渔船通广播电视工程建设工作,2015年安装广播电视渔船2 481艘;开展全省渔船船牌和船用防伪标识安装工作,2015年完成安装1.2万艘;指导开展捕捞生产,及时发布海洋捕捞生产动态。2015年共发布了《海洋捕捞生产动态》9期;建立健全规章制度,进一步规范渔船管理。出台了《海南省“双控”海洋捕捞渔船审批暂行管理办法》《关于加强非“双控”海洋捕捞渔船审批管理的指导意见》;积极引导渔民减船转产,鼓励发展休闲渔业;探索发展过洋性远洋渔业;开展渔业资源调查,掌握近海渔业资源状况和重点渔场渔汛渔业资源情况,指导渔船科学生产。

2.水产养殖 2015年,全省水产养殖面积5.47万公顷,同比增长1.51%,其中淡水养殖3.76万公顷,海水养殖1.71万公顷;水产养殖产量67.69万吨,增长8.71%,其中海水养殖产量25.90万吨,淡水养殖产量41.79万吨;水产养殖产值142.90亿元,增长4.98%,其中海水养殖产值92.99亿元,淡水养殖产值49.91亿元。主要做法:第一,大力推进深水网箱养殖产业的发展。实施《深水网箱养殖发展规划》,全省深水网箱养殖达3 846口。第二,积极做好水产养殖池塘标准化改造工作。全省完成池塘改造面积123公顷,安排扶持资金100万元;第三,推动全省热带水产苗种产业发展。实施《海南省热带水产苗种产业发展行动计划》,验收通过2家省级水产良种场,协助企业申请农业部免税进口亲本和苗种14.21万尾;第四,加强水产养殖病害测报体系建设。每月定期发布病害测报信息,给养殖户提供生产指导信息。

3.渔业资源增殖 2015年度海南渔业资源保护项目资金1 090万元,其中300万元用于海洋牧场建设,790万元用于增殖放流项目。2015年首次组织市县申报和实施渔业资源保护项目。通过项目实施,一方面调动了市县渔业主管部门主动作为的积极性,另一方面锻炼了市县渔业主管部门项目组织和实施能力,为今后全面推进渔业资源保护项目打下良好基础。2015年全省共计投放各类苗种共计2 815.446万尾,组织放流活动35次,其中淡水鱼苗1 486.46万尾,主要是草鱼、鲢鱼、鳙鱼、鲮鱼;海水苗种1 328.986万尾,主要是斑节对虾、紫红笛鲷、青石斑鱼、红鳍笛鲷、军曹鱼、卵形鲳鲹。全省放流总量为年初省级渔业主管部门计划任务总量103%,资金使用率89%,剩余资金92万元,待企业补放并验收通过后拨付。三沙市海洋牧场项目尚未完成,资金300万元,已督促三沙局提交工作方案,2016年完成项目。

4.水产品质量安全 2015年,全省完成水产品监督抽样720个,总合格率达98.2%。农业部在海南省水产苗种监督抽查合格率连续3年保持100%、产地抽样合格率连续6年保持100%,配合农业部在海南省开展了捕捞产品抽样,共抽取样品100个,合格率100%。在省内产地抽样中抽取农业部没有抽过的中小以及偏远、监管不容易到位的养殖场,全年共抽样260个,合格率达95%。主要工作:一是开展水产品质量安全追溯体系(监管平台)建设。已完成海南省水产品质量安全追溯系统(监管平台)建设项目(一期)建设内容并已通过验收,已建成1个省级控制中心、19个市县区分中心,并完成10个养殖场的布点建设。已完成海南省水产品质量安全追溯体系(监管平台)建设(二期)招标程序。二是完善水产品质量安全检测体系建设,积极探索,补充社会检测力量、积极培育第三方检测机构,逐步提高海南省水产品质量安全检测能力。三是加强水产品质量安全监管,每季度开展1次水产品质量安全督查。四是开拓创新,做好食品安全宣传周活动,开展“2015海南省水产品质量安全宣传环岛万人签名活动”,历经乐东、保亭、琼海、文昌等

12个市县、22个宣传点，集中举办了签名仪式13场，发放水产品质量安全宣传资料6 473份，发放宣传T恤衫457件，参加仪式及现场签名4 000余人次。五是推进无公害水产品产地认定和产品认证一体化及渔业标准化工作，促进渔业经济可持续发展。

5. 水产品加工与流通 2015年，海南省口岸水产品出口量12.3万吨，同比减少2.1%，出口额4.59亿美元，同比减少20.2%，居全国第六位。其中，罗非鱼及其制品出口量为10.1万吨，同比减少1.8%，占同期海南口岸水产品出口总量83.2%，出口量居全国第二，出口额3.0亿美元，同比减少18.9%。

主要做法：一是完成《海南省水产品品牌战略规划》和《海南省水产品加工与流通产业发展规划》编制工作，为海南省水产品品牌及加工流通产业的发展指明方向；二是制订下发了《2015年海南省品牌渔业发展资金申报指南》，共审核奖励金额2 805万元，为海南省水产行业品牌创建增添了动力；三是品牌创建成效显著。2015年全省共有4家水产企业获得了省级名牌产品，26家水产企业获得质量认证39项，其中，3家企业旗下的养殖基地还获得了ASC认证，成为中国首次获得ASC认证的罗非鱼养殖企业，这为确保水产品质量安全扩大国内外市场销售创造了条件；四是对西北、华南、中南市场进行调研，了解当地水产品市场销售的主要品种、供应渠道、消费习惯、产品价格以及物流情况，为开拓内销市场扩大海南省水产品销售提供依据；五是加大组织企业参展力度。全年共组织90多家企业参加各类博览会、食品展8场，举办3场海南优质水产品推介活动，参加推介活动的商家或专业观众1 000多人，各地参与媒体20多家。通过全方位的宣传与推介，扩大了海南省水产品的影响力和知名度。

6. 渔业基础设施建设 2015年继续稳步推进渔港建设项目。临高新盈、三亚崖州中心渔港、万宁港北、乐东岭头一级渔港分别累计完成投资6 546万元、47 914万元、3 766万元、3 644万元，占总投资的71%、65.5%、98%、95.4%。琼海潭门中心渔港码头、护岸、防波堤等主体工程已完工，剩余部分港池疏浚未完成。儋州白马井中心渔港项目主体工程基本完成，预计2016年完成全部建设工作。昌江海尾一级渔港建设完工。文昌铺前中心渔港和乐东莺歌海一级渔港已完成项目建议书审批立项；其中文昌铺前中心渔港已取得海域使用权，已开展项目工程可行性研究、设计规划等工作。1 000吨级渔政船项完工并交付使用、海口海监渔政综合服务基地项目码头及护岸工程基本完工。

7. 科技兴渔 2015年海南省严格按照项目年度计划任务组织实施，有力推动项目进展。"海洋公益性行业科研专项经费项目"南海深水区高值鱼类大型网箱健康养殖关键技术集成与示范（编号：201205028）作为亮点项目，入选《海洋专报》。农业部批准建设的"海南省级水生动物疫病控制中心"项目已完成自验收，报请上级主管部门组织验收。"国家级鞍带石斑鱼良种场建设"项目完成配套仪器的购置、验收和调试工作，开始修整池塘，正推动建设用地租赁等工作。"海南省淡水名优鱼类苗种繁育示范基地建设"项目选址规划获定安县人民政府批准。国家级海南热带海水水产良种场顺利通过复查，为继续开展热带水产良种良苗的引进、繁育、推广奠定坚实的基础。积极开展渔业技术培训工作，全年组织开展培训班6期，培训全省19个市县海洋与渔业局、大型水产企业的干部、技术骨干人员、渔农民共530人，发放培训资料800多本（份）。结合"渔业科技活动月"活动的开展，在白沙县组织实施了渔业科技信息进渔户、水产养殖科技下乡、规范用药科普下乡活动。

8. 护渔执法 2015年以维护渔业安全生产秩序为工作目标，以海洋渔业资源保护为出发点，不断强化监管职能，重点开展清理整治"绝户网"；开展伏季休渔监管和打击海上非法捕捞等专项行动；开展2015年维权、护渔巡航组织调度指挥任务。海南省海洋与渔业监察总队队组织中国海监2168、2169船编队首次赴西沙、中沙海域进行综合执法监测科考联合行动，总航程1 390海里，共用航时110小时。总队共参与指导拆除违规渔具955起（含定置网和电鱼渔具），检查采挖砗磲船舶12艘次，查处违规渔业案件5宗，其中查获非法采挖砗磲贝渔船4艘，渔船非法载客案件1宗，收缴罚没款212 600元。

9. 伏季休渔 按照农业部关于做好2015年海洋伏季休渔工作的要求，海南省海洋与渔业厅针对休渔特点，认真分析休渔形势，及时成立休渔工作领导小组组织指导海洋伏季休渔工作，制订了海洋伏季休渔实施方案。各市县渔业行政主管部门积极落实管理人员与经费，建立伏休目标管理责任制，责任落实到人。各市县采取封港口、海上查、陆地堵、市场巡的管理方法，加大执法力度，强化海上监管，加强执法检查。利用北斗监控平台加强对伏季休渔渔船的监控，落实24小时值班制度，防止渔船违规出海。积极发动广大群众参与打击违法活动，共受理举报电话9起及时查处9起。休渔渔船8 980艘，总功率528 400千瓦，休渔船员27 080人。休渔期间共检查渔船4 857艘，处理违规渔船135艘，拆除违规网具230张，罚款97万元。

10. 渔业防风防汛 2015 年，进入南海并影响本省管辖海域的热带气旋为 4 个，分别为 1508 号“鲸鱼”、1510 号“莲花” 1522 号“彩虹”和 1527 号“茉莉”，面对多个台风天气，海南省海洋与渔业厅超前预警、及早部署、战强风、斗暴雨，确保全年全省渔船 100% 回港避风，将渔民的生命和财产损失降到最小。台风来临时，启动预警，要求市县做好应急处置工作，主要厅领导带队前往可能遭受台风袭击海域，做台风登陆前最后的检查督导工作。针对港内渔船管理、水产养殖防风管理和渔民转移上岸等具体工作作出部署，坚决避免渔船顶风出港作业和其他一切不必要的渔民生命和财产损失。

11. 渔业安全生产 2015 年发生渔船生产安全事故 8 起，渔民死亡（失踪）9 人（不含自然灾害事故和海上交通事故），与去年同期相比事故起数减少 1 起，死亡人数持平；未发生较大级别及以上渔船海上安全生产事故。渔业安全生产形势保持稳定。

（1）加强安全教育培训，夯实思想根基。积极采取多渠道、多形式的海洋与渔业防灾减灾宣传与培训，紧紧围绕“安全发展”主题，宣贯海洋防灾减灾知识。一是积极开展“5 · 12 防灾减灾日”和“第 26 个国际减灾日”活动；二是借助传统节日，渔船休渔回港等时机，深入渔村、渔港、渔船进行了广泛宣传，进一步提高渔民防灾救灾意识；三是加强培训，全省召开各类渔业安全生产座谈会 30 次，图片展 20 次、悬挂横幅 300 条、印发安全手册 3 万份，各类安全培训班 50 期，培训渔民 5 000 多人。2015 年沿海各市县组织开展渔业安全生产演练 20 次，参加人员 3 000 人。

（2）加强监督检查，以定置网渔船及老旧渔船，琼州海峡、西南中沙作业为重点，突出检查通讯、救生、消防设备配备，提高事故防范能力。2015 年，全省各级渔业部门开展渔业安全生产执法行动 73 次，调动渔政船（艇）124 艘次，共检查渔船约 4 832 艘，查出隐患 500 余项项，现场整改 268 项，整改率 100%。

（3）加强协调配合，提高应急救助能力。海南省海洋与渔业厅共直接参与渔业海上救助 65 起，成功救助救援 330 余人，投入费用 183 万元，挽回经济损失 1 051万元。

（4）提升保险服务能力。2015 年实现渔民海上人身意外伤害险，入保渔民 43 582 人，渔船险，入保渔船 7 943 艘，保费收入合计 57 813 440 元，人险理赔 125 宗，船险理赔 181 宗。

12. 南沙渔业生产管理 2015 年继续加强对南沙渔业生产的管理工作。对申请赴南沙生产作业渔船的“四证”情况和违规生产情况进行审核，全省 228 艘渔船通过年审和申请审批，其中 191 艘渔船赴南沙海域生产。为进一步加强涉外渔业管理，确保南沙渔业生产安全，切实维护渔民生命财产安全，要求各沿海市县要采取措施加强管理，在南沙海域生产的渔船全天候开启北斗船位监控设备，执行值班制度，严格落实渔船跟帮、进出港签证、值班报告等制度，充分利用北斗渔船监控终端对出海渔船进行管控，随时掌控渔船动态，确保南沙渔业生产安全。及时处置了海南省渔船在南沙生产发生的被抓扣事件，防止引发涉外事故。

13. 海上公共服务平台 启动海上公共服务平台建设，为海洋与渔业发展提供有力支撑。建立集海洋观测预报、海洋灾情预警、海洋渔业安全生产指挥、渔船管理、海上执法指挥等多功能为一体的全省海洋与渔业指挥管理系统，为建设南海海上丝绸之路服务基地夯实基础。积极推进北斗二期工程，扩大北斗在海上作业船舶的覆盖面。加强海洋预报台基础能力建设，抓好海洋灾害预警预报、预报应急会商、海洋灾害实况速报、信息发布和服务等工作，争取国家海域使用金 7 000 余万元投入以上项目。开展警戒潮位核定工作，加强海洋预警会商，拓宽信息发布渠道，利用北斗系统、渔信通、海洋短信预警平台和 LED 户外电子显示屏系统等及时向社会及渔民发布海洋预警预报信息服务。全年累计发布 10 万余条海洋灾害信息，在省电视台新闻频道和综合频道滚动播报灾害预警报信息 30 条，发送实况速报 325 份。

【重点渔业市（县）基本情况】

海南省重点渔业市（县）基本情况

市（县）	总人口（万人）	渔业产值（万元）	水产品产量（吨）	其中				养殖面积（公顷）	
				海洋捕捞	海水养殖	内陆捕捞	内陆养殖	海水	内陆
临高县	7.90	673 924	595 777	539 108	46 304	888	9 477	1 989	1 435
儋州市	9.32	624 365	417 659	318 279	59 191	4 277	35 912	3 925	2 382
文昌市	4.35	427 845	239 170	32 270	43 933	1 361	161 606	2 629	8 435

（续）

市(县)	总人口（万人）	渔业产值（万元）	水产品产量（吨）	其中				养殖面积(公顷)	
				海洋捕捞	海水养殖	内陆捕捞	内陆养殖	海水	内陆
澄迈县	2.23	240 739	123 734	55 677	23 495	3 078	41 484	819	3 360
琼海市	2.06	185 375	119 670	66 100	8 700	2 431	42 439	628	2 670

（海南省海洋与渔业厅　王俊力）

重庆市渔业

【概况】 2015 年,重庆市渔业保持了快速发展的好势头。全市水产品总产量 48.1 万吨,渔业经济总产值 122 亿元,渔民人均纯收入 14 816 元,同比增幅分别为 8.6%、13% 和 16.3%。

1. 加大资金投入力度,产业发展步伐加快 扶持产业发展资金不断增多,有效推动渔业加快发展。全年各级投入渔业产业资金预计将达 1.38 亿元,其中:机动渔船柴油补贴、增殖放流、渔业标准化养殖示范等中央项目 1 880 万元,市级特色效益农业资金切块到区县(含部分扶贫资金)用于渔业产业共计 6 958.7 万元,现代农业园区及示范工程补助、渔政艇船配备、水产良种工程等各级涉渔基建项目 3 068 万元等。据统计,2015 年全市池塘养殖面积达到 5.62 万公顷,比上年增长 4.5%,池塘养殖产量 40.5 万吨,比上年增长 9.2%;冷水鱼产量 3 300 吨,比上年的 2 438 吨增长 35.4%。

2. 加大科技推广力度,渔业科技含量提升 制定周密方案,落实责任,加强督导,加大先进实用技术和新品种推广力度,以项目带动渔业发展的科技含量提升。推广池塘“吨鱼万元”生态养殖集成技术 1.2 万余公顷,每公顷平均产鱼 18 769 千克、纯收益 64 642 元,其中推广池塘鱼菜共生综合种养技术 4 733 公顷,每公顷平均产鱼 20 350 千克、蔬菜 14 124 千克、纯收益 71 748 元,获得发明专利 4 项;实施稻田综合种养产业化配套关键技术集成与示范项目,推广 0.7 万公顷,每公顷平均产水产品 847.5 千克、稻谷 7 545 千克、利润达 24 490 元;推广引进新品种 5 个 1 230 万尾,比上年增长 50.5%。养殖面积 9.68 万公顷、比上年增长 3.4%;养殖产量 46.1 万吨、比上年增长 9%,产量增幅比面积增幅高 5.6 个百分点。

3. 加大能力建设力度,渔政执法水平提高 狠抓队伍建设,加强渔政执法制式服装和标志管理,开展基层渔政机构规范化建设;狠抓制度建设,新出台渔业船员管理意见,修订了“黑名单制度”;狠抓机制建设,创新推广执法模式,推进了渔政执法与刑事司法深入衔接;狠抓装备建设,全市 39 个区县渔政机构累计配有执法车船艇舟 146 辆(艘),平均每个区县配有渔政执法集成装备 2~3 套;狠抓科技监管,开发出重庆市渔业船舶应急救援系统(渝安通)和重庆市渔政管理综合信息平台;狠抓典型示范,开展全国渔业文明执法窗口创建活动,促进了全市渔政现代化执法管理水平强力提升。

4. 加大执法管理力度,安全形势持续向好 深入抓好水产品质量安全,加大快检设备配置力度,监管网络基本形成;加强督促检查和指导,强化质量监测,加大外来苗种质量监管,力争创建农业部水产健康养殖示范场 25 个,水产品质量综合抽样 886 个,合格率 99%,比上年提高 2 个百分点,其中市场抽检合格率比上年提高 7.1%,部级产地水产品监督抽检合格率为 100%,对 1 个阳性样品进行了查处;持续抓好渔业船舶安全监管,深入强化隐患排查整治,严格执法,打造渔业船舶安全标准化示范船 200 艘,实施“光明行动”,分别建设国家和市级平安渔业示范县 1 个和 5 个,实现渔船安全“零死亡”目标;大力推进渔业资源安全监管,预计全年放流鱼种达到 4 000 万尾左右,在禁渔、整治违规渔具、打击非法捕捞等工作中,仅上半年就办理涉渔刑事犯罪案件 306 件,依法介入 8 个涉渔工程环评,涉及水生生态补偿资金 5 200 万元左右,比上年的 2 100 万元增长 147.6%,全市渔业“三大安全”形势持续向好。

5. 存在的主要问题

(1)市场风险加大。市场向一体化发展,物流日趋发达,市场竞争越来越激烈。大宗水产品价格将继续低位运行,中高端水产品价格波动较大,渔业生产成本呈上升趋势,受经济环境影响,融资将更加困难。

(2)环境约束趋紧。一是废水排放量逐年增加,渔业水域污染事故时有发生,鱼类的主要产卵场和索饵育肥场功能明显退化;涉渔工程对水域生态造成了不利影响,水生生物生存条件不断恶化,珍稀水生生物濒危程度加剧,渔业种质资源受到严重影响。二是国家和社会对生态环境要求越来越高，重庆市人均水资源量不足全国平均水平的80%，养殖基础条件相对较差，养殖者环保意识不高，先进适用技术推广难度大，养殖方式粗放，养殖品种结构不合理，养殖废水排放不规范，离现代渔业要求还有较大差距，养殖环境压力越来越大。

【重点渔业区(县)基本情况】

重庆市重点区(县)渔业基本情况

区(县)	总人口(万人)	渔业产值(万元)	水产品总产量(吨)	其中		养殖面积(公顷)
				捕捞	养殖	
合川区	155.43	74 743	41 057	812	40 245	4 064
永川区	113.11	61 033.55	41 031	120	40 911	5 721
潼南区	95.61	42 508.62	31 861	430	30 431	7 747
铜梁区	84.47	43 429	31 700	1 920	29 780	4 060
长寿区	90.43	50 871	30 320	1 250	29 070	12 490

【大事记】

[1]1月9日，重庆市农业委员会渔业发展处处长任军一行到武隆调研大闸蟹生态养殖。

[2]1月8~9日，重庆市召开2014年度渔业统计工作培训会。

[3]3月23~28日，重庆市水产学会组织有关专家赴云南省和青海省考察学习冷水鱼产业发展情况。

[4]4月10日，重庆市科委受科技部委托，组织有关专家在渝通宾馆对国家星火计划重大项目——“三峡地区(重庆)特色水产业关键技术集成及产业化”(2011GA811006)进行了结题验收。

[5]4月15日，重庆市农委副主任吴纯一行对铜梁区双山镇和平滩镇的渔业龙头企业及专业合作社进行调研。

[6]5月29日，重庆市“十三五”渔业发展规划座谈会召开。会上成立了重庆市“十三五”渔业发展规划编制工作领导小组和规划编制小组，吴纯副主任兼任规划领导小组组长，李虹秘书长兼任规划编制组组长。

[7]7月2日，重庆市农委召开打造百亿级生态渔产业链新闻通气会，市农委副主任吴纯介绍了有关情况，邀请重庆日报、晚报、晨报、商报、华龙网等媒体代表参会。

[8]9月10~11日，重庆市生态渔百亿级产业链建设工作推进会在巴南召开，重庆市农委副主任吴纯出席会议并作题为“重庆市生态渔业发展的现状和未来”的专题报告。

[9]9月16日，重庆市人大常委会副主任张定宇与市农委、忠县委、县政府一行到三峡生态渔业发展有限公司忠县水域牧场检查农产品质量安全工作，对三峡库区水域牧场生态鱼安全生产工作进行调研。

[10]9月22~24日，全国渔业主导品种、主推技术遴选会上，重庆池塘鱼菜共生综合种养技术和稻鳅综合种养技术被确定为2016年全国渔业主推技术。

[11]11月3日，重庆市生态渔产业技术体系创新团队工作正式启动。

[12]12月10~11日，中国野生动物保护协会水生野生动物保护分会秘书长周晓华、中国科学院水工程生态研究所所长常剑波等到重庆指导调研鲟鱼保护与发展。

[13]12月18日，2015年重庆市水产技术推广工作暨渔业统计培训会在璧山召开。

[14]12月24日，全国2015年度水产品对外贸易形势分析座谈会在重庆召开，中国水产学会理事长贾晓平、副秘书长曲宇风等出席会议并讲话。

(重庆市农业委员会渔业发展处　任　军　妙晓东)

四川省渔业

【概况】 2015年，四川水产系统认真贯彻落实中央、省委及省政府“三农”工作决策部署，紧紧围绕“保供给、促增收、护生态”核心任务，加快转方式、调结构步伐，保持了渔业经济平稳发展势头，为繁荣农村经济、保障市场水产品安全有效供给和促进农渔民增收作出了积极贡献。

1.水产产量产值保持平稳增长 狠抓强渔惠渔政策落实，完善支撑保障体系，扶持适度规模经营，促进了水产业增效、农民增收。据统计，全省生产鱼苗231.58亿尾，同比增长4.86%。投放大规格鱼种

21.89万吨，同比增长6.55%。全省水产品总产量达到138.68万吨，同比增长4.56%；其中，养殖产量132.72万吨，捕捞产量5.96万吨。全省渔业经济总产值达到346.41亿元，同比增长6.82%；其中，渔业第一产业产值229.37亿元，渔业工业和建筑业产值27.50亿元，渔业流通和服务业产值89.54亿元。全省农民人均渔业收入达到535.81元，增收37.61元；全省渔民人均纯收入达到13 240.14元。

2. 水产业转方式调结构稳步推进 坚持宜渔则渔，充分利用各类水产资源，大力发展池塘健康养殖、水库生态养殖、稻田综合种养殖和流水养殖。稳步发展大宗水产品养殖，积极发展名优水产品、地方优势特色水产品养殖。着力推行标准化生产，大力推广健康养殖技术，持续加强水产健康养殖示范场、示范基地、休闲渔业示范基地建设，积极发展水产品加工和流通产业，推进"互联网+水产"建设。新增粮经复合稻田养鱼面积0.3万公顷、池塘标准化改造面积2 533公顷、水产示范基地50个、水产健康养殖示范场33个，新改建省级水产原良种场5个，水产品加工能力超过3万吨。全省水产养殖面积达到21.15万公顷，同比增长6.03%；另稻田养鱼面积30.89万公顷。

3. 水产品质量安全水平总体向好 大力推广标准化生产，加强无公害水产品基地建设和水产品认证，新增无公害水产品基地30个、面积0.27万公顷、水产品认证92个。大力开展水产品违法添加禁用物资专项整治行动，取得了良好成效。强化水产品产地监测，全省共抽检水产品样2 986个，总体合格率99.76%。加强质检队伍建设，培训养殖生产单位安全内检员160人，培训各级质量安全人员8 252人。加强防疫检疫，水产品主产区19个市州148个测报点持续开展水产养殖病害测报；实施重大疫病监测，有效防范了大规模暴发性疾病的发生。加强对已建和在建的水生动物防疫站建设及运行指导，有效发挥了预警预防作用。

4. 水产科技支撑能力进一步增强 强化标准体系建设，争取制(修)订水产地方标准项目4项，完成22项水产地方标准制定工作。组织推荐《池塘养殖水质改良关键技术与应用》等3项成果申报2015年度四川省科技进步奖，获得三等奖1项。组织"岩原鲤的全人工繁育与成鱼养殖技术研究"等4项成果申报"范蠡科技进步奖"。推荐1名青年科技人才入围第十三届四川省青年科技奖候选人。泥鳅、鲟鱼获得省科技厅育种攻关专项支持。在崇州、泸县、内江东兴区、江油、隆昌等县大力开展稻田综合种养技术示范，建立核心示范面积467公顷。积极开展以涉渔法律法规、水产健康养殖技术、科学用药知识等为重点的技术培训，全省培训农渔民超过20万人次。举办渔业技能鉴定考核2期，鉴定166人次，合格164人次。继续县(市、区)实施农业技术推广与建设项目，落实资金1 800万元。

5. 新型经营主体培育取得新进展 大力培育新型经营主体，全省水产企业超过16 25个，其中国家级水产龙头企业2个、省级7个。全省水产专业合作社达到2 028个，其中国家级水产示范合作社达到14个、省级以上水产示范合作社达到74个。水产养殖大户、专业大户、家庭渔场稳步发展。

6. 水产资源环境保护进一步加强 认真履行法定职责，严格落实春季禁渔制度，严厉整治违禁行为。禁渔期间：在各类媒体宣传报道843次，发放宣传资料28.3万份；组织统一检查行动2 552次，出动执法人员1.84万人次，查获违禁捕捞渔船448艘，查处电鱼器1 003台(套)，没收违法捕捞渔获物3 642千克，查处违法销售渔获物1 324千克，没收"三无"渔船38艘，行政处罚437人，罚款16.77万元。持续开展人工增殖放流，全省投入资金2 279万元放流各类鱼苗种1.06亿尾。开展省、市、县三级行政审批项目清理，清理后省级11项、市级5项，县级8项。制作行政权力清单和行政责任清单各94个。强化水生野生动物经营利用监管，办理经营利用、驯养繁殖、捕捉、运输证189个。积极开展水下工程作业涉渔影响评价及补救工作，全年组织项目评价30余个。

7. 渔业安全生产形势保持稳定 深入开展"平安渔业示范县"创建活动，以抓好渔船安全生产为重点，深入开展渔船检验执法监督三大行动，切实做好船用产品检验登记工作，强化汛期渔业船舶安全生产管理。全年未发生重大渔船安全事故。

【重点渔业市(县)基本情况】

四川省重点渔业市(县、区)基本情况

市(县、区)	总人口(万人)	渔业产值(万元)	水产品产量(吨)	其中		养殖面积(公顷)
				捕捞	养殖	
仁寿县	160.5	127 947	45 420		45 420	8 084

（续）

市(县、区)	总人口(万人)	渔业产值（万元）	水产品产量（吨）	其中		养殖面积(公顷)
				捕捞	养殖	
眉山市东坡区	87.2	188 161	35 200	107	35 093	3 096
泸县	108.9	42 009	31 758	630	31 128	3 089
井研县	42.0	55 629	31 570	30	31 540	1 524
乐山市市中区	60.0	52 289	31 190	354	30 836	998
简阳市	148.7	57 178	31 000	873	30 127	5 953
资中县	130.6	60 870	27 286	902	26 384	3 026
内江市东兴区	88.3	57 677	24 753	822	23 931	2 282
隆昌县	79.0	73 843	24 331	1 583	22 748	1 859
安岳县	162.6	36 810	22 566	1 428	21 138	4 196

【大事记】

[1]1月5日，省水产局局长卿足平主持召开会议，学习传达了李克强总理、汪洋副总理在中央农村工作会议，韩长赋部长在全国农业工作会议上的讲话精神，并研究贯彻意见。

[2]1月6日，省农业厅副巡视员王晓军率有关部门负责人一行6人，检查了省长吻鮠原种场安全生产工作情况。省水产局副局长何川陪同检查。

[3]1月23日，省水产局在江油市贯山镇开展了稻田综合种养技术培训。来自江油贯山镇清平、懒板凳、老君殿村的养鱼农户100余人参加了培训。

[4]2月10日，全省水产工作座谈会在成都召开。会议总结了2014年工作并安排部署了2015年水产工作。省农业厅副厅长杨朝波出席会议并讲话，省水产局局长卿足平作主题报告。

[5]3月12～13日，省水产局检查组先后深入到德阳市中江县、绵阳市江油市、武都水库，采取与当地水产渔政部门座谈、深入餐馆、江河、库区检查等方式，全面了解当地春季禁渔、渔业安全管理工作开展情况。

[6]3月18日，省水产局联合眉山市东坡区农业局在白马镇龚村组织开展了“水产品质量安全培训暨放心渔资下乡活动”。来自东坡区的水产苗种生产单位、科技示范户、养殖大户等500余人参加活动。

[7]3月23～26日，省水产局组织检查组对宜宾、泸州春季禁渔情况进行了检查，并实地调研了解了长江上游珍稀特有鱼类国家级自然保护区内的违规工程情况。

[8]3月30日，省农业厅党组成员、省水产局局长卿足平主持召开一季度渔业生产形势分析会，研究部署水产工作。

[9]4月2日，省农业厅副厅长杨朝波带领省水产局、资阳市水产渔政局及简阳市水务局渔政执法人员，检查了简阳沱江流域春季禁渔及渔船管理工作。

[10]4月8～9日，全国渔业节能减排工作交流研讨会在成都召开，农业部渔业渔政管理局副局长李书明、全国水产技术推广总站副站长李可心参加会议并讲话。

[11]4月9～12日，全国水产技术推广总站副站长李可心、技术示范处处长高勇等一行4人来四川调研。省水产局副局长漆乾余陪同调研。

[12]5月5日，厅党组成员、省水产局局长卿足平召开部门负责人会议，传达厅党组“互联网+”工作会议精神，学习厅“互联网+”助推现代农业发展思路与措施，研究部署“互联网+水产业”工作。

[13]5月6日，省农业厅党组成员、省水产局局长卿足平一行，到内江市调研水产电子商务建设情况，内江市委书记彭宇行，市委副书记、市长杨松柏会见了卿足平一行。

[14]5月7日，省农业厅党组成员、省水产局局长卿足平率副局长何川及有关处室负责人前往通威集团总部调研“互联网+”建设情况。

[15]5月13日，省农业厅厅长任永昌一行4人莅临内江调研水产电子商务工作。内江市政府副市长黄健等陪同调研。

[16]5月19～22日，省农业厅党组成员、水产局局长卿足平率成都、绵阳、资阳等十市农业局主要负责人，对湖北省现代渔业建设工作进行了考察。

[17]5月27～28日，农业部长江流域渔政监督管理办公室主任李彦亮一行莅临四川检查宜宾保护区管

理工作。省农业厅党组成员、省水产局局长卿足平、宜宾市人民政府副市长谢杰等领导陪同检查。

[18]5月28日,省农业厅厅长任永昌率厅党组成员、水产局局长卿足平,厅办公室、计财处负责人及水产局有关同志到通威集团总部调研"互联网+水产"工作。

[19]6月3~4日,韩国海洋水产部事务官李寅慈女士、总务官白承録先生带领韩国水协中央会成员一行18人来四川进行了考察。

[20]6月4日,省农业厅党组成员、省水产局局长卿足平在省水产局会见台湾省贸易中心成都代表处首席代表吕宽永一行。

[21]6月5日,省农业厅党组书记、厅长任永昌率厅党组成员、省水产局局长卿足平一行到泸县调研水产工作。泸州市副市长张文军、泸县县长薛学琛等陪同调研。

[22]6月6日,全国首个"放鱼日",省农业厅与泸州市政府共同组织了增殖放流活动。省农业厅党组书记、厅长任永昌,厅党组成员、省水产局局长卿足平出席四川省启动仪式。

[23]6月16日,省农业厅党组成员、水产局局长卿足平率副局长何川及有关部门负责人调研了崇州市稻田综合种养工作。

[24]6月17日,省农业厅厅长任永昌率计财处、粮油处负责人,调研了南江县玉白渔业新村。巴中市委常委侯中文、市农业局局长杨森儒等陪同调研。

[25]6月17日,省农业厅党组成员、省水产局局长卿足平率副局长何强、渔政处负责人,对乐山市安谷水电站渔业资源保护措施落实情况进行了调研。

[26]6月25日,全省水产品质量安全监管工作会议在绵阳市召开。会议总结了近年来工作,交流经验,分析形势,部署了下一步工作,与会代表还参观了安县、盐亭县现代水产业发展现场。省农业厅党组成员、水产局局长卿足平出席会议并讲话。

[27]6月30日,省农业厅党组书记、厅长任永昌率副厅长张强、祝钧、杨朝波、祝春秀、涂建华及办公室主任杜志仁先后到省水产局、四川省长吻鮠原种场调研工作。厅党组成员、水产局局长卿足平及班子成员陪同调研。

[28]7月8日,省农业厅党组成员、省水产局局长卿足平率副局长何川、生产处处长曾开虎到眉山市调研水产发展情况。眉山市农业局局长熊英等陪同调研。

[29]7月13日,省农业厅党组成员、水产局局长卿足平主持召开各部门主要负责人会议,传达学习了《中国共产党四川省第十届委员会第六次全体会议公报》精神,并就贯彻落实会议精神提出了要求。

[30]7月15日,省农业厅党组成员、水产局局长卿足平率计财处、生产处负责人对资阳市雁江区现代渔业发展情况进行了实地调研。

[31]7月16日,农业部渔业渔政管理局、中国水产学会在广元市召开上半年全国水产品市场形势分析会商会。

[32]7月20日,省农业厅党组成员、水产局局长卿足平率副局长何强、漆乾余一行到四川农业大学鱼病研究中心调研工作。

[33]7月22日,全国水产技术推广总站站长魏宝振一行4人来四川调研水产技术推广工作。省水产局副局长漆乾余陪同调研。

[34]7月23日,农业部渔业渔政管理局局长赵兴武、中国水产科学院院长张显良、全国水产技术推广总站站长魏宝振一行到省水产局调研水产工作。省农业厅党组成员、水产局局长卿足平陪同调研。

[35]8月7日,中国长江中上游地区和俄罗斯伏尔加河沿岸联邦区地方领导人第四次座谈会在成都举行。中国国务委员杨洁篪和俄罗斯总统全权代表巴比奇出席会议。

[36]8月12日,省农业厅党组成员、水产局局长卿足平率局办公室、生产处负责人到雅安市调研水产工作。雅安市农业局副局长梁刚、汉源县农业局局长陈茂显等陪同调研。

[37]8月17日,省农业厅党组成员、省水产局局长卿足平在四川省长吻鮠原种场同通威股份公司总裁严虎一行进行座谈,就原种场与通威股份公司加强合作事宜深入交换了意见。

[38]8月17日,省农业厅党组成员、水产局局长卿足平率生产处负责人到通威股份有限公司调研新型电化水处理设备研发项目。

[39]8月26日,省农业厅党组成员、水产局局长卿足平率局办公室、生产处负责人到巴中市恩阳区调研水产工作

[40]8月26~27日,由环境保护部等七部委推荐的专家,以及省环保厅、省水产局相关人员组成的评估专家组来到四川诺水河珍稀水生动物国家级自然保护区开展管理工作评估。

[41]9月7~10日,全国水产技术推广总站副站长王德芬率全国水产技术推广总站检疫与病害防治处副处长李清、锦鲤疱疹病毒病首席专家、江苏省水生动物疫病预防控制中心副主任陈辉研究员等一行共5人到四川调研国家水生动物疫病监测工作有关情况。

[42]9月8日，省水产局在成都市召开了水产品质量安全市场例行监测工作研讨会。省农业厅党组成员、水产局局长卿足平出席会议并讲话。

[43]9月29日，由省水产局、成都市农委主办，天府新区西寺小学、海昌极地海洋世界承办的“关爱水生动物，共建和谐家园——四川省2015年水生野生动物保护科普宣传进校园活动”在天府新区西寺小学隆重举行，共计2 000余人参加活动。

[44]10月12～15日，省农业厅党组成员、水产局局长卿足平率自贡、攀枝花、泸州等7市农业局主要负责人，对江苏省现代渔业进行了考察。

[45]10月16日，农业部农产品质量安全管理局巡视员广德福一行在四川省农业厅总经济师肖小余、广元市农业局长孙洪方陪同下，调研广元市水产科技园水产品质量安全工作。

[46]10月20～21日，全国水产技术推广体系调查数据汇总培训班在绵阳市召开。全国水产技术推广总站副站长李可心，四川省水产局副局长孟庆刚出席培训班开班仪式。

[47]10月20日，省农业厅党组成员、省水产局局长卿足平率局计财处、生产处负责人及省水产研究所负责人一行到广元市调研水产工作。市政府副秘书长任守铭、市农业局局长孙洪方陪同调研。

[48]10月21日，省委常委、省农工委主任李昌平一行到绵阳盐亭县“西部水产”科技园区调研。

[49]10月28日，省农业厅党组书记、厅长任永昌率党组成员、水产局局长卿足平，计财处处长刘文龙、省水产局副局长漆乾余到新津县调研水产工作。成都市农委副主任李晓东，新津县委常委、副县长丁钰，县委常委陈忠毅等陪同调研。

[50]11月4日，省农业厅党组成员、省水产局局长卿足平，省水产局副局长何强一行到彭州市调研水产工作。成都市农委主任助理文国洪，彭州市委常委、副市长郑自强等陪同调研。

[51]11月7日，省水产局召开各部门主要负责人会议，传达学习《中共中央关于制定国民经济和社会发展第十三个五年规划的建议》精神。省农业厅党组成员、省水产局局长卿足平主持会议并讲话。

（四川省水产局）

贵州省渔业

【概况】 2015年，贵州省完成水产品产量24.98万吨，与同比增长18.97%；实现渔业总产值55.33亿元，与同比增长16.75%；养殖面积5.99万公顷，比上年增长1.72%；稻田养鱼15.31万公顷，产量4.4万吨；生产各种淡水鱼苗88.08亿尾，鱼种1.39万吨，同比分别增长12.59%、16.98%；大鲵存池数78.46万尾，同比增长12.09%。

1.产业发展的主要举措

（1）以市场为导向，继续发展以鲟鱼、鲑鳟鱼等冷水鱼养殖为代表的特色渔业，主推冷水鱼工厂化养殖和流水养殖，养殖水面90公顷，产量1万余吨，产值4.5亿元，鲟鱼等养殖品种已远销到东、西部各大城市，并出口越南等国家。

（2）加强稻田种养新技术示范的推广，综合效益得以提升。通过指导企业对流转土地按养殖品种进行工程改造，引进新品种进行集中连片养殖，实现了稻田规范化养鱼。完成稻－鱼、稻－虾、稻－蟹、稻－鳅共生面积2 840公顷，推广养殖面积7 533公顷。

（3）组织实施2015年大鲵产业发展专项资金项目，全省共有56家企业获得专项资金的支持，总扶持资金为800万元。引导企业投入和社会融资8 000多万元。

（4）组织专家服务基层。一是对遵义县网箱养殖户、习水县养殖场、赤水市冷水鱼养殖专业合作社等规范健康养殖记录及档案管理，现场指导养殖场建设；二是对大鲵基地、稻鱼综合基地等现场解决生产中遇到的技术难题，共同商讨解决方案；三是通过农业服务热线12316等通讯手段，远程解答全省各地养殖企业和养殖户有关水产养殖问题，并提供相应信息服务。

（5）深入实地调研，为渔业发展提供科学依据。编写了渔业产业发展相关思路规划；养殖企业金融贷款需求调研等专题报告，起草了有关大鲵、冷水鱼、大水面网箱生产基地产业带重点及发展方向、目标专题建议，已提交到省政府有关职能部门；完成了大闸蟹健康养殖及病害防控技术规程的编写工作。

（6）加强病害监测，确保水产养殖健康发展。开展对一、二、三类水生动物疫病的防控。渔业主产区基本建立起疫情监测网络，省、市（州）及县主管部门制定了水生动物疫病监测计划，对水生动物疫病的发生、流行等情况实施全年全天候监测。监测范围涉及池塘养鱼、稻田养鱼、网箱养鱼、山塘养鱼、冷流水养鱼等养殖生产，监测面积超过0.1万公顷，全省9个市（州）32个县（市）共建66个测报点。

（7）积极组织搞好养殖水面遥感监测工作，为渔业规划布局奠定基础。按照农业部的要求，积极开展全省养殖水面遥感监测校对和图集的编写工作，已于9月初将全省图集编写的文字材料提交上海市东海技术研究所进行编印。

3.存在的主要问题 一是苗种体系薄弱。二是养殖与市场接轨能力不高。三是产业链条短，水产品加工滞后，产业化形式单一，水产品附加值低。四是从业人员技术和科学管理水平低，渔业生产力水平还较粗放，导致养殖效率不高。五是品牌创建意识不强。

【重点渔业市（县）基本情况】

贵州省重点渔业市（县）基本情况

市（县）	总人口（万人）	渔业产值（万元）	水产品产量（吨）	其中		养殖面积（公顷）
				捕捞	养殖	
兴义市	84.26	62 515.06	28 422	1 431	26 991	243
遵义县	130	47 405.34	21 258	152	21 106	6 377
罗甸县	30	26 875.41	12 017	713	11 304	263
沿河县	57.8	9 858.03	4 409	55	4 354	1 075
锦屏县	22.7	8 641.19	3 969	223	3 746	1 454

【大事记】

[1]5月13～15日，韩国驻华使馆参赞赵逸镐、农业部国际交流中心副主任王凯园一行5人，到贵州黔东南苗族侗族自治州稻鱼鸭生态种养工作进行调研，省农委汲伟、外经中心主任付卫宁、省水产学会秘书长晏宏、从江县政府有关领导陪同调研。

[2]5月21日，贵州、广西渔政管理机构就珠江流域两省交界水域管理工作达成共识，正式签署《桂黔渔政管理协作协议》，并举办联合执法启动仪式，标志着两省（自治区）交界水域渔政管理工作步入制度化，联合执法步入常态化。协作内容包含交界水域渔政执法协作机制、珠江流域护渔巡航协作机制、禁渔渔船管理协作机制、交界水域渔事纠纷处置协作机制、渔船碰撞事故调查处理协作机制、渔船遇险救助协作机制等六项常态化协作机制。同时决定两省（自治区）分别成立渔政管理协作领导小组，建立日常联系制度，保障各项协作机制充分发挥作用。

[3]9月11日，2015年贵州省水生生物增殖放流活动在花溪十里河滩湿地公园启动，现场向花溪河放流了54.5万尾鱼苗，以改善乌江流域清水河的渔业资源多样性，刘远坤副省长参加了放流活动。

[4]10月10日，由贵州省农委、省总工会联合主办，贵州省水产技术推广站承办的贵州省首届水产技术推广职业技能竞赛在贵州大学成功举办。竞赛由全省9个市州组成9支参赛队27名代表参加，黔南布依族苗族自治州农委、贵阳市农委及安顺市畜牧水产局代表队获竞赛前3名，并代表贵州省参加全国竞赛。

[5]11月21～22日，首届全国水产技术推广职业技能竞赛在北京农业展览馆举办。全国有28个省（自治区、直辖市）分别组成代表队共84人参加了比赛。贵州代表队在竞赛中喜获团体三等奖，熊铧龙获个人三等奖，李登群获个人优秀奖。

[6]12月23日，农业部副部长于康震与贵州省副省长刘远坤分别代表农业部和贵州省人民政府在北京共同签署《关于开展长江流域赤水河贵州段捕捞渔民转产转业合作备忘录》，宣布长江流域赤水河段捕捞渔民转产转业工作正式启动。

（贵州省渔业局 何 文 安元银）

云南省渔业

【概况】 2015年，云南渔业工作者和渔业生产者认真贯彻落实中央和省委农村工作会议、全国渔业渔政工作会议精神，在云南省委、省政府的正确领导和农业部的大力支持下，紧紧围绕确保水产品安全有效供给、促进农民持续增收和可持续发展的目标，以推进高原特色淡水渔业发展为主线，充分发挥资源优势，优化区域布局，调整产业结构促进提质增效，依靠科技推进渔业转型升级，引进和扶持水产品龙头企业，加快渔业产业化经营进程，强化水生生物资源养护，构建平安和谐渔业，使全省渔业继续保持了又好又快的发展势头。

1.主要渔业经济数据，比上年增减情况 2015年，全省水产养殖面积、水产品总产量、渔业经济总产值、渔业产值分别达14.2万公顷、93万吨、210亿元、132亿元，同比分别增加260公顷、6万吨、15亿元、9亿元，增幅为2.1%、6.9%、7.7%、6.8%。

2.产业发展的主要举措、成就与特点

（1）积极争取各方支持。积极向省委、省政府汇报，并借助社会各界力量、利用各种平台向省委省政府呼吁加快淡水渔业发展，争取省委、省政府领导对渔业的重视和支持。省委副书记钟勉和分管副省长张祖林等省领导相继对渔业发展作出重要批示。根据张祖林副省长的批示，省渔业局草拟了《云南省淡水渔业发展规划（2015—2020）》（初稿）。各州（市）对加快渔业发展的重视程度也有较大提高。

2015 年共争取中央财政资金 1 867 万元（其中：渔业标准化养殖资金 300 万元，增殖放流经费 710 万元，水生生物保护区建设管理经费 245 万元，渔业燃油价格补贴 612 万元），同比增加了 64 万元，增幅达 3.55%；争取省级财政资金 1 200 万元（其中：渔业技术推广 1 000 万元，资源保护 200 万元），拉动社会投资大幅度增加，有力地促进了淡水渔业的发展。

（2）大力发展健康养殖。一是积极以绿色、生态、安全、高效为目标，大力推动养殖证制度建设，优化布局养殖区域，科学控制养殖密度，合理搭配养殖品种，保护渔业权益保障和水产养殖基地；二是积极推进万吨级水产品基地县建设，截止到 2015 年建成万吨级水产品基地县 39 个，其中新增 1 个；三是积极以创建水产健康养殖示范场为抓手，推进水产健康养殖，在全省开展示范创建活动，创建国家级健康养殖示范场 31 家，省级 27 家，有效地助推了水产养殖健康发展。

（3）全力推进渔业一二三产业融合发展。2015 年，全省大力发展水产品加工，渔业一二三产业产值占渔业经济总产值的比例调整优化到 63∶12∶25。一是着力突破加工薄弱的瓶颈制约，将水产品加工由罗非鱼、鮰鱼拓展到藻类、虾类和常规品种，提升鱼片、鮰鱼籽酱、鱼油、鱼粉等产品质量，开发胶原蛋白、生物材料等高端产品，逐步形成了以罗平、墨江、富宁、景洪、芒市为中心的罗非区加工园区，以华宁为中心的冷水鱼加工园区，全省各类水产品加工企业发展到 40 余家，年加工能力达到 30 万吨以上，加工品种为罗非鱼、鮰鱼、银鱼、小型鱼、虾等，产品远销欧美、日本及中东等国家和地区，带动渔用饲料加工、水产仓储流通、休闲观光渔业等相关产业的发展。首次成功完成了活鱼在北京的参展推介活动。二是大力发展休闲观光渔业，积极引导有条件的养殖场（区）实行水产养殖、休闲垂钓、餐饮娱乐、旅游观光综合经营，大力发展不同类型的休闲渔业模式，向农业部申报了 6 个全国休闲渔业示范基地。三是加强流通体系建设，采取连锁经营、鱼市对接、水产品配送等方式，形成了多层次多形式多功能的水产品交易市场。加强水产品市场监管快速检测能力建设，提高了水产品质量市场监管能力。

（4）推动渔业科技进步与创新。一是科技增产效果明显。全省通过积极实施现代产业技术体系研发示范工程、渔业科技入户示范工程、新型渔民科技培训工程，充分发挥大宗淡水鱼、罗非鱼、土著鱼三个产业技术体系的作用，推广了池塘健康养殖技术、网箱集约化养殖技术、流水高产高效养殖等十项适用技术，努力提高渔业综合生产能力。二是坚持“继承、改进、提升”的原则，积极推广和普及池塘健康养殖、库区生态增殖、网箱集约养殖、流水设施养殖、稻田工程化养殖、名特优特种养殖等先进适用技术。引进大宗水产品长丰鲢等 6 个新品种种苗共计 2 490 万尾，引进松浦镜鲤后备亲鱼 200 尾；开展大宗水产品新品种引种扩繁，繁殖福瑞鲤等 3 个品种共计 2 600 万尾，分别在 6 个示范县进行试验示范 33 公顷，在全省 7 个州市 20 多个县区推广达 0.8 万公顷。三是渔业科研成果丰硕。灰裂腹鱼和秀丽高原鳅实现国内外首次人工繁殖成功；长薄鳅实现省内首次人工繁殖成功；繁育并向金沙江和澜沧江投放珍灰裂腹鱼 6 万尾万尾。云南省渔业科学研究院牵头成立了“云南省高原淡水渔业产业技术创新战略联盟”，并以联盟平台申报并完成省科技计划重大专项《云南高原特色淡水鱼产业化关键技术研究与应用示范项目可行性研究报告》

（5）突出做好水生生物资源养护。一是 2015 年，全省各级渔业部门进一步加大了水生生物增殖放流工作力度，积极争取各级财政和社会资金 3 833.5 万元开展水生生物增殖放流，同比增长 28.3%，其中：中央增殖放流资金 710 万元，与 2014 年持平；地方财政资金 2 116 万元，同比增长 49%；社会筹资 1 007.5 万元，同比增长 14.5%。累计举办各级水生生物资源增殖放流活动 144 次（其中：国家级 1 次，省级 1 次、市县级 142 次），放流经济物种和珍稀濒危物种 8 688 多万尾，其中：淡水经济鱼类 8 503.15 万尾，珍稀濒危水生野生动物 184.95 万尾（只），超额完成了年度增殖放流任务，取得了良好的经济、社会和生态效益。并于 2015 年 11 月 8 日，在西双版纳州由农业部与老挝南塔省联合举办了边境渔政执法暨增殖放流活动。二是以长江、珠江禁渔为抓手，继续做好渔业种质资源保护工作。在 2015 年“两江”禁渔期间，全省出动禁渔宣传检查车辆 1 637 台次，通过广播、电视、报刊宣传禁渔期制度和禁渔工作 800 多次，张贴禁渔通告 2 000 多份，刷写禁渔标语 3 000 多条，发放禁渔宣传资料 46 000份；统一组织禁渔检查行动 120 次，接受禁渔举报 200 多起，查处禁渔举报案约 200 起，收缴电捕鱼器具160多台套，没收非法渔获物200多千克，查获违法捕捞和“三无”船只33艘次，有效地保护了渔业种质资源。昭通市、昆明市、抚仙湖还将多次违法捕捞且捕捞量较大的3名违法分子依法移交公安部门，追究其刑事责任，有效地打击了违法捕捞的行为。三是进一步建立健全涉渔工程生态补偿机制，严格工程专题报告审查制度，2015年审查评价涉渔工程专题报告9个，争取生态补偿资金4 290多万元。其中：水产种质资源保护区3个、涉及生态补偿资金1 074万元；水生生物自然保护区6个、生态补偿资金3 216万元。有效地保护了水生生物保护区主要保护对象及其生存环境，实现了人与自然和谐发展。

(6)加强渔业“三大安全”监管。一是抓紧抓好渔业安全生产。通过参加全国渔业安全生产视频会议、签订2015年渔业安全生产管理责任书、强化安全执法检查、抓好安全生产教育、改进强化管理服务、开展全省渔业安全生产大检查等措施，全省渔业生产继续保持平安和谐发展形势，自2009年以来连续7年实现零死亡目标。二是强化水产品质量安全监管。做好以养殖证制度、水产品苗种生产许可证制度和水产养殖记录制度为主要内容的水产品质量安全监管制度建设，从源头上保证水产品质量安全。2015年全省没有发生水产品质量安全事件，水产品产地抽检合格率达100%。三是抓好水生生态安全。严格执行增殖放流物种鉴定、苗种检疫制度和效果评价制度，杜绝外来物种、杂交种、转基因种等不合格物种放入天然水域；严格执行渔业污染事故报告制度，严厉查处渔业水域污染事故，保护了渔业资源和生态环境，确保了水生生态安全。

3.存在的主要问题 2015年云南渔业继续保持平衡、健康发展态势，总量持续增长、效益持续增加、结构持续优化、渔民持续增收、生态持续改善，但是长期制约渔业发展的关键问题仍然没有得到根本改观，制约着淡水渔业的快速发展。一是资源开发利用率低，2015年水产养殖面积达到14.2万公顷，仅为宜渔水面的35.3%；二是综合生产能力低，淡水养殖单产水平低于全国平均水平；三是科技贡献较小，水产良种覆盖率低和水产养殖病害发生率高并长期并存；四是水产品加工仍然滞后，产业化发展水平低，促农增收渠道单一。

【重点渔业县(区)基本情况】

云南省重点渔业县(区)基本情况

县(区)	渔业人口(人)	渔业经济总产值(万元)	其中渔业产值(万元)	水产品产量(吨)	其中		养殖面积(公顷)
					捕捞	养殖	
罗平县	5 295	136 483	53 580	38 000	3 064	34 936	4 200
景谷傣族彝族自治县	9 739	41 729	36 619	32 235	3 464	28 771	2 136
富宁县	4 730	108 090	42 067	30 000	3 060	26 940	3 200
景洪市	13 436	50 544	44 150	27 004	4 120	22 884	2 274
双江县	662	30 460	28 465	25 080	5 800	19 280	611
墨江哈尼族自治县	5 420	82 759	28 829	24 996	3 177	21 819	487
勐海县	7 890	32 006	29 466	23 032	758	22 274	1 403
普洱市思茅区	3 150	36 476	23 356	20 701	700	20 001	2 768
麒麟	7 171	37 276	25 570	17 413	0	17 413	2 133
澜沧县	5 580	25 736	23 026	17 213	8 350	8 863	841

【大事记】

[1]3月16日 省委书记李纪恒对省委农办和省农业厅共同上报的《把云南罗非鱼产业建成全国第一的调研报告》作出批示。

[2]4月10日，云南省高原淡水渔业产业技术创新战略联盟成立，云南省渔业科学研究院为联盟依托及理事长单位。

[3]4月13日,副省长张祖林对《云南省农业厅关于加快淡水渔业发展工作情况的报告》作出批示,要求"可开一次座谈会,请有关专家和领导,特别是要把大中型水电站的管理单位请来,共同商讨开发淡水渔业发展问题。"

[4]5月5日,2015年全省渔业渔政和渔业安全生产工作会召开。

[5]6月6日,省农业厅与玉溪市人民政府联合主办"抚仙湖鱇䱾白鱼人工增殖放流活动",活动主题是"增值水生生物资源、促进生态文明建设"。

[6]7月7日,根据副省长张祖林4月13日对《云南省农业厅关于加快淡水渔业发展工作情况的报告》的批示,省农业厅在昆明召开云南省大中型水电站库区渔业发展座谈会。

[7]9月30日,副省长张祖林在《罗平县"八化同步"发展高原生态渔业》上批示"请农业厅适时召开由主要渔业发展区域的县市(区)分管领导和企业参加的经验交流会。互相学习、借鉴,营造环境,创造氛围,大力推进高原生态渔业跨越发展"。

[8]9月,云南省2015年国家产地水产品质量安全监督抽查工作完成,全省水产品质量抽查合格率为100%。

[9]11月9日,农业部在昆明召开长江流域及其以南内陆渔政管理工作座谈会,农业部副部长于康震、省政府副省长张祖林出席会议。

[10]11月10日,由中华人民共和国农业部和老挝资源环保部共同主办的"中国、老挝联合渔政执法行动暨渔业资源增殖放流活动"在澜沧江关累港隆重举行。农业部副部长于康震、云南省副省长高峰、老挝资源环保部副部长奔米·普塔翁,老挝南塔省常委坎莱·西巴瑟,云南省渔业局局长张穆出席活动开幕式。

[11]11月20日,根据副省长张祖林9月30日对《罗平县"八化同步"发展高原生态渔业》的批示,省农业厅召集渔业发展重点州(市)、县(区)、企业及合作社代表召开了全省生态渔业发展经验交流会。

[12]11月21~22日,省水产技术推广站组队参加在北京举办的首届全国水产技术推广职业技能竞赛,华泽祥获个人三等奖,杨树国获个人优秀奖,云南省代表队获团体三等奖。

[13]11月27日,根据《农业部关于公布2015年度渔业文明执法窗口单位的通知》,玉溪市抚仙湖管理局被评为2015年渔业文明执法窗口单位

[14]12月,云南省渔业科学研究院加入国家渔业科技创新联盟。

(云南省农业厅)

西藏自治区渔业

【概况】 2015年,西藏渔业管理工作在自治区党委、政府的正确领导和农业部渔业渔政管理局的关心支持下,强化渔业资源保护,积极开展增殖放流工作,稳步发展水产养殖业,加强渔政机构建设,渔业生产保持了平衡发展,2015年全区水产品产量358吨,比上年增长5.3%。其中捕捞产量308吨、养殖产量50吨。

1.淡水生物资源增殖放流 2015年,根据农业部要求,西藏继续在拉萨河、尼洋河、麻曲河等重点渔业开发河段实施鱼苗增殖放流,共放流鱼苗376万尾。其中:异齿裂腹鱼100万尾,双须叶须鱼70万尾、尖裸鲤50万尾、拉萨裸裂尻鱼50万尾、拉萨裂腹鱼50万尾、巨须裂腹鱼50万尾、黑斑原鮡5万尾、亚东鲑1.575万尾。

2.渔业资源保护 继续在高原湖泊、拉萨市所有天然水域实施全面禁渔制度,继续在林芝市、日喀则市等江河流域实施休渔制度。执法人员深入各乡镇、拉林公路重点施工单位、沿河村庄、商店门面、街坊学校等走访座谈,面对面宣传炸毒电鱼的危害性和保护渔业资源和生态环境的重要性,了解当地的渔业秩序情况,并发放渔业法律法规、禁渔通告等材料20 000余份。林芝市农牧局在休渔开始(即每年4月1日)前7天,把其定为宣传活动周,借助电视台等媒体广泛宣传休渔通告,受到社会各界的广泛关注。特别是在电视台将休渔通告连续15天滚动播出后,营造了浓厚的休渔社会氛围,让群众对休渔期有较高的认识。

通过进一步完善人工催产技术,年内完成尖裸鲤、拉萨裸裂尻等特有鱼类约2吨多亲鱼的人工催产工作,鱼苗成活率有了较大提高,对进一步保护全区特有珍稀渔业资源提供了保障。

3.渔政执法管理 禁渔期开始,自治区组织渔业执法工作组赴各地市进行执法检查,特别对农贸市场、鱼庄、饭店等野生鱼交易重点区域实施不定期的突击检查,对在检查中发现的非法捕捞、收购、销售野生鱼类等违法行为,分别给予了批评教育和警告,对依法没收的野生鱼当场放生。禁渔期内,在全区主要河道、水产品市场等禁渔重点区域组织专项执法行动57次,出动执法人员346人次,出动巡查车辆50余次,教育劝导游钓人员1 150余人次,查处违法捕捞案件16余起,查出贩卖小鱼案件14起,非法偷运活鱼案件2起,没收了捕捞用具。

为提升全区渔政队伍整体建设水平，强化法律法规理念，提高行政执法能力水平，维护渔业安全生产秩序；加强水产品质量安全监管，确保水产品质量安全，扎实开展渔业各项工作，由福建省海洋与渔业厅援助举办的培训班于10月21日在林芝市开班，全区七地市、曲水等19个县区渔业行政部门负责人及业务骨干共54人参加了培训班。重点讲授《中华人民共和国渔业法》《西藏自治区实施〈中华人民共和国渔业法〉办法》《行政许可法》等法律法规和渔政督察、渔业行政执法经典案例及法律文书制作、渔业行政执法程序及工作中应注意的事项、水产品质量安全监管工作规范、西藏渔业资源现状及如何保护与开发等方面的知识。通过培训，使参会人员对渔业法律法规的理论知识有了更深的理解和认识，对提高参会人员执法素质，提高渔业执法水平，加强渔政管理、加大水生生物资源养护等工作有积极的推动作用。

4. 水产种质资源保护区 为加大宣传力度，提高社会对设立"国家级特有鱼类种质资源保护区"的意义，5月1日开始在"巴松措特有鱼类国家级资源保护区"入口处设立了渔政执法卡点，开展大型宣传活动8次，出动执法人员10名，志愿者11名，对前来放生非本地鱼的群众进行做了劝返工作，并加大对违法捕捞工作执法力度，萨嘎达瓦期间共查获放生外来鱼种380袋、13吨，涉及金额约43万元，组织执法人员对保护区环境进行清理，清理死鱼3 500余尾，处理垃圾180袋。并对国家水产种质资源保护区等重点区域挂牌，以零容忍的态度有效杜绝了外来鱼种进入特种鱼类保护区，促使保护区基本实现了禁渔期间"湖中无渔船、水中无网具、市场无湖鱼"的目标。

5. 存在的问题 近年来，全区水生生物养护、水产养殖等有了一定发展，渔政管理、渔业执法工作进一步加强，但整体仍处于较低水平，与其他省份相比差距较大，存在的问题也比较突出。一是渔业机构设置严重滞后。目前，全区仍没有单独的渔业管理机构，也没有水产技术推广机构，全区仅林芝市工布江达县成立了渔政执法大队。渔业工作与畜牧工作、草原工作设在一个处(科)室，人员少，均是兼职。二是投入严重不足。全区渔业建设项目主要依靠农业部支持。受地方财力的限制，西藏各级财政尚未设立渔业发展专项资金，渔业基础设施条件差，原良种生产体系不健全，水产苗种生产能力仍较低，自繁总量不足，缺乏发展后劲。三是执法难度大。西藏地广人稀，县乡之间距离远，执法成本高；各县渔政执法没有人员编制，绝大部分是县兽防站人员兼管，队伍不稳定；财政也未将渔业执法部门经费纳入预算，执法经费不足，渔业执法设备简单，手段落后，执法水平低。四是渔业环境监测工作滞后。全区尚无一个渔业环境监测站，也尚未开展重点渔业水域和大型水利水电工程水生生物监测和环境影响评价等工作。

【大事记】

[1]6月26日，农业部渔业渔政管理局副局长李书民带领工作组对西藏渔业发展现状、存在问题及下一步工作思路及建议等情况进行调研。

[2]7月23～27日，农业部长江流域渔政监督管理办公室主任李彦亮一行6人对西藏雅鲁藏布江流域水生生物资源养护工作等进行了调研。

[3]8月10～16日，全国水产技术推广总站站长魏宝振一行4人赴西藏检查渔业工作。

[4]10月21日，全区渔业执法培训班在林芝市开班。此次培训班由福建省海洋与渔业厅援助举办。全区七地市、曲水等19个县区渔业行政部门负责人及业务骨干共54人参加了培训班。

[5]11月9～12日，农业部渔业渔政管理局副局长崔利锋一行5人对西藏渔业生产、渔业资源调查及水生生物资源养护工作情况进行了专题调研。

（西藏自治区农牧厅畜牧草原水产处　曹仲华）

陕西省渔业

【概况】 2015年，陕西省渔业工作在农业部和省委、省政府的关心支持和省水利厅党组的坚强领导下，深入学习贯彻国务院现代渔业建设工作电视电话会议精神，以保障水产品安全有效供给和促进渔民持续增收为中心，按照"提质、扩量、增效、生态、安全"的总体要求，深化体制机制改革创新，调整优化产业体系布局，强化渔业资源养护，不断完善强渔惠渔政策贯彻落实，渔业始终保持了快速的发展态势。2015年完成水产品总产量17.6万吨、渔业经济总产值65.1亿元，分别超额完成全年目标任务的17.3%和30.2%，分别高出上年度1.1万吨、3.6亿元。

1. 渔业结构调整 充分发挥资源优势，调整产业结构，优化产业布局，突出区域特色，因地制宜开发沿黄河及陕北、渭北低洼盐碱滩地，升级改造关中、陕南老旧池塘设施，发展名优水产品养殖；以开发秦巴山区冷流水资源为重点，推进冷水性鱼类集约化养殖，大力发展大鲵等特色水产养殖；在全省城市郊区充分挖掘渔业休闲功能，发展集垂钓、餐饮、观赏、旅游、度假等都市休闲渔业，以渔为主带动多种产业互动发展的新格局，实现渔业发展，渔民增效。渔业一、二、三产业协调发展，现代渔业建设稳步推进。

2. 基础设施建设 积极争取国家自然保护区、水产原良种场、渔政码头、增殖放流、水产品质量检测体系、流域中心建设、渔船检验、渔业捕捞和养殖业油价补贴、基层推广站能力提升及渔业基础设施改造等，提升了渔业生产能力；加强资金项目计划管理，规范项目竣工验收程序，开展涉渔资金项目专项检查。完成了6个项目初设审查批复和8个项目投资计划下达。进一步发挥财政项目资金的示范引领作用，带动了民间资本的投入。

3. 水产苗种生产 强化水产苗种生产管理，开展水产苗种场执法检查，杜绝使用违禁药物，严格落实生产记录、用药记录和销售记录等管理制度和苗种生产行政许可制度，2015年全省共产销淡水鱼苗10.23亿尾，虾类鱼苗71万尾，大鲵苗635.8万尾，良种覆盖率达到60%以上，初步形成以新民国家级家鱼原种场为引领，覆盖陕南、陕北、关中地区水产良种体系，基本能满足本地区苗种供应，为全省渔业发展奠定了坚实的基础。

4. 渔政管理 按照省政府要求，编制并经省政府审核公示渔业权责清单45项，公共服务事项1项，并逐一列出了责任事项、责任流程表和运行流程图，规范了行政审批和渔政执法程序。新一轮事业单位分类改革，宝鸡、渭南、汉中、榆林四市政府已经批复将渔政监督管理部门纳入行政管理序列。扎实开展了"打非治违"、清理"绝户网""禁渔期"和水产品质量安全整治等专项执法行动，专项行动共出动渔政执法人员15 000余人次，查处非法捕捞及电、炸、毒鱼案件250余起，收缴销毁违规网具1 500张(套)，电鱼设备230台套，没收违法渔船70只，有效打击了违规捕捞行为，取得了显著成效。

5. 水产品质量安全 制定《2015年陕西省水产品质量安全监督管理工作方案》，印发《陕西省水产品质量安全重点工作安排的意见》，签订《水产品质量安全目标责任书》，有效的将水产品质量安全责任分解落实。配合农业部完成产地水产品例行抽检80个样品，合格率100%；本省产地水产品例行抽检240个样品，合格率97%；各市县产地水产品定性检测总样品2 000多个。开展了水产品质量安全专项督查检查和执法，重点针对养殖环节使用违禁药品、饲料添加剂等行为和"五项制度、两项登记"落实情况进行了重点检查，对发现的问题及时得到处理，坚持源头治理。认真组织实施无公害水产品产地认定和产品认证、健康养殖示范场创建和推进渔业园区、专业合作经济组织、渔业龙头企业等规范化、集约化健康养殖新模式，目前全省已完成无公害产地认定78个，无公害产品认证200多个，认证面积7 000多公顷，全省已建设省、市级渔业园区80多个，专业合作经济组织200多个，健康养殖示范场60多个，强化全程质量管理确保水产品质量安全。全年未发生水产品质量安全事件，水产品质量管理水平稳步推进。

6. 渔业生态环境保护 开展了保护区管理专项执法检查，其中对"太白湑水河珍稀水生生物国家级自然保护区"核心区从事旅游开发等问题，已向太白县政府下发了整改通知。开展水生物增殖放流活动，组织对5个水生生物自然保护区增殖放流珍稀濒危物种大鲵21 400尾，在渔业重要水域放流经济鱼类944万尾。推动养殖大鲵及其产品标识化管理工作，人工养殖的大鲵及其产品可在全国市场上放开销售。落实阳安二线铁路穿越湑水河、汉江西乡段2个水产种质资源保护区生态补偿资金350多万元。向社会发布了2015年度《渔业生态环境状况》和《水产养殖病害监测及防治状况》2个公报。举办了全省保护区管理培训，规范保护区建设管理。

7. 水生生物病害检测防治 在继续做好鲤春病毒血症(SVC)专项监测工作基础上，对新增加的虹鳟病毒病(IHN)监测工作扎实部署，共采集样品30个，有效提升和推动了全省水生动物疫病防控工作。认真开展渔业病害测报、预警工作，通过对全省28个测报县(区)，66个测报点，2 500多公顷养殖面积的渔业病害开展为期8个月的测报，提出防治措施和建议，有效减少了渔业病害的发生。加强和控制渔业疫病和污染事故，对全省渔业发展起到有力的保障作用。全省共检疫各类水产苗种151批次，6.4亿尾，合格率98%，超年度计划任务128.6%。出具增殖放流水产苗种检疫报告10余次。

8. 渔业科技推广 参加"首届全国水产技术推广职业技能竞赛"，取得团体第一名，个人一等奖、二等奖的好成绩，科技推广水平不断提升。全年申报部、省级科研项目及行业专项等十大类20余项，已批复立项15项。全年申报专利5项，取得国家实用新型专利1项，发表科研论文50余篇。组织实施的"网箱养殖匙吻鲟等名优技术示范与推广""陕西省不同地域大鲵规范化养殖技术模式研究与示范推广""陕西沿黄河地区河蟹养殖技术示范与推广"三个重点渔业科技推广项目，实施总面积423.92公顷，完成总产量49.7万千克，实现总产值5 437.9万元。开展健康养殖技术、规范用药、苗种培育等各类培训50余期，渔民科学养殖水平明显增强。

9. 渔业船舶检验 继续开展渔船管理"三大行动"。扎实开展了渔船安全生产大检查活动。下发了《关于明确渔船检验、登记及船员证书核发管理权限的通知》,对24米以下渔船检验、登记和管理责任进行了明确,结束了12米以下渔船检验登记工作陷于滞后的状态。推动市县渔船检验机构授权业务。在陕南、陕北分别举办渔业船舶船员和渔业船舶检验培训班。完成了《中国船舶检验史—陕西渔船检验部分》和《中华人民共和国渔业船舶法定检验规则—船长大于或等于12米内河渔业船舶》的修改工作。

10. 存在问题 一是全省各级渔业技术人才严重断层,技术人才少,技术指导服务工作滞后;二是国家和省级有关水产品质量安全监管、渔政执法、农业科技试验示范等资金在渔业上难以落实;三是市县财政对渔业发展资金扶持少,项目配套资金和有关惠渔政策难以落实,影响了各类项目的建设。

【重点渔业市(县)基本情况】

陕西省重点渔业地区基本情况

地区	渔业产值(万元)	水产品产量(吨)	其中		养殖面积(公顷)
			捕捞	养殖	
汉中市	250 336.46	36 592	1 079	36 592	7 665
安康市	202 451.78	40 263	4 931	40 263	14 487
渭南市	72 580	44 308	510	44 308	6 243
西安市	62 020	14 120	0	14 120	1 504
咸阳市	11 912	9 919	0	9 919	2 096

【大事记】

[1]4月14日,全省渔业工作会议在西安召开。会议传达贯彻落实了全国及本省有关渔业工作主要精神,总结了"十二五"以来渔业发展成效,全面分析了渔业发展面临的新形势和存在问题,对2015年渔业重点工作进行了安排部署。渔业发展重点市县进行了交流发言。会议还座谈讨论了"十三五"渔业规划编制工作,对"十三五"规划编制工作提出具体要求。

[2]4月24日,由省渔业局主办、省水产总站承办的全省水产养殖病害远程辅助诊断暨水产品质量追溯系统操作技术培训会在渭南举办。培训会上省水产总站为临潼区、南郑县等9个县区水产站、西安乐诚冷水渔场等17个养殖企业配发了水产养殖病害远程诊断或水产品质量追溯系统共计26台(套),技术人员就设备操作应用技术进行现场培训;并就全省进一步做好水产养殖病害远程诊断暨水产品质量追溯系统运用工作进行了安排落实。全省10市、9县区、17个企业50名代表参加培训。

[3]5月19日,陕西省副省长冯新柱调研大荔县现代渔业产业园建设情况。冯新柱对大荔现代渔业产业规划和渔业发展独特的自然资源给予了充分肯定,要求大荔县继续充分利用现有渔业资源和产业基础,超前规划,合理布局,发展优势特色产业,打造沿黄十万亩渔业产业园新亮点,实现渔业跨越发展。

[4]6月2日,农业部长江流域渔政监督管理办公室主任李彦亮调研合阳县黄河滩渔业养殖基地,省渔业局局长管薇,渭南市、合阳县相关领导陪同。

[5]6月3日,中国野生动物保护协会水生野生动物保护分会、陕西省渔业局在西安共同举行大鲵标识管理新闻通气会。自2015年6月1日起,国家实行养殖大鲵及其产品的标识化管理,旨在进一步加强大鲵野生种群及栖息地保护、建立标识管理制度和可追溯体系、加强大鲵市场监管和疫病防控。今后,市场上出售的人工驯养大鲵将拥有国家相关部门颁发的一次性的唯一身份识别标码。

[6]6月3日,农业部渔业渔政管理局、全国水生野生动物保护分会在西安举办全国第二期养殖大鲵及其产品标识管理系统培训班。省渔业局负责人参加开班仪式。来自全国各省、市、区渔业部门200多名学员参加了为期一天的培训学习。

[7]6月16日,省渔业局组织水产专家参加了2015年全省食品安全宣传周启动仪式,本次活动主题是"尚德守法,全面提升食品安全法制化水平"。活动现场,除水产专家和市民互动,回答有关水产品质量安全问题以及鉴别优质水产品的方法外,还发放了水产品质量安全知识手册,水生野生动物保护知识手册,水产养殖健康宣传材料共500多份。

[8]7月2日，农业部渔业渔政管理局副局长崔利锋调研合阳县渔业现代渔业园区及种质资源保护区建设情况。

[9]7月9日，农业部行业专项“黄河及其河口渔业资源评价和增殖养护技术研究与示范”项目首席专家、中国水产科学研究院黄海水产研究所王俊研究员及财务主管于津处长一行到省水产研究所，就项目中期财务执行情况检查指导工作。

[10]7月11日，陕西省渔业协会2015年工作会议在大荔召开。会议表彰了12位对陕西省渔业做出突出贡献的专家学者，就大鲵产业开发和结构调整、大鲵营销经验等方面进行了讲座。

[11]7月8～10日，由陕西省渔业局和中国水产科学研究院联举办的水生野生动物自然保护区管理培训班在西安举办。

[12]8月8日，由农业部全国水生野生动物保护分会主办的中国大鲵保护研讨会在汉中召开。农业部、长江流域渔政监督管理办公室、国家濒危动植物出口监督管理办公室、国家林业局规划设计院、长江水产研究所、部分省、市渔业主管部门、大鲵保护区负责人参加了会议。会议对《大鲵保护行动计划》相关内容进行了讨论，为进一步做好大鲵保护研究奠定了基础，对大鲵的保护将起到重要的推动作用。

[13]9月25日，由陕西省渔业局主办，略阳县省级大鲵自然保护区管理局承办的以“关爱水生动物，共建和谐家园”为主题的2015年水生野生动物保护科普宣传月活动在略阳县两河口镇中心小学启动。活动中共展出科普宣传展板7块，向学生发放水生野生动物保护知识手册、水生野生动物保护相关法律法规宣传单600余份，张贴水生野生动物保护宣传标语5幅。

[14]10月10日，农业部长江流域渔政监督管理办公室主任李彦亮率国家级水生生物自然保护区专项督查组一行6人专项督查陕西陇县秦岭细鳞鲑国家级自然保护区开展情况。督查组一行深入陕西陇县秦岭细鳞鲑国家级自然保护区千河上游关山沟保护区域对“中石油管道”和“国家电网750千伏输电线路”建设项目穿越保护区实验区情况进行了检查，并查看了关山沟河和双岔河的自然生态环境，观看了野生秦岭细鳞鲑的栖息活动，审阅了保护区有关资料，进行了交流。

[15]11月20～22日，省水产总站组队代表陕西省参加首届全国水产技术推广职业技能竞赛喜获团体第一名，李海建、欧阳月同志分别获个人第一、二等奖。

[16]12月5日，农业部渔业渔政管理局局副局长李书民一行调研合阳现代渔业建设情况。李书民一行通过听汇报、实地查看、现场交流等方式，了解了合阳县渔业发展，对合阳县现代渔业建设给予了充分肯定。

[17]12月23日，陕西省水产养殖病情测报信息系统操作技术培训班在渭南举办，从2016年元月开始，全国统一采用新版测报系统进行渔业病情测报预报，利用网络填报，可以提升水生动物病情测报工作效率，提高信息统计分析的准确性、时效性和预警预报的科学性，同时为测报人员提供简便、快捷的方法。会上解读了《水产养殖动植物疾病测报规范》《水产养殖动植物病情测报信息系统》的使用方法进行在线讲解和培训。

（陕西省渔业局）

甘肃省渔业

【概况】 2015年，甘肃省渔业系统认真贯彻落实国务院《关于促进海洋渔业持续健康发展若干意见》、全国渔业渔政工作电视电话会议和省政府办公厅《关于进一步加快现代渔业发展的意见》精神，按照生态优先的发展方针，以渔业增效、渔民增收为目标，以现代渔业建设为方向，大力实施渔业结构调整，积极推进水产健康养殖，着力加强水产品质量安全监管，努力提升渔业产业化经营，不断强化渔业生态环境保护，全省现代渔业迈出重要步伐，渔业经济持续健康发展。全省养殖水面1.34万公顷，与上年基本持平；水产品总产量1.49万吨，同比增长4.2%。

1. 水产养殖 一是苗种投放较好。据统计，全省水产苗种投放1.6亿尾，和上年基本持平。其中常规经济鱼类苗种投放1.4亿尾，鲑鳟鱼苗种投放2 000万尾。鲑鳟鱼苗种投放2 000万尾，其中自繁鲑鳟鱼苗种约1 200万尾。二是特色养殖取得新发展。网箱养殖、流水池塘养殖等现代渔业养殖方式继续发展。全省网箱养殖面积达到25.6公顷，其中陇南市文县9.6公顷，临夏回族自治州永靖县10.9公顷，甘南藏族自治州卓尼县4.6公顷。大鲵养殖户超过500户，存塘数量超过22万尾。休闲渔业经营企业700多家，经营面积达到1 733公顷。甘肃森洋农牧生态产业有限责任公司、甘肃泾川县金龙渔业园、甘肃白银渔水人家养殖农民合作社、磨嘴子神泉山庄4个休闲渔业经营企业取得“全国休闲渔业示范基地”资格。

2. 技术推广 一是在酒泉、张掖、兰州、临夏、定西、天水、陇南、平凉、庆阳等市州组织实施万亩池塘关键集成技术示范与推广项目，在刘家峡水库、九甸峡水库、汉坪嘴水库、鸳鸯湖水库实施鲟鱼、鲑鳟鱼网箱养殖关键技术集成示范与推广项目，取得较好效果。二是依托大宗淡水鱼产业技术体系优势，积极与体系专家、其他试验站和各示范县区对接，引进福瑞鲤水花1 000万尾、芙蓉鲤鲫水花500万尾、松蒲镜鲤寸片35万尾。三是继续开展生物浮床、生物絮团、微生态制剂、微孔曝气增氧等池塘水质调控机制与底质调控技术集成应用示范，应用草鱼疫苗2种和微生态制剂4种，开展病害综合防控技术集成示范，并引进新型渔业机械太阳能增氧机和底质改良机在白银区示范应用。四是积极开展科技培训，组织举办全省特色渔业养殖技术培训班、新品种养殖技术培训班、网箱养殖技术培训班等5期，培训养殖技术人员500余人，发放各类渔业技术养殖资料3 000余份。

3. 良种体系 一是加强水产苗种生产监管。全省高度重视水产苗种生产，坚持"养殖发展，良种先行"，检查督促各市州根据《水产苗种管理办法》，严格核发水产苗种生产许可证，依法加强对水产苗种的选育、培育、生产、经营的规范化管理；组织各市州、县区开展水产苗种生产专项检查，对辖区内的苗种场的亲本和稚、幼体进行监督检查，对调运的苗种实行检疫，提高了苗种质量。二是指导开展良种体系建设。按照《甘肃省省级水产原、良种场资格验收办法》的要求，积极推进省级水产原良种场建设和规范管理。文县清泉冷水鱼养殖有限公司通过甘肃省水产苗种审定委员会验收，取得省级水产原种场资格，截止到年底，全省共有省级以上水产原良种场23家。泾川县水产良种场建设项目已完成投资计划，正在准备验收。组织对刘家峡水库鲑鳟鱼良种场、漳县鲑鳟鲟鱼良种场2个建设项目进行了督促检查，要求项目建设单位严格执行法人负责制、招投标制、监理制和合同制及资金管理的专账管理、专户储存、专款专用要求，切实加强项目监管，保证项目健康运行。组织省渔业技术推广站编制完成了甘肃省兰州鲶保种场建设项目初步设计，施工图纸已经完成，正在进行招投标。

4. 质量安全 一是认真组织开展专项整治。印发了《关于做好2015年春节期间我省水产品质量安全监管工作的通知》《2015年甘肃省水产品违法添加禁用物质专项整治行动方案》，提出了专项整治的重点产品、重点单位、重点区域，安排了专项治理的时间进度和任务要求，提出了相关保障措施。专项整治行动累计出动执法人员2 667人次，强化了养殖执法检查。组织开展了九甸峡水库、翰坪咀水库、刘家峡水库网箱养殖基地和刘家峡池塘养殖基地、白银水川池塘养殖基地的水产品质量安全整治工作5次，重点整治了"三项记录"饵料等相关台账的建立状况。二是切实加强养殖水产品药物残留监督抽查。制定了《2015年全省产地水产品质量安全监督抽查计划》，全年共抽检水产品样品90个。分别于5月底和9月底分两次进行产地水产品质量安全抽检工作，由重庆市水产品质量监督检验测试进行异地抽检样品60个，其中草鱼、鲤鱼、虹鳟样品各20个，由甘肃省农产品质量安全监督检测中心进行本地抽检样品30个，其中草鱼、鲤鱼、虹鳟样品各10个，主要检查了孔雀石绿、氯霉素、硝基呋喃类、喹乙醇等禁用药物，检测合格率为100%。三是切实加强疫病防控。针对全省鲑鳟鱼造血器官坏死病（IHN）依然存在的局面，组织对鲑鳟鱼防疫形势进行会商分析，向养殖户和基层技术推广部门下发《关于加强鲑鳟鱼传染性造血器官坏死病防控工作的通知》，要求各市州、县区水产技术推广站主动做好本区域内产地苗种的检测、诊断、消毒、监督检查等技术服务工作。并从临泽、永昌、永登三个疫区和刘家峡水库网箱养殖虹鳟鱼抽样55个送至北京、深圳等有资质的实验室检测IHN病毒。对于其他水产养殖病害，在全省12个市州的渔业重点县设置34个监测点，及时进行样品抽检检查，定期发布病害预警信息。组织编写了《水产苗种产地检疫实验操作图解》，作为内部资料发放到市（州）和渔业重点县（区），为水产苗种产地检疫提供操作性和实用性可鉴的资料。四是积极推进水产健康养殖示范创建活动。组织开展了第十批农业部水产健康养殖示范场和渔业健康养殖示范县创建活动，按照农业部的考核标准和要求，组织专家组对申报创建的15家养殖场进行了考核验收，共有13家养殖场通过了验收。在全省选择10家养殖场实施渔业标准化健康养殖项目，每场补助30万元。按照《甘肃省人民政府办公厅关于深入推进"365"现代农业发展行动计划着力实施"十百千万"工程的意见》要求，2015年创建渔业标准化养殖基地15个。

5. 渔政执法 联合省环保厅、省林业厅等对境内2个国家级和4个省级水生生物自然保护区环境污染防治和生态保护进行专项检查。印发了《甘肃省打击电毒炸鱼和非法经营利用水生野生动物行为专项整治行动实施方案》。全省各级渔政机构开展打击电毒炸鱼和非法经营水生野生动物行为专项整治活动362次，累计出动执法人员3 200余人次，出动执法车船260台（艘）次，现场没收非法捕捞网具320张，没收非法捕捞渔获物27千克。开展渔业资源保护联合执法。甘肃省渔政总站与青海省渔政总站组织开展了为期30天的保护黄河青海段、甘肃段渔业资源联合执法检查和督察活动。组织临夏、酒泉、甘南、兰州等8个市州开展交叉执法督察，确保禁渔制度的实施取得更好的成效。先后举办了全省渔政执法人员岗前培训班、渔政执法骨干培训班、基层渔政执法人员培训班3期培训班,累计培训执法人员180余人次。

6. **生产安全** 印发了《甘肃省农牧厅关于开展汛期渔业安全生产隐患排查整治行动的通知》,组织渔政管理机构深入刘家峡水库、汉坪嘴水库、九甸峡水库进行渔业安全生产执法检查工作86次,重点检查了渔船安全生产责任制的建立和落实状况,救生衣、救生圈等安全设施设备配备状况,消防和环保设施的配备和使用状况。各级渔业行政主管部门及渔政管理部门组织渔政执法人员积极开展渔业安全生产宣传,着重宣传《安全生产法》《中华人民共和国渔业法》等法律法规,累计散发宣传材料12 000余份,张贴标语480余幅,悬挂横幅126余幅,制作宣传牌匾26个,出动宣传车船86台(艘)次,出动宣传人员246人次;先后在刘家峡水库、汉坪咀水库组织开展了渔业水上事故救助演练培训5次,培训渔政人员168人次,培训渔民210人次。举办了4期渔业安全生产培训班,培训渔政执法人员240人次,培训渔船船员80人次,培训渔民160人次,邀请农业部渔业安全生产监管方面的专家和省海事局船员管理方面的专家进行了授课。对申请检验的渔船全部进行登船检验,渔船检验率达到100%。全年受理完成了162批次323台件渔船船用产品的检验工作。

7. **生态安全** 对农业部2014年批准的三个水产种质资源保护区开展了渔业资源补充调查、规划制定及管护工作。漳县珍稀水生动物国家级自然保护区、康县大鲵省级自然保护区、文县白龙江大鲵省级自然保护区三个在建保护区项目进展有序,其中文县保护区建设项目已基本完成,目前正准备验收。组织对黄河刘家峡段花斑裸鲤、兰州鲶产卵索饵场等5个水产种质资源区进行了渔业生态环境监测。完成了兰州市水源地建设工程对黄河刘家峡兰州鲶国家级水产种质资源保护区影响评价,临夏州(折桥镇)至定西市(红旗乡)二级公路工程对洮河定西特有鱼类国际级水产种质资源保护区影响评价等10个建设项目对自然保护区、水产种质资源保护区环境影响评价工作,提出了生态损害减缓措施和生态补偿措施,同时保护区管理机构分别与建设项目业主单位签订了补偿协议,渔业生态补偿资金近2 000万元,用于水生生物资源环境养护。争取中央渔业增殖放流经费580万元,4月底完成了增殖放流苗种供应单位招标,并将放流经费下拨到各个市州的主管部门,全省各地陆续放流苗种2 280万尾。

8.**基础设施** 全年共争取中央渔业基础设施建设资金1 735万元,其中:水生生物资源增殖放流资金580万元,渔业物种资源保护项目资金285万元,水产保种场建设资金415万元,渔业标准化健康养殖项目资金300万元,渔政管理项目资金117万元,水产品质量安全监管经费16万元,渔业统计项目资金(水产品批发市场信息采集)1万元,动物疫情监测与防治(水产品)项目资金21万元。这些基础项目的建设,提升了全省渔业发展后劲,促进了全省渔业更好更快发展。

9.**主要问题** 鲑鳟鱼疫病形势依然严峻。根据对永登、永昌、临泽三县送样监测结果显示,虹鳟鱼传染性造血器官坏死病(IHN)依然存在。对临夏、甘南、永昌、陇南等地区鲑鳟鱼养殖场的监测,检测到肠炎病、烂鳍病、烂鳃病和病因不明4种病害,其中病因不明发病严重,10月份最高发病率27.1%,最高死亡率达到10.28%。

【重点渔业市(州)基本情况】

甘肃省渔业重点市(州)基本情况

市(州)	水产品总产量(吨)	渔业产值(万元)	养殖面积(公顷)
张掖市	2 450	2 285	2 000
酒泉市	1 893	4 520	2 765
白银市	1 698	2 381	182
临夏回族自治州	2 071	2 968	6 752
陇南市	1 185	2 133	2 100

【大事记】

[1]3月3日,甘肃省农牧厅印发《关于学习贯彻落实李克强总理对渔业工作重要批示的通知》。

[2]3月16日,甘肃省农牧厅印发《甘肃省2015年渔业渔政工作要点》。

[3]3月31日,全省渔业技术推广工作会议在兰州召开,全省各市州、县区渔业技术推广站96名代表

参加了会议。

[4]4月13～15日，全省渔政执法骨干培训班在刘家峡举办，来自全省14个市州和青海省的部分渔政骨干共60多人参加了培训，培训班主要讲授了渔业法律法规、渔业资源养护和水生野生动物资源保护、水域滩涂养殖证核发要求及程序、渔业行政处罚文书电子化制作应用、渔业安全生产等内容。

[5]4月21日，全省渔业渔政工作会议在陇南市文县召开。省农牧厅副厅长妥建福、全省各市州农牧、畜牧、渔业局分管渔业的局长、水产渔政站长，渔业重点县水产渔政站站长以及厅属有关单位主要负责人共80多人出席了会议。陇南市副市长曹成章、文县县委书记苏彦君列席了会议。

[6]4月29～30日，农业部长江渔业资源管理办公室计划财务处处长吴建平、渔政渔港监督处刘晓强调研天水秦州、陇南康县渔政执法能力建设情况。

[7]6月10日，由省农牧厅主办，秦州区人民政府、秦州珍稀水生野生动物国家级自然保护区管理局承办的以“关爱水族精灵，守护碧水蓝天”为主题的珍稀濒危野生动物增殖放流活动在保护区核心区娘娘坝镇庙川段开展，活动共放流国家二级保护水生野生动物大鲵1 000尾。省农牧厅副厅长妥建福、天水市副市长霍卫平及市人大、秦州区委、政府、人大、政协、市畜牧兽医局、秦州区发改局、财政局、审计局、监察局、水务局、娘娘坝镇政府、社区、公证机关、市（区）渔政管理机构等部门共计100余人参加了放流活动。

[8]6月11～12日，由省渔政管理总站主办，张掖市渔政管理站承办的甘肃省第二期渔政执法人员培训班在张掖市甘州区举办，来自全省14个州市的53名基层执法人员参加培训。

[9]6月17～19日，农业部渔业渔政管理局局长赵兴武带领计划财务处处长董金和、资源环保处张宇到甘肃调研，省农牧厅党组书记、厅长康国玺接待调研组一行并进行了座谈，汇报交流了相关情况，省农牧厅党组成员、副厅长妥建福，副巡视员程浩明及渔业处相关负责同志随同调研。调研组先后考察了甘南藏族自治州大夏河裸裂尻鱼国家级水产种质资源保护区、临夏国家级鲑鳟鱼良种场、临夏九眼泉虹鳟鱼养殖场、甘肃文祥生态渔业有限公司、永靖虹大三文鱼有限公司、黄河鲤鱼原种场、刘家峡水库渔政管理站、刘家峡水库渔场及黄河兰州段禁渔执法情况。

[10]6月29～30日，由农业部渔业生态环境监测中心主办，甘肃省农业生态环境保护管理站承办的2015年全国第二批渔业污染事故调查鉴定技术培训班在兰州举办。中国水产科学研究院党组书记、副院长柳正出席培训班开班仪式并讲话，有关专家和来自全国各省份的学员共180余人参加了培训班。

[11]7月10～17日，甘肃、青海两省渔业部门组织了黄河青海段、甘肃段渔业资源保护联合执法，联合执法行程2 100余公里，途径两省6个市（州）、15个县（市、区）。累计出动执法人员120余人次，出动执法船22余台（艘），累计没收非法捕捞的网具9张，教育处理非法捕捞人员12人次，开展大型执法活动宣传8次，发放渔业资源保护宣传资料1 000余份。

[12]7月14日，由省农牧厅主办，酒泉市渔业局承办的全省渔政执法骨干培训班在酒泉召开，省刘家峡水库渔政管理站、省渔业环保站、省渔政管理总站相关同志，各市州、县市区渔政站负责人及业务骨干80余人参加了培训班。

[13]8月3～4日，省渔业技术推广总站在天水市举办了全省特色渔业养殖技术培训班，全省各市（州）、县渔业部门的技术骨干和养殖户等100余人参加了培训。

[14]8月14日，甘肃省农牧厅印发《关于表彰全省渔业渔政工作先进单位和先进个人的通知》，对酒泉市渔业技术推广站等10个先进单位、蔡明政等69名先进个人予以表彰。

[15]9月1～2日，省渔政管理总站和临夏州渔政管理站共同在刘家峡库区举办2015年甘肃省渔业水上事故救助演练活动暨渔业安全培训班。临夏州人民政府副州长苟永平莅临活动现场并致辞，省农牧厅副厅长妥建福亲自指挥演练活动。省农牧厅渔业处、省渔政管理总站、临夏州农牧局、临夏州渔政管理站及相关市（州）、县（区）渔政管理部门的领导、执法人员、渔业养殖户代表50余人参加了培训班和现场演练活动，刘家峡库区200余名群众主动到现场观摩。

[16]10月8～9日，农业部长江流域渔政管理办公室主任李彦亮及有关专家一行6人督查了漳县和秦州两个国家级珍稀水生生物自然保护区水生生物监督管理情况。

[17]10月21～22日，省农牧厅在永靖县举办了全省渔业安全暨渔政执法船艇船员培训班，省农牧厅副厅长妥建福出席并讲话，全省14个市州渔政管理机构，省农牧厅渔业处、厅属相关单位负责人和渔政执法船艇职务船员共60余人参加了培训。

[18]12月22日，农业部办公厅关于公布农业部水产健康养殖示范场的通知发布，瓜州县鑫龙水产养殖农民专业合作社等13家养殖企业取得农业部水产健康养殖示范场资格。

（甘肃省农牧厅渔业处　李　琦）

青海省渔业

【概况】 2015年,青海省渔业工作认真贯彻全国渔业工作会议和青海省委农村牧区工作会议精神,坚持保护与发展并重的原则,紧紧围绕年度工作目标,在开展渔业资源保护的同时,大力发展以鲑鳟鱼为主的冷水鱼网箱养殖,渔业资源保护得到进一步加强,养殖渔业呈现出了强劲的发展势头,开创了高原现代渔业工作的新局面。全年水产品产量达到10 579吨,同比增长17%。渔业产值达到5.2亿元,同比增长12.6%。

1. 渔业资源保护 2015年,继续以青海湖裸鲤资源保护为核心,辅助于黄河长江流域水生动物资源保护工作,年内通过执法队伍的培训、强化执法和宣传教育力度以及加大土著鱼类放流等措施,渔业资源保护工作取得了显著成效。到2015年年底,全省重点保护的青海湖裸鲤资源量已从保护初期的2 592吨,恢复提高到62 100吨,是保护初期的24倍。

2. 渔业环境监测 2015年,开展三江源区、国家级水产种质资源保护区、柴达木盆地、黑河及渔业养殖水域等渔业生态环境监测,共设监测点76个,全年监测频次达2次以上。

3. 增殖放流 2015年,加大土著鱼类增殖放流力度。根据年初制定的增殖放流任务,依托青海湖裸鲤救护中心沙流河增殖放流站和黄河流域苏只增殖站,共组织举行11次放流活动,放流土著鱼苗1 168万尾,其中,青海湖裸鲤1 000万尾;花斑裸鲤168万尾。

4. 养殖渔业 2015年,渔业生产在各项惠农政策的支持下,养殖渔业显现出了强劲的发展势头,全省水产品产量达到10 579吨,其中池沼公鱼2 480吨、鲑鳟鱼7 600吨、河蟹140吨、鲤科鱼类359吨。同比增长17%。鲑鳟鱼增加7 600吨,同比增长9%。

(1)积极争取资金加大渔业投入。2015年,渔业发展总投入达到3 578.7万元。其中,中央投资2 098.7万元,地方投入1 480万元。

(2)网箱建设发展迅速。积极推进水产健康养殖示范场创建活动,鼓励各养殖场按照创建标准积极参与创建活动,全省获得农业部水产健康养殖示范场称号的养殖户(企业)达到,52家。2015年新增网箱养殖面积10 000平方米,实现了年度网箱建设的预期目标。网箱建设面积累计达到220 341平方米。

(3)苗种繁育规模逐步扩大。2015年,强化了良种繁供体系建设,继续实施"水产良种补贴"惠农政策。年内向养殖户(企业)提供大规格的鱼苗888.8万尾,基本解决了沿黄库区冷水鱼网箱养殖苗种短缺的问题,良种覆盖率达到95%。

(4)水产品产地检测。2015年,在共和、尖扎、化隆、循化、贵德5县的养殖场,对从苗种质量管理、养殖环境监测、养殖模式选择、疫病检疫及病害防治、投入品质量管理、水产品质量检测及养殖水产品质量可追溯制度等7个方面进行了水产品质量安全全程监控,确保产地水产品质量安全。

(5)疫病防控。2015年,对鲑鳟鱼苗种输入输出实现严格的管理,并及时进行检测,建立检疫备案制度和可追溯制度。同时对沿黄流域鲑鳟鱼养殖区域设立30个测报点,及时控制养殖病害发生,年内未出现疫情,确保了养殖安全。

5. 科技推广和技术培训 2015年,继续依托鲑鳟鱼网箱养殖实训基地,组成专家服务团,在实训基地对全省鲑鳟鱼网箱养殖的技术人员进行现场操作手把手的培训,全年共组织举办"深水网箱养殖技术""鲑鳟鱼养殖技术""鲑鳟鱼养殖模式与药残检测技术""鲑鳟鱼良种选育""专用饲料应用""鱼病防治"等培训班10期,培训300人次。通过技术培训,提高了养殖户的科学养鱼水平。

【大事记】

[1]1月5~10日,省农牧厅副厅长都茂庭、省渔业局局长王海等一行5人赴农业部申请渔业项目。

[2]1月12日,农业部渔业渔政管理局召开全国渔业渔政工作电视电话会议,会议总结了2014年工作,安排部署了2015年的工作,省农牧厅副厅长都茂庭及省渔业局、省渔业环境监测站、省渔政管理总站、青海湖裸鲤救护中心等领导参加了会议。

[3]1月13日,省农牧厅考核组对省渔业局2014年重点工作目标完成情况,通过听取汇报和查阅资料等方式进行了全面考核,并通过考核。

[4]3月10~13日,省农牧厅副厅长都茂庭、省渔业局局长王海等一行8人,到沿黄流域龙羊峡、拉西瓦、李家峡、直岗拉卡、康杨、公伯峡、苏只水库开展鲑鳟鱼网箱养殖调研并指导工作。

[5]3月24日,全省渔政管理工作会议在海晏县西海镇召开,会议研究确定了2015年渔政重点工作,并提出了具体要求。省农牧厅副厅长都茂庭到会并讲话。

[6]5月10~15日,省农牧厅副厅长都茂庭、省渔业局局长王海赴江苏南京、山东济南、辽宁沈阳等地协商招商引资等事宜。

[7]5月26~27日,省渔业局副局长拉尔其布陪同省政府参事室领导赴沿黄流域共和县、尖扎县、化隆

县调研冷水鱼养殖业发展现状。

[8]7月22日，省农牧厅关于调整厅领导分工的通知，巩爱岐副厅长分管渔业局、省渔政站、青海湖裸鲤救护中心、青海省渔业环境监测站。

[9]8月21~24日，全国渔业厅局长会议在西宁召开，农业部副部长于康震到会指导。

[10]9月15~16日，省政协提案委员一行5人，在省农牧厅渔业局的陪同下，考察了沿黄流域尖扎、化隆、循化3县冷水鱼网箱养殖发展情况，并提出了诚恳的建议。

（青海省渔业局）

宁夏回族自治区渔业

【概况】 2015年，宁夏渔业按照“一特三高”的总体要求，合理开发和利用宜渔资源，积极转变渔业发展方式，加快现代渔业建设，渔业经济保持了持续健康发展的良好态势。全区水产品产量16.97万吨，比上年增长4.39%；水产养殖面积4.68千公顷，比上年增长6.31%；渔业经济总产值32.75亿元，比上年增长5.19%；产地水产品抽检合格率100%；从渔农民年均纯收入达到10 361元，比上年增长8.29%。

1.产业发展的主要举措、成就及特点

一是加大池塘标准化改造，挖掘潜力增效益。2015年，宁夏充分挖掘现有渔业资源潜力，继续推进老旧池塘改造，养殖基地标准化、规模化水平进一步提高。全区建设集中连片13.3公顷以上标准化养殖基地27个，带动全区标准化改造养殖池塘2.37千公顷，养殖基地基础条件得到改善，为稳产、高产打下了良好的基础。高标准打造了5个现代渔业示范基地，开展高产高效养殖实验示范，常规品种每公顷产量2.25吨、效益7.5万元以上，优特新品种每公顷效益12万元以上，为渔业转型升级探索出可行的路子。

二是加快方式转变，调整结构增效益。宁夏顺应城乡居民不断增长的休闲娱乐需求和现代渔业发展的潮流趋势，大力推进渔业经济一、二、三产业结构调整优化和转型升级，水产生态高效养殖模式不断创新，稻渔生态种养规模不断扩大，水产品加工业从无到有，涉渔流通和休闲观光服务业蓬勃发展，渔业经济一、二、三产业在渔业经济总产值中所占比例分别为56.1%、12.1%、31.8%，结构进一步优化。2015年，全区创建大水面生态渔业基地4个，以“银川鲤鱼”为主的名优水产品健康养殖面积达到16.7千公顷；示范养殖南美白对虾0.13千公顷，每公顷效益达到12万元以上。示范稻渔综合种养4.8千公顷，稻田养蟹、稻田养鱼、稻田养鸭几种模式每公顷平均增收15 000元以上；新创建全国休闲渔业示范基地3个，全区休闲观赏渔业及养殖场点达到258家，成为带动渔民增收的新亮点。

三是增强科技创新推广能力，依靠科技增效益。宁夏始终把渔业技术创新推广作为重中之重，在水产良种繁育、高效健康养殖、渔业装备研发、资源持续利用等方面形成了一大批重要科技成果。“十二五”期间，承担并完成了国家和省部级科研项目60项，获省部级以上科技奖6项；创建了国家级现代渔业种业示范场，初步建立了宁夏水产良种“育繁推”一体化技术推广体系，2015年全区水产良种覆盖率达到75%；引进示范了物联网智能养殖技术、池塘底排污技术等现代渔业装备和先进技术，每公顷均节本增效15 000多元，实现了节能降耗、绿色环保、增产增收。

四是壮大新型经营主体，创新体制增效益。宁夏积极发挥社会组织对渔业的服务保障作用，完善社会化服务体系，围绕全产业链积极发展新型经营主体，全区各类渔业社会组织达到100个，以渔业为主的家庭农场55家，渔业生产专业化、标准化水平进一步提高。2015年，新成立了宁夏渔业产业协会和银川市渔业产业联合体，风险共担、信息共享、市场开拓力增强，产业发展更加有序。

五是抓好生态、生产两个安全，构建和谐渔业。宁夏坚持渔业生态安全和生产安全同步推进，全区渔业生产形势良好，为“四个宁夏”建设做出积极贡献。持续抓好渔业生态安全。“十二五”期间，累计向黄河及其附属湖泊水域放流各类经济鱼类2.5亿尾，建设国家级水产种质资源保护区3个，修复湖泊水域生态环境6.7千公顷，全区渔业发展与水域生态环境养护协调推进。突出抓好渔业生产安全。深入开展“平安渔业示范县”创建，多渠道、多方式开展渔业安全宣传教育和检查，提高全社会安全意识。全区没有发生渔业安全生产事故，渔业安全形势良好。

2.存在的主要问题

一是基础设施建设滞后。突出表现为精养池塘淤积、老化现象依然呈加剧趋势，生产能力下降，养殖效益低。加之各类生产要素价格逐年上涨，从渔农民增收难度不断增大。

二是科技创新能力较弱。新技术引进、转化率低，现代渔业装备落后，信息化管理水平低，思想观念、养殖技术依然落后。

三是结构调整力度依然不够。名优品种养殖规模依然偏小，没有形成规模化、产业化；大水面生态养殖技术落后，湖泊湿地利用率不高；鱼用饲料生产、水产品加工、休闲渔业等二、三产业发展缓慢，规模偏小，产业链条短。

四是渔业生产风险保障能力弱。政策性水产养殖保险、渔业互助保险均为空白,抵御水产养殖灾害能力弱,养殖风险高。

【重点渔业市(县)基本情况】

宁夏回族自治区重点渔业市(县)基本情况

市(县、区)	总人口(万人)	渔业产值(万元)	水产品总产量(吨)	其中		养殖面积(公顷)
				捕捞	养殖	
贺兰县	24.66	42 712.74	39 470	120	39 350	7 488
平罗县	30.33	40 967.96	37 860	70	37 790	11 470
青铜峡市	28.27	18 259.82	16 874	80	16 794	4 803
大武口区	29.36	17 264.36	15 955		15 955	4 073
沙坡头区	40.6	15 317.53	14 155		14 155	2 940
金凤区	29.92	9 921.51	9 168	50	9 118	2 933
永宁县	23.10	8 656.06	8 000	3	7 997	1 314
兴庆区	69.74	6 600.86	6 100	10	6 090	1 888
灵武市	23.95	5 853.35	5 410		5 410	1 333
惠农区	18.96	4 729.33	4 370		4 370	2 677

【大事记】

[1]1月12日,农业部召开全国渔业渔政工作电视电话会议。宁夏组织有关市、县(区)渔业部门负责人,自治区水产技术推广站、水产研究所主要负责人参加会议。

[2]1月26日,农业部召开全国渔业安全生产工作视频会议。宁夏组织有关市、县(区)渔业部门负责人,自治区水产技术推广站、水产研究所主要负责人参加会议。

[3]4月10日,自治区农牧厅渔业局印发《关于做好2015年全国水产健康养殖示范创建活动的通知》,同时印发了农业部水产健康养殖示范场创建标准(2015年版)。

[4]4月16日,宁夏在中宁县举行了黄河中宁段渔业资源增殖放流活动仪式,共向黄河中宁段及其附属水域投放黄河鲶、鲤鱼、草鱼、鲢鱼、鳙鱼、鲫鱼700万尾。此次活动拉开了宁夏2015年渔业资源增殖放流活动的序幕。

[5]5月12日,自治区农牧厅、安全生产监督管理局联合印发《关于继续深入开展“平安渔业示范县”创建活动的通知》,要求各地加强组织领导,深入开展“平安渔业示范县”创建活动,确保活动取得实效。

[6]5月14~15日,自治区农牧厅渔业局举办了一期中国渔业船员管理系统培训班。全区各市、县(区)渔业管理部门选派的20多名渔业船员管理系统管理员参加了培训。

[7]6月6日,“放鱼日”这天,宁夏在灵武市设分会场,由自治区农牧厅与灵武市政府联合举办了主题为“增殖水生生物资源、促进生态文明建设”大型增殖放流活动,共向黄河灵武段放流黄河鲤340万尾。

[8]6月9日,自治区农牧厅召开全区渔业技术创新推广现场观摩和培训会议。会议实地观摩了自治区水产研究所科研示范基地、贺兰县蓝湾生态园林有限公司千亩对虾养殖基地、贺兰县广银丰谷稻业立体生态综合种养基地、银川科海渔业合作社养殖基地。同时邀请区内外专家讲授了现代渔业“产值效益双倍增”养殖技术、南美白对虾养殖技术和物联网智能控制管理技术。

[9]6月16~24日,自治区农牧厅对各市、县(区)渔业安全生产进行了现场督查,重点督查落实各市、县(区)农牧局渔业安全监管责任、渔船行业管理责任履行情况,应急预案制定等;检查渔业作业水域和生产场点以及所有渔业船舶安全保障措施是否落实,安全设施是否配备齐全,警示标示是否设立,各项安全管理制度是否健全,共抽查渔业生产水域和场点23个,对查出来的问题,当场通知责任主体单位和责任人,责令立即进行整改,并要求县(市、区)跟踪督促落实,不留

隐患。

[10]7 月 7 日，宁夏 2015 年渔业资源保护补助项目苗种依法进行了政府采购公开招标。自治区水产研究所、宁夏绿方水产良种繁育有限公司和银川科海生物技术有限公司竞标成功。此次共采购黄河鲤、黄河鲶、鲢鱼、鳙鱼、草鱼和鲫鱼等 3 410 万尾，计划 9～10 月在黄河中卫段、惠农段、泾河固原段及其附属水域进行增殖放流。

[11]7 月 8 日，自治区农牧厅印发《关于开展全国休闲渔业示范创建活动的通知》，要求各地积极支持具备全国休闲渔业示范基地标准的经营主体参与创建活动。

[12]7 月 9 日，财政部、农业部召开渔业油价补贴政策调整视频会议。宁夏组织各市、县(区)农牧局分管渔业负责人参加会议。

[13]7 月 23 日，自治区农牧厅党组成员杨金龙主持召开全区渔业上半年经济形势分析会。渔业局局长吴旭东、水产站站长李斌、水产研究所书记哈银涛、渔业产业协会会长赵峰分别就上半年全区渔业经济形势、水产技术推广、水产技术研究和协会工作进行了重点发言。渔业产业首席专家、部分重点市、县(区)水产中心负责人和产业协会副会长针对宁夏当前渔业发展形势和存在的问题提出了意见和建议。

[14]7 月 30 日，宁夏召开南美白对虾养殖现场观摩暨座谈会。与会代表现场观摩了银川市兴庆区顺天然水产养殖场、银川虾之丰渔业专业合作社、贺兰县晶诚水产养殖有限公司、贺兰县蓝湾生态园林有限公司等南美白对虾养殖场点。座谈会上交流了南美白对虾养殖的养殖模式、成功经验、下一阶段的养殖生产，针对问题还提出了具体措施。

[15]8 月 5～7 日，自治区人力资源与社会保障厅、银川市兴庆区农牧局共同举办“宁夏南美白对虾养殖技术高级研修班”。研修班邀请了中国水产科学研究院东海水产研究所、自治区水产研究所、上海顺鑫源南美白对虾养殖专业合作社的教授、专家授课。

[16]8 月 20 日，自治区农牧厅印发《2015 年渔业资源增殖放流项目实施方案》。《方案》明确了 2015 年渔业资源增殖放流项目的主要目标、基本原则、组织机构、实施内容，对放流活动进行了具体安排。同时《方案》还对参与增殖放流工作的相关单位、供苗企业提出了具体要求。

[17]8 月 23～25 日，山东省、四川省渔业考察团一行 14 人来宁夏考察现代渔业示范基地建设和稻渔综合种养示范基地建设情况。

[18]9 月 2 日，自治区农牧厅印发《2015 年水生野生动物保护科普宣传月活动实施方案》，方案明确了宣传主题、时间、组织机构、宣传内容和宣传形式，并提出了活动要求。

[19]9 月 17 日 ，自治区农牧厅在中卫启动了 2015 年水生野生动物保护科普宣传月活动，开展 2015 年黄河宁夏段渔业资源增殖放流。本次活动共向黄河中卫段及其附属水域投放黄河、黄河鲶、鲢鱼、鳙鱼、草鱼、鲫鱼等 1 660 万尾。自治区农牧厅党组成员杨金龙、中卫市人民政府副市长刘学智参加了活动，并分别讲话。全区渔政人员及中卫市群众近 300 人参加了放流活动，发放水生野生动物保护科普宣传材料 500 份。

[20]10 月 16 日，自治区农牧厅与中国水产科学研究院签订《现代渔业科技合作框架协议》，农牧厅厅长王文宇和中国水产科学研究院院长张显良出席会议并代表双方进行签约。双方本着“资源共享、优势互补、互利互赢、促进发展”的基本原则，在科学研究、科技支撑、成果转化、人才交流与培养等领域开展广泛合作。

[21]10 月 16 日，自治区农牧厅举办“三农”大讲堂渔业专场讲座，邀请中国水产科学院院长张显良讲课，主要内容是“渔业科技创新进展及”十三五“重点任务”。

[22]10 月 28～30 日，自治区农牧厅渔业局组织有关人员，按照农业部水产健康养殖示范场验收标准对宁夏第一、第二批农业部水产健康养殖示范场进行了复查，对第十批农业部水产健康养殖示范场进行了考核验收。验收采取现场实地检查、查阅资料、考核打分等方式。

[23]12 月 22 日，农业部办公厅公布了农业部水产健康养殖示范场第一、二批复查合格和第十批验收合格名单，其中：第一、二批复查合格的宁夏有 6 家，分别是平罗县水产协会、宁夏农垦沙湖生态渔业有限公司、中宁县宁安镇殷庄村水产养殖场、中宁县兴宁渔业专业协会、中宁县龙泉山庄水产养殖场和灵武市灵汉科技渔业有限责任公司；第十批验收合格的宁夏有 6 家，分别是贺兰县灏祥渔业专业合作社、宁夏海永生态渔业有限公司、灵武市黄峰渔业专业合作社、石嘴山市大武口区鱼满仓水产养殖专业合作社、宁夏三水农业综合开发有限公司和中卫市晟跃生态渔业专业合作社。有效期自 2016 年 1 月 1 日至 2020 年 12 月 31 日。截止到 2015 年年底，宁夏农业部水产健康养殖示范场达到 69 家，面积 13 千公顷，占全区水产养殖面积的 27.8%。

（宁夏回族自治区农牧厅渔业局）

新疆维吾尔自治区渔业

【概况】 2015年,新疆水产品总产量15.1万吨,同比增长5.11%,其中养殖产量14万吨,同比增长7.4%,捕捞产量1.1万吨,同比减少17.8%。养殖产量占总产量的93%。养殖面积72 690公顷,同比增长0.4%,渔民人均纯收入1.53万元,增加1 664元,同比增长12.1%,渔业经济总产值23.8亿元,全疆水产品人均占有量6.9千克,优质水产品产量占总产量的48%。

1.渔业经济结构不断优化 一是养殖品种进一步丰富,名特优水产品比例逐年加大,鲟鱼、鲑鳟鱼、加州鲈、河鲈、黄颡鱼、罗非鱼、河蟹、南美白对虾等品种产量逐年增加;二是培育了以土著经济鱼类开发的热点,江鳕、丁鲅、额河银鲫等人工繁殖技术取得突破,白斑狗鱼、梭鲈、河鲈等苗种推广到全国8个省(自治区);三是水产养殖科技含量进一步提高,设施渔业等节水型养殖得到发展;四是从湖北、四川等省引进了长丰鲢、松浦镜鲤、福瑞鲤、罗氏沼虾等优良苗种8 000万尾,分别在乌鲁木齐市、昌吉回族自治州、阿克苏地区、塔城地区、伊犁哈萨克自治州、克拉玛依市等地、州(市)进行了推广,效果显著。五是天然水域渔业资源开发利用效益逐步提升,冷水渔业发展呈较快增长态势,赛里木湖的高白鲑、凹目白鲑等有机品牌享誉区内外,并向全国推广;六是区内外龙头企业斥资参与新疆特色渔业资源开发力度逐年增加;七是产品在疆内外市场进一步拓展,设立区内外外销平台105个,池沼公鱼等产品继续保持稳步出口。

2.水产品加工业进一步发展 博湖县蓝翔水产食品公司的八个品种通过了国家绿色食品发展中心的认证,被评为新疆农业名牌产品,2015年共收购原料鱼910吨,其中加工出口单冻池沼公鱼277吨,冻烤公鱼171吨,创汇181万美元,该公司在全疆主要城市均设有产品代销点,产品供应全疆各大超市,阿勒泰冰川鱼股份有限公司2013年列为自治区重点龙头企业,注册资本3 000万元,公司主要经营乌伦古湖天然野生冷水鱼,有白斑狗鱼、河鲈、梭鲈、东方欧鳊等,并且有冰鲜鱼、熏干鱼、风干鱼、腌制鱼、鱼丸、鱼片等清真食品,并注册了"冰川鱼""冰川小阿刁"等商标,"冰川小阿刁"系列产品已成功进入北京、长沙、深圳等全国大中城市市场,2015年加工产品1 685吨,产值3 320万元。

3.大力发展休闲渔业 休闲渔业是一项新兴的旅游资源,已成为新疆渔业发展的重要组成部分,随着居民可支配收入的不断增加以及旅游业的快速发展,更加确保了休闲渔业客源市场的稳步发展,养殖单位和养殖户开展以生产、游钓、餐饮为一体的休闲渔业步伐正在加快,昌吉州、巴音郭楞蒙古自治州、阿勒泰地区、喀什地区、石河子市等地进一步加大休闲渔业健康发展力度,2015年实现利润5 081万元,截止到2015年年底,有7家单位荣获"全国休闲渔业示范基地"光荣称号,为渔业经济综合效益的增长提供了广阔的空间。

4.水产健康养殖水平再上新台阶 国家级水产健康养殖示范场创建工作稳步推进,2015年有26家单位荣获国家级健康养殖示范场光荣称号,通过创建活动,全区标准化水产养殖面积达到40%,按照农业无公害国家标准、地方标准指导生产,要求健康养殖示范点在苗种、饲料投喂、鱼药施用等生产全过程中实行标准化操作,同时建立"三项记录"制度,要记得实、记得准、不做假,通过强化档案管理,逐步完善和建立产品的追溯制度,通过示范,以点带面,做好引领全疆水产健康养殖的表率。

5.继续实施渔业适用人才培训工程 组织水产健康养殖技术、水产品质量安全管理、冷水鱼养殖技术等各类培训班14期,培训各类专业技术人员1 000人次,编制并印发《自治区渔业标准汇编》《水产健康养殖质量安全管理手册》《水产养殖病害防治指南》《自治区水产养殖日志》20 000余册,免费向各地赠送,进一步加强水产养殖投入品监管,对全区渔药、渔用饲料经营主体进行全面摸查清理,严格登记,建档管理。规范完善投入品使用记录,坚决杜绝非法添加禁用药物及非法添加物行为。

6.现代渔业技术应用与示范取得新的突破 结合新疆渔业发展的实际,自治区水产技术推广总站开展了新疆池塘生态渔业工程示范、池塘微孔增氧技术的示范、数字化技术在水产养殖中的应用、现代渔业装备技术的示范与推广等,这些新技术已在新疆大部分地区得到了应用,特别是微孔增氧、数字化技术等新技术通过前期的示范,在节能降耗、降低养殖成本、减轻劳动强度等方面与传统方式相比较,优势明显,受得了广大养殖户的欢迎。

7.水生动物防疫检疫 进一步提升水生动物病害的防治水平和水生动物疫病应急防控能力;严格控制养殖对象传染性疾病传播,提升水产品质量安全水平,2015年继续贯彻落实《新疆维吾尔自治区水生动物防疫检疫办法》,在乌鲁木齐市、昌吉州、阿勒泰地区开展了水生动物防疫检疫试点工作,布置防疫检疫相关工作。

8.渔政监管和渔业资源养护水平不断提升 各

级渔业行政主管部门强化渔政执法队伍建设，渔政人员业务素质及执法水平不断提高，举办各级执法培训班7期，培训人员360人次；依法实施禁渔期、禁渔区制度，开展全疆范围渔政执法联检16次；贯彻实施《中国水生生物资源养护行动纲要》，依法强化渔业资源增殖保护工作，开展不同层次增殖放流活动42次，放流水生生物苗种约1.8亿尾，依靠自治区科研力量开展国家Ⅰ级保护水生野生动物——扁吻鱼人工繁殖取得成功，连续5年共向原栖息水域克孜尔水库投放鱼苗98.5万尾。依法开展养殖业专项执法行动、水产品质量安全宣传周活动，出动执法人员909人次，发放宣传材料1.2万份，检查养殖单位563户，查处违法案件113起，水产养殖产品主要药残指标检测合格率达到98%以上。

9. 各援建省市积极落实援建协议 各援建省以各种方式积极落实协议内容。福建省、湖北省、河北省水产局分别选派干部来新疆工作；上海援建莎车县"特种水产品引进、繁育、推广项目"已正式竣工投产；黑龙江省援助阿尔泰地区福海县"特色经济鱼类繁育场"项目开工建设；上海海洋大学等单位利用技术优势，积极参与新疆现代渔业规划及设施渔业项目前期工作。

（新疆维吾尔自治区水产局）

大连市渔业

【概况】 2015年，大连市实现渔业（不含辽宁省属企业在大连分支机构）经济总产值741.1亿元，按可比口径计算（下同）比上年增长4.1%，其中渔业产值421.8亿元（含苗种），比上年增长4%；渔业经济增加值371.2亿元，比上年增长4.1%。渔业产值中，海洋捕捞产值86.8亿元，海水增养殖产值279亿元，淡水养殖产值1.2亿元，苗种产值54.8亿元，分别比上年增长3.2%、4.2%、5.8%和4.5%。全市地方渔业水产品产量240.2万吨，比上年增长1.1%；出口水产品53.3万吨，比上年下降6.1%；出口贸易额20.5亿美元，比上年下降4.2%；渔民人均收入26 900元，比上年增长5.1%。

2015年大连市地方渔业产量及产值

地　区	产量（万吨）	产值（亿元）
大连市	240.2	421.8
长海县	61.0	104.0
庄河市	57.8	113.6
金州区（金州新区）	37.9	45.0
普兰店市（普湾新区）	22.0	47.0
旅顺口区	20.3	26.2
瓦房店市	14.4	54.7
高新技术产业园区	8.9	6.0
甘井子区	5.5	5.8
花园口经济区	3.3	4.8
中山区	2.5	3.0
市直	4.3	5.4
长兴岛经济区	2.3	6.3

2015年大连市地方渔业生产基本情况

项目	数量	比上年增长（%）
渔业经济总产值（亿元）	741.1	4.1
渔业（含苗种）（亿元）	421.8	4.0
渔业工业和建筑业（亿元）	190.6	3.9
渔业流通和服务业（亿元）	128.7	4.7
水产品总产量（万吨）	240.2	1.1
海洋捕捞（万吨）	77.2	-0.7
海水养殖（万吨）	162.3	2.1
淡水养殖（万吨）	0.7	0
养殖面积（万公顷）	67.7	1.0
海水养殖（万公顷）	66.8	1.1
淡水养殖（万公顷）	0.9	0
渔业船舶拥有量（万艘）	2.6	-1.6
渔业船舶总吨位（万吨）	38.9	2.6
渔业船舶总功率（万千瓦）	88.6	18.1

1. 渔业基础设施建设 2015年，大连市加快渔船的升级改造，重点推广应用小型玻璃钢渔船，当年完成112艘试点应用小型玻璃钢渔船的购置申报和建造，总投资1 987.5万元，其中市财政补助资金989.39万元。大连盛海远洋渔业有限公司和大连金广渔业有限公司新建远洋渔船10艘，总投资8 944万元，其中中央预算内投资2 480万元，企业自筹6 464万元。大连盛海水产有限公司新建过洋性渔船8艘，总投资6 544万元，其中中央预算内投资1 920万元，企业自筹4 624

万元;大连金广渔业有限公司新建金枪鱼延绳钓船2艘,总投资2 400万元,其中中央预算内投资560万元,企业自筹1 840万元。全市渔船安装北斗二代船载终端设备GPS救助信息系统2 445套,建设市、县两级北斗渔业指挥监控平台12座。獐子岛维权执法基地改造项目续建工程和棉花岛维权执法基地维修改造项目完工。至年末,全市有各等级渔港170座,其中国家中心渔港3座,国家一级渔港6座,国家二级渔港49座,国家三级渔港和自然渔港112座。

2.渔业科技 2015年,大连市加快发展渔业科技,服务渔业生产。启动实施大连工业大学承担的"贝类高质化加工装备和综合利用关键技术研发与应用"、辽宁省海洋水产科学研究院承担的"黄渤海区域主要水产品加工副产物高值化利用产业化关键技术集成及示范"2个国家公益性行业科研专项经费项目,通过设备和技术的研发与应用,带动企业的技术升级和产品升级。继续推进大连渔业标准体系建设,完成"大连市渔业标准检索系统""水产健康养殖、水产品加工与流通标准制修订辅助决策系统"2个模块的开发和测试。开展大连市渔业标准制(修)订工作,《海带育苗技术规程》《裙带菜配子体育苗技术规程》《大连海水鱼航空运输包装配送规程》《黄条鰤工厂化循环水养殖技术规程》《海洋底栖硅藻培养技术规程》等12个大连市农业标准由大连市质量技术监督局批准发布实施。同时,推荐《海参与对虾混养技术规程》《海带、裙带菜移植技术规程》等辽宁省地方标准制(修)订项目21个。与市质监局联合开展大连市农业(渔业)综合标准化示范区项目申报征集工作,至年末,全市已建立国家标准化委员会批准的"刺参生态育苗及底播增殖标准化示范区""红鳍东方鲀养殖综合标准化示范区"国家级渔业标准化示范区2个,农业部批准的"大连长海县农业标准化示范县"1个。12月15日,大连市海洋与渔业局在全国渔业标准化工作座谈会上做了典型经验介绍。继续开展水产新品种和新技术的推广,大连市水产研究所承担的刺参"水院1号"繁育和示范项目启动于2013年,至年末,"水院1号"已完成种参繁育并推广。大连市水产技术推广总站完成的"海参池塘水质调控健康养殖技术研究"项目获2015年辽宁海洋与渔业科技贡献奖一等奖。深化基层农技推广体系改革,进一步完善以"包村联户"为主要形式的工作机制和"专家+渔业技术人员+科技示范户+辐射带动户"的技术服务模式,确定金州新区、长海县、瓦房店市为2015年补助项目示范县,发放项目补助款117万元。至年末,推广"海水池塘海参生态养殖技术"1 200公顷,"海参生态苗种培育技术"33.4万立方米水体,"鲍鱼吊笼养殖技术"41.3公顷,"参虾混养技术"933.3公顷。

3.科技兴海基地建设 2015年,大连市继续推进"大连现代海洋生物产业示范基地"建设。经征集、筛选,"大连裙带菜种质改良关键技术研究与应用""基于参-虾混养的对虾工厂化养殖模式应用与示范""安全健康刺参育苗新模式构建示范与推广"等10个科技兴海专项资金项目立项,市财政投入专项资金260万元。验收2014年大连市科技兴海专项资金项目9个,完成率100%。其中,"替代抗生素的微生物制剂研发及刺参养殖保障新技术创建与示范"项目开发的微生物菌剂、壳寡糖、海藻寡糖等5种生物制剂进入试应用,在不使用抗生素的情况下,育苗换水时间延长,刺参个体增重提高,存活率提高;"大连裙带菜种质改良关键技术研究与应用"项目选育优良性状藻体或配子体40余个,并建立裙带菜种质库,获批推荐地方标准1项;"水产生物育苗废水余热回收与水体升温技术推广示范"项目通过海水源热泵集成技术为育苗水体升温,余热回收利用率59.2%,节能36.1%,初步构建了以大连鑫玉龙海洋珍品有限公司为示范基地的养殖废水余热回收为养殖用水升温的节能减排新型模式。

4.海洋渔业资源增殖放流 2015年,大连市继续开展海洋渔业资源增殖放流工作。全年投入增殖放流资金4 159.2万元,比上年下降22.3%;实际放流苗种幼体31.82亿尾(只),比上年增长3.6%,其中中国对虾26.7亿尾,日本对虾4亿尾,三疣梭子蟹9 268万只,牙鲆鱼1 118万尾;放流增殖产量3 310吨,比上年下降48.7%;增加渔民收入4.12亿元。放流海域为庄河市、花园口经济区、普兰店区、金州区(金州新区)、旅顺口区、甘井子区和瓦房店市的黄海或渤海海域。"十二五"期间,根据渔业生产部门统计,经辽宁省水产科学院评估,中国对虾、日本对虾和三疣梭子蟹3个品种累计放流苗种幼体为143.21亿尾(只),其中中国对虾94.4亿尾,日本对虾38.15亿尾,三疣梭子蟹10.66亿只;累计投入增殖放流资金18 860.65万元,其中中国对虾7 346.8万元,日本对虾3 693.85万元,三疣梭子蟹7 820万元;增殖产量1.91万吨,增加产值16.16亿元,增殖放流投入产出比为1:8.6。

5.海洋牧场建设 2015年,大连市全面推进海洋牧场建设,新建现代海洋牧场6 666.7公顷。落实国家资金支持的大连金州新区瀛海海洋牧场示范区和大连市南部海域海洋牧场示范区2个海洋牧场示范区建设项目。其中,瀛海海洋牧场示范区项目由金州新区海洋与渔业局承担,中央投入资金400万元,投入堆石礁3.65万立方米，改造海域面积26.7公顷，项目年内完工。南部海域海洋牧场示范区（一期）建设项目由大连市水产研究所承担，中央投入资金400万元，投放不同类型预制构件鱼礁1万余立方米，改造海域面积13.3公顷，恢复及重建海洋生物栖息地，构建海洋牧场示范区，项目已进行前期准备。长海县的獐子岛和海洋岛分别被农业部评为“大连市獐子岛海域国家级海洋牧场示范区”和“大连市海洋岛海域国家级海洋牧场示范区”。

6.无公害水产品生产 2015年，大连市新认定无公害水产品产地18个，海水养殖面积0.36万公顷；复查换证产地45个，海水养殖面积16.3万公顷。全市累计认定无公害水产品产地236个；在养殖面积中，海水养殖面积为29.67万公顷，陆地工厂化养殖面积14.82公顷。长海县、庄河市、瓦房店市水产品产地数量最多，分别为51家、42家和33家；海上养殖面积分别为25.52万公顷、1.52万公顷和0.69万公顷；陆地工厂化养殖面积分别为0.4公顷、0.92公顷和1公顷。全市最大的无公害产地是位于长海县的大连海洋岛水产集团股份有限公司所属养殖海域，养殖面积12.7万公顷，主要以底播增养殖方式养殖海参、鲍鱼和扇贝。全市新认证无公害水产品15个，复查换证无公害水产品32个；累计认证无公害水产品227个，复查换证率80%。全年无公害水产品产量17.84万吨。长海县、庄河市、瓦房店拥有无公害水产品最多，数量分别为84个、36个和34个，全年产量分别为3.89万吨、2.8万吨和0.43万吨。

7.海洋捕捞 2015年，大连市有渔业船舶26 249艘，比上年减少432艘，下降1.6%。其中，机动渔船25 834艘，非机动渔船415艘。机动渔船中，生产渔船25 274艘（含捕捞渔船11 640艘、养殖渔船13 634艘），辅助渔船560艘。全市有远洋项目渔船314艘。全年海洋捕捞产量79.4万吨，比上年增长2.8%。其中，近海捕捞产量65.6万吨，比上年下降1.2%；远洋捕捞产量11.6万吨，增长2.7%。海洋捕捞产值86.8亿元，比上年增长3.2%。其中，近海捕捞产值73.9亿元，比上年增长1.9%；远洋捕捞产值12.9亿元，比上年增长12.2%。

8.远洋渔业 2015年，大连市有远洋渔业企业25家，其中年内新增3家，分别为大连晟航渔业有限公司、大连盛海渔业有限公司、大连海欣远洋渔业有限公司；远洋项目渔船314艘，其中金枪鱼钓船43艘，流网渔船2艘，专业鱿鱼钓船4艘，围网船32艘，单拖网船231艘，运输船2艘。项目区域新增加几内亚比绍、刚果、安哥拉、科特迪瓦和印度洋海域；捕捞作业涉及西非的几内亚、加纳、加蓬、喀麦隆、几内亚比绍、科特迪瓦、刚果、安哥拉、塞拉利昂，亚洲的印度尼西亚、阿曼，南美洲的阿根廷，南太平洋、北太平洋、大西洋、印度洋公海16个国家和地区的海域。全年远洋渔业捕捞总产量11.6万吨，产值12.9亿元，分别比上年增长2.7%和12.2%；运回国内水产品产量3.2万吨，比上年下降35.6%。

9.入韩渔船管理 2015年，大连市获批赴韩国专属经济区管理海域从事捕捞生产资格渔船325艘，比上年增加25艘，其中拖网船148艘，流网船144艘，围网17艘，运输船16艘。市各级渔业行政主管部门加强对入韩渔船日常生产作业管理，汇总上报渔船进出通报4 200艘次，每日生产作业通报2.3万艘次，通报准确率100%。组织具有进入“中韩协定水域”捕捞作业资格船长、船东进行集中培训，举办培训班8个，培训船长、船东近400人。入韩渔船均按照中韩两国渔业协定进行捕捞作业。

10.海水增养殖 2015年，大连市地方渔业海水养殖面积66.84万公顷，比上年增长1.1%；海水养殖产量162.3万吨，比上年增长2%；产值（不含苗种）278.99亿元，比上年增长4.2%；苗种产值54.8亿元，比上年增长4.5%。

11.水产原（良）种场建设 2015年，大连市有国家级水产原（良）种场3家，省级水产原（良）种场34家；育苗水体65万立方米，涵盖刺参、皱纹盘鲍、虾夷扇贝、黄海胆等品种13个。其中，年内新增省级原（良）种场2家，分别为大连蚂蚁岛海产有限公司省级刺参原种场和大连鑫玉龙海洋珍品有限公司省级仿刺参良种场；新增育苗水体5万立方米。加强海参、扇贝等优势水产苗种的疫病检测，全年检测水产苗种500样次，海参、扇贝等水产苗种各项疫病检测指标均合格，重点养殖品种无重大疫情发生。

12.水产健康养殖示范场建设 2015年，大连市有农业部认定的水产健康养殖示范场155家，养殖面积43.5万公顷，主要养殖品种有海参、扇贝、车虾等。年内，新增农业部认定的水产健康养殖示范场3家，分别为大连绿得金海珍品养殖有限公司、大连嘉恒海产品养殖有限公司和大连北辰水产养殖有限公司；新增养殖面积1578公顷。

13.休闲渔业示范创建活动 2015年，大连市按照《农业部办公厅关于开展全国休闲渔业示范创建活动的通知》要求，把休闲渔业作为渔业发展的一个重要组成部分，组织渔业企业开展休闲渔业示范创建活动。至年末，大连市金州区鹿鸣岛度假村、大连五虎石海珍品有限公司、大连长海林阳水产有限公司、大连广鹿岛彩虹滩旅游服务发展有限公司4家企业获全国休闲渔业示范基地称号;大连蓝海郡实业有限公司、大连五虎石海珍品有限公司、大连长海林阳水产有限公司3家企业休闲渔业基地成为省级休闲渔业示范点。

14.獐子岛镇、谢屯镇成为辽宁特产之乡 2015年10月12日,辽宁省农村经济委员会、辽宁省林业厅、辽宁省海洋与渔业厅、辽宁省畜牧兽医局联合揭晓辽宁省特产之乡评选结果。长海县獐子岛镇被认定为辽宁特产"天然海参"之乡,瓦房店市谢屯镇被认定为辽宁特产"圈养海参"之乡。至此,全市已有15个渔业乡镇获得辽宁特产之乡称号。

15.水产养殖政策性保险试点工作启动 2015年,大连市率先在全国沿海地区开展水产养殖保险试点工作,探索水产养殖业保险模式。大连市海洋与渔业局、中国保监会大连监管局和大连市财政局联合向市政府上报《关于大连海水养殖保险政府支持意见》,并印发《2015年大连市渔业养殖保险试点实施方案》。当年,市财政投入资金200万元,按照50%保费补贴方式,以海水养殖风力指数险、藻类养殖风力指数险和鱼类养殖保险为试点险种。至年末,大连天正实业有限公司、大连壮元海生态苗业股份有限公司、旅顺德友水产苗种养殖厂等11家渔业企业参加水产养殖业保险,总保额1.04亿元。3月23日,大连天正实业有限公司与中国人民财产保险股份有限公司大连市分公司签署近10万尾养殖鱼类商业保险保单,保额近1 000万元。

16.水产品加工 2015年,大连市有水产加工企业603家,比上年增长1.3%;加工能力195.4万吨,比上年增长0.9%。用于加工的水产品218万吨,比上年增长2.3%;水产品加工产量167.7万吨,比上年增长4.6%。水产品加工产值173亿元,比上年同期增长4.2%;出口加工水产品53.3万吨,比上年下降6.2%;水产品出口贸易额20.5亿美元,比上年下降4.2%。稳步推进水产加工企业项目建设。2014年的17个加工项目中,有8个项目于2014年年底完成建设,9个项目持续建设中。2015年,国财水产食品有限公司、大连鑫盛农业开发有限公司、恒泰正达(大连)冷链发展有限公司、大连圣杰水产食品有限公司、大连晟辉食品有限公司5个企业新建水产加工项目,总投资2.3亿元。其中国财水产食品有限公司项目完成投资3 000万元,建成加工车间1 500平方米、储藏库2 000平方米;大连鑫盛农业开发有限公司项目年内完成投资1.3亿元,建成加工车间9 360平方米,冷藏库2万吨;恒泰正达(大连)冷链发展有限公司项目年内完成投资4 500万元,建成1万吨恒温库一座,3万吨储藏库一座。大连圣杰水产食品有限公司项目年内完成投资1 500万元,建成加工车间1 000平方米,储藏库2 000吨;大连晟辉食品有限公司项目年内完成投资1 150万元,建成速冻冷藏库3 600平方米,扩建500千伏变电所、500吨污水处理站。

17.渔业管理 2015年,大连市各级海洋与渔业主管部门发放水域滩涂养殖证979本,发证面积11.96万公顷,累计发放水域滩涂养殖证9 776本,发证面积48.33万公顷;新发、换发市本级以上水产苗种生产许可证45本,发证水体45万立方米,累计发放水产苗种生产许可证575本,发证水体271.3万立方米;发放船员证书11 029本,其中职务船员证书5 198本,普通船员证书5 831本;年审渔船22 625艘次,检验渔船2 560艘次。继续实施渔业生产损失救助项目,向1 500艘渔船发放渔船救生筏检修费用补贴90万元。根据国家相关政策,向16 531艘渔船发放渔业油价补贴45 198万元(现有数字为国内渔船发放渔业油价补贴数,远洋渔船油补文件尚未下发)。

18.渔业安全生产监管 2015年,大连市加强渔业安全生产监管。定期召开全市渔业安全工作季度例会,全年召开4次。举办渔业安全培训班,培训船东、船长和基层渔业安全员2 400多名。开展渔业生产安全月宣教活动,组织活动334场次,受教育渔民4.9万人次。推进渔船安全管理信息化装备建设,完成渔船AIS避碰与近岸GPS救助信息系统、渔船身份识别RFID监管信息系统的竣工验收工作,为全市渔船安装北斗二代船载终端设备2 445套,组织建设市、县两级指挥监控平台12座。开展渔业安全隐患专项监督整治行动,全年检查渔船4.6万艘次,纠正超风级出海、超定员作业、超航区生产、超核载运输违章渔船2 112艘次。组织实施渔船船用产品质量专项治理行动,检查"三救"设备(救生圈、救生衣、救生筏)、消防设备、船用柴油机、通信导航设备、信号设备等各类产品3.98万件。加强与海事、救助、边防、气象及电信等多部门工作联动,有效组织海上抢险救援行动。全年通过渔船安全救助信息平台发布气象灾害性预警信息320多万条,指导渔船及时规避自然风险;全年有效组织开展海上抢险救援行动20起,成功化解重大安全险情1次、较大安全险情7次,有效避免恶性事故发生;全年救助遇险渔民77人、渔船13艘,挽回经济损失3 000多万元。开展渔业互助保险工作,涵盖渔业船舶险、渔业船舶雇主责任险、渔业雇主附加医疗险3个险种,全年入会渔民2.48万人、渔船2 231艘,承担社会风险保障70多亿元。金州新区、高新园区为渔船渔民互助保险争取地方性财政补贴资金70多万元，大连市海洋与渔业局争取国家、市财政补贴资金340多万元，为全市渔船、渔民参加互助保险补贴保费20%。依据《大连市基层渔业安全员管理实施方案》，为全市306名基层渔业安全员发放工作补贴经费300多万元。普兰店市获2014—2015年度全国平安渔业示范县称号。

19.渔业监督执法 2015年，大连市各级渔业执法部门加强渔业监督管理，严格规范公正文明执法。根据市政府要求，大连市海洋与渔业局分类清理无公害水产品产地认定、远洋项目审核、渔业捕捞许可证审核、渔业船舶变更登记、海洋渔业职务船员考试发证、渔业船舶检验等23项非行政许可，经查无非行政许可审批事项。根据农业部要求，开展渔船基本数据普查、渔船重要安全隐患整治、船用产品质量监督执法整治等渔船检验执法监督，登记普查渔船2 368艘，排查渔业船舶3 368艘次，发出安全隐患整改通知书783份。严格执行伏季休渔制度。6月1日至9月1日休渔期期间，全市投入管理经费871万元，出动执法人员近2万人次、执法船艇2 700航次、执法车辆4 507车次，登临检查渔船11 156艘次，查处违规渔船583艘，没收渔具31 492件，收缴罚款666.58万元。开展各类巡航和专项执法行动。全年组织200海里专属经济区巡航2次，历时15天；组织斑海豹保护巡航2次，累计22天；组织庄河市滩涂清理执法巡航1次，历时38天；组织海沙资源保护巡航27次，累计180余天。开展清理取缔海洋涉外渔业"三无"（无船名船号、无船舶证书、无船籍港）船舶专项行动，摸底排查"三无"船舶891艘，清理取缔28艘，待拆解35艘。

20.水产品质量安全监督管理 2015年，大连市各级海洋与渔业主管部门加强水产品质量安全监督管理。制定《大连市2015年水产品质量安全专项整治工作方案》，以海参为重点品种，以硝基呋喃类禁用渔药为整治重点，加强执法检查，加大处罚力度。6月和11月，在全市开展2次水产品质量安全联合检查，出动执法人员1 000余人次，检查企业1 200余家。制定《2015年大连市水产品质量安全监控计划》，扩大监测范围，增加抽检批次，突出海参等重点品种的检测监控，全市10个涉海区市县（先导区）投入检测资金700万元。组织实施地区例行监测，全市主要养殖品种监测覆盖面达100%。全年市县两级共抽检裙带菜、海带、海参、贝类、对虾、牙鲆、大菱鲆、河豚等水产品3 083样次，其中市级抽检1 783样次，县区抽检1 300样次，检测药残、重金属、贝毒等指标1.6万项次，检测药残合格率98.9%。制定《大连市2015年海水贝类生产区域划型工作方案》，在长海县、庄河市、普兰店区、金州区、甘井子区34.99万公顷的贝类生产区设立监测站位44个，实施定点、定期贝类抽样检测，全年抽检13批次692样次，完成贝类生产区的划型管理，保障贝类产品消费安全。到2015年末，全市一类贝类生产区面积34.54万公顷，占总面积的98.7%，二类贝类生产区面积0.45万公顷，占总面积的1.3%。举办水产品质量安全培训班30余期，培训生产技术人员、养殖从业人员、监管人员5 000多人次。

（大连市海洋与渔业局 叶 勇 方平伟 秦 强）

青岛市渔业

【概况】 2015年，青岛市渔业系统全面落实市政府加快建设蓝色粮仓实施意见，全力打造全国一流的水产良种繁育基地、水产健康养殖基地、渔业资源养护基地、远洋渔业生产基地、水产加工出口基地、水产冷链物流基地等现代渔业六大基地，为市民提供更多绿色、安全、放心的水产品，对虾、梭子蟹等本地渔获物明显增多，秋刀鱼、南极磷虾等远洋产品开始走上市民餐桌。当年全市完成水产品产量（含远洋渔业）122.7万吨，实现产值142.8亿元，同比分别增长5.4%和5.6%。完成渔业总产值490亿元，同比增长5.8%。渔民人均收入22 000元，同比增长6.9%。

1.远洋渔业 将加快发展远洋渔业作为主动融入"一带一路"战略的重要举措，全面落实市政府《关于加快远洋渔业发展的意见》，在国家出台宏观调控政策的情况下，多层次、多渠道推进远洋渔船及项目审批。2015年底，全市注册远洋渔业公司27家，已批远洋渔船133艘，其中，作业渔船91艘、在建渔船26艘、待建渔船16艘。全年远洋产量实现13.6万吨、产值12.8亿元，产量比上年翻一番，产值大幅度提高，分别是"十二五"初的45倍和10倍多。全市远洋渔船平均功率1 222千瓦，平均吨位801吨，平均功率、平均吨位、远洋产量增幅皆居全国第一，总产量位居全国城市第四、计划单列市第一。积极推进远洋渔业开发合作，8家企业与9个国家、地区建立合作项目，其中，鲁海丰公司获建20平方公里的马来西亚北方渔业国际港和产业园项目，荣昌公司的全国首个刚果（布）捕捞项目获农业部批准，远洋捕捞公司的亚洲最大的拖网加工船赴南极完成捕捞磷虾首航作业，新获批9 814吨位世界最大拖网加工船，南极磷虾产业实现从捕捞到加工全产业链拓展。高标准规划建设投资总额100亿元的中国北方（青岛）国际水产品交易中心和冷链物流基地，一期工程开工建设。

2. 渔业资源修复 加强海洋牧场建设，年内完成投资8 070万元，投放人工鱼礁13.8万空方，累计完成投资3.5亿元，投放礁体144多万空方，建成王哥庄海域、五丁礁海域等7处增殖休闲型海洋牧场和全市首个公益性海洋牧场——崂山湾公益性海洋牧场，其中两处入选首批国家级海洋牧场示范区。安排各级资金3 800多万元，放流水产苗种16.4亿单位，再创历史新高。联合35家单位开展了海洋生物资源增殖放流公益活动，引导市民科学放流，公益活动的社会影响力和参与度进一步扩大，经济效益、生态效益和社会效益进一步提升。

3. 水产健康养殖 调整养殖结构，优化区域布局，重点推进集中连片、设施配套、集约高效的标准化健康养殖园区建设。完成池塘标准化改造280公顷，全市70%池塘完成标准化改造，总面积达到4 667公顷。引进了国内首套多层立体循环水养殖系统。新增工厂化养殖3.3万平方米、深水网箱60个、藻类养殖40公顷，全市建成工厂化养殖车间110万平方米，发展深水抗风浪网箱470个、大型藻类养殖213公顷。新申报国家级种业示范基地2家，新通过验收水产原良种场4家。

4. 水产加工 积极推动城阳、黄岛水产品加工基地和明月、聚大洋海藻加工基地等项目建设。第20届中国国际渔业博览会在青岛成功举办。稳定发展来进料加工，加强渔业品牌宣传推介，积极组织渔业企业参加中国国际渔业博览会、台湾（高雄）国际渔业展、东北亚渔业经贸合作峰会等会展活动，提升青岛渔业影响力。全年完成出口创汇15.1亿美元。

5. 水产种苗业 积极实施蓝色种业发展计划，推进水产良种研究、开发与推广利用，"壬海一号"南美白对虾通过国家新品种审定，组织实施良种良法"双十行动"，示范推广"黄海一号"中国对虾、"黄选一号"三疣梭子蟹等十大优良品种333公顷，推行池塘微孔增氧养参、池塘生态养虾等十大先进养殖技术3 300多公顷。积极开展渔业科技服务"双百工程"，落实科技示范面积1.3万公顷。

6. 休闲渔业 加快发展休闲海钓基地和休闲渔业示范园区，全市发展国家级休闲渔业示范基地8处、省级休闲渔业示范点19处，省级休闲海钓基地3处，面积近1.3万公顷，年可接待游客200万人次，共举办市级以上渔业垂钓比赛10余次。

7. 平安渔业建设 深入开展涉渔"三无"渔船清理、渔船违规载客等专项整治行动和隐患排查治理，组织实施标准化笼壶作业渔船更新换代工程，将"互联网+"广泛应用于渔业安全生产管理，为8 300余艘渔船装设电子标识，整合北斗、AIS防碰撞系统、短信平台等信息化手段，强化渔船监管，实施远洋渔船船位监测，全市渔业安全生产形势持续稳定向好，未发生渔业安全生产事故。认真开展2014年度渔业油价补助，落实补贴资金2.2亿元。扎实推进政策性渔业互保，各级财政补贴投入2 469万元，渔民保费补贴比例达60%，居全国领先，全市入保渔民1.43万人，渔民入保率达到95%，人均保额达38.5万元，保额总数达到60亿元。切实保障好市民"舌尖上的安全"，深入开展水产品安全治理行动，全面提高监管能力和保障水平，强化产地环境、渔用投入品、生产标准化三个重点环节监管，抽检水产品929批次，合格率达到98.6%。新通过农业部无公害农产品22个、无公害农产品基地13个。强化伏季休渔管理，严厉打击绝户网，坚决制止在禁渔期、禁渔区捕捞行为，实施海陆联动，加大海上、港口检查力度，共查获违规渔船319艘，清理收缴禁用渔具3 300余套。全年查处渔业违法案件336起、行政罚款155余万元。全面启动胶州湾海域养殖设施二期清理整治工作，科学确定奖补标准，依法规范清理程序，积极稳妥开展调查摸底、宣传发动、清查登记、集中拆除等工作，清理恢复海域面积600多公顷。

【重点渔业市（区）基本情况】

青岛市重点渔业市（区）基本情况

市（区）	水产品产值（万元）	水产品产量（吨）	其中			养殖面积（公顷）	其中	
			海洋捕捞	海水养殖	淡水养殖		海水	淡水
青岛市	130.1	1 091 278	260 664	786 920	43 694	49 028	33 255	15 773
崂山区	8.1	73 007	50 993	22 014	0	1 600	1 600	0
黄岛区	43.6	349 495	82 615	259 615	7 265	13 458	11 398	2 060
城阳区	21	242 597	31 769	208 805	2 023	9 393	7 637	1 756
胶州市	18.0	107 673	30 239	65 215	12 219	4 332	1 731	2 601

（续）

市(区)	水产品产值（万元）	水产品产量（吨）	其中			养殖面积（公顷）	其中	
			海洋捕捞	海水养殖	淡水养殖		海水	淡水
即墨市	36.6	298 318	65 048	231 271	1 999	12 063	10 889	1 174
平度市	1.8	10 600	0	0	10 600	3 800	0	3 800
莱西市	0.9	9 588	0	0	9 588	4 382	0	4 382

注:未含远洋渔业。

【大事记】

[1]1月9日,市政协副主席王修林调研考察鲁海丰集团海洋牧场建设和青岛市维权执法基地建设工作。

[2]1月16日,全市海洋与渔业工作会议召开,总结2014年工作情况,部署2015年工作任务。

[3]1月21日,伊朗农业圣战部部长穆罕默德·霍加迪率团访华,赴青岛参观考察渔业发展情况。市委副书记、市长张新起会见并宴请了穆罕默德·霍加迪一行,徐振溪副市长参加。

[4]1月29日,市委常委、副书记王伟参加市海洋与渔业局党委民主生活会,听取局党委成员的批评与自我批评,对全局党的建设工作提出意见。

[5]2月26日,亚洲最大远洋捕捞船"明开号"远洋拖网加工船,自威海西霞口港起航赴南极从事磷虾捕捞作业,开启青岛市进军南极水域捕捞作业首航。

[6]3月9日,省委常委、市委书记李群就胶州湾保护工作进行实地调研,提出坚决把胶州湾保护好、治理好的目标要求。

[7]5月12日,市政协副主席王修林调研青岛加快发展水产冷链物流推进蓝色粮仓建设进程。

[8]5月19日,市人大副主任张锡君带队视察即墨市现代渔业工作情况。

[9]5月20日,市政协副主席于萍对市政协关于渔业生态环境保护重点提案进行专题调研。

[10]5月24日,中国水产学会鱼类工业化养殖研究会在青岛成立。

[11]6月6日,2015年世界海洋日暨海洋生物资源增殖放流公益活动在青岛奥帆中心启动。

[12]6月10日,市人大主任王文华率队考察烟台、威海两地现代渔业发展情况。

[13]6月17日,市人大常委会视察青岛现代渔业发展工作,市人大常委会主任王文华、副主任张锡君以及常委会部分工作人员参加视察,徐振溪副市长陪同。于成璞局长向市人大常委会汇报了全市现代渔业发展工作。

同日,市政府召开第75次常务会议,于成璞局长汇报了胶州湾海域养殖设施二期清理整治工作意见。

[14]6月18日,南极磷虾规模化开发利用专题会议在青岛召开,农业部渔业渔政管理局副局长崔利峰出席会议。

[15]6月24~26日,市人大常委会召开市十五届人大常委会第二十八会议,会议期间听取和审议了市政府关于本市现代渔业发展情况的报告。

[16]7月3日,省委常委、市委书记李群考察2015中国(青岛)国际软件融合创新博览会,对渔业安全生产与渔船管理方面使用北斗卫星定位系统提出要求。

[17]7月18日,副市长徐振溪主持召开专题会议,研究部署胶州湾海域渔业养殖设施二期清理整治工作。

[18]7月20日,副市长徐振溪主持召开市浒苔应急处置指挥部2015年第二次工作会议,研究部署浒苔应急处置工作。

[19]7月22日,省委常委、市委书记李群现场察看了前海一线浒苔处置工作,提出"要践行三严三实要求,打好浒苔处置攻坚战"的具体要求。

同日,副市长徐振溪主持召开市浒苔应急处置指挥部第三次工作会议,研究部署前海一线浒苔处置工作。

[20]8月3日,根据市委工作安排,市海洋与渔业局局长于成璞向全国政协副主席齐续春汇报青岛海洋与渔业工作情况。

[21]10月10日,农业部副部长于康震来青青岛调研农业农村发展情况,考察中国水产科学院黄海水产研究所,农业部渔业渔政管理局局长赵兴武、山东省海洋与渔业厅厅长王守信,市政府黄龙华副市长、韩守信副秘书长,于成璞局长陪同参加有关活动。

[22]10月19日,市委副书记、市长张新起主持召开胶州湾保护委员会第一次会议,研究部署胶州湾保护相关工作。

[23]10月27日，市委副书记、市长张新起调研冷链物流基地和中国北方国际水产品交易中心项目建设。

[24]10月28日，市委副书记、市长张新起主持召开市城规委执行和审议委员会2015年第8次会议，会议其中议程听取了市海洋与渔业局关于《青岛市海岛保护规划》汇报意见，并对规划编制提出具体要求。

[25]11月4日，第20届中国国际渔业博览会在青岛国际博览中心开幕。

同日，市委副书记、市长张新起会见冰岛渔业农业部部长西格于尔·英吉·约翰松一行。

[26]11月16日，巴哈马农业与海洋研究院院长恩尼尔斯等一行拜会青岛市海洋与渔业局。

[27]12月25日，青岛市获批国家级海洋生态文明建设示范区。

（青岛市海洋与渔业局　于　晓）

宁波市渔业

【概况】 2015年，宁波市渔业主管部门以修复渔场资源和渔业转型升级为工作重点，谋发展、促转型、抓整治、求创新、强服务，完成宁波市经济社会转型发展三年行动年度任务，三个项目实施情况良好，2015年完成投资19 981.2万元，完成年度投资计划的107.5%。现代渔业建设取得全新突破，2015年全市水产品总产量103.34万吨，渔业产值125.31亿元，分别比上年增长2.26%和0.79%；渔民人均纯收入2.53万元，比上年增长3.41%。

1.渔业经济运行情况

(1)捕捞。国内海洋捕捞产量和产值略增，整体形势保持稳定。全年实现国内海洋捕捞产量61.96万吨，比上年略增1.62 %；海洋捕捞产值52.79亿元，比上年增长1.59%。产量增加主要是奉化渔船升级改造，新增26艘大马力渔船，拉动海洋捕捞产量增加，奉化全年国内海洋捕捞产量达到14.87万吨，比上年净增6 834吨；产值增加主要是因为水产品售价略有上涨。国内捕捞生产呈现五个特点：一是捕捞效益因作业方式不同呈现差异；二是渔获物品种总体较杂，传统经济鱼类产量涨少跌多；三是水产品价格涨跌互现，总体略有上涨；四是柴油价格下降，人工成本上升；五是机动生产渔船数量减幅大，功率数略减。国内淡水捕捞产量、产值减少。全市淡水捕捞产量9 167吨，比上年的9 603吨减少436吨，同比下降4.54%；实现产值16 374万元，比上年下降5.56%。远洋渔业增产增收，2015年宁波市渔业部门将加快发展远洋渔业作为主动融入“一带一路”战略的重要举措，市政府常务会议通过《宁波市人民政府关于发展远洋渔业的实施意见》。全市拥有远洋渔业企业8家，海外渔业基地2个，全年投入生产的远洋渔船30艘，在建远洋渔船9艘，完成产量5.24万吨、产值3.8亿元，分别比上年增长37.9%和29.3%。

(2)养殖。淡水养殖面积、产量减少，产值增加。全市淡水养殖面积20 702公顷，比上年减少1 476公顷，减幅达6.66%。面积减少导致产量减少，全年淡水养殖产量6.87万吨，比上年减少3.19%。海水养殖面积、产值减少，产量略减。全年海水放养面积33 117公顷，比上年减少2 801公顷，下降7.8%。海水养殖产量28.01万吨，比上年减少2 015吨，下降0.71%。2015年全市海水养殖产值478 013万元，比上年减少15 766万元，同比下降3.19%。

(3)出口。水产品出口总量和出口总额同比下降。据宁波海关数据，2015年全市水产品出口总量18.95万吨，同比下降15.57%；出口创汇41.71亿元人民币，同比下降12.44%。出口量和出口额呈现两位数降幅。主要原因一是全球经济衰退，国际市场萎靡不振，有效需求下降，订单减少。二是国内经济发展放缓，宏观环境趋紧，企业经营困难叠加，出口能力下降。

2.资源保护

(1)推进渔场修复振兴暨“一打三整治”行动。宁波市在全省率先全面完成涉渔“三无”船舶取缔任务，累计取缔涉渔“三无”船舶3 552艘，相关经验做法在全省沿海县市交流。“船证不符”渔船和禁用渔具清理整治工作成效明显，完成“船证不符”渔船整治2 603艘，占“船证不符”船数的95.6%，累计查缴、取缔和接受渔民上缴的禁用网具近19万顶(张)。开展大规模渔业资源增殖放流行动，完成水生生物增殖放流6.783亿尾，投放“三无”船改造人工渔礁85艘，在渔山海域建成全市最大的人工渔礁海洋牧场，渔山列岛海域被评为首批国家级海洋牧场示范区。建立象山港联合执法模式，探索“一打三整治”长效监管机制，有效遏制各类违法违规现象返潮。

(2)开展“五水共治”和渔业转型促治水各项工作。实施水产健康养殖示范、生态健康养殖模式推广、养殖水域环境监测等工程。完成稻鱼设施改造与池塘尾水处理沟渠等基础设施建设165公顷、稻鱼轮作(共生)推广面积353.2公顷、生态养殖模式技术推广2 997公顷，在象山港、三门湾、杭州湾渔业增养殖区以及象山毛湾和宁海蛇蟠涂两个渔业园区设立41个监测站位，收集有效数据近3 000项，开展渔业污染事故咨询和调查 8 次。

(3)海洋牧场核心示范区项目通过验收。总投资 2 910 万元,始建于 2010 年,地处象山港白石山海区的宁波市海洋牧场核心示范区 1 ~4 期项目通过验收。经过 5 年努力完成了 25 公顷人工鱼礁、20 公顷海藻场和 1 公顷的网箱建设,打造了 60 米 ×20 米的海洋科研平台,开展了不同藻类和品种的养殖和放流鱼种音箱驯化等研究,为改善象山港渔业环境,恢复本地鱼类种群,提高沿海渔民经济收入起到了示范带头作用。

3. 现代渔业建设

(1)推动渔业园区建设。坚持渔业产业化、精品化、科技化发展思路,加快现代渔业园区和水产种子种苗工程建设。2015 年全市创建省级现代渔业园区示范区 1 家、省级现代渔业园区精品园 2 家、省级休闲渔业精品基地 2 家,完成 1 家国家级原种场和 2 家省级良种场建设,三门湾现代园区建设快速推进。

(2)积极培育休闲渔业。出台《关于开展象山港休闲渔船试点工作的意见》,按照总量控制的原则,以国有公司为主体在象山港区域发展休闲渔业,进一步促进渔业结构调整,缓解失渔渔民转产转业压力。象山、宁海、奉化等地建造的 84 艘休闲渔船陆续投入运营,全市休闲渔业企业年接待游客 320 万人次,年产值 3.1 亿元,成为全市渔业经济快速发展的亮点。

(3)坚持严格执法,维护生产安全。2015 年全市共发生渔业船舶水上安全事故 20 起,死亡 14 人,沉船 7 艘,直接经济损失 250 万元,没有发生较大以上水上生产安全事故,事故起数与上年同期相比增长 11%,死亡人数与上年同期相比减少 6.7%,直接经济损失与上年同期相比基本持平,全市渔业生产安全形势保持稳定。结合"一打三整治"行动,开展打非治违和隐患排查专项行动,海上出动执法人员 10 008 人次,执法检查行动 1 293 次,执法船艇巡航 959 航次,航程 37 125海里,检查渔船 3 973 艘,查获违规案件 761 件,依法刑拘 6 人。探索执法监管综合改革,应用无人机、空气动力滑行艇等新型执法装备配备提升执法效能。推行渔船公司化管理,全市已成立 13 家渔船公司,试点奉化渔船社会化检验,相关做法获省政府领导肯定,印发全省沿海各县市交流。

(4)坚持民生为本,强化基础保障。组织实施水产品质量安全百日会战行动和"餐桌治理行动三年计划",开展产地初级水产品质量安全抽检 1 554 批次,合格率 99.5%;查处一起引入性水产苗种药残超标案件;新增无公害产地 14 家、产品 18 个,复核换证无公害产地 44 家、产品 32 个;开展规模化生产经营主体追溯试点 21 家,新增产地准出养殖企业 20 家。推进渔业互助保险,加强风险保障,全年承保渔民 2.38 万人(次),承保渔船 5 208 艘,承保养殖面积 2 760 公顷,赔付总额 6 449.84 万元。做好 2014 年度渔业油价补助发放工作,落实国家油补政策改革,推进渔民养老保险,已有 10 900 余人办理相关手续,保障了渔区社会的和谐稳定发展。

(5)海洋与渔业科技创新基地通过竣工验收。总投资近 3 000 万元,始建于 2008 年的海洋与渔业科技创新基地工程于 3 月份通过竣工验收,渔业设施全面投入使用,顺利繁育出大黄鱼、黑鲷、黄菇鱼、马鲛鱼等鱼苗 1 400 万尾。进入基地实验的有宁波大学、浙江万里学院、浙江海洋学院、市食品药品监督局等市内外高校和科研机构。开展了马鲛鱼全人工育苗研究、不同生物絮团对虾养殖研究、岱衢族大黄鱼生物学研究、增殖放流鱼类模拟野生研究、鱼虾药物残留研究、青蟹膏蟹养殖试验、大黄鱼病害研究、贝类家系选育研究等课题。循环水养殖设备调试成功,8 月份投放的黑鲷生长正常,设备运作正常。

(6)示范推广和科技下乡成效明显。积极推进池塘生态养殖和多品种混养、套养,开展南美白对虾池塘套养甲鱼、鮰鱼、大黄鱼、沙塘鳢等鱼类生态养殖技术指导,全市生态综合养殖面积超过 1.3 万公顷;2 年前引进的新品种——美国鲥鱼在宁海、象山、奉化、慈溪等县市区多家养殖企业开展规模化养殖,发展势头良好。"灿鸿"台风过后,组织技术救助、应急物资、环境检测和水生动物防疫 4 个救助组分赶全市各地养殖场,现场指导养殖户改善池塘水质,帮助养殖户抢险救灾。

(7)水生动物防疫体系建设稳步推进。积极筹建全市水生动物防疫检疫体系,全市 6 个涉渔县市区全部获得"县级水生动物防疫检疫站"机构批复。开展渔业兽医和职业兽医的调查与统计工作,编写了两个水生动物病害诊断的国家标准编,王建平同志被农业部聘为国家水产养殖病害防治委员会专家组成员。

4. 存在的主要问题

一是海洋捕捞业可持续发展的矛盾比较突出。近海渔业资源恢复缓慢,捕捞产品趋于小型化、低质化的现状与全市较大的捕捞强度之间的矛盾比较突出。

二是养殖面积的保有与经济发展和上级政策的矛盾愈显突出。随着宁波成为浙江省海洋经济示范区建设的核心区域,各地掀起新一轮海洋开发热潮,港口建设、新区建设等重大建设项目用海需求较大,受国家土地政策限制,只能向海洋要土地,挤占了部分渔业发展空间。

三是水产加工企业和出口企业效益普遍下降。不少以冷冻为主的加工企业产品销售主要依靠单位团购和水产大礼包，受国家法规、消费环境和加工原料等因素的影响，受到的冲击较大，产品积压，面临困境，一些企业难以为继。这些加工企业急需转型。受国际市场需求疲软、国内宏观经济不景气、生产成本不断上升多重压力，多数出口企业经济效益下滑严重，出口企业盈利空间所存无几。个别规模企业甚至由于波及融资风险，出现生存危机。企业间的分化也比较严重。

【重点渔业市（县）基本情况】

宁波市重点渔业市（县、区）基本情况

县（市、区）	水产品产量（吨）	其中				养殖面积（公顷）	其中	
		海洋捕捞	海水养殖	内陆捕捞	内陆养殖		海水	内陆
象山县	591 203	447 880	112 389	0	10 354	13 633	10 933	2 700
宁海县	154 683	8 659	140 761	221	5 042	17 278	15 192	2 086
奉化县	157 321	148 697	5 691	875	2 058	2 431	1 055	1 376
慈溪市	46 306	2 605	16 342	2 058	25 301	12 093	4 798	7 295
余姚市	23 114	2 056	26	2 227	18 805	3 520	17	3 503
鄞州区	16 846	3 339	4 725	2 688	6 094	3 806	1 064	2 742
江北区	32 780	5 067	0	678	446	486	0	486

【大事记】

［1］1月22日，宁波市海洋与渔业局召开全体干部大会，市委组织部宣布陈少春担任市海洋与渔业局局长、党委书记。

［2］象山县水产育苗企业宁波太空红水产养殖有限公司、宁波市象山港水产引种育种有限公司申报的2014年度省级水产原良种场于年初通过浙江省水产原（良）种审定委员会资格验收，被正式命名为浙江象山省级坛紫菜良种场、浙江象山省级黑鲷良种场。

［3］2月1日，中国海洋工程咨询协会上海分会、上海海洋与湖沼学会在上海隆重举行2014年度上海海洋科学技术奖颁奖典礼，宁波市海洋与渔业局研究院尤仲杰研究员带领的团队历时10余年完成的“象山港海洋环境容量及水域生态修复技术集成与示范”项目荣获海洋科学技术奖唯一的特等奖。

［4］1月27日，宁波市海洋与渔业科技创新基地建设项目渔业工程通过竣工验收，质量评定为合格，标志着该工程的设施设备可以正式投入运行。

［5］2月10日，本市在渔山海域投放38座由涉渔“三无”船舶改造成的人工鱼礁，加上之前投放的两批，至此已有65艘昔日的涉渔“三无”船舶变废为宝，成为海洋鱼类栖息繁衍的“新家”。

［6］由宁波市海洋与渔业研究院主持、联合宁波大学、浙江万里学院共同申报的宁波市科技局项目——“岱衢族大黄鱼科技创新团队”（2011B82018）正式验收通过。

［7］国务院台湾事务办公室和农业部正式批复同意设立象山海峡两岸渔业合作示范区。

［8］4月10日，农业部远洋渔船标准化推进工作座谈会在宁波召开。

［9］4月22日，国家船检局局长李昌健一行赴宁波对远洋渔业船舶建造发展趋势、新材料船舶建造、船检改革工作进行了实地调研考察。

［10］4月20日，全国清理整治“绝户网”和涉渔“三无”船舶现场会在象山县举行。农业部党组书记、部长韩长赋、浙江省委副书记、政法委书记王辉忠、农业部副部长于康震、省委常委、市委书记刘奇、农业部总经济师、办公厅主任毕美家、农业部渔业渔政管理局局长赵兴武、省委副秘书长张才方、省海洋与渔业局局长彭佳学、市委常委、秘书长王剑波、副市长林静国等参加会议，实地参观被清理取缔的各类涉渔“三无”船舶及拆解流程，考察用于投放人工鱼礁的涉渔“三无”船舶改造，并参观了销毁违禁渔具现场。

［11］农业部批复宁波市3艘沿海渔政船建造项目，其中，宁波市海洋与渔业执法支队建造1艘300吨级渔政船，象山县、镇海区各建造1艘100吨级渔政船，每艘总投资800万元。

［12］5月15日，全国人大常委会副委员长沈跃跃

带领全国人大海洋生态环境保护专题调研组赴象山县调研，深入了解和分析存在的问题，研究重点和共性问题，就海洋生态环境保护制度、机制的建立完善征求意见建议，为编制好"十三五"规划中有关海洋生态环境保护的内容提供借鉴和参考。

[13]6月24日，宁波市海洋与渔业局与中国民生银行股份有限公司宁波分行签署战略合作协议，在未来三年，该行将对海洋渔业企业投放30亿元额度的授信。双方将共同搭建金融服务平台，为全市重点建设企业、行业龙头企业、重点扶持企业中的海洋渔业相关企业客户群融资提供快速服务通道。

[14]8月28日，《渔山列岛国家级海洋生态特别保护区保护和利用管理暂行办法》经象山县政府第四十一次常务会议审议通过。该《办法》从"限建、限人、限捕、限采、限钓"五限入手，明确了具体管理要求，共分六章二十五条。

[15]9月8日，宁波市海洋与渔业局与浙江海警第二支队正式签订海上联合执法协议，双方本着提高海上执法效能、增强海上管治合力、优势互补、注重实效、共同维护海上稳定的原则，就长期开展海上联合执法、加强信息沟通、处置海上突发性事件等合作内容达成共识。

[16]奉化市国鼎水产养殖场试养黄喉拟水龟首获成功，填补了全省该养殖区域空白。

[17]11月3日，全国政协委员、广西壮族自治区政协副主席彭钊率广西政协考察团一行来到宁海，就该县现代渔业发展情况开展调研。

[18]11月25~26日，中国－葡语国家经贸合作论坛（澳门）常设秘书处几内比亚绍派驻代表马立文先生一行在省海洋与渔业局科经处负责同志陪同下，专程来宁波考察本市远洋渔业。

[19]12月7~10日，韩国釜山市海洋与水产局率团来宁波市考察海洋经济建设工作。这是继2015年9月11日第3次宁波—釜山海洋经济合作委员会会议之后，宁波和釜山两个友好城市在海洋经济领域开展双方合作交流的又一次具体对接。

（宁波市海洋与渔业局 刘御芳）

厦门市渔业

【概况】 2015年，厦门市水产品总产量5.21万吨，比上年增长24.34%。全市养殖产量2.49万吨，比上年减少0.8%。其中海水养殖产量1.25万吨，比上年增长0.81%；淡水养殖1.24万吨，比上年减少2.36%。水产养殖面积3 118公顷，比上年减少6.14%，其中海水养殖面积1 681公顷，淡水养殖面积1 437公顷。全市海洋捕捞2.72万吨，比上年增长61.9%。其中远洋捕捞产量比上年增加1.08万吨；近海捕捞0.54万吨，比上年下降8.47%。全市机动渔船1 837艘，比上年减少65艘，渔船功率79 466千瓦，比上年增加16 056千瓦；按功率分441千瓦以上的船41艘，比上年增加9艘；441千瓦（含）以下渔船1 099艘，比上年减少76艘；按作业类型分拖网渔船22艘，与上年持平；围网16艘，比上年增加2艘（灯光围网）；刺网836艘，比上年增加5艘；张网19艘，比上年增加16艘；钓业17艘，比上年减少75艘，主要是思明区钓业渔船大量退出。

全市水产苗种产量2 749亿尾，比上年 减少7.28%；产值4.44亿元，比上年 减少3.69%。

全市拥有水产品加工企业约12家，规模以上加工企业9家，水产加工量15.15万吨，比上年减少2.38%；水产品加工产值26.55亿元，比上年减少2.85%。

厦门中埔水产品批发市场总交易量8.03万吨，比上年减少5.97%，交易额34.68亿元，比上年减少4.52%。

全市水产品出口总量5.15万吨，比上年减少36.89%；出口额22 706万美元，比上年减少11.79%。

全市水产业一、二、三产业经济总产值为54.12亿元，比上年减少1.20%。其中第一产业产值（包括苗种）12.46亿元，比上年增长8.16%。其中捕捞产值3.9亿元，养殖产值4.12亿元，苗种产值4.44亿元。第二产业产值31.13亿元，比上年减少3.47%，其中水产品加工产值26.55亿元，比上年下降2.85%。第三产业产值10.53亿元，比上年减少4.36%，其中水产流通值10.40亿元，比上年减少4.50%；休闲渔业1 300万元，比上年增长8.33%。一二三产比重为23∶58∶19，比上年第一产业比重增加，第二和第三产业比重减少。

1.休闲渔业 引导规范管理厦门小嶝休闲渔村，推动休闲渔村品质的提升，将小嶝休闲渔村推向全国，小嶝渔村已成为一座"旅游、休闲、度假、娱乐"为一体的综合旅游度假景区，年产值达1 200万元。

2.远洋渔业 贯彻国家、省、市相关政策，根据厦门渔业发展实际，修订《厦门市海洋经济发展专项资金管理办法》涉及远洋渔业的条款，规范、适度发展厦门远洋渔业，积极指导、帮助远洋企业申报项目、组建船队、促进项目落地，已有5家远洋企业、67艘远洋渔船落户厦门。2015年，远洋渔业捕捞总产量2.17万吨、产值超2亿元,渔获物回运厦门近1.2万吨,价值约9 500万元。

3.水产品加工流通业 推动产学研相结合,引导水产加工业转型升级。2015年全市规模以上水产加工企业9家,精深加工项目12个,总投资4.9亿元,各级财政扶持6 300多万元。加快推进产业转型升级,引导企业加大科技投入,其中福建安井食品股份有限公司构建的"海洋营养食品精深加工技术研发中心"产业化平台、厦门洋江食品有限公司的"功能性牡蛎蛋白肽粉产业化生产"、厦门东海洋水产品有限公司的"高品质水产品下脚料中天然牛磺酸提纯产业化"等项目产品已进入试生产阶段。

4.水产苗种业 积极推动水产种苗产业结构进一步升级,向质量型发展。推进种苗研发与创新,以"厦兴龙""新荣腾"、小嶝村等现代种苗企业为基础,推动企业创立苗种品牌。推动刘五店、鳌冠两个种苗生产集中区开展集约化、公司化、专业合作社化经营。开展鱼虾贝类种苗培育技术培训,提高育苗技术,规范苗种生产。

5.水产品质量安全监管 2015年,厦门市水产品质量安全水平整体逐步提升,本地养殖水产品药残检测合格率100%。一是调整水产品质量安全领导小组,制订并落实2015年度监管工作方案、监测计划和质量安全专项整治方案,召开水产品质量安全季度例会。二是强化产地水产品安全监管,特别是在重要节点、重点区域、重大节日及应急突发状况有针对性开展专项整治,严厉打击水产品质量安全违法行为。三是组织水产品药残、有毒有害物质和重金属及应急监测334批次,甲醛检测3 255批次。开展水产品风险评估调研和渔业环境水质监测,及时掌握水产品质量情况和渔业环境现状。四是依法开展批发市场监管。坚持每月不少于8次对批发市场进行巡查,督促市场开办者和经营者强化进货查验和建立交易台账、落实水产品溯源制度,并定期抽样检测药残和重金属等有毒有害物质是否超标。

6.渔业科技培训与推广

一是加强渔业科研人才队伍建设。结合海洋与渔业科研项目建设,吸引和培养高级专业人才100余人,申请专利50余项,制定标准20余项,发表论文120余篇;通过开展本地优势品种培育技术和产业化研究等课题研究以及科技人员的专业技术培训,提升渔业推广技术队伍的业务和技术指导能力。组织专业技术人员参加研讨会和专业培训以及网络远程继续教育培训,参加人数147人次。同时聘请具有行业实践经验的专家、教授组成专家队伍,服务科研和技术推广工作。

二是加强基层镇、村两级渔业养殖技术人才的培训。围绕以水产品质量安全为中心,对56名村级渔技员及渔业生产示范点骨干渔民开展新型职业渔民培训,以点带面示范推广,促进水产养殖业技术水平和管理方式的提升,提高产业市场竞争水平。

三是渔业科技培训。全市开展渔业技术培训50期,入场宣传培训105场,培训渔民1 850人次,有效提升渔民养殖生产技术水平。同时组织编写《对虾苗种繁育技术》《石斑鱼苗种繁育技术》(含初、中、高级)职业技能鉴定教材,推动培鉴工作的深入开展。

四是开展水产品质量安全监测。通过开展对各区渔业生产集中点、无公害产地以及水产品批发市场的跟踪监测,全面掌握水产品质量安全状况,保障水产品质量安全。

五是针对已形成产业化的大宗地方品种种质退化问题,开展良种选育研究和健康养殖模式的推广,有力地保障地方养殖业的可持续发展。

7.渔业对台合作交流

一是以休闲渔业博览会为平台,增进对台休闲渔业合作。2015中国(厦门)休闲渔业博览会暨海峡两岸水族·钓具展"突出"对台休闲渔业产业合作与交流的主题。展会在厦门国际会展中心M3馆举办,来自台湾省参展企业30多家,展位70个,设有"台湾荧光鱼暗夜城堡展示区、台湾休闲渔业模式与文化区、台湾观赏水族展示区"三个展区,展示内容丰富,台湾特色浓郁。

二是发挥自贸区优势进一步发展对台交流合作。认真研究自贸区的政策,立足高崎闽台中心渔港,发展对台渔业。组团各相关国企参加现代渔业考察团赴台参观学习现代渔业,推进对台渔业经贸交流与合作。引进对台水产品2.4万吨台湾水产品,实现8艘远洋渔船直航厦门靠泊卸货2 000多吨,厦门对台区位优势进一步显现。

8.2015第八届中国(国际)厦门休闲渔业博览会暨海峡两岸水族·钓具展 第八届中国(国际)厦门休闲渔业博览会暨海峡两岸水族·钓具展,展馆面积13 000平方米,标准展位660个,其中东盟国家国际展位10个展商,来自福建、广东、浙江、上海、江苏、河北、山东、湖南等国内十多个省市及台湾地区以及东盟国家305家企业参展。设置观赏鱼展区、休闲渔业模式展区等6个展区,开展了锦鲤评比、水草造景、金鱼评比等活动,台湾荧光鱼展览面积比2014年扩大4倍,达270平方米,并新增400平方米的水上体验区,展会内容丰富,台湾特色浓郁,3天的展览共吸引国内外参观人员57 000多人次。

9.渔港与渔船建设管理情况 2015年,厦门登记在册渔业船舶1 779艘,其中捕捞渔船1 084艘,总吨位2 996.3吨,主机总功率为9 510.1千瓦。捕捞渔船按作业类型分:拖网渔船2艘,灯光围网5艘,刺网渔船828艘,张网渔船3艘,钓业渔船16艘,其他杂渔具渔船230艘。现有渔港4个,其中,中心渔港1个,群众渔港3个。全年共检验渔业船舶1 536艘次,办理进出港签证2 737艘次。

10.渔业安全生产与防御台风 2015年,渔业安全生产保持平稳态势,没有发生重大渔业安全生产事故,被省海洋与渔业厅评为2015年度安全生产优良单位。一是印发《厦门市海洋与渔业局安全生产委员会工作规则(试行)》,落实"党政同责、一岗双责"。二是开展安全发展示范城市创建、渔业安全宣传教育、渔港渔船安全监管、渔业安全生产标准化建设、安全执法专项行动、安全生产大检查和安全生产目标责任考评等工作。三是做好防汛防台风工作。历次台风影响厦门期间,在册1 779艘渔船全部安全避风,2015年13号台风"苏迪罗"高崎渔港避风的596艘各类船舶上的9 410人全部安全撤离。四是OA安全应急辅助决策系统在历次台风防御工作中发挥重要作用,及时发布防御台风信息和工作预案。

11.渔业资源增殖放流 组织开展增殖放流苗种公开采购,按照政府公开采购程序,最后以竞争性谈判形式展开,成交价为491万元,达到了预期效果,投入资金历年最多,完成11批次增殖放流,原计划投放4.3亿尾鱼虾苗,实际完成5.5亿尾,完成年度计划的130%。特别是2015年与金门首次开展联合增殖放流活动,对促进两岸渔业交流取得质的突破;首次发动企业参与增殖放流活动,探索推动企业落实生态补偿措施,厦门增殖放流经验做法获得省海洋与渔业厅的肯定,在全省推广。农业部副部长于康震一行来厦门调研渔业工作,对厦门增殖放流工作给予了高度肯定。

12.渔业项目与渔业企业情况 厦门渔业已形成以水产种苗业、水产加工业为重点的多元经济产业结构,渔业经济稳健发展。规模以上水产加工企业9家,水产苗种场200多家,远洋渔业企业5家。2015年,厦门市海洋经济专项项目在建渔业项目13个,项目补助资金5 791.9万元,带动社会投入21 582.53万元。其中科技攻关项目6个,产业化项目5个,重点扶持领域在于鱼虾苗种的培育、观赏鱼虾、珊瑚的开发和家系培育、水产检测技术的研究。

(厦门市海洋与渔业局)

深圳市渔业

【概况】 2015年,深圳市渔业系统深入贯彻落实科学发展观,加快转变渔业发展方式,以"调结构、扩内需、保增长、惠民生"为工作目标,发展现代科技渔业建设,全力推动远洋渔业健康发展,推动资源节约、环境友好型渔业结构的调整,取得了一定的成绩。2015年全市渔业经济总产值143 155万元,水产品总产量40 429吨,其中养殖水产品产量2 454吨,远洋捕捞产量31 327吨,拥有远洋渔船107艘,占广东省远洋渔船的75%以上。

1.远洋渔业快速发展 全市积极实施国家提出的"走出去"、"一带一路"战略,加大对外投资合作,促进渔业转型升级,推动远洋渔业迅速发展。

(1)海洋渔船更新改造项目开展顺利。2012—2013年全市经省发展改革委批复建造远洋渔船51艘,项目总投资4.59亿元(中央投资补助1.15亿元),申请调减4艘渔船后,已完工47艘并通过竣工验收,完工率为100%。2014—2015年经国家发展改革委批复建造远洋渔船15艘,项目总投资1.48亿元(中央投资补助0.43亿元),目前已完工2艘,完工率为13%,进一步提升了远洋渔船装备水平及远洋渔业竞争力。

(2)支持企业大力发展远洋渔业。2015年,全市7家远洋企业申请新建远洋渔船61艘,已获得农业部批准建造42艘,进一步扩大过洋性远洋渔业合作项目。

(3)强化远洋渔船安全监管。认真执行《广东省海洋与渔业局关于远洋渔船安全生产的管理制度》,进一步加强远洋渔船安全监管,推进深圳远洋渔船安全生产规范化管理。

2.落实和制定各项惠渔政策,加强资金监管

(1)落实渔业油价补助政策,拟安排全市2014年度国内渔业油价补助和远洋渔业油价补助约1.6亿元;落实休渔补助政策,安排2015年休渔船员411人补助61.65万元;落实远洋渔业项目专项补贴政策,安排2015年5家企业10个远洋渔业项目专项资金补贴883万元。

(2)制定政策性渔业保险配套政策和修订完善休渔补助政策。深圳市经济贸易和信息化委员会联合市财政委对原《深圳市休渔补助实施方案》进行修改完善,并制定了《深圳市政策性渔业保险保费补贴资助操作规程》报送市政府审议,已经市政府领导批准实施。

(3)认真开展涉农资金专项整治。根据《深圳市贯彻落实〈财政部 发展改革委 农业部关于开展涉农资金专项整治行动的实施意见〉的实施方案》,深圳市经济贸易和信息化委员会认真开展涉农资金专项整治工作,一是认真开展涉农资金使用情况的自查自纠工作,各区及相关单位已按要求开展自查自纠工作,并将自查自纠报告报送市经信委,自查率达到100%;二是积极开展涉农资金重点检查工作,已委托1家中介机构分别对4个区级渔业主管部门、9家单位开展重点检查,对发现管理制度及有关材料不完善的问题,已要求各有关单位补充完善。目前大部分单位已完成整改工作。

3.加强渔业捕捞许可管理工作

(1)按照市政府新一轮深化行政审批制度改革要求,经市政府批准同意,已将市级渔业捕捞许可、水产种苗生产许可事项下放各区渔业行政主管部门执行。

(2)加强捕捞许可管理,严格按规定程序对捕捞许可申请材料进行审核把关。共受理540多份捕捞许可证和捕捞辅助船许可证到期换发申请,已审核并转报上级渔业主管部门审批及备案。

4.海洋渔业资源保护力度进一步加强

(1)做好伏季休渔管理工作。全市2015年休渔渔船778艘(本港渔船457艘,港澳流动渔船321艘),各项休渔工作任务顺利完成,达到预期目标,取得良好效果。

(2)开展渔业资源增殖工作。6月6日全市组织的渔业资源增殖放流活动,共放流134万尾海水鱼苗、794万尾对虾苗,取得了良好的社会反响。

(3)推进人工鱼礁建设。1.43平方公里的东冲—西冲人工鱼礁区建设项目已经深圳市发改委批复,投资总概算为6 650.30万元,计划投放3 900个礁体,总空方量为27.77万立方米。已完成施工图。

(4)加大渔业执法及宣传工作力度。重点强化禁渔区及水生野生动物日常监管及部门联动执法,严厉查处利用"三无"船舶、非法网具等违法捕捞行为,积极开展禁渔区以及水生野生动物保护大型宣传活动。2015年共出动执法艇850艘次,依法扣押各类"三无"船舶293艘,非法网具38万余米,判刑4人,行政拘留1人。

5.抓好渔业安全生产管理工作 一是落实安全生产责任。召开了全市渔业安全生产工作会议,严格落实"一岗双责"制度,强化船东、船长安全生产主体责任。二是抓好渔船安全生产监管工作。执行封港查船行动,全年检查各类渔船2 653艘次,查获违规案件366宗,发出限期整改通知书65份;结合"打非治违"等专项执法行动,积极开展渔船安全隐患系统治理;加强休闲渔船管理,严厉查处渔船非法载客行为;按照两个"百分百"要求,全力以赴开展防台抗风工作,及早部署防御强台风。三是积极推进渔船信息化工作,对渔船登记、过户等信息实时更新,实行动态监管;四是加强船检工作,确保渔船安全适航。五是制定《深圳市政策性渔业保险实施方案(试行)》,减轻渔业经营者负担,提高渔业防灾抗灾保障率。

6.渔政执法管理 全年开展专项执法行动350次,出动执法船艇2 653艘次,执法车250辆次、执法员19 102人次,累计检查港口312个次,检查各类渔船6 836艘次,查获违规案件366宗,取缔"三无"船舶407艘,收缴非法捕捞网具17.45万米,罚款49.29万元。加强休闲渔船管理,严厉查处渔船非法载客行为。加强与南海海救助局深圳基地协作,提高海上救助成效,全年均无行政复议及行政诉讼行为。未发生安全生产责任事故,较为出色地完成了全年各项工作任务。

7.渔政队伍建设

(1)队伍建设取得明显成效。一是廉政建设常抓不懈。每日向工作人员(包括临聘人员)发送廉政警言,开展"纪律教育学习月"活动,邀请市检察院领导举办警示讲座等。严格执行廉政预警和风险防控制度,全年未发生违反廉政建设问题。二是督察工作常态化开展。确立"每周三"督察日制度,督察工作覆盖全面,发挥了重要作用。三是"渔政队伍建设年"活动成绩突出。购买服务24人,基层力量得到扩充。盐田大队成为全省先进大队。

(2)海监基地项目建设稳步推进。目前该项目已获得深圳市发改委可行性研究报告的批复,完成了工程勘察招标并签订合同,已开展陆域配套工程建筑概念设计和初步设计。

8.渔业船舶水上安全事故及救助情况 2015年深圳市共发生3起渔业船舶水上安全事故,造成1人死亡、1人受伤、1艘渔船沉没,损失3.1万元。

按照"险情就是命令"原则,准确接收突发险情,及时报告值班领导、迅速协调组织救助力量,全力参加海事救助。2015年深圳支队共参与救助25宗,其中涉渔救助9宗,出动执法船艇43艘次,救助遇险人员10人。

【重点渔业区基本情况】

深圳市重点渔业区基本情况

重点渔业区	渔业总产值(万元)	水产品总产量(吨)	其中		养殖面积(公顷)	
			海洋捕捞	海水养殖	内陆养殖	海水养殖
大鹏新区	7 837	4 860	3 082	1 900	11	232

（续）

重点渔业区	渔业总产值(万元)	水产品总产量(吨)	其中		养殖面积(公顷)	
			海洋捕捞	海水养殖	内陆养殖	海水养殖
宝安区	12 896	617	689	17	12	10
南山区	14 000	3 235	3 000	200	3	28

（深圳市经济贸易和信息化委员会）

新疆生产建设兵团渔业

【概况】 2015 年，新疆生产建设兵团渔业以转变渔业发展方式为主线，加快渔业基础设施和支撑保障体系建设，推进水生生物养护工作，深化养殖品种结构调整，大力发展本地特色鱼类养殖和休闲渔业，努力转变渔业经济增长方式，着力推进水产健康养殖行动，提高水产品质量安全水平，实现了渔业经济的稳定发展。水产品总量 4.61 万吨，同比增加 1 879 吨，增长4.2%，其中养殖产量 45 680 吨，同比增加 2 204 吨，增长5.1%；淡水捕捞产量 437 吨，同比减少 325 吨，减少 42.7 %；养殖水面面积 37 287 公顷，同比减少175 公顷，减少 0.5%；渔业产值 7.41 亿元，同比增加 1.01 亿元，增长 16.6%；渔业职均收入 36 000 元，同比增加 2 000 元，增长 5.9%；人均水产品占有量 16.68 千克，同比增长 3.03%；繁育各类鱼苗 9.67 亿余尾，同比减少 1.22 亿尾，减少 11.2%，生产各类鱼种 1 659 吨。

1. 养殖证制度建设 养殖证制度是渔业信息化管理的基础工作。2015 年共发放新版养殖证 12 本，发放面积 16 866.4 公顷，水产苗种许可证换(发)证 8 本。

2. 水产品质量安全监管 履行监管职责，确保水产品质量安全。一是加大宣传力度，兵团水产局作为兵团食安委的成员单位，积极利用兵团渔业微信平台和兵团食品安全宣传周活动大力宣传水产品质量安全的重要性，强化生产者的责任意识。二是加强监管工作，继续开展专项整治行动，打击非法添加和违规使用禁用渔药行为，推进健康养殖，制定下发了《2015 年兵团水产品质量安全监管工作要点》，5 月底至 6 月初，兵团水产局开展了对苗种生产集散地第六、八、十师的重点苗种生产企业的专项检查；7 ~ 9 月，开展了对一、三、四、十二师重点产区的水产品质量安全检打联动检查，加大对养殖投入品环节监管力度；指导八师水产局开展水产品药残检测。全年兵团未发生水产品质量安全事故，水产品市场价格保持平稳。

3. 农业部健康养殖示范场创建 为做好水产品安全有效供给，从源头规范渔业生产和管理，确保水产品质量安全，继续开展农业部健康养殖示范场创建和管理工作，兵团四师 69 团、六师共青团农场等 4 家单位获得了农业部健康养殖示范场称号。兵团现已有 20 个农业部健康养殖示范场，创建面积 2 697 公顷。

4. 水生生物资源增殖放流 兵团继续开展以淡水鱼类资源增殖放流为重点的水生生物资源养护工作。6 月 6 日“放鱼节”，兵团水产局组织八师和十师水产局，分别在大泉沟水库和阿克达拉水库开展增殖放流，投放常规鱼夏花苗种 1 100 万尾，河鲈等特有经济鱼类苗种 30 万尾。9 ~ 11 月，各师水产局有序组织开展秋季鱼类增殖放流，共投放鲢、鳙、草、鲤等大规格鱼种约 850 万尾，促进了水域生态环境的改善和渔业的可持续发展。

5. 水产品认证 积极推进水产品无公害、绿色、有机水产品的认证，2015 年有 7 家较大规模渔场取得无公害水产品产地、产品认证，认证品种 29 个，认证养殖规模 3 852 公顷；2 家较大规模渔场取得有机水产品产地、产品认证，认证品种 10 个，认证养殖规模 24 667 公顷。

6. 渔业油价补助 根据《渔业成品油价格补助专项资金管理暂行办法》的要求，完成了以下工作：一是 2013 年度渔业油价补助资金已全部发放到受益对象手中，受益船只 235 艘，发放补助资金 243 万元；二是指导相关单位完成了 2014 年渔业油价工作的团、师、兵团三级的网上审核、报送等工作和程序，已有二、三、七、八、九师完成了 2014 年度渔业油价补助的发放；三是到第六、八师进行了渔业油价补助工作专项检查，督促各单位更加规范做好油价补助各项程序；四是积极配合财政部驻疆专员办对 2010—2015 年兵团渔业油价补助工作的全面检查。

【重点渔业生产单位基本情况】

新疆生产建设兵团重点渔业师基本情况

单位	总人口（万人）	渔业产值（万元）	水产品产量（吨）	其中		养殖面积（公顷）
				捕捞	养殖	
第一师	31.8	8 235	4 451		4 451	8 464
第二师	19.17	7 659	4 926		4 926	929
第四师	22.89	13 482	9 781	360	9 421	947
第八师	59.71	7 995	6 076		6 076	2 873
第十师	8.9	20 094	9 135	77	9 058	10 000

（新疆生产建设兵团水利（水产）局　王雪梅）

全国渔业重点事业单位

农业部渔业船舶检验局

【概况】 2015年是渔船检验工作创新探索之年。船检工作紧紧围绕农业和渔业中心工作，通过探索机制创新，加快推进职能转变；通过重点渔船安全监管，彰显了船检服务深蓝能力；通过智慧船检建设，开创渔船检验"互联网+"时代。一年来，派出了19个境外检验团组，52人验船师，共完成了1 761艘次远洋渔船检验与发证工作，保证了远洋渔船及时顺利出航。在全国渔业船舶验船师资格评审工作中，2014年共评审通过69名高级验船师，207名中级验船师；2015年82名验船人员获得高级验船师资格，263名验船人员获得中级验船师资格，在全国会议上对十名高级验船师代表进行授证。全国各级检验机构预计共检验完成近70万艘渔业船舶、80多万台件船用产品，审理1万多套渔船图纸，切实发挥了渔船检验在渔业安全生产中的重要基础作用，凸显渔船检验监督管理职责。

1.全面深入推进三大行动 2015年是全面深入推进渔船基本数据核查、渔船安全风险隐患排查治理和船用产品质量监督整治等渔船检验执法三大行动的关键一年。按照农业部2015年"三无渔船"专项整治工作要求，组织全国船检系统继续深入推进三大行动实施，并进行总结分析，对2014年三大行动开展情况进行了全面梳理。对2015年三大行动开展进行了再动员再部署。两年来三大行动成绩显著，全国共普查渔船56.5万艘，排查整改安全风险隐患渔船4.95万艘，查处假冒伪劣船用产品10.98万台件。针对渔船普查行动中发现的"套牌"、船证不符等问题，配合农业部渔业渔政管理局，组织开展了"船证不符"情况摸底调查分析研究，提出了进一步整改措施和对策，完成了海洋渔船"船证不符"船名册。举办了2015年全国渔船船用产品质量专项治理监督抽查培训班，指导全国重点对救生、消防设备的安全性能进行监督抽查，对生产企业进行监督检查和船用产品市场流通秩序进行整顿。组织沿海省渔船检验机构和国家渔机质检中心及国家消防质检中心统一开展了救生、消防设备监督抽查，形成了《2015年渔船救生、消防设备安全性能监督和抽查结果及质量分析报告》。编印了《渔业船舶船用产品认可名录2015版》，加强船用产品检验信息公开力度。

2.加强检验法规的研究与制定 以渔船检验管理制度和技术法规研究修订为切入点，开展法规研究与梳理，完善检验法规体系构架。利用《渔业法》修订的契机，研究提出有关渔船检验监督管理工作方面的修改建议。全面梳理了近30年来渔船检验相关法规、文件335部(件)，废止或终止了120件，确定并公布继续有效文件151件。组织起草了《渔业船舶检验工作程序规定》(已形成讨论稿)，拟以部门规章形式规范检验依法行政工作。分类细化研究制定相关渔船检验技术法规，编制发布了《远洋渔船法定检验规则》和《钢质海洋渔船建造规范》，在10余家主流媒体上进行了宣传报道，并在生效实施前对设计、修造单位及所有远洋验船师等500余人开展了培训宣传贯彻；完成了海洋和内河渔船2部法定检验规则(送审稿)、2部建造规范修改草稿以及"远洋渔业船舶"和"船长≥24米海洋渔业船舶"验船师指南(征求意见稿)。制定发布了不同尺度的海洋渔船、内河渔船等3部验船师指南以及《渔业船舶图纸审查管理工作指南》等指导性文件，并进行了宣传贯彻。探索船用产品检验监管制度改革，开展了船用产品召回监管制度创新研究，梳理总结了近年来救生筏召回的成功案例，对2014年以来发现的存在质量隐患的2 500多只气胀式救生筏实施了召回管理，完成了《渔业船舶缺陷船用产品召回管理规定(送审稿)》。开展了《渔业船舶船用产品法定检验规则》修订调研研讨，形成了《渔业船舶船用产品法定检验规则》(修订稿)。启动了《渔业船舶船用产品检验规程》修改工作，颁布了《渔船船用产品认可初审工作指南》，进一步指导和规范全国船用产品认可初审工作。

3. 强化重点渔船的检验监管 为提高检验工作服务远洋渔业和海洋战略的能力和水平，开展了《远洋渔船检验管理办法》的研究制定，发布了远洋渔船无线电通信设备装船后检验检测要求，修订了远洋渔业船舶检验证书及其记录样式，全面启用了远洋渔船检验监督管理子系统，确保远洋渔船检验工作按照2015年新法规严格执行。制定发布了2015年度远洋渔船检验计划，方便了船东及时修船和预检。研究了境外检验团组派出办理手续改进措施，确定了派出境外检验团组人员及天数的原则。改革了境外检验任务下达方式，及时报我驻外使馆知晓，严肃境外检验工作。配合国动办，部署海南批量渔船建造检验协调工作，参加船厂建造情况督查，对督查时发现的有关问题及时处理。协调图纸重新审批和主机选型审核工作，完成了"未检下水"的4艘渔船建造质量评定。组织开展了对上述渔船的检验质量检查活动。积极配合渔业局开展内陆渔船"三证合一"改革，按照改革要求指导内陆渔船检验工作。

4. 严格渔船柴油机等重要产品管控 为保障渔业"双控"政策有效执行，着力开展了柴油机型谱审核工作，提升支撑行业中心工作的能力。编制印发了《渔船用柴油机型谱日常审核阶段实施细则》，受理了10家柴油机企业共231个型号的审核申请，组织专家进行了5次集中审核工作，已有140个渔船用柴油机型号通过审批。加强对管控过渡期内柴油机功率审核监管工作，完成956艘渔船审核工作。为防止型谱审核后出现监管空白，制定了《渔船用柴油机型谱核查工作方案》，对河北等5个省份辖区内10家柴油机企业落实《渔船用柴油机型谱与标识管理办法》情况开展了核查，完成了《2015年渔船用柴油机型谱与标识核查工作结果报告》。完成了31家柴油机企业的船用柴油机型式认可审核与发证等工作。在对全国85家救生筏检修站进行监督检查的基础上，研究制定了《渔业气胀救生筏检修站认可及监督管理办法（征求意见稿）》；印发了《农业部办公厅关于加强渔业船用救生筏监督管理工作的通知》，加强对救生筏检修站的监督管理指导。举办了《北斗海洋渔业应用示范项目》建设培训，督促并部署三省一市建设单位认真做好招投标、设备安装、验收等工作，与总装备部相关部门完成了合同补充协议签署工作，编制了验收工作方案和验收工作预算。

5. 积极开展渔船标准化工作 以小型渔船船型标准化工作为抓手，开展标准化船型研究与推广工作。指导全国渔船标准化船型选型工作，继续扩大内河小型渔船标准化工作试点，在湖北省完成了6个内河船型的评选工作。开展了远洋渔船标准化船型收集、评选以及渔政船船型标准化工作，推进我国渔船标准化进程。初步确定了下一个时期标委会的工作方向和思路，设立了渔船装备、清洁能源和电力推进、玻璃钢四个工作组和一个玻璃钢产业联盟，开展了LNG清洁能源、渔船电力推进系统和LED集鱼灯替代光源等新能源、新材料、新技术、新装备在渔船上应用研究。审查通过了国家标准一项，行业标准4项，完成了2016年标准项目申报和评审，共有9项标准通过评审；积极推动渔船标准走向国际化的研究与跟踪。

6. 探索渔船生产企业监督新机制 开展了渔船建造事中监管，推动渔船建造行业提质升级健康发展。研究制定了《渔业船舶生产企业生产条件基本要求》行业标准，探索建立新的渔船生产企业监管思路和考评办法。组织开发了《渔船修造企业网上报检服务平台》，规范了渔船生产企业检验申报，加强对渔船修造企业的监督管理。编制出版了《渔船修造企业特殊工种质检员培训教材》，成功举办第一期渔船修造企业技术管理人员专业证书班，42名企业基础技术人员参加了培训。制订了《渔船修造企业特殊工种培训考试基地的评价标准》和管理办法，试点开展了一个培训基地的评审，创新企业技术人员培训渠道。积极开展了渔船及装备技术发展前期研究工作，为下一步研究提出我国渔船及装备技术发展纲要和"四新"技术推进计划，指导"十三五"期间渔船技术发展提供科学依据。

7. 推进船检队伍和信息化建设 开展验船能力培训，强化体系建设，完善检验信息管理，精心谋划"智慧船检"发展蓝图，提升执法手段能力。制定了"智慧船检"总体设计方案，以"互联网＋"等先进理念谋划渔船检验信息化建设布局。开展了渔船检验监督管理体制机制研究，研究完成了《渔业船舶检验工作督察实施办法》（报批稿）。组织编写了《中华人民共和国渔业船舶检验监督管理机构业务管理规定》（审查稿）。依法依规审核批复了天津等6个机构的业务核定、广西等7省（自治区）共计51个检验机构的业务复核、安徽等4省89个检验机构的业务调整申请。强化对地方业务职能下放的监管，对山东擅自下放给3个市处职能，以及条件能力不符合要求的海南14个渔船检验机构业务调整予以了暂缓批复。组织开展全国验船师队伍建设研究工作，完成了全国验船师队伍建设调研报告以及研究报告，研究制定了"十三五"期间我国渔业船舶验船师队伍建设规划。2015年，在原有培训的基础上，举办了青年验船师实践培训班、远洋渔船检验业务专题培训班、审图验船师培训班等各类培训班25期,培训了1 189人次。加强对专项工作培训。系统规划了验船师培训教材体系,组织制订海洋、内陆验船师培训教材编制目录框架。

8. 加强机关自身能力建设 组织全局干部开展了局内部建设课题研究。创办了“港湾讲堂”学习交流平台并举办了4期,创建了“我们的大船”微信平台和“中国渔船检验”微信公众号。创新制作了首部渔船检验事业发展短片,全面介绍了渔船检验工作内容、取得成绩等。该短片在全国会议上和培训班、会议上进行了播放,并下发全国各省市机构学习,起到了很好的教育效果。在财务制度建设方面,严格执行“中央八项规定”,强化财经制度和纪律要求。在政务信息宣传工作上,对局政务网站进行了改版,成功接入部政务网站。启用了12316农业综合信息服务平台,向各省及有关企业共发送了近一万条短信,传送有关重要通知信息、渔船检验情况。加强重要信息报送,及时报送到国务院网站、中央紫光阁网、农业部政务信息网、部机关党委网站、中国渔业政务网等,共百余条,出版发行了4期《中国渔船》杂志,扩大渔船检验的影响力。

(农业部渔业船舶检验局)

中国水产科学研究院

【概况】 2015年,中国水产科学研究院围绕农业部“两个千方百计、两个努力确保、两个持续提高”的目标,坚持“深化改革,创新机制,突出重点,狠抓落实”的工作思路,转变工作作风,狠抓工作落实,推动了渔业科技创新和支撑保障能力持续提升,全院各项事业取得了新的发展。

1. 科研项目与成果产出 2015年,全院共获得省部级奖励28项次,其中一等奖4项。分别以第1和第2完成单位包揽水产领域全部2项国家奖。牵头承担了一批重大科研任务,黄海水产研究所牵头的973项目、长江水产研究所和渔业机械仪器研究所参加的973课题正式启动;54个项目获得国家自然科学基金资助,其中重点项目1项、面上项目11项。全院有3个水产新品种通过审定;获得专利授权407项;出版专著24部;发表学术论文1 466篇,SCI(EI)期刊收录470篇。海带基因组学研究成果在《自然通讯》上发表。进入基本科学指标数据库(ESI)植物与动物科学领域全球前1%机构,位居我国大陆37家入选机构的第18位。

2. 科技支撑与公益服务 积极落实农业部为农民办实事工作任务,围绕渔业转方式、调结构,遴选工厂化循环水养殖、池塘生态养殖等7大高效节能减排养殖系统,深入开展“节能减排养殖系统推进专项行动”,为节能减排提供适用技术和模式;举办各类培训和现场指导600多场次,直接培训和服务渔民超过3.2万人次,从业人员节能减排意识进一步得到提高。院地院企合作不断拓展,全院各单位共签订各类科技合作协议50余项,新建科技示范基地、园区20个。围绕水产品质量安全监管、渔业资源调查养护、水域生态环境监测等广泛开展技术支撑工作,为行业管理提供支撑保障。

3. 开放办院与国际交流 牵头组建国家渔业科技创新联盟和南极磷虾产业科技创新联盟,与华大基因研究院共建水产生物基因组研究中心,进一步加强协同合作并促进创新发展。围绕农业“走出去”战略布局,与拉美、中亚、东亚有关国家建立了渔业科技合作关系,与墨西哥、阿根廷等国的渔业科技合作成为双边农业合作的重要议题;向上级部门提交了《中国－东盟渔业科技合作总体思路》《“一带一路”国家渔业重大科技合作创新需求》等一批重大专项建议;两岸渔业科技合作不断深化,在冷水性鱼类养殖和渔业资源养护等方面的合作研究取得实质进展。国际培训迈上新台阶,首次实现由中短期培训到对外专业学位教育的重大突破,获批商务部、教育部渔业专业硕士项目;共承担10项国际培训任务,培训了来自35个国家的267名高级渔业技术和管理官员,在渔业科技“走出去”的同时,为履行国家承诺和国际责任做出重要贡献。

4. 财政支持与条件建设 科学编制全院首个“三年滚动”财政支出规划及三年修缮购置专项规划。重大设施运转费新增3个项目,比上年增加242万元。黄海水产研究所等5家单位共同发起组建的“青岛海洋科学与技术国家实验室”正式投入使用。黄海水产研究所国家级海洋生物种质资源库建设项目立项,总投资近1.5亿元;东海水产研究所、黄海水产研究所2艘3 000吨级渔业资源调查船可研报告获批,并上报了初步设计。东海水产研究所宁海基地、淡水中心扬中基地和长岛站南长山基地等3个试验基地建设项目立项,试验基地布局进一步完善。系统谋划南海渔业科技创新平台项目,与海南省签订了共建合作协议,南繁种业基地策划迈出重要一步。

5. 人才队伍建设 紧抓落实“5511人才工程”这条主线,院所两级在“用好现有人才、稳定关键人才、引进急需人才、培养未来人才”4个环节细化工作措施,在人才培养和引进方面积极探索并取得了实效。修订完善《院专业技术岗位聘用暂行办法》,制定《院

“百名科技英才培育计划”管理办法》,明确人选进出机制,新遴选百名英才46名。首次承办农业部部属“三院”处级干部能力建设培训班,培训效果受到农业部人事劳动司和三院学员的高度评价。1人入选第二批中组部“万人计划”青年拔尖人才,11人及其团队入选农业部第二批农业科研杰出人才及创新团队,新增7个院优秀科技创新团队和8名院中青年拔尖人才。

【黄海水产研究所】

(1)科研项目与成果。2015年共主持、承担各级各类科研课题417项,其中:主持973计划项目1项,承担973课题9项(主持3项、参加6项);主持863计划课题16项,参加11项;主持科技支撑计划项目1项;承担科技支撑计划课题18项;主持国家自然科学基金重点项目1项,面上青年等各类项目50项;承担科技部国际合作项目2项。全年新上项目138项,新上项目合同总经费7 421.39万元。发表论文合计约393篇,其中SCI收录期刊论文151篇,1篇文章在《自然通讯》(Nature Communications)上发表;出版专著7部;申请专利并受理54项;获国家授权专利92项;获软件著作权18项;大菱鲆“多宝1号”、凡纳滨对虾“壬海1号”获新品种证书。制定并已颁布实施各类标准12项。获各级科技奖励16项,其中:国家科学技术进步奖二等奖1项(第二完成单位);山东省技术发明奖一等奖1项,山东省科技进步二等奖1项(参加单位);中华农业科技奖科学研究成果一等奖1项,三等奖1项,优秀创新团队奖1项;海洋科学技术奖一等奖1项,二等奖1项;教育部科技进步奖一等奖1项(参加单位);中国产学研合作创新成果一等奖1项(参加),二等奖2项;山东省海洋与渔业科学技术奖二等奖1项;中国水产科学研究院科技进步奖一等奖1项,二等奖1项,三等奖1项(参加单位);福建省科技学技术进步三等奖1项(第二单位)。

(2)成果转化与科技服务。国家海洋技术转移中心专业领域分中心获批,牵头组建或参建的海水养殖产业标准联盟和鱿鱼产业创新联盟成立,“青岛市海水养殖工程研究中心”考核优秀,牵头组建申报的“青岛市水生生物疫病临床防控工程研究中心”获批,创新成果转化平台进一步扩大;主持2项成果获产学研合作创新成果二等奖,参加1项成果获产学研合作创新成果一等奖;5项成果获第十七届国际高新技术成果交易会优秀产品奖,成果转化奖项取得新突破。通过座谈交流、技能培训、现场指导、扶植示范户等方式,分专题、有针对性地帮助解决渔业主产区生产实践中的难点问题,共举办或参加各类讲座、培训班、现场指导等科技兴渔活动140余场,培训基层技术人员12 000余人。

(3)学术交流与国际合作。2015年承担国际科技合作项目7项,其中科技部国际合作专项1项,农业部948项目2项,欧盟第7框架计划课题1项;合同总经费951万元。开展专家互访和国际学术交流,参加国内外学术活动并做报告50余个,接待国外知名专家来所交流127人次,组织各种类型的学术交流活动30余个。

(4)人才队伍建设。1人入选科技部中青年科技创新领军人才,1人享受国务院政府特殊津贴,4人获第二批农业科研杰出人才及其创新团队称号,1人获泰山产业领军人才,1人获山东省突出贡献中青年专家称号,2人获青岛市专业技术拔尖人才称号,1人获青岛市政府特殊津贴专家称号,1人获青岛海洋科学与技术国家实验室“鳌山人才”优秀青年科学家称号,13人入选新一届院首席科学家。组织完成国家公派出国留学基金和留学人员科技活动项目择优资助10人次的申报,2人获国家公派出国留学资助、1人获留学人员择优资助优秀类;选派3名青年科技人员赴美国、加拿大、挪威进行为期一年的公派留学;开展了第三届黄海水产研究所“青年科技奖”评选,有6人获奖;组织开展黄海水产研究所第一届“优秀博士后”评选活动,评选出2名优秀博士后。

(5)科研条件建设。国家级海洋渔业生物种质资源库建设项目建议书获国家发改委批复,完成可研报告编制、上报;3 000吨级海洋渔业综合科学调查船建设项目可行性研究报告获批复,完成设计单位的招标和船模试验工作,进入初步设计阶段;300吨级渔业资源调查船开工建造;海阳试验基地建设项目实现主体结构封顶;农业部海洋渔业可持续发展重点实验室学科群综合性实验室建设项目完成实验室改造和批复进口仪器设备采购;水产品质量安全风险监测与预警能力建设项目(黄海)全面完成批复内容;2014年修缮购置专项即墨科研基地基础设施改造项目进入工程竣工结算阶段;2015年修缮购置专项黄岛基地园区配套公共基础设施修缮、升级工程顺利实施,一期管网系统整合与新能源利用改造项目已建成使用。

【东海水产研究所】

(1)科研项目与成果。在研项目共467项,其中主持401项、参加66项,包括863计划7项(含子课题)、国家科技支撑计划10项、国家自然科学基金29项。共新上项目167项,其中主持147项、参加20项,包括国家自然科学基金7项、国家和部级其他项目40

项等,新上项目合同总经费 9 052.84 万元。共获得各项奖励 11 项,其中主持 8 项,包括中国专利优秀奖 1 项,上海市科技进步二等奖、三等奖各 1 项,上海海洋科技特等奖 1 项等。出版专著 4 部,发表论文 259 篇,其中 SCI、EI 72 篇、核心期刊 130 篇。申请各类专利 127 项,其中发明专利 56 项;授权专利 92 项,其中发明专利 21 项;获授权软件著作权 5 项。

(2)技术支撑与科技服务。牵头联合国内优势单位开展南极磷虾资源开发利用关键技术研究,支撑探捕产量达 3.2 万吨,跃居世界第二。开展远洋渔业资源调查,自主研发了国产鱿鱼钓机、竹筴鱼拖网等装备。持续监测长江口渔业生态环境,创新栖息地修复技术,提出了中华鲟产卵场变迁的论点,引起了广泛关注。开展东海近海渔业资源调查,为行业管理和对外谈判提供科学数据。深入开展渔具标准化研究,支撑近海捕捞规范管理。盐碱渔业开发研究不断深入,建立多种新型利用修复模式。承担渔业环境监测任务,探索水域环境修复技术。优化银鲳、青蟹、篮子鱼、海马、锈斑蟳繁育技术,建立稳定优势亲本群体。拓展铜合金海水养殖应用,助力新型海洋牧场建设。圆满完成国家和地方水产品质量安全监测,苗种质量监督抽查,水产品潜在危害因子摸底评估,等工作。积极组织科研人员做好渔业科技入户示范、试点工作,先后深入到浙江、江苏、山东、福建、新疆、甘肃、湖南以及上海本地以科技服务、咨询、培训、指导等方式开展渔业科技服务活动,共派遣科技人员 40 余人次,举办讲座、培训班、现场指导等科技服务活动 20 余次,培训技术人员和渔民 2 000 余人。

(3)学术交流与国际合作。在研国际合作项目共 6 项。组织召开了"2015 年东亚鳗鱼资源保护学术研讨会",来自中国大陆和台湾省以及日本、韩国、菲律宾等国家和地区的 130 位专家、代表与会,促进了不同国家和地区共同维护鳗鱼资源的合作与交流。接待来访外宾 76 人,其中合作研究 5 人、举办讲座 5 人。派出科研人员参加国内学术会议 114 人次,国际学术会议 24 人次。派出 11 人赴新西兰、澳大利亚、巴西、秘鲁、日本等国开展学术交流或培训。邀请国内外专家来所作各类学术报告 21 人次。此外,受农业部渔业渔政管理局委托组织召开第 13 次中日海洋生物专家小组会谈,先后承办了 2015 年海洋捕捞渔具管理第一、二次会议、刺网最小网目尺寸及准入工作调查总结会议等派出 1 位科研人员出国开展访学,4 位科研人员学成归国。

(4)人才队伍建设。截止到 2015 年年底,1 人成功入选第二批"万人计划"青年拔尖人才计划,3 人入选农业部农业科研杰出人才及创新团队,1 人入选上海市统一战线(工作)先进个人。已拥有博士生导师 4 人、硕士生导师 60 人。上海海洋大学硕士生导师新增 5 人。与各高等院校和研究所联合培养在读研究生 111 人,其中博士研究生 5 人,硕士研究生 106 人。招收 2015 级博士研究生 1 人、硕士研究生 29 人。

(5)科技条件建设。2015 年在建基本建设项目 6 项,其中调查船建设项目 3 项、基地建设项目 1 项、实验室建设项目 2 项,基建总投资 8 367 万元。在建项目数量和资金量创历史新高。其中,3 000 吨级海洋渔业综合科学调查船可行性研究报告获国家发改委批复,总投资 2.4668 亿元,初步设计在编制中;两艘 300 吨级科考船进入建造阶段,已实施船台吊装,进入船体合拢阶段。福鼎基地通过竣工验收已投入使用,赣榆基地正在建设,宁海基地获得立项。农业部东海与远洋渔业重点实验室和农产品质量安全风险监测与预警能力建设项目完成设备采购。修缮购置项目新增立项 2 项,在建 3 项。

【南海水产研究所】

(1)科研项目与成果。全年主持和承担各类纵向科研项目 325 项,合同经费达到 2.18 亿元,到位经费 1.28 亿元,其中新上项目 206 项,合同经费 0.93 亿元。获得省部级和院级以上科技成果奖励 8 项,其中"斑节对虾遗传育种研究及新品种推广应用"成果荣获 2015 年度广东省科学技术奖一等奖。全所在中外期刊公开发表学术论文 262 篇,其中 SCI/EI 收录 78 篇,2 篇论文获"第四届南粤科技创新优秀学术论文奖";出版专著 12 部,获授权专利 96 项,获软件著作权 5 项。合浦珠母贝新品种"南珍 1 号"通过全国水产原种和良种审定委员会审定并获得新品种证书。

(2)技术支撑与科技服务。受农业部委托,成立南海渔业中心,协助管理南海渔业安全生产工作。"南锋"号调查船先后赴南海北部外海、西太平洋等执行 6 个航次调查任务,实现了既科考又维权的目的。圆满完成了 2015 年农业部及广东省水产品质量安全监控 5 大类 13 项任务以及水产品质量标准制修订等工作,为各级渔业主管部门及时了解和应对食品安全问题提供了有力支撑。全年组织或联合举办各类水产科技培训活动 43 场次,培训人员 4 430 人次以上,发放技术资料 7 240 余份,有力地推动了渔业经济健康安全发展。

(3)学术交流与国际合作。全年接待国内外领导、专家来所考察、调研、参观、访问和学术交流 300 多人次,其中承办大型学术研讨会 3 次,主办小型学术交流会35次。主办的《南方水产科学》期刊质量持续提升，首次入选CSCD核心库，被评为“RCCSE中国核心学术期刊(A)”，荣获“第五届广东省优秀科技期刊”称号。国际合作项目取得新进展，“中国－东盟现代海洋渔业技术开发与产业化示范”“中越北部湾渔业资源养护示范”等2个项目获中国－东盟海上合作基金资助。

（4）人才队伍建设。通过增设和调整学科建设搭建高层次人才培养平台，推进人才队伍结构持续优化，2015年新增设了“南海渔业战略研究中心”和“资源养护与海洋牧场研究室”2个科研创新部门，将水产捕捞学科组并入渔业资源研究室，将“水产养殖与生物技术研究室”调整为“水产养殖与遗传育种研究室”。此外，所内有1人及其团队被评为农业科研杰出人才及其创新团队，1人当选广东省渔业协会会长，1人入选2014年广东省特支计划，新增16名专家被聘为硕士研究生导师。

（5）科研条件建设。在建项目实施情况良好，其中“热带海洋生物养护与利用研究中心项目”和“陵水试验基地建设项目”均完成竣工验收；“300吨渔业资源调查船建设项目”船体开工建设，进口仪器设备完成招投标工作；“农业部水产品加工重点实验室建设项目”完成了所有建设内容和设备验收；“农业部南海渔业资源开发利用重点实验室建设项目”“水产品质量安全风险监测与预警能力建设项目”完成了仪器设备招标工作；“水产品加工技术集成基地建设项目”通过农业部专家评审；“珠海基地”一期工程获得所立项支持并已完成工程验收。修购项目执行进度喜人，“深圳基地水产经济动物育种与养殖设施改造项目”完成工程验收，“花都实验基地基础设施改造项目”执行进度达85%。申报的2016年度修缮项目已有5项通过专家评审，项目总经费2 457万元。与北海市政府成功签约，正式启动北部湾海洋渔业研究中心建设，该中心占地近10公顷。

【黑龙江水产研究所】

（1）科研项目与成果。2015年全所在研项目总计148项，合同总经费11 129.8万元，年度到所经费1 906.4万元。新上科研项目62项，其中国家及有关部委项目3项，新上项目合同总经费1 844.5万元。14项课题通过专家鉴定与评价。7项成果获得科技进步奖励，其中，“鲤优良品种培育及产业化应用”成果获国家科技进步二等奖，“哲罗鱼规模化繁育与产业化”成果获黑龙江省省长特别奖，黑龙江省科技进步三等奖；获水科院科技进步二等奖1项；黑龙江省农业科技一等奖2项。发表科技论文107篇，其中SCI/EI收录论文35篇；出版专著4部。申报专利34项，获得授权专利31项；获批软件著作权3项。

（2）技术支撑与科技服务。质检工作支持社会公益事业开展，全面完成水产品质量安全城市例行监测、产地水产品质量安全监督抽查、黑龙江流域捕捞水产品质量安全监测等任务，以及黑龙江省、吉林省和浙江省宁波市主要渔用投入品隐患排查、黑龙江流域抗生素风险评估等工作。完成两次黑龙江流域渔业生态环境监测任务，获得检测数据600余个。全年共开展科技下乡活动33次，发放高产技术示范规程、技术手册、技术资料450多份，培训技术人员1 010人次，累计推广鲑鳟鱼发眼卵和仔稚鱼、松浦镜鲤、大鳞鲃等苗种近5 000万尾（粒），有力地支撑了地方渔业的健康发展。持续开展科技援疆工作，推动新疆额河流域冷水性鱼类产业发展再上新台阶。

（3）国际合作与学术交流。执行FAO渔业援蒙计划，2名专家开展了为期18天的冷水性鱼类养殖设施规划、引进鱼类养殖技术现场培训并开展学术交流等工作。接待来自美国、韩国及我国台湾省等国家和地区来访专家4批次共计9人，来自国内来访专家学者8批次共计30人到所开展学术交流，派出所内科研人员参加各类学术交流活动95人次，进一步拓宽研究视野，提升对外交流能力。举办三北地区渔业科技协作第四届论坛，围绕区域渔业科技发展现状和“十三五”期间北方渔业科技发展走向进行了研讨。2015年获批国家和黑龙江省2015年度引进外国智力项目3项。

（4）人才队伍建设。3人入选水科院“百名科技英才”。1人获批黑龙江省领军人才团队后备带头人资助项目。向西班牙赫罗纳大学派出访问学者1人。招录引进人员7人，其中博士3人、硕士2人，引进海外归国博士后、博士各1人。博士后工作站有3人在站工作。

（5）科研条件建设。完成了“农业部黑龙江流域水产品质量安全监督检验中心建设项目”竣工验收。“农业部淡水水产生物技术与遗传育种重点实验室建设项目”招标及供货工作正常进行。落实“黑龙江水产研究所宽甸鸭绿江试验基地建设项目”全部投资计划，预计2016年验收。2个修缮购置项目进展顺利。

【长江水产研究所】

（1）科研项目与成果。承担各类科技项目224项，其中973计划课题2项、863计划子课题1项、国家自然科学基金18项、“十二五”科技支撑课题2项及子课题4项、国家科技基础性工作专项3项和948项目1项。项目合同总经费19 266.2万元，年度到位经费5 900.5万元。新上项目132项，合同经费7 245.9万元。发表论文151篇，其中SCI/EI收录期刊发表论文62篇。申请专利22项，获授权专利38项，其中发明专利14项。出版专著1部。“长江渔业资源与环境数据库建设与应用”获湖北省科学技术奖励科技进步三等奖，获水科院科技进步一等奖、二等奖各1项。“长丰鲫”通过全国水产原种和良种审定委员会审定。

(2)技术支撑与科技服务。多次在湖南、陕西、湖北等地开展了城市例行监测、产地水产品质量安全监督抽查、本地产地水产品质量安全监督抽查、捕捞水产品质量安全监测和渔用投入品质量安全隐患排查工作，完成500多个样品、2 000多个指标的检测及上报任务。共接受样品73个，继续承担湖北省水产局下达的湖北省无公害产品及产地的检测任务，完成指标数约700个。共承担社会委托65个，其中种质检测25个。参与编制的《中华鲟拯救行动计划(2015—2030年)》获农业部正式印发实施，有利于中华鲟保护工作的进一步开展；达氏鲟规模化全人工繁殖和秦岭细鳞鲑的人工繁育再次获得成功。在湖南、湖北、江苏、安徽、重庆、四川、及河北等地进行各种科技培训及科技下乡活动20次，共计培训渔民1 000多人，发放技术资料1 000多份，取得了较好的社会效益。

(3)国际合作与学术交流。与东京大学海洋研究所、日本北极研究所、捷克南波西米亚大学、韩国姜尚国立大学、新加坡国立大学加强科学研究、人才培养等方面的合作。其中，与日本东京海洋大学先端科学技术研究中心以2014年合作协议为基础，探讨了近年在开展鲟鱼生殖细胞研究、加强中日科研人员交流培养等方面的具体合作计划。进一步开展“水产创新讲座”，2015年共组织举办水产创新讲座5期，邀请日本、美国等国家专家作学术报告，扩大了科研人员的专业视野，增进同其他单位、相关专家的联系和交流。《淡水渔业》杂志继续向学术期刊、规范化发展方向努力。

(4)人才队伍建设。积极组织实施各类竞争性人才、科研团队申报，2人当选水科院首席科学家，1人及其团队被授予“农业科研杰出人才及其创新团队”称号，1名退休专家还荣获“中国水产营养与饲料三十年十大奠基人物”殊荣。2015年在站博士后1人，1名博士后出站；新增硕士生导师3人，共招收硕士研究生18人，毕业研究生博士3人、硕士26人。

(5)科研条件建设。农业部淡水生物多样性保护重点实验室建设项目招标和供货工作有序进行。农业部淡水鱼类种质监督检验测试中心水产品质量安全风险监测与预警能力建设项目(华中)已发布招标公告。梁子湖试验场工作不断向前推进，取得了梁子湖区淡水滩涂养殖资格和鄂州市土地局用地说明等，土地证也已获批，同时申报了鲤鲫鱼类新品种生产性能测试中心建设项目。长江中上游渔业资源环境重点野外科学观测试验站建设项目和长江上游珍稀特有鱼类国家级自然保护区监测能力建设项目已通过单位工程竣工验收、所组织的初步验收和院组织的竣工验收。

【珠江水产研究所】

(1)科研项目与成果。新上纵向项目99项，合同经费3 086.2万元；延续项目100项，到位经费906.1万元；在研项目合同总经费8 445.1万元，年度到位总经费3 660万元。全年完成项目53项，其中结题28项，验收25项。发表论文160篇，其中SCI/EI 49篇。申请专利和软件著作权36项，获得授权20项，其中国家发明专利6项。组织申报了各类成果奖励12项，已公示获奖10项，其中2项成果分获中华农业科技一、二等奖。“杂交鳢”获得新品种证书，申报新品种3个，其中主持申报新品种的“莫荷罗非鱼”、与华南师范大学、三水白金共同申报的鲫鱼新品种“白金丰产鲫”已通过全国水产原良种审定委员会审定。

(2)技术支撑与科技服务。向农业部、广州市推荐主导品种5个和主推技术9项；签订科技服务协议(横向项目)39项，合同金额约320万元；与15家高校、企业、研究机构等签订科技合作协议，共建研究机构1个、示范园区、基地3个；组织参加相关成果展览4次，举办讲座、培训班、现场指导和科技成果展览等科技服务活动90次，培训渔民和养殖户3 900人次。指导生产“优鲈1号”苗种25亿尾，约占全国大口黑鲈鱼苗需求量的50%，同时与广东何氏公司在运输领域等合作共同打造鲈鱼品牌，已形成一条由良种选育、配合饲料开发、养殖模式构建、病害防控、冷链运输组成的成果链。

(3)学术交流与国际合作。推进农业部国际交流与合作项目“巴基斯坦渔业生产能力提升及技术示范”实施，获农业部批准并拟派遣3名专家访巴并提供技术援助。在家鱼人工繁殖之父钟麟先生诞辰一百周年之际，成功举办珠江流域水生生物资源养护及可持续利用学术研讨会及相关纪念活动。与深圳华大基因研究院签订合作协议。重点邀请中国科学院院士、中国水产科学研究院首席科学家等21名高级学者来访进行学术交流。全年组织科技人员参加国内学术交流活动23场，共计1 006人次，提交论文14人次、开展学术报告36人次。

(4)人才队伍建设。招收新职工11人,其中博士5人。2名在站博士后通过中期考核,1名巴基斯坦籍博士后进站工作正在开展。1名研究员入选新一届院首席科学家和享受政府特贴专家。2015年新招收联合招收研究生17名,在所联合培养硕士研究生53人、博士研究生5人。

(5)科研条件建设。在广泛征求意见的基础上,初步完成了所区总体建设规划框架。在建基本建设项目4项,其中"中国水产科学研究院珠江水产研究所热带亚热带渔业生物综合实验室建设项目"通过正式验收并交付使用;"中国水产科学研究院珠江水产研究所广州芳村试验基地建设项目"主体工程已完成70%;"热带亚热带水产资源利用与养殖重点实验室建设项目""渔用药物创制重点实验室建设项目"预算执行达60%。维修项目8个,3个项目已交付使用,2个项目完成主体工程的80%,1个项目完成公开招标、合同签订、施工图会审工作。2016年2个修缮项目进入公开招标程序。

【淡水渔业研究中心】

(1)科研项目与成果。在研项目248项,合同总经费12 559.12万元,到位经费4 308.56万元。新上项目134项,其中国家级8项、省部级79项,新上项目合同经费4 560.6万元,到位经费3 156.9万元。获得成果奖励12项,其中:中华农业科技一等奖和二等奖各1项,湖北省科学技术一等奖1项,江苏省科学技术三等奖1项,贵州省科技进步三等奖1项,中国水产科学研究院科技进步一等奖2项、二等奖和三等奖各1项,无锡市科技进步一等奖和三等奖各1项,江苏省农业技术推广三等奖1项。发表学术论文206篇,其中SCI收录63篇,核心期刊99篇,出版专著4部。申报专利53项,其中发明专利36项;获得专利授权45项,其中发明专利29项;获2项计算机软件著作权。

(2)成果转化与科技服务。落实农业部"为民办实事"工作部署、中国水产科学研究院"节能减排养殖系统推广示范专项行动",选派科技人员深入渔区、企业和养殖户广泛开展科技服务,举办各类培训班和现场技术指导80多场次,培训和服务渔民3 700多人次。所地所企合作不断拓展,签订各类科技协议15项。江苏省重大科技成果转化项目"长江刀鲚规模化生态繁养技术研究与产业化"获立项。与通威集团共建通威研究院华东分院,与江苏中洋集团联合申报长江珍稀鱼类开发与利用国家工程中心,与大湖股份、江南大学共建产业研发中心。围绕水产品质量安全监管、渔业资源调查养护、水域生态环境监测等广泛开展技术支撑工作,为行业管理提供支撑保障。

(3)学术交流与国际合作。承办"中国－FAO内陆渔业及水产养殖可持续发展高层研讨会""中日韩三方渔业会议""2015年度现代水产养殖国际研讨会"等高层次国际学术研讨会。举办了《科学养鱼》创刊30周年座谈会。围绕"一带一路"战略,积极谋划和争取国际合作项目,不断拓展国际合作空间。FAO水产养殖及内陆渔业研究培训参考中心承担12项国际培训任务,培训来自35个国家的267名高级渔业技术和管理官员。首次申请并获批由商务部、教育部共同主办的"2015—2017年渔业专业硕士项目",共招收来自8个国家的20名留学生,在读国际留学生达到28名。派出17名专家访问了南非、印尼、缅甸等8个国家,参加国际会议、开展高端人才访学和执行技术指导项目,其中3名科技人员长期扎根南非,为中国－南非农业示范中心提供技术支撑。中－匈联合实验室以中草药免疫调节和保肝药理学为两个主要研究方向,开展与毒理学的交叉研究,将斑马鱼引入实验室作为未来的研究模型;中－美联合实验室成功获得了非寄生变态发育的紫黑翼蚌幼贝,及钩介幼虫体外培养的高效配方和培养条件,该成果填补了国内外相关研究空白。

(4)人才队伍建设。贯彻落实院"5511人才工程",大力培育领军人才和中青年拔尖人才。1人入选国务院学位委员会第七届学科评议组成员,1人及其团队入选"全国农业杰出科研人才及其创新团队",4人入选水科院首席科学家,5人晋升副研究员任职资格。2人获得博导资格、5人获得硕导资格;1人赴匈牙利研修,4名访学人员按期回国。招聘引进新职工9人,其中博士2人、硕士5人。3人赴中国水产科学研究院等上级及有关单位挂职,2名博士参加江苏省第八批"科技镇长团"。承办农业部部属"三院"处级干部能力建设培训班。推进"南京农业大学无锡渔业学院""水科院研究生中心"发展,加强研究生联合培养,共招收全日制硕士研究生49人、博士研究生7人,在职推广硕士12人。

(5)科研条件建设。扬中试验基地建设项目获得农业部批复立项,争取中央预算内建设资金2 754万元。"水产动物营养与饲料科学观测试验站""淡水渔业与种质资源利用重点实验室"两个建设项目顺利实施。争取修缮购置项目、重大设施运行费项目经费940万元、260万元。完成2016—2018年修缮购置专项规划(第四期)编报及2016年修购项目实施方案编制申报工作。科技创新平台建设成效显著,淡水渔业与种质资源利用学科群通过了农业部绩效评估,依托中心建设的综合性重点实验室评估为优秀。努力争取国务院三峡办、农业部长江办的支持，依托中心设立"长江下游及河口区水生生物与渔业资源环境监测重点站"、"农业部长江办淮河工作站"。

【渔业机械仪器研究所】

（1）科研工作。新上各类科研项目（课题）29 项，其中国家级课题 2 项，省部级课题 14 项，合同总经费 944 万元；延续项目（课题）46 项，其中国家级项目 17 项，省部级项目 18 项，合同总经费 10 838.2 万元。全年通过验收课题 7 项、项目结题 13 项。发表论文 59 篇，其中 SCI/EI 收录 8 篇；申报发明专利 43 项，获得发明专利授权 27 项。"淡水池塘养殖生态调控关键技术与应用"获 2014—2015 中华农业科技奖一等奖，"标准化池塘养殖工程化构建关键技术"获 2014 年度上海市科技进步奖三等奖，"海洋渔业船载保险加工新技术集成与应用"获浙江省 2014 年度科技进步三等奖，"淡水池塘生态化养殖方式研究与推广"获得 2015 年度大北农科技奖二等奖。

（2）技术支撑。鱼类循环水繁育系统设备等科技成果持续进入"藏区疆区"，支援高原及西部地区现代水产养殖业发展；循环水养殖装备技术支撑北京市渔业"节水、节地、节能、高端、高效"生产基地建设；池塘生态工程技术稳步推广，为生态养殖的发展进一步夯实基础；节能标准化渔船继续深入行业，提升渔船科技水平。承担农业部渔船检验局救生设备监督抽查，饲料机械、渔业机械产品等农机补贴购置鉴定检验，国内外各级船用产品管理机构委托船用产品认可检验等检验业务，上海市渔船通讯导航设备质量抽查等工作。农业部渔船检验局挂靠渔机所共同建设"农业部渔业船舶检验局审图中心（上海）"，主要承担全国渔船检验监督管理机构委托的渔船设计图纸审查和渔船检验技术法规研究等工作。

（3）科技服务。为上海、北京、浙江、河南、江苏等地制定渔业空间布局规划及生态养殖规划，有效推动池塘养殖行业的合理、健康、可持续发展。全年派出科技人员在北京、上海、江苏、浙江、山东、河南、新疆等渔业生产第一线开展科技下乡活动 15 次，培训农渔民 750 人次，新建科技示范基地 7 个，把技术服务到渔民，使渔民得到切实收益。

（4）人才队伍建设。通过设立"以项目带人才"专项工程的创新培养路径，结合"英才人选"培育、"十三五"人才规划编制等工作，建立相应的培育机制和激励机制，利用所创新基金、重点实验室开发课题、农业部创新团队项目等工作平台，进一步推动渔业装备科学与工程技术人才队伍建设。2015 年共推荐各类人才评选 14 人次，为全所科技创新事业的长远发展储备人才力量。

（5）科研条件建设。"所区房屋修缮"项目通过了农业部验收，为科研工作顺利开展提供了安全保障。完成"农业部渔业装备与工程技术重点实验室建设项目"的可研报告修改初步设计工作，可研报告已通过专家评审。根据科技条件建设需求及发展趋势，编制了"十三五"基本建设规划，为全所"十三五"期间基本建设立项打下坚实基础。

【渔业工程研究所】

（1）科研工作。在研课题项目共 10 项，其中：农业行业专项 1 项（滚动）、行业标准 2 项、国家基础平台项目 1 项（延续），院基本科研业务费科研项目 5 项（1 项已结题）。"渔业船舶标准体系顶层研究"项目完成了国内渔船标准、我国新能源渔船标准、我国现有渔船标准使用现状、渔船建造工艺方法等问题的分析工作，完成"单船港内首尾双锚锚泊泊稳条件试验研究"课题预定的试验组次试验数据整理分析及结题初稿编制工作。组织申报专利 2 项，获批实用新型专利 1 项。合计发表学术文章 5 篇，其中 CSCD 收录 2 篇。

（2）技术支撑。承担的"中国渔政管理指挥系统"技术支撑工作在强化渔业信息技术与渔业政务管理业务融合方面取得突破，支撑能力显著提升。渔业科学数据平台今年首次深入云南金沙江中游龙开口鱼类增殖站开展专题服务工作，将"网站建在了养鱼池边，数据用在了显微镜下"，取得了扎实有效的服务成果。协助行业主管部门编制完成了《全国渔港建设规划 2014 年—2020 年》《全国渔政装备设施建设规划 2014 年—2020 年》和《广东省现代渔港建设总体规划 2015—2025 年》编制工作。承担了全国渔港申请列入规划项目 5 项基础指标的分类汇总统计工作，绘制完成了沿海 9 省市全国沿海渔港布局图。全年召开评审会 7 次，完成了农业部计划司和渔业渔政管理局委托的渔政船、自然保护区等建设项目评审 100 余个，其中可行性研究报告 100 余项，初步设计 9 项，为农业部行业主管部门科学决策提供了有力的技术支撑。

（3）交流合作。2015 年，积极参与了国家"援巴林王国石斑鱼循环水养殖示范基地项目"和"援哥斯达黎加渔业项目"技术服务工作。为探讨我国渔业工程领域内渔港建设、工程与装备现代化、渔业信息化等相关科研与技术问题，组织召开全国渔业工程技术交流研讨会和全国海洋渔业无线电管理工作座谈会。

（4）人才队伍建设。协助培养责任人，为入选"院百名科技英才"的 3 名科研人员制定年度计划，安排参加“百名科技英才总结汇报”，组织选定国内高校、科研院所研修和出国学习等工作。招录应届毕业生4人，其中博士研究生1人、硕士研究生2人、本科生1名，组织完成了新入职职工培训和指定培养导师等工作。

（中国水产科学研究院）

全国水产技术推广总站

2015年，全国水产技术推广系统紧紧围绕现代渔业建设中心任务，深入贯彻落实全国渔业渔政工作电视电话会议、全国渔业厅局长座谈会议和全国水产技术推广工作会议精神，认真履职尽责，积极落实公益性职能，不断提升公共服务能力，拓展服务领域，取得了显著成效。

【健康养殖技术示范推广】 一是按照发展水产健康养殖的要求，各地积极开展节能减排、生态健康新技术、新模式的集成示范。全国总站联合北京、天津、河北等14个省（自治区、直辖市）和有关院校、企业实施节水渔业、生态养殖、池塘循环水养殖等多项节能减排技术集成与示范推广项目，2014—2015两年共建示范区2万公顷、辐射带动超过13万公顷。池塘养殖亩均节约成本400元左右，节水30%～70%，节电30%，减少用药60%。重庆市推广池塘鱼菜共生4 670公顷，纯收益近5 000万元，种植蔬菜品种达到20多个，并形成了《鱼菜共生综合种养技术规范》地方标准。二是“以渔促稻、稳粮增效、质量安全、生态环保”新型稻渔综合种养快速发展。全国13个省（自治区）建立核心示范区1.33万公顷，辐射带动50.7万公顷，2016年落实农业综合开发项目资金5 000万元。湖北省建立“虾稻共作”核心示范区0.67万公顷，辐射带动面积20万公顷；吉林省完成稻渔种养示范0.8万公顷。三是各级水产技术推广部门以主导品种和主推技术为抓手，结合当地实际，开展了先进适用健康养殖技术、良种良法到场入户的示范推广工作，推动了品种与模式特色鲜明的水产养殖产业格局的形成。浙江省积极引导生态循环渔业发展，推广中华鳖等15个优良品种、18种模式与技术，示范推广面积11.7万公顷，每公顷产值增加13 500元。河北省实施池塘生态高效养殖项目20多项，建立示范区17个，示范面积2 467公顷。黑龙江、贵州、青岛等省市大力推动名特优及特色渔业发展，成效显著。

【病害测报和疫病防控】 一是水产养殖病害测报、预报进一步规范、科学。制定了《水产养殖动植物病情测报规范》，开发应用了“全国水产养殖动植物病情测报信息系统”，规范了测报方法，提高了测报水平。2015年全国设置测报点4 200余个，测报人员8 000余名，测报面积近30万公顷，约占全国水产养殖面积的3.6%，监测到发病养殖种类73种、疾病82种，编发《水产养殖动植物病情测报》9期。27个省份在主要生产季节每月开展水产养殖病害预警预报，发布全国水产养殖病害预警预报7期，指导养殖渔民科学有效开展水产养殖病害防控。四川、河北、湖南、江苏、陕西等省专门召开会议，部署测报预报工作。二是重大水生动物疫病专项监测工作稳步推进。组织25个省（自治区、直辖市）对8种水生生物重大疫病进行了专项监测，采集样品近4 000个，对8种疫病病原分布情况和流行情况进行了分析和研判，发布了《我国水生动物重要疫病病情分析》和《中国水生动物卫生状况报告》。三是突发疫情处置能力提高。2015年全国水产技术推广总站及时妥善处置了湖北省仙桃市斑点叉尾鮰肠道败血症疫情和安徽省泾县鲟鱼海豚链球菌病疫情，组织专家指导养殖户对病死鱼进行无害化处理，避免了疫情的进一步扩大。四是组织开展了“无规定疫病苗种场”建设试点，在北京、天津、浙江和青海等四省（直辖市）开展了锦鲤、乌克兰鳞鲤、凡纳滨对虾、三倍体虹鳟和白鲑的“无规定疫病苗种场”建设试点，形成了《水生动物无规定疫病苗种场建设与认定规程（讨论稿）》，为重大疫病的区域化管理、提高我国水生动物防疫水平奠定了基础。五是继续开展水生动物防疫体系检测实验室能力测试。2015年65家实验室参加了6种疫病的224个单项测试，测试通过率大幅提高。6种疫病全部通过的单位由2014年的2家上升至11家。该项工作开展2年来，推动了检测实验室资质认证，提高了防疫体系检测能力。目前全国已有18个省级、30个市、县级防疫机构的检测实验室取得了防疫检疫资质，这些实验室在我国水生动植物疫病监测和突发疫情应急处置中发挥着重要技术支撑作用。

【水产养殖质量安全技术指导和服务】 一是“水产养殖质量安全服务信息系统”试点不断扩大。全国已有19省份5 500多个企业应用了“水产养殖质量安全服务信息系统”，建立了苗种质量管理、投入品质量管理、水产品质量追溯等制度，总监控面积4.8万公顷，监控养殖种类40多种，上传信息50余万条，为养殖业健康发展做出了贡献，也为今后开展养殖水产品质量监控技术服务奠定了基础。河南、河北两省还制定了《水产养殖质量安全服务信息系统运行管理规范》。

二是继续推进"水产养殖规范用药科普下乡活动"。该活动自2009年起连续7年被农业部列为"为农民办实事"之一,2015年全年组织多批次专家深入基层和生产一线开展培训指导,发放《水产养殖用药指南》等资料77万册,受益渔民25万人次。通过连续9年的活动,宣传覆盖面达60%以上,基层推广人员的用药指导能力及渔民的渔药基础知识与用药技能不断提高。三是水产养殖质量安全技术服务工作不断深入。在农业部渔业渔政管理局的支持下,首次开展了"水产养殖动物主要致病菌药物敏感性普查",在北京、天津、辽宁、江苏和广西5个省份养殖的虹鳟、鲤、鲫及大菱鲆等病鱼上分离了柱状黄杆菌等6种致病菌1 000多个菌株,测试了每种菌株对9种药物的敏感性程度,获得了上万个基础数据。这项工作将对我国水产养殖动物疾病的正确诊断、准确选药、精准用药起到重要推动作用。上海市继续实施档案渔业,严把养殖水产品准出关。江苏省启动了可追溯水产品生产企业的电子商务应用平台。湖南、广东等省开展无公害产品、产地认定认证工作,狠抓证期监管,严格退出机制,提升了认证产品的质量和品牌效应。

【渔业公共信息服务】 一是深入开展水生动物疾病远程辅助诊断服务。下发了《关于联合推广全国水生动物疾病远程辅助诊断服务网的指导意见》,建立了"全国水生动物疾病远程辅助诊断服务网",建设了36个省级会诊平台,目前"远诊网"用户终端达到1 942个,覆盖到全国30个省(自治区、直辖市)、近2 000个市、县。自2012年建成以来,累计访问34万人次。"远诊网"的全面铺开丰富了基层"毛细血管",解决服务"最后一公里"难题,让更多的养殖渔民从中受益。二是开展渔情信息采集工作,优化了软件系统,强化了渔情数据的审核、分析和利用,各类渔情分析报告为渔业行政主管部门把握渔业生产形势提供了坚实的依据。成立全国养殖渔情专家委员会,确定了重点养殖品种牵头专家,加强了养殖品种渔情信息采集、分析专家队伍建设,完善了专家服务机制。开展养殖渔情云服务平台建设,基本确定了运行方式、服务内容、数据框架。三是继续组织实施渔业物联网项目,制定河蟹、对虾产业化智慧服务示范平台建设方案,完成相关系统和设备研发,试运行了"智慧水产云服务平台"系统,取得了良好效果。2015年年底,全国水产技术推广机构共办各类服务网站973个,装有电话热线12万多条,手机信息用户近70万户。

【渔民技术培训】 2015年全国渔民技术培训32 000多期、208万人次,发放资料865万份。湖南省以养殖合作社、协会为主体,联合养殖业各类龙头企业,开展养殖户培训,并建立养殖专家库,利用远程教育平台推广水产养殖技术,全省仅渔民技术培训就举办了600多期,培训10万人次,发放资料40万册。大连市依托《基层农业技术推广体系改革与建设补助项目》和中央财政支农资金项目开展技术培训,通过项目示范点技术人员的现身说法,使学员能直观地体会到健康养殖和生态育苗的特点与优势,获得学员的一致好评。浙江全省共举办各类渔民素质培训班1 117期,培训渔民7.5万人次,通过培训后已取得各类职业技能资格证书的渔民人数达3万人次。

【水生生物资源养护】 一是在水生生物增殖放流和海洋牧场建设方面,支撑服务力度不断加大。编发了《水生生物增殖放流管理制度和技术规范汇编》,参与了"十三五"水生生物增殖放流指导意见编写,开展了增殖放流基础数据统计研究和增殖放流供苗单位信息统计分析工作。福建、天津、安徽等地承担了增殖放流鱼苗全过程管理、鱼苗检测等工作,为放流安全提供了基础保障。宁波、深圳等市积极参与当地海洋牧场、人工渔礁建设,为生态修复提供了技术支撑。二是在渔业环境监测方面的服务不断深入。青海省在开展省内重点渔业水域环境监测、水利水电工程水生生物监测和环境影响评价的同时,积极开展养殖水体环境健康状况评估,对龙羊峡、李家峡等水库养殖容量进行基础调查,完成各水库网箱养殖容量测算,提出龙羊峡至积石峡段各水库网箱养殖控制性容量指标指导意见。河南、大连等省市加强了种质资源保护区、海域等水域环境监测。

【现代水产种业建设】 一是积极参与水产新品种审定和培育创新,水产新品种审定服务工作进一步规范。组织审定了12个水产新品种,组织编发了《〈水产新品种审定技术规范〉释义与申报材料编制指南》。浙江省站主持省水产新品种选育重大科技专项并取得显著成效,在提升该省育种水平和能力、驱动产业发展等方面获得省主管部门充分肯定。浙江省站培育的中华鳖"浙新花鳖"、江西省站培育的赣昌鲤鲫、上海市站参与培育的中华绒螯蟹"江海21"等通过了2015年度新品种的审定。二是积极开展水产原良种体系建设指导服务。完成了10家国家级场的验收、复查工作,结合相关工作组织专家100余人次到原良种场进行现场指导。广西壮族自治区站加强了良种体系建设的指导,开展了区级场的验收、复查工作,并在北海、钦州等

9个市对水产良种亲本进行了重点监测。三是积极示范推广水产新品种。利用《中国水产》和网站等传统和现代传媒宣传水产新品种。各级水产技术推广部门结合健康养殖示范项目开展水产新品种示范推广，有力地促进了水产养殖良种化。云南省不但引进水产新品种长丰鲢、异育银鲫“中科3号”等6个新品种，还组织开展了引进水产品新品种的扩繁，在全省7个州市20多个县区示范推广达0.8万公顷。

【休闲渔业】 全国水产技术推广系统积极参与休闲渔业示范基地评定工作，截止到2015年年底，全国共审定通过农业部休闲渔业示范基地488家。起草了全国休闲渔业发展情况调查报告，摸清了我国休闲渔业的现状，全国各地发展休闲渔业的积极性空前高涨，将其视为渔业转方式调结构重要途径。各地围绕休闲渔业开展了丰富多彩的渔文化活动。北京开展了观赏鱼进社区、儿童观赏鱼陶艺大赛、庆六一娱乐嘉年华等主题活动，举办了第四届北京郁金香杯锦鲤大赛、第十一届中山公园金鱼展。广西举办了2015年全国钓鱼锦标赛（广西南宁站）、中国东盟钓鱼大赛等，并积极指导地方在现代农业示范区中建设休闲渔业基地。

【国际渔业交流】 组团赴美国、加拿大进行现代循环水养殖技术考察交流。组织中国水产总公司等16家我国渔业企业参加了2015年丹麦国际渔业博览会。参与鳗苗资源养护管理服务工作和鳗苗资源养护管理国际会议。

【体系建设】 一是研究谋划“十三五”水产技术推广事业。为做好“十三五”水产技术推广规划的顶层设计，全国水产技术推广总站联合各地水产技术推广部门，开展了“十三五”水产技术推广发展战略研究。对11个影响水产技术推广事业发展的关键问题进行了广泛调研和探讨，完成了专题研究报告，为开展“十三五”水产技术推广规划的编制工作理清了思路、确立了目标、明确了重点。二是基层体系改革与建设稳步推进。审核确认了第二、三批基层水产技术推广示范站。三年来共建设完成基层水产技术推广示范站236个，超额完成了计划任务，并在全国范围内形成了“示范先行、区域带动、连续推进、整体发展”的工作机制。启动了水产技术推广示范站管理服务系统平台建设，通过现代信息管理技术，进一步提升水产技术推广体系公共服务能力。依托基层水产技术推广示范站体系，利用现代信息技术手段，选择产业化发展程度较好的区域，开展相关品种产业化公共服务体系建设和推广服务模式创新调研，搭建了水产养殖产业化公共服务系统平台，开展了有关典型案例的研究，完成了《水产养殖产业化公共服务模式创新典型案例汇编》。三是推广人员素质不断得到提升。为全面提升推广人员素质，增强服务能力和水平，各级水产技术推广部门针对推广人员开展了各类业务技能培训、知识更新培训、技术推广骨干培训。发布了《2015年全国水产技术推广体系人才培训工作要点》，指导全国水产技术推广体系的人才建设工作，带动了基层水产技术推广人才开发制度的建立。完成了农业部“万名农技推广骨干人才培养计划”渔业行业培训任务，2015年培训基层水产技术推广骨干250多名。举办了“全国水生动物官方兽医师资培训班”“全国水产养殖动植物疫病监测技术培训班”“水生动物防疫系统检测实验室技术培训班”。3年来，圆满完成了轮训3万名基层水产技术推广人员的培训任务。农业部联合全国总工会成功举办了首届全国水产技术推广体系职业技能竞赛，造就推广体系首个全国五一劳动奖章，首批18个省级和首个地市级五一劳动奖章，在水产推广系统掀起了学技术、练技能、争做高技能人才的热潮。

（全国水产技术推广总站）

渔业社会团体

中国水产学会

【概况】 2015年,在农业部和中国科学技术协会的正确领导下,中国水产学会继续坚持以邓小平理论、“三个代表”重要思想、科学发展观为指导,紧密围绕中心工作,以服务“三农”,促进农业和农业经济科学发展为主线,以实现“两个千方百计、两个努力确保、两个持续提高”和“三服务一加强”为目标,较好地完成了2015年的工作任务。

【支撑服务工作】

1. 渔业统计 圆满完成了2014年报数据汇总工作,组织召开专家会商会对2014年年报数据进行集中汇总、认真审核,最终编印出版《2015年中国渔业统计年鉴》《2014年全国渔业统计手册》、2014年全国渔业主要统计数据卡片及《分省份主要渔业统计指标情况手册》。1月27~28日,学会在海口组织召开了渔业统计工作研讨会,会议对全国31个省、自治区、直辖市2014年渔业统计工作的主要做法经验和体会与存在问题进行集中研讨,并进行归纳汇总。2015年,学会根据人员变动情况及时补充、调整了人员信息,并对现有信息进行维护。截止到年底,全国已经有近9 000名渔业统计人员录入了个人信息。通过统计人员信息库的建立,拓展了统计工作人员的联系渠道,加快了信息沟通,密切了感情。认真做好新一轮渔民家庭收支调查工作。进行全国渔民家庭收支调查系统日常维护,根据渔民家庭收支调查系统样本户轮换情况及时更新渔民家庭收支调查系统的信息。解决系统填报过程中的各种问题,并完成渔民家庭收支半年报汇总工作。9月14~16日,在长春举办了2015年度新一轮渔民家庭收支调查样本县调查员培训班,21个省(自治区、直辖市)104名渔业统计人员参加了本次学习;9月22~24日,在兰州举办了2015年全国渔业统计人员培训班,来自北京、天津等26个省(自治区、直辖市)的109名渔业统计人员参加了培训。1月16~17日,学会组织召开了内陆捕捞抽样方案研讨会。会议制订了内陆捕捞抽样调查工作的技术路线、工作计划、任务划分等。为落实部署,农业部办公厅下发了“关于做好2015年内陆捕捞渔业统计抽样调查试点工作的通知”,7月21~22日,学会在哈尔滨召开了专家组会商会;9月8日,在上海组织项目专家组按照预先设计的“内陆捕捞渔业统计抽样调查方案”,对进入全国内陆捕捞渔业抽样框的12个省(自治区)所辖内陆捕捞渔业县,进行了样本县抽样工作;10月19~20日,在浙江嘉兴举办了内陆捕捞渔业统计抽样调查县级调查员培训班,对参加试点的49个样本县县级调查员进行培训。学会牵头组织有关人员先后前往江西、黑龙江、山东、吉林、广东、辽宁等省开展专题调研。在广泛调研的基础上,结合各省月报、年报数据,10月15~16日在天津召开了2015年前三季度全国渔业生产形势分析会。会议总结了当前渔业发展情况,科学研判2015年全年渔业生产形势,深入分析存在的困难和问题。会后,根据前期调研及会议研讨形成《2015年前三季度渔业经济形势分析及全年生产形势预判》,并上报农业部渔业渔政管理局。

2. 渔业信息监测 圆满完成水产品市场信息采集工作,数据采集质量稳步提升。学会每天对上报的数据进行检查和校正,对于波动较大的数据及时与信息员沟通。每月完成水产品市场信息简报和水产品批发市场月度数据报表,每季度完成一篇水产品季度分析报告。截止到10月底,共收集水产品市场价格信息19 878次,比上年同期增加1.82 %;价格信息条目326 740条,比上年同期增长1.36%;月成交额和成交量信息802次,比上年同期增长7.31 %;市场月度分析文章985篇,比上年同期增长4.01%。加强信息员队伍建设,信息员素质正逐步提高。为保证信息采集报送质量,4月23日在昆明召开了全国水产品批发市场信息员培训班。来自全国各地水产品信息采集定点批发市场的信息员和部分水产品市场信息分析专家组成员近80名代表参加。专家培训讲座邀请到国家统计局农村司韦革处长、新华社高级记者郭爱民、中国海洋大学李吉方教授，分别就国家统计局农产品价格采集工作、价格监测稿件撰写以及水产品品种识别技巧进行了专业全面的讲解。召开市场形势分析会商会，分析全国水产市场运行态势。为准确判断上半年全国水产品批发价格走势情况，预测下半年国内水产品市场价格走势，7月16日在四川广元召开上半年全国水产品市场形势分析会。各省（自治区、直辖市）水产市场分析专家共计45人出席会议。与会专家就上半年水产市场运行情况进行了深入分析并认为造成上半年水产品价格下降的主要原因包括三方面：一是国内外经济持续低迷，市场需求不旺；二是上半年居民消费价格指数始终低位徘徊，猪肉、蔬菜等食品价格持续走低；三是饲料、燃油等生产成本和水产品流通成本均略有下降。同时，与会代表对下半年走势也进行了分析预测，认为下半年是渔业主要捕获期，各地将有大量水产品投放市场，市场水产品供应充足，价格也将维持低位运行。但受近期猪肉和禽蛋等价格上涨的影响，下半年全国水产品价格会略有回升，但总体仍维持偏弱走势。加强市场调研，做好研判工作。针对2015年以来市场价格降幅较大，市场运行情况低迷的状况，学会加大了对各地批发市场的调研工作，通过走访批发市场和渔业生产基地以及与生产经营者交流座谈等方式，实地调研询问市场商户经营品种、销售渠道、批发价格、交易量额、经济效益、市场压力等情况，把握市场运行规律和波动成因，并及时发布动态信息，有效地引导渔业生产和市场交易行为。

3. 水产贸易研究 组织专家跟踪研究水产品国际贸易，为政府决策提供前瞻性建议。2015年3月份组织全国渔业贸易跟踪专家组成员讨论2015年度渔业国际贸易重点研究内容和研究计划。共设立“金融危机后全球对虾贸易分析”等9个课题供专家研究，并与专家签订课题研究合同。持续开展水产品贸易监测预警，及时发布渔业贸易动态信息。每月制作一份全国水产品进出口情况数据汇总，其中包含一至当月水产品进出口情况以及不同贸易方式、主要市场、主要品种、主要省份等出口情况。2015年以来，共提交了8份数据汇总；每季度提交一份水产品贸易监测预警分析报告。5月份完成《2015中国农产品贸易发展报告》中“水产品”部分的撰写。8月20日，学会在青海西宁召开2015上半年水产品对外贸易形势分析座谈会。会上，渔业国际贸易跟踪研究专家以及来自13个渔业大省的渔业主管部门专家一起分析我国上半年水产品进出口贸易波动原因，预测今后水产品贸易走势，提出进一步促进水产品贸易发展的有效建议。6月，学会就黄埔海关查获31亿元特大走私进口冻水产品案及时组织专家对当前我国水产品行业走私情况开展研究，并形成《当前我国水产品行业走私情况探析》报告。8月12～14日学会组织人员赴宁波开展调研，了解当前金枪鱼加工贸易的现状、问题、原因及发展前景，并撰写了《宁波市金枪鱼加工贸易现状调研报告》。撰写水产贸易研究报告，加强业内信息资源共享。学会完成《国际渔业研究报告（2014）》《全国水产品对外贸易形势分析报告汇编（2014）》《中国水产品进出口贸易统计年鉴（2014）》的编辑印刷工作。开展鱼粉鱼油产业合作调研，摸清产业发展现状。为全面了解我国当前鱼粉鱼油产业的发展现状和地方鱼粉统计工作的具体做法，规范鱼粉鱼油产量统计标准，实现与国际接轨，中国水产学会和联合国粮农组织（FAO）、海洋原料组织（IFFO）达成协议，合作开展中国鱼粉鱼油产业调查项目。在项目执行过程中，共收回7个省的调查问卷195份，调研组先后四次赴沿海对我国鱼粉产业现状进行实地调查，范围涉及7省10市，基本涵盖了我国鱼粉行业的主产区及骨干企业，并最终形成《中国鱼粉鱼油产业分析报告》（中英文版）和《鱼粉鱼油问卷调查报告》（中英文版）。

4. 学会能力提升计划 经过申报、答辩、评审等程序，学会成功申报中国科协学会创新和服务能力提升工程优秀科技社团建设项目。依托该项目，学会实施为期3年的学会创新与服务能力提升工程。通过机制创新、市场引领、品牌带动，推动学术活动精品化、科普活动品牌化、服务科技创新优质化、日常工作信息化、学会秘书处队伍建设专业化、职业化，力争实现学会服务科技创新能力、服务社会能力、服务科技工作者能力、服务自身发展能力等“四个能力”的全面提升。

5. 学会建设 1月23日，学会九届六次常务理事会审议通过了《中国水产学会2014年度工作总结》《中国水产学会2015年度工作计划》《中国水产学会推选院士候选人工作实施细则》《2015年中国水产学会推荐院士候选人工作方案》《中国水产学会分支机构管理办法》（修订版）和部分理事、常务理事任免、变更议案。

11月5日，学会九届四次理事会审议通过了《中国水产学会2015年工作报告》《中国水产学会2016年重点工作》，会议审议通过了设立“中国水产青年科技奖”和成立“中国水产学会海洋牧场研究会”议题。

12月17日，学会九届七次常务理事会审议通过了《中国水产学会2015年工作报告》《中国水产学会2016年重点工作》《中国水产科技创新示范基地评定命名管理办法(试行)》《中国水产青年科技奖奖励办法(试行)》,会议审议通过了3项分支机构挂靠单位、负责人的议案和部分理事、常务理事人选变更的议案。

截止到2015年年底,学会九届理事会成员168人,其中常务理事59人,女性理事11人。学会共有淡水渔业专业委员会等19个分支机构。通过努力,将个人会员数量发展到20 186人,其中资深会员438个。团体会员发展到227个。

学会党支部组织党员职工认真学习党的十八大和十八届三中、四中、五中全会精神,学习习近平总书记系列重要讲话精神,贯彻落实“三严三实”专题教育工作,大大提高了情系三农,服务三农,围绕三农做好本职工作的自觉性,增强了开拓创新改革发展的紧迫感和使命感,坚定了实现中国梦的伟大理想和信念。

通过工会活动日,组织开展丰富多彩的文体活动,丰富职工的文化生活。组织参加了渔业系统羽毛球赛,科协会员日乒乓球赛,不定期组织参观主题展览、观看教育影片等,组织参加“健步走”和感受农村发展为主题的春秋游活动等。

6. 学术期刊 作为学会学术交流、成果展示和信息传播平台的学术期刊,2015年也取得了可喜的成绩。学会主办的学术期刊作为广大科技工作者展现成果、交流学术思想、促进科技合作的平台,2015年取得了长足的进步:引用频次进一步增多,影响因子进一步提高,影响力进一步增强,论文的质量进一步提升。《水产学报》荣获2015年百强期刊称号。

学会创办的英文版水产学术期刊《Aquaculture and Fisheries》(中文称《渔业学报》)于11月11日通过国家新闻出版广电总局审批,标志着全国第一个英文版水产期刊诞生。

7. 国际学术会议 举办第十届世界华人鱼虾营养学术研讨会。10月22~26日,由水产动物营养与饲料专业委员会主办的第十届世界华人鱼虾营养学术研讨会在武汉召开。此次会议参会人员约1 350人,收到会议论文摘要516篇,大会口头报告128个,特邀报告10个,墙报展示292篇。规模之大,盛况空前,水产科技界人士欢聚一堂,共襄盛举。本次会议以“优质、安全、精确”为主题,大会口头报告分为“营养需求与营养素利用”“蛋白源利用”“能量物质代谢”“添加剂与动物健康”“环境与产品品质”“摄食与调控”“饲料与应用”“仔稚鱼营养与添加剂”“营养与基因调控”8个议题,针对各个议题均展开了全面系统的交流和讨论。大会还设立了“研究生论坛”和“企业论坛”,国内外著名饲料企业负责人、知名研发项目管理专家、知名学者以及青年学子就研究过程和企业技术创新过程中遇到的难题和热点问题展开热烈讨论。

8. 国内主要学术会议 5月24日,鱼类工业化养殖研究会成立大会暨第一届学术研讨会在青岛召开,正式成立鱼类工业化养殖研究会,研究会挂靠在中国水产科学研究院黄海水产研究所,中国工程院雷霁霖院士担任主任委员。会上,围绕研究会确定的陆基工业化养殖、海基工业化养殖、休闲渔业产业规划与现代渔业园区建设、工业化养鱼经济与产业文化发展战略等四个研究主题进行了大会学术报告,来自全国各地的100多名专家学者和企业代表参加了研讨。

9月16~18日,由渔业资源与环境分会、农业部南海渔业资源开发利用重点实验室主办的中国水产学会渔业资源与环境分会2015年学术年会在兰州召开,来自国内各地的100余名专家学者参加了本次主题为“新常态下的渔业资源养护和环境保护”的学术年会。大会共安排了4个主题报告和32个专题报告。

10月8~10日,鱼病专业委员会主办的2015年鱼病学学术研讨会在华中农业大学举行。研讨会由华中农业大学和武汉市水产研究所共同承办,主题为水生动物病害与健康养殖,来自美国、中国台湾及中国科学院、中国海洋大学、中国农业大学、国家海洋局、中山大学及华中农业大学等国内外鱼病领域研究人员共600多人参加了本次盛会。来自海内外13位专家从病原生物学、免疫学及病原与宿主的互作机制等方面做了精彩的大会报告。

10月25~26日,由渔业装备技术委员会和中国水科院渔业装备与工程委员会主办的渔业装备发展及海洋牧场构建技术研讨会议在福建省莆田市召开。会上,12位专家做了专题报告,2位企业代表做了交流发言。会议围绕渔业装备发展和海洋牧场构建两个主题开展了2场集中研讨,与会专家就各单位开展的渔业装备及海洋牧场相关研究过程中的工作思路、研究成果和重要案例展开了深入交流,总结了渔业装备发展和海洋牧场构建现存的问题与不足,提出了“十三五”的工作思路和目标。40多位专家企业代表参加会议。

11月16~17日,由海水养殖分会、广东水产学会、农业部海洋渔业可持续发展学科群主办的“2015年全国海水养殖学术研讨会”在广州举行。会议围绕“建设水产养殖强国”这一主题,分别在浅海、池塘、滩涂、陆基工厂化及深水网箱等综合养殖技术、养殖模式、养殖环境与生态保护、病害防治、营养与饲料、海水养殖设施与养殖工程、水产品质量安全与标准化以及海水养殖发展战略等相关领域进行了研讨与交流。参加会议的代表约340余人,有40多家企业参加,期间还成立了“企业联盟”。会议收到各种论文、报告170

多篇。内容涵盖了海水健康养殖技术，苗种繁育，遗传育种，新品种引进，养殖环境与生态保护技术；海水养殖病害防治技术，营养与饲料，养殖工程技术，海水养殖可持续发展战略研究等各个方面。会上，南海水产研究所江世贵研究员、黄海水产研究所李健研究员等11位国内著名的水产养殖专家、教授作大会主旨报告。另有70多篇文章在3个分会场进行了交流。

12月9～11日，2015年中国水产学会水产品加工与综合利用分会学术年会在浙江舟山召开。来自全国各地水产品加工与综合利用领域相关的近400名代表参加了本次会议。与会代表围绕"加快水产品研发，保证蓝色粮仓安全"主题，就水产品研发和水产食品安全等相关学科领域的挑战、问题、新成就和进展进行了深入的交流和探讨。安排了以"水产品保鲜加工与物流技术"和"水产资源综合利用与质量安全"为主题的两个分会场，共有28位来自全国各高校和科研院所的专家作了报告。此外，还专门安排了研究生专场报告，会议给大家搭建了一个全方位的交流平台。

9. 国际交往 2015年，学会承担了凤尾虾、蝴蝶虾加工贸易单耗标准，裹粉鱿鱼加工贸易单耗标准，罗非鱼加工贸易单耗标准研究与探索专题研究等3个课题。标准审核会于4月在宁波举办，主要审核《冻竹荚鱼片加工贸易单耗标准》《冻鲽鱼块（修订）加工贸易单耗标准》《海水蟹加工贸易单耗标准研究与探索专题研究》。9月，与海关和国际交流中心及项目有关专家赴福建泉州开展调研，分别走访了6家加工企业。另外，学会还承担中国海关北京市水产种苗免税进口执行情况调研项目，完成调研报告。

4月14日，与海洋管理委员会（MSC）合作，在北京组织召开了渔业可持续发展专家研讨会。来自WWF、保尔森基金会、MSC等环保组织等单位的22位专家学者，就当前中国渔业标准的制定与MSC渔业标准要求的异同点、适用性等开展了研讨。

9月23～27日，学会常务理事、亚洲水产学会理事长黄硕琳教授与上海海洋大学钟俊生教授、戴小杰教授代表中国水产学会赴日本东北大学参加了以"东亚渔业资源研究现状"为主题的"第三届中日韩三国水产学会联合论坛"。会上，3位教授分别作学术报告，针对东亚渔业资源与日韩的同行进行了深入交流。

10月14～17日，2015大河流域渔业资源管理与环境保护高级研修班在武汉举办。学会理事长贾晓平、美国水产学会会长Donna Parrish、中国科学院水生生物研究所所长、学会副理事长赵进东院士出席开幕式并致辞。研修班以"长江－密西西比河渔业资源管理与环境保护"为主题，150名中美专家和学者就两国境内大河流域渔业资源管理与环境保护相关展开了深入广泛的研讨和交流。

11月1～2日，学会与海洋管理委员会在大连共同举办国际专家研讨会，来自英、美等8个国家的30多位专家出席了研讨会。海洋管理委员会亚太地区主任Patrick Caleo先生等在会上致辞。6位国内外专家就海洋生态保护、人工鱼礁建设等议题进行发言，专家们就此展开热烈讨论。

7月，组织专家和企业代表赴俄罗斯和匈牙利，与匈牙利签署了学术及科普合作协议，并首次与俄罗斯联邦育种中心建立了合作交流。

学会分别与总部在英国的海洋管理委员会和美国大自然保护协会建立了合作关系。并与海洋管理委员会签署了《中国水产学会与海洋管理委员会关于共同在中国开展促进可持续渔业技术交流的协议》，按协议在福建省东山开展试点项目，并将于2016年全面在沿海地区推进。

6月，接待了韩国水产学会理事长一行，协商了共同举办好第七次世界渔业大会事宜，决定做好组织和宣传工作。

10. 科普活动 创新形式，加强水产科普信息化。学会开通了中国水产学会微信公众号，入驻"科普中国"微平台系统，成为科普中国微平台"移动互联科学传播响应机制"成员之一。在中国科协科普部支持下，学会深度参与腾讯公司开展的微信辟谣工作。针对网络世界里经常出现的"水产品含重金属、病毒、抗生素"等谣言，学会组织专家撰写了"水产养殖的海鲜还能吃吗"等文章辟谣，为净化网络空间，宣传水产品安全贡献了一份力量。

11. 党建强会 为继续深入贯彻落实中央《关于加强和改进党的群团工作》意见和中国科协关于学会党建工作的指示精神，进一步推动中国水产学会党建工作的深入开展，在中国科协学会服务中心党委的指导下，学会党支部于7月2日，在江西鄱阳开展了"党建强会"计划"十百千"特色活动，活动主题为"强化党员服务水平，提升学会辐射能力"。鄱阳及周边县市水产养殖专业技术人员、水产养殖大户代表共计100余人参加，其中绝大多数是党员和积极分子，目的是强化党员专业能力和服务、带动意识，提高责任感。

启动仪式中，水产学会结合当地养殖品种及模式特点，共向当地赠送水产养殖系列丛书、病害防治挂图及农村实用图书等1 000余册（张），将最新水产养殖技术推介给当地渔民，用科学知识武装渔民头脑，带动渔民增产增收。水产骨干技术培训班上，邀请了华中农业大学水产学院陈昌福教授和南昌大学生命科学院赵大显副教授,为广大渔民针对当地养殖品种,就健康养殖和鱼病防治进行理论讲解,与养殖户开展互动,现场解答养殖户在养殖过程中遇到的实际问题,当地渔民参与互动的热情非常高,同时也给予了很好的评价。现场指导中,学会一行考察鄱阳县科协水产120,为"鱼病检测及诊治示范服务站"带来科技图书,拓展学会党支部服务渔民的平台,帮助当地养殖户开展"测水施药",科学防治鱼病,提高养殖水产品的质量安全水平,减少用药,推广生态养殖技术,降低生产成本,助力渔民增收。

通过开展"党建强会"计划"十百千"特色活动,学会党支部党员干部及学会党员专家进一步践行了党的群众路线教育,更深入地了解了渔村、渔民、渔业的实际情况,更坚定了为渔业产业发展和渔民增收服好务的决心。同时,大家向渔民朋友学习了实际工作经验,吃苦耐劳的精神,和艰苦朴素的作风,培养了学会党员干部的优秀品格。下一步,学会党支部将继续开展系列活动,不断巩固党支部创先争优、服务基层、锻炼作风、增长才干的平台。提高工作能力,提升干部队伍的总体水平,推进学会各项事业的发展。

12. 人才举荐 通过遴选,学会推荐了3位中国工程院院士候选人,推荐了1位中国青年科技奖候选人,完成了第三届中国水产学会范蠡科技奖的初评,学会九届四次理事会通过了增设"中国水产学会青年科技奖"的决议。

【"双创"活动】 9月12~19日在中国科协主办的"感·触科学-前沿科技魅力主题展"上,学会与中国水科院东海水产研究所联合参展的"微海洋馆-观赏水母、海马、小丑鱼养殖技术"项目得到中国科协领导的高度赞赏以及数万观众的欢迎。后经中国科协推荐,"人工养殖水母"项目还入选2015年"全国大众创业万众创新活动周"主会场主题展示。10月19~25日全国大众创业万众创新活动周主会场展示期间,李源潮副主席、农业部部长韩长赋、中国科协书记尚勇等领导,以及新希望集团董事长刘永好、搜狐公司董事局主席兼首席执行官张朝阳等企业界人士先后参观了学会展台。

【2015年中国水产学会学术年会】 11月5~6日,2015年中国水产学术年会在杭州召开,来自全国各地的600多名水产科技工作者参加了本次会议。邀请中国工程院院士、中山大学教授林浩然,中国科学院水生所研究员聂品,集美大学水产学院教授王志勇,湖南文理学院教授杨品红作大会主题报告。美国、日本及韩国水产学会的会长参加了本次学术年会。会议期间还举办了"《科学养鱼》创刊30周年座谈会""中国水产期刊协作网研讨会""中国水产科技成果转化研讨会"。会间,中国水产学会理事长贾晓平会见了专程来华参加本次年会的美国、日本和韩国水产学会的会长并进行了交流。会议还安排韩国水产学会为2016年5月在韩国釜山举办的第七次世界渔业大会进行了宣传。本次年会得到了浙江省水产学会和浙江明康汇生态农业集团的大力支持与帮助,俞永跃理事长和明康汇集团首席科学家、研究院院长张兴平参加了开幕式并致辞。

【水产科技周】 继续做好"中国水产科技周"品牌活动。水产科技活动周已经连续举办8届,已成为我国水产科普的品牌活动,受到了渔业科技工作者和广大渔民的热烈欢迎。2015年水产科技活动周主题为"渔业创新创业 水产科技惠民"。5月14日,由学会和中国水产科学研究院联合主办的2015年水产科技活动周启动仪式在江苏中洋集团举行。水产科技周启动仪式后,代表们参观了全国科普教育基地、长江珍稀鱼类繁养殖基地--中洋河豚庄园。在科技周期间,各省级水产学会,学会各单位会员、分支机构、学生会员工作站、科普教育基地等都将在本地因地制宜,开展形式多样的相关活动。利用自己的技术、队伍和智力优势,推广健康养殖技术,普及安全生产知识,推介优良品种,深入塘边地头,帮助农(渔)民排忧解难,用实际行动,扎实推进现代渔业建设。

作为2015水产科技周重点活动之一,由学会主办的水产科学传播专家培训班于5月14日在水产科技周主会场江苏中洋大酒店举行,培训班围绕科技创新创业主题,邀请了中国科学院心理所心理健康促进中心主任高文斌等4位专家做了专题讲座。

【创新科普】 2015年学会利用学会及各分支机构举办的10多次学术交流会,以及举办的数次水产技术培训班和高层研修班,聘请专业人士拍摄专家讲座及授课视频,获取20多场讲座视频,放到学会网站供公众下载、观看、学习。另外学会在贵州省遵义市从春季放苗到秋季收获拍摄稻田养鱼视频,配上汉语和苗语双语,免费发放给少数民族地区稻田养殖户推广稻田养鱼技术。

【中国科协学会有序承接政府转移职能项目】 2015年,中国科协实施有序承接政府转移职能扩大试点项目,学会成功申报"社会科技奖励""与省级学会合作开展水产科技创新示范基地评价”两个子项目。在现有中国水产学会范蠡科技奖评审工作基础上，增加中国水产学会青年科技奖评审工作，增加水产科技创新示范基地命名工作，改革范蠡奖评审管理办法等规章制度、组建动态评审专家数据库、设立监督委员会、推动中国水产学会会员单位在职称评审过程中认可学会设立的奖项，加强学会奖项的宣传力度，提高学会奖项的公信力和社会认可度，将中国水产学会设立的奖项打造成行业内权威奖项。

【践行“三严三实”专题教育工作】 结合“三严三实”专题教育工作，先后开展了专题学习、支部书记讲专题党课和3次专题研讨，带领大家不断对照优秀领导干部的事迹找差距、见贤思齐，从反面典型的违纪违法案件中汲取教训、自警自省。通过学习，使大家提高了认识、增强了自觉性，进一步强化了服务意识。

（中国水产学会　李利冬）

中国渔业协会

【秘书处】

1. 做好农业部渔业渔政管理局委托的各项工作

（1）中韩、中日、中越北部湾三个渔业协定的日常管理工作。2015年，协会顺利完成了中韩、中日、中越渔业联合委员会年会及其筹备会的会务工作；完成了我国渔船赴韩、日专属经济区管理水域入渔作业通报工作；完成了我国渔船赴韩、日专属经济区管理水域和中越共同渔区入渔许可证的审核、变更、寄送工作；为韩国渔船入渔我国专属经济区管理水域办理捕捞许可证千余份。协会还完成了涉韩入渔违规和每季度渔获量报告的统计整理工作，及时将数据和分析情况转发给有关单位，并编印寄发了《协定水域作业须知》《程序规则》和《资料汇编》等5本涉外渔业资料。协会还积极应对入渔活动中的突发事件，针对工作中发现的各类问题，及时向农业部渔业局汇报并提出有关建议。

（2）开展涉韩违规渔船担保工作。协会与韩国水产会合作，全年为近50起违规案件进行了担保。这些案件中，有的渔船需要修理，船员需要就医；有的因浸泡导致网眼缩水，被韩方以网目尺寸违规为由扣押；有的因忘记携带许可证，被韩方以无证捕捞为由要处以重罚，协会均通过各种渠道进行了协调，全力保障我国渔民的安全和权益，使我国渔民的损失降到最低。在农业部渔业局的支持下，协会还实现了涉韩违规渔船担保金缴纳唯一渠道的权威性。随着这项工作的深入开展，协会在涉外渔民中树立起了良好口碑，赢得了他们的信任，全年共有168艘渔船加入协会。

（3）开展涉外渔民培训，并召开了座谈会。6月、7月和12月，协会应邀分别到辽宁营口、浙江瑞安和山东石岛，对这些地区的涉韩入渔渔民进行专题培训，就涉韩渔业的发展和新情况、安全作业基本常识、捕捞日志填写及程序规则的变化等进行了讲解，帮助渔民掌握好有关专业知识，切实避免因发生违规作业或意外事件所造成的损失，共同维护好中韩海上安全作业秩序。11月，协会和大连市渔业主管部门还在山东石岛召开了涉韩渔民座谈会，了解他们的作业和渔获情况，听取他们对相关法规、程序规则和韩方执法等方面的意见建议，并解答了有关问题。协会下一步将向韩方提出我国渔民反映的问题，并加以推动解决。

（4）赴福建、安徽、河南、广东等省，就渔民合作社的培育、渔业法修订立法和推进实施以船为家渔民上岸安居工程三个专项进行了调研，并向农业部渔业局反馈了调研情况，为下一步工作提供有益参考。

2. 广泛开展国际交流与合作

（1）执行中日、中韩民间渔业安全作业议定书的有关工作。10月，协会组团前往韩国釜山参加中日韩民间渔业协议会，就维护三国海上安全作业秩序、海洋渔业资源管理和民间渔业交流合作等议题与日、韩两国水产会进行商讨。会后，还组织地方涉外渔业协会人员赴韩国东海、西海渔业管理团进行座谈交流，以利有效减少涉韩违规案件发生。11月，协会在福州组织召开了中韩民间渔业协议会，就海上安全作业、养护海洋渔业资源、涉韩渔船担保等工作与韩国水产会进行磋商，达成一系列共识。

（2）协助我国渔船伤员在日救治。2015年，发生了多起我国渔船在公海作业时，船员意外受伤急需救治的事件。协会均与日方进行了积极的联络协调，确保了我国伤员的及时救治和康复回国。

（3）加强了与国际合作社渔业组织（ICFO）的联系，下一步将做好国内渔业合作社与亚太地区各大渔业合作社的交流与对接，为我国渔业从业者争取获得国外的信息、技术和资金。

3. 加强与会员的联系，为会员提供持续服务

（1）与央视《农广天地》栏目合作，赴福建、河南、浙江、江苏走访了6家会员单位，对他们养殖的大黄鱼、鲈鱼、黄河鲤、青蟹、河蟹等水产品种进行专题拍摄，介绍产品优势，普及养殖技术。同时对会员单位发展状况和其对协会的需求进行了调研。

（2）继续发挥好会刊《渔业文摘》和协会网站的信息平台作用，及时转发国家渔业政策和信息，发布协会通知公告和工作动态，推广各地的创新做法和经验，刊载会员单位的新闻动态，为会员单位及其产品做宣传广告。协会还开通了公众微信号，定期推送各类信息，开辟了为会员提供信息服务的新渠道。

(3)在河南、陕西、四川等省举办了六期渔业培训班，内容涉及水产健康养殖与池塘生态种养技术、渔业安全生产管理、基层水产技术推广体系建设、水产标准化健康养殖及鱼病防治技术等。根据不同地区的需求，有针对性地邀请专家授课答疑，受到了广大渔业从业者尤其是基层工作者的欢迎。培训班也得到了各地渔业主管部门、推广站和行业协会的支持，增进了彼此合作。

(4)积极践行国家“互联网＋”行动，与有关单位合作，努力搭建起会员企业与电子商务服务商的桥梁，探索帮助会员企业通过电子商务加速发展。

(5)努力通过设立分支代表机构的方式，不断扩大协会工作的覆盖面，大力发展会员，并为会员提供区域化和专业化的服务。12月，协会设立了大连代表处，具体负责在大连发展和服务会员，组织开展有关活动，协助秘书处开展工作。秘书处还就设立渔船渔港分会、对虾分会、渔文化分会、水产养殖分会、鲈鳜鱼分会和多个地区代表处，开展前期调研和筹备成立工作。

4. 推动渔业品牌建设，维护渔业良好形象

(1)关注行业热点，与地方渔业主管部门和有关单位合作，通过组织展览和会议的形式，推动地方渔业经济和特色产业的发展，同时也广泛宣传了协会品牌。2015年，协会主办或参与主办了首届中国(福州)仿生食品营养与科学研讨会、第三届中国大黄鱼产业发展论坛、中国(青岛)第四届世界海洋大会、中国(北京)国际渔业博览会、中国(厦门)国际休闲渔业博览会，协办了中国(福州)国际渔业博览会。

(2)继续开展优势水产品区域命名工作，根据地方政府提出的申请，经协会专家委员会组织实地考察并评审通过，授予浙江舟山市普陀区“中国·沈家门——东方渔都”、山东聊城市高唐县“中国锦鲤第一县”荣誉称号。

(3)经审核，协会为3家会员单位申报中国驰名商标，向国家工商总局发出了推荐函。

(4)针对会员反映在北京多家水产批发市场发现注水大黄鱼销售一事，委托大黄鱼分会进行调查取证，并向北京市食品药品监督管理局等有关部门发函举报，坚决维护大黄鱼产业的形象和会员企业的合法权益，遏制大黄鱼注水、染色等不法行为。

(5)协会领导还积极参与了“2015通威科技大会”等会员单位举办的各类品牌活动。

【分支机构】

1. 河蟹分会 5月，分会在江苏兴化市召开了全国河蟹市场建设与经营交流座谈会，着力抓好市场品牌化建设，促进河蟹产业的转型，助推兴化市河蟹交易市场，成为了全国最大的河蟹交易中心和最具影响力的价格形成中心，全年成交量突破10万吨，交易额达67亿元。分会积极倡导坚持科技创新和生态健康养殖，通过苗种培育提档升级，校企合作、院企挂钩等途径，推动河蟹产业升级换代，全面提升河蟹产品品质，并鼓励会员企业利用好互联网，构建了多个河蟹销售电商平台。分会还加强同会员的沟通联系，着力办好“中国河蟹网”，传播会员单位动态和河蟹养殖技术。

2. 河豚鱼分会 分会于6月在大连组织专家对《河豚鱼鱼源基地认定管理办法(讨论稿)》和《河豚鱼标准体系的补充和制订》进行了讨论修改，并提交给农业部渔业局。10月，针对国家食品药品监督管理总局就山西省关于流通环节是否允许销售河豚鱼有关问题的请示在网上公开复函后，对养殖河豚鱼产业带来的巨大负面影响，分会向农业部渔业局递交了“关于养殖河豚鱼安全食用条件已经具备，申请开放国内市场的诉求”和“近期河豚鱼产业受损情况调查报告”，推动了农业部渔业局和农业部农产品质量安全监管局为此事分别致函国家食药监局和国家卫生和计划生育委员会，商请批准有条件放开养殖河豚市场经营，批准养殖河豚鱼肉和皮为新食品原料。下半年，分会和会员代表应邀与农业部代表，先后赴国家食药监局和国家卫计委，就有条件放开河豚鱼市场经营等问题进行研讨，并形成了初步共识。11月，分会还组团参加了青岛“2015中国国际渔业博览会”。

3. 水族分会 分会支持长城国际展览有限责任公司在上海举办的第十九届中国国际宠物水族用品展览会，组织评选了2014—2015年度水族诚信经营商户，并在该展会上进行了颁奖，树立典型，表彰先进。2015年，分会先后举办了锦鲤大赛、孔雀鱼大赛、锦鲤评审师培训和互联网＋水族高峰论坛等活动，并向央视财经频道推荐了行业采访对象。分会还开通了微信公众号，及时发送分会动态和活动信息等内容，努力为会员提供多样化的服务。

4. 龟鳖产业分会 受农业部渔业局委托，分会围绕国家野生动物保护名录调整问题，承担了开展全国珍稀龟类养殖情况调查工作。分会积极拓展工作领域，让龟鳖产业融入社会主流经济圈，与国务院发展研究中心、中国工程院、国家濒危物种进出口管理办公室、中国中药协会、中国野生动物保护协会和有关科研机构等建立了联系机制，拓展有关合作，并协助会员把产品推向更广的市场。分会开展了第四届中国名鳖和全国最美养龟场的评选,举办了全国黄缘闭壳龟保护与发展研讨会、全国珍稀龟类保护与发展研讨会、全国龟鳖产业发展高端学术论坛、全国甲鱼产业战略调整研讨会等一系列活动,解决现实问题,共商行业大计。分会还先后成立了7个全国龟鳖业协作委员会,不断扩大会员的活动和交流空间。

5. 鮰鱼分会 分会针对《美国鮰鱼检测新法案》违背相关WTO协定原则给我国鮰鱼产业带来的巨大冲击,积极组织应对,通过多渠道关注法案进展,及时为会员提供信息服务和出口风险预警,向农业部渔业局和商务部贸易司提供材料,争取官方支持,敦促美方调整鮰鱼强制监管法案。分会还与美国渔业协会开展深入交流,达成应阻止并撤销《美国鮰鱼检测新法案》的共识。4月,分会在昆明召开年会及产业形势分析研讨会,邀请专家就斑点叉尾鮰产业现状及发展趋势作了分析,就鮰鱼产业面临的问题及如何把握产业发展脉络、加强出口贸易沟通与协调、推动市场消费等问题进行研讨。10月,分会在重庆召开产业形势分析座谈会,通报鮰鱼生产、销售、加工和出口等情况,对越南、美国鮰鱼市场情况和美国检测新法案进行探讨。

6. 鳗业工作委员会 由于近年来鳗苗资源持续大幅衰减,鳗工委按照农业部渔业局的要求,继续加大力度,做好鳗苗资源养护管理相关工作,收集整理行业情况数据,进行分析评估。2月赴日本东京参加鳗苗资源养护管理国际会议,9月赴广东、福建参与农业部渔业局日本鳗资源调研活动,起草了调研报告,提出了建议措施。鳗工委多次参加了农业部渔业局与日本水产厅关于日本鳗资源养护管理的磋商会谈,11月召开了中日鳗业民间交流磋商会议。鳗工委还继续协助主管部门做好欧洲鳗进出口管理工作,根据农业部渔业局要求,起草了欧鳗溯源管理方案,针对2010年欧盟停止欧苗出口后,给我国欧鳗产品出口带来严重影响的情况,多次反映问题,最终农业部渔业局和国家濒管办同意将欧鳗出口时限从2015年1月底延长至9月底;之后再次同意延长到2016年9月底。

7. 大黄鱼分会 分会于8月在宁德主办了第三届中国大黄鱼产业发展论坛,探讨大黄鱼产业发展新路。论坛以"互联网+大黄鱼节"为主题,首次把大黄鱼节搬上网络,突破了行业、时间和地域的限制,更广泛地传播大黄鱼文化和产业信息,并与国内各大电商平台开展合作。分会与宁德市渔业协会合作,组团参加了2015中国(厦门)国际渔业博览会和武汉第三届中国食材节等活动。就会员反映在北京多个水产批发市场出现销售注水大黄鱼一事,分会进行了调查取证,并开展了一系列行业自律工作,切实维护了合法经营会员的权益。分会向主管部门呼吁争取把大黄鱼列入农业部渔业科研体系之一,就修订《盐渍大黄鱼》水产行业标准向福建、浙江业者征求修改意见。分会还积极通过刊物和网站做好产业信息交流工作,建设了"掌上黄鱼网"手机电子商务平台。

8. 南海渔业分会 由于机构改革的原因,原农业部南海区渔政局整合至中国海警局。在整合过程中,分会于年初将财务独立出来移交到中国渔业互保协会南海区办事处,南沙渔业日常管理工作移交到中国水产科学院南海水产研究所专门成立的渔业中心,新的工作人员虽然进行了培训,但熟悉业务还要有一个过程。分会在业务过渡时期继续使用南沙船位监控平台为南沙渔业生产者提供了有效服务和安全保障。分会还与中国渔业互保协会南海区办事处积极配合开展了南沙渔业现状调研,加强了与各南沙渔业有关单位的沟通联系,为渔民提供涉外安全教育。

9. 淡水龙虾分会 分会于8月在合肥举办了第14届中国(合肥)龙虾节,主会场面积2.2万平方米,合肥品牌龙虾店全部到场,共设有1 000张餐桌,每天有近3万人次来到现场参与活动,品尝龙虾美食,除主会场外还开辟了4个分会场,合计面积达到20万平方米。本届龙虾节得到了当地市民的广泛参与,累计人数达到300万人次,龙虾节期间还举办了丰富多彩的文化活动。分会在日常工作中,通过网站等媒介努力为会员做好信息交流和沟通服务。

(中国渔业协会)

中国渔业互保协会

【概况】 2015年,中国渔业互保协会(以下简称"协会")按照中央1号文件提出的"鼓励开展多种形式的互助合作保险"的要求,贯彻落实《国务院关于加快发展现代保险服务业的若干意见》有关精神,以争取中央财政渔业保险保费补贴为目标,以推动落实汪洋副总理重要指示和农业部领导重要批示精神为主线,围绕四届五次理事会议确定的"巩固体系、稳定业务、防范风险"的决策部署,推动渔业互保各项工作迈上新台阶。

据初步统计,1~12月份,渔业互保业务保持平稳发展态势,全行业共承保渔民94.55万人、渔船7.79万艘、养殖水面1.71万公顷、养殖网箱2 590口,提供风险保障3 299.78亿元,同比增长14.17%;已支付经济补偿金共计6.60亿元(包含养殖险),同比增长24.29%。

1. 全力筹划准备，顺利完成换届工作 在农业部人事劳动司来协会传达协会换届工作的安排后，协会成立换届筹备领导小组，多次召开专门会议，明确各阶段的工作内容并做好相关筹备工作。2015 年 12 月 9 日，协会第五次全国会员代表大会在北京顺利召开。农业部副部长于康震，原副部长张延喜、齐景发、范小建，民政部民间组织管理局副局长安宁、中国保监会财产保险监管部副主任何浩，农业部办公厅、人事劳动司、财务司、渔业渔政管理局等相关司局以及在京渔业系统相关单位负责同志应邀出席大会。大会选举产生了协会新一届理事会、监事会和秘书处成员，选举李健华为五届理事会理事长、王朝华为五届监事会主席、陈剑峰为秘书长。大会提出了今后一段时期渔业互保工作的指导思想和主要任务，为渔业互保未来发展指明了方向。

2. 加强风险管控，推进重点业务开展 2015 年，协会全面加强风险管控，搭建多层次风险分担的保障体系。一是建立中长期水产养殖保险合作模式。为分散水产养殖承保风险，协会与国元农业保险股份有限公司险签署三年期共保合作协议，稳固和完善省部领导高度认可的“互助 + 商业”合作模式；同时与瑞士再保险签署开放性的三年期全国成数分保协议，为在渔业互保系统更大范围开展水产养殖保险提供了坚实的再保险支持。二是合理调整人船险分保方案。经多次与有关保险机构商谈，确定将风险系数大的自营和地方协会分入业务按比例向外分保，解决了协会一段时期以来由于某项业务风险集聚而产生的影响协会稳定发展之忧。三是推进新业务和新政策实施。为保证港澳流动渔民雇主责任保险由不记名投保改为记名投保的顺利过渡，协会采取由流动渔民组织出资担保的方式使业务顺利进行；协会还积极协助海南省申请政策性南沙涉外渔船渔民保险补贴项目；同时协助上海市申请将渔民短期人身意外伤害和远洋渔船保险纳入保险补贴范畴。

3. 强化服务措施，提升理赔服务质量 2015 年协会在广西北海市成立“广西壮族自治区沿海理赔服务中心”，并派员以挂职锻炼的形式参与中心的业务管理，确保中心稳健独立运营；制定《海南省渔民渔船保险理赔工作规则》，完善海南省办事处理赔业务工作；给予内陆几个省理赔权限，提高内陆办事机构的工作积极性和主动性；为给渔民会员提供更优质的服务，贯彻“主动、迅速、准确、合理”的理赔八字方针，协会对原有理赔材料要求进行酌情简化；加强理赔宣传，分别为天津市、海南省、南海区、广西壮族自治区和内陆地区拟定了理赔服务指南。

4. 完善业务系统，加强统计数据分析 现代保险的发展离不开 IT 科技，协会改造升级了人船险系统，解决全国直属地区的日常承保、理赔业务需求及问题，全国直属地区基本实现了网上承保开单及理赔；跟进养殖险系统项目，完成了协会内系统的试运行及验收工作；加强统计结算工作，基本做到能及时地按月统计和结算，并在全国直属地区推行电子化单证管理，做到单证二级管理；加大了对南海区、海南省和内陆地区互保人员的业务软件实务操作培训。

5. 加强业务指导，创新直属机构管理模式 为了化解海南省渔业互保业务脱离的危机，保证各项工作顺利进行，协会派驻工作组赴海南省办事处，理顺了与省相关部门、各市县渔业互保机构以及行政主管部门的工作关系及业务流程，制订《海南省财务管理规定》；为加强海南省办事处属地化人才队伍建设，规范员工职级和收入分配机制，协会配合办事处制定了《海南省办事处职级设置和工资管理办法》。经努力，海南省办事处财务、承保、理赔、统计、人力资源等管理制度健全，业务进展平稳有序。

6. 加强自身建设，提高可持续发展能力 一是加强制度建设，完善内部管理制度。修订了考勤、档案管理等多项制度。二是加强专项培训和挂职锻炼提升队伍素质。协会先后举办了渔业水上事故统计暨第三期全国沿海互保业务骨干实务培训班、全国内陆机构互保业务骨干培训班、信息员培训班等培训，顺利完成“渔业互保骨干人员三年轮训计划”。三是加强渔业互保宣传工作。多渠道、多形式开展品牌宣传，扩大渔业互保的影响力。同时参与起草《农业部关于积极推进渔业互助保险持续健康发展的报告》，并对《国务院办公厅关于完善农业保险制度促进农业保险健康发展的若干意见》《渔业法》和《农村金融法》等政策法规提出相关建议。

（中国渔业互保协会）

中国水产流通与加工协会

【概况】 2015 年，根据工作发展的需要，中国水产流通与加工协会新增国际合作部，新成立了电子商务分会、鲨鱼保护与利用工作委员会。凭借多年来在协助政府加强行业监督，维护行业秩序，引领行业发展，促进产业升级，关注行业权益等方面突出表现，中国水产流通与加工协会荣获“全国先进社会组织”称号，成为农业部系统 58 个协会中的三个获奖单位之一。

【服务行业发展】

1. 完成农业部委托的项目 继续承担农业部渔业渔政管理局委托的海洋捕捞水产品合法性认证工作。全年协助审核签发的水产品合法性证明 25 649 份,在平稳运行《加工厂声明》网上申报审核系统的同时,又开发了《合法捕捞证证明》网上申报审核系统,进一步提高了审核工作效率。

承担了农业部渔业渔政管理局委托的水产制品进学生餐项目。完成国内外中学生水产品的食用情况前期资料搜集整理、水产制品进学生餐情况调查问卷设计等工作,以及通过对浙江、福建等地大型水产品加工企业实地调研,初步掌握了水产制品进学生餐的现状、存在的问题,提出了推动水产制品进学生餐工作建议。

继续承担农业部渔业与渔政管理局委托的"鲨鱼履约相关工作"项目。根据履约项目安排,5 月份在厦门渔博会上举办了"依法保护濒危物种,合理利用海洋资源"为主题的鲨鱼保护与可持续利用宣传展示活动,10 月份在广州举办了 2015 年 CITES 鲨鱼物种履约培训会,以及在北京全国农业展览馆举办"依法保护濒危物种,合理利用海洋资源"为主题的鲨鱼保护与可持续利用宣传展示活动。

跟踪、分析国内外水产品质量安全信息、贸易预警信息及市场流通信息,整理形成《水产品质量安全舆情报告》34 期,向会员企业发送,并上报主管部门;完成农业部渔业渔政管理局科技处关于针对钟南山提出水产养殖抗生素问题的舆情监测工作。

受农业部渔业渔政管理局科技处委托,7 月份,组织召开大菱鲆质量安全监管工作专题研讨会,分析大菱鲆质量安全水平状况及存在的问题,研讨加强大菱鲆质量安全监管的对策及措施。

2. 完成相关部委委派的工作 承担国家发改委产业司与工信部消费品司关于《全国食品工业"十三五"发展战略研究》课题之"十三五"我国水产品加工业发展战略研究,在广泛调研的基础上完成初稿,是本协会继承担《全国食品工业"十二五"发展规划》后再次承担国家级规划。

承担工信部消费司组织的《食品工业发展报告(2014 年度)》水产加工业现状分析的编写工作,完成水产品加工发展报告。

受商务部外贸司委托,研究梳理水产加工业的发展现状及国际竞争力情况,完成相关材料汇编。

受国家食药总局食监三司委托,定期向企业发放水产品及水产制品监督抽检信息,提高企业的安全意识;协助统计食品生产企业信息。完成国家食药总局关于征集 2016 年食品安全抽检监测计划建议的工作。

受国家风险评估中心委托,协助开展水产品及其制品类食品接触材料风险评估基础数据库构建工作;组织企业参加风险评估中心召开的水产品中硼含量本底调查工作组会议,对我国水产品中硼本底含量情况进行了说明;参加了风险评估中心召开的植物油、水产品及其制品评估参数构建研讨会,完成水产品及其制品类食品接触材料风险评估基础数据库构建工作,以及水产品包装材料使用情况调查。

完成国家濒管办委托的"中国鲨类贸易利用、保护管理及 CITES 履约监测"项目。

【为行业发展建言献策】

1. 深入调研,解决行业关注问题 2015 年 3 ~ 4 月,对我国三文鱼主要加工、贸易企业进行问卷调查和跟踪访谈;3 ~ 6 月,通过实地走访辽宁丹东东港、大连庄河和金州,以及对山东等地贝类加工出口企业电话访谈,对中国黄海生态区蛤类的养殖、加工与出口情况进行了摸底;6 月份对威海地区鱼粉产业进行调研,了解当地鱼粉生产企业生产销售情况和库存量;9 月份,前往福建调研大黄鱼产业基本情况;10 月份前往福建漳州市东山县调研当地的渔业资源情况;开展鲅鱇鱼等出口品种抽样调查工作,为协会更好地指导行业发展奠定了良好的工作基础。

2. 开展标准制修订,推进国际认证,推动行业可持续发展 参加《食品安全国家标准 水产制品生产卫生规范》起草工作;完成国家标准《水产及水产加工品分类与名称》《冻鳗鱼》《冻罗非鱼片》《活水产品运输技术规范》的征求意见工作,从行业角度会员利益出发提出相关建议。

编制了《中国水产流通与加工协会标准管理办法》,制定发布首个中国水产流通与加工协会团体标准《鱼鳞胶原蛋白肽粉》标准。

辅助大连海洋岛 ASC 双壳贝类认证进入预评估阶段;协助认证机构完成 ASC 罗非鱼认证对蔚蓝海洋的终审和海南勤富的预审工作;推进福建东山渔业资源评估及 MSC 认证项目工作的实施。

3. 反映企业诉求,做好企业与政府的桥梁 罗非鱼因磺胺超标等问题出口受阻,对罗非鱼产业打击很大,协会搜集、整理了 1 ~4 月份美国 FDA 拒绝进口我国罗非鱼情况,上报国家认监委。召开"罗非鱼产业风险预警会",通过渔业主管部门、质检机构、行业协会、企业四方的研究商议,形成了具体应对措施。并将会议决议提交 FDA,以期早日解决问题。

就 IFFO 及会员单位反映的即将出台的鱼油标准不符合产业发展现状,向渔业主管部门反映,以期在标准出台前进行干预,确保鱼粉的顺利进口及产业的健康发展。

就会员反映的澳大利亚计划制定所有水产品需要标注原产地的法规事宜向商务部反映，请政府部门予以关注并进行前期沟通，避免造成贸易壁垒，从而影响国内出口企业与澳的正常贸易。

4. 发布《负责任水产品采购指导目录2015版》 协会联合中国连锁经营协会、世界自然基金会编写《负责任水产品采购指导目录2015版》，8月份在深圳正式发布。该目录聚焦获得优质认证、对环境友好、低碳、可追溯的主流水产品，梳理具有国内认证（有机、绿色、ChinaGAP、农产品地理标志）、国际认证（MSC、ASC、BAP）的不同水产品基本信息，提供认证产品和相关标准的最新动态。引导零售业实施负责任水产品采购，搭建生产者和零售商对接平台，推动水产品的可持续生产与消费，对中国渔业的发展具有深远影响。

5. 发布行业报告 组织出版《我国鲨鱼资源利用现状及监管机制研究》。该报告较系统地介绍了我国鲨鱼资源与生产、加工、贸易情况，产业现状及趋势，产业现有监管体系以及CITES公约框架下我国鲨鱼产业监管探索等几方面内容。

发布《中国三文鱼来进料加工企业调研》报告。该报告分析了近年来我国三文鱼来进料加工企业市场变化趋势，以及MSC认证原料的变化情况。发布《中国黄海生态区贝类（蛤蜊）生产及市场和产业链调研》报告。该报告较全面地介绍了中国黄海生态区蛤类的养殖、加工与出口情况，分析中国黄海生态区蛤类全产业链现状，提出促进蛤类产业健康可持续发展建议。

【引领行业健康发展】 4月在海南召开罗非鱼分会工作会议，海南、广东、广西的主要罗非鱼生产出口企业参加了会议，会议分析了当前严峻的国际出口形势，为产业探寻出路。制定罗非鱼加工出口企业自律公约及出口协调价的管理办法，组织企业签订自律公约。

5月在湖北武汉组织召开“水产市场与金融合作对接研讨会”，促进政银企三方在更广领域、更大范围、更深层次地交流与合作，以期实现资源共享、优势互补，形成水产金融协调联动、和谐发展的良好局面。

5月在厦门召开全球水产养殖论坛，来自联合国、中国、美国、加拿大、俄罗斯、日本等多个国家的国际组织，行业组织代表以及国内的水产品育苗、养殖企业，主管部门、科研院所和媒体代表共计300余人参加会议。大会以“促进全球性交流合作，推动水产养殖可持续”为主题，充分考虑当前养殖业发展形势，分为全球水产养殖形势、水产养殖新技术、产业发展趋势三大主题展开交流与探讨。

5月在厦门召开第七届对虾产业发展研讨会。来自国内对虾种苗、养殖、饲料、加工、贸易、加工企业代表和渔业主管部门、科研院所和媒体代表，联合国粮农组织（FAO）和全球水产养殖联盟（GAA）的国际组织代表，以及美国、泰国、印度、印度尼西亚、厄瓜多尔等国科研机构、行业组织代表和相关人士170余人参加了会议。会议从国内外市场波动、贸易格局变化、养殖模式转变、产品结构调整等产业发展中遇到的困难和问题出发，致力于研究解决产业所关心的实际问题，为产业提供交流平台，集中会商产业发展问题。

5月在厦门召开第四届鱼粉鱼油产业发展工作会议。主要就各地鱼粉成交、库存、价格及生产现状等情况进行沟通，针对上半年国产报价持续逼近厂商平均成本价的情况，商议应对措施。向政府反映企业希望延长休渔期，加强对偷捕现象监督的诉求，保障国产鱼粉产业的健康发展。

8月在广州组织召开“2015中国水产品冷链物流研讨会”，本次会议的亮点是邀请水产界、冷链界、物流界的专家从不同的角度进行剖析，给与会代表带来全新体验，激发新的灵感。

9月，协会联合中国农产品市场协会在浙江舟山国际水产城主办了2015中国水产品批发市场峰会，来自全国主要农产品、水产品批发市场负责人及行业协会代表80余人到会，针对农（水）产品市场建设管理、质量安全、冷链物流互联网+等方面进行了研讨，推动水产品批发市场管理水平提升。

10月份，在山东威海召开“第三届海参产业发展高峰论坛”，重点就海参发展现状及产品推介及市场推广进行研讨，研判产业发展趋势，保障海参产业健康可持续发展。

11月在青岛中国国际渔业博览会期间召开了国际水产品可持续发展大会。来自美国、俄罗斯、加拿大、澳大利亚、英国、荷兰、德国、日本等多个国家的政府机构、国际组织和驻华机构，海外企业代表以及国内的水产品生产、加工、贸易企业，主管部门、科研院所和媒体代表超过200人参加会议。本次大会以“迈向绿色水产业——可持续发展的新趋势”为主题，推动中国可持续水产品市场建立和全球水产业向可持续方向转型。

12月在广州召开了第十二届罗非鱼产业发展研讨会。本次研讨会以“直面产业危机，共谋共赢局面”为主题，通过对罗非鱼产业十几年发展的回顾与总结，汇集各方智慧，探讨产业如何在危机之下实现升级转型。会议同期，发布了我国罗非鱼加工贸易企业TOP LIST企业名单，扩大我国罗非鱼企业的实力和影响力。

【积极拓展国内外市场】

1.举办展会推介会,扩大内销市场 5月,首次在厦门国际会展中心主办亚太水产养殖展览会。国内国际参展企业105家,基本涵盖了我国各水产大省和台湾省,以及来自澳大利亚、加拿大、俄罗斯、挪威、厄瓜多尔、秘鲁等多个国家及地区的知名水产企业。展览会同期活动丰富,改变了传统展会仅仅展示产品的模式,丰富了展会的内涵。开展了市场推广、产品推介、渔业投资政策分析、信息化管理、电子商务平台推广等众多活动,不仅增强了展会的活力,也为产业带来了崭新的视角。

协会第三次组展中国国际食品和饮料展览会水产品专区,继续携手爱博西雅展览公司共同举办第三届“鲜生活海鲜美食配美酒”的产品推广活动,还与MSC(海洋管理委员会)合作推广其认证产品。第十三次组展中国国际农产品展示交易会,支持和参加北京、上海、福州、广州等地方专业展会。

2.以展会为平台,拓展国际市场 根据国际水产贸易格局,重点组织企业参加北美水产品展、全球水产博览会、日本东京水产技术博览会,另外还组织会员企业出席1月7日在北京举办“厄瓜多尔与中国贸易洽谈会”,以及参加5月20~24日的泰国食品展等会展活动,促进国际贸易洽谈与合作交流。

【推进品牌建设】 9月协会联合中国农产品市场协会在浙江舟山召开“2015中国水产品品牌大会”。主要渔业省(自治区、直辖市)渔业行政主管部门、国家级农产品大市场、水产品品牌企业代表、水产品批发市场、行业协会及新闻媒体代表200多人出席会议。会议介绍了水产品区域公用品牌的战略价值及其实现路径,国际先进品牌建设经验,探讨实现中国水产品品牌的途径与策略,与会代表还就水产品品牌市场建设、企业品牌建设情况进行了交流。大会采用从行政、企业、专家多个层面来探讨的形式,对如何开展水产品品牌建设进行了很好的总结和梳理。

(中国水产流通与加工协会 陈丽纯)

中国渔船渔机渔具行业协会

【概况】

1.技术促行业飞速发展 为提升我国渔业装备业的技术水平,2015年,渔船渔机渔具各专业为适应远洋渔业发展的需要,在研发新型远洋船型、开发新型捕捞渔具、推广先进渔船节能技术及渔网具生产工艺装备等方面做了大量有益的工作,取得了显著的经济和社会效益。

由珠海琛龙船厂兴建的36.7米“金祥号”远洋玻璃钢金枪鱼延绳钓船,全部采用我国台湾地区最新的设计技术、建造工艺确保了实船建造质量。该船进入作业海区作业后,显现出节能、降耗、捕捞效益显著等优点。经协会组织业内专家评审鉴定,认为系迄今为止国内有代表性的玻璃钢远洋捕捞船,并推荐为远洋捕捞新船型。在全国玻璃钢渔船产业发展联盟召开的现场观摩会上,得到行业内领导、专家、用户的一致认可。

为促进远洋渔船设计建造技术的发展,由上海渔业船舶检验局和上海远洋渔业有限公司与中国船舶重工集团公司第711研究所联合承担的上海市科学技术委员会创新行动计划项目“金枪鱼渔船高效捕捞与加工关键技术研究和示范”中的“金枪鱼船机电混推系统动力方案”,经过近3年的研究并实船应用,成功地将柴电混合推进动力模式运用于金枪鱼延绳钓船。先后完成了实船系泊和航行试验,经渔场作业实测,达到了节能减排、降低运行成本、提高灵活性的预期目的。2015年6月,协会在上海成功组织召开了项目推介会。与会代表充分肯定了机电混合动力推进技术在远洋金枪鱼钓船上的应用,认为此项技术对提升我国远洋渔业装备水平必将产生重要影响。

渔网具专业尤其是渔网具装备制造企业近年来一直围绕产业转型升级,花大力气着力解决制约产业发展的装备方面的问题。杭州长翼纺织机械有限公司在充分调研、不断改进完善的基础上研制成功能适合尼龙、聚乙烯等材料的一步纺捻线机。此项技术实现了渔网捻线工艺的质的飞跃,减少了用工水平,降低了单位产品能耗,改善了产品外观性能。织网机的前道工序绕线盘,长期以来一直是人工操作,耗工、耗时、耗料,能否实现自动化操作,是渔网具行业从业人员所长期企盼的。针对这一情况,常州二纺机,利用自身的技术优势,经反复试验调整,终于研制成功自动绕线盘机,极大地提高了生产效率,有利于下机网片质量的改善。实现了织网机生产企业和渔网具制造企业多年的夙愿。上述两种设备装置在2015年安徽六安召开的“第八届渔网具专业工作会”上集中进行了展示与技术推介,得到了广大与会代表的一致赞誉。

2.信用评价助推企业诚信经营 2014年,协会与中大信(北京)信用评价中心联合启动了行业信用评价工作。在申请信评资质、建立评价机构、制定评价标准、开展宣贯培训的基础上,先后组织专家对申报的6

家企业开展了信用评价。依据评价标准,评价组逐一评价考核,经专家审核,最终扬州鑫渔纺织设备有限公司、南昌康富电机技术有限公司、湛江市湛兴渔网有限公司、湛江市经纬网厂、张家港市创拓机械制造有限公司、江苏江海机械有限公司等6家企业符合渔船渔机渔具行业3A级企业的标准要求,2015年1月15日通过协会网站向社会公示,上述6家企业为我国渔船渔机渔具行业首批获得3A级信用等级称号的企业。

3. 培训鉴定提升从业人员素质 在全面推进渔业船舶电焊工职业技能鉴定的基础上,2015年陆续在辽宁、山东等地开展了玻璃钢渔船糊制工的职业鉴定工作,120余人通过了职业技能鉴定,取得了初级、中级职业资格证书。玻璃钢糊制工的技能鉴定为逐步推进玻璃钢渔船产业化进程提供了人力资源保障。目前技能培训鉴定工作已逐步实现了规范化、标准化。为提高渔船建造企业工厂质检员的业务水平,完善培训的基础工作,协会组织工程技术人员及相关专家历时两年时间,在参考相关省份材料的基础上编写的全国统一的《渔船建造企业工厂质检员培训教材》,终于脱稿并交付印刷。舟山首批300余名工厂质检员,已取得本协会颁发的培训合格证书。山东等省亦将组织开展工厂质检员的培训。同时,《休闲渔船驾驶员培训教材》也已印刷完毕,为培训休闲渔船驾驶员提供了基础保证。

4. 产业联盟发挥推广示范作用 由中国水产科学研究院渔机所牵头的全国玻璃钢渔船技术发展联盟基本架构的设置,协会承担联盟"技术推广中心"的任务,各省级协会可据此成立省级示范推广中心,负责本地区玻璃钢渔船标准化船型的示范及推广。围绕中心的工作,2015年对琛龙船厂的远洋金枪鱼延绳钓船组织专家进行了标准化玻璃钢远洋渔船的技术评审和推荐工作;大连地区玻璃钢渔船技术示范推广中心于2015年7月下旬正式揭牌;漳州市晓业玻璃钢船舶工业有限公司在玻璃钢近海拖网渔船的推广应用上取得了可喜的成绩。我国玻璃钢渔船产业必将步入良性发展的轨道。

5. 休闲渔船产业健康有序发展 第二届休闲渔船专业委员会工作会议7月下旬在大连獐子岛召开,会议邀请了有关学者、各省级行业协会及休闲渔船建造企业等代表到会,就休闲渔业的发展、休闲渔船的发展、休闲渔船产业发展的建议等进行了交流和研讨,休闲渔船建造企业分别介绍了近年来研发的符合我国国情的、具有广阔市场前景的休闲渔船新船型。目前我国休闲渔船产业正呈现出健康有序发展的良好势头。

6. 境外考察搭建对外交流平台 2015年上半年,协会与东盟国际合作组织合作,组织渔网具专业的部分会员企业赴东盟国家就渔网具的贸易合作、技术研发等事宜进行了交流沟通。在越南期间,有的拜访老客户,有的洽谈新订单,还专程参观了台湾金洲制网在越南的投资企业;在泰国,受到泰王室成员的亲切接见,与泰国亚洲投资贸易促进委员会、泰国渔网商会、部分渔网具经销商进行了座谈交流,双方就进一步加强中泰双方在渔具等渔业装备领域的广泛合作、建立互访机制等达成了意向。9月上旬,在赴日考察期间,协会人员先后参观考察了日本雅马哈玻璃钢船艇制造有限公司等渔船渔机渔具企业,分别听取了企业介绍,参观了部分生产现场,并就鱿鱼钓机、LED节能灯、渔网具、织网机等产品性能、技术装备、市场营销、企业管理等情况展开座谈交流。参观考察中,代表们对日本企业产品的技术研发、员工的敬业精神、企业管理的成效,表示由衷的敬佩。通过参观考察,代表们普遍感觉,进一步增进了了解,拓宽了视野,找到了差距,明确了目标。

(中国渔船渔机渔具行业协会)

休闲垂钓协会

【概况】 2015年,中国休闲垂钓协会秘书处在理事会的领导下,注重协会自身能力建设,提升为行业、为会员、为政府的服务能力,较好地完成了各项工作。

1. 推动创建"全国休闲渔业示范基地",提高各地休闲渔业发展水平 受农业部委托,协会连续第三年承担"全国休闲渔业示范基地"的创建和组织评审工作,负责收集整理各地申报材料,组织专家组对申报基地进行材料审查。年内还专门开发了示范基地网上申报系统,使申报工作更加便利化和规范化。到年底,协会已完成了相关组织评审工作,将专家评审意见报农业部。3年来,"全国休闲渔业示范基地"的数量累计已达近400家。

12月,协会在北京市再次举办"全国休闲渔业示范基地创建培训班",邀请相关领域专家教授,解读示范基地创建标准,讲授休闲渔业基地规划和企业发展经营之道,研讨休闲渔业与互联网和旅游业的多维发展。来自全国25个省(自治区、直辖市)70余位申报单位的代表参加学习培训,以进一步提升认知和管理水平,使示范基地能更好地起到辐射带动作用,提高休闲渔业发展水平,促进渔业产业转型升级,加快现代渔业建设步伐。

2.《人工钓饵》行业标准正式实施 由协会和湖北老鬼鱼饵有限责任公司、湖北龙王恨渔具集团有限公司、湖北钓鱼王渔具有限公司、北京三友创美饲料科技股份有限公司、临沂化绍新钓鱼用品有限公司、眉山市西部风通用渔具有限公司、通威股份有限公司、安徽立新鱼饵有限公司8家会员单位共同发起并起草的《人工钓饵》水产行业标准(SC/T5061－2015),于2月9日由农业部发布,并于5月1日起实施。

制定钓饵行业标准,目的是顺应行业发展需要,提高我国钓饵生产质量,更好地保护渔业水域环境和水产品食用安全,促进行业自律。钓饵标准全文已在协会官方网站予以公布,协会要求发起单位应率先生产符合标准的鱼饵,树立行业标杆,起到带头示范作用。

3.加强组织机构建设,不断拓展工作领域和服务范围 2015年,协会通过设立专业分支机构和地方代表机构的方式,努力拓展工作覆盖的领域,并使服务触角逐步延伸到各地。

经理事会审议通过,1月26日,协会在北京成立了海钓分会,力图更好地发挥行业组织的作用,以专业的团队和服务,整合海钓行业资源,服务好会员和行业,拉近与海钓发达国家的差距,带动我国休闲渔业的发展。

内年协会还加强了与各地休闲垂钓专业组织的合作,筹备在条件成熟的省市陆续设立地方代表处。这些代表处将代表协会发展会员,并利用自身区域和专业优势,为本地区的会员提供针对性服务。协会在已有江苏、福建、山东、广东、海南代表处的基础上,还将设立大连代表处、厦门代表处和苏州代表处。

4.积极践行"互联网+"行动,探索发展会员和服务会员新途径 国务院7月4日印发了《关于积极推进"互联网+"行动的指导意见》,其中鼓励大力发展行业电商,进一步扩大电子商务发展空间,使电子商务与其他产业的融合不断深化。同时指出要充分发挥互联网的高效、便捷优势,提高资源利用效率,降低服务消费成本。大力发展以互联网为载体、线上线下互动的消费新模式,加快发展基于互联网的健康、旅游等新兴服务。

协会积极践行国家"互联网+"行动,与找鱼网信息技术有限公司建立了战略合作伙伴关系,共同利用互联网与休闲垂钓相结合,进行找鱼网及手机APP软件的开发,致力于打造集海鲜产品交易、休闲垂钓服务、观赏鱼交易于一体的,全国性最权威、最专业的互联网综合交易服务平台。经集思广益,潜心钻研,平台及软件开发取得重要进展,几易其稿后,首先将推出的就是提供休闲垂钓服务的手机APP软件。

此外,协会还开通了微信公众号,及时发布协会通知文件和工作动态,定期推送垂钓知识、行业信息和活动资讯,摆脱了纸质会刊在实效性上的局限,拉近了与会员的距离。

5.努力开展休闲渔业文化的建设与推广 5月,协会与江苏中易书画院合作出版了《书韵钓鱼古诗词》一书。这本书经过了近两年时间的筹备,遴选了百首以垂钓为主题的诗词,邀请了几十名国内书法家,以书法的形式展现了我国千百年的垂钓文化,以飨读者。农业部原副部长宋树友主编该书,协会齐景发会长为该书作序。这本书的出版还得到了一些会员单位的大力支持。

年内,协会还积极和有关单位筹备设立渔文化分会。

6.密切与相关单位的合作,开展各类活动,打造垂钓品牌 2015年,协会人员专程赴河北、河南、山东、广东、福建等省考察当地休闲渔业发展和垂钓基地建设,拜访了渔业主管部门和钓场,鼓励各地发展垂钓俱乐部,也为下一步设立协会代表机构和开展垂钓活动,做好基础性调研工作。

为打造休闲渔业品牌,创建协会休闲垂钓基地,协会命名山东省威海市为"中国休闲渔业之都",授予山东日照顺风海洋牧场为"中国休闲垂钓协会海钓基地",并在授牌的同时,举办了"2015中国(日照)海钓节暨中国休闲海钓大赛、中国休闲海钓全民体验赛",吸引了众多当地市民的积极参与。山东东方海洋科技股份有限公司作为协会副会长单位,积极开拓休闲渔业领域,建立了国际海钓交流中心。协会还协办了一些会员单位组织的休闲垂钓活动。

4月和9月,协会与江苏省钓鱼协会、无锡市钓鱼协会联合主办了中国(无锡)春季和秋季渔具博览会,展会面积近5万平方米,上千家厂商参展,在华东地区逐渐形成了一定的影响力。在展会期间,协会还联动展商,成功举办了"无锡渔具展杯"千名渔具店长钓鱼大赛,为他们搭建了一个交流互动的平台。

12月,由协会主办,协会海钓分会等单位联合承办的"2015中国海钓盛典"在海南省海口市举办。为期5天的"海钓盛典",充分展示了我国海钓、路亚钓产业,促进了百姓的参与和体验,增进了行业的合作与交流。盛典上举办了中国海钓路亚产业发展论坛,海钓基地、海洋牧场、俱乐部建设项目研讨交流会,休闲海钓生活方式展示会和中国首届海洋保护形象大使总决赛,并为评选出的中国十佳休闲海钓·路亚基地、十大钓具品牌企业、中国休闲垂钓创新企业、中国十佳休闲海钓·路亚俱乐部、中国十佳海钓·路亚人等颁发了奖项。

协会还加强了与旅游部门的合作。受韩国旅游发展局邀请，考察了韩国济州岛和日本对马岛的海钓资源，详细了解了安全设施和配套服务，认为当地很好地整合了风土人情和垂钓资源，因此，协会与韩国济游旅行社联合向垂钓爱好者推荐釜山——对马岛垂钓游线路。协会还与韩国有关单位策划中韩两国间的大型休闲垂钓活动，力图将协会的品牌推向国际。

（休闲垂钓协会）

农业部　中国邮政储蓄银行 关于印发创新现代渔业金融服务工作实施方案的通知

农渔发(2015)7号

各省(自治区、直辖市)及计划单列市渔业主管部门、中国邮政储蓄银行各一级分行:

为贯彻落实《国务院关于促进海洋渔业持续健康发展的若干意见》(国发〔2013〕11号)和2013年国务院现代渔业建设工作电视电话会议精神,促进现代渔业发展与金融服务的有效对接,推动渔业产业转型升级,农业部和中国邮政储蓄银行共同研究制定了《关于创新现代渔业金融服务工作实施方案》。现印发你们,请认真组织实施。

双方联系人及联系方式:

1. 农业部渔业渔政管理局:张成,电话:010－59192985

2. 中国邮政储蓄银行:李云涛,电话:010－68857575;陈峰,电话:010－68857605

中华人民共和国农业部　中国邮政储蓄银行

2015年3月9日

农业部　中国邮政储蓄银行 关于创新现代渔业金融服务工作实施方案

为贯彻落实《国务院关于促进海洋渔业持续健康发展的若干意见》(国发〔2013〕11号)和国务院现代渔业建设工作电视电话会议(2013年6月26日)精神,促进渔业持续健康发展,充分发挥渔业行业主管部门的政策指导与组织优势、中国邮政储蓄银行(以下简称"邮储银行")的网点优势与资金优势,促进金融服务与渔业经济发展的有效对接,推动渔业产业转型升级,根据《农业部中国邮政储蓄银行股份有限公司金融服务和支持现代农业发展合作协议》,就创新现代渔业金融服务工作制定如下实施方案:

一、思路与目标

依托邮储银行的小额贷款、个人商务贷款、小企业法人贷款等融资产品,通过设计开发"邮储·渔业通"专属金融方案、探索创新担保方式,2015—2018年为现代渔业累计提供200亿元意向授信规模,重点解决渔民合作社、渔业企业、专业大户等渔业经营主体和上下游小微企业的资金需求,服务现代渔业和实体经济发展。

二、主要任务

(一)创新现代渔业各经营主体的金融服务

邮储银行负责开发"邮储·渔业通"专属金融方案,为渔业经营主体提供包括融资、结算、现金管理、资本增值等在内的金融支持。重点解决渔业生产大户、渔民合作社等新型农业经营主体,水产健康养殖示范场、水产原良种场、现代渔业种业示范场、休闲渔业示范基地、渔业龙头企业及其上下游小微企业的资金需求,为其提供更为便捷、优惠的金融服务。

(二)共同推进渔业、邮储银行"富渔行动"

各省(区、市)及计划单列市渔业主管部门、邮储银行各分支行根据实际情况,商讨联合开展渔业、邮储银行"富渔行动"(以下简称"富渔行动")等活动。邮储银行可对"富渔行动"中展现出的具有可行性、推广性的优秀渔业创业创富项目提供现金奖励、物质奖励或融资支持等金融服务。

(三)加强邮储银行与渔业各行业协会间的合作交流

加强邮储银行与渔业协会、休闲垂钓协会、水产流通与加工协会(以下统称协会)等各级机构的合作。通过资源共享、优势互补,实现战略双赢,更好地服务现代渔业的发展。依托"邮储·渔业通"专属金融方案,为协会会员提供融资支持。在协会需要重点发展和扶持的地区,邮储银行建立渔业特色支行(以下简称“特色支行”)等专属服务机构,为协会会员提供优质金融服务。联合建立立足县域地区的“渔业成长俱乐部”(以下简称“成长俱乐部”),开展“邮储·渔业通”的专场推介活动,提升协会和邮储银行的社会知名度。通过发展特约特惠商户、专业理财等方式,为协会及成长俱乐部会员提供全方位的增值服务。通过推荐优质客户入会、参与对会员的各项培训等方式,支持协会及成长俱乐部的日常工作。

三、组织实施

(一)支持对象

重点支持现代水产养殖业、捕捞业、种业、远洋渔业、休闲渔业、冷链物流和水产品加工等渔业产业经营实体;加大对渔民合作社、专业大户等新型渔业经营主体,渔业龙头企业和渔业小微企业的信贷投放力度。

(二)贷款产品

以邮储银行设计开发的“邮储·渔业通”专属金融方案为主,符合邮储银行小额贷款、个人商务贷款、小企业贷款及其他产品有关条件的,可拓展到相关产品线。

(三)贷款额度

贷款额度最高为3 000万元。实际贷款额度由借贷双方根据情况共同商定。

(四)贷款期限、利率

贷款期限一般不超过5年。鼓励各地根据客户资质,探索制定相应的利率优惠政策。

(五)贷款方式

1. 渔业抵(质)押类贷款。借款人提供符合邮储银行要求的国内渔船、南沙生产渔船、近海渔船、远洋渔船、船网工具指标、水域滩涂养殖权(证)、三网(网箱、网围、网栏)养殖经营权、渔业专业市场商铺使用权、水产品等抵(质)押物,为贷款提供担保。

2. 法人担保类贷款。由邮储银行认可的融资性担保公司或渔业专业市场管理方等法人机构为贷款提供担保。

3. 保证保险贷款。借款人购买邮储银行指定的保险机构涉农保险,以保险为主要增信措施的贷款。

4. 信用贷款。在提供符合邮储银行授信标准的经营流水信息后,发放不需要抵押担保的流水贷等信用贷款。

各地可本着“方便渔民(企)、灵活多样、覆盖风险”的原则,因地制宜,积极探索创新符合渔民(企)实际需求、可操作性强的其它贷款方式。

(六)贷款程序

符合贷款条件的渔民(企)自愿向当地邮储银行申报,邮储银行根据相关信贷制度要求,审查申请人的资信状况、发展前景、预计还款能力等情况,就是否同意贷款及对贷款额度、期限、利率、还款方式、担保方式等提出意见,并按相关程序进行审批。审查和审批结果及时通知贷款申请人。

四、职责分工

(一)渔业部门职责

1. 收集信息,积极推荐

充分发挥政策指导优势,摸清有融资需求的渔民(企)情况,了解渔民(企)的资金需求。向邮储银行推荐有资金需求的渔民(企)和技术含量高、市场前景广阔、示范带动能力强的渔业项目。

2. 争取政策,提供支持

发挥渔业主管部门的政策优势,协调财政等有关职能部门,为当地渔民(企)提供信贷贴息、税费减免等方面的政策优惠。探索成立政府、银行、保险、渔民(企)共同承担风险的融资工作体系。

3. 跟踪服务,做好配合

整合政府、协会各项资源,加强对邮储银行渔业特色支行、渔业成长俱乐部等的指导力度,建立完善结对帮扶制度,为渔民(企)提供产业链接、信息引导、技术指导、经验传授等辅导和服务,提高渔民(企)融资成功率。

4. 树立典型,加强宣传

协助邮储银行做好宣传工作,选树诚实守信、按时偿还贷款、成效显著的典型案例,广泛开展诚信意识教育,引导渔民(企)诚实劳动、诚信贷款。

(二)邮政储蓄银行职责

1. 制定优惠条件

邮储银行各分支机构联合各级渔业主管部门共同研究制定当地贷款优惠条件。对各级渔业主管部门推荐的申请人,在法律要素齐全、风险可控的前提下,邮储银行要优先调查、优先评级、优先授信、优先发放贷款,同时不断优化流程和手续,缩短审批时限。对于正常偿还所有贷款本息、无逾期情况的渔民(企),邮储银行应当给予降低利率、增加额度、小额贷款享受贷款利息五免一等优惠政策。

2. 通报贷款信息

邮储银行各分支机构应将经渔业主管部门推荐并获批的贷款发放笔数、金额和逾期情况等相关信息,及时通报给同级渔业主管部门。

3. 提供业务指导

支持和配合渔业主管部门开展各类渔业示范区、

示范基地、良繁基地的建设工作，重视评定结果，并以此作为发放贷款的重要依据。配合渔业主管部门开展金融知识宣传普及和培训工作，并提供必要的业务指导。

4. 探索业务创新

积极协调一线客户经理、产品经理和支行长的主动性，加强调查研究，探索工作路径，创新工作方法。鼓励各分支机构简化渔业贷款审贷流程，建立集中受理、审核、放贷的快速通道；根据渔业特点合理确定额度、期限、利率等贷款要素，对渔业贷款给予优惠政策；针对不同新型渔业经营贷款主体需求设计差异化的经营产品。

五、推进步骤

（一）安排部署

农业部渔业渔政管理局、邮储银行联合制定工作实施方案，明确工作目标任务，对相关工作进行安排部署。

（二）组织实施

2015 年 3 月底前，各级渔业主管部门、邮储银行各分支机构进行工作对接，细化双方创新现代渔业金融服务具体工作方案，完善推进步骤，启动相关工作。

（三）督导推动

农业部渔业渔政管理局、邮储银行总行不定期赴有关省份开展现场调研，了解贷款需求，研究金融服务措施。各省份邮储银行应每季度形成阶段工作总结，分别报农业部渔业渔政管理局、邮储银行相关部门。

六、保障措施

（一）高度重视，精心组织

邮政储蓄银行与渔业主管部门加强系统性合作，共同开展创新现代渔业金融服务，有利于缓解渔业经营主体贷款难的问题，推动现代渔业的发展，更好地服务社会经济发展。各级渔业主管部门、邮储银行各分支行要高度重视，精心组织，认真抓好贯彻落实。

（二）沟通协调，加强配合

各级渔业主管部门、邮储银行各分支行要根据实施方案的任务要求，明确职责分工。邮储银行要充分利用资金及专业优势，努力创新金融服务方式，不断提升金融服务水平。各级渔业主管部门积极予以支持、配合，为邮储银行金融支渔创造良好的条件。建立健全联席会议制度，定期对接、研究工作，着力形成共同开展现代渔业金融服务的长效机制。

（三）信息公开，加强宣传

各级渔业主管部门、邮政储蓄银行分支机构应通过政府网络、电视、报刊、公告栏及其他便于公众知晓的方式，公开邮储银行现代渔业金融服务的管理规定及贷款对象、额度、期限、利率、用途等信息，接受社会监督。注重总结经验，加大宣传力度，积极推广工作中的成熟做法和成功经验，形成邮储银行金融支渔与渔业主管部门合力推进现代渔业发展的良好氛围。

财政部　农业部
关于调整国内渔业捕捞和
养殖业油价补贴政策
促进渔业持续健康发展的通知

财建［2015］499 号

各省、自治区、直辖市、计划单列市财政厅（局）、渔业主管厅（局），新疆生产建设兵团财务局、渔业主管局：

作为成品油价格形成机制改革的重要配套政策和保障措施，国内渔业捕捞和养殖业油价补贴政策对促进渔业发展、增加渔民收入、维护渔区稳定发挥了重要作用，但也存在一些矛盾和问题。为促进渔业持续健康发展，经国务院同意，从 2015 年起，对国内渔业捕捞和养殖业油价补贴政策作出调整。现将有关事项通知如下：

一、补贴政策调整的必要性

（一）调整国内渔业捕捞和养殖业油价补贴政策是发挥价格机制作用，促进渔业资源环境保护的需要。2006 年以来的渔业油价补贴政策覆盖面广、补贴规模大、持续时间长，扭曲了价格信号，与渔民减船转产政策发生“顶托”。为促进渔业资源环境保护，有必要及时调整渔业油价补贴政策，有关支出不再与用油量挂钩，渔业用油成本由水产品价格“随行就市”进行传导，在相关政策引导下，主要通过价格机制调节渔船数量和作业方式，切实降低渔业捕捞强度。

（二）调整国内渔业捕捞和养殖业油价补贴政策是促进渔业产业结构调整，发展现代渔业的需要。2006 年以来，渔业油价补贴资金刚性增长，既造成了渔业对油价补贴的严重依赖，又加重了财政负担。为激发渔业健康发展的内生动力，需要在保持现有支持力度的基础上，盘活资金存量，优化支持结构，将主要用于弥补渔业生产成本、针对渔民个人的补贴资金统筹使用，既着力保障广大渔民基本利益，又大力推进解决减船转产、渔业生态环境修复、渔船标准化建设等长期制约渔业发展的重点难点问题，促进产业结构调整，加快现代渔业建设。

（三）调整国内渔业捕捞和养殖业油价补贴政策是扩大政府投资，稳定经济增长的需要。我国渔船装备落后，安全性较差，能耗和污染较重，资源破坏性较大；渔港、航标等公共基础设施薄弱，防灾减灾功能不足；水产养殖基础设施条件落后，对环境和生态影响较大；渔业渔政管理基础薄弱，信息化手段落后。加大标准化渔船和深水网箱等现代渔业装备建设，既有利于保障渔民作业安全，提高节能环保性能；又有利于加快渔业生态环境修复，提高渔业可持续发展能力。同时，有利于扩大政府投资，拉动相关产业发展，促进经济稳定增长。

（四）调整国内渔业捕捞和养殖业油价补贴政策是改进财政支持方式，提高财政资金使用效益的需要。渔业情况复杂，渔船等补贴对象作业量、用油量信息采集较难，监管手段滞后，导致补贴政策在执行中走样变形。为此，有必要改进财政支持方式，将大部分渔业油价补贴资金转作一般性转移支付，由地方政府统筹使用。同时发挥地方政府信息对称、就地就近监管的有利优势，改进监管，提高补贴效率。

当前，国际国内成品油价格连续走低，为补贴政策调整提供了有利的“窗口”期。

二、补贴政策调整的指导思想和目标任务

（一）指导思想。按照党的十八大和十八届三中全会的要求，以《国务院关于促进海洋渔业持续健康发展的若干意见》（国发［2013］11 号）为指导，以调整资金使用方式为手段，以保民生、保生态、保稳定为目标，健全支撑保障和激励约束机制，使国内渔业捕捞和养殖业油价补贴政策与渔业资源保护和产业结构调整等产业政策相协调，促进渔业可持续发展。

（二）原则。

一是综合设计，发挥合力。统筹考虑渔业发展、渔民生产生活等实际情况，着眼渔业长远可持续发展，综合运用财政政策、产业政策及行业管理等措施和手段，强化目标考核，改进管理，形成合力，推动减船转产、降低捕捞强度等目标顺利实现。

二是盘活存量，健全机制。以 2014 年国内渔业捕捞和养殖业油价补贴清算数为基数，在中央财政补贴规模不变的前提下，盘活存量，调整方式，逐步减少国内捕捞业油价补贴，健全渔业油价补贴与用油量及油价脱钩，与渔民保障、渔业发展、渔区稳定相协调的新机制。

三是明确责任，平稳推进。落实油价补贴政策调整的主体责任，继续实行“省长负责制”，强化省级统筹，由地方通盘解决渔业稳定发展等重点问题，确保国内渔业捕捞和养殖业油价补贴政策调整平稳推进。

（三）目标任务。通过调整优化补贴方式，中央财政补贴资金与用油量彻底脱钩，并健全渔业支撑保障体系，力争到 2019 年，用 5 年左右时间，将国内捕捞业油价补贴降至 2014 年补贴水平的 40%，使国内捕捞渔船数和功率数进一步减少，捕捞作业结构进一步优化，捕捞强度得到有效控制，渔业现代化迈出新步伐。

三、补贴政策调整的主要内容

立足国内渔业捕捞和养殖业油价补贴作为国家成品油价格形成机制改革后对渔民生产成本补贴的政策属性，按照总量不减、存量调整、保障重点、统筹兼顾的思路，将补贴政策调整为专项转移支付和一般性转移支付相结合的综合性支持政策。以 2014 年清算数为基数，将补贴资金的 20% 部分以专项转移支付形式统筹用于渔民减船转产和渔船更新改造等重点工作；80% 通过一般性转移支付下达，由地方政府统筹专项用于渔业生产成本补贴、转产转业等方面。

（一）坚持保障重点，强化对现代渔业建设的支撑，以专项转移支付形式支持渔民减船转产和生态环境修复，以及渔船更新改造等渔业装备建设。

1. 支持渔民减船转产和人工鱼礁建设。按照海洋捕捞强度与资源再生能力平衡协调发展的要求，将现有减船补助标准从 2 500 元/千瓦提高到 5 000 元/千瓦，并对渔船拆解等给予一定补助，推动捕捞渔民减船转产。同时，支持开展人工鱼礁建设，促进渔业生态环境修复。

2. 支持渔船更新改造等现代渔业装备建设。适应渔业发展现代化、专业化的新形势，在严控海洋捕捞渔船数和功率数“双控”指标、不增加捕捞强度的前提下，逐步淘汰双船底拖网、帆张网、三角虎网等对海洋资源破坏性大的作业类型，对纳入管理的老、旧、木质渔船进行更新改造，有计划升级改造选择性好、高效节能、安全环保的标准化捕捞渔船，以船舶所有人为对象，设定标准，分类支持，先减后建，减补挂钩，中央财政对完成减船任务的各省份按一定标准给予渔船更新改造补助。同时，支持深水网箱推广、渔港航标等公共基础设施和全国渔船动态管理系统建设，切实改善渔业发展基础条件。

（二）坚持有保有压，优化补贴结构，以一般性转移支付方式，由地方政府统筹用于解决渔民生产成本和转产转业等方面。一是稳定养殖业油价补贴政策，

调整相关核算标准和方式。二是国内捕捞业按渔船作业类型和大小分档定额测算(海洋大中型渔船补贴实行上限控制,并按照船位监测逐步实行按天核算),综合考虑资源养护、船龄等因素,逐步压减国内捕捞业特别是大中型商业性渔船补贴规模,对小型生计性渔船予以适当照顾。上述两类补贴标准和上限由农业部制订发布。除用于上述两类补贴外,一般性转移支付资金由地方政府根据渔业发展实际情况和轻重缓急,实行统筹兼顾,可在中央财政减船转产补助标准基础上加大补助力度,对减船上岸渔民给予就业扶持、培训教育,对渔业资源养护、休禁渔补贴、渔业渔政信息化建设、渔港航标建设、池塘标准化和工厂化循环用水改造等水产养殖基础设施建设给予一定支持。

四、补贴政策调整的保障措施

国内渔业捕捞和养殖业油价补贴政策调整牵涉面广,复杂程度高,政策性强,社会影响大。各地区和相关部门要切实增强大局观念和责任意识,加强组织领导,加强统筹协调,加强监督检查,加强宣传引导,确保政策调整工作顺利推进。

(一)实行省长负责制,健全工作机制。各省份要提高对补贴政策调整的认识,加强组织领导,落实主体责任,继续实行渔业油价补贴政策落实工作“省长负责制”,进一步强化省级统筹,明确地方政府保障渔业发展和社会稳定的“兜底”责任。建立健全党委政府统一领导,相关部门各司其职、协同配合的工作机制,明确职责分工,细化实施方案,做好衔接配套。农业部制发包括补贴标准上限、渔船更新改造及拆船补助标准和减船转产等内容在内的具体实施方案;财政部制发相关资金管理办法;财政部、农业部共同做好指导、监督与考核工作。

(二)制定实施方案,完善配套措施。各省级人民政府要根据本通知精神,结合具体实际,抓紧制定2015—2019年国内渔业捕捞和养殖业油价补贴政策调整实施方案,具体内容包括:补贴政策调整的基本思路和总体考虑;海洋捕捞渔船及功率指标总体压减10%左右的分年度实施计划;渔船更新改造的目标和分年度计划;一般性转移支付资金的使用重点和具体安排;转产转业、渔业资源养护、休禁渔补贴、渔业渔政信息化建设、渔港航标建设、水产养殖基础设施建设等方面资金安排及预期效果等,作为监督检查和绩效考核的重要依据。同时,抓紧完善相关制度办法和配套措施,加大打击涉渔“三无”船舶和各类非法作业的力度,整治船证不符、违法违规使用渔具和渔业水域污染等行为,确保政策调整顺利推进。各省份补贴政策调整实施方案于2015年9月底前报财政部、农业部备案。

(三)加强监督检查,强化目标考核。国务院有关部门、地方各级政府和有关部门要加强对油价补贴政策调整工作的分类指导和监督检查,及时发现问题,完善政策。农业部对相关省份海洋捕捞渔船及功率压减指标进行确认落实,每年对各省份减船任务完成情况和渔船“双控”制度实施情况进行督促检查和绩效考核。

(四)加强宣传引导,营造良好环境。各地要有针对性地开展宣传引导工作,突出政策导向,赢得渔民群众和社会的理解支持,营造良好的舆论环境。采取公示、发放宣传册等方式,扩大政策宣传面。

财政部　农业部

2015年6月25日

农业部关于创建国家级海洋牧场示范区的通知

农渔发[2015]18号

海洋牧场是保护和增殖渔业资源,修复水域生态环境的重要手段。根据《中国水生生物资源养护行动纲要》提出的“建立海洋牧场示范区”的部署安排,2007年以来中央财政对海洋牧场建设项目开始予以专项支持。各级渔业主管部门积极响应,社会各界广泛参与,目前全国海洋牧场建设已形成一定规模,经济效益、生态效益和社会效益日益显著。但同时,我国海洋牧场建设也存在引导投入不足、整体规模偏小、基础研究薄弱、管理体制不健全等问题,与国外先进水平相比,还存在很大差距。2013年,《国务院关于促进海洋渔业持续健康发展的若干意见》明确要求“发展海洋牧场,加强人工鱼礁投放”。为贯彻国家关于海洋牧场的部署安排,进一步加强海洋牧场建设,农业部决定组织开展国家级海洋牧场示范区创建活动。现将有关事项通知如下。

一、指导思想和建设目标

(一)指导思想。贯彻落实党的十八大加强生态文明建设精神和党中央、国务院有关文件要求,按照“科学布局、突出特色、明确定位、理顺机制”的总体思路,在现有海洋牧场建设的基础上,高起点、高标准地创建一批国家级海洋牧场示范区,推进以海洋牧场建设为主要形式的区域性渔业资源与生态环境养护以及渔业综合开发,使之成为现代渔业的强有力支撑和重要推动力量。

（二）建设目标。以修复渔业水域生态环境、养护渔业资源、促进渔业转型增效为目标，以人工鱼礁建设为重点，配套增殖放流、底播、移植等措施，大力发展海洋牧场。从2015年开始，通过5年左右时间，在全国沿海创建一批区域代表性强、公益性功能突出的国家级海洋牧场示范区，充分发挥典型示范和辐射带动作用，不断提升海洋牧场建设和管理水平，积极养护海洋渔业资源，修复水域生态环境，带动增养殖业、休闲渔业及其他产业发展，促进渔业提质、增效、调结构，实现渔业可持续发展和渔民增收。

二、基本条件

符合以下条件的可以申请创建国家级海洋牧场示范区。

（一）选址科学合理。所在海域是重要渔业水域，对渔业生态环境和渔业资源养护具有重要作用，具有区域特色和较强代表性；有明确的建设规划和发展目标；符合国家和地方海洋功能区划及渔业发展规划，与水利、海上开采、航道、港区、锚地、通航密集区、倾废区、海底管线及其他海洋工程设施和国防用海等不相冲突。

（二）自然条件适宜。所在海域具备相应的物理化学、生物以及周边环境等条件。海底地形坡度平缓或平坦，水深不超过100米，能够保证人工鱼礁的稳定性。有浮游植物、浮游动物以及底栖生物等生物存在，竞争生物和敌害生物较少，适宜藻类移植以及增殖放流生物栖息、繁育和生长。海水水质符合二类以上海水水质标准（无机氮、磷酸盐除外），海底沉积物符合一类海洋沉积物质量标准。

（三）功能定位明确。示范区应以修复和优化海洋渔业资源和水域生态环境为主要目标。进一步建设的意义和潜力大，通过示范区建设，能够有效解决区域渔业资源衰退和海底荒漠化问题，使海域的渔业资源生态环境与生产处于良好的平衡状态；与之相配套的捕捞生产、休闲渔业等相关产业，不会影响海洋牧场主体功能。

（四）工作基础较好。示范区海域面积原则上不低于5平方公里，使用权属清晰或获得省级渔业主管部门确认；已建成的人工鱼礁规模原则上不少于10万空方，礁体位置明确，并绘有礁型和礁体平面布局示意图。具有专业科研院校作为长期技术依托单位，技术水平先进。常态化开展底播或增殖放流，采捕作业方式科学合理，经济效益、生态效益和社会效益比较显著。

（五）管理规范有序。示范区建设主体清晰，有明确的管理维护单位，有专门规章制度，并建有完善的档案，海洋牧场设计、建设和运转等相关事项有详细记录。建有礁体检查、水质监测和示范区功效评估等动态监控技术管理体系，能够定期检查礁体和监测水质，及时采取补救和修复措施，以保证海洋牧场功能正常发挥；能够通过生态环境监测、渔获物统计调查、摄影摄像、渔船作业记录调查和问卷调查等方式，比较海洋牧场建设前后或同对照区的差异，评价分析其对渔业生产、地区经济和生态环境的影响。

三、创建程序

国家级海洋牧场示范区创建，由创建单位申请，省级渔业主管部门初审和推荐，农业部组织评审并公布。

（一）沿海各省（区、市）及计划单列市渔业主管部门（以下简称“沿海各省级渔业主管部门”）对照以上基本条件，对本地区现有海洋牧场进行筛选，选择综合条件较好，达到以上基本条件的，可组织进行申报。优先考虑资源生态保护型海洋牧场，兼顾增殖型海洋牧场，适当考虑休闲型海洋牧场。

（二）创建单位编制示范区申报书（格式见附件1），包括示范区的基本情况、已开展的工作、管理运行现状、申报理由等，并提供相关证明材料一并作为申报材料。原则上由县级以上渔业主管部门申报创建。

（三）沿海各省级渔业主管部门对申报材料进行初审后，对符合条件的，填写《国家级海洋牧场示范区创建推荐表》（格式见附件2），并将申报材料报送农业部渔业渔政管理局。原则上每个沿海省级渔业主管部门推荐数量不超过2个。

（四）农业部组织对沿海各省级渔业主管部门推荐的国家级海洋牧场示范区进行评审。评审通过的，由农业部统一命名并对外公布；未通过的，可以继续完善并在之后年度再次申报。

（五）国家级海洋牧场示范区采取“目标考核、动态管理、能进能退”的考核管理机制，农业部负责制订相关管理办法，不定期组织进行考核和督察，沿海各省级渔业主管部门负责进行日常监督检查和有关工作落实。

四、时间安排

5～8月，沿海各省级渔业主管部门组织申报；

8月底前，沿海各省级渔业主管部门将申报材料和推荐表以正式文件报送农业部渔业渔政管理局；

10月底前，农业部组织专家评审；

12月底前，公布第一批国家级海洋牧场示范区。

五、有关要求

（一）加强规划引领。海洋牧场对于加强海洋渔业资源和生态环境保护，加快转变海洋渔业发展方式，不断提高海洋渔业可持续发展能力具有重要意义。沿海各级渔业主管部门要高度重视，加大海洋渔业资源环境修复力度，以示范区创建为抓手，带动渔业产业结构调整，促进产业转型升级；要结合渔业“十三五”发展规划编制工作，综合区位优势、海域生态类型、渔业资源特点和渔区社会经济发展现状，在渔业发展规划中统筹谋划好海洋牧场建设，有条件的地方可以编制专项规划。

（二）做好组织协调。沿海各省级渔业主管部门要加强领导，建立工作机制，制定相应管理制度，确保示范区创建工作顺利开展。要做好海洋牧场建设与其他行业发展的协调，避免产生矛盾冲突，同时统筹示范区创建与海水养殖、休闲渔业、捕捞渔民转产转业、渔船更新改造及清理取缔涉渔“三无”船舶、保护区建设和增殖放流等渔业相关产业或工作的协调配合，提升海洋牧场综合效益。各地可稽核国家级海洋牧场示范区创建工作，组织开展省级、市县级海洋牧场示范区创建活动，将海洋牧场示范区创建工作引向深入。

（三）创新管理机制。沿海各省级渔业主管部门要根据本地区实际情况，制订相关规章制度，建立“权属清晰、责任明确、管理规范、保障有力、运转高效、公平惠益”的海洋牧场建设和管理体制机制；要加强海洋牧场选址、设计、论证、实施等重点领域和环节的审查，严把招投标、质量管理和技术监督等关键环节，实施工程监理制度，确保海洋牧场建设质量；要加强执法监管，坚决打击各种盗捕、盗采等破坏活动，保障海洋牧场建设和管理者的合法经营权益；要建立动态监管体系和综合考评体系，提高海洋牧场管理的信息化水平。

（四）强化科技支撑。沿海各省级渔业主管部门要成立技术小组，吸收国家和地方相关水产科研教学单位专业力量，对海洋牧场布局、规模、礁体设计、投放施工、开发利用等进行科学指导。要组织开展本底调查，制订科学合理的技术路线，确保海洋牧场建设符合有关标准；要对海洋牧场建设的关键与共性技术难题开展联合攻关，大力推广实用技术和成功经验；要建立经济、生态、社会效益评估机制，及时对海洋牧场生态环境、资源状况进行跟踪监测，全面总结、科学评估、综合分析取得的效果。

（五）加强政策扶持。农业部将在有关项目和资金安排上对国家级海洋牧场示范区建设予以重点倾斜。各级渔业主管部门也要整合现有资源，在海域规划、相关审批、政策扶持和资金投入等方面加大支持力度；同时积极争取地方政府和有关部门的支持，对海洋牧场建设给予地方财政配套，并在减免海域使用费用、简化环评手续，以及信贷、税收、保险等方面进行政策倾斜。在加大政府扶持力度的同时，还要探索建立多渠道、多层次、多元化长效投入机制，鼓励和引导个人、企业、社会团体等投资海洋牧场建设，广泛调动社会积极性，推动海洋牧场建设规模化，促进海洋渔业可持续发展。

农业部

2015 年 4 月 20 日

农业部关于加强远洋渔业监督管理工作意见的函

农渔函〔2015〕2 号

各有关省、自治区、直辖市及计划单列市人民政府：

近年来，随着国家“走出去”战略的实施和海洋经济的发展，各地发展远洋渔业的积极性较高，在中央及地方有关扶持政策的带动下，远洋渔业企业和渔船数量快速增加，远洋渔业发展总体形势良好。但由于国际形势复杂多变，一些国家政局和政策不稳定，加上部分从业企业管理不规范，遵纪守法和安全意识薄弱等，我国远洋渔业发展存在一定风险和安全隐患，已发生多起涉外事件和安全生产事故，给渔民生命安全造成威胁，给企业造成经济损失，对内对外也造成不良影响。为全面贯彻落实习近平总书记重要指示、李克强总理等其他中央领导重要批示精神，加强远洋渔业监管工作，防范远洋渔业风险，提高远洋渔业国际竞争力，促进远洋渔业持续健康发展，现提出以下意见。

一、提高认识，加快转变远洋渔业发展方式

目前，我国远洋渔业已经进入提升整体水平和应对激烈国际竞争的关键时期，请各地继续按照《国务院关于促进海洋渔业持续健康发展的若干意见》（国发〔2013〕11 号）和全国现代渔业建设工作电视电话会议要求，充分认识和主动适应全球海洋秩序和国际渔业管理的变化和趋势，顺应全球渔业资源现状和管理实际，从远洋渔业可持续发展大局出发，切实转变远洋渔业发展方式，更加注重远洋渔业发展质量，优化提升远洋渔业企业的规模、实力和抗风险能力，调整规范渔业对外合作模式，有效规避和防范各种风险。采取有效措施，切实加强远洋渔业管理和国际履约能力建设，

推动远洋渔业管理向动态化、精细化和全过程管理发展，杜绝涉外违规违法事件，确保不发生重特大远洋渔业安全生产事故。对拟开发的新远洋渔业项目认真、全面、科学地进行可行性论证，充分进行风险评估，科学谨慎决策。

二、落实责任，督促企业合法合规生产

坚持企业和渔船属地政府负责制，按照有关部门分工协作、地方政府分级管理原则，切实加强对远洋渔业企业监督管理，教育督促企业认真遵守有关国际条约、入渔国法律法规和相关管理规定，预防和减少涉外事件发生。建立健全远洋渔船事故报告和应急管理制度，完善突发事件应急救援和处理机制，及时处理远洋渔业涉外和安全事件。强化企业主体责任，远洋渔业企业法定代表人和远洋渔业项目主要负责人，要对远洋渔业项目的执行、经营管理、渔船的活动和船员的行为负责，并承担相应法律责任。对违反国内、国际和入渔国相关法律法规发生涉外事件或安全生产事故，造成不良影响和损失的，相关管理部门要对涉事企业依法进行处罚，并追究企业法人、项目负责人及相关责任人的责任。

三、自查自纠，全面进行综合治理

请各地结合 2014 年度远洋渔业项目年度审查工作，在远洋渔业行业内开展自查自纠，及早发现问题和排除隐患。各远洋渔业企业特别是赴他国管辖海域生产的企业要对照我国及入渔国相关法规开展排查，发现不符合法规的生产经营行为，应及时予以整改。要确保渔船和船员证书证件齐全并符合相关规定，确保渔船按照捕捞许可证规定的作业区域、作业方式、捕捞品种和网具要求开展生产，对无证或证件不齐的作业渔船和船员，在补齐证件手续前一律停止生产。对现行远洋渔业项目要密切关注形势变化，随时进行安全风险评估，及时采取应对措施和作出调整。有关省（自治区、直辖市）及计划单列市渔业行政主管部门（以下简称“省级渔业主管部门”）要对所辖远洋渔业企业开展自查自纠工作进行部署和指导，督促企业认真排查并限期整改。企业自查自纠报告及省级渔业主管部门审查意见随 2014 年远洋渔业年审材料一并上报农业部渔业渔政管理局。

四、加强培训，提高风险防范和守法意识

有关省级渔业主观部门要制订工作计划，有步骤地开展远洋渔业企业，特别是新成立远洋渔业企业经营管理人员的教育和培训工作，增强法制观念和遵纪守法的自觉性，提高企业防范和抵御风险的能力。鼓励企业参加政策性保险，减少因入渔国战乱、政权变更、政策调整等造成的经营损失。远洋渔业企业和聘用派出船员必须依法办理有关手续，严格执证上岗，按标准配齐船员，严禁未取得职务船员证书或专业训练合格证的船员出境从事渔业生产。远洋渔业企业要对派出的船员进行外事纪律、法律知识的教育培训，强化安全意识、技术操作和风险防范技能，教育船员严格遵守入渔国法律法规和有关国际公约协定，遵守当地风俗习惯。

五、强化监测，做好远洋渔船动态监管

有关省级渔业主管部门要根据农业部远洋渔船船位监测管理办法相关要求，做好所辖远洋渔业企业远洋渔船船位监测工作的监督管理，对远洋渔船船位进行日常动态监测，如发现渔船有违法作业或非正常作业情况应立即通知有关企业，及时纠正和整改。远洋渔业企业应配备专门人员负责对本企业的远洋渔业项目渔船船位进行日常监测。保证船载设备的正常运行，有故障要及时修复，不得人为关闭监测设备，不得弄虚作假。中国远洋渔业协会要做好远洋渔船船位监测系统的技术维护、组织协调及技术培训等工作，保证系统正常运行。

六、常抓不懈，确保远洋渔业生产安全

有关省级渔业主管部门要按照责任分工，根据相关法规和《农业部关于加强远洋渔业安全生产工作的通知》（农渔发〔2011〕28 号）相关规定，高度重视和下大力气抓好远洋渔业安全生产，进一步完善企业安全生产制度，落实安全生产责任，开展经常性检查督查，督促企业做好渔船日常保养和维修，及时排除事故隐患。加快更新改造老旧远洋渔船，配齐通信导航、救生、船位监测等安全生产设施装备。做好船员管理工作，改善船员工作生活条件，保障船员合法权益，及时妥善处理矛盾纠纷，促进建立和谐劳动关系。

请相关省（自治区、直辖市）及计划单列市人民政府高度重视远洋渔业监管工作，进一步加强领导，督促相关部门和企业落实有关工作措施，努力提升远洋渔业管理水平，促进远洋渔业持续健康发展。

农业部

2015 年 1 月 14 日

渔业经济统计

一、经济核算

全国渔业经济总产值、增加值
（按当年价格计算）

单位：万元

指　　标	2015 年		2014 年		2015 年比 2014 年增减（±）	
	产值	增加值	产值	增加值	产值	增加值
渔业经济总产值	**220 199 432.80**	**102 035 466.77**	**208 589 524.72**	**97 184 509.81**	**11 609 908.08**	**4 850 956.96**
1. 渔业	113 287 000.85	64 163 555.44	108 613 940.62	61 166 861.67	4 673 060.23	2 996 693.77
其中：海水养殖	29 376 626.95	17 181 342.94	28 154 659.12	16 084 478.44	1 221 967.83	1 096 864.50
淡水养殖	53 371 212.58	29 789 472.60	50 725 772.17	28 016 648.36	2 645 440.41	1 772 824.24
海洋捕捞	20 035 129.10	11 504 212.75	19 479 670.13	11 423 086.36	555 458.97	81 126.39
淡水捕捞	4 342 490.67	2 575 824.29	4 285 142.08	2 544 891.72	57 348.59	30 932.57
水产苗种	6 161 541.55	3 112 702.86	5 968 697.12	3 097 756.79	192 844.43	14 946.07
2. 渔业工业和建筑业	50 963 820.45	18 483 473.04	48 752 988.27	17 793 858.92	2 210 832.18	689 614.12
其中：水产品加工	38 805 768.43	14 025 860.49	37 127 021.08	13 481 822.14	1 678 747.35	544 038.35
渔用机具制造	3 403 799.58	1 146 681.45	3 151 857.65	1 095 446.84	251 941.93	51 234.61
其中：渔船渔机修造	2 145 220.08	722 812.49	2 041 651.15	698 430.93	103 568.93	24 381.56
渔用绳网制造	1 047 900.37	364 994.62	968 002.03	345 321.95	79 898.34	19 672.67
渔用饲料	5 347 509.95	2 077 367.01	5 255 671.43	1 968 611.85	91 838.52	108 755.16
渔用药物	157 248.72	60 206.93	148 588.47	57 680.61	8 660.25	2 526.32
建筑业	2 255 012.66	776 445.79	2 060 660.47	781 779.33	194 352.19	-5 333.54
其他	994 481.11	396 911.37	1 009 189.17	408 518.15	-14 708.06	-11 606.78
3. 渔业流通和服务业	55 948 611.50	19 388 438.29	51 222 595.83	18 223 789.22	4 726 015.67	1 164 649.07
其中：水产流通	46 280 241.91	15 272 561.04	42 386 436.70	14 294 564.06	3 893 805.21	977 996.98
水产（仓储）运输	3 027 894.44	1 174 547.60	2 678 803.92	1 095 026.89	349 090.52	79 520.71
休闲渔业	4 892 728.41	2 166 554.24	4 318 534.13	2 012 283.30	574 194.28	154 270.94
其他	1 747 746.74	774 775.41	1 838 821.08	821 914.97	-91 074.34	-47 139.56

各地区渔业经济总产值、渔业产值
（按当年价格计算）

单位:万元

地 区	2015 年		2015 年比 2014 年增减(±)		渔业产值占农业产值比重(%)
	渔业经济总产值	其中:渔业产值	渔业经济总产值	其中:渔业产值	
全国总计	220 199 432.80	113 287 000.85	11 609 908.08	4 673 060.23	10.2
北 京	264 734.27	134 839.38	18 356.51	7 911.29	3.2
天 津	1 013 745.00	846 312.00	51 743.00	27 566.00	17.2
河 北	2 457 778.95	2 103 057.57	109 301.88	86 783.87	3.3
山 西	82 242.36	61 427.01	1 199.08	1 670.74	0.7
内蒙古	277 135.25	208 986.41	13 306.93	6 823.28	1.1
辽 宁	13 622 472.00	7 828 059.00	-2 122 494.00	-490 583.00	14.7
吉 林	930 000.10	267 444.10	588 022.21	3 315.93	1.4
黑龙江	905 122.60	773 668.60	46 311.80	38 830.80	2.3
上 海	728 221.27	586 878.58	-121 533.83	-101 769.82	17.1
江 苏	27 359 522.32	15 456 701.49	1 557 989.31	647 619.47	21.6
浙 江	20 172 259.00	7 906 672.00	888 618.00	331 377.00	29.2
安 徽	7 450 514.64	4 562 187.88	546 750.15	309 654.52	10.8
福 建	24 639 434.06	11 225 788.73	1 341 101.92	562 321.38	29.1
江 西	9 254 066.42	4 534 630.53	533 026.90	204 651.80	14.7
山 东	37 831 568.37	15 934 272.18	1 930 418.85	411 720.94	16.0
河 南	2 446 789.00	1 374 739.00	296 419.00	189 432.00	1.6
湖 北	21 795 446.00	10 322 763.00	2 306 489.00	886 357.00	16.1
湖 南	4 713 187.22	3 669 271.30	563 188.74	280 759.50	6.5
广 东	25 347 350.66	11 472 808.35	1 845 675.25	366 535.51	20.2
广 西	5 709 005.05	4 550 291.66	232 747.94	171 831.35	10.2
海 南	4 729 861.00	3 459 906.00	290 569.00	173 296.00	24.5
重 庆	1 220 018.09	851 054.84	138 447.56	106 980.25	4.3
四 川	3 464 058.88	2 293 705.61	225 763.72	191 342.76	3.3
贵 州	553 290.70	538 095.35	79 375.60	77 177.05	2.0
云 南	1 456 448.58	904 375.52	121 152.31	81 165.54	2.4
西 藏	1 394.27	967.63	34.21	23.69	0.1
陕 西	651 180.86	484 502.70	30 781.04	25 474.01	0.8
甘 肃	22 498.04	19 876.24	2 354.97	1 642.64	0.1
青 海	23 470.00	23 470.00	1 470.00	1 470.00	0.9
宁 夏	327 479.71	183 663.40	16 171.18	8 262.56	3.3
新 疆	238 345.13	195 791.79	-5 955.15	-19 688.83	0.8
中农发集团	510 793.00	510 793.00	83 105.00	83 105.00	

各地区渔业经济总产值(一)
(按当年价格计算)

单位:万元

地区	总计	一、渔业产值			
		合计	海水养殖	淡水养殖	海洋捕捞
全国总计	220 199 432.80	113 287 000.85	29 376 626.95	53 371 212.58	20 035 129.10
北京	264 734.27	134 839.38		77 608.13	13 242.00
天津	1 013 745.00	846 312.00	95 584.00	499 130.00	209 032.00
河北	2 457 778.95	2 103 057.57	837 382.70	594 768.79	414 070.30
山西	82 242.36	61 427.01		58 054.76	
内蒙古	277 135.25	208 986.41		161 135.05	
辽宁	13 622 472.00	7 828 059.00	4 028 272.00	1 462 136.00	1 537 719.00
吉林	930 000.10	267 444.10		216 849.50	
黑龙江	905 122.60	773 668.60		645 807.00	
上海	728 221.27	586 878.58		401 795.50	160 956.10
江苏	27 359 522.32	15 456 701.49	2 089 684.04	9 859 314.75	1 825 524.81
浙江	20 172 259.00	7 906 672.00	1 574 593.00	2 014 521.00	3 992 437.00
安徽	7 450 514.64	4 562 187.88		3 672 532.12	
福建	24 639 434.06	11 225 788.73	5 639 721.91	1 768 815.13	3 240 121.52
江西	9 254 066.42	4 534 630.53		3 857 911.00	
山东	37 831 568.37	15 934 272.18	8 613 000.80	2 522 480.60	3 934 979.50
河南	2 446 789.00	1 374 739.00		1 164 415.00	
湖北	21 795 446.00	10 322 763.00		8 756 554.00	
湖南	4 713 187.22	3 669 271.30		3 299 832.45	
广东	25 347 350.66	11 472 808.35	4 163 405.50	5 489 294.62	1 354 482.87
广西	5 709 005.05	4 550 291.66	1 405 038.00	1 703 990.00	1 041 573.00
海南	4 729 861.00	3 459 906.00	929 945.00	499 076.00	1 800 198.00
重庆	1 220 018.09	851 054.84		652 835.00	
四川	3 464 058.88	2 293 705.61		1 936 179.00	
贵州	553 290.70	538 095.35		494 275.96	
云南	1 456 448.58	904 375.52		754 613.23	
西藏	1 394.27	967.63		433.07	
陕西	651 180.86	484 502.70		445 957.17	
甘肃	22 498.04	19 876.24		19 084.25	
青海	23 470.00	23 470.00		23 470.00	
宁夏	327 479.71	183 663.40		157 247.70	
新疆	238 345.13	195 791.79		161 095.80	
中农发集团	510 793.00	510 793.00			510 793.00

各地区渔业经济总产值(二)
(按当年价格计算)

单位:万元

地 区	一、渔业产值(续)		二、渔业工业和建筑业		
	淡水捕捞	水产苗种	合计	水产品加工	渔用机具制造
					小计
全国总计	**4 342 490.67**	**6 161 541.55**	**50 963 820.45**	**38 805 768.43**	**3 403 799.58**
北 京	7 235.25	36 754.00	25 133.78	5 930.34	
天 津	17 209.00	25 357.00	10 437.00	960.00	
河 北	140 959.21	115 876.57	248 081.64	213 218.00	9 431.00
山 西	1 752.83	1 619.42	1 759.53		
内蒙古	36 839.28	11 012.08	18 672.00	17 392.00	
辽 宁	88 273.00	711 659.00	2 933 981.00	2 442 304.00	93 579.00
吉 林	36 034.20	14 560.40	465 463.00	362 509.00	230.00
黑龙江	81 178.00	46 683.60	27 726.00	6 457.00	
上 海	7 111.80	17 015.18	127 271.69	127 139.19	131.00
江 苏	1 106 005.52	576 172.37	3 693 415.39	2 243 111.46	240 206.60
浙 江	138 562.00	186 559.00	7 126 236.00	5 949 956.00	246 767.00
安 徽	621 865.93	267 789.83	1 170 727.11	515 446.09	504 189.51
福 建	174 470.31	402 659.86	8 923 596.00	7 569 149.00	673 271.00
江 西	341 983.00	334 736.53	2 734 929.34	2 037 856.94	55 207.09
山 东	176 939.00	686 872.28	12 899 734.63	9 817 328.84	1 464 366.61
河 南	71 694.00	138 630.00	228 859.00	55 267.00	2 376.00
湖 北	471 057.00	1 095 152.00	4 066 916.00	3 450 135.00	14 568.00
湖 南	60 579.17	308 859.68	353 729.09	202 335.52	8 142.16
广 东	164 432.16	301 193.20	3 610 304.11	2 187 279.73	60 855.57
广 西	147 583.00	252 107.66	577 610.70	500 127.50	1 886.70
海 南	25 303.00	205 384.00	1 077 331.00	983 919.00	26 191.00
重 庆	97 864.00	100 355.84	77 762.41	3 378.00	1 502.00
四 川	168 821.00	188 705.61	274 967.50	11 806.20	5.00
贵 州	23 301.82	20 517.57	7 351.88	165.51	155.34
云 南	94 594.98	55 167.31	203 675.47	95 253.11	80.00
西 藏	534.56				
陕 西	18 599.38	19 946.15	21 273.00	30.00	139.00
甘 肃	90.58	701.41	24.20		
青 海					
宁 夏	431.20	25 984.50	39 484.98	2 520.00	
新 疆	21 186.49	13 509.50	17 367.00	4 794.00	520.00
中农发集团					

各地区渔业经济总产值(三)
(按当年价格计算)

单位:万元

地区	二、渔业工业和建筑业(续)					
	渔用机具制造(续)		渔用饲料	渔用药物	建筑	其他
	渔船渔机修造	渔用绳网制造				
全国总计	2 145 220.08	1 047 900.37	5 347 509.95	157 248.72	2 255 012.66	994 481.11
北　京			18 961.39	242.05		
天　津			9 477.00			
河　北	7 735.00	1 358.00	22 015.00		2 554.00	863.64
山　西			392.16	1 367.37		
内蒙古					1 280.00	
辽　宁	70 495.00	16 464.00	168 409.00	7 524.00	173 541.00	48 624.00
吉　林	35.00	42.00	648.00	23.00	102 053.00	
黑龙江			19 459.00	550.00	1 250.00	10.00
上　海	131.00			1.50		
江　苏	130 103.97	98 051.48	915 915.38	61 291.37	133 962.65	98 927.93
浙　江	151 583.00	91 757.00	426 051.00	3 000.00	391 141.00	109 321.00
安　徽	6 812.56	497 376.95	78 695.91	1 780.55	20 542.68	50 072.37
福　建	619 234.00	52 135.00	442 411.00	1 616.00	59 466.00	177 683.00
江　西	36 731.15	18 475.94	434 943.18	14 452.08	159 630.83	32 839.22
山　东	1 059 344.62	227 480.71	218 497.90	5 374.19	953 082.99	441 084.10
河　南	48.00	2 328.00	164 075.00	3 966.00	2 595.00	580.00
湖　北	2 778.00	11 790.00	415 218.00	19 408.00	164 888.00	2 699.00
湖　南	5 736.83	2 405.33	121 910.58	12 133.55	4 921.52	4 285.76
广　东	36 028.35	17 971.52	1 276 808.35	6 196.63	58 527.87	20 635.96
广　西	1 398.60	487.10	72 033.85	1 594.52	1 737.00	231.13
海　南	16 598.00	8 374.00	60 235.00	2 272.00	2 243.00	2 471.00
重　庆	412.00	1 088.00	65 322.25	145.64	6 913.52	501.00
四　川	5.00		252 448.30	10 705.00		3.00
贵　州		155.34	7 031.03			
云　南		80.00	102 741.39	1 376.57	3 819.40	405.00
西　藏						
陕　西	10.00	80.00	6 473.30	547.70	10 839.00	3 244.00
甘　肃					24.20	
青　海						
宁　夏			36 964.98			
新　疆			10 372.00	1 681.00		
中农发集团						

各地区渔业经济总产值(四)
(按当年价格计算)

单位:万元

地 区	三、渔业流通和服务业				
	合计	水产流通	水产(仓储)运输	休闲渔业	其他
全国总计	**55 948 611.50**	**46 280 241.91**	**3 027 894.44**	**4 892 728.41**	**1 747 746.74**
北 京	104 761.11	53 514.10	2 667.56	47 219.45	1 360.00
天 津	156 996.00	105 082.00	7 608.00	37 854.00	6 452.00
河 北	106 639.74	60 829.02	15 450.00	20 946.75	9 413.97
山 西	19 055.82	13 711.93	658.30	4 675.59	10.00
内 蒙 古	49 476.84	21 891.36	4 030.13	23 555.35	
辽 宁	2 860 432.00	2 229 188.00	269 788.00	328 594.00	32 862.00
吉 林	197 093.00	176 296.80	4 769.00	14 325.20	1 702.00
黑 龙 江	103 728.00	52 410.00	7 870.00	42 260.00	1 188.00
上 海	14 071.00	2 707.00		11 364.00	
江 苏	8 209 405.44	6 916 198.57	275 319.74	718 708.54	299 178.59
浙 江	5 139 351.00	4 510 382.00	186 048.00	186 048.00	256 873.00
安 徽	1 717 599.65	1 347 290.30	95 179.38	259 187.02	15 942.95
福 建	4 490 049.33	3 983 046.20	203 705.50	62 173.38	241 124.25
江 西	1 984 506.55	1 684 206.04	79 480.85	190 143.10	30 676.56
山 东	8 997 561.56	6 105 188.85	1 141 088.76	1 068 171.80	683 112.15
河 南	843 191.00	661 161.00	78 225.00	101 830.00	1 975.00
湖 北	7 405 767.00	6 141 704.00	296 674.00	947 854.00	19 535.00
湖 南	690 186.83	521 806.35	26 772.38	129 655.36	11 952.74
广 东	10 264 238.20	9 861 800.91	80 158.09	253 890.89	68 388.31
广 西	581 102.69	475 126.21	66 224.21	23 708.66	16 043.61
海 南	192 624.00	132 953.00	13 450.00	25 544.00	20 677.00
重 庆	291 200.84	197 954.30	21 788.51	60 811.95	10 646.08
四 川	895 385.77	550 864.50	117 940.46	218 818.62	7 762.19
贵 州	7 843.47	5 486.26	552.59	1 608.06	196.56
云 南	348 397.59	286 861.93	13 027.40	42 106.06	6 402.20
西 藏	426.64	325.41		101.23	
陕 西	145 405.16	84 174.39	7 791.84	49 816.93	3 622.00
甘 肃	2 597.60	100.28	65.00	2 430.24	2.08
青 海					
宁 夏	104 331.33	86 866.70	10 692.80	6 123.33	648.50
新 疆	25 186.34	11 114.50	868.94	13 202.90	
中农发集团					

各地区渔业经济增加值(一)
(按当年价格计算)

单位:万元

地 区	总计	一、渔业增加值			
		合计	海水养殖	淡水养殖	海洋捕捞
全国总计	102 035 466.77	64 163 555.44	17 181 342.94	29 789 472.60	11 504 212.75
北 京	67 364.18	37 405.44		20 662.86	1 200.00
天 津	434 232.00	397 607.00	47 184.00	236 338.00	88 653.00
河 北	1 309 112.39	1 208 312.73	495 517.69	351 951.93	245 024.36
山 西	14 789.40	10 761.28		10 100.17	
内蒙古	149 371.50	119 321.29		88 784.78	
辽 宁	6 714 065.00	4 905 783.00	2 635 290.00	790 462.00	986 825.00
吉 林	199 804.42	73 226.11		58 645.50	
黑龙江	429 567.62	370 427.26		309 987.36	
上 海	167 490.87	134 982.06		92 412.97	37 019.90
江 苏	13 148 402.64	8 421 200.00	1 088 813.96	5 770 082.68	876 836.62
浙 江	6 922 450.00	4 607 488.00	922 730.00	1 196 237.00	2 339 043.00
安 徽	3 328 416.45	2 556 067.91		2 046 187.67	
福 建	13 088 991.18	6 197 370.44	3 137 009.16	983 876.40	1 802 268.10
江 西	5 158 862.51	3 043 181.54		2 385 080.00	
山 东	17 849 736.85	9 714 481.91	5 288 267.50	1 548 769.40	2 416 024.90
河 南	1 184 672.00	905 819.00		783 371.00	
湖 北	10 449 113.00	6 080 312.00		5 241 367.00	
湖 南	2 842 777.04	2 391 272.64		2 150 853.42	
广 东	8 645 308.10	4 600 827.24	1 893 929.63	1 996 789.38	524 482.87
广 西	3 547 417.69	3 037 359.14	1 017 213.00	1 110 831.00	687 438.00
海 南	2 896 394.00	2 535 234.00	655 388.00	362 624.00	1 390 389.00
重 庆	763 281.95	622 580.06		505 982.00	
四 川	1 719 373.59	1 326 301.34		1 107 722.58	
贵 州	317 423.89	308 859.08		281 014.13	
云 南	308 616.24	227 794.43		168 558.89	
西 藏	709.33	404.87		137.53	
陕 西	86 609.77	73 685.99		67 416.62	
甘 肃	4 805.75	4 262.67		4 034.55	
青 海	16 274.00	16 274.00		16 274.00	
宁 夏	95 636.80	73 802.35		60 643.83	
新 疆	65 388.61	52 142.66		42 273.95	
中农发集团	109 008.00	109 008.00			109 008.00

各地区渔业经济增加值（二）
（按当年价格计算）

单位：万元

地区	一、渔业增加值（续）		二、渔业工业和建筑业		
	淡水捕捞	水产苗种	合计	水产品加工	渔用机具制造 小计
全国总计	2 575 824.29	3 112 702.86	18 483 473.04	14 025 860.49	1 146 681.45
北京	2 786.33	12 756.25	4 868.24	1 246.03	
天津	9 312.00	16 120.00	2 897.00	480.00	
河北	83 412.02	32 406.73	64 658.82	54 922.00	5 373.30
山西	314.64	346.47	296.29		
内蒙古	24 470.02	6 066.49	8 233.50	7 337.50	
辽宁	59 388.00	433 818.00	901 624.00	769 425.00	28 086.00
吉林	10 178.40	4 402.21	82 391.90	72 041.90	75.00
黑龙江	38 965.44	21 474.46	9 350.92	2 970.22	
上海	1 635.70	3 913.49	29 272.48	29 242.01	30.13
江苏	442 265.38	243 201.36	1 465 528.75	920 013.52	91 492.40
浙江	81 352.00	68 126.00	1 418 990.00	1 173 624.00	66 124.00
安徽	378 161.64	131 718.60	390 235.43	172 484.50	177 774.76
福建	97 046.44	177 170.34	4 739 647.10	4 087 340.46	289 506.53
江西	430 086.00	228 015.54	980 272.28	739 329.88	11 678.88
山东	108 638.00	352 782.11	4 112 318.45	3 061 830.40	423 792.00
河南	50 730.00	71 718.00	66 480.00	24 442.00	862.00
湖北	284 314.00	554 631.00	1 715 664.00	1 395 814.00	10 514.00
湖南	41 171.61	199 247.61	175 833.41	87 942.80	5 389.57
广东	64 432.16	121 193.20	1 646 448.33	953 657.06	24 952.85
广西	95 929.00	125 948.14	197 002.18	176 091.50	510.27
海南	18 316.00	108 517.00	292 877.00	263 364.00	9 896.00
重庆	75 697.00	40 901.06	24 363.82	817.00	335.25
四川	113 177.42	105 401.34	85 780.52	3 449.28	2.00
贵州	15 033.69	12 811.26	4 087.99	104.32	91.11
云南	41 134.50	18 101.04	44 029.11	25 807.55	40.00
西藏	267.34				
陕西	1 146.67	5 122.70	280.00	1.00	
甘肃		228.12	3.23		
青海					
宁夏	166.27	12 992.25	14 912.84	644.36	
新疆	6 296.62	3 572.09	5 125.45	1 438.20	155.40
中农发集团					

各地区渔业经济增加值(三)
(按当年价格计算)

单位:万元

地区	二、渔业工业和建筑业(续)					
	渔用机具制造(续)		渔用饲料	渔用药物	建筑	其他
	渔船渔机修造	渔用绳网制造				
全国总计	722 812.49	364 994.62	2 077 367.01	60 206.93	776 445.79	396 911.37
北京			3 525.06	97.15		
天津			2 417.00			
河北	4 397.00	858.00	3 236.00		940.00	187.52
山西			23.53	272.76		
内蒙古					896.00	
辽宁	21 333.00	5 063.00	38 722.00	2 026.00	43 617.00	19 748.00
吉林	20.00	16.00	57.00	6.00	10 212.00	
黑龙江			5 837.70	165.00	375.00	3.00
上海	30.13			0.34		
江苏	49 530.01	33 270.90	325 098.31	23 830.08	43 495.03	61 599.41
浙江	39 494.00	26 016.00	76 835.00	482.00	77 314.00	24 611.00
安徽	3 146.78	174 627.98	20 708.16	536.02	5 222.73	13 509.26
福建	266 270.62	22 418.05	234 477.83	856.48	31 516.98	95 948.82
江西	5 256.00	6 422.87	154 971.67	5 428.00	57 968.98	10 894.87
山东	307 081.53	75 672.54	77 671.68	1 639.56	388 492.23	158 892.58
河南	20.00	842.00	39 487.00	820.00	649.00	220.00
湖北	1 901.00	7 925.00	211 257.00	10 834.00	86 234.00	1 011.00
湖南	3 508.92	1 880.65	71 103.26	6 889.35	2 454.57	2 053.86
广东	14 207.19	6 710.31	635 193.03	2 464.41	22 659.62	7 521.36
广西	448.06	60.21	18 969.65	539.45	772.00	119.31
海南	6 032.00	2 880.00	18 118.00	482.00	640.00	377.00
重庆	134.25	200.00	20 412.51	54.82	2 581.96	162.28
四川	2.00		80 413.44	1 914.20		1.60
贵州		91.11	3 892.56			
云南		40.00	17 126.04	435.56	579.46	40.50
西藏						
陕西			433.50	13.50	-178.00	10.00
甘肃					3.23	
青海						
宁夏			14 268.48			
新疆			3 111.60	420.25		
中农发集团						

各地区渔业经济增加值(四)
(按当年价格计算)

单位:万元

地区	三、渔业流通和服务业				
	合计	水产流通	水产(仓储)运输	休闲渔业	其他
全国总计	19 388 438.29	15 272 561.04	1 174 547.60	2 166 554.24	774 775.41
北京	25 090.50	1 992.12	279.82	22 658.56	160.00
天津	33 728.00	12 125.00	2 781.00	15 734.00	3 088.00
河北	36 140.84	16 524.36	5 914.00	6 135.26	7 567.22
山西	3 731.83	2 149.04	149.40	1 430.39	3.00
内蒙古	21 816.71	6 750.06	2 150.67	12 915.98	
辽宁	906 658.00	703 305.00	86 313.00	112 520.00	4 520.00
吉林	44 186.41	34 944.94	4 471.80	4 377.77	391.90
黑龙江	49 789.44	25 156.80	3 777.60	20 284.80	570.24
上海	3 236.33	622.61		2 613.72	
江苏	3 261 673.89	2 686 726.41	97 677.99	361 266.05	116 003.44
浙江	895 972.00	692 244.00	52 420.00	62 547.00	88 761.00
安徽	382 113.11	229 795.68	31 908.58	116 049.83	4 359.02
福建	2 151 973.64	1 911 862.18	89 630.42	32 330.16	118 150.88
江西	1 135 408.69	1 039 852.00	25 428.77	59 542.92	10 585.00
山东	4 022 936.49	2 643 360.35	468 862.59	561 095.10	349 618.45
河南	212 373.00	160 648.00	8 095.00	42 996.00	634.00
湖北	2 653 137.00	2 113 114.00	136 250.00	394 138.00	9 635.00
湖南	275 670.99	204 239.99	13 620.25	53 020.00	4 790.75
广东	2 398 032.53	2 218 181.39	45 583.08	109 364.58	24 903.48
广西	313 056.37	262 255.61	31 120.70	9 516.76	10 163.30
海南	68 283.00	36 538.00	7 370.00	14 766.00	9 609.00
重庆	116 338.07	77 028.12	6 220.77	26 979.32	6 109.86
四川	307 291.73	161 913.28	47 772.67	93 734.62	3 871.16
贵州	4 476.82	3 152.21	301.05	917.44	106.12
云南	36 792.70	19 521.14	1 789.57	14 842.42	639.57
西藏	304.46	221.12		83.34	
陕西	12 643.78	5 337.94	226.44	6 794.70	284.70
甘肃	539.85	40.80	44.30	454.75	
青海					
宁夏	6 921.61	180.26	4 127.42	2 363.61	250.32
新疆	8 120.50	2 778.63	260.71	5 081.16	
中农发集团					

全国渔民人均纯收入

单位:元

地　区	2015 年	2014 年	2015 年比 2014 年增减(±)	
			绝对量	幅度(%)
全国总计	15 594.83	14 426.26	1 168.57	8.10
北　京	15 580.85	15 134.16	446.69	2.95
天　津	22 582.79	22 392.00	190.79	0.85
河　北	12 961.77	11 922.12	1 039.65	8.72
山　西	7 789.99	7 268.70	521.29	7.17
内蒙古	12 145.09	11 352.76	792.33	6.98
辽　宁	16 639.64	16 021.59	618.05	3.86
吉　林	10 670.95	8 794.83	1 876.12	21.33
黑龙江	13 447.46	11 656.38	1 791.08	15.37
上　海	23 946.15	22 476.73	1 469.42	6.54
江　苏	21 521.51	19 542.42	1 979.09	10.13
浙　江	21 503.81	19 729.92	1 773.89	8.99
安　徽	13 853.08	12 333.35	1 519.73	12.32
福　建	16 003.22	14 633.68	1 369.54	9.36
江　西	12 306.21	11 656.15	650.06	5.58
山　东	17 490.82	16 012.38	1 478.44	9.23
河　南	11 951.55	10 985.15	966.40	8.80
湖　北	15 514.35	13 559.84	1 954.51	14.41
湖　南	15 248.01	13 417.88	1 830.13	13.64
广　东	13 711.86	13 371.42	340.44	2.55
广　西	19 131.09	18 221.90	909.19	4.99
海　南	13 923.35	13 611.00	312.35	2.29
重　庆	14 214.53	12 736.20	1 478.33	11.61
四　川	13 240.14	12 162.41	1 077.73	8.86
贵　州	10 908.09	9 093.14	1 814.95	19.96
云　南	10 353.13	15 930.92	-5 577.79	-35.01
西　藏				
陕　西	11 238.63	10 410.87	827.76	7.95
甘　肃	8 352.42	5 766.42	2 586.00	44.85
青　海	18 680.97	17 007.21	1 673.76	9.84
宁　夏	10 361.35	9 568.07	793.28	8.29
新　疆	13 398.23	12 539.14	859.09	6.85

注:1. 本表数据是对样本调查数据中离群值进行重点评估,并重新赋权统计的结果。2. 云南省 2014 年数据因水平上偏影响,甘肃省因水平下偏影响,两省的两年不具可比性,请在使用时注意。

各地区渔民家庭收支调查(一)

单位:万元

地 区	一、全年总收入	(一)家庭经营收入	1. 经营渔业	2. 经营其他行业	(二)工资性收入	1. 渔业	2. 其他行业
全国总计	208 974.40	187 927.60	175 368.81	12 558.80	10 626.86	3 760.35	6 866.50
北 京	1 248.99	1 098.71	1 029.69	69.02	108.76	18.75	90.01
天 津	3 181.07	3 039.76	2 990.42	49.34	76.35	3.60	72.75
河 北	11 926.64	10 683.41	10 403.85	279.56	189.55	64.00	125.55
山 西	5 065.44	5 018.26	4 951.07	67.19	30.71	16.19	14.52
内蒙古	1 305.72	1 225.20	740.53	484.67	54.74	1.17	53.58
辽 宁	25 039.80	23 096.27	21 110.11	1 986.16	1 295.23	562.81	732.42
吉 林	2 333.31	2 249.99	1 659.62	590.37	52.80		52.80
黑龙江	7 414.73	6 942.38	5 994.93	947.45	373.15	258.93	114.22
上 海	2 828.02	2 577.26	2 571.72	5.54	146.47	2.05	144.42
江 苏	11 534.77	9 988.19	9 559.19	429.00	815.12	202.47	612.65
浙 江	10 326.44	8 079.23	7 610.27	468.96	900.19	368.52	531.67
安 徽	9 422.91	8 498.22	7 816.92	681.30	492.36	136.12	356.25
福 建	13 447.80	11 770.98	11 248.01	522.98	723.77	425.65	298.12
江 西	7 753.34	7 150.58	6 592.16	558.41	287.09	64.98	222.11
山 东	26 952.50	24 260.29	23 028.81	1 231.48	1 014.82	306.75	708.07
河 南	8 832.06	7 946.63	7 159.24	787.39	723.15	95.66	627.49
湖 北	6 784.48	5 916.04	5 330.56	585.48	696.92	204.27	492.65
湖 南	5 723.39	4 983.16	4 218.84	764.32	551.71	168.81	382.89
广 东	12 041.98	10 062.55	9 619.43	443.12	948.75	484.49	464.26
广 西	7 512.19	6 179.04	5 939.27	239.77	366.52	140.69	225.83
海 南	1 350.25	1 278.16	1 108.78	169.38	16.29	0.71	15.58
重 庆	2 824.46	2 642.37	2 349.38	292.99	136.60	33.35	103.25
四 川	2 431.16	2 062.04	1 792.32	269.72	254.23	25.11	229.12
贵 州	3 111.13	2 997.03	2 889.29	107.75	44.66	5.82	38.84
云 南	4 923.02	4 821.06	4 632.13	188.92	89.17	37.82	51.35
西 藏							
陕 西	4 423.39	4 336.51	4 192.02	144.49	83.84	54.55	29.29
甘 肃	585.88	534.81	502.77	32.04	34.74	15.28	19.46
青 海	389.19	340.22	208.21	132.02	48.65	12.68	35.97
宁 夏	3 261.98	3 203.83	3 173.82	30.00	50.83	29.46	21.37
新 疆	4 998.38	4 945.43	4 945.43		19.70	19.70	

各地区渔民家庭收支调查(二)

单位:万元

地区	一、全年总收入(续)					
	(三)财产性净收入	1.利息	2.红利	3.储蓄性保险	4.土地或水面经营权租金	5.其他财产性净收入
全国总计	**1 129.07**	**441.86**	**274.41**	**26.29**	**367.34**	**19.17**
北京	5.64	2.94	0.42		2.28	
天津	41.52	2.40	8.00		31.12	
河北	25.41	13.24	0.12		12.06	
山西	2.36	0.84		1.24	0.28	
内蒙古	4.87	0.10			3.27	1.50
辽宁	167.13	41.48	10.37	2.64	111.17	1.47
吉林	2.50				2.50	
黑龙江	45.58	15.48	2.43	1.37	26.10	0.20
上海	4.48	2.47			2.01	
江苏	137.26	91.41	7.60	4.52	32.46	1.27
浙江	55.53	15.41	34.03	1.00	4.14	0.95
安徽	68.80	26.70	22.30	0.40	19.03	0.38
福建	62.18	15.37	39.91	0.16	3.87	2.87
江西	71.71	30.06	29.55	0.27	10.83	1.00
山东	120.98	78.34	4.78	9.82	24.65	3.40
河南	26.29	17.96		0.03	6.76	1.55
湖北	66.96	26.75	11.48	2.30	22.61	3.82
湖南	24.90	13.79	10.05	0.51	0.13	0.42
广东	92.68	0.88	87.69	0.01	4.06	0.05
广西	30.40	9.84		0.34	20.20	
海南	1.28	1.28				
重庆	10.92	4.91	1.95	1.48	2.29	0.30
四川	10.97	7.59	1.49	0.20	1.69	
贵州	26.51	6.51			20.00	
云南	4.52		2.00		2.52	
西藏						
陕西						
甘肃	12.13	10.58	0.20		1.35	
青海						
宁夏						
新疆	5.55	5.55				

各地区渔民家庭收支调查(三)

单位:万元

地　区	一、全年总收入(续)					
	(四)转移性收入	1. 养老或退休金	2. 社会救济或政策性生活补贴	3. 农村外出从业人员寄回带回收入	4. 赡养收入	5. 其他转移性收入
全国总计	1 897.43	539.47	152.32	633.55	199.46	372.64
北　京	31.44	20.16	5.25	1.12	4.36	0.55
天　津	22.90	12.55		5.47	4.02	0.86
河　北	20.93	7.42	4.46	0.70	1.25	7.11
山　西	5.49	1.59		3.90		
内蒙古	3.29	2.00	0.37		0.69	0.23
辽　宁	176.97	107.45	7.46	13.66	22.75	25.66
吉　林	8.10	8.00	0.10			
黑龙江	20.73	6.22		13.79	0.72	
上　海	32.41	30.43	1.48		0.50	
江　苏	257.68	120.31	8.28	77.52	15.08	36.49
浙　江	85.67	36.96	7.26	26.40	4.49	10.56
安　徽	238.90	13.32	21.81	70.12	8.37	125.29
福　建	131.82	11.61	24.03	58.93	19.92	17.34
江　西	175.80	17.66	4.66	111.86	26.29	15.33
山　东	127.99	25.64	26.66	26.08	15.89	33.72
河　南	115.54	7.64	7.41	59.78	10.96	29.74
湖　北	76.02	11.14	8.10	23.23	5.44	28.11
湖　南	89.44	24.51	6.86	23.32	19.26	15.50
广　东	70.01	6.56	1.54	43.83	9.16	8.92
广　西	58.13	7.82	0.93	36.84	9.38	3.16
海　南	8.81	0.52	6.31	0.37	0.54	1.08
重　庆	24.82	9.62	0.23	0.65	7.85	6.47
四　川	93.95	38.33	7.43	33.92	10.89	3.39
贵　州	0.77	0.54	0.03	0.19		
云　南	3.78	0.12	0.93	1.14	0.64	0.95
西　藏						
陕　西	2.79	2.66	0.13			
甘　肃	3.21	0.82	0.49	0.72	1.02	0.16
青　海	0.32	0.20	0.12			
宁　夏	7.02	7.02				
新　疆	2.70	0.65				2.05

各地区渔民家庭收支调查(四)

单位:万元

地区	二、全年总支出	(一)家庭经营费用支出	1. 经营渔业支出	(1)燃料及冰费用	(2)雇工费用	(3)饲料及苗种费用	(4)其他生产支出	2. 经营其他行业支出
全国总计	192 950.57	142 441.28	137 642.74	27 078.91	21 306.61	83 079.98	6 177.24	4 798.54
北京	1 076.24	681.44	669.80	93.00	46.01	525.02	5.78	11.64
天津	2 988.54	2 264.97	2 251.23	122.49	83.98	2 009.43	35.32	13.74
河北	12 240.90	9 196.48	9 044.68	1 943.33	2 448.83	3 832.16	820.36	151.80
山西	5 168.29	4 565.15	4 533.02	376.41	649.46	3 148.94	358.21	32.14
内蒙古	1 300.53	767.68	536.03	44.99	66.05	409.43	15.56	231.65
辽宁	22 798.19	17 446.00	16 773.67	1 679.93	1 810.71	12 719.41	563.62	672.33
吉林	1 914.14	1 096.68	942.41	155.40	168.89	598.02	20.10	154.27
黑龙江	6 598.02	5 507.18	5 090.89	411.53	468.95	4 043.77	166.64	416.29
上海	2 389.55	2 091.30	2 078.52	155.86	159.21	1 515.38	248.07	12.78
江苏	9 900.18	6 945.89	6 762.39	842.70	1 214.73	4 531.28	173.68	183.50
浙江	9 926.14	6 474.73	6 256.70	2 717.00	1 542.31	1 541.36	456.03	218.03
安徽	8 590.36	5 504.01	5 197.38	260.94	762.70	3 944.28	229.46	306.64
福建	12 055.66	9 041.25	8 791.39	2 796.55	1 417.58	3 914.83	662.43	249.86
江西	6 804.63	5 065.93	4 810.42	263.06	300.39	4 032.31	214.65	255.52
山东	27 320.53	19 165.26	18 675.86	7 514.65	6 107.90	4 132.95	920.35	489.40
河南	7 823.08	5 698.77	5 577.69	435.28	216.90	4 801.23	124.28	121.08
湖北	5 543.15	3 811.44	3 612.62	254.07	204.97	2 909.93	243.65	198.82
湖南	4 579.51	3 028.43	2 892.31	313.51	205.61	2 261.49	111.70	136.12
广东	10 500.60	7 300.93	7 036.97	3 620.35	1 857.43	1 366.55	192.64	263.96
广西	6 433.45	4 575.74	4 463.30	2 078.39	589.24	1 682.94	112.72	112.44
海南	1 240.12	709.64	598.67	116.32	38.97	423.46	19.92	110.97
重庆	2 574.62	1 912.30	1 745.46	76.02	90.41	1 510.80	68.23	166.84
四川	2 205.07	1 471.12	1 368.95	64.02	51.14	1 225.01	28.78	102.17
贵州	2 894.59	2 477.53	2 457.80	82.79	72.03	2 296.53	6.46	19.73
云南	4 577.42	3 690.54	3 629.91	103.37	115.79	3 346.99	63.77	60.63
西藏								
陕西	4 409.62	3 865.82	3 820.13	226.04	227.32	3 363.49	3.28	45.69
甘肃	596.10	394.25	378.39	31.61	18.25	318.90	9.64	15.86
青海	216.69	161.72	123.16	1.72	39.78	80.96	0.70	38.56
宁夏	3 326.64	2 923.82	2 917.72	124.31	169.92	2 331.55	291.93	6.10
新疆	4 957.99	4 605.28	4 605.28	173.26	161.15	4 261.59	9.29	

各地区渔民家庭收支调查(五)

单位:万元

地区	二、全年总支出(续)							
	(二)生产性固定资产折旧	其中:渔业固定资产折旧	(三)税费支出	其中:渔业税费支出	(四)生活消费支出	伙食消费支出	衣着消费支出	(五)转移性支出
全国总计	9 039.90	7 408.07	7 875.23	6 753.09	30 344.65	12 046.57	2 767.89	3 249.50
北京	39.07	29.02	8.07	7.92	326.30	109.61	26.44	21.36
天津	33.95	33.60	396.62	396.62	261.84	79.60	22.71	31.15
河北	1 095.05	577.11	654.61	106.22	1 146.34	393.51	95.76	148.41
山西	98.12	96.11	43.05	43.05	410.02	143.38	36.92	51.94
内蒙古	122.60	37.63	3.73	2.93	375.10	102.74	47.26	31.42
辽宁	500.92	404.61	662.73	280.74	3 863.43	1 424.35	302.99	325.11
吉林	107.25	67.24	20.66	20.66	678.63	297.19	56.90	10.92
黑龙江	227.52	99.28	126.85	126.75	674.51	250.64	56.18	61.97
上海	34.16	28.89	41.64	39.96	205.31	107.17	14.29	17.13
江苏	452.14	407.80	740.64	723.97	1 486.60	478.62	155.09	274.91
浙江	751.08	674.90	339.54	334.99	2 054.25	661.09	217.97	306.54
安徽	222.75	187.80	777.31	772.12	1 878.08	711.17	183.14	208.21
福建	952.13	934.72	50.54	49.29	1 853.45	924.91	197.57	158.30
江西	70.19	59.35	338.11	328.74	1 210.07	628.27	111.94	120.34
山东	1 992.25	1 720.68	2 423.53	2 423.53	3 323.88	1 026.26	370.60	415.61
河南	273.90	164.61	161.57	46.93	1 558.25	625.78	158.66	130.58
湖北	98.45	64.84	147.17	133.71	1 312.36	475.03	143.15	173.73
湖南	137.19	103.80	15.93	10.43	1 245.15	499.93	118.22	152.81
广东	699.97	673.99	30.36	30.07	2 275.56	1 227.70	121.80	193.78
广西	485.73	466.00	0.03	0.03	1 267.57	644.83	67.20	104.38
海南	42.80	41.73	77.09	77.09	397.43	206.01	24.55	13.17
重庆	112.14	103.46	221.49	217.64	269.65	111.40	18.33	59.04
四川	47.31	38.27	74.63	74.40	561.01	265.71	47.10	51.01
贵州	79.47	76.16	1.09	1.00	319.06	146.02	29.65	17.45
云南	91.36	79.39	308.72	303.46	426.40	166.63	30.31	60.39
西藏								
陕西	74.93	63.33	202.80	200.19	262.99	110.59	15.98	3.09
甘肃	41.42	34.65	0.70	0.65	147.60	57.73	16.81	12.13
青海	44.40	28.71			8.82	2.98	1.39	1.76
宁夏	11.99	10.70	6.00		340.91	114.10	31.13	43.92
新疆	99.68	99.68			204.10	53.64	47.82	48.93

各地区渔民家庭收支调查(六)

单位:万元,户,人

地　区	三、生产补贴(惠农补贴)	其中:渔业	四、全年纯收入	其中:渔业纯收入	五、调查户数	其中:养殖户	六、调查户家庭常住人数	七、调查户渔业从业人员
全国总计	7 393.44	7 161.37	49 617.98	34 486.63	8 617	6 962	34 798	16 699
北　京	4.44	1.40	520.40	343.09	87	85	334	185
天　津	0.53	0.25	485.53	312.83	56	56	215	92
河　北	1 007.33	1 007.33	980.49	1 747.17	236	117	1 001	361
山　西	8.62	8.50	359.12	303.58	105	105	461	243
内蒙古	17.62	8.16	411.72	173.26	100	90	339	177
辽　宁	304.20	270.29	6 430.15	4 484.18	1 171	1 053	4 080	2 338
吉　林	19.92	2.07	1 108.71	631.38	274	274	1 039	568
黑龙江	32.89	14.61	1 553.18	951.56	314	303	1 155	630
上　海	67.39	56.05	660.91	482.45	82	75	276	168
江　苏	336.51	325.60	3 396.09	2 193.10	449	394	1 578	800
浙　江	1 205.82	1 203.17	2 761.09	1 915.38	360	184	1 284	582
安　徽	124.62	103.66	2 918.84	1 899.40	522	496	2 107	1 109
福　建	759.05	755.02	3 403.88	2 653.28	487	322	2 127	823
江　西	68.17	47.02	2 279.11	1 505.66	400	346	1 852	780
山　东	1 428.41	1 405.42	3 371.45	1 920.91	883	597	3 188	1 517
河　南	20.45	11.52	2 697.81	1 477.20	515	510	2 352	976
湖　北	28.54	7.77	2 727.42	1 731.43	426	425	1 758	862
湖　南	74.19	68.51	2 541.84	1 449.62	412	285	1 667	882
广　东	867.99	860.88	4 010.72	3 223.77	574	254	2 925	1 157
广　西	878.10	874.17	2 450.69	2 024.81	270	153	1 281	599
海　南	45.71	45.37	520.73	437.37	79	41	374	156
重　庆	9.75	6.29	578.53	322.47	102	96	407	196
四　川	9.97	6.72	838.10	342.53	160	159	633	297
贵　州	42.16	42.16	553.04	402.30	113	102	507	242
云　南	4.50	4.01	832.39	661.18	185	185	804	397
西　藏								
陕　西	0.25		279.84	162.92	60	60	249	142
甘　肃	0.99	0.17	149.51	104.53	44	44	179	62
青　海			183.07	69.01	19	19	98	62
宁　夏	0.30	0.24	320.17	275.10	77	77	309	157
新　疆	25.00	25.00	293.42	285.17	55	55	219	139

二、生　　产

全国水产品总产量

单位:吨

指　　标	2015 年	2014 年	2015 年比 2014 年增减(±)	
			绝对量	幅度(%)
水产品总产量				
全国总计	**66 996 488**	**64 615 174**	**2 381 314**	**3.69**
海水产品	34 096 088	32 962 170	1 133 918	3.44
淡水产品	32 900 400	31 653 004	1 247 396	3.94
养殖产量	49 379 012	47 484 072	1 894 940	3.99
海水养殖	18 756 277	18 126 481	629 796	3.47
淡水养殖	30 622 735	29 357 591	1 265 144	4.31
捕捞产量	17 617 476	17 131 102	486 374	2.84
海洋捕捞	13 147 811	12 808 371	339 440	2.65
远洋渔业	2 192 000	2 027 318	164 682	8.12
淡水捕捞	2 277 665	2 295 413	-17 748	-0.77
养殖产品中:鱼类	28 457 703	27 219 322	1 238 381	4.55
甲壳类	4 125 538	3 993 456	132 082	3.31
贝类	13 846 041	13 416 711	429 330	3.20
藻类	2 098 078	2 013 129	84 949	4.22
其他类	851 652	841 454	10 198	1.21
捕捞产品中:鱼类	10 736 690	10 481 353	255 337	2.44
甲壳类	2 738 904	2 723 403	15 501	0.57
贝类	810 054	814 904	-4 850	-0.60
藻类	26 177	24 555	1 622	6.61
头足类	699 842	676 715	23 127	3.42
其他类	413 809	382 854	30 955	8.09

各地区水产品产量(三)

单位:吨

地 区	2015 年比 2014 年增减(±)							
	总产量	1. 养殖产品小计	海水养殖	淡水养殖	2. 捕捞产品小计	海洋捕捞	远洋渔业	淡水捕捞
全国总计	2 381 314	1 894 940	629 796	1 265 144	486 374	339 440	164 682	-17 748
北 京	-2 037	-5 828		-5 828	3 791		3 778	13
天 津	-7 279	-7 383	-1 084	-6 299	104	1 546	-2 046	604
河 北	33 136	17 243	14 485	2 758	15 893	10 852	4 000	1 041
山 西	1 179	1 165		1 165	14			14
内蒙古	5 576	6 130		6 130	-554			-554
辽 宁	56 046	84 224	51 440	32 784	-28 178	31 852	-60 295	265
吉 林	5 075	6 078		6 078	-1 003			-1 003
黑龙江	28 834	25 803		25 803	3 031			3 031
上 海	-6 091	-6 179		-6 179	88	-2 948	3 351	-315
江 苏	22 964	2 876	-42 423	45 299	20 088	6 362	14 093	-367
浙 江	236 607	77 554	35 491	42 063	159 053	124 242	37 334	-2 523
安 徽	67 397	79 465		79 465	-12 068			-12 068
福 建	380 608	298 061	247 003	51 058	82 547	28 855	53 513	179
江 西	105 877	101 665		101 665	4 212			4 212
山 东	275 311	195 563	196 547	-984	79 748	-14 854	103 958	-9 356
河 南	106 090	104 270		104 270	1 820			1 820
湖 北	225 855	242 921		242 921	-17 066			-17 066
湖 南	112 156	110 961		110 961	1 195			1 195
广 东	218 817	222 260	88 196	134 064	-3 443	11 470	-13 370	-1 543
广 西	135 293	129 879	51 191	78 688	5 414	1 429	213	3 772
海 南	74 555	-67 292	-11 050	-56 242	141 847	140 634		1 213
重 庆	37 454	37 429		37 429	25			25
四 川	60 501	61 013		61 013	-512			-512
贵 州	39 822	39 820		39 820	2			2
云 南	115 085	103 828		103 828	11 257			11 257
西 藏								
陕 西	15 840	14 640		14 640	1 200			1 200
甘 肃	456	456		456				
青 海	1 541	1 541		1 541				
宁 夏	7 139	7 091		7 091	48			48
新 疆	7 354	9 686		9 686	-2 332			-2 332
中农发集团	20 153				20 153		20 153	

全国水产养殖产量(按水域和养殖方式分)

单位:吨

指标		2015 年	2014 年	2015 年比 2014 年增减(±)	
				绝对量	幅度(%)
总计		49 379 012	47 484 072	1 894 940	3.99
1. 海水养殖		18 756 277	18 126 481	629 796	3.47
按水域分	海上	10 575 116	10 129 603	445 513	4.40
	滩涂	6 021 618	5 955 212	66 406	1.12
	其他	2 159 543	2 041 666	117 877	5.77
养殖方式中	池塘	2 353 339	2 295 836	57 503	2.50
	普通网箱	466 624	437 373	29 251	6.69
	深水网箱	105 731	88 737	16 994	19.15
	筏式	5 191 099	4 969 337	221 762	4.46
	吊笼	1 343 097	1 205 268	137 829	11.44
	底播	5 275 773	5 100 512	175 261	3.44
	工厂化	190 686	170 338	20 348	11.95
2. 淡水养殖		30 622 735	29 357 591	1 265 144	4.31
按水域分	池塘	21 956 885	20 902 594	1 054 291	5.04
	湖泊	1 647 835	1 646 320	1 515	0.09
	水库	3 884 013	3 770 891	113 122	3.00
	河沟	888 695	864 246	24 449	2.83
	其他	687 120	716 821	-29 701	-4.14
	稻田养成鱼	1 558 187	1 456 719	101 468	6.97
养殖方式中	围栏	481 724	487 412	-5 688	-1.17
	网箱	1 379 086	1 391 651	-12 565	-0.90
	工厂化	203 433	197 420	6 013	3.05

全国海水养殖产量(一)

单位:吨

指　　标	2015 年	2014 年	2015 年比 2014 年增减(±)	
			绝对量	幅度(%)
海水养殖	**18 756 277**	**18 126 481**	**629 796**	**3.47**
1. 鱼类	1 307 628	1 189 667	117 961	9.92
其中:鲈鱼	122 542	113 803	8 739	7.68
鲆鱼	131 837	126 397	5 440	4.30
大黄鱼	148 616	127 917	20 699	16.18
军曹鱼	36 867	35 563	1 304	3.67
鲕鱼	20 484	19 272	1 212	6.29
鲷鱼	69 795	59 281	10 514	17.74
美国红鱼	71 697	69 940	1 757	2.51
河鲀	23 372	18 125	5 247	28.95
石斑鱼	100 006	88 130	11 876	13.48
鲽鱼	8 618	9 629	-1 011	-10.50
2. 甲壳类	1 434 917	1 433 763	1 154	0.08
虾	1 161 340	1 162 175	-835	-0.07
其中:南美白对虾	893 182	875 470	17 712	2.02
斑节对虾	75 682	74 869	813	1.09
中国对虾	44 799	48 167	-3 368	-6.99
日本对虾	46 329	47 469	-1 140	-2.40
蟹	273 577	271 588	1 989	0.73
其中:梭子蟹	117 772	118 836	-1 064	-0.90
青蟹	141 040	140 738	302	0.21

全国海水养殖产量(二)

单位:吨

指　　标	2015 年	2014 年	2015 年比 2014 年增减(±)	
			绝对量	幅度(%)
3. 贝类	13 583 816	13 165 511	418 305	3.18
牡蛎	4 573 370	4 352 053	221 317	5.09
鲍	127 967	115 397	12 570	10.89
螺	243 017	232 849	10 168	4.37
蚶	364 322	353 388	10 934	3.09
贻贝	845 038	805 583	39 455	4.90
江珧	18 238	17 618	620	3.52
扇贝	1 785 342	1 649 399	135 943	8.24
蛤	4 009 484	3 966 953	42 531	1.07
蛏	793 708	786 828	6 880	0.87
4. 藻类	2 089 153	2 004 576	84 577	4.22
海带	1 411 289	1 361 035	50 254	3.69
裙带菜	192 502	203 099	-10 597	-5.22
紫菜	115 875	114 171	1 704	1.49
江蓠	270 149	262 232	7 917	3.02
麒麟菜	5 005	4 286	719	16.78
石花菜				
羊栖菜	18 905	17 543	1 362	7.76
苔菜	100	100		
5. 其他类	340 763	332 964	7 799	2.34
海参	205 791	200 969	4 822	2.40
海胆(千克)	7 265 586	6 790 857	474 729	6.99
海水珍珠(千克)	3 586	3 727	-141	-3.78
海蜇	78 613	67 532	11 081	16.41

全国淡水养殖产量

单位:吨

指　　标	2015 年	2014 年	2015 年比 2014 年增减(±)	
			绝对量	幅度(%)
淡水养殖产量	**30 622 735**	**29 357 591**	**1 265 144**	**4.31**
1. 鱼类	27 150 075	26 029 655	1 120 420	4.30
2. 甲壳类	2 690 621	2 559 693	130 928	5.11
虾	1 867 362	1 763 158	104 204	5.91
其中:罗氏沼虾	129 452	127 204	2 248	1.77
青虾	265 061	257 641	7 420	2.88
克氏原螯虾	723 207	659 661	63 546	9.63
南美白对虾	731 461	701 423	30 038	4.28
蟹(河蟹)	823 259	796 535	26 724	3.36
3. 贝类	262 225	251 200	11 025	4.39
其中:河蚌	96 618	92 459	4 159	4.50
螺	111 822	110 393	1 429	1.29
蚬	25 650	24 431	1 219	4.99
4. 藻类(螺旋藻)	8 925	8 553	372	4.35
5. 其他类	510 889	508 490	2 399	0.47
其中:龟	43 487	36 226	7 261	20.04
鳖	341 588	341 288	300	0.09
蛙	86 592	92 993	-6 401	-6.88
珍珠(千克)	1 795 974	1 979 325	-183 351	-9.26
6. 观赏鱼(万尾)	347 332	236 219	111 112	47.04

全国淡水养殖主要鱼类产量

单位:吨

指　　标	2015 年	2014 年	2015 年比 2014 年增减(±)	
			绝对量	幅度(%)
青鱼	596 102	557 328	38 774	6.96
草鱼	5 676 235	5 376 803	299 432	5.57
鲢鱼	4 354 638	4 226 009	128 629	3.04
鳙鱼	3 359 440	3 202 887	156 553	4.89
鲤鱼	3 357 962	3 172 433	185 529	5.85
鲫鱼	2 912 258	2 767 910	144 348	5.22
鳊鱼	796 830	783 023	13 807	1.76
泥鳅	366 186	343 130	23 056	6.72
鲶鱼	450 064	450 846	-782	-0.17
鮰鱼	264 965	248 608	16 357	6.58
黄颡鱼	355 725	333 651	22 074	6.62
鲑鱼	14 252	11 023	3 229	29.29
鳟鱼	27 355	28 141	-786	-2.79
河鲀	5 220	4 815	405	8.41
短盖巨脂鲤	108 874	103 815	5 059	4.87
长吻鮠	25 095	24 536	559	2.28
黄鳝	367 547	357 991	9 556	2.67
鳜鱼	298 057	293 853	4 204	1.43
池沼公鱼	13 103	12 129	974	8.03
银鱼	21 261	20 546	715	3.48
鲈鱼	353 081	351 772	1 309	0.37
乌鳢	495 574	510 340	-14 766	-2.89
罗非鱼	1 779 482	1 698 483	80 999	4.77
鲟鱼	90 828	75 920	14 908	19.64
鳗鲡	232 622	218 498	14 124	6.46

各地区海水养殖产量(按品种分)(一)

单位:吨

地　区	海水养殖产量	1. 鱼类	其中					
			鲈鱼	鲆鱼	大黄鱼	军曹鱼	鰤鱼	鲷鱼
全国总计	18 756 277	1 307 628	122 542	131 837	148 616	36 867	20 484	69 795
天　津	10 543	3 110	100	1 689				55
河　北	506 484	8 811		3 527				
辽　宁	2 941 965	62 058	1 877	37 334			215	5
上　海								
江　苏	893 524	84 756	1 520	6 283				176
浙　江	933 431	35 894	7 946	141	6 512	200	82	3 513
福　建	4 041 301	330 575	27 407	4 270	131 242	263	3 425	31 843
山　东	4 995 654	163 771	17 482	75 641	280			
广　东	3 032 177	492 922	55 400	2 952	10 582	28 260	16 085	26 383
广　西	1 142 166	47 391	7 495			52		5 373
海　南	259 032	78 340	3 315			8 092	677	2 447

各地区海水养殖产量(按品种分)(二)

单位:吨

地　区	1. 鱼类(续)				2. 甲壳类			
	其中(续)					(1)虾	其中	
	美国红鱼	河鲀	石斑鱼	鲽鱼			南美白对虾	斑节对虾
全国总计	71 697	23 372	100 006	8 618	1 434 917	1 161 340	893 182	75 682
天　津	52	25	620	8	7 433	7 433	7 413	
河　北		1 792		760	25 848	23 113	13 919	
辽　宁		3 972			28 072	25 975	10 264	
上　海								
江　苏		184	20	2 648	116 612	81 126	27 639	5 659
浙　江	8 010		793	96	91 706	46 980	28 588	572
福　建	17 073	8 312	26 905	531	173 962	105 607	79 920	5 782
山　东	3 727	4 400	400	2 727	134 360	108 633	70 168	1 440
广　东	33 685	4 687	42 601	1 848	484 196	422 732	345 964	49 193
广　西	5 205		1 882		250 340	233 610	223 400	10 026
海　南	3 945		26 785		122 388	106 131	85 907	3 010

各地区海水养殖产量(按品种分)(三)

单位:吨

地 区	2. 甲壳类					3. 贝类
	(1)虾(续)		(2)蟹	其中		
	其中(续)					
	中国对虾	日本对虾		梭子蟹	青蟹	
全国总计	44 799	46 329	273 577	117 772	141 040	13 583 816
天 津						
河 北	4 700	4 482	2 735	2 713		460 009
辽 宁	11 542	2 950	2 097	1 472		2 364 503
上 海						
江 苏	5 692	825	35 486	31 723	1 968	656 024
浙 江	562	766	44 726	18 053	26 563	753 010
福 建	4 527	11 487	68 355	31 917	32 335	2 610 822
山 东	8 465	20 445	25 727	24 285		3 894 791
广 东	9 311	5 200	61 464	7 609	47 421	1 973 963
广 西		174	16 730		16 730	841 572
海 南			16 257		16 023	29 122

各地区海水养殖产量(按品种分)(四)

单位:吨

地 区	3. 贝类(续)								
	其中								
	牡蛎	鲍	螺	蚶	贻贝	江珧	扇贝	蛤	蛏
全国总计	4 573 370	127 967	243 017	364 322	845 038	18 238	1 785 342	4 009 484	793 708
天 津									
河 北			1 525	25 899	1 045		391 148	37 590	
辽 宁	184 993	3 050		46 371	46 800		415 158	1 245 763	49 061
上 海									
江 苏	42 129		66 206	25 644	47 210		11	344 921	71 352
浙 江	169 867	168	11 025	135 510	103 504		395	62 783	256 527
福 建	1 659 572	100 979	4 554	52 873	88 659		12 848	355 506	249 248
山 东	856 837	15 165	22 612	14 902	460 851		856 400	1 372 907	156 942
广 东	1 147 916	8 482	91 201	56 404	86 091	18 238	104 208	321 363	9 354
广 西	508 684		40 325	3 063	10 878		2 271	259 264	1 224
海 南	3 372	123	5 569	3 656			2 903	9 387	

各地区海水养殖产量(按品种分)(五)

单位:吨

地区	4. 藻类	其中					
		海带	裙带菜	紫菜	江蓠	麒麟菜	石花菜
全国总计	2 089 153	1 411 289	192 502	115 875	270 149	5 005	
天津							
河北							
辽宁	348 289	196 094	152 171				
上海							
江苏	28 005	330	6	27 575			
浙江	48 842	11 587		26 373	700		
福建	894 083	642 494	658	52 908	154 737		
山东	665 677	556 264	38 940	690	48 940		
广东	75 170	4 520	727	8 329	54 904	1 820	
广西							
海南	29 087				10 868	3 185	

各地区海水养殖产量(按品种分)(六)

单位:吨

地区	4. 藻类(续)		5. 其他类	其中			
	其中(续)						
	羊栖菜	苔菜		海参	海胆(千克)	海水珍珠(千克)	海蜇
全国总计	18 905	100	340 763	205 791	7 265 586	3 586	78 613
天津							
河北			11 816	9 215			2 443
辽宁			139 043	70 465	175 802		62 716
上海							
江苏			8 127	791			3 626
浙江	9 330	100	3 979	56			765
福建	5 450		31 859	24 381			3 199
山东	4 000		137 055	100 643	4 890 000		5 602
广东	125		5 926	240	2 199 784	2 805	262
广西			2 863			781	
海南			95				

各地区海水养殖产量(按水域和养殖方式分)(一)

单位:吨

地 区	海水养殖产量	按水域养殖分			养殖方式中
		1. 海上	2. 滩涂	3. 其他	4. 池塘
全国总计	18 756 277	10 575 116	6 021 618	2 159 543	2 353 339
天 津	10 543			10 543	10 543
河 北	506 484	419 968	58 065	28 451	34 063
辽 宁	2 941 965	1 841 672	891 800	208 493	201 549
上 海					
江 苏	893 524	208 019	491 622	193 883	280 791
浙 江	933 431	331 084	338 612	263 735	240 652
福 建	4 041 301	2 637 581	1 097 939	305 781	309 920
山 东	4 995 654	3 556 846	1 250 201	188 607	293 035
广 东	3 032 177	1 117 309	1 278 677	636 191	602 030
广 西	1 142 166	384 640	492 782	264 744	216 795
海 南	259 032	77 997	121 920	59 115	163 961

各地区海水养殖产量(按水域和养殖方式分)(二)

单位:吨

地 区	养殖方式中(续)					
	2. 普通网箱	3. 深水网箱	4. 筏式	5. 吊笼	6. 底播	7. 工厂化
全国总计	466 624	105 731	5 191 099	1 343 097	5 275 773	190 686
天 津						2 557
河 北			405 597	397	30 341	10 974
辽 宁	2 949	3 050	881 964	45 501	1 371 059	39 939
上 海						
江 苏		140	95 810	1 849	455 310	13 915
浙 江	21 467	3 965	257 471	4 075	268 817	4 513
福 建	227 218	10 912	1 240 790	158 341	387 519	22 432
山 东	38 620	23 326	1 664 723	1 033 785	1 843 184	84 624
广 东	118 159	18 337	395 762	93 739	675 183	6 953
广 西	31 252	5 219	248 982	2 456	235 162	
海 南	26 959	40 782		2 954	9 198	4 779

各地区淡水养殖产量(按品种分)(一)

单位:吨

地区	淡水养殖产量	1. 鱼类	其中				
			青鱼	草鱼	鲢鱼	鳙鱼	鲤鱼
全国总计	30 622 735	27 150 075	596 102	5 676 235	4 354 638	3 359 440	3 357 962
北京	45 043	44 998	938	13 011	4 240	2 191	13 411
天津	313 012	269 667		30 421	36 476	12 585	120 232
河北	433 425	402 115	286	73 861	69 055	37 714	155 572
山西	51 353	50 835	197	16 881	7 614	3 948	15 550
内蒙古	124 161	121 796		15 666	20 425	15 686	48 744
辽宁	936 990	834 299	1 951	114 522	122 902	68 945	321 295
吉林	175 546	173 723	1 179	16 989	45 430	34 296	42 681
黑龙江	485 199	480 595		37 584	99 390	42 596	200 270
上海	151 289	101 094	3 684	25 784	12 725	9 069	623
江苏	3 403 218	2 531 460	90 466	441 927	484 916	252 248	156 922
浙江	1 019 515	721 280	46 760	91 838	135 300	100 329	32 453
安徽	1 987 873	1 635 875	78 202	288 344	304 678	301 887	121 101
福建	888 147	752 138	14 890	185 123	78 021	68 808	60 088
江西	2 378 446	2 155 836	53 958	505 007	268 289	371 885	151 040
山东	1 463 072	1 374 369	14 378	258 438	237 720	149 231	357 065
河南	972 600	948 552	9 698	150 302	228 318	157 772	277 737
湖北	4 367 861	3 644 395	116 360	947 413	698 141	448 387	191 201
湖南	2 484 837	2 393 769	89 078	703 749	437 787	363 557	187 103
广东	3 865 638	3 517 173	47 319	773 455	239 893	398 591	127 832
广西	1 523 681	1 483 142	14 147	344 026	259 208	192 785	171 997
海南	405 869	398 439	1 619	6 906	7 274	11 125	6 050
重庆	460 505	456 629	1 819	102 480	105 012	43 465	43 122
四川	1 327 202	1 312 824	1 868	232 296	285 868	152 659	167 489
贵州	235 860	233 575	712	54 358	21 818	34 475	67 562
云南	638 960	636 738	5 567	109 337	67 566	47 654	159 549
西藏	61	61	8				12
陕西	147 960	141 984	221	36 818	33 248	18 328	40 187
甘肃	14 932	14 869	797	4 633	1 268	356	4 350
青海	10 578	10 438		185	118		192
宁夏	169 335	167 998		48 559	19 214	10 685	73 308
新疆	140 567	139 409		46 322	22 724	8 183	43 224

各地区淡水养殖产量(按品种分)(二)

单位:吨

地 区	1. 鱼类(续)						
	其中(续)						
	鲫鱼	鳊鲂	泥鳅	鲶鱼	鮰鱼	黄颡鱼	鲑鱼
全国总计	2 912 258	796 830	366 186	450 064	264 965	355 725	14 252
北 京	2 494	1 257	60	585	112	94	
天 津	57 817	1 895	1 078	525	526	200	
河 北	34 765	508	2 615	587	39	76	54
山 西	1 407	210	25	266	13		11
内 蒙 古	15 373	680	817	1 716	1	96	
辽 宁	86 622	5 512	17 801	43 581	239	2 560	3 626
吉 林	19 634	1 434	1 657	2 271		1 213	130
黑 龙 江	74 166	845	2 656	4 341	23	2 229	
上 海	38 665	3 981	159	33	48	939	
江 苏	630 935	182 268	63 802	10 355	1 243	26 552	60
浙 江	90 855	30 089	9 291	1 976	887	56 133	50
安 徽	196 064	97 722	36 473	17 955	16 336	27 237	
福 建	35 950	4 782	3 541	10 060	2 503	4 929	35
江 西	208 659	71 435	81 626	57 700	27 267	47 021	218
山 东	146 669	16 001	8 640	27 815	198	2 728	
河 南	57 561	13 862	12 566	14 004	10 713	2 514	
湖 北	478 682	197 412	43 852	41 352	47 931	89 910	
湖 南	196 853	92 623	15 700	34 536	40 572	26 295	
广 东	151 024	27 301	21 129	34 205	15 155	27 202	413
广 西	41 209	1 969	3 460	35 512	12 501	3 353	
海 南	1 338		309	1 306			
重 庆	102 348	5 873	9 581	8 205	7 156	5 289	75
四 川	163 717	34 392	26 697	85 177	63 292	26 164	543
贵 州	7 766	2 142	997	5 396	14 826	1 435	615
云 南	42 564	1 021	886	8 609	1 394	570	353
西 藏	7						22
陕 西	4 889	444	555	817	638	646	21
甘 肃	824	77	3	19	7		311
青 海	170						7 601
宁 夏	12 583	333	196	944	1 090		
新 疆	10 648	762	14	216	255	340	114

各地区淡水养殖产量(按品种分)(三)

单位:吨

地　区	1. 鱼类(续)						
	其中(续)						
	鳟鱼	河鲀	短盖巨脂鲤	长吻鮠	黄鳝	鳜鱼	池沼公鱼
全国总计	27 355	5 220	108 874	25 095	367 547	298 057	13 103
北　京	2 075		36			21	
天　津							
河　北	2 399		29		6	4	5 253
山　西	1 410						4
内蒙古	90						786
辽　宁	3 197					2 138	920
吉　林	244					218	3 628
黑龙江	356					461	2
上　海					8	106	
江　苏	1	3 443	8 607	23	6 036	28 164	30
浙　江	68		141	872	768	13 791	2
安　徽	1	51	4 149	213	42 881	40 065	
福　建	323	641	4 060	151	924	1 899	
江　西	243		25 047	725	87 384	52 531	
山　东	401		1 841		1 578	2 810	
河　南	373		774		3 140	552	26
湖　北		5	66	1 004	172 166	40 533	
湖　南	529		6	138	33 959	20 527	
广　东	658	1 080	29 636	8 172	3 079	88 897	
广　西	247		32 570	812	1 754	201	
海　南			1 718		50		
重　庆	867		45	1 203	1 057	757	
四　川	1 968		15	10 532	11 646	3 269	
贵　州	2 249			1 232	330	616	31
云　南	6 060		111	18	424	34	85
西　藏	12						
陕　西	952		15		357	427	
甘　肃	1 716						4
青　海							2 172
宁　夏						31	
新　疆	916		8			5	160

各地区淡水养殖产量(按品种分)(四)

单位:吨

地 区	1. 鱼类(续)						2. 甲壳类
	其中(续)						
	银鱼	鲈鱼	乌鳢	罗非鱼	鲟鱼	鳗鲡	
全国总计	21 261	353 081	495 574	1 779 482	90 828	232 622	2 690 621
北 京			22	1 483	2 968		16
天 津		800		2 170			42 868
河 北	182	194	50	13 566	5 106		26 057
山 西	23	23	453	1 187	1 063		121
内蒙古	104		1 190	52			467
辽 宁	528	104	3 552	2 278	1 292		92 128
吉 林	1 900	27	776		16		1 820
黑龙江	1 180	9	78	26			4 559
上 海		368				51	49 686
江 苏	50	36 210	31 131	4 082	1 118	6 319	799 544
浙 江	321	21 340	48 292	2 024	5 638	3 696	125 316
安 徽	2 225	5 853	32 542	4 873	278	3 700	259 415
福 建	45	11 076	2 239	135 107	4 468	91 087	76 948
江 西	1 757	21 780	62 106	6 934	2 967	16 669	108 829
山 东	2 670	601	100 167	8 306	16 648		79 170
河 南	2 971	570	2 229	1 206	1 407		16 655
湖 北	2 542	3 843	41 142	4 003	9 817	207	652 329
湖 南	1 339	1 510	48 313	2 625	6 523		34 773
广 东	232	227 940	103 482	741 188	4 025	109 378	301 338
广 西	639	765	2 729	308 089	1 061	30	6 376
海 南				352 622		1 484	1 495
重 庆		1 609	5 470	4 623	1 520		2 017
四 川	1 364	12 231	8 977	3 784	6 975		3 933
贵 州	227	4 786	259	6 344	5 399		1 192
云 南	564	189	71	171 928	9 922	1	696
西 藏							
陕 西	67	112	145	371	1 726		259
甘 肃			1	8	495		44
青 海							140
宁 夏		251	35		160		1 317
新 疆	331	890	123	603	236		1 113

各地区淡水养殖产量(按品种分)(五)

单位:吨

地区	1. 甲壳类(续)						3. 贝类	其中
	(1)虾	其中				(2)蟹		河蚌
		罗氏沼虾	青虾	克氏原螯虾	南美白对虾			
全国总计	1 867 362	129 452	265 061	723 207	731 461	823 259	262 225	96 618
北　京	8		8			8		
天　津	41 638		294		41 344	1 230		
河　北	22 698		922		21 770	3 359		
山　西	71		1	3	67	50		
内蒙古	128		105		20	339		
辽　宁	9 897				9 639	82 231	20	20
吉　林	493		65			1 327	3	3
黑龙江	348				41	4 211		
上　海	37 125	2 841	408	45	33 831	12 561		
江　苏	435 010	71 234	120 734	90 079	152 111	364 534	40 605	8 534
浙　江	116 938	13 366	20 805	3 124	78 891	8 378	10 631	3 205
安　徽	152 306	2 702	50 805	97 238	1 228	107 109	52 226	30 478
福　建	75 708	1 436	1 668	198	71 710	1 240	38 766	4 554
江　西	90 540	462	27 906	61 714	458	18 289	47 142	14 108
山　东	62 213	302	1 940	5 639	54 221	16 957	2 143	959
河　南	14 376	1 967	2 396	9 305	708	2 279	181	123
湖　北	471 300	759	30 846	433 053	3 229	181 029	27 689	21 899
湖　南	28 067	633	3 609	17 543	5 485	6 706	20 033	8 847
广　东	294 651	31 606	1 529	21	252 297	6 687	14 279	2 685
广　西	5 560	1 699	500	310	2 332	816	3 886	463
海　南	1 495				1 290		96	
重　庆	1 576	204	5	1 215	135	441	89	3
四　川	3 479	87	165	3 141	59	454	3 520	575
贵　州	502	25	27	450		690	193	69
云　南	591	129	277	117	19	105	678	93
西　藏								
陕　西	163		2	12	149	96		
甘　肃	10					34		
青　海						140		
宁　夏	140		7		133	1 177		
新　疆	331		37		294	782	45	

各地区淡水养殖产量(按品种分)(六)

单位:吨

地区	3. 贝类(续) 其中(续) 螺	蚬	4. 藻类	5. 其他类	其中 龟	鳖	蛙	珍珠(千克)	6. 观赏鱼(万尾)
全国总计	111 822	25 650	8 925	510 889	43 487	341 588	86 592	1 795 974	347 332
北京				29		29			35 362
天津				477	7	470			36 798
河北				5 253		5 130			5 097
山西				397		397			316
内蒙古			1 842	56					13
辽宁				10 543			10 543		38
吉林									12 000
黑龙江				45					
上海				509	78	304	38		39 503
江苏	26 571	5 235	1 072	30 537	1 765	24 648	1 748	193 000	79 607
浙江	6 955	167	114	162 174	16 951	133 281	7 676	871	8 313
安徽	19 821	1 927		40 357	5 659	27 953	5 287	311 740	8 767
福建	3 669	10 812	906	19 389	640	6 956	10 030	10 000	2 948
江西	27 869	3 935	3 415	63 224	5 556	28 586	26 914	968 000	7
山东	799	310		7 390		7 299	1		24 788
河南	47	11	189	7 023	119	6 862	42		25 257
湖北	5 687	103		43 448	3 545	38 063	1 710	100 004	309
湖南	10 065	280		36 262	2 013	21 114	9 373	212 359	534
广东	3 613	2 623	19	32 829	3 986	11 205	4 472		24 189
广西	3 063	246	81	30 196	2 742	24 245	721		66
海南	96		800	5 039	300	482	3 346		950
重庆	86			1 770	3	701	986		21 181
四川	2 728			6 925	113	2 144	3 618		7 026
贵州	123	1		900		869	31		650
云南	585		487	361	4	42	56		9 299
西藏									
陕西				5 717	6	769			3 847
甘肃				19		19			
青海									
宁夏				20		20			423
新疆	45								44

各地区淡水养殖产量(按水域和养殖方式分)(一)

单位:吨

地区	淡水养殖产量	按水域分			
		1. 池塘	2. 湖泊	3. 水库	4. 河沟
全国总计	30 622 735	21 956 885	1 647 835	3 884 013	888 695
北京	45 043	39 728			
天津	313 012	301 163		5 694	2 452
河北	433 425	311 488	7 425	103 062	4 516
山西	51 353	34 400	2 114	14 551	94
内蒙古	124 161	70 963	22 946	27 608	2 170
辽宁	936 990	702 201	35	127 583	9 662
吉林	175 546	75 197	25 617	69 344	510
黑龙江	485 199	342 419	43 514	60 013	23 273
上海	151 289	144 774	680		5 285
江苏	3 403 218	2 576 807	199 421	80 546	231 458
浙江	1 019 515	456 722	5 153	89 013	73 517
安徽	1 987 873	1 197 595	372 014	170 050	118 590
福建	888 147	609 050	5 147	185 204	43 265
江西	2 378 446	1 331 549	334 853	526 144	75 724
山东	1 463 072	1 099 506	71 278	239 593	15 822
河南	972 600	754 837	9 730	139 641	19 659
湖北	4 367 861	3 556 310	326 977	199 361	15 036
湖南	2 484 837	1 896 836	134 434	275 151	26 604
广东	3 865 638	3 532 236	11 710	245 319	17 130
广西	1 523 681	853 683		509 058	102 083
海南	405 869	313 536	700	87 464	302
重庆	460 505	406 580		36 115	7 886
四川	1 327 202	673 880	966	234 851	77 233
贵州	235 860	21 828	1 506	147 536	4 087
云南	638 960	337 344	7 798	240 288	4 977
西藏	61	61			
陕西	147 960	88 196	3 179	38 196	2 471
甘肃	14 932	11 046	87	2 805	8
青海	10 578	270	535	9 773	
宁夏	169 335	107 105	59 197	1 641	695
新疆	140 567	109 575	819	18 409	4 186

各地区淡水养殖产量(按水域和养殖方式分)(二)

单位:吨

地 区	按水域分(续)		养殖方式中		
	5. 其他	6. 稻田	围栏	网箱	工厂化
全国总计	687 120	1 558 187	481 724	1 379 086	203 433
北 京	5 314	1			1 980
天 津	3 265	438			650
河 北	6 479	455	507	69 597	5 046
山 西	54	140	140	1 737	3
内蒙古		474	1 259	657	245
辽 宁	44 420	53 089	1 550	53 836	1 967
吉 林	3 379	1 499	982	885	80
黑龙江	11 663	4 317	171	1 630	50
上 海	440	110			50
江 苏	117 110	197 876	44 441	78 049	13 983
浙 江	55 924	339 186	7 385	15 253	61 852
安 徽	46 555	83 069	208 894	96 445	8 344
福 建	29 943	15 538	1 525	24 342	44 789
江 西	42 084	68 092	45 420	81 473	12 557
山 东	34 376	2 497	24 802	68 210	27 749
河 南	47 386	1 347	5 506	54 987	2 759
湖 北	13 566	256 611	88 076	190 543	3 011
湖 南	70 424	81 388	30 945	128 796	720
广 东	56 803	2 440	3 145	5 643	864
广 西	41 957	16 900	11 899	198 031	
海 南	3 867		96	856	600
重 庆	1 592	8 332	1 163	833	559
四 川	9 316	330 956		44 100	82
贵 州	16 926	43 977	988	129 269	2 181
云 南		48 553	499	102 989	12 091
西 藏					
陕 西	15 744	174	2 331	22 882	505
甘 肃	985	1		126	572
青 海				7 601	
宁 夏		697			
新 疆	7 548	30		316	144

全国海洋捕捞产量

单位:吨

指　　标	2015 年	2014 年	2015 年比 2014 年增减(±)	
			绝对量	幅度(%)
海洋捕捞产量	13 147 811	12 808 371	339 440	2.65
1. 鱼类	9 053 722	8 807 901	245 821	2.79
2. 甲壳类	2 427 918	2 395 699	32 219	1.34
虾	1 584 043	1 531 025	53 018	3.46
其中:毛虾	532 262	538 011	-5 749	-1.07
对虾	158 392	140 286	18 106	12.91
鹰爪虾	366 120	319 045	47 075	14.75
虾蛄	294 192	292 796	1 396	0.48
蟹	843 875	864 674	-20 799	-2.41
其中:梭子蟹	542 337	577 994	-35 657	-6.17
青蟹	83 766	83 877	-111	-0.13
蟳	58 392	59 812	-1 420	-2.37
3. 贝类	555 970	551 607	4 363	0.79
4. 藻类	25 811	24 299	1 512	6.22
5. 头足类	699 842	676 715	23 127	3.42
其中:乌贼	147 647	137 211	10 436	7.61
鱿鱼	380 105	374 727	5 378	1.44
章鱼	130 245	121 352	8 893	7.33
6. 其他类	384 548	352 150	32 398	9.20
其中:海蜇	196 705	196 174	531	0.27

全国海洋捕捞主要鱼类产量

单位:吨

指　标	2015 年	2014 年	2015 年比 2014 年增减(±)	
			绝对量	幅度(%)
海鳗	387 238	381 665	5 573	1.46
鳓鱼	85 128	80 448	4 680	5.82
鳀鱼	955 750	926 462	29 288	3.16
沙丁鱼	146 232	151 047	-4 815	-3.19
鲱鱼	15 303	15 809	-506	-3.20
石斑鱼	117 593	113 096	4 497	3.98
鲷	170 824	172 947	-2 123	-1.23
蓝圆鲹	587 180	602 259	-15 079	-2.50
白姑鱼	108 461	109 471	-1 010	-0.92
黄姑鱼	74 627	73 464	1 163	1.58
鮸鱼	65 387	70 033	-4 646	-6.63
大黄鱼	104 560	95 515	9 045	9.47
小黄鱼	378 335	342 725	35 610	10.39
梅童鱼	298 948	299 016	-68	-0.02
方头鱼	43 514	42 150	1 364	3.24
玉筋鱼	117 597	117 038	559	0.48
带鱼	1 105 713	1 084 184	21 529	1.99
金线鱼	400 604	411 263	-10 659	-2.59
梭鱼	158 964	154 863	4 101	2.65
鲐鱼	471 211	480 425	-9 214	-1.92
鲅鱼	428 517	428 475	42	0.01
金枪鱼	47 234	44 352	2 882	6.50
鲳鱼	346 497	329 936	16 561	5.02
马面鲀	187 987	192 330	-4 343	-2.26
竹荚鱼	38 182	38 253	-71	-0.19
鲻鱼	126 733	118 682	8 051	6.78

全国海洋捕捞产量(按海区、渔具分)

单位:吨

指标		2015 年	2014 年	2015 年比 2014 年增减(±)	
				绝对量	幅度(%)
合计		13 147 811	12 808 371	339 440	2.65
按捕捞海域分	渤海	1 039 627	1 023 741	15 886	1.55
	黄海	3 350 841	3 315 958	34 883	1.05
	东海	4 999 644	4 898 709	100 935	2.06
	南海	3 757 699	3 569 963	187 736	5.26
按捕捞渔具分	拖网	6 208 928	6 118 041	90 887	1.49
	围网	1 036 603	1 015 444	21 159	2.08
	刺网	2 950 556	2 865 252	85 304	2.98
	张网	1 585 462	1 596 455	-10 993	-0.69
	钓具	401 546	384 343	17 203	4.48
	其他渔具	964 716	828 836	135 880	16.39

全国淡水捕捞产量

单位:吨

指标	2015 年	2014 年	2015 年比 2014 年增减(±)	
			绝对量	幅度(%)
淡水捕捞产量	2 277 665	2 295 413	-17 748	-0.77
1. 鱼类	1 682 968	1 673 452	9 516	0.57
2. 甲壳类	310 986	327 704	-16 718	-5.10
虾	258 399	275 353	-16 954	-6.16
蟹	52 587	52 351	236	0.45
3. 贝类	254 084	263 297	-9 213	-3.50
4. 藻类	366	256	110	42.97
5. 其他类	29 261	30 704	-1 443	-4.70
其中:丰年虫	344	526	-182	-34.60

各地区海洋捕捞产量(按品种分)(一)

单位:吨

地区	海洋捕捞产量	1. 鱼类	其中				
			海鳗	鳓鱼	鳀鱼	沙丁鱼	鲱鱼
全国总计	13 147 811	9 053 722	387 238	85 128	955 750	146 232	15 303
天　津	47 094	42 718			33 848		
河　北	250 447	145 161			56 752		
辽　宁	1 107 857	666 228	895	529	97 102	5 950	15
上　海	16 997	8 269	223	36			
江　苏	554 314	303 969	8 111	2 450	2 764	344	30
浙　江	3 366 966	2 223 070	88 126	13 146	73 001	15 775	2 766
福　建	2 003 917	1 464 260	70 850	14 404	78 807	13 877	3 848
山　东	2 282 340	1 607 264	25 871	20	564 678	6 790	
广　东	1 505 126	1 085 693	86 237	28 020	31 016	66 259	3 983
广　西	652 028	363 182	13 930	22 566		12 766	951
海　南	1 360 725	1 143 908	92 995	3 957	17 782	24 471	3 710

各地区海洋捕捞产量(按品种分)(二)

单位:吨

地区	1. 鱼类(续)							
	其中(续)							
	石斑鱼	鲷	蓝圆鲹	白姑鱼	黄姑鱼	鮸鱼	大黄鱼	小黄鱼
全国总计	117 593	170 824	587 180	108 461	74 627	65 387	104 560	378 335
天　津								4 433
河　北	28			130	293	19	1 613	10 750
辽　宁	2 952	12		1 238	3 090	482	54 512	123 101
上　海					39	12	16	259
江　苏	15	121	23	4 064	7 776	2 166	488	29 557
浙　江	1 471	5 726	77 552	49 388	35 460	39 651	446	104 013
福　建	18 434	60 424	268 480	10 009	8 966	9 600	3 873	9 751
山　东		55		14 029	7 153	711	1 995	56 449
广　东	38 407	45 056	104 544	23 363	5 417	5 648	25 576	25 662
广　西	6 031	26 878	72 712	1 463	76	816		
海　南	50 255	32 552	63 869	4 777	6 357	6 282	16 041	14 360

各地区海洋捕捞产量(按品种分)(三)

单位:吨

地区	1. 鱼类(续)							
	其中(续)							
	梅童鱼	方头鱼	玉筋鱼	带鱼	金钱鱼	梭鱼	鲐鱼	鲅鱼
全国总计	298 948	43 514	117 597	1 105 713	400 604	158 964	471 211	428 517
天　津				391		334	709	1 278
河　北	306		152	5 722		11 464	6 177	14 279
辽　宁	7 047	75	5 076	14 432	52	22 877	37 217	74 946
上　海	335			304			5	93
江　苏	76 771	186	1 041	55 341		9 487	5 926	8 861
浙　江	185 389	16 736	29 219	438 756	3 512	6 259	175 283	77 067
福　建	21 365	4 910	19 729	173 071	10 163	17 033	126 155	49 949
山　东	560		43 762	62 458		34 820	58 064	165 151
广　东	3 883	8 905	2 754	157 920	89 725	25 470	32 963	29 141
广　西		44		31 174	35 214	10 515	13 529	2 169
海　南	3 292	12 658	15 864	166 144	261 938	20 705	15 183	5 583

各地区海洋捕捞产量(按品种分)(四)

单位:吨

地区	1. 鱼类(续)					2. 甲壳类	(1)虾	其中
	其中(续)							
	金枪鱼	鲳鱼	马面鲀	竹荚鱼	鲻鱼			毛虾
全国总计	47 234	346 497	187 987	38 182	126 733	2 427 918	1 584 043	532 262
天　津						1 286	894	91
河　北		3 134	26		6 606	51 892	37 605	10 209
辽　宁		4 793	717	48	9 262	213 112	141 148	37 417
上　海	2	114		14		8 459	1 444	
江　苏		34 795	1 329		11 682	158 727	51 476	26 539
浙　江	5 931	92 639	23 635	1 250	30 452	947 699	676 054	227 989
福　建	3 800	64 128	64 042	10 914	22 631	349 330	198 429	60 863
山　东		20 088	2 711	10	420	259 246	211 478	83 258
广　东	19 445	66 921	46 139	5 787	23 415	236 173	155 479	42 357
广　西		12 008	28 923	418	8 504	130 871	73 260	29 561
海　南	18 056	47 877	20 465	19 741	13 761	71 123	36 776	13 978

各地区海洋捕捞产量(按品种分)(五)

单位:吨

地区	2. 甲壳类(续)						
	(1)虾(续)			(2)蟹	其中		
	其中(续)						
	对虾	鹰爪虾	虾蛄		梭子蟹	青蟹	蟳
全国总计	158 392	366 120	294 192	843 875	542 337	83 766	58 392
天　津	79		546	392	262		
河　北	2 862	2 602	18 501	14 287	9 481	15	576
辽　宁	5 537	9 490	65 873	71 964	28 680	3 594	24 396
上　海	31	807		7 015	5 074		
江　苏	2 579	9 756	8 719	107 251	96 979	1 936	3 075
浙　江	23 057	242 150	74 613	271 645	184 699	4 067	13 438
福　建	28 563	48 642	36 041	150 901	101 743	16 802	6 494
山　东	6 839	25 882	56 452	47 768	29 251	133	3 867
广　东	53 676	13 887	24 083	80 694	44 541	27 382	3 849
广　西	19 236	8 349	7 518	57 611	31 417	11 508	2 063
海　南	15 933	4 555	1 846	34 347	10 210	18 329	634

各地区海洋捕捞产量(按品种分)(六)

单位:吨

地区	3. 贝类	4. 藻类	5. 头足类	其中			6. 其他类	其中
				乌贼	鱿鱼	章鱼		海蜇
全国总计	555 970	25 811	699 842	147 647	380 105	130 245	384 548	196 705
天　津	2 500		560	30	408	122	30	30
河　北	22 168		11 422	1 391	1 433	7 068	19 804	12 304
辽　宁	85 788	206	60 240	13 246	33 065	7 461	82 283	18 022
上　海	5		115	20	68	27	149	44
江　苏	48 233	1 267	15 554	2 231	8 474	4 351	26 564	15 492
浙　江	16 961	2 621	147 435	28 676	84 044	32 306	29 180	3 981
福　建	50 511	2 708	121 345	34 636	61 627	17 289	15 763	12 676
山　东	166 688	1 710	124 275	10 584	72 824	32 485	123 157	77 718
广　东	58 938	7 807	78 867	19 125	33 503	15 068	37 648	15 491
广　西	58 308		51 520	18 230	25 703	7 138	48 147	39 667
海　南	45 870	9 492	88 509	19 478	58 956	6 930	1 823	1 280

各地区海洋捕捞产量(按海域分)

单位:吨

地区	海洋捕捞产量	按捕捞海域分			
		1. 渤海	2. 黄海	3. 东海	4. 南海
全国总计	13 147 811	1 039 627	3 350 841	4 999 644	3 757 699
天津	47 094	10 433	36 661		
河北	250 447	194 349	56 098		
辽宁	1 107 857	437 826	648 188	21 843	
上海	16 997			16 997	
江苏	554 314	461	493 177	60 676	
浙江	3 366 966		230 935	3 109 699	26 332
福建	2 003 917			1 790 429	213 488
山东	2 282 340	396 558	1 885 782		
广东	1 505 126				1 505 126
广西	652 028				652 028
海南	1 360 725				1 360 725

各地区海洋捕捞产量(按渔具分)

单位:吨

地区	海洋捕捞产量	按捕捞渔具分					
		1. 拖网	2. 围网	3. 刺网	4. 张网	5. 钓具	6. 其他
全国总计	13 147 811	6 208 928	1 036 603	2 950 556	1 585 462	401 546	964 716
天津	47 094	35 932	1 040	8 558	265		1 299
河北	250 447	65 427	2 021	115 235	47 761	70	19 933
辽宁	1 107 857	450 072		471 035	95 362	20 813	70 575
上海	16 997	14 237		1 010	1 750		
江苏	554 314	74 543	4 649	162 697	224 350	226	87 849
浙江	3 366 966	2 039 172	195 112	296 116	646 924	33 418	156 224
福建	2 003 917	770 590	294 549	304 760	347 101	43 927	242 990
山东	2 282 340	1 389 331	32 082	396 586	180 360	77 683	206 298
广东	1 505 126	762 357	146 104	442 469	7 662	89 358	57 176
广西	652 028	425 367	60 445	84 709	184	7 308	74 015
海南	1 360 725	181 900	300 601	667 381	33 743	128 743	48 357

各地区淡水捕捞产量(按品种分)

单位:吨

地区	淡水捕捞产量	1. 鱼类	2. 甲壳类	其中		3. 贝类	4. 藻类	5. 其他类	其中
				虾	蟹				丰年虫
全国总计	2 277 665	1 682 968	310 986	258 399	52 587	254 084	366	29 261	344
北京	4 104	4 067	20		20			17	
天津	12 316	10 001	787	751	36	558		970	
河北	102 721	93 132	4 903	4 191	712	3 818		868	
山西	1 074	1 015	9	7	2			50	50
内蒙古	29 364	28 671	603	595	8			90	67
辽宁	55 953	47 164	7 357	2 527	4 830	440		992	
吉林	19 654	18 675	532	520	12	447			
黑龙江	57 169	56 557	249	249		357		6	
上海	3 083	3 028	21	20	1			34	
江苏	325 411	193 235	56 795	41 757	15 038	70 886	310	4 185	
浙江	88 429	58 921	8 060	6 522	1 538	19 713	26	1 709	
安徽	316 388	206 356	67 544	58 120	9 424	36 118		6 370	
福建	87 604	59 629	6 621	5 183	1 438	20 174	5	1 175	
江西	264 044	181 275	47 852	45 591	2 261	31 039	23	3 855	
山东	102 627	87 213	10 530	6 505	4 025	4 355		529	14
河南	51 130	41 735	8 457	7 911	546	889		49	
湖北	191 002	134 439	44 285	39 435	4 850	9 115		3 163	
湖南	108 939	89 809	12 450	11 324	1 126	5 301		1 379	
广东	124 282	77 630	12 136	8 605	3 531	33 607		909	5
广西	138 374	114 385	9 195	7 720	1 475	13 053		1 741	
海南	23 286	20 362	1 100	745	355	1 737		87	
重庆	20 358	18 595	1 396	1 152	244	367			
四川	59 648	54 725	4 070	3 584	486	649		204	
贵州	13 902	12 160	1 567	1 403	164	134		41	
云南	58 138	52 347	4 026	3 864	162	1 322	1	442	
西藏	279	216						63	63
陕西	7 200	6 885	118	107	11	5	1	191	3
甘肃									
青海									
宁夏	392	380	12		12				
新疆	10 794	10 361	291	11	280			142	142

各地区远洋渔业

单位:吨、万元

地区	远洋捕捞产量			远洋渔业总产值	2015年比2014年增减(±)			
		返回国内量	境外出售量		远洋捕捞产量			远洋渔业总产值
						返回国内量	境外出售量	
全国总计	2 192 000	1 406 158	785 842	2 065 000	164 682	62 831	101 851	216 444
北京	17 000	15 500	1 500	13 000	3 778	5 595	-1 817	2 100
天津	18 000	12 700	5 300	14 000	-2 046	-3 006	960	408
河北	4 000	510	3 490	3 000	4 000	510	3 490	3 000
辽宁	270 000	89 784	180 216	268 000	-60 295	-106 534	46 239	65 695
上海	153 000	88 300	64 700	163 000	3 351	16 077	-12 726	25 925
江苏	34 000	23 100	10 900	30 000	14 093	12 925	1 168	10 912
浙江	570 000	531 700	38 300	422 000	37 334	69 881	-32 547	10 276
福建	318 000	143 664	174 336	315 000	53 513	-39 742	93 255	-18 277
山东	469 000	292 600	176 400	509 000	103 958	85 998	17 960	186 616
广东	55 000	15 700	39 300	96 000	-13 370	-5 859	-7 511	-10 169
广西	3 000		3 000	4 000	213		213	870
海南								
中农发集团	281 000	192 600	88 400	228 000	20 153	26 986	-6 833	-60 912

三、生产要素

全国水产养殖面积(按水域和养殖方式分)

单位:公顷

指标		2015年	2014年	2015年比2014年增减(±)	
				绝对量	幅度(%)
总计		**8 465 004**	**8 386 360**	**78 644**	**0.94**
1. 海水养殖		2 317 763	2 305 472	12 291	0.53
按水域分	海上	1 355 399	1 347 034	8 365	0.62
	滩涂	653 843	674 628	-20 785	-3.08
	其他	308 521	283 810	24 711	8.71
养殖方式中	池塘	455 029	456 923	-1 894	-0.41
	普通网箱(米^2)	53 438 913	53 971 270	-532 357	-0.99
	深水网箱(米^3)	9 361 034	6 055 773	3 305 261	54.58
	筏式	316 250	331 610	-15 360	-4.63
	吊笼	135 609	113 399	22 210	19.59
	底播	1 098 625	1 130 381	-31 756	-2.81
	工厂化(米^3)	26 937 288	25 645 110	1 292 178	5.04
2. 淡水养殖		6 147 241	6 080 888	66 353	1.09
按水域分	池塘	2 701 222	2 661 901	39 321	1.48
	湖泊	1 022 350	1 015 327	7 023	0.69
	水库	2 012 411	1 994 819	17 592	0.88
	河沟	277 102	274 965	2 137	0.78
	其他	134 156	133 876	280	0.21
	稻田养成鱼	1 501 629	1 489 501	12 128	0.81
养殖方式中	围栏(米^2)	2 353 708 951	2 421 009 884	-67 300 933	-2.78
	网箱(米^2)	147 376 140	142 116 554	5 259 586	3.70
	工厂化(米^3)	33 155 985	32 675 043	480 942	1.47

全国海水养殖面积(按品种分)

单位:公顷

指　标	2015 年	2014 年	2015 年比 2014 年增减(±)	
			绝对量	幅度(%)
海水养殖	**2 317 763**	**2 305 472**	**12 291**	**0.53**
1. 鱼类	84 049	80 588	3 461	4.29
2. 甲壳类	314 217	305 584	8 633	2.83
其中:虾	258 381	249 383	8 998	3.61
其中:南美白对虾	173 058	163 844	9 214	5.62
斑节对虾	14 514	14 413	101	0.70
中国对虾	24 693	21 916	2 777	12.67
日本对虾	21 753	19 708	2 045	10.38
蟹	55 836	56 201	-365	-0.65
其中:梭子蟹	27 877	27 307	570	2.09
青蟹	25 272	26 448	-1 176	-4.45
3. 贝类	1 526 644	1 530 414	-3 770	-0.25
其中:牡蛎	141 488	133 353	8 135	6.10
鲍	13 672	13 334	338	2.53
螺	40 107	39 559	548	1.39
蚶	49 059	56 528	-7 469	-13.21
贻贝	43 660	43 906	-246	-0.56
江珧	993	1 043	-50	-4.79
扇贝	651 036	639 942	11 094	1.73
蛤	425 805	404 983	20 822	5.14
蛏	59 967	60 418	-451	-0.75
4. 藻类	130 564	124 990	5 574	4.46
其中:海带	43 619	39 901	3 718	9.32
裙带菜	6 908	7 693	-785	-10.20
紫菜	65 766	64 152	1 614	2.52
江蓠	9 912	9 697	215	2.22
麒麟菜	402	398	4	1.01
石花菜				#DIV/0!
羊栖菜	1 277	1 379	-102	-7.40
苔菜	38	39	-1	-2.56
5. 其他类	262 289	263 896	-1 607	-0.61
其中:海参	216 508	214 180	2 328	1.09
海胆	15 981	15 417	564	3.66
海水珍珠	3 108	3 036	72	2.37
海蜇	16 420	14 129	2 291	16.21

各地区水产养殖面积(一)

单位:公顷

地 区	2015 年			
	总面积	海水养殖面积	淡水养殖面积	池塘
全国总计	**8 465 004**	**2 317 763**	**6 147 241**	**2 701 222**
北 京	3 633		3 633	3 563
天 津	39 850	3 165	36 685	31 848
河 北	193 954	117 533	76 421	29 783
山 西	15 715		15 715	2 816
内 蒙 古	119 575		119 575	18 572
辽 宁	1 152 153	933 068	219 085	48 307
吉 林	316 855		316 855	31 076
黑 龙 江	388 783		388 783	105 124
上 海	19 392		19 392	17 468
江 苏	753 437	181 829	571 608	385 450
浙 江	298 946	85 881	213 065	74 719
安 徽	580 197		580 197	218 620
福 建	267 947	166 075	101 872	40 761
江 西	437 528		437 528	158 813
山 东	846 151	563 198	282 953	149 205
河 南	276 575		276 575	116 810
湖 北	688 667		688 667	390 605
湖 南	467 749		467 749	244 009
广 东	565 678	194 861	370 817	278 291
广 西	239 150	55 015	184 135	81 913
海 南	54 728	17 138	37 590	24 171
重 庆	96 675		96 675	56 171
四 川	211 476		211 476	105 898
贵 州	59 893		59 893	6 141
云 南	142 226		142 226	36 845
西 藏	31		31	31
陕 西	50 633		50 633	12 172
甘 肃	15 477		15 477	2 489
青 海	42 431		42 431	318
宁 夏	46 809		46 809	17 333
新 疆	72 690		72 690	11 900

各地区水产养殖面积(二)

单位:公顷

地区	2014年			
	总面积	海水养殖面积	淡水养殖面积	
				池塘
全国总计	8 386 360	2 305 472	6 080 888	2 661 901
北京	3 924		3 924	3 850
天津	40 560	3 180	37 380	31 991
河北	201 018	122 434	78 584	31 306
山西	15 814		15 814	2 779
内蒙古	118 580		118 580	18 419
辽宁	1 145 399	928 503	216 896	48 870
吉林	313 090		313 090	28 817
黑龙江	376 238		376 238	105 452
上海	20 461		20 461	18 344
江苏	761 040	188 657	572 383	381 088
浙江	298 065	88 178	209 887	72 838
安徽	575 907		575 907	215 250
福建	261 881	161 418	100 463	39 608
江西	435 324		435 324	157 119
山东	835 108	548 487	286 621	151 694
河南	269 695		269 695	113 643
湖北	688 000		688 000	384 405
湖南	454 346		454 346	232 901
广东	564 989	193 691	371 298	278 019
广西	236 163	54 233	181 930	80 101
海南	53 914	16 691	37 223	22 983
重庆	93 602		93 602	53 813
四川	199 446		199 446	103 576
贵州	58 883		58 883	5 427
云南	138 490		138 490	36 947
西藏	31		31	31
陕西	50 512		50 512	11 785
甘肃	14 373		14 373	2 300
青海	42 431		42 431	318
宁夏	46 669		46 669	16 304
新疆	72 407		72 407	11 923

各地区水产养殖面积(三)

单位:公顷

地 区	2015 年比 2014 年增减(±)			
	总面积	海水养殖面积	淡水养殖面积	
				池塘
全国总计	78 644	12 291	66 353	39 321
北 京	-291		-291	-287
天 津	-710	-15	-695	-143
河 北	-7 064	-4 901	-2 163	-1 523
山 西	-99		-99	37
内蒙古	995		995	153
辽 宁	6 754	4 565	2 189	-563
吉 林	3 765		3 765	2 259
黑龙江	12 545		12 545	-328
上 海	-1 069		-1 069	-876
江 苏	-7 603	-6 828	-775	4 362
浙 江	881	-2 297	3 178	1 881
安 徽	4 290		4 290	3 370
福 建	6 066	4 657	1 409	1 153
江 西	2 204		2 204	1 694
山 东	11 043	14 711	-3 668	-2 489
河 南	6 880		6 880	3 167
湖 北	667		667	6 200
湖 南	13 403		13 403	11 108
广 东	689	1 170	-481	272
广 西	2 987	782	2 205	1 812
海 南	814	447	367	1 188
重 庆	3 073		3 073	2 358
四 川	12 030		12 030	2 322
贵 州	1 010		1 010	714
云 南	3 736		3 736	-102
西 藏				
陕 西	121		121	387
甘 肃	1 104		1 104	189
青 海				
宁 夏	140		140	1 029
新 疆	283		283	-23

各地区海水养殖面积(按品种分)(一)

单位:公顷

地区	海水养殖面积	1. 鱼类	2. 甲壳类	虾	其中 南美白对虾	斑节对虾	中国对虾	日本对虾
全国总计	2 317 763	84 049	314 217	258 381	173 058	14 514	24 693	21 753
天　津	3 165	109	3 056	3 056	3 056			
河　北	117 533	686	26 420	25 036	13 001		6 476	5 455
辽　宁	933 068	8 140	19 352	18 453	3 455		10 121	4 253
上　海								
江　苏	181 829	9 823	23 551	14 205	3 928	811	1 654	144
浙　江	85 881	3 004	29 464	15 278	9 208	143	193	569
福　建	166 075	15 375	26 222	16 052	9 805	1 534	1 159	3 063
山　东	563 198	10 098	84 289	76 220	58 326	1 768	3 306	6 838
广　东	194 861	30 969	70 124	60 865	46 041	8 553	1 784	1 142
广　西	55 015	1 203	22 646	21 298	19 637	1 372		289
海　南	17 138	4 642	9 093	7 918	6 601	333		

各地区海水养殖面积(按品种分)(二)

单位:公顷

地区	2. 甲壳类(续) 蟹	其中 梭子蟹	青蟹	3. 贝类	其中 牡蛎	鲍	螺	蚶	贻贝
全国总计	55 836	27 877	25 272	1 526 644	141 488	13 672	40 107	49 059	43 660
天　津									
河　北	1 384	1 331		83 277			964	9 229	445
辽　宁	899	899		748 475	15 845	2 029		18 760	3 408
上　海									
江　苏	9 346	9 270	76	107 251	3 770		17 995	3 362	3 308
浙　江	14 186	3 839	10 214	41 004	4 687	50	3 037	7 910	1 612
福　建	10 170	5 131	4 688	79 553	37 659	5 090	493	3 543	1 590
山　东	8 069	6 831		349 713	29 653	5 754	8 330	2 808	29 601
广　东	9 259	576	7 833	85 169	32 199	732	6 158	2 850	3 521
广　西	1 348		1 348	29 661	17 395		3 088	198	175
海　南	1 175		1 113	2 541	280	17	42	399	

各地区海水养殖面积(按品种分)(三)

单位:公顷

地 区	3. 贝类(续)				4. 藻类				
	其中(续)					其中			
	江珧	扇贝	蛤	蛏		海带	裙带菜	紫菜	江蓠
全国总计	993	651 036	425 805	59 967	130 564	43 619	6 908	65 766	9 912
天 津									
河 北		53 993	14 590						
辽 宁		474 130	160 298	4 305	12 234	6 571	5 653		
上 海									
江 苏		2	67 338	7 089	40 221	600	3	39 618	
浙 江		87	5 772	16 086	11 805	910		9 966	22
福 建		668	14 582	14 292	41 614	18 429	12	15 216	6 543
山 东		114 593	134 041	16 184	20 926	17 014	1 230	170	1 116
广 东	993	7 015	21 315	1 911	2 952	95	10	796	1 792
广 西		184	6 535	100					
海 南		364	1 334		812				439

各地区海水养殖面积(按品种分)(四)

单位:公顷

地 区	4. 藻类(续)				5. 其他类				
	其中(续)					其中			
	麒麟菜	石花菜	羊栖菜	苔菜		海参	海胆	海水珍珠	海蜇
全国总计	402		1 277	38	262 289	216 508	15 981	3 108	16 420
天 津									
河 北					7 150	7 079			25
辽 宁					144 867	120 567	8 016		13 484
上 海									
江 苏					983	811			128
浙 江			822	38	604	5			390
福 建			350		3 311	1 738			1 422
山 东			68		98 172	86 022	5 216		945
广 东	40		37		5 647	286	2 749	2 236	26
广 西					1 505			872	
海 南	362				50				

各地区海水养殖面积(按水域和养殖方式分)(一)

单位:公顷

地区	海水养殖面积	按养殖水域分			养殖方式中	
		1. 海上	2. 滩涂	3. 其他	1. 池塘	2. 普通网箱(m^2)
全国总计	2 317 763	1 355 399	653 843	308 521	455 029	53 438 913
天津	3 165			3 165	3 165	
河北	117 533	65 773	33 584	18 176	26 195	
辽宁	933 068	714 060	131 984	87 024	89 772	358 813
上海						
江苏	181 829	43 666	115 969	22 194	37 604	
浙江	85 881	17 637	37 040	31 204	29 465	788 708
福建	166 075	83 857	55 810	26 408	31 547	43 174 270
山东	563 198	348 619	175 026	39 553	129 012	2 199 206
广东	194 861	59 972	77 148	57 741	74 745	5 006 375
广西	55 015	18 024	19 585	17 406	20 697	488 710
海南	17 138	3 791	7 697	5 650	12 827	1 422 831

各地区海水养殖面积(按水域和养殖方式分)(二)

单位:公顷

地区	养殖方式中(续)				
	3. 深水网箱(m^2)	4. 筏式	5. 吊笼	6. 底播	7. 工厂化(m^2)
全国总计	9 361 034	316 250	135 609	1 098 625	26 937 288
天津					283 080
河北		58 649	995	18 689	2 954 500
辽宁	502 000	53 198	13 774	690 221	2 945 784
上海					
江苏	14 040	33 369	360	86 056	691 180
浙江	825 009	14 416	144	23 523	1 204 172
福建	353 785	43 312	7 863	17 723	8 280 037
山东	1 694 008	91 341	106 883	211 495	9 484 084
广东	901 773	15 526	5 035	39 230	657 793
广西	707 645	6 439	170	10 536	
海南	4 362 774		385	1 152	436 658

各地区淡水养殖面积(按水域和养殖方式分)(一)

单位:公顷

地　区	淡水养殖面积	按水域			
		1. 池塘	2. 湖泊	3. 水库	4. 河沟
全国总计	**6 147 241**	**2 701 222**	**1 022 350**	**2 012 411**	**277 102**
北　京	3 633	3 563			
天　津	36 685	31 848		3 504	464
河　北	76 421	29 783	2 851	41 407	1 470
山　西	15 715	2 816	2 397	10 311	23
内蒙古	119 575	18 572	44 954	52 086	3 963
辽　宁	219 085	48 307	733	108 183	7 129
吉　林	316 855	31 076	104 531	181 094	150
黑龙江	388 783	105 124	113 882	141 273	21 809
上　海	19 392	17 468	348		1 379
江　苏	571 608	385 450	87 844	20 708	61 596
浙　江	213 065	74 719	2 409	95 257	35 723
安　徽	580 197	218 620	202 463	93 421	52 812
福　建	101 872	40 761	873	52 981	4 950
江　西	437 528	158 813	103 932	155 503	15 728
山　东	282 953	149 205	10 945	114 218	5 105
河　南	276 575	116 810	3 798	146 395	9 560
湖　北	688 667	390 605	187 316	103 772	4 519
湖　南	467 749	244 009	88 210	133 100	1 002
广　东	370 817	278 291	2 989	79 604	1 969
广　西	184 135	81 913		92 213	7 422
海　南	37 590	24 171	180	13 068	42
重　庆	96 675	56 171		28 798	11 232
四　川	211 476	105 898	4 546	81 017	19 864
贵　州	59 893	6 141	664	44 832	3 803
云　南	142 226	36 845	14 304	89 137	1 940
西　藏	31	31			
陕　西	50 633	12 172	7 557	28 814	1 785
甘　肃	15 477	2 489	65	12 700	7
青　海	42 431	318	4 254	37 859	
宁　夏	46 809	17 333	27 571	1 415	490
新　疆	72 690	11 900	2 734	49 741	1 166

各地区淡水养殖面积(按水域和养殖方式分)(二)

单位:公顷

地　区	按水域(续)		养殖方式中		
	5. 其他	6. 稻田	1. 围栏(m^2)	2. 网箱(m^2)	3. 工厂化(m^2)
全国总计	**134 156**	**1 501 629**	**2 353 708 951**	**147 376 140**	**33 155 985**
北　京	70	4			352 686
天　津	869	2 993			224 436
河　北	910	1 228	1 750 088	7 274 756	1 215 185
山　西	168	266	59 925	64 472	450
内蒙古		2 906	65 965 000	12 951	21 468
辽　宁	54 733	81 544	550 000	842 550	216 688
吉　林	4	8 187	135 180	19 150	1
黑龙江	6 695	31 898	2 100 000	112 802	1 200
上　海	197	24			26 000
江　苏	16 010	109 758	60 960 725	11 080 319	2 222 793
浙　江	4 957	83 060	8 575 557	1 503 524	6 629 184
安　徽	12 881	54 882	1 213 972 178	19 716 028	755 646
福　建	2 307	18 492	104 484	879 805	10 082 810
江　西	3 552	64 112	205 123 774	8 220 387	1 986 246
山　东	3 480	1 738	37 232 568	9 311 573	2 523 190
河　南	12	1 335	72 049 730	4 876 089	179 974
湖　北	2 455	200 863	493 640 000	53 149 000	381 000
湖　南	1 428	171 369	84 367 087	10 036 133	5 620
广　东	7 964	3 364	568 011	294 390	17 017
广　西	2 587	45 415	59 091 248	6 366 097	
海　南	129		5 600	37 332	150 000
重　庆	474	36 785	21 627 000	23 474	31 516
四　川	151	308 938		970 427	1 200
贵　州	4 453	153 126	8 374 573	8 175 825	146 438
云　南		111 392	2 552 294	2 100 540	1 667 398
西　藏					
陕　西	305	3 147	14 903 929	2 027 341	4 244 140
甘　肃	216	6		36 402	66 219
青　海				220 341	
宁　夏		4 797			
新　疆	7 149			24 432	7 480

全国水产苗种数量

指　　标	计量单位	2015 年	2014 年	2015 年比 2014 年增减(±)	
				绝对量	幅度(%)
淡水鱼苗产量	**亿尾**	**12 665**	**12 746**	**-81**	**-0.63**
其中:罗非鱼	亿尾	253	256	-3	-1.35
淡水鱼种产量	吨	3 808 948	3 694 912	114 036	3.09
投放鱼种产量	吨	4 212 812	4 038 359	174 453	4.32
河蟹育苗量	千克	905 741	942 388	-36 647	-3.89
扣蟹	千克	55 433 899	54 656 440	777 459	1.42
稚鳖数量	万只	65 701	65 776	-74	-0.11
稚龟数量	万只	8 969	8 587	382	4.45
鳗苗捕捞量	千克	15 858	20 152	-4 294	-21.31
海水鱼苗产量	**万尾**	**784 014**	**648 281**	**135 733**	**20.94**
其中:大黄鱼	万尾	279 085	214 852	64 233	29.90
鲆鱼	万尾	51 961	43 532	8 429	19.36
虾类育苗量	亿尾	10 240	6 678	3 561	53.33
其中:南美白对虾	亿尾	7 945	5 290	2 656	50.21
贝类育苗量	万粒	142 790 753	186 430 373	-43 639 620	-23.41
其中:鲍鱼育苗量	万粒	1 296 058	681 841	614 217	90.08
海带育苗量	亿株	337	326	11	3.32
紫菜育苗量	亿贝壳	242	202	40	19.81
海参	亿头	708	746	-38	-5.05

各地区水产苗种数量(一)

地　区	淡水鱼苗（亿尾）	其中:罗非鱼（亿尾）	淡水鱼种（吨）	投放鱼种（吨）	河蟹育苗（千克）	扣蟹（千克）
全国总计	12 665.31	252.98	3 808 948	4 212 812	905 741	55 433 899
北　京	24.30	0.02	13 482	9 208		
天　津	43.78		14 706	28 452	1 790	151 310
河　北	38.28	0.22	24 706	29 875	800	91 115
山　西	3.03	0.14	3 966	6 576		
内蒙古	4.53		10 118	16 054		
辽　宁	93.00		99 554	100 344	67 500	18 685 200
吉　林	12.25		12 777	17 947		134 330
黑龙江	10.99		47 049	50 214		
上　海	16.12		3 993	14 873		7 855 000
江　苏	538.75	0.17	329 292	471 740	829 047	10 083 416
浙　江	162.65	1.00	53 295	94 296	1 120	54 217
安　徽	428.60	0.74	294 182	368 050		13 535 853
福　建	30.38	8.58	17 286	37 466		
江　西	354.61	4.35	300 443	428 206		292 158
山　东	73.56	1.03	94 636	139 145	867	98 958
河　南	72.63	0.01	110 542	121 928		85 294
湖　北	1 159.00	11.00	1 160 110	1 103 486	4 617	4 290 366
湖　南	325.18	0.01	426 089	337 523		27 770
广　东	8 269.75	116.65	317 388	190 315		100
广　西	374.36	19.99	114 643	131 596		
海　南	77.95	74.98	2 477	6 149		
重　庆	78.30	1.30	78 739	95 970		
四　川	231.58	0.92	160 060	218 956		
贵　州	88.08		13 882	26 124		8 317
云　南	99.52	11.54	42 071	100 426		
西　藏	0.03		5	5		
陕　西	18.23	0.30	13 634	12 768		17 700
甘　肃	0.69	0.01	2 311	2 573		2 795
青　海			4			20 000
宁　夏	9.68		30 570	35 550		
新　疆	25.50	0.02	16 938	16 997		

各地区水产苗种数量(二)

地区	稚鳖(万只)	稚龟(万只)	鳗苗捕捞(千克)	海水鱼苗(万尾)	其中	
					大黄鱼(万尾)	鲆鱼(万尾)
全国总计	65 701.49	8 968.84	15 858	784 013.95	279 085.00	51 961.00
北京	12.00	5.00				
天津	116.00			2 231.00		1 945.00
河北	1 704.60			2 945.00		1 640.00
山西	211.00					
内蒙古						
辽宁	3.00			4 755.00		3 736.00
吉林						
黑龙江						
上海	5.00	35.00	141			
江苏	4 172.00	1 182.00	6 253	11 597.00		77.00
浙江	17 689.21	1 213.33	2 024	24 782.00	20 582.00	
安徽	5 194.66	1 004.20				
福建	198.60	49.00	6 605	381 661.00	258 353.00	670.00
江西	7 890.77	1 884.89				
山东	2 333.00			63 180.00	55.00	43 643.00
河南	2 696.00	16.00				
湖北	7 380.00	1 425.00				
湖南	3 414.63	1 041.12				
广东	6 260.00	546.00	835	275 493.00	95.00	250.00
广西	5 700.53	560.17		25.95		
海南				17 344.00		
重庆	60.90	1.10				
四川	182.10	6.03				
贵州	10.33					
云南	0.50					
西藏						
陕西	466.40					
甘肃	0.26					
青海						
宁夏						
新疆						

各地区水产苗种数量(三)

地 区	虾类育苗(亿尾)	其中:南美白对虾(亿尾)	贝类育苗(万粒)	其中:鲍鱼(万粒)	海带(亿株)	紫菜(亿贝壳)	海参(亿头)
全国总计	10 239.80	7 945.43	142 790 753	1 296 058	336.87	241.79	707.90
北 京							
天 津	293.29	277.69					
河 北	320.80	290.20	127 000				6.26
山 西							
内蒙古							
辽 宁	142.00	63.00	4 340 177	32 277			206.00
吉 林							
黑龙江							
上 海	46.00	38.00					
江 苏	239.35	198.22	30 000			4.21	
浙 江	168.90	5.00	18 697 840	600 000		32.75	
安 徽	78.33		83 400				
福 建	3 223.91	2 845.80	72 896 124	571 772	240.87	4.83	0.17
江 西	5.39		12 320				
山 东	606.00	421.00	45 806 060	15 970	86.00		495.45
河 南	2.75						
湖 北	303.26		89 115				
湖 南							
广 东	4 000.00	3 000.00	605 659	75 667	10.00	200.00	0.02
广 西	216.39	214.90	26 837	240			
海 南	592.62	591.62	76 221	132			
重 庆	0.70						
四 川							
贵 州							
云 南	0.11						
西 藏							
陕 西							
甘 肃							
青 海							
宁 夏							
新 疆							

全国渔船年末拥有量(一)

指标		2015年			2014年			2015年比2014年增减(±)		
		艘	总吨	千瓦	艘	总吨	千瓦	艘	总吨	千瓦
渔船合计		1 042 507	10 878 619	22 577 334	1 065 319	10 704 316	22 275 528	-22 812	174 303	301 806
机动渔船合计		672 434	10 421 782	22 577 334	686 766	10 214 416	22 275 528	-14 332	207 366	301 806
1. 生产渔船		644 828	9 396 180	20 450 996	657 974	9 176 606	20 181 127	-13 146	219 574	269 869
(1) 捕捞渔船		439 259	8 590 177	18 063 466	446 171	8 352 777	17 771 956	-6 912	237 400	291 510
441千瓦(含)以上		2 503	1 163 960	2 104 078	2 489	1 009 185	1 749 155	14	154 775	354 923
44.1(含)~441千瓦		64 657	5 760 339	10 601 515	64 767	5 597 671	10 556 069	-110	162 668	45 446
44.1千瓦以下		372 099	1 665 878	5 357 873	378 915	1 745 921	5 466 732	-6 816	-80 043	-108 859
(2) 养殖渔船		205 569	806 003	2 387 530	211 803	823 829	2 409 171	-6 234	-17 826	-21 641
2. 辅助渔船		27 606	1 025 602	2 126 338	28 792	1 037 810	2 094 401	-1 186	-12 208	31 937
(1) 捕捞辅助船		24 110	870 248	1 511 369	25 340	865 195	1 510 436	-1 230	5 053	933
(2) 渔业执法船		2 415	79 171	524 695	2 301	76 784	485 589	114	2 387	39 106
机动渔船按船长分	24米(含)以上	36 866	6 047 521	10 232 441	36 630	5 757 185	9 794 862	236	290 336	437 579
	12(含)~24米	88 626	2 396 205	5 192 998	93 346	2 414 998	5 246 230	-4 720	-18 793	-53 232
	12米以下	546 939	1 973 420	7 148 693	556 760	2 047 835	7 232 954	-9 821	-74 415	-84 261
非机动渔船合计		370 073	456 837	-	378 553	489 900	-	-8 480	-33 063	

全国渔船年末拥有量(二)

指标	总数			海洋渔船			内陆渔船		
	艘	总吨	千瓦	艘	总吨	千瓦	艘	总吨	千瓦
渔船合计	**1 042 507**	**10 878 619**	**22 577 334**	**277 410**	**8 825 374**	**17 330 309**	**765 097**	**2 053 245**	**5 247 025**
机动渔船合计	672 434	10 421 782	22 577 334	269 983	8 812 301	17 330 309	402 451	1 609 481	5 247 025
1. 生产渔船	644 828	9 396 180	20 450 996	256 833	7 884 105	15 486 576	387 995	1 512 075	4 964 420
(1) 捕捞渔船	439 259	8 590 177	18 063 466	187 223	7 582 483	14 419 960	252 036	1 007 694	3 643 506
441 千瓦(含)以上	2 503	1 163 960	2 104 078	2 499	1 162 132	2 101 195	4	1 828	2 883
44.1(含)~441 千瓦	64 657	5 760 339	10 601 515	59 280	5 635 758	10 323 322	5 377	124 581	278 193
44.1 千瓦以下	372 099	1 665 878	5 357 873	125 444	784 593	1 995 443	246 655	881 285	3 362 430
(2) 养殖渔船	205 569	806 003	2 387 530	69 610	301 622	1 066 616	135 959	504 381	1 320 914
2. 辅助渔船	27 606	1 025 602	2 126 338	13 150	928 196	1 843 733	14 456	97 406	282 605
(1) 捕捞辅助船	24 110	870 248	1 511 369	11 780	786 664	1 376 514	12 330	83 584	134 855
(2) 渔业执法船	2 415	79 171	524 695	570	58 855	366 283	1 845	20 316	158 412
机动渔船按船长分 24 米(含)以上	36 866	6 047 521	10 232 441	35 862	6 005 170	10 184 878	1 004	42 351	47 563
机动渔船按船长分 12(含)~24 米	88 626	2 396 205	5 192 998	49 697	1 919 347	4 399 651	38 929	476 858	793 347
机动渔船按船长分 12 米以下	546 939	1 973 420	7 148 693	186 781	882 361	2 745 061	360 158	1 091 059	4 403 632
非机动渔船合计	370 073	456 837		7 427	13 073		362 646	443 764	

各地区机动渔船年末拥有量

地 区	2015 年			2014 年			2015 年比 2014 年增减（±）		
	艘	总吨	千瓦	艘	总吨	千瓦	艘	总吨	千瓦
全国总计	672 416	10 406 413	22 569 851	686 766	10 214 416	22 275 528	-14 350	191 997	294 323
北 京	33	10 220	14 083	31	7 322	11 143	2	2 898	2 940
天 津	4 194	36 217	100 142	4 235	34 540	97 904	-41	1 677	2 238
河 北	12 958	278 354	622 429	12 992	272 539	563 933	-34	5 815	58 496
山 西	221	593	4 212	224	501	3 307	-3	92	905
内蒙古	1 275	2 109	17 139	1 292	1 999	16 821	-17	110	318
辽 宁	40 095	831 933	1 697 147	40 902	825 012	1 566 947	-807	6 921	130 200
吉 林	4 676	6 727	85 242	4 654	6 669	83 475	22	58	1 767
黑龙江	12 215	17 245	113 481	11 817	16 282	108 855	398	963	4 626
上 海	1 223	125 233	188 405	1 329	125 019	192 659	-106	214	-4 254
江 苏	121 733	1 010 131	2 224 626	125 405	954 812	2 237 290	-3 672	55 319	-12 664
浙 江	41 081	2 964 766	4 673 727	43 981	2 911 193	4 697 333	-2 900	53 573	-23 606
安 徽	29 574	269 921	443 871	30 421	291 743	448 145	-847	-21 822	-4 274
福 建	60 060	1 201 533	2 770 180	61 209	1 126 225	2 614 723	-1 149	75 308	155 457
江 西	32 221	153 991	442 190	32 551	169 992	444 964	-330	-16 001	-2 774
山 东	71 420	1 201 834	2 571 219	71 359	1 149 954	2 518 974	61	51 880	52 245
河 南	4 220	15 995	68 523	4 151	15 746	65 207	69	249	3 316
湖 北	50 661	115 188	421 978	50 661	115 188	421 978	0	0	0
湖 南	45 759	110 392	846 183	46 041	111 069	851 376	-282	-677	-5 193
广 东	61 323	961 065	2 471 174	64 015	948 447	2 492 479	-2 692	12 618	-21 305
广 西	26 875	376 825	863 224	26 524	395 011	881 553	351	-18 186	-18 329
海 南	26 377	519 460	1 389 230	26 190	501 035	1 365 550	187	18 425	23 680
重 庆	5 653	16 011	65 856	5 647	15 801	64 061	6	210	1 795
四 川	8 039	10 496	75 839	8 151	11 073	77 660	-112	-577	-1 821
贵 州	6 068	8 908	75 614	8 369	24 773	95 796	-2 301	-15 865	-20 182
云 南	1 421	4 884	24 640	1 413	4 820	24 699	8	64	-59
西 藏	6	8	52	6	8	52	0	0	0
陕 西	1 320	6 033	21 373	1 466	8 697	25 394	-146	-2 664	-4 021
甘 肃	37	86	708	35	79	644	2	7	64
青 海	222	870	5 506	222	870	5 506	0	0	0
宁 夏	26	123	1 815	21	113	1 716	5	10	99
新 疆	1 102	3 562	17 904	1 102	3 562	17 904			
中农发集团	328	145 700	252 139	350	164 322	277 480	-22	-18 622	-25 341

四、加工与贸易

全国水产加工情况

指　　标	计量单位	2015 年	2014 年	2015 年比 2014 年增减(±)	
				绝对量	幅度(%)
1. 水产加工企业	个	9 892	9 663	229	2.37
水产品加工能力	吨/年	28 103 260	28 472 396	-369 136	-1.30
其中:规模以上加工企业	个	2 753	2 749	4	0.15
2. 水产冷库	座	8 654	8 624	30	0.35
冻结能力	吨/日	919 186	671 780	247 406	36.83
冷藏能力	吨/次	5 006 595	5 191 248	-184 653	-3.56
制冰能力	吨/日	252 824	237 794	15 030	6.32
3. 水产加工品总量	吨	20 923 127	20 531 593	391 534	1.91
淡水加工产品	吨	3 739 044	3 745 247	-6 203	-0.17
海水加工产品	吨	17 184 083	16 786 346	397 737	2.37
(1)水产冷冻品	吨	13 764 943	13 171 461	593 482	4.51
其中:冷冻品	吨	6 790 609	6 548 543	242 066	3.70
冷冻加工品	吨	6 974 334	6 622 918	351 416	5.31
(2)鱼糜制品及干腌制品	吨	3 092 443	3 068 782	23 661	0.77
其中:鱼糜制品	吨	1 454 220	1 517 924	-63 704	-4.20
干腌制品	吨	1 638 223	1 550 858	87 365	5.63
(3)藻类加工品	吨	981 973	1 087 052	-105 079	-9.67
(4)罐制品	吨	413 137	399 892	13 245	3.31
(5)水产饲料(鱼粉)	吨	711 199	759 920	-48 721	-6.41
(6)鱼油制品	吨	73 096	101 325	-28 229	-27.86
(7)其他水产加工品	吨	1 082 853	1 940 161	-857 308	-44.19
其中:助剂和添加剂	吨	82 666	89 294	-6 628	-7.42
珍珠	千克	234 966	162 235	72 731	44.83
4. 用于加工的水产品总量	吨	22 743 305	21 923 736	819 569	3.74
其中:淡水产品	吨	5 618 696	5 486 063	132 633	2.42
海水产品	吨	17 124 609	16 437 673	686 936	4.18
5. 部分水产品年加工量	吨	1 535 380	1 727 022	-191 642	-11.10
其中:对虾	吨	553 777	520 198	33 579	6.46
克氏原螯虾	吨	181 245	181 866	-621	-0.34
罗非鱼	吨	630 973	859 202	-228 229	-26.56
鳗鱼	吨	111 838	107 394	4 444	4.14
斑点叉尾鮰	吨	57 547	58 362	-815	-1.40

各地区水产加工品总量

单位:吨

地 区	2015 年		2014 年		2015 年比 2014 年增减(±)			
					绝对量		幅度(%)	
	水产加工品总量	其中:淡水加工产品	水产加工品总量	其中:淡水加工产品	水产加工品总量	其中:淡水加工产品	水产加工品总量	其中:淡水加工产品
全国总计	20 923 127	3 739 044	20 531 593	3 745 247	391 534	-6 203	1.91	-0.17
北 京	5 211	1 807	5 594	2 185	-383	-378	-6.85	-17.30
天 津	1 094	584	1 136	626	-42	-42	-3.70	-6.71
河 北	79 620	13 626	82 149	11 850	-2 529	1 776	-3.08	14.99
山 西								
内蒙古	7 390	7 390	6 937	6 937	453	453	6.53	6.53
辽 宁	2 376 732	34 147	2 280 973	35 091	95 759	-944	4.20	-2.69
吉 林	180 482	1 892	12 283	1 548	168 199	344	1 369.36	22.22
黑龙江	5 799	5 799	2 145	2 145	3 654	3 654	170.35	170.35
上 海	16 705	10 455	22 467	15 139	-5 762	-4 684	-25.65	-30.94
江 苏	1 596 319	848 966	1 618 495	893 144	-22 176	-44 178	-1.37	-4.95
浙 江	2 142 256	87 845	2 282 542	111 415	-140 286	-23 570	-6.15	-21.16
安 徽	198 730	188 394	183 501	171 595	15 229	16 799	8.30	9.79
福 建	3 326 705	156 705	3 126 751	152 871	199 954	3 834	6.39	2.51
江 西	360 483	360 483	345 397	345 397	15 086	15 086	4.37	4.37
山 东	6 787 726	95 702	6 741 355	91 620	46 371	4 082	0.69	4.46
河 南	22 169	22 169	21 531	21 531	638	638	2.96	2.96
湖 北	999 886	999 886	942 369	942 369	57 517	57 517	6.10	6.10
湖 南	144 683	144 683	153 461	153 461	-8 778	-8 778	-5.72	-5.72
广 东	1 396 426	356 883	1 408 781	383 026	-12 355	-26 143	-0.88	-6.83
广 西	717 668	150 155	732 166	165 274	-14 498	-15 119	-1.98	-9.15
海 南	501 234	195 664	523 849	200 737	-22 615	-5 073	-4.32	-2.53
重 庆	805	805	711	711	94	94	13.22	13.22
四 川	4 178	4 178	3 900	3 900	278	278	7.13	7.13
贵 州	1 321	1 321	1 372	1 372	-51	-51	-3.72	-3.72
云 南	41 029	41 029	24 908	24 908	16 121	16 121	64.72	64.72
西 藏								
陕 西	965	965	855	430	110	535	12.87	124.42
甘 肃								
青 海	3 000	3 000	3 000	3 000				
宁 夏	180	180	150	150	30	30	20.00	20.00
新 疆	4 331	4 331	2 815	2 815	1 516	1 516	53.85	53.85

各地区用于加工的水产品总量

单位:吨

地区	用于加工的水产品总量	其中	
		淡水产品	海水产品
全国总计	**20 923 127**	**3 739 044**	**17 184 083**
北京	5 211	1 807	3 404
天津	1 094	584	510
河北	79 620	13 626	65 994
山西			
内蒙古	7 390	7 390	
辽宁	2 376 732	34 147	2 342 585
吉林	180 482	1 892	178 590
黑龙江	5 799	5 799	
上海	16 705	10 455	6 250
江苏	1 596 319	848 966	747 353
浙江	2 142 256	87 845	2 054 411
安徽	198 730	188 394	10 336
福建	3 326 705	156 705	3 170 000
江西	360 483	360 483	
山东	6 787 726	95 702	6 692 024
河南	22 169	22 169	
湖北	999 886	999 886	
湖南	144 683	144 683	
广东	1 396 426	356 883	1 039 543
广西	717 668	150 155	567 513
海南	501 234	195 664	305 570
重庆	805	805	
四川	4 178	4 178	
贵州	1 321	1 321	
云南	41 029	41 029	
西藏			
陕西	965	965	
甘肃			
青海	3 000	3 000	
宁夏	180	180	
新疆	4 331	4 331	

各地区水产品加工企业、冷库基本情况

地区	水产品加工企业			水产品冷库			
	小计（个）	水产品加工能力（吨/年）	其中:规模以上加工企业（个）	数量（座）	冻结能力（吨/日）	冷藏能力（吨/次）	制冰能力（吨/日）
全国总计	**9 892**	**28 103 260**	**2 753**	**8 654**	**919 186**	**5 006 595**	**252 824**
北京	2	7 685		217	30	28 420	10
天津	4	965		15	230	201 180	40
河北	247	413 358	27	225	6 025	73 106	4 513
山西							
内蒙古	37	7 550	17	31	345	2 274	232
辽宁	915	2 982 129	375	632	68 311	663 275	17 767
吉林	86	191 885	30	47	170 374	171 780	115
黑龙江	32	5 050		21	205	2 380	160
上海	19	31 520	3	52	856	6 757	624
江苏	1 036	1 943 085	336	1 138	37 073	199 813	22 894
浙江	2 112	2 584 961	302	1 399	80 666	873 609	24 621
安徽	115	266 112	68	394	13 097	60 007	768
福建	1 214	4 639 796	419	799	29 976	417 204	19 238
江西	189	261 733	53	191	2 228	18 474	2 979
山东	1 873	8 713 709	656	2 042	368 979	1 669 047	97 210
河南	68	60 371	12	50	1 105	10 174	698
湖北	238	1 661 268	133	352	89 121	120 576	14 353
湖南	139	311 407	51	160	6 618	53 608	2 433
广东	1 075	2 328 055	144	562	22 416	288 669	17 923
广西	180	947 904	60	51	1 632	100 682	3 087
海南	227	477 462	41	156	6 332	31 221	22 979
重庆	6	3 310	3	31	12 106	5 227	72
四川	8	31 170	4	9	160	1 819	13
贵州	18	1 040	2	7	22	25	2
云南	39	210 184	10	22	413	3 345	66
西藏							
陕西	1	10		3	27	35	3
甘肃							
青海	2	4 000	2	3			10
宁夏	1	10 000	1	5	500	800	
新疆	9	7 541	4	40	339	3 088	14

各地区水产品贸易情况(进出口)

单位:万美元,吨

地区	2015年		2014年		2015年比2014年增减(±)			
					绝对量		幅度(%)	
	金额	数量	金额	数量	金额	数量	金额	数量
全国总计	2 931 448.76	8 141 528	3 088 426.16	8 444 286	-156 977.41	-302 758	-5.08	-3.59
北京	30 239.53	78 974	28 683.43	68 545	1 556.10	10 429	5.43	15.21
天津	32 574.34	91 694	38 188.86	124 906	-5 614.52	-33 212	-14.70	-26.59
河北	47 137.47	54 239	50 534.87	59 198	-3 397.40	-4 959	-6.72	-8.38
山西	22.75	99	15.78	79	6.97	21	44.19	26.10
内蒙古	15.28	73	52.34	137	-37.06	-64	-70.81	-46.84
辽宁	437 302.82	1 701 308	453 666.74	1 792 207	-16 363.92	-90 899	-3.61	-5.07
吉林	25 882.42	116 020	25 615.54	122 373	266.88	-6 353	1.04	-5.19
黑龙江	436.03	1 587	571.26	1 013	-135.23	574	-23.67	56.72
上海	113 934.85	176 710	121 732.05	237 359	-7 797.20	-60 649	-6.41	-25.55
江苏	44 534.14	97 245	48 180.52	101 856	-3 646.38	-4 611	-7.57	-4.53
浙江	220 556.22	643 862	241 438.30	648 861	-20 882.08	-4 999	-8.65	-0.77
安徽	5 456.66	11 394	7 667.94	15 900	-2 211.28	-4 506	-28.84	-28.34
福建	628 622.88	1 351 424	619 692.69	1 265 389	8 930.19	86 035	1.44	6.80
江西	29 461.24	18 781	32 854.96	20 319	-3 393.72	-1 538	-10.33	-7.57
山东	702 879.78	2 388 980	760 460.04	2 568 191	-57 580.27	-179 210	-7.57	-6.98
河南	2 133.85	6 859	2 258.60	5 566	-124.75	1 294	-5.52	23.24
湖北	27 685.29	26 995	40 224.36	40 855	-12 539.07	-13 860	-31.17	-33.92
湖南	2 268.26	2 245	2 749.23	5 286	-480.97	-3 041	-17.49	-57.54
广东	470 633.34	1 093 646	475 214.34	1 044 200	-4 581.00	49 446	-0.96	4.74
广西	45 132.71	103 469	60 320.34	115 287	-15 187.63	-11 818	-25.18	-10.25
海南	46 852.12	123 749	58 710.39	129 606	-11 858.28	-5 858	-20.20	-4.52
重庆	3 091.85	17 803	2 969.49	19 098	122.36	-1 295	4.12	-6.78
四川	8 122.11	18 402	7 096.02	20 591	1 026.08	-2 189	14.46	-10.63
贵州			1.45		-1.45			
云南	4 818.95	11 548	7 702.49	33 790	-2 883.55	-22 242	-37.44	-65.82
陕西	371.87	1 026	241.54	173	130.33	853	53.96	493.78
甘肃								
青海	806.92	1 215	1 148.26	2 130	-341.34	-915	-29.73	-42.96
宁夏	57.52	227	47.98	215	9.55	12	19.89	5.70
新疆	417.55	1 953	386.34	1 157	31.21	796	8.08	68.84

各地区水产品贸易情况(出口)

单位:万美元,吨

地 区	2015 年		2014 年		2015 年比 2014 年增减(±)			
					绝对量		幅度(%)	
	金额	数量	金额	数量	金额	数量	金额	数量
全国总计	2 033 296.31	4 060 269.53	2 169 842.38	4 163 328.35	-136 546.08	-103 058.83	-6.29	-2.48
北 京	160.04	216.08	152.15	110.09	7.90	106.00	5.19	96.28
天 津	4 348.21	7 484.48	5 316.67	6 994.33	-968.46	490.15	-18.22	7.01
河 北	45 642.36	46 940.82	45 634.37	44 651.43	7.99	2 289.40	0.02	5.13
山 西	0.05		0.05		0.00		5.92	
内蒙古								
辽 宁	276 881.45	733 937.43	289 190.63	778 063.77	-12 309.19	-44 126.34	-4.26	-5.67
吉 林	12 514.36	42 846.70	10 369.77	30 252.34	2 144.59	12 594.36	20.68	41.63
黑龙江	64.64	409.80	229.68	563.64	-165.04	-153.84	-71.86	-27.29
上 海	9 635.27	10 397.73	9 248.05	9 557.39	387.22	840.34	4.19	8.79
江 苏	35 520.97	55 509.08	37 146.57	51 301.05	-1 625.60	4 208.03	-4.38	8.20
浙 江	187 909.82	467 983.86	211 815.34	498 175.90	-23 905.52	-30 192.04	-11.29	-6.06
安 徽	4 133.46	3 977.95	6 390.88	6 389.72	-2 257.42	-2 411.78	-35.32	-37.74
福 建	549 417.11	853 759.53	549 160.48	794 043.27	256.63	59 716.27	0.05	7.52
江 西	27 131.46	9 029.95	31 228.65	9 857.89	-4 097.20	-827.93	-13.12	-8.40
山 东	449 037.72	1 077 331.05	483 589.46	1 169 501.33	-34 551.74	-92 170.29	-7.14	-7.88
河 南	223.58	259.93	899.64	801.46	-676.06	-541.54	-75.15	-67.57
湖 北	26 475.23	21 672.04	39 270.47	32 037.84	-12 795.24	-10 365.80	-32.58	-32.35
湖 南	2 252.30	2 214.68	2 491.51	3 412.19	-239.21	-1 197.51	-9.60	-35.09
广 东	309 882.65	513 998.08	327 230.64	481 704.38	-17 347.99	32 293.69	-5.30	6.70
广 西	41 108.52	81 999.87	58 496.16	106 826.77	-17 387.64	-24 826.90	-29.72	-23.24
海 南	44 760.31	121 937.92	54 998.26	123 972.64	-10 237.94	-2 034.71	-18.62	-1.64
重 庆	1.18	1.28	0.60	0.82	0.57		94.62	
四 川	3 211.58	1 341.63	1 962.74	987.35	1 248.83	354.27	63.63	35.88
贵 州								
云 南	2 027.16	5 469.82	3 672.41	11 757.73	-1 645.25	-6 287.92	-44.80	-53.48
陕 西	2.42	1.39	30.31	23.90	-27.89	-22.51	-92.01	-94.18
甘 肃								
青 海	806.92	1 214.85	1 148.26	2 129.96	-341.34	-915.11	-29.73	-42.96
宁 夏	1.94				1.94			
新 疆	145.58	333.15	168.63	211.17	-23.04	121.99	-13.66	57.77

各地区水产品贸易情况(进口)

单位:万美元,吨

地区	2015年		2014年		2015年比2014年增减(±)			
					绝对量		幅度(%)	
	金额	数量	金额	数量	金额	数量	金额	数量
全国总计	898 152.45	4 081 258.56	918 583.78	4 280 957.19	-20 431.33	-199 698.62	-2.22	-4.66
北京	30 079.48	78 757.83	28 531.28	68 434.92	1 548.20	10 322.91	5.43	15.08
天津	28 226.13	84 209.62	32 872.19	117 911.58	-4 646.06	-33 701.96	-14.13	-28.58
河北	1 495.11	7 297.82	4 900.50	14 546.56	-3 405.39	-7 248.74	-69.49	-49.83
山西	22.70	99.20	15.73	78.66	6.97	20.54	44.30	26.11
内蒙古	15.28	72.60	52.34	136.56	-37.06	-63.96	-70.81	-46.84
辽宁	160 421.37	967 370.51	164 476.11	1 014 143.23	-4 054.74	-46 772.72	-2.47	-4.61
吉林	13 368.06	73 173.35	15 245.77	92 120.99	-1 877.71	-18 947.63	-12.32	-20.57
黑龙江	371.39	1 177.06	341.58	448.93	29.81	728.13	8.73	162.19
上海	104 299.58	166 312.64	112 484.00	227 801.53	-8 184.43	-61 488.88	-7.28	-26.99
江苏	9 013.17	41 736.10	11 033.96	50 554.87	-2 020.78	-8 818.77	-18.31	-17.44
浙江	32 646.40	175 878.42	29 622.96	150 684.89	3 023.44	25 193.53	10.21	16.72
安徽	1 323.20	7 416.10	1 277.06	9 509.98	46.14	-2 093.88	3.61	-22.02
福建	79 205.77	497 664.15	70 532.22	471 345.87	8 673.56	26 318.28	12.30	5.58
江西	2 329.79	9 751.33	1 626.31	10 461.58	703.48	-710.26	43.26	-6.79
山东	253 842.06	1 311 649.37	276 870.59	1 398 689.18	-23 028.53	-87 039.81	-8.32	-6.22
河南	1 910.27	6 599.57	1 358.96	4 764.32	551.31	1 835.26	40.57	38.52
湖北	1 210.06	5 323.27	953.89	8 817.51	256.17	-3 494.24	26.85	-39.63
湖南	15.96	29.84	257.73	1 873.75	-241.77	-1 843.91	-93.81	-98.41
广东	160 750.69	579 648.15	147 983.70	562 496.03	12 766.99	17 152.13	8.63	3.05
广西	4 024.19	21 468.71	1 824.18	8 460.01	2 200.02	13 008.70	120.60	153.77
海南	2 091.80	1 810.67	3 712.14	5 633.56	-1 620.34	-3 822.90	-43.65	-67.86
重庆	3 090.67	17 801.90	2 968.88	19 097.30	121.79	-1 295.41	4.10	-6.78
四川	4 910.53	17 060.56	5 133.28	19 603.49	-222.75	-2 542.94	-4.34	-12.97
贵州			1.45		-1.45			
云南	2 791.78	6 078.63	4 030.08	22 032.71	-1 238.30	-15 954.08	-30.73	-72.41
陕西	369.45	1 024.20	211.23	148.82	158.22	875.37	74.91	588.19
甘肃								
青海								
宁夏	55.58	227.04	47.98	214.76	7.60	12.28	15.84	5.72
新疆	271.97	1 619.94	217.71	945.58	54.25	674.36	24.92	71.32

五、渔政管理

各地区渔政管理机构情况（按机构性质分）

单位：个

地　区	渔业执法机构个数	行政单位	参照公务员管理单位	事业单位
全国总计	**3 124**	**563**	**810**	**1 751**
部直属	2	1	1	
北京	18	5	2	11
天津	15	2	9	4
河北	131	29	16	86
山西	90	42	1	47
内蒙古	112	4	47	61
辽宁	131	14	33	84
吉林	65	1	9	55
黑龙江	110	26	56	28
上海	11		10	1
江苏	125	5	33	87
浙江	128	6	61	61
安徽	131	30	14	87
福建	91	1	65	25
江西	143	16	28	99
山东	199	38	38	123
河南	173	75	7	91
湖北	145	16	30	99
湖南	157	14	66	77
广东	111	87	16	8
广西	106	5	93	8
海南	30	2	5	23
重庆	45	2	29	14
四川	213	29	31	153
贵州	100	12	8	80
云南	157	17	17	123
西藏	10	8		2
陕西	105	13	15	77
甘肃	124	21	17	86
青海	30	4	14	12
宁夏	21	19		2
新疆	84	10	38	36
新疆兵团	11	9	1	1

各地区渔政管理机构情况(按执法业务类型分)

单位:个

地 区	渔政	渔监	船检	渔政渔监船检综合执法	渔政与农业执法单位合署	渔政与水产研究或推广单位合署	渔政与渔业生产单位合署
全国总计	1 545	115	39	830	125	417	53
部直属	1		1				
北 京	18						
天 津				15			
河 北	65	4	2	27	13	19	1
山 西	78	3		3		6	
内蒙古	32	1	1	35	8	34	1
辽 宁	62	17	13	9		28	2
吉 林	8	2		42		13	
黑龙江	74	1	1	30		3	1
上 海	3			1	7		
江 苏	43	8	1	65	1	6	1
浙 江	41	11	14	45	7	9	1
安 徽	51	4	2	54	2	16	2
福 建	51	1		25	4	10	
江 西	63	2		23	23	29	3
山 东	120	14		50	2	13	
河 南	121	5		29		17	1
湖 北	36	1	1	101	5	1	
湖 南	121	13		9		9	5
广 东	34	1		73	1	1	1
广 西	33	8		46	2	12	5
海 南	14	5		11			
重 庆	8			22	10	5	
四 川	125	7	2	46	8	23	2
贵 州	30	3		36	1	28	2
云 南	42	1		23	10	62	19
西 藏	10						
陕 西	46		1	2	4	47	5
甘 肃	94	2			6	22	
青 海	15	1		5	8		1
宁 夏	20					1	
新 疆	76			3	3	2	
新疆兵团	10					1	

各地区渔政管理人员情况

单位：人

地区	现有人数合计	按教育水平分				持渔业行政执法证人数
		大学本科以上	大学本科	大学专科	大学专科以下	
全国总计	**36 620**	**590**	**10 477**	**16 056**	**9 497**	**26 614**
部直属	56	19	34	3		
北京	186	9	111	47	19	173
天津	198	2	99	62	35	130
河北	1 197	10	316	531	340	991
山西	488	4	128	219	137	284
内蒙古	1 212	16	393	558	245	834
辽宁	2 227	38	614	1 125	450	1 914
吉林	710	10	222	317	161	627
黑龙江	1 103	13	373	520	197	725
上海	543	32	316	188	7	269
江苏	2 264	56	642	931	635	1 775
浙江	2 288	44	816	956	472	1 851
安徽	1 339	12	283	678	366	911
福建	1 357	14	499	397	447	891
江西	1 233	31	324	485	393	981
山东	2 994	53	1 065	1 147	729	2 409
河南	1 735	12	310	865	548	1 120
湖北	2 108	31	394	1 143	540	1 617
湖南	1 409	19	286	749	355	1 109
广东	2 392	52	682	837	821	1 753
广西	1 002	12	312	448	230	690
海南	864	14	201	418	231	560
重庆	423	13	162	192	56	346
四川	1 688	13	388	829	458	1 362
贵州	542	5	157	298	82	388
云南	1 286	8	284	607	387	641
西藏	29	1	13	10	5	19
陕西	1 678	5	251	603	819	1 002
甘肃	1 055	28	420	433	174	481
青海	275	3	75	140	57	250
宁夏	138	5	85	42	6	136
新疆	578	6	204	273	95	357
新疆兵团	23		18	5		18

六、科技与推广

全国渔业科技基本情况

一、渔业科研机构个数	106	其他	50 901
二、渔业科研机构从业人员(人)	7 135	非政府资金小计	191 212
1. 科技活动人员	5 217	技术性收入	134 326
按职称分:高级职称	1 729	(2)生产经营收入	325 309
中级职称	1 855	(3)其他收入	195 836
初级职称及其他	1 633	四、科研机构固定资产情况(千元)	
按学位分:研究生	1 336	年末固定资产合计	3 362 303
大学	2 018	五、科技著述和专利申请情况	
大专	757	发表科技论文(篇)	2 875
其他	455	国外发表	635
2. 生产经营活动人员	865	出版科技著作(种)	64
3. 其他人员	1 053	专利受理数(件)	914
三、本年度收入(千元)	2 547 030	专利授权(件)	739
(1)科技活动收入	2 025 885	发明专利	275
政府资金	1 834 673	国外授权	
财政拨款	1 312 152	拥有发明专利总数	1 080
承担政府项目	471 620		

各地区水产技术推广机构情况

单位:个

地　区	数量	其中		地(市)级站		县(市)级站		区域站		乡(镇)站	
		水产站	综合站	水产站	综合站	水产站	综合站	水产站	综合站	水产站	综合站
全国总计	**14 398**	**3 324**	**11 074**	**280**	**51**	**1 601**	**502**	**112**	**233**	**1 297**	**10 287**
北　京	14	9	5	6	5	2					
天　津	75	33	42			11	1	3	5	18	36
河　北	244	90	154	11		68	70	10	64		20
山　西	97	53	44	10		34	3			8	41
辽　宁	398	183	215	13		50	11	23		96	204
吉　林	616	48	568	9		38	6		4		558
内蒙古	85	71	14	9	3	61	11				
黑龙江	341	78	263	11		66					263
上　海	60	9	51	8	1						50
江　苏	961	137	824	13		75	12	7		41	812
浙　江	476	74	402	10		55	13	5	7	3	382
安　徽	624	145	479	11	4	62	20	10	25	61	430
福　建	829	184	645	7	2	73	4			103	639
江　西	1 180	107	1 073	10	1	87	12	9			1 060
山　东	1 228	476	752	15	1	114	18			346	733
河　南	442	131	311	17	1	88	30	1	5	24	275
湖　北	849	378	471	15		76		19		267	471
湖　南	1 451	196	1 255	12	2	85	43	7	10	92	1 199
广　东	1 060	219	841	18	2	73	24	16	13	111	802
广　西	800	78	722	13	1	64	32				689
海　南	39	17	22	2		9	4			5	18
重　庆	284	23	261			22	16				245
四　川	1 297	148	1 149	8	8	80	47	2	97	57	997
贵　州	289	73	216	8	1	61	29			3	186
云　南	231	164	67	14	2	114	13			35	52
西　藏											
陕　西	95	78	17	10		67	17				
甘　肃	80	36	44	8	5	26	36			1	3
青　海	13	5	8		1	4	7				
宁　夏	37	6	31	1	4	4	13				14
新　疆	34	22	12	8	3	13	6		3		
大　连	42	27	15			6				20	15
青　岛	59	8	51			6	1			1	50
宁　波	50	12	38			6				5	38
深　圳	1	1									
厦　门	9	1	8		1	1	2				5
新疆兵团	8	4	4	3	3						

七、灾　　害

各地区渔业灾情造成的经济损失(一)

单位:万元

地　区	1. 水产品损失					
	小计	台风、洪涝	病害	干旱	污染	其他
全国总计	**1 684 643.58**	**811 034.60**	**300 159.23**	**415 452.79**	**90 468.86**	**67 528.10**
北　京	716.30		716.30			
天　津	2 104.00		1 958.00		41.00	105.00
河　北	7 159.77		4 420.23	362.34	1 573.20	804.00
山　西	120.00			30.00	44.00	46.00
内蒙古	2 338.00	156.00	23.00	2 094.00		65.00
辽　宁	100 876.00	55 800.00	18 690.00	17 486.00	7 400.00	1 500.00
吉　林	4 286.00	2 011.00	20.00	2 225.00		30.00
黑龙江	5 819.00	5 819.00				
上　海	3 140.30	618.40	2 451.20		70.70	
江　苏	175 114.00	118 993.00	41 064.00	4 374.00	9 508.00	1 175.00
浙　江	118 706.00	57 442.00	55 643.00	1 403.00	1 779.00	2 439.00
安　徽	109 744.72	63 194.58	11 674.46	12 227.30	20 844.88	1 803.50
福　建	124 826.00	89 962.00	12 295.00	15.00	10 034.00	12 520.00
江　西	132 941.61	56 801.14	51 878.11	12 045.48	5 369.50	6 847.38
山　东	121 088.00	15 475.00	12 921.00	70 022.00	17 219.00	5 451.00
河　南	36 718.00	14 504.00	3 926.00	16 722.00	1 328.00	238.00
湖　北	14 309.00	504.00	8 341.00	4 214.00	1 250.00	
湖　南	334 859.00	63 272.00	7 576.00	257 615.00	457.00	5 939.00
广　东	267 398.88	199 763.55	47 544.48	923.50	3 509.45	15 657.90
广　西	32 492.83	21 885.30	5 768.60	209.60	323.60	4 305.73
海　南	5 488.60	4 623.00	865.60			
重　庆	9 421.50	7 434.60	1 300.40	168.00	169.00	349.50
四　川	20 201.40	7 500.38	4 660.40	493.49	7 015.73	531.40
贵　州	20 961.20	18 683.20	522.00	1 426.00	262.00	68.00
云　南	23 377.20	5 453.55	3 647.95	7 757.08	214.40	6 304.22
西　藏						
陕　西	1 766.87	1 137.00	91.10	265.20	29.90	243.67
甘　肃	259.50	1.90	242.80	1.80	1.50	11.50
青　海						
宁　夏	214.70		180.50			34.20
新　疆	8 195.20		1 738.10	3 373.00	2 025.00	1 059.10

各地区渔业灾情造成的经济损失(二)

单位:万元

地 区	2.(台风、洪涝)损毁渔业设施							
	小计	池塘	网箱(鱼排)	围栏	沉船	船损	堤坝	泵站
全国总计	316 969.38	106 279.98	95 028.67	8 443.74	4 089.50	6 720.57	25 671.38	888.10
北 京								
天 津								
河 北	6.00				6.00			
山 西	80.00		80.00					
内蒙古	10.00						10.00	
辽 宁	65 903.00		60 000.00		208.00	430.00		
吉 林	335.00	35.00		300.00				
黑龙江	1 597.50	1 597.50						
上 海	6.00					3.00		
江 苏	13 107.00	7 474.00	149.00	813.00	6.00	2.00	396.00	94.00
浙 江	29 651.00	15 822.00	1 600.00	60.00	271.00	165.00	597.00	93.00
安 徽	9 344.74	2 691.56	1 503.83	2 050.14	20.00	160.86	781.97	6.00
福 建	35 622.00	11 884.00	10 845.00	22.00	1 403.00	1 794.00	2 526.00	
江 西	21 572.30	13 025.60	768.87	261.00	25.50	501.90	2 849.00	60.50
山 东	4 031.00	2 506.00	99.00	18.00	142.00	121.00	225.00	
河 南	761.00	332.00					400.00	
湖 北	10 372.00	7 317.00	300.00	721.00	5.00	104.00	841.00	136.00
湖 南	22 715.00	13 145.00	1 970.00	848.00	28.00	162.00	1 929.00	345.00
广 东	85 917.73	22 200.68	14 065.00	3 262.60	1 883.00	3 209.50	13 639.90	153.60
广 西	4 547.67	2 171.24	1 673.92	8.00		4.00	333.51	
海 南	71.00		38.00		18.00	15.00		
重 庆	3 983.00	2 853.60		32.00			68.20	
四 川	1 913.53	1 475.20	123.65		2.00	13.00	32.00	
贵 州	2 374.11	241.00	523.00		42.00	5.31	972.00	
云 南	2 573.60	1 409.20	1 104.40				12.00	
西 藏								
陕 西	444.00	99.00	170.00	48.00	30.00	30.00	47.00	
甘 肃	2.20	0.40					1.80	
青 海								
宁 夏								
新 疆	29.00		15.00				10.00	

各地区渔业灾情造成的经济损失(三)

单位:万元

地区	2.(台风、洪涝)损毁渔业设施(续)							直接经济损失合计
	涵闸	码头	护岸	防波堤	工厂化养殖	苗种繁育场	其他	
全国总计	1 699.50	4 953.00	9 632.98	8 553.80	8 092.93	14 319.75	22 595.48	2 001 612.96
北京								716.30
天津								2 104.00
河北								7 165.77
山西								200.00
内蒙古								2 348.00
辽宁		200.00	40.00	25.00		5 000.00		166 779.00
吉林								4 621.00
黑龙江								7 416.50
上海							3.00	3 146.30
江苏	147.00		182.00	158.00		351.00	3 335.00	188 221.00
浙江	21.00	867.00	390.00	690.00	456.00	522.00	8 097.00	148 357.00
安徽	306.00		326.00	300.00	40.00	50.00	1 108.38	119 089.46
福建	30.00	1 328.00	487.00	530.00	802.00	662.00	3 309.00	160 448.00
江西	313.00	20.00	377.00	67.00	248.93	485.00	2 569.00	154 513.91
山东	5.00	206.00	5.00	9.00	373.00	82.00	240.00	125 119.00
河南							29.00	37 479.00
湖北	56.00	31.00	254.00	198.00		68.00	341.00	24 681.00
湖南	21.00	64.00	81.00	6.00	2 000.00	927.00	1 189.00	357 574.00
广东	775.50	2 236.00	7 486.00	6 253.00	3 900.00	5 720.75	1 132.20	353 316.61
广西						302.00	55.00	37 040.50
海南								5 559.60
重庆						20.00	1 009.20	13 404.50
四川			1.98			107.00	158.70	22 114.93
贵州				317.80	273.00			23 335.31
云南	25.00					23.00		25 950.80
西藏								
陕西							20.00	2 210.87
甘肃								261.70
青海								
宁夏								214.70
新疆		1.00	3.00					8 224.20

各地区渔业灾情造成的数量损失（一）

地区	1. 受灾养殖面积（公顷）						2. 水产品损失（吨）		
	小计	台风、洪涝	病害	干旱	污染	其他	小计	台风、洪涝	病害
全国总计	690 813	323 211	152 110	152 382	29 827	33 283	999 066	508 598	231 268
北　京	807		807				190		190
天　津	1 247		1 110	57		80	2 104		1 958
河　北	1 470		1 159	70	169	72	2 815		1 401
山　西	19			10	6	3	63		
内蒙古	6 050	175	45	5 670		160	1 699	67	26
辽　宁	17 246	6 100	2 750	5 363	2 033	1 000	44 391	502	16 990
吉　林	52 015	17 592	20	34 399		4	3 431	2 510	31
黑龙江	1 065	1 065					5 787	5 787	
上　海	1 117	304	784		29		1 536	362	1 138
江　苏	76 587	41 481	25 001	3 631	5 007	1 467	93 590	57 848	23 219
浙　江	41 090	26 276	12 548	1 224	637	405	49 535	17 436	30 147
安　徽	111 462	72 593	11 699	12 498	11 404	3 268	94 989	53 754	10 095
福　建	13 335	7 425	2 104	5	2 507	1 294	92 097	66 133	8 306
江　西	84 861	29 697	43 125	8 054	1 385	2 600	131 473	56 768	50 254
山　东	53 017	2 842	2 955	41 814	2 559	2 847	96 081	13 647	17 951
河　南	21 847	10 320	3 007	7 504	699	317	37 994	16 675	4 603
湖　北	8 949	952	3 125	4 368	504		11 209	92	6 524
湖　南	73 055	35 538	18 279	17 996	157	1 085	58 356	35 868	7 563
广　东	73 013	44 534	11 716	284	1 105	15 374	191 864	140 959	33 964
广　西	17 871	9 389	5 405	459	300	2 318	32 244	20 058	6 956
海　南	588	406	182				2 299	1 661	638
重　庆	2 308	1 043	1 118	97	18	32	4 882	3 392	929
四　川	7 081	4 654	1 939	327	73	88	10 228	5 411	3 344
贵　州	9 117	8 372	189	74	463	19	4 943	4 695	72
云　南	8 433	1 834	1 419	4 630	34	516	17 968	4 249	2 772
西　藏									
陕　西	1 175	618	356	140	11	50	1 504	723	283
甘　肃	18	1	12	4		1	105	1	99
青　海									
宁　夏	471		406			65	226		196
新　疆	5 499		850	3 704	727	218	5 463		1 619

各地区渔业灾情造成的数量损失(二)

地区	2. 水产品损失(吨)(续)			3.(台风、洪涝)损毁渔业设施					
	干旱	污染	其他	池塘 (公顷)	网箱 (鱼排)(箱)	围栏 (千米)	沉船 (艘)	船损 (艘)	堤坝 (米)
全国总计	135 333	67 395	56 472	61 277	132 211	27 893	3 122	2 555	771 144
北　京									
天　津		41	105						
河　北	394	577	443	4			1		
山　西	10	32	21	1	5				
内蒙古	1 556		50						35
辽　宁	8 399	2 500	16 000		50		1	14	
吉　林	875		15	30		5			
黑龙江				1 065					
上　海		36						1	
江　苏	3 421	8 517	585	2 901	151	3 392	2 511	40	21 698
浙　江	720	828	404	2 530	2 001	586	42	116	18 665
安　徽	12 491	17 329	1 320	4 372	13 326	8 298	6	42	30 661
福　建	15	16 007	1 636	2 948	24 198	86	171	486	6 289
江　西	12 032	5 798	6 621	4 506	2 097	2 969	6	391	49 327
山　东	53 600	8 425	2 458	976	343	3	25	66	1 850
河　南	14 880	1 557	279	416					6 000
湖　北	3 681	912		9 742	13 874	1 350	53	99	2 410
湖　南	12 414	249	2 262	14 389	49 396	8 136	18	260	240 653
广　东	312	2 151	14 478	11 912	9 812	2 999	268	997	373 592
广　西	232	306	4 692	1 270	2 375	6		2	2 183
海　南					352		3	7	
重　庆	157	152	252	2 139		28			2 409
四　川	444	624	405	1 410	263		2	18	2 252
贵　州	26	13	137	485	2 099	20	12	11	11 500
云　南	7 126	187	3 634	135	11 526				150
西　藏									
陕　西	259	17	222	41	333	15	3	5	1 150
甘　肃	2	2	1	5					300
青　海									
宁　夏			30						
新　疆	2 287	1 135	422		10				20

各地区渔业灾情造成的数量损失(三)

地　区	3.(台风、洪涝)损毁渔业设施(续)							4. 人员损失			
	泵站(座)	涵闸(座)	码头(米)	护岸(米)	防波堤(米)	工厂化养殖(座)	苗种繁育场(个)	小计	失踪(人)	死亡(人)	重伤(人)
全国总计	2 303	419	6 355	99 807	23 469	117	277	33	17	14	2
北　京											
天　津											
河　北											
山　西											
内蒙古											
辽　宁			2 200	3 000	2 000		1	2	2		
吉　林											
黑龙江											
上　海								1			1
江　苏	26	39	56	7 518	2 615		2	1		1	
浙　江	9	2	730	8 452	1 265	24	35	8		7	1
安　徽	2	18		6 030	600	9	5				
福　建		1	1 266	2 605	1 217	18	41	3		3	
江　西	29	74	50	35 719	2 264	4	3				
山　东		25	4	322	1	10	6	14	13	1	
河　南											
湖　北	21	69	291	10 344	1 257		1				
湖　南	2 141	10	663	2 880	620	2	44				
广　东	73	180	595	22 247	8 380	49	128				
广　西							2				
海　南											
重　庆							1	2		2	
四　川				90			4				
贵　州					3 250	1					
云　南		1					4	2	2		
西　藏											
陕　西	2										
甘　肃											
青　海											
宁　夏											
新　疆			500	600							

领导讲话

加快转方式调结构 促进渔业转型升级

——农业部部长韩长赋
在全国渔业渔政工作会议上的讲话
（2016 年 3 月 29 日）

同志们:

这次会议是农业部党组决定召开的一次十分重要的会议,是在我国渔业发展到一定规模和水平、进入新的发展阶段召开的一次重要会议,是在"十三五"开局之年全面贯彻新发展理念、推进农业供给侧结构性改革大格局下召开的一次重要会议。会议的主要任务是:贯彻落实党的十八届五中全会、中央经济工作会议、中央农村工作会议和全国"两会"精神,深入分析当前渔业发展面临的新形势新任务,大力推进渔业供给侧结构性改革,加快渔业转方式调结构,促进渔业转型升级。

下面,我就渔业转方式调结构促转型讲四点意见。

一、我国渔业已经到了转型升级的发展阶段

改革开放以来,我国渔业快速发展,从"可有可无"的副业成长为农业农村经济的重要产业。当前,渔业供给总量充足,但发展不平衡、不协调、不可持续的问题也非常突出,到了必须加快转型升级的发展阶段。

第一,渔业发展成就显著、水产品供给充裕,为转型升级创造了有利条件。改革开放初期,水产水果"两水"市场率先放开,远洋渔业率先走出去,渔业发展驶入快车道,用了不到 10 年的时间,解决了城乡居民"吃鱼难"的问题。20 世纪 90 年代以来,我国水产品出口稳步增长,2002 年以后一直稳居世界第一。2015 年,全国水产品产量接近 6 700 万吨,渔业产值达到 10 923 亿元,渔民人均纯收入达到 15 590 元,水产品出口顺差超过 100 亿美元,分别是 1978 年的 14 倍、496 倍、161 倍和 38 倍。全世界 3 条鱼,就有 2 条是我们养的。渔业取得的巨大成就,为促进渔民就业增收、改善城乡居民膳食营养结构做出了重要贡献。目前,我国渔业发展站在新的起点上,水产品供应充足、市场稳定,为推动渔业转型升级提供了坚实的基础支撑。

第二,破解发展难题、补齐资源环境和质量安全短板,迫切需要加快推进渔业转型升级。我国渔业在取得巨大成就的同时,也付出了很大的代价。一方面,产量上去了,但是资源和环境的问题更加突出。近年来,由于环境污染和过度捕捞,近海鱼类产卵场遭到严重破坏,海洋渔业资源持续衰退,出现了"东海无鱼"的水域荒漠化现象,内陆水域的淡水渔业资源也在严重衰退。另一方面,规模上去了,但是产品质量和效益的问题更加突出。当前,我国水产品大路货多,优质品牌产品少,供给出现结构性过剩,不能满足人们消费升级的需求。从 2014 年开始,水产品价格下行,效益下滑。此外,水产品质量安全问题时有发生,多宝鱼、鳜鱼、乌鳢和孔雀石绿、硝基呋喃"三鱼两药"问题多次曝光,影响了产业发展和消费信心。这些突出矛盾和问题,倒逼渔业必须转型升级,加快转变发展方式,实现可持续发展,提高渔业质量效益和竞争力。

第三,贯彻新的发展理念、推进供给侧结构性改革,对渔业转型升级提出了新要求。党的十八届五中全会提出,破解发展难题,厚植发展优势,必须牢固树立并切实贯彻创新、协调、绿色、开放、共享的发展理念。中央经济工作会议提出,大力推进供给侧结构性改革,提高供给结构对需求变化的适应性和灵活性。这些新理念新要求,为当前和今后一个时期渔业发展指明了方向。贯彻落实中央的决策部署,必须大力推进渔业供给侧结构性改革,在发展思路、发展方式、政策导向、资源配置等方面进行重大调整,在化解捕捞业过剩产能、降低生产成本、增加渔民收入、提升物质技术装备水平等方面下工夫,加快促进渔业转型升级。

总的看,我国渔业正处在由传统向现代转变的关键时期,机遇与挑战并存,新老问题交织。处理得好,应对有力,渔业发展就能实现华丽转身,迈上新台阶;处理得不好,再走过去的老路,会越走越窄,渔业发展就会停滞不前,甚至难以为继。各级渔业渔政部门一定要认清形势、看清大势、顺应时势,进一步增强责任感使命感紧迫感,尽快转变发展观念,理清发展思路,加快渔业现代化步伐,推进渔业转型升级取得新突破。

二、推进渔业转型升级的总体要求和实现路径

"十三五"时期,推进渔业转型升级,要全面贯彻落实党的十八届五中全会、中央经济工作会议、中央农村工作会议和全国"两会"精神,以新的发展理念为引领,以提质增效、减量增收、绿色发展、富裕渔民为目标,以健康养殖、适度捕捞、保护资源、做强产业为方向,大力推进渔业供给侧结构性改革,加快转变渔业发展方式,强化政策引导、科技支撑、投入支持、法治保障,促进创新强渔、协调惠渔、绿色兴渔、开放助渔、共享富渔,提升渔业生产标准化、绿色化、产业化、组织化和可持续发展水平,提高渔业发展的质量效益和竞争力,走出一条产出高效、产品安全、资源节约、环境友好的中国特色渔业现代化发展道路。

推进渔业转型升级,路径就是转方式、调结构。转方式,关键是做到"四转变"。

一是转变资源利用方式。水域生态环境是渔业发展的基础。针对渔业资源利用强度高、水域生态环境恶化等突出问题,要坚持生态优先、绿色发展的理念,转变过去拼资源消耗、拼要素投入的粗放生产方式,有度有序利用渔业资源,坚决压减捕捞生产能力,加强水生生物资源养护,把渔业资源过高的利用强度缓下来,把水域生态环境污染加重的趋势降下来,实现可持续发展。

二是转变养殖生产方式。科学的养殖生产方式是渔业发展质量和效益的保障。要针对养殖密度高、污染排放重、质量风险大等突出问题,加强政策引导,推广健康养殖模式,开展清洁生产,推进水产养殖节水减排,改变一味追求高投入、高产出,盲目提高单产的养殖方式,促进渔业发展由注重产量增长转到更加注重质量效益上来,由注重物质投入转到更加注重科技进步上来。

三是转变经营方式。先进的经营方式是现代渔业的重要标志。目前,我国渔业生产组织化程度低,千家万户的小规模分散经营,难以适应千变万化的大市场竞争。要培育渔业新型经营主体,支持养殖大户、家庭渔场、专业合作社、渔业企业等发展壮大,扶持渔业社会化服务组织,建立多种形式的利益联结机制,发挥规模经营主体在新技术应用、新品种推广、新市场开拓、新业态发展上的引领作用,让传统渔民搭上适度规模经营的"快车"。

四是转变管理方式。长期以来,我们在渔业管理上,习惯于抓产量、促增长,在政策导向、要素投入、项目安排上形成了一套成熟的方法,但是在抓质量、提效益、保资源、拓市场上,办法不多、措施不足。促进渔业转型升级,要打破惯性思维和路径依赖,将工作的思路和重心转到更加注重质量、效益和竞争力的同步提升上,转到更加注重生产与生态相互协调上,充分发挥市场在资源配置中的决定性作用,更好发挥政策的引导作用,运用先进的管理理念,加强产出控制,建立渔业资源总量管理制度,推进依法治渔,用市场的办法、改革的措施、法律的手段,破解长期制约渔业发展的难题。

调结构,重点是做到"四调优"。

一是调优区域布局。近年来,我国渔业发展速度较快,但是无序无度的问题在一些地方也比较突出,一些湖区、库区和近海养殖遍地开花,密度过大、污染加重,与资源生态承载能力不相匹配。要立足各地资源禀赋和生态类型,调整优化区域布局,形成分工合理、优势互补的发展格局。沿海地区发展基础好,装备条件和技术水平高,要大力发展远洋渔业、设施渔业和水产品加工业,推动渔业物质技术装备升级,率先实现渔业现代化。长江和珠江流域河网纵横,宜渔资源丰富,养殖技术水平高,是我国淡水渔业主产区,要重点发展标准化健康养殖、综合种养,减少养殖污染,保护和修复水域生态环境。三北地区冷水资源丰富,低洼盐碱、荒滩荒水具有较大的开发潜力,要积极开展湖库等大水面增殖,有序开发盐碱宜渔资源,发展冷水渔业和节水养殖。青藏高原生态脆弱,暂不具备开发条件,重点是保护水生生物资源和生态环境。

二是调优产品结构。适应居民消费结构快速升级的需要,以市场需求为导向,做好加减法,推动养殖结构优化,鼓励渔民多养生态鱼,多养适销对路的鱼,增加优质高端安全水产品生产,调减结构性过剩的大路货,减少无效供给,让优质鱼虾贝类走进百姓家、成为"家常菜"。要大力抓好水产品质量提升,加强品种创新,提高产品品质,加大市场开发,加强品牌创建,打造一批区域性、全国性知名品牌,促进渔业调优、调高、调精,增强市场竞争力。

三是调优产业结构。着眼于渔业一二三产业发展不平衡、产业链条脱节、竞争力不强等突出问题,完善

养殖、捕捞、加工、冷链物流各环节，大力发展水产品精深加工业，壮大远洋渔业，发展休闲渔业和增殖渔业，建设美丽渔村，拓展渔业功能，发展壮大新产业、新业态，促进种养结合、一二三产业融合，不断延伸产业链、提升价值链。

四是调优要素配置。水域、劳动力、资金、科技、装备等是渔业发展的重要生产要素，但目前存在支撑能力不强、结构不合理、配置不均衡等问题，突出表现为渔业科技创新能力不足、渔民素质偏低、资本投入过多偏向近海捕捞等，严重制约渔业持续健康发展。要优化渔业要素投入结构，加强政策和规划引导，统筹安排资金项目，推动各类生产要素流向深远海养殖、加工流通、休闲渔业、资源保护等方面，提高渔业的全要素生产率。要加大渔业科技创新，加强良种培育，更新改造渔业装备，推进信息化与现代渔业深度融合，用现代技术手段改造传统渔业。要加强渔业人才队伍建设，着力培育高素质专业渔民、产业发展带头人和经纪人，提高渔业从业者的生产、经营、管理能力和守法意识。

通过“转”和“调”，力争“十三五”末，渔业现代化水平迈上新台阶。渔业生态环境明显改善，捕捞强度得到有效控制，水产品质量安全水平稳步提升，渔业信息化装备水平和组织化程度明显提高，渔业发展质量效益和竞争力显著增强，渔民人均纯收入比2010年翻一番，与全国人民同步迈入全面小康，沿海地区、长江珠江中下游地区率先基本实现渔业现代化。

三、进一步明确渔业转方式调结构的重点任务

渔业转方式调结构是一场深刻变革，是一项系统工程。要坚持问题导向和目标导向，抓住重要环节，持续用力，久久为功，统筹推进。当前，要重点打好六场硬仗。

第一，打好长江流域大保护的硬仗。长江流域既是我国淡水渔业主产区，也是水生生物基因库。一段时期以来，长江干支流水利工程建设多，捕捞强度居高不下，生态环境严重恶化，珍稀特有物种全面衰退，部分物种濒临灭绝。20年前江豚有2 700多头，目前仅存不足1 000头。中华鲟在宜昌的产卵场已连续2年中断自然产卵。湖泊水库渔业养殖密度过大，既污染水域生态环境，又影响水产品质量安全。我们的母亲河再也承载不起这样的负荷了，长江迫切需要休养生息。习近平总书记在长江经济带发展座谈会上强调，当前和今后相当长一个时期，要把修复长江生态环境摆在压倒性位置，共抓大保护，不搞大开发。渔业部门要抓住机遇，做好职责范围内渔业领域的大保护。重点是两个方面，一方面要保护珍稀濒危水生野生动物，实行抢救性保护，采取就地保护、迁地保护、遗传资源保护、建保护区等措施，实现物种延续。对破坏、危害珍稀濒危水生野生动物的行为，要坚决纠正和防止。另一方面要恢复水域生态环境，实行“三减一增”，渔业生产该退出的退出、该减少的减少，坚决压减高投入、高污染的水产养殖模式，压减捕捞产能，严厉打击电毒炸和“绝户网”等非法捕捞行为，积极开展水生生物增殖放流，实现渔业资源可持续。关于长江珍稀水生生物保护问题，部常务会议已经作了专题研究，长江办、渔业局要尽快梳理细化措施和方案，抓紧组织实施，弥补历史欠账，遏制、扭转恶化的趋势，恢复水生生物资源。

第二，打好近海过剩产能疏导的硬仗。沿海是我国经济最发达的地区，也是我国渔业发展的先行区。但是，过度发展也带来一些突出问题。一是捕捞能力严重过剩，渔船多、渔民多。据专家估算，我国管辖海域渔业资源可捕量约为800万~900万吨，而实际的年捕捞量在1 300万吨左右。过度捕捞导致鱼越捕越小，网眼越来越密，人越捕越穷。二是浅海滩涂养殖过多过密，超出养殖容量，造成严重的局部污染。三是生态持续恶化，“东海无鱼”、赤潮频发、浒苔大量繁殖，渔业资源严重衰退。近海资源和环境早已承载不起，当务之急是疏导转移压减过剩产能。要压减近海捕捞，通过减船转产减少一批，拓展外海转移一批，取缔“绝户网”和涉渔“三无”船舶打掉一批，逐步实现捕捞强度与渔业资源可捕量相适应。要降低近海养殖强度，有序向外海、深海转移，向人放天养、海洋牧场的方式转移，发展环境友好、生态健康的养殖模式，减少对海洋生态环境的影响。

第三，打好水产品质量安全提升的硬仗。水产品质量安全是渔业转型升级的必然要求。要坚持“产出来”“管出来”两手抓、两手硬。“产出来”就是要从产地环境、养殖方式、投入品使用等关键环节入手，推进标准化健康养殖，从源头上把好质量安全关。“管出来”就是要用最严谨的标准、最严格的监管、最严厉的处罚、最严肃的问责，加大水产品质量安全监管力度，落实属地监管责任和生产者主体责任，加强产地水产品质量安全监测，开展“三鱼两药”专项整治，严格水产品质量安全执法，严厉打击违规用药、非法添加等行为，构建质量安全追溯体系，不断提高水产品质量安全水平。

第四，打好渔业物质技术装备条件升级的硬仗。随着现代渔业建设的深入推进，渔政渔港、养殖池塘、水产原良种、病害防控体系等渔业基础设施薄弱的问题，渔船装备落后、能耗高、风险保障能力不足的问题

日益凸显,成为推进渔业现代化的瓶颈制约。近年来,台风、洪涝、干旱、冰冻、疫病等灾害频发,海上渔业安全事故多发,生产者损失巨大,甚至倾家荡产。要着力提高渔业科技创新能力、综合生产能力和抗风险能力,加快提升物质技术装备水平。重点是推进渔业科技进步,加强关键领域和环节的科研攻关,推广新技术、新品种、新模式、新装备,加强渔船、渔港及配套设施建设,强化渔业的物质装备和技术支撑。要落实渔业安全生产监管责任和生产经营单位主体责任,强化渔业船舶安全装备配备、渔业安全执法检查、渔业船员培训教育,健全渔业安全风险保障和灾害救助机制,完善渔业保险,建设"平安渔业",保障渔民生命财产安全。

第五,打好捕捞渔民转产转业的硬仗。改革开放30多年里,渔民是农民中先富起来的一个群体。但随着渔业发展空间不断被挤压、渔业资源持续衰退,相当一部分渔民在小康进程中掉了队,特别是还有一部分困难渔民。尤其是部分内陆捕捞渔民"下水无鱼、上岸无地、社保不到位",生活十分困难。"十三五"期间,确保渔民稳定增收、贫困渔民全面脱贫,事关全面小康大局。要千方百计拓宽渔民就业增收渠道,有序推进捕捞渔民转产转业,逐步实行退渔上岸,加强渔民职业技能培训,引导渔民向水产品加工、流通和休闲渔业转移,向城镇和非农产业转移,完善低保、医疗、教育、养老等社会保障制度,确保渔民收入不下降、生活有改善。

第六,打好远洋渔业规范有序发展的硬仗。我国远洋渔业经过30年的快速发展,规模上已经位居世界前列,但结构上仍存在捕捞独大的问题,一些地方和企业一味追求产量,作业方式粗放、法律意识不强。要树立可持续发展理念,强化负责任渔业大国的国际意识,推进远洋渔业规范有序发展。一方面,要在拓展功能上下功夫,逐步淘汰对海洋生物资源破坏力大的捕捞方式和渔具渔法,保护和合理利用国际渔业资源,加强远洋渔业海外基地建设,配套发展加工流通业,着力延长产业链、提高竞争力。加快渔业"走出去",发挥水产养殖优势,带动种苗、饲料和养殖装备出口。另一方面,要在执法监管上下功夫,加大对越界捕捞等违法违规事件的处罚力度,形成有力震慑,维护国家形象。要加强远洋渔业企业和船员的教育培训,督促其遵守国际条约和入渔国法律法规,提高遵法守法的自觉性。

四、强化渔业转方式调结构的支撑保障

渔业转方式调结构是一项长期而艰巨的任务。各级渔业渔政部门要加强组织领导,把转方式调结构摆在现代渔业建设的首要位置,贯穿"十三五"渔业发展全过程,积极争取当地党委政府的重视和支持,加强与有关部门的沟通协调,制定工作方案,逐级落实责任,狠抓作风转变,勇于开拓创新,切实把各项措施落到实处。

一要加强政策创设。围绕关键环节和突出短板,加快构建有利于转方式调结构的政策扶持体系。改革完善渔业油价补贴政策,重点支持减船转产、人工鱼礁、渔港维护改造、池塘标准化改造等。建立多元投入机制,鼓励和引导城市工商资本及社会资金投入现代渔业建设,推动发展渔业政银保模式,多渠道解决渔业投融资问题。建立健全渔业风险防控机制,完善渔业互助保险,推动水产养殖纳入农业政策性保险范围,破解水产养殖保险难题。完善渔业基本经营制度,探索建立渔业基本水域保护制度,保障渔业发展空间和渔业生产者的水域滩涂使用权。农业部将在发展思路、专项规划、重大政策等方面统筹考虑渔业,在资金安排上盘活存量、争取增量,各地也要积极推动出台新政策、新举措。

二要坚持依法治渔。加快健全完善渔业法律法规,积极推动《渔业法》修订工作,抓紧梳理现行渔业规章和规范性文件,及时解决法律法规规章不适应、不协调的问题。要加强渔政执法队伍建设,提升装备条件,推进渔政综合执法,推动渔业执法与刑事司法相衔接,加大对破坏渔业资源环境、危害水产品质量安全等违法违规行为的查处力度。加强与相关部门的协作配合,强化渔政执法,严厉查处非法捕鱼行为。

三要加强宣传引导。转方式调结构是渔业发展重点和方向上的一次重大调整,尤其是这次会议提出减量增收,一些同志一时间思想上可能转不过弯来。要利用广播、电视、报刊、新媒体等多渠道多形式加强宣传,迅速形成加快转方式调结构的舆论氛围。同时,要加强对各级渔业渔政干部、渔业新型经营主体等培训,及时解读相关工作要求和政策措施。要通过宣传引导,让大家充分认识到,在新形势下,不转变思路渔业发展就没有出路,今天的调、今天的转,是为了明天更好地发展。

四要强化自身建设。渔业转方式调结构任务重、难度大,新情况新问题多。渔业渔政系统的同志们一定要学习新知识、增强新本领,努力提高适应把握引领新常态的能力、以新理念引领新发展的能力、推进供给侧结构性改革的能力。要切实转变工作作风,大兴求真务实、狠抓落实之风,明确路线图、时间表、责任人,加强督促检查,强化绩效考核,以壮士断腕的勇气、攻坚克难的决心、敢闯敢试的魄力,加快推进渔业转型

升级。

同志们，加快推进渔业转方式调结构，实现渔业转型升级，是建设现代渔业强国的必由之路。让我们紧密团结在以习近平同志为总书记的党中央周围，拼搏进取，奋发有为，团结协作，扎实工作，努力开创现代渔业建设新局面，为再创渔业发展新辉煌、全面建成小康社会作出新的更大贡献！

农业部副部长于康震在全国渔业渔政工作会议上的总结讲话

（2016年3月30日）

同志们：

这次会议是在渔业发展的关键阶段，农业部召开的一次重要会议，主题是渔业转方式调结构促进转型升级。会前，国务院汪洋副总理对渔业渔政工作作出重要批示，提出殷切希望；农业部党组对这次会议高度重视，部长韩长赋亲自到会并作重要讲话，大家深受鼓舞。昨天上午，6个省的同志分别作了典型交流，介绍了各自的做法和经验。昨天下午，与会全体同志围绕韩部长重要讲话、农业部关于加快推进渔业转方式调结构的指导意见、农业部关于加强长江珍稀濒危物种抢救性保护工作的通知、“十三五”渔业规划等文件，进行了讨论交流，提出了很多很好的意见和建议。大家一致认为，这次全国渔业渔政工作会议召开的时机好、规格高、内容丰富；韩部长的重要讲话主题突出、思路清晰、措施明确，具有很强的针对性、前瞻性和指导性，是指导未来5年甚至更长时期现代渔业建设的纲领性文件，对渔业发展将产生深远影响。大家认为，这次会议将是渔业发展再上新台阶的重要分水岭，将开启现代渔业发展的新阶段。讨论中，部分代表对一些问题也提出了自己的看法和建议，比如对“减量增收”，一些非主产省认为本地区渔业发展正处于上升期，生产发展有较大空间，建议在转方式调结构指导意见中明确“因地制宜、分类指导”的原则；有的代表建议，几份文件在措施及政策上应再实一点，增加一些“干货”；有的代表建议，提高长江珍稀濒危物种抢救性保护文件的级别，为有效推进工作创造更好的条件，等等。大家的意见建议都很有建设性，我们做了认真记录，会后将认真梳理，能采纳的马上采纳，一时还办不了的进一步加强研究和加大推进力度。

总的看，在大家的共同努力下，会议各项议程圆满完成，达到了提高认识、理清思路、明确方向的目的，开得很成功。下面，我就贯彻落实韩部长重要讲话精神，深入推进渔业转方式调结构促转型的具体工作以及今年渔业渔政重点工作，讲两个方面意见。

一、以转方式调结构为主线，统筹推进“十三五”渔业渔政发展

“十三五”是全面建成小康社会的决胜阶段，也是渔业率先实现现代化的关键阶段。渔业要在高起点上实现新发展，必须牢牢抓住转方式、调结构的主线，树立创新、协调、绿色、开放、共享的发展新理念，以提质增效、减量增收、绿色发展、富裕渔民为目标，主动加强供给侧结构性改革，扎实推进“四转变”“四调优”，打好转方式调结构的“六场硬仗”，推动渔业实现转型升级。

（一）下大气力抓好养殖业转方式调结构

养殖已占到我国水产品总产量的3/4。水产养殖转方式调结构是渔业转型升级的重头戏，重点是调整优化养殖布局和转变养殖业发展方式。第一，关于调整优化养殖布局。目前的问题主要有三个：一是近海养殖网箱密度过大，既影响水流交换，带来水域污染，也引起较多的病害，尤其是寄生虫病。病害加重势必增加药物防治，影响到水产品质量安全，是一个连锁反应。二是水库、湖泊中的养殖网箱过多过密，特别是一些饮用水源区周围，布置了较多的养殖网箱，鱼类粪便和残饵对水体造成污染，各方面意见很大。尤其是北方缺水地区，水库基本上都变成了城市的水源地，再搞那么多的养殖网箱确实不合时宜，必须尽快疏散。不是不能养，而是要合理地养，养好了还有净水作用。另外，随着近海污染日益严重，部分水域滩涂已不再适合开展贝类养殖，也应尽快转移。三是合理利用尚未开发的空间。随着技术进步的加快，原来不适合开展养殖的海洋离岸深水区、水稻田、低洼盐碱地、冷水资源富集区等，经过多年的试验示范，有了好的养殖品种、养殖装备和养殖技术，具备了发展养殖的条件。而这些区域资源利用还不充分，资源闲置浪费，群众也需要借助养殖增收致富。所以，该压减的要压减，该发展的还是要发展。

针对这些情况，下一步调整优化区域布局的重点：一要加快完善养殖水域滩涂规划，科学划定养殖区域，明确限养区和禁养区。还没有出台养殖规划的要尽快编制出台，已编制出台规划的，要按照转方式调结构的指导意见抓紧修订完善，要将宜养水域、滩涂纳入养殖区域，稳定基本养殖水域，保护渔业基本生存空间。要兼顾资源环境保护和生产发展，既不能一禁了之，也不能盲目地一窝蜂发展，保持或稳定一定的水产养殖面

积是必要的。二要严格控制限养区的养殖规模，养殖过密的要进行适当的疏散。已在禁养区养殖的，要尽快撤出和转移。对于广受指责的水库网箱养殖和近海高密度网箱养殖，要按照养殖容量合理疏散，大力发展大水面人工增殖，大力发展离岸深水抗风浪网箱养殖。为了保护沿海滩涂生态环境，我们强调不再新建养殖池塘，也不提倡再搞那么多围海圈养。目前，水产养殖已在长江中下游地区、珠江三角洲、沿海地区形成优势产区。西南及“三北”部分地区相对薄弱，这些区域发展养殖的积极性很高。对此，我们不限制非主产区开展养殖，但也不主张盲目地粗放地大力发展，要转型升级，不能走先污染再治理的老路，尤其是不要再大量发展那些低效的大宗品种，可以适度发展优质特色品种。要按照市场需要，结合转方式调结构的政策导向，合理引导养殖品种和数量，防止出现产品卖难。

第二，关于养殖方式转变。要重点解决养殖污水排放、冰鲜幼杂鱼直接投喂、养殖密度过高、违规用药四个问题。

一要切实减少养殖排放。从养殖的总体情况看，海水养殖中的贝藻类，淡水养殖中的滤食性鱼类、草食性鱼类等，都是净化水质的品种，不仅不会引起养殖污染，还能通过生物净化减轻污染。即使那些投饵性鱼类、虾蟹类，饲料的转化率也大大高于陆生恒温动物。据第一次全国污染源普查公报显示，水产养殖带来的污染只占农业面源污染的4%左右，不像有的媒体报道的那么严重。尽管如此，社会上不这么看，认为水体污染是水产养殖造成的。一方面，我们要多加宣传解释；另一方面，要从严要求，主动减排养殖污水。去年，我在江苏建湖县看到，那里搞的池塘工程化循环水养殖，不仅养殖效率高，还基本上做到了养殖污染零排放。湖北潜江的小龙虾稻田养殖，不仅不影响粮食生产，还大幅度增加了农民收入，减少化肥、农药使用的效果也十分明显。这些年部渔业局和水产推广总站搞了不少养殖节水减排试验示范，形成了很多好的模式，如沿海的工厂化循环水养殖、江苏等地的池塘循环水养殖、四川的池塘底排污技术、重庆的鱼菜共生技术，浙江和四川在养殖网箱底部加装集污斗，变成环保型网箱装置，等等，效果都很好，要大力推广。

二要积极推广配合饲料。目前饱受诟病的就是用冰鲜幼杂鱼投喂，2.5～3.5 千克幼杂鱼才转化 0.5 千克商品鱼，成本尽管不高，可能还低于配合饲料，但对水生生境的破坏很大，对渔业资源的杀伤力也很大，助长了“绝户网”的使用。要尽快研究解决配合饲料替代问题。必要的话，争取一些资金补助，或者调整一部分柴油补贴一般性转移支付资金，推广配合饲料。如果除了冰鲜幼杂鱼确实解决不了配合饲料，这样的鱼可以放弃养殖。配合饲料是现代养殖业各种科学技术、知识要素集成的成果，用配合饲料养成的动物产品生产效率更高、安全更有保证。30 多年前邓小平同志曾指出：饲料要作为工业来办，这是一个很大的行业。随后饲料工业迅速发展。养殖业在短期内解决了肉蛋奶鱼供应问题，饲料工业功不可没。水产养殖饲料工业还要大发展。

三要降低养殖密度。有的地方一亩池塘能养出10 吨多黑鱼、5 吨鲈鱼、4 吨鲤鱼和草鱼。这么高的产出率，令人惊讶。过高的养殖密度，必然带来较多的病害和水质污染，继而带来违规用药问题，影响水产品质量安全。这样的养殖方式，现在我们总体上不提倡。不仅不提倡，还要采取措施改变这些不合理的养殖模式，一方面大力推广标准化水产健康养殖，通过标准化的生产技术规程，引导养殖户合理控制养殖密度，争取做到零用药、零排放。另一方面要通过倒逼机制加强监管，谁出了质量安全问题，渔政执法就要依法查处谁。要抓紧制定养殖废水排放强制性标准，开展养殖废水水质监测，制定养殖生产环境卫生条件和清洁生产操作规程，逐步淘汰废水超标排放的养殖方式。

四要严格限制养殖用药。目前，大菱鲆、鳜鱼、乌鳢等养殖品种中硝基呋喃、孔雀石绿检出率相对较高，各方面都很关注。罗非鱼、鲫鱼、南美白对虾中也时有检出或药残超标。为此，要开展硝基呋喃、孔雀石绿等禁用药物精准整治行动，严厉查处养殖过程中违法违规用药行为。此外，还要开展病原菌耐药性普查，及时调整禁用药目录和准用药使用指南，加强养殖用药培训，指导渔民科学合理用药，提倡零用药，探索建立水产养殖用水质改良剂、底质改良剂、微生态制剂等生产备案制度，防范隐性使用违禁药物。要加大处罚力度，加强疫病防控、药残监控。包括水产养殖的疫病防控，有能力的就尽快抓起来，疫病防控、残留监控要制定标准、完善规范，依法依规开展监督执法。

（二）下大力气促进捕捞业优化调整

捕捞业是传统渔业产业，是传统渔业阶段水产品供给的主要来源。但是在资源环境双重约束下，捕捞强度与资源承载量的矛盾越来越突出。“十三五”时期，要在捕捞业优化调整方面迈出实质性步伐，主要的思路是严格控制内陆和近海捕捞，积极稳妥发展外海和远洋渔业。按照专家的估计，我国四大海域渔业资源总量1 600 万吨，可捕量约800～900 万吨，而近年来海洋捕捞的量都在 1 200 万吨以上，2015 年甚至达到了 1 310 万吨。长期的过度捕捞，导致了严重的后果。

2008年奥运会召开前夕，青岛近海的浒苔大量滋生积聚，几乎影响奥运海上项目的正常进行。近年来，海洋大型水母大量出现，渔业资源小型化、低值化趋势明显，表明海洋生态失衡已到了十分严重的程度。内陆的情况也不乐观，大量建设水坝，阻挡了鱼类的洄游通道；建设长江黄金水道和大量河道、湖泊挖沙采石，破坏了鱼虾蟹类的产卵场和索饵场。长江主河道和一些通江湖泊已经没有多少鱼了，但是我们的渔民还在为生存而捕鱼，江豚等水生动物却没有了食物来源，出现了人与江豚争鱼吃、甚至江豚饿死的现象。实际上，我们现在养殖的鱼类数量已经足够多，完全没有必要为了保供给再去捕捞。

转变捕捞业发展方式，最紧迫的就是把捕捞强度降下来，让渔业资源得到休养生息，待资源逐步恢复以后再进行有计划的限额捕捞，合理利用。当务之急是要把过剩的捕捞生产能力减下来。要减少渔船数量和功率，取缔违规网具和超强灯光，淘汰对资源破坏力大的帆张网、三角虎网和双船底拖网。单船底拖网也要在政策上加以限制。二要把超出资源承受能力的捕捞产量逐年减下来，实行负增长。初步想法是用五年时间将国内海洋捕捞产量压减到1 000万吨左右，难度不小。要逐级分解落实，直到渔船。过去我们没有这样做过，可先进行试点，逐步推开。与此相配套，还要抓紧建立捕捞产品渔港统计检查制度，严格按标准限制幼鱼比例。三要完善休禁渔制度。核心是尽可能延长休禁渔时间。青海湖已实行了10多年禁渔，效果明显。内蒙古呼伦湖已开始实施5年禁渔计划。长江、淮河等干流、重要支流、部分通江湖泊也有必要实施长期禁渔计划和退渔上岸工程，要抓紧研究制订方案。总书记关于生态文明建设、长江不搞大开发等一系列的重要讲话，为加大水生生物资源养护力度提供了难得的机遇，我们要牢牢抓住。长江流域真正的生计渔民人数并不多，分到每个省去，应该可以解决。要把扶贫攻坚搬迁转移政策，加上渔业油价补助政策调整，各方面的资源统筹起来，共同解决长江生计渔民的退渔转产，彻底实现水生生物资源大保护。要抓紧研究制订方案。四要严厉打击涉渔“三无”船舶，清理取缔“绝户网”，整治船证不符、大机小标等问题，降低违法捕捞的数量。有的省在认识上、行动上还不到位，要向浙江省学习。这是总书记交给我们的任务，是由各级政府负责、相关部门参与的重要行动，是政府行为，渔业部门一定要向省领导汇报清楚，各省务必高度重视。五要规范渔运船的管理。理想的状态是参照国际惯例，逐步取消渔运船。六是抓住当前转方式调结构的有利时机，尽快组织渔业系统的专家学者，研究提出海洋捕捞总量控制制度、海洋和内陆捕捞负增长政策的具体方案。七要积极推进捕捞渔民转产转业。捕捞强度居高不下，背后是人在推动，是利益在维系。随着资源衰退，早些年国内捕捞业就只有少数人挣钱了，多数人在艰难地维持。针对这种困境，2002年，国家出台了政策，鼓励海洋捕捞渔民转产转业。政策实施之初，渔民减船转产的积极性还是比较高的，但是2006年有了柴油补贴，政策的副作用对减船转产造成冲击。渔业的可捕资源就那么多，10个人捕和5个人捕效果是不一样的，要减轻捕捞强度、提高捕捞渔民收益，就必须减少渔船和渔民。现在我们具有走这一步的条件了。经过几年的努力，去年我们调整了渔业油价补助政策，退坡式减少国内捕捞业油价补贴，调整出来的资金可以用来支持渔民减船转产。各地要抓住机遇，搞好宣传发动，把政策跟渔民讲清楚，把渔民减船转产的诉求摸清楚，提高政策的可操作性，完成好“十三五”减船2万艘、150万千瓦的目标任务。要帮助减船渔民安排好后续生计问题，解决渔民的后顾之忧。

在严格控制国内捕捞业的同时，要积极稳妥发展远洋渔业。远洋渔业具有重要的战略意义，是实施“一带一路”战略和农业“走出去”战略的重要组成部分。经过“十二五”时期的跨越式发展，我国远洋渔业规模迅速壮大，综合实力显著提升。但是海外基础设施水平不高、产业链不长、产品附加值低、企业综合实力不强、违法违规行为时有发生，等等。远洋渔业转方式调结构的重点是优化生产布局、完善产业体系、提高管理水平，实现产业由大到强。在生产布局优化上，要巩固提高大洋性渔业和过洋性渔业，积极参与南极海洋生物资源开发利用。积极开展公海、主要入渔国和极地渔业资源调查探捕。在产业体系配套上，加快培育壮大现代化的远洋渔业企业，转变合作模式、提升管理水平，鼓励企业与入渔国建立互利互惠、长期稳定的合作关系，支持建立一批集加工、运输、销售为一体的综合性远洋渔业海外生产基地，鼓励远洋渔业企业发展捕捞配套产业，促进捕捞、加工、流通、补给等各环节全面协调发展，延长产业链条提升价值链。同时，我们是世界养殖大国，要积极推进水产养殖业走出去。在管理水平提升上，修订完善远洋渔业管理规定，健全与国际渔业管理规则相适应的管理制度，强化远洋渔船船位监测、标准化渔捞日志、合法捕捞证明等管理措施，坚决打击非法、不报告、不管制(IUU)渔业活动，促进远洋渔业规范有序发展。培养适应现代远洋渔业发展要求的经营管理人员和技术人才，强化船员教育培训，提高安全意识、技术操作和风险防范技能，严格遵守国际公约、协定和入渔国法律法规，自觉维护国家形象。

（三）大力提高价值链延长产业链

转方式调结构最终目的是要提高经济效益、社会效益和生态效益，要在提升渔业价值链、延长产业链上下功夫，使价值链和产业链相互促进、协调发展，提高我国渔业发展质量效益和竞争力。

一要着力提升水产加工流通业。加工流通是渔业的薄弱环节。作为渔业主管部门，在加工流通上我们抓手少、办法不多，这些年的发展主要还是靠市场的力量。在市场经济条件下，加工流通很重要，如何畅通产地和市场的联系，如何加强和改进水产品精深加工，挖掘和引导市场消费，是产业提质增效要重点考量的问题。要支持开展水产现代冷链物流体系建设，构建从池塘、渔船到餐桌的水产品全冷链物流体系，减少物流损失，提升产品品质。支持发展水产品精深加工，加强方便、快捷水产加工品研究，促进初级加工、精深加工、综合利用协调发展，让吃鱼变得更便捷、更时尚，推进“吃鱼革命”。要鼓励水产品流通渠道创新，借助互联网发展电商、网络销售等，推动优质水产品进超市、进社区、进学校、进企业、进营房、进家庭。

二要积极推进产业化经营。产业化是现代渔业发展的方向，是渔业经营体制机制的创新。推进渔业产业化经营，要抓好龙头带动，扶持壮大渔业龙头企业，抓好新型经营主体培育，支持发展渔民专业合作组织、生产经营大户、家庭渔场等新型经营主体。促进龙头企业和新型经营主体之间建立多种形式的利益联结机制，通过利益链形成产业链，推动养殖、捕捞、加工、物流业相互融合、协调发展，延伸产业链、提高价值链。品牌就是生产力，品牌就是效益，品牌就是市场，要加强品牌建设，挖掘水产品生产区域特质、工艺特点和文化底蕴，打造渔业品牌。

（四）做好休闲渔业这篇大文章

旅游作为第三产业，收入弹性高，发展潜力大，目前已成为国内经济发展的一个新的增长点。保护好碧海绿水，既为城乡居民提供休闲观光度假的美好景观，也为休闲垂钓、品尝水产美味、体验渔文化提供了有利条件。城镇化的发展，也为观赏鱼、水族器材提供了有利的机遇。目前，我国休闲渔业发展态势良好，发展潜力很大。要抓住当前的有利时机，大力发展休闲垂钓、渔家乐、渔事体验、观赏鱼产业，带动钓具、餐饮、玻璃钢船和水族器材等的发展。沿海地区，要结合海洋牧场、人工鱼礁的建设，大力发展综合性休闲渔业。休闲渔船如何规范管理，要加强研究。

（五）强化渔业资源和生态环境保护

渔业资源和生态环境是渔业发展的基础和前提，是生态文明建设的重要内容，保护好渔业资源和环境，实现绿色发展，始终是渔业渔政工作的重要任务。“十三五”期间要重点在三个方面持续用力。

一要保护和合理利用水生生物资源。实施资源总量管理制度，搞清楚家底很重要，否则只能是瞎子摸象。“十三五”要进一步健全渔业资源调查评估制度，定期开展全面调查、监测和评估，摸清水生生物分布区域、种群数量及结构。根据资源状况，拟定实施渔业资源总量管理制度，合理控制开发利用规模，科学开展增殖保护，加强水生生物自然保护区和水产种质资源保护区的建设和管理，有针对性地保护产卵场、索饵场、越冬场和洄游通道等重要渔业水域。加大水生野生动物保护力度，规范经营利用行为，加快实施中华鲟、长江江豚、中华白海豚、斑海豹、海龟等重点物种的保护行动计划，对濒危物种要开展抢救性保护。

二要强化渔业水域生态环境保护。完善全国渔业生态环境监测网络体系，做好渔业水域生态环境监测，定期公布渔业生态环境状况。完善突发性水域污染事故快速反应机制，健全渔业水域污染事故调查处理制度，科学评估渔业损失，依法进行调查处理。按照“谁开发谁保护、谁受益谁补偿、谁损害谁修复”的原则，实施渔业资源生态补偿。

三要积极推进以渔净水。鱼水情深，相互依存。以往我们发展渔业过多地考虑生产这一侧，目的主要集中在“鱼”的供给上，对“水”的保护重视不够，导致养殖污染、水域荒漠化。今后要大力推广以鱼控草、以鱼控藻等净水模式，积极开展水生生物增殖放流，加快建设人工鱼礁和海洋牧场，促进以渔净水，改善生态脆弱的水域水质和环境。支持发展鱼、虾、蟹、贝、藻立体混养，增加渔业碳汇，修复海洋生态环境，建设蓝色海湾。

（六）加强渔业行政执法

“中国渔政”与新中国渔业共同成长，在维护渔业生产秩序、保障渔民生命财产安全、执行各项资源养护制度、保护国家海洋权益、促进渔业可持续发展等方面都做出了突出贡献。在2013年的国务院机构改革中，海上执法力量进行了整合，但是“中国渔政”这块牌子还在、这支队伍还在。推进渔业转方式调结构，促进渔业转型升级，迫切需要中国渔政保驾护航。渔业行政执法工作不仅不能削弱，而且要进一步加强。

一要牢固树立依法治渔观念。党的十八大和十八届四中、五中全会对依法治国作出全面部署，去年底中央出台《法治政府建设实施纲要（2015—2020年）》，对“十三五”时期行政执法工作提出了明确具体的要求。

我们要认真学习、深刻领会中央精神,努力推动形成办事依法、遇事找法、解决问题用法、化解矛盾靠法的良好法治环境,在法治轨道上推动各项渔业行政执法工作。深入推进渔业转方式调结构,没有法治保障不行。

二要完善渔业行政执法程序。全面梳理渔业行政执法中的薄弱环节,进一步规范执法程序。细化、量化行政处罚裁量标准,制定行政执法程序规范,明确具体操作流程。完善异地行政执法协助制度。强化科技、装备在行政执法中的应用,充分利用科技手段提升管理效能,提升精准监管的能力。

三要敢于执法善于执法。现代渔业必然是法治渔业,严格执法是关键,对于各种有法不依的现象要敢于执法善于执法,建立渔业良好秩序。现在是法治社会,渔业生产经营活动中遵纪守法者占多数、是主流,而对于酷渔滥捕、电毒炸鱼、偷捕保护动物、非法添加禁用药物等违法行为,大家都深恶痛绝。对这些违法行为,中国渔政要挺身而出,实行零容忍。容忍违法行为,就是对社会、对民众的不负责任,就是对守法生产经营者最大的不公。渔业行政执法一定要严,以严立威,要让违法者付出相应的代价,使其不敢违、不愿违。同时,要广泛深入开展普法宣传教育,不仅有正面的宣传引导,还要通过案例进行警示教育,增强渔业从业者对法律的敬畏和信仰,营造守法经营的良好环境。

二、扎实做好2016年渔业渔政工作,努力实现“十三五”良好开局

2015年,在宏观经济增长速度放缓、下行压力加大的形势下,全国渔业渔政系统团结拼搏、迎难而上、开拓创新、狠抓落实,渔业经济保持了稳中有进的好势头,为经济发展、社会进步、人民富裕幸福做出了突出贡献。2016年是“十三五”开局之年,做好2016年渔业渔政各项工作、争取“开门红”意义重大。春节前,部渔业渔政局印发了《2016年渔业渔政工作要点》,对各项工作进行了部署,各地也都因地制宜制定了工作计划,关键要在抓落实上下功夫、出实招、求实效,力争在关键领域、关键环节取得实质性突破,扎实推动渔业转方式调结构迈出坚实步伐,为“十三五”渔业发展目标的实现奠定基础。

这里,我再强调几点:

(一)加快推进渔业转方式调结构步伐

去年底,农业部常务会已经原则通过了渔业转方式调结构的指导意见,昨天韩部长对如何推进渔业转方式调结构进行了辅导和部署,大家又进行了学习讨论,进一步统一了思想、明确了目标任务。会后,部渔业渔政局要进一步完善《农业部关于加快推进渔业转方式调结构的指导意见》,争取尽快正式印发。要抓紧组织筹备召开全国推进渔业转方式调结构的现场会,交流各地经验和先进做法,进一步推进渔业转方式调结构工作的开展。各地要抓紧研究出台本地渔业转方式调结构的工作方案,要有措施、有办法、可操作、见实效。要牢牢抓住转方式调结构的工作主线,按照“四转变”“四调优”的方向,找准着力点,精准施策,精准推进,全力打好“六场硬仗”,加快转型升级步伐。

(二)加强支渔惠渔政策的落实和创设

2016年各项工作的推动和落实,离不开政策的支持。要高度重视政策落实和争取工作。要确保各项政策落地生根,发挥作用。重点是推进渔业油价补助政策和以船为家渔民上岸安居工程收尾验收。从2015年起,国内渔业油价补贴政策已调整为综合性支持政策,国内渔业捕捞和养殖业油价补贴政策调整相关实施方案和资金管理办法已经印发,各地要抓紧研究制定2015—2019年国内渔业捕捞和养殖油价补贴政策调整总体实施方案和2015年度实施方案并上报两部备案。目前只有辽宁、江苏、浙江、福建、安徽、内蒙古、青岛、宁波上报了实施方案,尚未报备的省份要抓紧上报。同时,要做好2015年度油补资金的发放、使用和项目申报管理工作。这项工作任务很重,也很复杂,大家要高度重视,加快工作进度,同时要保障资金安全。以船为家渔民上岸安居工程中央投资计划在2015年已全部下达,三年累计13.48亿元。截至上个月底,项目开工率87.4%、竣工率79.3%,执行进度还算不错。但是各地进展不平衡,安徽、江西、四川、重庆等4个省已全面完成,还有个别省份进展较慢。希望大家善始善终做好工程收尾、验收,以及破旧住家船的拆解工作,确保符合要求的渔民全面上岸安居。进展慢的省份要急起直追,迎头赶上。农业部渔业局要派工作组开展督导。要千方百计做好政策创设和争取支持工作,围绕渔业转方式调结构,加强支持政策研究和转化,把问题变成研究课题,把课题成果变成产业发展政策措施。加快编制出台“十三五”渔业发展规划。本次会议结束后,部渔业局要根据会议提出的修改意见尽快完成修改工作,按程序尽快发布。各地渔业“十三五”发展规划也要同步修改完善,及时发布。

(三)持续开展“绝户网”和涉渔“三无”船舶清理整治行动

清理整治“绝户网”、打击涉渔“三无”船舶,是渔业系统坚决贯彻中央要求、组织开展的一场声势浩大的专项行动,总书记关心,社会各界关注。经过各方面的共同努力,整治行动取得了阶段性成果。浙江省做出了表率,福建等省的力度也很大。开弓没有回头箭,

要继续将清理整治专项行动引向深入，坚决清理取缔“绝户网”和涉渔“三无”船舶，保持对违法违规船网的高压态势。同时，要加快制定各类渔具准入标准，加大捕捞渔民减船转产工作力度，切实降低捕捞强度。要在长效机制上加强研究，加快《渔业法》修订进程，修订完善《渔业捕捞许可管理规定》等配套法规规章，制定好“十三五”海洋渔船控制制度，强化渔船分级分区和组织化管理，强化渔船检验和“船证不符”清理整治，全面开展内陆渔船“三证合一”改革。

（四）组织好渔业资源环境保护制度设计和重大保护活动

从中央领导到社会公众对资源环境保护越来越重视和关注。习近平总书记对长江经济带建设提出“生态优先、绿色发展”“共抓大保护、不搞大开发”的要求，掷地有声，振聋发聩，为我们渔业资源环境保护工作提供了基本遵循，也是我们难得的机遇，长江流域各省一定要态度坚定，措施果断。按照中央《生态文明体制改革总体方案》的要求，今年农业部要牵头制定海洋渔业资源总量管理制度方案。实行总量管理是渔业资源精细化管理的大方向，目前部渔业局已经启动有关工作，各地各单位要加强研究、积极配合、共同抓好落实。在渔业资源增殖保护方面，要进一步完善休禁渔制度，加强水生生物增殖放流、人工鱼礁和海洋牧场建设，扩大规模，提高科学性。今年6月，农业部将围绕水生生物增殖放流组织一系列重大活动，包括海峡两岸联办、部门联办、省部联合等，请有关地方认真做好准备工作。没有联办任务的地方也要组织好本地的增殖放流活动，提高社会参与度。为落实汪洋副总理对海洋生态牧场建设的指示精神，农业部去年组织开展了国家级海洋牧场示范区创建工作，地方踊跃参与。今年农业部将继续开展创建活动，并准备召开海洋牧场建设工作现场会，进一步加强交流，提升水平。

同时，要加强渔业水域环境监管，抓好涉渔工程建设环评工作，督促落实生态补偿措施。特别是长江流域，中央政治局已经审议通过《长江经济带发展规划纲要》，各级渔业部门要抓紧根据中央的部署，制定水生生物保护规划，在长江开发全过程落实水生生物资源保护的措施。用猪粪、家禽粪养鱼问题在一些地方仍然存在，既对渔业水域造成污染，也影响水产品质量安全和产品出口。今年初，高丽副总理对洞庭湖污染问题作出重要批示。农业部畜牧、渔业等有关司局和湖南、湖北省主管部门已经联合开展了专题调研，正在制定洞庭湖区畜禽水产养殖“两减”方案。下一步要继续论证完善方案，尽快组织实施，尽早实现湖区养殖生产和生态环境保护协调发展。去年底，农业部与贵州省政府签署了《长江流域赤水河段捕捞渔民转产转业合作备忘录》，正式启动了赤水河段渔民转产转业工作。要抓好工作落实，总结经验，为长江全面实行“退渔上岸”创造条件。

（五）抓紧抓好渔业安全监管

突出抓好三大安全。一是渔业生产安全。渔业安全重于泰山，关乎人民群众生命财产、身体健康和国家形象，要始终高度重视、抓紧抓好。猴年春节刚过，农业部召开了全国渔业安全生产工作视频会议，对“十三五”期间渔业安全生产工作和2016年的重点进行了全面部署，各地要抓好落实。从今年前三个月的情况看，渔业安全生产形势总体平稳，但是到目前仍有92人死亡（失踪）。对我们的工作来讲，形势平稳是来之不易的成绩，但是对于渔民家庭来说，每一个失去的生命都是不可承受之重。所以，安全生产的弦要始终绷紧，不能有一丝一毫的松懈。在做好各项渔业安全管理日常工作的基础上，今年农业部将继续组织开展“平安渔业”和“文明渔港”两个创建活动，强化渔业应急管理体系建设，并组织开展大规模安全生产交叉大检查。同时，针对当前事故特点和自然灾害预报预警等情况，各级渔业部门要重点做好渔港防火、防商渔船碰撞、防抗台风等工作，最大限度地减少渔民群众生命财产损失。渔业安全，装备是关键。要紧紧抓住调整渔业油价补贴政策的有利时机，加快老旧、木质渔船更新改造步伐，配足、配好渔船安全装备，提高渔业抗风险能力。

二是水产品质量安全。近两年，水产品质量安全水平得到显著提升，但是仍然存在不少隐患。要从生产和监管两个方面持续用力，结合水产健康养殖示范县创建，开展全国水产品质量安全示范县创建活动，加强生产过程的标准化、规范化建设，从源头上消除安全隐患。同时要加强监管，落实生产者质量安全主体责任，积极推进产地水产品质量安全可追溯试点和产地准出试点。强化质量安全执法，重点是针对“三鱼两药”问题开展精准整治，彻查违禁药物使用，推动水产品质量安全工作再上新水平。

三是涉外渔业安全。近年来，随着我国远洋渔业规模扩张，作业范围扩大，远洋渔业安全生产事故和涉外事件也时有发生。对涉外渔业安全必须警钟长鸣、常抓不懈。农业部对此多次召开专门会议、下发通知，进行强调和部署。各级渔业部门要督促远洋渔业企业切实负起主体责任，安全生产、守法经营，要让企业明白不守法经营后果的严重性。要加强远洋渔业企业管理人员教育培训，提高企业遵纪守法意识和履约能力。

要加强远洋渔船船位监测等动态监管，严厉打击涉外违法违规行为，加大处罚力度。针对朝鲜半岛的敏感局势，要继续管好我们的渔船渔民，朝韩敏感水域坚决不能去，去附近作业也要严加控制，要坚决守住不发生重大涉外渔业事件的底线。

（六）积极推进渔民脱贫和转产转业

农村贫困人口脱贫是全面建成小康社会最艰巨的任务，是党中央作出的重大决策。解决好贫困渔民生产生活问题，实现贫困渔民如期脱贫是我们义不容辞的责任，事关全面建成小康社会全局。要按照中央的部署和农业部《关于加大渔业扶贫力度 打赢贫困渔民脱贫攻坚战的通知》要求，积极做好渔民脱贫工作，要全面摸清情况，为贫困渔民建档立卡，主动对接政府扶贫工作大盘子，统筹解决困难渔民生产生活问题。要因地制宜开展产业扶贫，制定贫困地区特色渔业发展规划，推进特色渔业发展。去年底今年初，农业部遵照汪洋副总理的批示精神，在调查研究和集中有关方面意见的基础上，对解决长江捕捞渔民生计问题提出了“退渔上岸”的建议，力争通过生态补偿、产业扶持、转移就业、社会保障等多种举措，让长江捕捞渔民在生产上“退渔转产”，在生活上“定居上岸”，既让渔民生产生活得到妥善安置，也让长江渔业资源得到休养生息并逐步恢复。实施这项重大民生工程，涉及捕捞渔船的赎回和拆解、渔民捕捞权益的补偿、住房安居、转产转业、社会保障等多个方面，需要发挥中央、地方、相关部门和企业的积极性，统筹推进。前不久，汪副总理在农业部关于长江渔民生计问题的专报上作了批示，同意农业部提出的统筹实施长江捕捞渔民“退渔上岸”工程的一揽子建议。虽然这项工程由地方政府属地负责，但是渔业部门在推动制发国务院或国办文件、方案制定、部门协调、扶贫脱困、减船转产、渔民培训等方面要积极作为，为“退渔上岸”工程最终顺利实施创造条件。

最后，我再强调一下渔业渔政系统建设。推进渔业转方式调结构是渔业行业的一场革命，是我们自己革自己的命，要有壮士断腕的勇气和抓铁有痕、踏石留印的过硬作风，推动渔业渔政工作的开展。一要树立看齐意识，渔业渔政系统要自觉加强党的建设，全面履行从严治党要求，牢固树立政治意识、大局意识、核心意识和看齐意识，在思想上、政治上、行动上同党中央保持高度一致。二要树立学习意识，坚持终身学习，不断更新和完善知识结构，不断改进思想方法和工作方法，努力开拓创新，做到学以致用、学用相长。三要树立责任意识，深入开展调查研究，思考问题、做决策要从实际出发、从渔民群众利益出发，勇于负责，敢于担当，履职尽责。四要树立法治意识，各级渔业干部职工都要自觉学法、遵法、用法、守法，坚持依法行政，做到法定职责必须为、法无授权不可为，依法兴渔，依法治渔。五要树立廉政意识，坚决执行中央八项规定，严格反对“四风”，自觉践行“三严三实”，严实做事，清白做人。

同志们，全面建成小康社会的号角已经吹响，率先实现渔业现代化的目标已经确立，让我们以党的十八大和十八届三中、四中、五中全会精神为指引，全面落实全国“两会”、中央农村工作会议、全国农业工作会议和本次会议精神，攻坚克难，锐意进取，狠抓落实，再接再厉，扎实做好渔业渔政各项工作，进一步加快渔业转方式、调结构步伐，促进渔业转型升级，努力开创渔业渔政工作新局面。

农业部副部长于康震在全国水产品质量安全监管工作会议上的讲话

（2015年5月20日）

这次会议的任务是：贯彻落实党中央、国务院关于食品安全工作的部署和2015年全国渔业渔政管理工作电视电话会议、全国农产品质量安全监管工作会议精神，总结交流“十二五”以来水产品质量安全监管工作的成效和经验，分析当前水产品质量安全监管工作面临的形势和任务，部署今后一段时期重点工作。农业部党组书记、部长韩长赋同志对水产品质量安全工作高度重视，专门做出批示和指示，部财务司、畜牧业司、兽医局和质量安全监管局也非常重视，参加了本次会议。刚才广东、山东、江苏、福建、湖北省和中国水产科学研究院、全国水产技术推广总站等7个单位的代表作了典型发言，他们的做法和经验，值得其他地区学习借鉴。下面我讲三点意见。

一、“十二五”水产品质量安全监管工作成效显著

“十二五”以来，渔业系统高度重视水产品质量安全监管工作，紧紧围绕农业部确定的“两个千方百计、两个努力确保”目标，加强工作部署，扎实开展各项水产品质量安全监管工作，取得显著成效。几年来，全国水产品质量安全水平持续稳定向好，产地抽检合格率由2010年的97.9%提高到2014年的99.2%，没有发生重大水产品质量安全事件。主要开展了以下工作：

一是加大资金投入，不断完善监管体系。针对本行业不合格产品时有检出、水产品质量安全隐患大量

存在的现状，各级渔业部门切实加大资金投入，支持各项水产品质量安全监管工作的开展。2015 年，中央财政用于产地水产品质量安全监测的资金达 3 775 万元，比 2010 年增加 2 000 万元。各省（自治区、直辖市）水产品质量安全监管工作经费投入 2014 年达到 1.87 亿，其中广东、江苏省的专项经费就达到 4 000 万元，山东、浙江、福建省的投入在 1 000 万元以上。各地高度重视监管队伍建设，省级渔业主管部门均明确了主管处室，配备了专人，有的还专门成立了水产品质量安全监管处，有 15 个省（自治区、直辖市）建立了省、地、县、乡四级水产品质量安全监管体系，从事监管工作人员达 2.3 万人，水产品质量安全监管体系初步建成。

二是加强监测能力建设，不断扩大监测范围。在各级渔业部门的共同努力下，目前已建成以国家级和省部级质检中心为骨干，地、县、乡级质检中心为补充，层次分明、分工合理的水产品质量安全检测体系，各类水产品质检中心数量达到 1 277 个。随着监测经费的增加，水产品质量安全监测范围不断拓展，监测品种和数量逐步增加。在国家层面，除继续开展产地水产品质量安全和水产苗种产地监督抽查、海水贝类卫生监测外，从 2014 年起，还启动实施了捕捞水产品、海水贝类风险监测和渔用投入品隐患排查工作，监测的样品数量超过 1 万个。2014 年，各省（自治区、直辖市）共抽检各类样品 4.8 万个，达到历史最高水平。通过监测，获取了大量数据，为评价水产品质量安全状况、分析水产品质量安全隐患和进一步加强水产品质量安全监管提供了科学依据。

在能力建设方面，依托中国水产科学研究院等单位，每年组织力量对承担国家质量监测任务的质检中心进行能力验证，确保了监测结果的科学性、准确性和可靠性。水科院还加强了水产品质量安全学科建设，培养了一支水产品质量安全研究队伍，检测技术、可追溯技术、风险预警技术等研究取得可喜进展。为加强快检工作，农业部于 2011 年启动了水产品中禁用药物残留检测快检产品筛选、验证与公布工作，经过 4 年的努力，快检产品数量逐年增加，产品质量日趋稳定，基本满足了各地开展水产品质量安全日常检测和监管执法工作的需要。

三是积极推进水产健康养殖，完善相关制度。“十二五”期间，渔业系统认真贯彻《农业部关于全面推进水产健康养殖 加强水产品质量安全监管的意见》，坚持“养出来”与“管出来”相结合，实施以池塘标准化改造为重点的水产健康养殖推进行动，开展健康养殖示范场创建，积极推进现代渔业种业建设和水生动物防疫体系建设，大力推进渔业标准化生产和“三品一标”认证。目前，全国共创建水产健康养殖示范场 5 354 家，创建现代种业示范场 66 个，建设 79 家国家级原良种场、13 个省级水生动物疫病预防控制中心和 628 个县级水生动物防疫站，通过绿色食品认证的水产品 698 个、有机食品认证的水产品 300 个、无公害认证的水产品 12 595 个、获地理标志的水产品 139 个。在继续推行水产健康养殖“五项制度”、“两项登记”的同时，部分地区还推进建立水产品产地准出制度和产品质量安全可追溯制度。充分发挥水产技术推广体系的作用，坚持做好重大水生动物疫病监测和应急处置，加强水产养殖病害测报，开展渔用投入品隐患排查，开通水生动物疾病远程辅助诊断服务网，连续多年开展水产养殖规范用药科普下乡活动，为完善水生动物防疫和水产质量安全监督体系，提高水产品质量安全水平做出了贡献。

四是深入开展专项整治，加强质量安全执法。针对年度产地质量监督抽查和市场例行监测结果反映的突出问题，各级渔业部门连续多年开展水产品质量安全专项整治行动，严厉打击养殖生产者违法使用硝基呋喃类药物、孔雀石绿等禁用药物行为，产地水产品违禁药物检出率明显降低，国家监督抽查的喹乙醇、己烯雌酚、甲基睾酮等禁用兽药已连续 5 年没有检出，氯霉素检出率逐年下降，2014 年只有 1 个样品检出，硝基呋喃类代谢物和孔雀石绿检出率有所下降。与此同时，部里下发了关于全面推进水产养殖与质量安全执法工作的意见，通过检打联动，实现了监督抽查阳性样品查处率 100% 的目标。2014 年，各地开展国家监督抽查执法 483 次，查处不合格样品 93 个；开展省内各级监督抽查执法 2.8 万余次，查处不合格样品数量 299 个。根据贝类卫生监测结果，沿海各省开展了贝类生产区域划型工作。浙江、大连等地还针对本区域有贝类毒素检出的问题，采取了临时关闭养殖区等措施，确保了当地贝类产品食用安全。

五是加强宣传引导，提升应急处置能力。近年来，未发生大的水产品质量安全事件，与各级渔业部门加强宣传引导与舆情监测、妥善应对媒体宣传密切相关。2012 年，针对社会上关注的“大闸蟹养殖违规使用激素和抗生素”、“黄鳝激素催肥”等问题，组织力量编写了正面宣传文章，在《人民日报》求证栏目进行了连载，有效地引导了舆论。2014 年河蟹高峰上市前夕，江苏省促成了在央视播出河蟹养殖专题内容，起到了以正视听的作用，效果很好。2014 年 9 月，针对个别记者在央视上报道海参育苗违规用药问题，立即组织开展了实地调查，弄清了原因，纠正了不实报道，避免了对海参产业的不良冲击。

六是完善标准体系，开展风险评估。2011 年以来，先后组织制定了 193 项与水产品质量安全有关的国家标准和行业标准，内容涉及农兽药残留检测方法、水生动物防疫检疫技术与方法、产品质量安全要求、安全用药技术规范等方面。国家食品安全标准修订工作亦取得一定突破，农业部在调查基础上形成的海蜇铝残留限量指标的修订建议得到卫计委采纳，《食品安全国家标准 食品添加剂使用方法标准》(GB2760－2014)已对海蜇铝残留限量指标进行修订，有效保护了海蜇产业的发展。近年来，水产品质量安全风险评估工作开始起步，建立了 10 家水产品质量安全风险评估实验室，添置了新型检测设备，并针对影响水产品质量安全的关键问题，开展了专项风险监测与评估工作。

以上工作的开展，是农业部和各级渔业主管部门、渔政、推广、检测和科研机构共同努力、扎实工作的结果，也是国家卫计委、国家食药总局、国家质检总局、公安部等有关部门及部内相关司局密切配合、大力支持的结果。在此，我代表农业部向相关部门、各级渔业主管部门和有关单位，以及为水产品质量安全监管工作付出辛勤劳动的同志们表示崇高的敬意和衷心的感谢!

二、水产品质量安全监管工作面临的形势和任务

当前水产品质量安全状况总体向好，但仍存在不少问题和隐患，质量安全工作面临的形势依然复杂而严峻。

(一)部分养殖品种违规用药情况依然存在。从近年来产地监测结果看，硝基呋喃类代谢物、孔雀石绿等禁用药物检出率较高，尤其是孔雀石绿涉及品种多、范围广，说明养殖过程中使用较为普遍。2014 年国家产地监督抽查结果表明，孔雀石绿在 7 种鱼中有检出，涉及 10 个省(自治区、直辖市)。从水产苗种用药监测情况看，2014 年，农业部重点对国家和省级水产原良种场进行了监督抽查，检出硝基呋喃类代谢物、孔雀石绿，品种均为大宗养殖品种，说明水产苗种质量安全问题不局限于海珍品。由于经费等方面的制约，目前我们还只是对国家级和省级原良种场进行了部分抽检，情况尚且不够理想，可想而知，那些数量庞大的非国家级和省级苗种场的情况恐怕要严重得多。

(二)流通环节隐患较多。从市场例行监测的情况看，情况就更不乐观。近年来农业部组织的市场例行监测中，水产品合格率比较低，主要集中在大菱鲆、鳜鱼、乌鳢 3 个品种上，检出物主要是孔雀石绿、硝基呋喃类代谢物。除上述 3 种鱼外，鲤鱼、鲫鱼、鲈鱼、对虾等也检出禁用药物或限用药超标。

根据今年一季度市场例行监测的结果，上个月，我安排渔业渔政管理局对山西省水产品质量安全状况进行了实地督查。结果表明，山西省 7 个不合格样品全部来自外省市，其中乌鳢产自广东顺德，有硝基呋喃类代谢物残留；大菱鲆产自辽宁葫芦岛，为恩诺沙星超标；鲤鱼、鲫鱼和草鱼均产自天津宝坻，有孔雀石绿残留。抗生素超标，一般都是在养殖环节违规用药所致；而孔雀石绿超标则有三种可能：一种是养殖环节，第二是运输环节，第三是市场暂养环节。究竟是在哪个环节用的药，可从检测数据进行分析判断，专家认为，养殖环节用药的可能性最大。按照职责分工，市场环节虽不属于农业部的工作范围，但从市场例行监测的数据，反过来可以推断产地环节的用药状况。产地监测数据与市场例行监测数据存在一定的差距，说明我们在抽样环节还存在一些漏检的情况。

(三)水环境污染对水产品质量安全带来严重安全隐患。当前，我国处在高污染发展阶段，经济增长虽然进入了新常态，但污染物的排放总量依然巨大，加之长期以来积累下来的污染物，对水环境、底泥、滩涂造成了严重的影响。根据中国环境公报，2013 年四大海区陆源污水总排放量达 63.84 亿吨，化学需氧量 22.1 万吨，石油类 1 636 吨，汞 213 千克，六价铬 1 908 千克，铅 7 681 千克，Cd 镉 392 千克。这些污染物质，对近岸海水养殖和捕捞产品，尤其是对产量最大的贝类造成了严重影响，直接威胁水产品质量安全。从养殖贝类监测的情况看，贝类产品生物毒素超标时有发生，贝藻类产品重金属残留超标问题更是不容忽视，多环芳烃、石油烃、挥发性酚在贝类中时有检出。2014 年，农业部首次启动了捕捞产品风险监测工作，结果表明，受环境因素影响，海水、淡水捕捞水产品重金属超标问题比较突出，主要污染物依次为镉、铅和无机砷，其中镉超标最为严重。

(四)养殖投入品潜在风险较大。目前，对虾等部分养殖品种病害比较严重，生产者为防止死鱼死虾，乱用药和大量使用抗生素的情况比较普遍。另外，养殖密度过大，投饵过多，导致水质变差，违规用药的情况也十分普遍。有的地方池塘养殖乌鳢亩产达到 10 吨，甚至高达 15 吨；有的地方养殖鲈鱼亩产达万斤，有的地方养殖鲤鱼、草鱼，亩产达 4～5 吨。如此高的养殖密度，不仅造成了供大于求，鱼贱伤渔，形成恶性循环，而且带来了很大的质量安全隐患。为了保证养殖水质，近年来，形形色色的水质改良剂、底质改良剂纷纷登场，多数没有标出有效成分，其中隐性添加违禁药物在所难免。这些非药物投入品，由于没有纳入监管，安

全隐患很大。从2014年渔用投入品质量安全隐患排查情况看，一些渔用兽药含有未标明的禁限用药成分，特别是渔用中草药问题比较突出，渔用饲料也存在非法添加禁限用药现象。

（五）质量安全监管工作更加复杂。当前，我国居民收入人均GDP已达到7 485美元，进入了中等偏上收入国家行列，城乡居民对生活质量较以往更加重视，对水产品质量安全更加关注。加之互联网、微信等新媒体的作用越来越大，舆情对水产品质量安全监管带来的压力越来越大，稍有不慎或处置不当，就会造成质量安全事件，新媒体的放大作用，就会带来对生产、销售的重大影响，甚至是灭顶之灾。多宝鱼事件产生的影响至今尚未完全消除，历史教训记忆犹新。从体制机制来看，虽然在成立国家食品药品监管总局后，进一步明确了农业部门与食药监管部门在食用农产品质量安全管理方面的分工，两部门还联合下发了文件，再次明确了分工，但在实际操作和落实上难度很大，渔业部门若要对运输环节的水产品质量安全进行有效监管，能力不足且还缺少必要的手段。从监管对象来看，目前渔业生产经营主体以小规模、个体经营为主，量大、面广，法律意识、诚信意识、自律意识不强，现有的监管能力和手段难以对其实行全面管理，质量安全隐患颇大。

从监管工作自身情况看，近些年虽取得了很大的成绩，但还有一定的差距。一是监管体系仍不健全。还有一半多的省（自治区、直辖市）尚未建立起比较完善的水产品质量安全监管体系，尤其是县、乡两级监管能力比较薄弱，生产者质量安全主体责任落实还不到位。二是监测工作仍有不足。部分省检测能力有限，特别是乡镇一级更弱，有相当一部分县乡水产机构不具备检测能力。产地检测数量偏少，检测品种与指标仍有局限性。检测数据时效性差，抽样后一个多月才出检测结果，当发现检测结果超标时，往往产品已销售完毕。三是执法工作仍需加强。水产品质量安全执法的力度、广度和深度仍有不足，科学化、规范化执法水平还有待提高，执法装备配备还有待加强。

以上，我们谈了这么多问题，简单概括一下。水产品质量安全方面比较容易出问题的环节主要是投入品环节、养殖环节和流通环节；影响水产品质量安全的主要因素，一是药物残留，二是疫病、贝类毒素等，三是水环境污染；水产品质量安全监管工作十分重要，事关消费者健康和食品安全，事关渔业产业安全，事关生态环境安全，而且生态环境安全与水产品安全是相互影响的。

总之，当前水产品质量安全工作面临更加复杂的形势和艰巨的任务，我们要站在全局的高度，充分认识做好这项工作的重要性和紧迫性，切实增强责任感和紧迫感，采取更加有效的措施，全面加强监管，不断提高水产品质量安全水平，切实保障水产品质量安全。

三、扎实推进水产品质量安全监管工作

今后一段时期水产品质量安全监管工作总体思路是：认真贯彻落实党中央、国务院对食品安全工作的决策部署，以努力确保不发生重大水产品质量安全事件为目标，坚持“养出来”与“管出来”相结合，全面推进健康养殖，大力推行标准化生产，着力创新体制机制，着力推进责任落实，着力强化执法监管，着力解决突出问题，实现水产品质量安全水平稳步提升，切实保障水产品安全有效供给。下面，从“管出来”的角度强调以下几项重点工作：

（一）建立健全监管体系，狠抓主体责任落实。做好水产品质量安全工作，首先要加强领导，完善监管体系，明确监管责任。尚未建立四级水产品质量安全监管体系的省（自治区、直辖市），要学习和借鉴其他地区的做法，尽快构建必要的监管体系，推动监管工作和监管责任的落实。今年，农业部将启动水产品质量安全示范县创建工作，各地要配合做好相关工作。二要按照“地方政府负总责、监管部门各负其责、生产经营者负第一责任”和《农业部 食品药品监管总局关于加强食用农产品质量安全监督管理工作的意见》要求，尽快厘清与食药部门的职责分工，切实强化产地监管职责，积极推进落实生产者质量安全主体责任。三要加强对水产品生产者的教育、监督和管理，督促生产者强化内部管理，健全质量安全自控制度，严格依法规范生产。四要加强诚信体系建设，建立生产者质量安全信用档案，完善执法检查记录，探索根据信用等级实施分类管理的具体措施。五要探索在养殖主产区建立水产品质量安全信息员、协管员队伍，充分发挥群众监督作用，确保将生产者的主体责任落到实处。

（二）深入推进标准化健康养殖，从源头上把好质量关。一要继续深入开展水产健康养殖创建活动，不断扩大水产健康养殖示范场规模，推进水产健康养殖示范县建设，加大水产养殖池塘标准化改造力度，推广深水抗风浪网箱，推进改造近海普通网箱，大力推广生态健康养殖模式和清洁生产养殖技术。二要积极推进现代渔业种业建设，培育企业作为渔业种业创新的主体，加快推进育繁推一体化进程，建设一批标准化、规模化育种生产基地，切实加强国家级、省级原良种场管理，保障水产苗种质量。三要强化水生动物防疫工作，完善重大水生动物疫病监测，增加病害监测种类、抽样数量和范围，提高预警、预报和快速反应能力，确保不

发生区域性重大水生动物疫情，提高基层病害防治服务水平，扩大水生动物疾病远程辅助诊断服务网应用。四要积极培育新型、规模化生产经营主体，在家庭农场、龙头企业、渔业专业合作社中，推进“三品一标”产品认证。五要加强对养殖者的健康养殖、安全用药知识技术培训，提高养殖者的科学用药、合理用药水平。加大对遵法守信、质量安全生产单位的表彰和宣传，相关优惠政策要予以倾斜，提供更多的优质服务和政策扶持；对严重违法、事故频出的生产单位，要依法严处，并向社会公开曝光。

深入推进水产健康养殖，离不开政策的扶持。菜篮子专项转移支付资金、柴油补贴调减下来的资金要向健康养殖示范场、标准化池塘改造、清洁生产倾斜。渔业节能减排资金要加大对养殖清洁生产技术的试验示范，为清洁水质、减少用药创造有效的、便于推广的技术模式。今年，农业部与邮储银行开展了合作，共同发布了金融支持现代渔业全产业链发展的工作方案。邮储银行承诺今后4年提供200亿元贷款规模，支持现代渔业全产业链的发展。各地可结合发展水产健康养殖，加强与当地邮储分行的衔接，积极争取金融支持。另外，有条件的地方可积极推进水产养殖保险的发展。

（三）加大质量安全监测工作力度，提高监测覆盖面。监测是获取水产品质量安全信息的重要来源，是评价水产品质量安全状况的重要手段，应予以重视。一要积极争取各级财政的支持，加大对水产品质量安全监测工作的投入，开展监督抽查、风险监测工作，进一步完善监测网络，扩大监测品种和数量，完善监测数据库，汇集各级监测数据，更加准确地反映水产品质量安全状况。二要进一步完善生产单位信息数据库，科学合理布局抽检地点，加快抽检速度。三要加强监测结果的会商与分析，将监测工作与专项整治、制度完善、标准修订、预警预报等工作有机地结合起来，提高监测数据的使用效率。四要及时通报监测结果，推进建立黑名单制度。五要加强检测机构能力验证和快检产品现场验证工作，确保监测数据的科学性、及时性和准确性；开展检测技术研究、交流与培训，不断提高检测水平。

（四）强化质量安全监督执法，加大处罚力度。一要继续推进建立渔业主管部门统一领导，以渔政机构为主，技术推广、质量检测和环境监测等机构协作配合，水产养殖与水产品质量安全执法相结合的工作机制，实现执法管理的制度化、规范化和常态化。二要加强渔政执法装备建设，配备快检产品等必备的水产品质量安全执法专用设备，改善执法手段，增强执法能力；大力开展渔政执法相关法律法规培训，提高渔政执法人员水产品质量安全执法水平；不断完善执法模式，探索创新执法方式，紧紧围绕养殖证和苗种生产许可证的发放、生产记录、养殖用药、水质环境、污染排放等重点环节，加大执法力度，特别是要根据专项整治的总体部署，开展专项执法行动，对违规行为要坚决依法查处；要切实推进检打联动，对违法行为要动真格，该罚款的坚决重罚，该查封的就必须查封，该无害化处理的就必须进行无害化处理，屡教不改的，该向司法机关移交的坚决移交，决不手软；要确保对阳性样品生产单位的执法查处率达到100%，案件查处结果要逐步实现对外公开公布。三要积极与食药、公安等部门沟通协商，建立水产品质量安全执法部门联动机制，提高监管效率。农业部近两年给各地安排了水产品质量安全执法交叉督查经费，将在今年内组织开展跨省相关行动，希望各地予以配合。

（五）深入开展专项整治，着力治理突出问题。一是今年农业部将联合国家食药总局等部门启动开展“三鱼两药”专项整治行动，对鳜鱼、乌鳢、大菱鲆等重点水产品种和硝基呋喃、孔雀石绿等禁用药物残留问题进行综合治理，还将启动实施《兽用抗菌药及禁用兽药五年专项治理计划》，严厉打击违规使用禁用药物、经营销售不合格水产品行为，规范渔用兽药生产经营，引导养殖者科学规范用药，切实解决水产品质量安全突出问题。各地、各单位要结合本地实际，配合做好这两项工作，切实抓出成效。二是继续开展水产品质量安全风险隐患排查工作，要对重点品种在养殖过程中可能存在的质量安全风险隐患，对群众高度关心的热点问题，对带有诚信缺失、道德失范特点的“行业潜规则”等问题，进行认真排查，采取有效措施坚决消除隐患。三是要高度重视贝类质量安全问题，依据贝类卫生监测结果，做好贝类生产区域划型和预警信息发布工作，引导生产者在洁净区域开展养殖，确保不发生因监管不到位而导致食用贝类中毒事件。

（六）加强质量安全科技支撑，完善质量标准体系。水产品质量安全科研是渔业科技的一个短板，需重点予以支持和扶持。目前，我国正在进行科技计划改革，新的科技管理体制和项目管理机制尚未建立起来，给我们申请项目造成了一定困难。但项目渠道还是有的，我们要未雨绸缪，做好谋划工作，提前编好项目建议书，寻找机会，适时提出申请。一是要围绕新型替代药物、疫苗、药代动力学、药物残留检测、危害因子影响等重要关键技术开展研究。二是要充分发挥水产品质量安全风险评估实验室作用，查找风险隐患，开展风险评估，提出预警建议。三是进一步加强水产品质量安全标准体系建设，抓紧制修订水产品质量安全监管急需标准，今年内要重点完成国家食品安全渔业相关标准修订调查工作，同时加大现行标准的宣传力度，规范养殖者生产行为，确保水产品质量安全。

（七）加强法规制度建设，推进机制创新。一是新的《食品安全法》已出台，充分体现严惩重处原则，强化了食品安全刑事责任的追究，将于今年10月1日正式实施，各地、各单位要认真学习、贯彻执行。二是农业部已启动《农产品质量安全法》、《渔业法》修订工作，向各省征集了修改意见。《渔业法》修改条款中增加了水产品质量安全方面的内容，但更多的规定还是体现在《农产品质量安全法》中，大家要密切关注《农产品质量安全法》的修订，积极配合做好修订工作。相关法律修订颁布实施后，要认真履职，依法办事。三是农业部还将适时修订《贝类生产环境卫生监督管理暂行规定》、《水产品养殖质量安全管理规定》、《产地水产品质量安全监督抽查工作暂行规定》等3部水产品质量安全监管规章，各地、各单位也要积极配合。四是今年农业部提出要加快推动追溯体系建设，探索构建产地准出、市场准入机制，将与国家食药局一起出台准出准入指导意见，并进行试点，各地要结合本地情况，积极推进这两项工作的开展，积极探索建立考核评价等新的监管制度。

（八）强化舆论宣传引导，提高应急处置能力。一要继续加强舆情监测分析，更加重视网络等新媒体传播途径，及时处理焦点性、苗头性信息，严防负面信息扩散蔓延和不实信息恶意炒作。二要发挥好专家队伍的作用，强化正面宣传，及时做好热点问题解读和科普宣传，营造良好的社会氛围。三要建立健全水产品质量安全事件应急工作机制，做好应急处置工作，要在第一时间内做出快速反应，依法、科学、有效、及时进行处置，努力将影响降低到最低程度。

同志们，做好水产品质量安全监管工作光荣而艰巨，各级渔业部门要勇于担当，攻坚克难，坚定信心，提升能力，加快现代渔业建设，努力满足人民日益增长的对水产品质量安全的需要，切实维护广大水产品消费者舌尖上的安全。

农业部副部长于康震在全国渔业厅局长座谈会上的讲话

（2015年8月23日）

这次座谈会的主要任务是，交流上半年渔业经济形势和渔业渔政重点工作进展情况，研究讨论《渔业法修订草案》和“十三五”渔业发展规划草案，谋划今后一个时期现代渔业建设和管理顶层设计。

下面，我先讲三点意见。

一、上半年渔业渔政重点工作取得突破性进展

今年以来，全国渔业系统按照农业部党组和各省（自治区、直辖市）党委政府的部署，在农业部渔业渔政管理局的指导下，积极应对国际形势复杂多变、国内经济下行压力加大等不利影响，抓大事、解难事，攻难关、打硬仗，努力促进各项重点工作取得显著成效。

（一）清理整治“绝户网”取得阶段性胜利，打击涉渔“三无”船舶全面启动。全国渔业系统坚决贯彻落实习总书记的重要指示，按照农业部的部署，在以往工作的基础上，持续用力清理整治“绝户网”，向涉渔“三无”船舶集中开战。4月20日，农业部在浙江象山召开全国清理整治“绝户网”和涉渔“三无”船舶现场工作会，部长韩长赋亲自对清理整治工作进行再动员再部署，有关部门鼎力相助，会后各省区市进一步完善方案、落实责任，全国形成政府主导、上下联动、部门协作、海陆并举的工作机制，再掀清理整治工作的新高潮。此次清理整治涉渔“三无”船舶，是继2014年浙江省开展“一打三整治”行动之后，由农业部统一组织，在全国范围内清理整治涉渔“三无”船舶的一次重大执法行动，也是对违法违规猖獗、令人深恶痛绝的涉渔“三无”船舶的一次全面宣战，尽管难度很大，情况也十分复杂，但是表明农业部依法治渔的坚强决心。初步统计，截至6月30日，全国共开展专项执法行动3 000余次，清理取缔违规渔具11.6万（张）顶、涉渔“三无”船舶15 197艘，有力地遏制了违规渔具、“三无”船舶蔓延态势。

（二）渔业油价补贴政策调整取得重大突破。油价补助政策是渔业的一项重大政策，涉及面广、资金量大。自2006年实施以来对降低渔业生产成本、规范渔业管理、维护渔区稳定发挥了重要作用。但是也出现了一些问题，与有关政策“顶牛”，抑制了渔民减船转产的积极性，不利于渔业资源和生态环境保护，地方渔业部门和有关方面反映强烈。为此，农业部在代国务院起草国发〔2013〕11号《国务院关于促进海洋渔业持续健康发展的若干意见》时，将调整改革油价补贴政策内容写入了文件。按照国发〔2013〕11号文件要求和汪洋副总理的批示精神，农业部会同财政部对渔业油价补助政策进行了多次调研和深入研究，提出改革方案，共同向国务院上报《关于调整国内渔业捕捞和养殖业油价补贴政策的请示》。今年5月国务院批准农财两部请示，7月1日两部印发《关于调整国内渔业

捕捞和养殖业油价补贴政策 促进渔业持续健康发展的通知》，立足国内渔业捕捞和养殖业油价补贴作为国家成品油价格形成机制改革后对渔民生产成本补贴的政策属性，按照总量不减、存量调整、保障重点、统筹兼顾的思路，将补贴政策调整为专项转移支付和一般性转移支付相结合的综合性支持政策。以 2014 年清算数为基数，将补贴资金的 20% 部分以专项转移支付形式统筹用于渔民减船转产和渔船更新改造等重点工作；80% 通过一般性转移支付下达，由地方政府统筹专项用于渔业生产成本补贴、转产转业等方面。7 月 9 日，农财两部联合召开视频会议，对贯彻实施渔业油价补贴政策进行了安排部署。渔业油价补贴政策的成功调整将为现代渔业建设提供强大支撑。

（三）渔业法治建设取得积极进展。经过多年申请和有关部门的大力支持，《渔业法》修订终于列入国务院立法计划，列为农业部今年的重点立法计划。农业部渔业渔政局高度重视，成立了渔业法修订领导小组和修法工作组，充分调动行业内外的力量，开展了深入的调查研究、集中研讨，对渔业发展和管理中的重大问题、突出问题、疑难问题，从法的层面予以规范。在多次修改的基础上，形成了《渔业法修订草案》，今年上半年广泛征求了各省（自治区、直辖市）渔业主管部门、部内各相关司局、行业协会和社团意见，不久前又正式征求了国务院有关部门的意见。本次会议召开前，农业部已经将《渔业法修订草案》印发给大家进行再次深入研究。会后将根据大家的意见作进一步修改，完善后尽快提交国务院法制办。

（四）渔业结构调整和转型升级迈出坚实步伐。各地渔业主管部门、渔业生产经营者主动适应经济新常态，积极适应市场需求，转方式、调结构，推进渔业转型升级。江苏省大力探索和推进传统池塘工业化养殖模式，在节约水资源的同时，降低养殖污水排放。湖北省稻田综合种养发展迅猛，“虾稻共作”“香稻嘉鱼”“稻鳅共作”“稻鳝种养”“稻鳖虾蟹生态立体种养”蓬勃发展，今年全省新增综合种养面积 2.8 万公顷，全年有望达到 19.3 万公顷。“互联网 +”等现代化经营模式蓬勃兴起，各地“互联网 + 渔业”的生产经营模式孕育发展，智慧渔业正融合到渔业生产管理、技术服务、市场流通、质量监控全过程。

（五）渔业安全生产再做新部署。针对渔业生产的风险特点，各级渔业主管部门高度重视渔业安全生产工作，明确目标，超前部署，强化措施，落实责任。农业部先后组织召开了渔业安全生产视频会议、全国水产品质量安全监管工作会议、远洋渔业安全工作会议，分别进行专项部署。各级渔业主管部门高度重视，常抓不懈，到目前没有发生重特大渔业生产安全事故，没有发生区域性水产品质量安全事件。

从中国海警局、农业部渔业渔政管理局和长江办组建到现在，全国渔业渔政系统经历了一次重大变革。在这一过程中，全国渔业系统团结一致，齐心协力，共同应对各种困难，保持了工作的连续性和稳定性，有亮点、有突破，应当予以充分肯定。我代表农业部对大家的共同努力表示感谢！

二、分析研判形势，科学掌控渔业渔政发展方向

当前，我国渔业正在发生一些新的变化，既延续了以往好的、积极的方面，也出现了一些新的值得关注的苗头性问题和趋势，总体上看是有喜有忧。喜的是渔业生产保持稳定发展，质量安全保持较高水平，水产品出口稳定增长。据全国 20 个渔业主产省统计月报数据显示，1 ~7 月全国水产品产量 2 986.59 万吨，同比增长 3.12%，其中养殖产量 2 330.54 万吨，同比增长 3.82%，捕捞产量 656.05 万吨，同比增长 0.72%。主要大中城市水产品例行监测合格率 94.8%，继续保持在较高水平，没有发生重大水产品质量安全事件。出口量保持增长，进口降幅较大。据海关数据统计，1 ~6 月水产品出口量 189.28 万吨，出口额 95.81 亿美元，同比分别增长 1.52% 和下降 2.39%，主要出口国家和地区中，对东盟和我国台湾省出口额同比分别增长 31.26% 和 4.43%，对韩国出口同比下降 11.67%，对美国、日本、欧盟略降。进口量 193.80 万吨，进口额 41.47 亿美元，同比分别下降 14.84% 和 9.57%，主要是因为鱼粉价格高企，进口量、进口额同比分别下降 43.06% 和 20.80%。贸易顺差 54.34 亿美元，同比增长 3.91%。

忧的是水产品价格持续走弱，渔业效益下滑，安全形势不容乐观。据监测，1 ~7 月水产品市场价格延续上年偏弱走势，综合平均价格同比下降 0.71%，其中海水产品综合平均价格同比上升 0.24%，淡水产品综合平均价格同比下降 1.93%。不仅是海参、鲍鱼等高档水产品价格下降明显，四大家鱼等常规大宗品种价格也持续低迷，对传统生产结构和模式带来严峻挑战。渔业安全形势总体平稳，但是形势依然严峻。没有发生重特大安全生产事故，但是事故数量、死亡人数双增加，1 ~7 月全国共发生渔业船舶水上事故 124 起，死亡（失踪）154 人，与去年同期相比分别增加 18.5 起、43 人。安全生产的压力仍然巨大，不能有丝毫懈怠。

应当说，渔业经济运行有其深刻的发展环境和背景。外部看，世界经济不稳定不确定因素依然较多，

全球经济复苏乏力,欧洲仍然处在动荡之中,美国、欧盟、日本、韩国等我国水产品主要出口市场需求不振。国内看,我国经济正处于深层次矛盾凸显和"三期叠加"的阶段,经济增速下滑明显,旧常态已经打破,新常态尚未完全建立,资源环境制约加剧、人口红利逐步消失、土地和劳动力等成本刚性上涨,经济转型升级处在爬坡过坎的关键时候。农产品供求关系发生逆转,受国际大宗农产品价格弱势运行、国内需求疲软、库存高企等因素影响,国内大宗农产品价格进入一轮弱势周期。水产品作为重要的大宗农产品,难以独善其身。渔业自身看,发展空间受到进一步挤压,一些地方加大水域生态环境保护力度,强令近海、水库撤出网箱养殖,甚至湖泊的网围养殖也要撤出。渔业水域环境污染的状况依然严重,渔业资源衰退、甚至枯竭的趋势尚未扭转,渔业自身的污染也没有很好地解决,传统的养殖方式面临严峻挑战。同时,渔业基础设施建设滞后,鱼塘老化、渔港不足、渔船老旧能耗高;科技支撑能力不强,种业、饲料、水产品精深加工技术发展参差不齐、新材料、新装备普及率不高;支持保护体系薄弱,疫病防控、安全用药、渔业信息化及安全装备等社会化服务不健全,风险保障体系缺位等问题依然存在。这些因素和欠账都不是今天才出现的,而是在长期的发展中慢慢积攒下来的,在发展的早期因为有一定的速度和空间,这些问题被亮丽的数据和成绩所掩盖。

复杂的形势和严峻的挑战告诉我们,不调整没有出路,不转型死路一条,只有积极采取有效措施,主动转方式、调结构、促转型,才会迎来新的跨越。党和国家为我们实现这个转型升级创造了有利的环境和条件。在经济社会发展阶段上,我国正处于"四化同步推进""五化协调发展"的历史时期,整体仍然处于重要的战略机遇期。在政策上,从中央到地方,各级党委政府高度重视渔业渔政工作,中央领导对渔业渔民问题高度关注,习总书记、克强总理多次作出重要指示、批示。国务院制发文件、召开电视电话会议对现代渔业建设进行部署。地方各级政府也纷纷出台支持现代渔业建设的文件和政策,增加渔业投入。这次油价补贴政策的调整,就是在国务院领导的指示下,农业部和财政部协商进行的,充分体现了对渔业发展和渔民民生的关心关爱。

渔业、渔区、渔民问题是"三农"问题的重要组成部分,"三渔"发展的如何,不仅是渔业内部的事情,也关系到整个农业农村现代化、国民经济现代化能否实现。中央提出了协调推进"四个全面"战略布局,全面建成小康社会、全面深化改革、全面依法治国、全面从严治党。"十三五"渔业渔政工作要紧紧围绕"四个全面"战略布局,以实现渔业现代化为目标,法制建设、规划设计要着眼于未来5年乃至更长远的发展,突出前瞻性和引领性,既不脱离实际、提过高的目标和要求,也不能囿于一时的困难和问题而缩手缩脚、犹豫不前。要立足新常态,适应新常态,引领新常态,坚持生产生态并重,加强制度创新、科技创新、管理创新,充分发挥市场在资源配置中的决定性作用、政府的支持保护作用和新型渔业生产经营主体的骨干作用,加快转方式、调结构、促转型,促使渔业保持健康发展、迈向中高端水平,实现保供增收、提质增效、安全可持续的目标,打造中国渔业升级版,为尽早实现"两个一百年"奋斗目标做出应有的贡献。

三、以改革创新精神谋划和推进现代渔业建设

一要全面贯彻生态优先的发展理念。这是2013年国发11号文件和全国现代渔业建设工作电视电话会议确定的现代渔业建设的方针。关于生态文明,总书记高度重视、多次阐述。今年两会期间,总书记强调:要着力推动生态环境保护,像保护眼睛一样保护生态环境,像对待生命一样对待生态环境。4月25日中共中央、国务院印发《关于加快推进生态文明建设的意见》,要求全面促进资源节约利用,加大自然生态系统和环境保护力度,弘扬生态文化,倡导绿色生活,加快建设美丽中国,使蓝天常在、青山常在、绿水常在,实现中华民族永续发展。

渔业是资源型产业,水生生物资源和水域生态环境是渔业可持续发展的物质基础和前提。渔业生产高度依赖水生生物资源和环境,同时渔业还是耗能耗水较大的产业,渔船和传统养殖排放问题不容忽视,渔业资源环境保护与节能减排的任务相当艰巨。因此,强化水生生物资源养护事业,保护水域生态环境,促进渔业节能减排和渔业可持续发展,是一项长期而紧迫的任务。渔业渔政工作要自觉摆进国家生态文明建设大局,全面贯彻落实生态优先的方针,不断强化水生生物资源养护和节能减排,推进绿色发展、循环发展、低碳发展。生态优先要求我们要从法制建设上和规划、政策措施的创设上,强化水域滩涂养殖规划和养殖证制度,合理确定养殖容量,大力推广生态健康养殖,发展生态型、环保型水产养殖业;生态优先要求我们要加强渔船和渔具规范管理,持续清理整治"绝户网"和涉渔"三无"船舶,严厉打击电、毒、炸鱼等违法捕捞和破坏渔业资源的行为,不断完善休渔禁渔制度,积极引导渔民减船转产,控制海洋和内陆水域捕捞强度;生态优先要求我们要将渔业资源普查制度化、规范化,建立健

全资源调查评估制度，科学制定渔业资源利用规划，扩大人工鱼礁建设和水生生物资源增殖放流规模，开展海洋牧场和保护区建设，养护好天然水生生物资源和环境；生态优先要求我们要加强渔业节能减排，积极开展渔船节能减排工作，研究推广节水、低排甚至零排放的水产养殖，提高水产品加工综合利用效率，减少温室气体和污染物排放，为实现我国减排行动目标做出贡献，实现渔业生产发展与生态保护有机结合、协调推进。

二要加快渔业产业结构调整。近两年，随着国际国内市场需求的发展变化，水产品市场波动加剧，结构性"卖难"出现，不仅是高端水产品价格下跌明显，部分大宗品种也出现区域性卖难的问题。水产品供求关系的这种重大变化提示我们，必须要扭转以往对"数量"的片面追求，将注意力更多地放到提升发展的"质量"和"效益"上来，坚持以市场为导向，以生态、优质、特色、高效为目标，优化品种结构、调整区域布局、创新生产模式、培育新型产业，不断调整优化渔业产业结构。水产养殖要转型升级、提质增效，调整优化养殖品种、养殖模式，大力发展生态健康、集约高效的水产养殖业。水产捕捞业要战略转移、走向深蓝，压缩内陆、控制近海、拓展外海、发展远洋，调整优化作业方式，鼓励和支持远洋渔业，提高船队现代化水平，拓展远洋作业渔场。积极将现代工业技术、信息技术应用到渔业上来，大力发展水产加工流通业和休闲渔业，延长渔业产业链条。要积极优化渔业产业区域布局，根据不同地区渔业发展的资源禀赋、产业基础、比较优势、资源环境承载能力，确立不同区域的功能定位、发展导向和区域重点，培育和形成若干优势产区、产业带，实现区域化布局、专业化生产、产业化经营、标准化管理、社会化服务，不断增强渔业发展的竞争力。

三要通过创新驱动促进产业转型升级。创新是一个民族进步的灵魂，是国家兴旺发达的不竭动力，也是渔业发展的生命所在。要坚持科技创新，充分发挥科技对现代渔业的支撑和引领作用，建立健全以科研院所为骨干、企业为主体、市场为导向、产学研相结合的技术创新体系，发挥好骨干企业的作用，重点围绕水产主导品种培育、疫病防控、营养与饲料、健康集约养殖、节能减排、质量安全等方面，开展技术攻关，切实解决渔业生产中的关键技术问题。加大现代高技术成果的引进、研发和推广运用，积极将生物技术、信息技术、新材料等应用到渔业，加强集成创新，用先进技术和装备改造提升传统产业。要积极整合和优化配置现有各级渔业和涉渔科技优势力量，加快构建以产品为单元，以产业为主线，各环节紧密衔接的现代渔业产业技术体系。要加强成果转化应用，推进基层水产技术推广体系改革，建立一支稳定的水产技术推广力量，加大先进实用技术的推广力度，培训培养新型渔民，提高渔业生产技术水平。湖北省水产局在渔民实践创新的基础上，组织专家和基层工作人员开展联合攻关，不断创新完善，形成高产高效、节能节地、生态环保的稻田新型种养模式，"十五年养大一只虾"，实现虾稻同步增产、产品品质同步提升的良好效果，为提高稻田利用率和粮农收入发挥了重要作用。一只虾的产值过百亿元，这就是创新的力量。

在推动科技创新的同时，还要同步推进制度创新和管理创新。科技是生产力，制度和管理也是生产力。要加快渔业体制机制创新，加强渔业基本经营制度的调查研究，探索建立渔业基本水域保护制度，稳定和保护渔业水域滩涂，保障渔业生存发展空间和广大渔业生产者的水域滩涂使用权。加快发展渔民专业合作组织，指导合作社规范生产经营行为，推进标准化生产和品牌化经营，提高水产品质量安全水平，增强水产品和渔业生产者的市场竞争力。积极总结和推广"龙头企业+中介服务组织+基地+农户"等新兴生产经营模式，扶持壮大龙头企业，推进龙头企业向水产品优势区域聚集，建设和形成一批现代渔业示范区。要充分发挥现代信息技术的引领提升作用，将现代电子信息技术、互联网技术运用到渔业经营和管理中来。6月24日李克强总理主持召开国务院常务会议，部署推进"互联网+"行动，促进形成经济发展新动能。作为市场化程度较高的产业，渔业要主动与互联网进行深度融合，积极推进物联网、云计算、大数据等现代信息技术在渔业生产经营中的应用，促进创业创新、产业协同、公共服务、高效物流、电子商务、绿色生态等，用"互联网+"助推渔业经济迈向中高端水平。

四要坚持依法兴渔依法治渔。渔业既有产业发展，又有资源环境保护、生产安全、食品安全、涉外安全等，监督管理的任务很重。这就要求我们必须加强法治，依法治渔、依法兴渔。要健全渔业法制体系，修订好《渔业法》是当前的首要任务，这是我们渔业发展和管理的根本法。这次渔业法修订是大修，根据现代渔业建设和管理的需要，对发展方针、适用范围、健康养殖、渔船网具管理、资源养护以及法律责任等，都作了大的改进。十多年改一回，改一回基本上也要管十多年。所以，这是中国渔业的大事，是全国渔业系统的大事，上下左右都要认真对待，积极行动，加强研究，进一步完善渔业管理制度和措施。目前修法工作已经有了非常好的开端和基础，按照修法程序和要求，下一步立法机关还要组织开展调研，各地要做好支持配合工作。同时，要围绕《渔业法》修订，开展相关配套法规规章制度建设，健全渔业法律体系，为治渔提供适应的、充分的法制依据和保障。要坚持依法行政，各级渔业部门的同志都要牢固树立法治意识，争做学法、用法、守法的模范，把法律意识融入到宏观决策之中，融入到履职尽责之中，做到依法用权、理性用权，依法行政、依法管理。要按照中央要求，加强简政放权，属于市场调节的交给市场，属于政府职责的要坚决管好。对于取消或下放的行政审批事项，不能一放了之，要加强后续监督管理，做到放而不乱，保持工作连续性和稳定性。要严格渔政执法，加强渔政执法队伍建设，提高装备条件，创新执法方式方法，加强渔业行政执法与刑事司法的衔接，始终保持对涉渔违法违规行为的高压态势。目前清理整治"绝户网"和涉渔"三无"船舶的行动已经全面铺开，开弓没有回头箭，要持之以恒，抓紧抓好，抓出预期，抓出习惯，坚决打赢这场硬仗。还要加强水产品质量安全、涉外渔业安全和渔业资源环境保护的监督管理，建立渔业生产和管理的良好秩序和环境。

最后，我再强调一下渔业渔政系统政风行风建设。党的作风是党的形象，是党的性质、宗旨、纲领和路线的重要体现。党的作风关系党的生死存亡，关系国家的兴衰成败，也关系到中华民族伟大复兴的中国梦能否实现。当前，中央部署在县处级以上领导干部中开展"三严三实"专题教育，要求对照"严以修身、严以用权、严以律己，谋事要实、创业要实、做人要实"的要求，着力解决"不严不实"的问题。风清则气正，气正则心齐，心齐则事成。面对复杂的形势、艰巨的任务，各级渔业部门要自觉践行"三严三实"的要求，加强能力建设，增强全局意识和责任意识，勇于开拓，善于创新，不断改进思想方法和工作方法，提高科学判断形势的能力、把握发展规律的能力、解决突出问题的能力、驾驭复杂局面的能力和定力。加强作风建设，真抓实干，务实为民，坚持深入实际、深入基层、深入群众，倾听渔民心声，了解基层工作，知道群众最需要什么，从小处入手、实处着力，找准工作的切入点和着力点，做实、做深、做细，努力把大处着眼与小处入手有机统一起来，让制定的措施更严密、处理的问题更加符合民心民意和客观实际；以钉钉子的精神狠抓落实，"千条万条，不落实都是白条"，尤其是一些长期困扰渔业发展和管理的热点难点问题，如基础设施建设、渔船网具管理、水产品质量安全等，要有咬定青山不放松的精神，常抓不懈。加强廉政建设，全国渔业渔政战线的同志们务必牢固树立廉洁从政意识，保持清正廉洁、执政为民的政治品质，这是我们从政的底线和红线。这几年，农口、渔口有些干部没有管住自己，最终付出了惨痛代价。教训是深刻的。随着各级政府对渔业渔政工作重视程度的提高，特别是渔业油价补贴改革调整后，渔业的项目多了，渔业渔政部门可以支配的钱多了，干事创业的条件好了，大家一定要警钟长鸣，常修为政之德，常思贪欲之害，常怀律己之心，清清白白做事，干干净净做人。

关于近期和下半年工作，利锋同志将代表农业部渔业渔政局进行部署，我着重强调两件事，第一件事是沿海省份务必加强对涉外渔船的管控，严防死守，确保中国人民抗日战争暨世界反法西斯战争胜利70周年纪念活动等重大节庆活动期间涉外渔业安全。第二件事是要切实抓好渔业安全生产。天津港爆炸事故发生后，党中央国务院非常重视，追责也很严厉。上半年渔业安全生产形势还是比较严峻的，事故数和死亡人数同比都有所增加，除了自然灾害，还有水上交通、火灾、船的翻沉等。希望各级渔业部门履行好安全生产监督责任，立即行动起来，加强对渔港、渔船等关键环节监管，第一要迅速行动，排查隐患；第二要强化措施，严防死守；第三要落实责任，失职必究，务必把安全生产工作落到实处，为平安渔业做出贡献。

同志们，上半年渔业渔政工作闪耀新亮点，渔业经济运行呈现新特征，经济社会发展对我们提出了新要求，渔业发展的机遇和挑战并存。让我们紧密团结在以习近平同志为总书记的党中央周围，鼓足干劲，拼搏进取，扎实工作，知难而进，收好"十二五"的官，谋好"十三五"的局，健全现代渔业法治保障，努力推动渔业渔政工作再上新台阶，为经济社会发展全局作出新的更大的贡献！

农业部渔业渔政管理局
副局长崔利锋
在全国渔业厅局长座谈会上的讲话

（2015年8月23日）

按照于康震副部长指示和会议安排，我对会议作个小结，同时对下半年的工作讲几点意见。

一、关于本次座谈会的主要收获

这次会议是经农业部常务会同意召开的，是全国渔业系统一次重要会议，是大家面对面交流的一次机会。于康震副部长亲自出席会议并作重要讲话，体现了农业部领导对渔业渔政工作的重视和支持。昨天，我们参观考察了青海湖渔业管理情况并参加了增殖放流活动，今天上午于康震副部长作了重要讲话，各地各单位都作了交流发言，各项议程圆满完成，达到了预期目的。会议内容丰富，重点突出，安排紧凑，效果良好。

（一）进一步明确了形势和任务。于康震副部长在讲话中充分肯定了今年上半年全国渔业渔政工作成效，深入分析了当前渔业发展面临的形势和任务，指明了“十三五”渔业渔政发展的方向，并对渔业法治建设和“十三五”规划制定提出了明确要求。于康震副部长的重要讲话对我们做好当前和今后一个时期渔业渔政工作具有重要的指导意义。

（二）交流了渔业工作和发展情况。总体上，全国渔业系统主动适应新形势，加快转方式、调结构，积极适应市场需求的发展变化，各项工作都在有条不紊的推进，渔业发展在宏观经济疲弱的形势下保持了较好的态势。时间过半，大多数省份任务都已过半，有的还超额完成，有的地方实现了跨越式发展，有的地方工作具有很强的创新性、前瞻性，为成功完成“十二五”各项任务打下了基础、赢得了主动。会上，各地也反映了当前渔业发展面临的一些困难和挑战，交流了渔业发展的思路，有些地方还介绍了应对的措施和经验。

（三）对《渔业法》修订和“十三五”规划提出了意见建议。《渔业法》作为行业的根本法，是现代渔业建设的法制保障。“十三五”规划是“十三五”时期我国现代渔业的发展蓝图。《渔业法》修订和“十三五”渔业规划制定是当前渔业行业最重要的顶层设计，凝聚着全行业的期待。这次座谈会大家进行了深入讨论，提出了很多好的意见和建议，为进一步做好《渔业法》修订和“十三五”规划制定工作提供了参考。会后，局有关处进行认真归纳、梳理，认真研究，进一步把两个草案完善好。

总之，通过这次座谈交流，进一步掌握了情况，研判了形势，启发了思路，统一了思想，将对我们做好下半年渔业渔政工作、谋划好渔业法治建设和“十三五”现代渔业发展具有积极的促进作用。

二、关于下半年的重点工作

今年是“十二五”收官之年和“十三五”谋划之年。时间已经过半，下半年既要完成年初定下的任务，也要做好“十二五”收尾和总结，更要做好“十三五”计划和安排。上半年，各方面工作取得了很大成绩，但也存在不少困难和问题。下半年，大家要再接再厉，继续一件一件抓好落实，确保各项目标任务圆满完成。这里，再着重强调几项工作：

（一）继续抓好清理取缔“绝户网”和涉渔“三无”船舶专项整治行动

这项工作习近平总书记高度重视，多次作出重要指示批示，也是农业部党组确定的2015年20项农业农村重点工作之一，是一项艰巨的、长期的任务，要持之以恒抓好落实。今年4月农业部在浙江召开现场会进行部署，各地积极行动，取得了阶段性成果。下半年要下大力气继续狠抓工作落实，研究进一步扩大清理取缔范围、全面实施拆解、销毁的具体措施。要进一步加大清理取缔活动的统筹协调、监督检查力度，确保该取缔的全部取缔，该拆解销毁的全部拆解销毁，防止死灰复燃；要保持行动的持续性和连贯性，将专项整治行动常态化，保持高压态势，避免一阵风、走过场；要认真落实专项整治行动月度进展情况调度上报制度，及时总结经验、完善措施，及时研究解决遇到的困难和问题，力争清理取缔工作取得实实在在的成效。各地渔业部门要充分发挥“海上涉外渔业综合管理协调机制”的作用，有问题有困难及时向省委省政府汇报，抓住机遇，落实政策，采取措施，力争取得决定性胜利。

在开展清理取缔行动的同时，要继续抓好渔船制度建设和日常管理工作，这是渔业管理的重点也是难点。目前农业部正在全面总结“十二五”海洋渔船“双控”制度实施情况，研究制定“十三五”海洋渔船管理政策，近期还要赴重点渔区开展调研并组织集中研讨。请各地高度重视，继续深入开展调查研究，研究提出完善渔船管理和“双控”制度的政策建议。关于“船证不符”情况的调查，委托部渔船检验局统一组织实施，希望各地认真分析产生原因，抓紧研究，尽快出台相应的整治措施。

（二）抓紧抓好渔业安全生产工作

8月12日天津滨海新区发生特别重大火灾爆炸事故后，习总书记、克强总理多次作出重要指示批示，对安全生产工作提出明确要求。农业部安委会对做好当前安全生产工作作出紧急部署。渔业安全生产工作责任重大，任务艰巨，农业部年初召开视频会议进行了专门部署，上午于康震副部长又再次强调。今年上半年虽然没有发生重特大渔业安全生产事故，但是前7个月渔业船舶水上事故起数和死亡（失踪）人数同比去年均有增加，务必要高度重视。各地、各有关单位要进一步健全渔业安全生产责任体系和监管制度，树立“管行业必须管安全、管业务必须管安全、管生产经营必须管安全”的责任意识，增强“底线”思维和“红线”意识，始终高度重视渔业安全生产工作。要进一步完善应急预案，严格监督检查和隐患排查，严格执行各项法律法规、规章制度和标准规范，对渔港码头、老旧木质渔船等重点部位，要重点部署、重点排查。关键是要抓实、抓细，落到实处。要加强对灾害性天气的应对，组织做好伏季休渔开捕后安全生产的监管。要进一步加强涉外渔业监管，做好涉外渔船和远洋渔船的管理工作，严厉打击涉外渔业违法违规行为，维护国家良好形象。尤其是9月3日举办抗战胜利70周年纪念活动，各地要高度重视，确保不出现重大安全事故，不发生涉外事件，特别是防止发生渔船被外方抓扣事件。

（三）组织实施好渔业油价补贴政策改革工作

油补政策的改革是农业部和财政部深入研究、审慎决策的结果，对国内渔业捕捞和养殖业油价补贴政策调整的思路和方案最大限度平衡了有关各方面的权益。农业部和财政部已经就补贴政策调整印发了文件，并召开会议进行了安排部署。近期，农业部渔业渔政管理局研究提出了国内捕捞机动渔船和养殖机动渔船油价补贴标准上限调整实施方案，以及"标准化海洋捕捞渔船更新改造等渔业装备设施建设"和"海洋捕捞渔民减船转产和人工鱼礁建设"两个专项转移支付项目实施方案，并召集部分省份进行了研讨，目前正在征求财政部的意见，争取尽快下发。渔业油价补助政策调整贯彻了生态优先的理念，充分考虑了渔民生活和渔业发展的重要领域，给予了省级政府和渔业部门很大的自主权和灵活性，可以将其中一部分资金用于一些现代渔业建设的急需方面，对渔业产业转型升级是一次历史性机遇。请各地高度重视，按照中央确定的改革精神，细化本地油补政策调整方案，尽快制定减船转产、渔船更新改造以及人工鱼礁建设实施方案，组织实施好专项转移支付项目，用好一般性转移支付资金，加强政策的宣传实施工作，确保改革政策平稳落实，切实取得成功、取得实效。

（四）加强渔业资源养护和环境保护工作

今年中央印发了《关于加快推进生态文明建设的意见》，国务院发布了《水污染防治行动计划》，最近又印发了《党政领导干部生态环境损害责任追求办法》，体现了党中央、国务院对生态环境保护工作的高度重视。资源和生态环境是渔业发展的基础和条件，渔业部门做好资源环境保护工作义不容辞。各地要继续组织实施好增殖放流活动，今年6月6日，23个省（自治区、直辖市），90场活动，10亿单位。加强科学化、规范化管理，按照农业部要求对增殖放流供苗单位进行排查和清理整顿，确保增殖放流的质量、安全和效果；要组织实施好国家级海洋牧场示范区创建工作，农业部已经下发了通知，请沿海各省按照部署认真做好有关工作。要进一步加强水生野生动物保护宣传，严厉打击非法捕捉和经营利用珍惜濒危野生动物的行为，特别是红珊瑚、海龟、砗磲等重要敏感的品种。加强渔业环境保护，在防范外源性污染和破坏的同时，要高度重视自身的养殖污染问题。虽然水产养殖污染在水污染中的份额较小，且呈点状存在，但是社会关注度高，今年全国人大《水污染防治法》专项执法检查已将水产养殖污染列为检查重点。要加强对局部高密度、高排放养殖生产的控制，大力推广生态健康养殖，减少小杂鱼饵料使用，加强集污、循环水等技术改造，鼓励发展低排放、节水型、低能耗的健康养殖模式，促进水产养殖业转型升级。

（五）抓好水产品质量安全管理

认真贯彻落实今年5月在广州召开的全国水产品质量安全监管工作会议精神，突出重点，全面加强监管，切实保障水产品质量安全。继续深入开展水产健康养殖示范场、示范县创建活动，加强对健康养殖、安全用药的培训指导，提高养殖者的科学用药、合理用药水平。深化水产品质量安全检测和风险隐患排查，全面完成养殖水产品、水产苗种药残检测和贝类产品卫生监测，以及捕捞水产品、海水贝类产品风险隐患排查和渔业投入品质量安全隐患排查工作。以大菱鲆、鳜鱼和乌鳢三种鱼为重点，加强对硝基呋喃、孔雀石绿等禁用药物的监管。加大水产品质量安全执法力度，组织开展水产品质量安全交叉督查，实行检打联动。加强水产品质量安全舆情监测，积极应对并及时、有效、妥善处置突发事件。

（六）谋划编制好"十三五"渔业发展规划

"十三五"是渔业现代化道路上关键的五年，研究编制好这个五年发展规划对实现渔业现代化具有举足轻重的作用。在全国渔业"十三五"发展规划起草过程中，农业部渔业渔政管理局多次召开座谈会，并充分征求各地、各有关单位的意见。这次会上又专门进行讨论，各地提出了很多好的意见建议，限于时间关系，有的没能完全展开、完全表达。会后，请各地继续对规划稿组织研讨和审议，集思广益，修订完善，尽快反馈部局，力争将规划制订成为今后一个时期指导渔业发展的纲领性文件。各地也要根据本地实际，做好本地区"十三五"渔业发展规划编制工作。同时，还要组织编制好各项分规划。

（七）加强渔业政策研究创设和已有政策的落实工作

围绕渔业发展和管理，加强政策研究，谋划和设计事关渔业发展全局和长远的重大政策和重大项目，争取在"十三五"期间完成一批、上马一批、储备一批，增强渔业发展后劲。研究创设政策要注意统筹协调，防止出现政策之间"打架""顶牛"的情况。要认真研究论证，切实具有必要性、可行性和可操作性。要力求创新、务实,突破传统思维。

在政策落实方面,除了现有各项产业政策,还要重点抓好以船为家渔民上岸安居工程落实。这是一项民生工程,中央资金13.5亿的资金已经到位,有几个省已经基本完成,但还有些省工程建设的进度不理想。请这些地方的渔业部门主动与住建、发改、财政等部门沟通,结合实际情况,排除障碍,推动建设,争取在"十三五"开局之年全面建成竣工。要以实施渔民上岸安居工程为契机,完善对连家船清理整治的政策和办法,对现有的住家船进行妥善处理。

(八)推进渔业法治建设

重点是以《渔业法》修订为契机,健全完善渔业法律法规体系。力争在年底完成《渔业法》修订草案的征求意见和立法协调工作,报送立法审查,为2016年提请国务院审议奠定基础。下一步立法机关还要组织开展立法调研,请各地继续加强有关问题的研究,及时提出立法建议,并做好支持配合工作。争取修出一部好法,可操作的法、管用的法、解决问题的法、符合发展需要的法。要结合《渔业法》修订,抓紧制修订相关配套法规、规章、规范性文件,进一步完善我国渔业法律法规体系,为现代渔业建设提供强有力的制度支撑。部里要加快推进《野生动物保护法》、《渔业港口管理条例》、《远洋渔业管理规定》、《捕捞许可管理规定》等法律法规规章的制修订工作。各地也要根据实际需要,积极推进法制建设工作。

同志们,"十二五"即将结束,做好下半年各项工作、修订好《渔业法》、谋划好"十三五"渔业发展规划,对现代渔业建设和管理至关重要。我们要以党的十八大、十八届三中、四中全会精神为指引,认真贯彻落实习近平总书记、李克强总理重要指示、批示精神和部党组的决策部署,深刻领会、全面贯彻于部长讲话精神,狠抓落实,锐意进取,确保各项目标任务圆满完成,为"十三五"现代渔业建设奠好基、铺好路,推进现代渔业建设再上新台阶!

农业部副部长于康震
在全国渔业船舶检验工作会议上的讲话

(2015年12月3日)

这次会议的主要任务是:贯彻落实党的十八届五中全会精神,全面总结"十二五"渔船检验工作取得的成绩,分析面临的形势,研究谋划"十三五"渔船检验监督管理的工作思路和措施,部署今后一个时期的重点工作。会议的主要目的是统一思想,增强信心,强化责任,明确方向,推动创新发展。下面,我对做好全国渔业船舶检验工作谈三点意见。

一、统一认识,充分肯定渔船检验监督管理在现代渔业建设中发挥的基础作用

今年是农业部渔业船舶检验局正式成立25周年,也是渔船检验工作从交通部移交到农业部的第36个年头。多年来,全国各级渔业船舶检验机构在部党组和渔业行政主管部门的领导下,以科学发展观为指导,以推动现代渔业发展为目标,加强渔船安全质量监管,在法规建设、机构队伍、检验监督、公约履行等方面做了大量卓有成效的工作,渔船检验事业得到了长足的发展。检验机构由最初的几十家发展到现在的1000多家,年检验渔船数由最初十几万艘发展到近70万艘,对加强渔船管理,保护广大渔民群众生命财产安全和资源环境,推进平安渔业建设发挥了不可替代的作用,做出了突出的贡献。回顾渔船检验工作,科学评价渔船检验工作的地位和作用,对找准渔船检验职责定位和发展方向,切实履行好法律法规赋予的职责,推动渔业提质增效、减量增收、实现绿色发展,具有十分重要的意义。

(一)渔船检验监督管理是法定职责。渔船是渔民赖以生存的基本作业工具。我国渔船安全状况差、流动性强、安全隐患高、安全航行风险大,因此,国家对渔船安全采取了事前监管方式,实施了强制检验制度。渔船检验是《渔业法》、《渔业船舶检验条例》等法律法规赋予渔船检验机构的法定职责。实施渔船检验就是依据《渔业法》《渔业船舶检验条例》等有关法律法规,以及我国批准加入或承认的有关国际公约,按照渔船法定检验的技术法规,对渔船及船用产品实施技术监督,以保证渔业船舶具备安全航行和作业的条件,保障渔业船舶和渔民生命财产的安全,防止污染环境,达到加强渔船管理,促进渔业安全生产,推动渔船技术进步的目的。

(二)渔船检验监督管理是渔船管理的重要组成部分。我国是渔业大国也是渔船大国,渔船管理难度大。长期以来,我国实行渔政、港监、船检统一协调的渔船管理模式,渔船检验是其中重要的一个环节,主要包括渔船建造图纸审查、现场检验监督、渔船检验执法监督、渔船修造单位监管等工作,为渔船管理提供基础数据。通过对渔船和主机功率的管控和核查,落实国家"双控"制度,通过防污染设备生产、安装和运营等环节的监督检查,最大限度地减少捕捞渔船对环境造成的破坏,成为保护水域生态文明建设的重要途径。

所以，渔船检验监督管理是我国渔船管理的重要组成部分。

（三）渔船检验监督管理是安全监管的首要环节。渔船安全是渔业安全的基础，渔业安全生产的重点在渔船安全，难点也在渔船安全。渔船检验监督管理是渔船安全管理的“第一道关口”，体现在，图纸审查把住渔船“优生”关，建造检验把住渔船“优育”关，营运检验把住渔船“体检”关，最大限度地防范渔船安全事故的发生，为渔船安全管理构筑了第一道防线。

（四）渔船检验监督管理还是渔船装备现代化建设的重要牵引。在大力推进渔船更新改造，提升渔船装备现代化方面，渔船检验监督管理发挥专业优势，直接服务于渔船制造业，制定渔船技术规范标准，公布渔船参考船型，引导渔船更新改造，促进渔船应用新技术、新装备、新能源，提升渔船安全、环保和科技水平，成为我国渔船装备现代化发展的主引擎。

二、增强信心，准确把握“十三五”渔船检验工作面临的新形势

党的十八大和十八届三中、四中、五中全会提出了“四个全面”的战略部署，五中全会通过的《中共中央关于制定国民经济和社会发展第十三个五年规划的建议》是今后5年经济社会发展的行动指南。我们要认真学习贯彻全会精神，把思想和行动统一到中央要求部署上来，准确把握全会提出的新理念、新思想、新战略，深入分析当前渔船检验工作面临的各种环境特征，结合渔船检验工作实际找准工作的结合点、切入点、创新点。

（一）五大发展理念，为渔船检验工作创新发展指明了新方向

十八届五中全会指出，实现“十三五”时期发展目标，破解发展难题，厚植发展优势，必须牢固树立并切实贯彻创新、协调、绿色、开放、共享的发展理念。这五大发展理念，为下一步的渔船检验监督管理指明了方向。落实创新发展和开放发展理念，就是要求我们要用创新的办法和开放的心态解决渔船检验面临的问题。韩长赋部长在部党组中心组学习会上指出，农业要转变思想观念，转变过去更多追求产量的供给观念、过多依靠物质要素投入的生产观念、拼资源拼消耗的发展观念。当前渔业发展处于转方式、调结构的关键时期，船检工作同样要摒弃传统观念的枷锁，创新思维方式、工作机制、工作方法，主动适应全面深化改革新形势下的渔船检验要求。落实绿色发展理念，就是要求我们更加重视渔船生态环保的检验。要推进渔船向高安全、高效益、低排放的“两高一低”特征发展，引导绿色新能源、新装备、新科技以及节能减排技术在渔船上的应用。要实行渔船船型标准化管理，更好履行渔船捕捞功率管控和防污染设备监管职责。落实协调发展理念，就是要求我们建设“服务型”船检机构，为渔民提供及时、高效、便民的检验服务。要围绕渔船安全，建立渔船检验监督机构、修造企业、技术支撑和社会化服务组织协调统一的工作机制。要统筹内陆和海洋渔船检验工作，在继续做好海洋渔船检验工作的同时，不断提升内陆渔船检验工作的水平。落实共享发展理念，就是要求我们要不断地提升渔船检验质量和水平，为渔船把好安全关，让广大渔民得到安全的庇护，驾驶“放心船”，共享平安幸福。要不断地强化渔船防污染的监督检验，让海更蓝，水更清，气更新。

（二）全面依法治国方略，为强化渔船检验依法行政带来了新机遇

党的十八届四中全会对推进依法治国做出了全面部署，要求全面推进科学立法、严格执法、公正司法、全民守法，坚持依法治国、依法执政、依法行政共同推进。今年3月农业部印发了《关于贯彻党的十八届四中全会精神深入推进农业法治建设的意见》，对今后一个时期农业法治建设做出了部署，这必将大大推动渔船检验法治建设进程。目前，《渔业法》正在修订中，渔船检验监督管理的法律地位将进一步明确，为修订好《渔业船舶检验条例》奠定牢固的法律基础。各级政府也将更加重视渔船的依法管理，有利于稳定渔船检验机构和队伍，提高检验人员的业务素质和能力水平，更好地履行法定职责。“三渔”（渔业、渔村、渔民）法制氛围将更加浓厚，渔民法律意识逐渐增强，将形成主动申报检验、积极配合检验的良好法制环境，有利于法定检验的实施。

（三）推进现代渔业建设，为渔船检验拓展了新空间

党的十八大以来，中央先后提出了建设海洋强国的战略，“一带一路”战略，国家出台了促进海洋渔业持续健康发展的意见，调整了国内渔业捕捞和养殖业油价补贴等政策。这一系列分量重、含金量高的政策措施体现了党中央、国务院对海洋渔业的高度重视，为合理开发利用渔业资源、建设现代渔业提供了强大的政策支持。当前，我国渔船装备水平落后，老、旧、小船占绝大多数，存在着较大的安全隐患。“十三五”时期在严格控制捕捞强度、推进捕捞渔民减船转产基础上，国家将加大渔船更新改造力度，淘汰老、旧、木质和破坏资源严重的渔船，建设标准化、现代化、专业化渔船，提升我国渔船装备水平。这既为渔船检验提出了新任务，拓展了新空间，提供了更大的舞台，又将促进我们

渔船检验研究新技术、掌握新技能，锻炼我们的队伍，将船检事业提升到新高度。

（四）信息技术深入发展，为渔船检验监督管理提供了新手段

党的十八大提出了新型工业化、信息化、城镇化、农业现代化同步发展的战略，十八届五中全会要求加快实施“互联网 +”行动计划。当前，渔船检验的信息化水平还很滞后，各个管理系统相互独立，各部门掌握的渔船信息数据自成“孤岛”，各层级船检业务难以统筹，未能实现网络的互联互通，信息的共建共享，业务的协作协同。信息技术的飞速发展，及在渔船检验监督管理工作中的广泛应用，必将推动渔船检验从“眼看、手摸、锤子敲”的传统手段向智能化检验转变；从当前的分散数据管理方式向融合、共享、统一的集合数据库方式转变；从单一的现场检验模式向“现场检验 + 远程监管”转变，极大地提升检验监督管理的能力和服务水平。

“十三五”是全面建成小康社会的关键时期，也是加快推进现代渔业建设、努力实现渔业现代化的关键时期。政策环境给力的同时，来自外部的压力和自身的不足，也给渔船检验工作带来严峻挑战。

一是渔业安全生产形势严峻。渔业是高风险行业，2014 年我国共发生各类渔业船舶水上事故 290.5 起，死亡（失踪）286 人。尽管实现事故起数、死亡（失踪）人数“双下降”，但是仍然存在渔业生产性事故多发，较大以上事故、远洋渔船事故有所增加的突出问题，渔业安全生产形势依然严峻。我国渔船总体安全技术状况不佳，渔民安全意识总体不强，极端天气频发多发，如何保障我国渔船航行作业安全，守住安全底线，对渔船检验监督管理提出了严峻挑战。

二是检验工作的安全责任巨大。检验工作专业性强，过程复杂，检验检测项目多，安全技术要求高，检验一艘船往往需要多次到现场，每一个环节稍有疏忽，就可能给渔民的生命和财产安全带来风险。同时，国家实行严格的安全生产责任追究制度，新媒体的公开透明，使渔船检验处在渔船安全事故追责的“风口浪尖”，检验工作面临追责的巨大压力。在一些地方，渔船安全技术要求高与渔船安全状况差的矛盾突出，使检验人员面临“发证违规，不发证下岗”的两难境地。

三是检验能力薄弱。总体看，我国渔船检验力量严重不足，加之缺乏激励机制，造成队伍不稳、专业技能不高，难以满足严格依法检验的要求。目前“检管合一”的工作机制，也已经不能完全适应全面深化改革、转变政府职能的新要求，难以调动验船人员的工作积极性。此外，渔船检验保障条件，特别是远洋渔船检验保障条件较差，检验技术支撑乏力，影响了渔船检验监督的科学性、时效性和权威性。

四是国际公约的要求严格。近年来，国际海事组织等国际组织不断出台以渔船安全管理为核心的强制性公约、规则和标准，提高渔船安全技术门槛，对船舶安全、环保及生活条件要求日益严格。我国是国际海事组织 A 类理事国，大量的渔船，尤其是远洋渔船要受国际公约管控。但目前渔船的安全技术状况，检验技术法规和检验能力，以及渔民文化素质与这些国际公约的要求都存在较大差距，这对渔船检验履行国际公约提出了严峻的挑战。

三、明确目标，扎实推进“十三五”时期渔船检验监督管理创新和发展

“十三五”时期是渔船检验工作创新发展的重要机遇期。我们要高起点谋划“十三五”渔船检验发展思路和方向，努力开创渔船检验工作新局面。

（一）谋划创新发展的思路，明确工作目标

通过深入学习领会十八届五中全会精神，我感到，“十三五”时期的渔船检验工作要围绕支撑现代渔业建设和平安渔业建设，以保障渔民生命财产安全和防止环境污染为宗旨，坚持安全第一、保证质量、方便渔民的原则，以强化检验手段为动力，切实做好渔船检验工作。通过检验监督管理机制创新，强化渔船检验监督管理法规体系、组织体系、工作体系和渔船建造质量监督体系建设，构建执法公正、把关有力、管理科学、服务有效、勤政廉洁的渔船检验监督管理新格局。

按照上述思路，到“十三五”末，渔船检验工作要努力实现以下目标要求。

——建设覆盖检验监管全领域的法律法规体系，检验法规更加完善。检验监管有法可依、有章可循，法律保障更加有力，检验条例修订取得明显进展，规章配套更加健全，技术法规全覆盖。

——建设综合素质强专业水平高的工作体系，检验监管能力大幅度提高。信息化监管能力显著增强，检验工作质量明显提升，重点检验环节可追溯，重点渔区渔船集中检验点建设试点得以推进，重要船用产品质量稳步提高，远洋渔船检验监督管理基本满足远洋渔业发展需要。

——建设健全的检验组织体系，检验机构组织更加符合市场要求，布局合理、配置科学。检验机构能力基本适应检验工作需要，验船人员业务能力素质大幅度提升，探索试行技术检验与监督管理分离的工作机制，社会化检验、注册验船师制度得以试点推进。

——建设勇于技术创新、严于质量监管的渔船建

造体系，检验技术支撑逐步完善。检验法规标准研究、图纸技术评审、检验技术研究等技术支撑机构逐步建立并发挥作用，一批技术水平高、建造能力强、符合修造标准的渔船修造企业得以壮大，渔船建造事中事后监管及检验技术保障能力显著增强。

（二）重点突破，扎实推进渔船检验工作

"十三五"渔船检验工作任务繁重，我们要围绕渔船检验的创新发展目标，重点抓好以下工作：

1. 以强化法律保障为突破口，全面加强渔船检验监督管理法规建设。要努力在《渔业法》修订中增加渔船检验监督管理的法律条款，为开展渔船检验工作提供更有力的法律保障。要适时启动渔船检验条例的修订工作，完善配套部门规章，以适应现代渔船检验监督管理的需要。要以体现实用性、操作性、全覆盖为原则，抓紧渔船检验技术法规的制修订。

2. 以强化信息化建设为突破口，全面加强检验监管能力建设。要抓紧做好渔船检验监督信息化的顶层设计，按照轻重缓急的原则，积极推进"智慧船检"规划的实施。各地要在"智慧船检"的统一规划下，结合当地实际开展船检信息化建设。要充分利用"互联网+"技术，推动实施渔船的身份证管理制度和集中检验点试点建设，实现重点检验环节可控、可追溯，提高渔船检验工作效率和质量。要根据远洋渔业的发展，拓展远洋渔船境外检验点的建设，提高远洋渔船检验的保障能力。要按照农资打假专项行动统一部署，继续开展渔船用产品的质量专项治理和监督抽查，打击伪劣产品。

3. 以创新验船师管理制度为突破口，全面加强检验组织体系建设。要探索推进注册验船师制度的实施，在人社部等有关部门的指导下，研究适合渔船检验发展需要的注册验船师制度实施方案，选择有条件的地方开展建立"检管分离"工作机制的试点探索。实行以检验能力核定检验机构业务，继续开展渔船检验机构结对帮扶，促进全国渔船检验工作协调发展。要加快制定与新形势相适应的验船师培养规划，创新培训方法，有计划、有步骤地壮大验船师队伍。

4. 以渔船建造质量监管为突破口，全面加强渔船检验监督管理技术支撑建设。要创新思路，做好渔船建造的事中、事后监管，积极探索建立设计、修造单位质量声明制度，推行开工前检查制度。引导企业进行技术创新，提高渔船建造质量。要逐步建立更多的图纸审查、安全评价、法规研究、检验检测等的技术支撑组织，开展技术研究，为检验监管工作提供有力的技术和决策支持。要积极支持相关渔船和装备技术联盟的工作，大力提升渔船标准化水平。

5. 以强化服务渔业中心工作为突破口，全面加强渔船安全保障支撑作用。要继续深入开展渔船安全隐患排查，积极配合做好"船证不符"的整治和内陆渔船"三证合一"的推行工作。充分发挥渔船技术标准委员会的作用，推动新技术、新材料、新能源、新装备在渔船建造和检验领域的开发应用，加快渔船装备升级。认真实施好渔船用柴油机型谱管理制度，加大对违规修造渔船行为的监管执法力度，确保捕捞渔船"双控"制度有效实施。

（三）加强组织领导，保障各项工作落到实处

抓好"十三五"渔船检验各项工作，推进渔船检验创新发展，不仅需要渔船检验系统广大干部职工的积极努力，更离不开各级渔业行政主管部门的组织领导。

1. 要统筹谋划好渔船检验工作。要将渔船检验工作纳入渔业渔政工作的全局，进行统一谋划、统一部署、统一研究，充分发挥渔船检验监督管理的保障与支撑作用，让其参与到服务渔区安全发展、破解渔船管理难点、开展渔业渔政执法行动中去。要找准在渔船安全监管中的结合点与切入点，在渔船双控、渔具渔法管理、水生生物资源养护、水域生态环境保护等方面发挥渔船检验监督管理应有的作用。

2. 要加强渔船检验监督管理机构的建设。2013年，中编办印发了《中央国家机关所属事业单位分类指导目录》，将"渔业船舶检验监督管理"定位为"承担行政职能事业单位"，为各地渔船检验机构正在开展的事业单位分类改革指明了方向。渔船检验工作任务艰巨、责任重大，下一步只能加强，不能削弱。各级渔业行政主管部门要从机构建设、人员配备、经费保障等方面，确保渔船检验监督管理机构能正常开展工作，并与其承担的渔船检验监督管理任务相适应。尤其是在当前政府机构改革和事业单位分类改革工作中，要带领渔船检验机构积极主动向地方政府汇报情况，争取支持，要把渔船检验体制改革融入到渔业行政改革中，通过改革进一步明确和强化渔船检验监督管理职能。

3. 要帮助解决渔船检验工作面临的突出问题。当前，渔船检验系统面临检验力量不足、干部成长缓慢等内部管理问题，特别是船检机构普遍存在的干部成长空间狭小、专业人员缺乏、激励机制不够等问题。各级渔业行政主管部门要高度重视，经常过问、主动关心，深入了解分析，协调有关部门一起研究解决。要打破部门界限，将船检人员纳入本部门干部整体培养计划一并考虑，加大干部培养交流力度。

4. 要加强行风政风建设。各级渔业行政主管部门要大力推进渔业渔政和渔船检验系统的行风政风建

设,落实“两个责任”,严守“八项规定”,带出一支作风优良、清正廉洁的队伍。要以“三严三实”专题教育为契机,加强队伍理想信念教育和思想作风建设,增强创新意识、责任意识和全局意识,不懒政怠政,要有所作为。要建立健全各项行政许可审批运行的监督机制,加强廉政风险防控,让权力在阳光下运行。要以近年来渔业系统出现的违法违规案件为戒,坚持警钟长鸣,常抓不懈,做到勤政廉政。

2015 年渔业大事记

1 月

6 日 农业部、交通运输部就进一步加强水上安全管理合作、减少和避免商船渔船碰撞事故召开工作交流会。农业部副部长牛盾、交通运输部副部长何建中出席并讲话。农业部渔业渔政管理局局长赵兴武、副局长崔利锋参加会议。

12 日 全国渔业渔政工作电视电话会议召开，会议总结了 2014 年渔业渔政工作情况，部署了 2015 年渔业重点工作。农业部副部长牛盾出席会议并讲话，农业部渔业渔政管理局局长赵兴武主持会议，局领导班子参加了北京主会场会议。

农业部印发《关于加强大鲵资源保护规范经营利用管理的通知》，就进一步加强大鲵野生种群及栖息地保护、建立标识制度和可追溯体系、加强大鲵市场监管和疫病防控及强化宣传引导和社会监督等工作提出了明确要求。

26 日 农业部召开全国渔业安全生产工作视频会议，总结 2014 年渔业安全生产工作，部署 2015 年全国渔业安全生产工作。农业部副部长牛盾出席会议并讲话。农业部渔业渔政管理局局长赵兴武主持会议。

31 日 习近平同志在农业部呈报的关于清理整治“绝户网”保护海洋渔业资源和生态环境有关报告上批示：初战告捷，成果显著，要持之以恒。

2 月

11 日 农业部渔业渔政管理局组织召开《渔业法》修订重大课题汇报交流会，中国人民大学、中国政法大学、上海海洋大学、国务院发展研究中心的专家团队交流探讨了渔业养殖、资源保护等重要法律问题。农业部渔业渔政管理局副局长李书民参加会议。

12 日 农业部渔业渔政管理局副巡视员刘新中到北京市渔政监督管理站调研渔政工作情况，重点针对制订《内陆渔政行政执法人员的执法规范》《渔政执法人员执法装备标准化配置规范》开展调研。

16 日 农业部渔业渔政管理局副局长崔利锋在农业部约见印尼驻华使馆公使衔参赞福来迪（Freddy Sirait），就近期印尼政策调整对我在印尼远洋渔业合作项目造成严重影响和企业经济损失等问题进行交涉，提出合作意见建议。

25 日 农业部印发《2015 年国家水生动物疫病监测计划》，部署 2015 年有关工作。

26 日 农业部渔业渔政管理局召开全体会议，传达学习习近平、刘云山同志在省部级主要领导干部学习贯彻党的十八届四中全会精神全面推进依法治国专题研讨班上的讲话精神，并就《渔业法》修订进行讨论。局长赵兴武主持会议。

3 月

4 日 农业部党组成员、驻部纪检组组长宋建朝到农业部渔业渔政管理局调研党风廉政建设工作。局长赵兴武作情况汇报，局领导班子成员参加汇报会。

12 日 农业部办公厅印发《关于开展 2015 年全国水产健康养殖示范创建活动的通知》，计划创建农业部渔业健康养殖示范县 5 个以上、水产健康养殖示范场 500 个以上。

13 日 农业部办公厅印发《关于做好 2015 年海洋伏季休渔工作的通知》，明确 2015 年海洋伏季休渔制度延续 2014 年管理规定，同时，要求各地加强执法监管，依法维护休渔秩序。

13 日 《农业部 中国邮政储蓄银行关于印发〈创新现代渔业金融服务工作实施方案〉的通知》印发，中国邮政储蓄银行计划 2015—2018 年为现代渔业累计提供 200 亿元意向授信规模。

19 日 住房和城乡建设部村镇司、农业部渔业渔政管理局在长沙召开全国以船为家渔民上岸安居工程工作检查培训会，副局长李书民出席会议并讲话。会后李书民带队赴沅江市现场检查观摩。

25 日 财政部、农业部共同向国务院上报《关于调整国内渔业捕捞和养殖业油价补贴政策的请示》。

26 日 农业部办公厅印发《关于 2014 年渔业统计工作情况的通报》，通报了渔业统计标准和制度建设取得的新进展、新一轮渔民家庭收支调查成功实施、渔业统计队伍建设得到加强、“大渔情”工作体系初步形成、各地渔业统计工作扎实开展。

27～28 日 农业部副部长于康震、农业部渔业渔政管理局局长赵兴武到湖北省潜江市调研现代渔业发展情况，并共同出席“长江江豚迁地保护行动暨水生生物增殖放流活动”。

27 日 全国水产技术推广工作会议在北京市召开，农业部渔业渔政管理局副局长李书民出席会议并作讲话。会议总结了 2014 年全国水产技术推广工作，研究部署了 2015 年工作。

30 日 远洋渔业发展 30 年座谈会在北京召开，中央政治局委员、国务院副总理汪洋出席会议并作重要讲话，农业部部长韩长赋主持会议，农业部副部长于康震作了题为《全国远洋渔业发展情况报告》的汇报，农业部总经济师、办公厅主任毕美家出席会议。会议总结了自 1985 年至今的 30 年来远洋渔业发展的成就，交流了先进经验，并对未来渔业发展提出了新的要求。农业部渔业渔政管理局局长赵兴武、副局长崔利锋出席会议。

31 日 全国渔业统计工作会议在安徽省马鞍山市召开，农业部渔业渔政管理局副巡视员刘新中出席会议并讲话。

31 日 根据《渔业船舶检验条例》和《渔业船舶法定检验规则》以及渔业船舶管理需要，农业部公布了国内海洋和远洋渔业船舶检验证书及其检验记录样式。

4 月

1 日 农业部渔业渔政管理局局长赵兴武带领调研组到泰安市东平县开展农业部“百乡万户调查”。调查为期一个月，除东平县外，还将赴烟台市蓬莱市调研。

3 日 农业部办公厅印发《关于做好 2015 年增殖放流工作的通知》，要求各有关单位落实好增殖放流项目，组织好增殖放流活动，评估好增殖放流效果，监管好增殖放流行为。

9 日 长江水域上海段清理整治非法捕捞联合执法行动在上海启动，农业部副部长于康震、农业部长江流域渔政监督管理办公室主任李彦亮出席启动仪式。

10～14 日 2015 年全国农牧渔业大县局长轮训第五期渔业局长班在农业部管理干部学院上海海洋大学分院举办。4 月 11 日，农业部副部长于康震到班作主题报告，农业部渔业渔政管理局局长赵兴武、副局长崔利锋分别到班授课。

14 日 沿海渔政工作座谈会在上海召开，农业部渔业渔政管理局副巡视员刘新中出席。

14 日 农业部印发《关于开展 2015 年全国现代渔业种业示范场创建活动的通知》，部署继续开展现代渔业种业示范场创建活动。

14 日 为应对履约过程中牵涉环节较多、情况复杂等，进一步做好相关工作，农业部渔业渔政管理局国家濒危物种进出口管理办公室印发《关于进一步做好鲨鱼和蝠鲼物种履约管理工作的通知》。

15 日 农业部渔业渔政管理局局长赵兴武率调查组到山东省烟台市蓬莱市继续开展农业部“百乡万户调查”。

20 日 农业部在浙江省象山县召开清理整治“绝户网”和涉渔“三无”船舶现场会，部长韩长赋出席会议并讲话，副部长于康震主持会议，农业部渔业渔政管理局局长赵兴武、副局长崔利锋、副巡视员刘新中参加会议。会议总结了前一阶段清理整治行动开展情况，介绍了浙江省典型经验做法，并对下一阶段行动进行了再动员再部署。

20 日 农业部、浙江省人民政府在宁波市象山县联合举办“东海渔业资源增殖放流活动”。农业部部长韩长赋、副部长于康震、总经济师毕美家出席活动。农业部渔业渔政管理局局长赵兴武、副局长崔利锋、副巡视员刘新中参加活动。

21 日 农业部副部长于康震在浙江省舟山市、宁波市调研海洋渔业发展工作，农业部渔业渔政管理局局长赵兴武陪同调研。

23 日 中国水产科学研究院南海水产研究所举办渔业形势专题讲座，农业部渔业渔政管理局副巡视员刘新中出席并讲话。

28～29 日 农业部渔业渔政管理局在北京举办渔业应急值班业务培训，副巡视员刘新中参加。

28 日 农业部渔业渔政管理局局长赵兴武出席在山东省莱州市举行的山东省“海上粮仓”建设现场会。

29 日 农业部印发《关于开展重点渔业村经济调查试点工作的通知》，决定在辽宁、浙江、福建、广东等 4 省开展重点渔业村经济调查试点工作。

29 日 农业部印发《关于做好 2015 年内陆捕捞渔业统计抽样调查试点工作的通知》，决定 2015 年在河北、黑龙江等 12 个省（自治区）开展内陆捕捞统计抽样调查试点工作。

5 月

5 日 由中国水产科学研究院、大连海洋大学联合主办的2015中国渔业经济专家研讨会在大连召开。农业部渔业渔政管理局副局长李书民出席并作了题为《依法治渔与现代渔业建设》的专题报告。

5日 农业部办公厅印发《养殖大鲵及其产品标识技术规程(试行)》,就切实做好养殖大鲵及其产品的标识管理和市场监管工作做出规定。

5~27日 农业部渔业渔政管理局副局长李书民在上海市出席2015年推进城市生态文明建设专题研讨班第六期。

6日 中阿渔业合作分委会第六次会议在阿根廷举行。会议由农业部渔业渔政管理局局长赵兴武和阿根廷农牧渔业部副国务秘书布斯塔曼特共同主持。会后双方签署了会议纪要。

9~10日 农业部渔业渔政管理局副巡视员刘新中带领工作组赴辽宁省大连市,开展为期两天的渔业安全生产及防汛抗台检查督查工作。

10日 由农业部渔业渔政管理局局长赵兴武为团长的中国代表团和毛里塔尼亚渔业部秘书长卡蒂嘉为团长的毛方代表团在西班牙拉斯帕尔玛斯举行了中毛渔业混合委员会预备会议。会后签署了会议纪要。

11日 农业部渔业渔政管理局评定公布95家第四批全国休闲渔业示范基地。至此,全国休闲渔业示范基地达到491家。

15日 农业部渔业渔政管理局召开会议部署"三严三实"专题教育工作。会议传达学习了有关领导讲话和文件精神,同时对渔业渔政管理局2014年的优秀党员和先进工作者进行了表彰。局长赵兴武主持会议。

18日 农业部发布2014年全国渔业经济统计公报。2014年全国渔业经济总产值20 858.95亿元,全国水产品总产量6 461.52万吨,水产品出口总量844.43万吨、进出口总额308.84亿美元,全国水产养殖面积8 386.36千公顷,全国水产品人均占有量47.24千克,年末渔船总数106.53万吨、总吨位1 070.43万吨,渔业人口2 035.04万人,渔民人均纯收入14 426.26元。

20日 全国水产品质量安全监管工作会议在广州召开,农业部副部长于康震出席并讲话,农业部渔业渔政管理局局长赵兴武参加。

21日 农业部副部长于康震在广东省考察现代渔业情况,了解当地淡水鱼类养殖生产、冷链物流运输和淡水鱼类苗种繁育等情况,农业部渔业渔政管理局局长赵兴武陪同。

22日 农业部副部长于康震到中国水产科学研究院南海水产研究所、珠江水产研究所考察调研,农业部渔业渔政管理局局长赵兴武陪同考察调研。

21日 远洋金枪鱼产业总结会在湖南召开,农业部渔业渔政管理局副局长崔利锋出席会议。

22日 农业部渔业渔政管理局副局长崔利锋参加在浙江省宁波市召开的东海渔业资源监测会并调研。

25日 第十届中国国际(厦门)渔业博览会暨2015亚太水产养殖展览会在厦门市举行,农业部渔业渔政管理局副巡视员刘新中出席。

29日 全国远洋渔业安全工作会在上海市召开,农业部渔业渔政管理局局长赵兴武出席会议并讲话,副局长崔利锋主持会议。

6月

1~5日 "中国-FAO内陆渔业及水产养殖可持续发展高层研讨会"在江苏省无锡市召开。农业部渔业渔政管理局副局长李书民出席研讨会并致辞。

1~5日 农业部渔业渔政管理局副局长李书民赴江苏省、湖北省调研,重点了解上半年渔业经济发展形势。

2日 农业部渔业渔政管理局副巡视员刘新中在山东省开展上半年经济形势调研。

3日 湖北省潜江市稻田综合种养暨"华山模式"座谈会在北京举行,农业部副部长于康震出席座谈会。

5日 农业部渔业渔政管理局副巡视员刘新中赴广东省研究南沙渔业管理相关工作、了解上半年经济形势和开展联系点调研。

6日 2015年全国同步增殖放流活动(主会场)暨台湾海峡增殖放流活动在福州举行。农业部副部长于康震出席主会场活动并讲话,农业部渔业渔政管理局局长赵兴武、副局长崔利锋出席活动。此次活动也是作为落实两岸签署渔业合作意向书举办的首次有关活动,台湾水产协会理事长沙志一、副理事长蔡日耀等一行参加。

12日 农业部办公厅印发《关于第八批国家级水产种质资源保护区面积范围和功能分区的通知》,公布大雁河等36处国家级水产种质资源保护区(第八批)的面积范围和功能区。至此,已正式公布国家级水产种质资源保护区464处。

13日 由农业部渔业渔政管理局局长赵兴武带队的调研组赴湖北省潜江市调研小龙虾产业。

17~19日 农业部渔业渔政管理局局长赵兴武带队赴甘肃开展现代渔业建设调研。调研组深入调研了甘肃渔业资源养护情况。

22日 农业部渔业渔政管理局副局长崔利锋在华盛顿参加"中美战略与经济对话"有关渔业问题磋商及中国巴西农业联委会会议。

23日 农业部渔业渔政管理局副局长李书民一行赴

北京市通州区指导鱼类疫病防控工作。

25 日 财政部、农业部联合下发《关于调整国内渔业捕捞和养殖业油价补贴政策促进渔业持续健康发展的通知》,决定自 2015 年起启动国内渔业油价补贴政策调整工作。

25 日 南极磷虾开发会在北京举办,农业部渔业渔政管理局局长赵兴武出席。

27 日 农业部渔业渔政管理局副局长李书民赴西藏参加雅鲁藏布江渔业资源研究与利用课题专家研讨会暨西藏调研。

28 日至 7 月 3 日 作为落实两岸渔业合作意向书的一项工作安排,农业部渔业渔政管理局局长赵兴武率团赴台湾参加增殖放流及相关考察活动。

30 日 部长与渔业企业经理(渔船船主)"谈心对话"活动在农业部举行,农业部副部长于康震与 10 余位渔业企业家、船员代表面对面交流,农业部渔业渔政管理局副巡视员刘新中参加。

30 日 农业部印发办公厅印发《关于开展海洋渔业船舶摸底调查的通知》,决定近期开展全国海洋渔业船舶情况摸底调查工作。

7 月

8 日 农业部办公厅印发《远洋渔船标准化船型参数系列表(第一批)》。

8 日 农业部发布《渔业船舶法定检验规则(远洋渔业 2015)》。该规则将于 2015 年 12 月 1 日起生效实施。这是我国首部为远洋渔船专门制定的《渔业船舶法定检验规则》。

9 日 财政部、农业部共同召开"国内渔业油价补贴政策调整视频会议",农业部副部长于康震、财政部副部长刘昆出席会议并讲话。

10 日 "2015 年全国海洋捕捞渔具管理工作研讨会"在上海市召开,农业部渔业渔政管理局副巡视员刘新中出席会议。会议研究讨论了进一步加强海洋捕捞渔具管理、加快推进渔具准用目录制定和完善工作,研究部署了下一步渔具管理工作。

14 ~ 16 日 第十六届中日渔业联合委员会第二次筹备会议暨年会在日本东京召开,农业部渔业渔政管理局局长赵兴武率团出席会议。会议最终就 2015—2016 年度我国渔船进入日本管辖水域作业规模和条件等达成一致。副局长李书民参加会议。

17 日 全国渔船检验执法监督三大行动座谈会在大连市召开。农业部副部长于康震出席会议并讲话,农业部渔业渔政管理局副巡视员刘新中出席会议。

17 ~ 19 日 农业部副部长于康震到辽宁省大连市重点渔区调研,了解渔船管理、渔业安全生产和海洋牧场建设等情况。农业部渔业渔政管理局副巡视员刘新中陪同调研。

21 日 农业部办公厅印发《关于 2014 年度中央财政经济物种增殖放流苗种供应有关情况的通报》。据不完全统计,2014 年度承担中央财政增殖放流任务的供苗单位共计 841 家,其中,44.2% 的供苗单位具备省级以上原良种场资质。

29 ~ 31 日 农业部在云南省昆明市举办全国渔业安全业务培训班,对全国各省(自治区、直辖市)渔业主管部门和渔港监督机构、中国渔业协会、中国渔业互保协会、中国远洋渔业协会等单位的有关人员开展针对性培训。

8 月

18 ~ 20 日 农业部渔业渔政管理局副巡视员刘新中率农业部渔业渔政管理局、国家安监总局统计司联合督导组赴浙江省督查渔业安全生产工作,并进行渔业船舶安全事故统计情况调研。

21 日 农业部办公厅印发《关于做好 2014 年度远洋渔业油价补助资金发放工作的通知》。

23 日 全国渔业厅局长座谈会在青海省西宁市召开,交流渔业渔政重点工作进展情况,研究讨论《渔业法修订草案》和"十三五"渔业发展规划草案。农业部副部长于康震出席会议并讲话,农业部渔业渔政管理局副局长崔利锋主持会议、副局长李书民出席。

27 日 农业部渔业渔政管理局印发《关于开展 2015 年动物疫情监测与防治经费项目绩效评价工作的通知》。

9 月

11 日 住房和城乡建设部村镇司、农业部渔业渔政管理局、国家发改委农经司、国土资源部土地利用司联合在安徽省铜陵市召开全国以船为家渔民上岸安居工程现场推进会。会议交流了各有关省(自治区、直辖市)渔民上岸安居工程进展情况,并对下一步工作进行了部署。谁参加。

11 日、13 日 中毛渔业混委会预备会议和正式会议在农业部先后召开,农业部于康震副部长和毛里塔尼亚渔业及海洋经济部部长纳尼出席并主持中毛渔业混委会正式会议。农业部渔业渔政管理局局长赵兴武、副局长崔利锋参加会议。

10 ~ 12 日 农业部渔业渔政管理局副局长崔利锋、副局长李书民一行先后陪同农业部副部长于康震在江苏省调研水产养殖业发展和现代渔业建设工作。

14 日　在习近平主席和毛里塔尼亚阿齐兹总统见证下，农业部副部长于康震和毛里塔尼亚渔业及海洋经济部部长纳尼.乌尔德.史鲁卡在北京人民大会堂正式签署新一届中毛渔业混合委员会会议纪要。

15 日　2015 年全国水生野生动物保护科普宣传月仪式在湖北省武汉市举行，农业部渔业渔政管理局副局长崔利锋宣布宣传月开始启动，长江流域渔政监督管理办公室李彦亮主任出席启动仪式。

17 日　2015 海峡（福州）渔业周·中国（福州）国际渔业博览会在福州海峡国际会展中心隆重开幕，农业部副部长于康震出席开馆巡馆仪式，并参加中国远洋产品交易中心授牌仪式暨中国－东盟海产品交易所推介会。农业部渔业渔政管理局副巡视员刘新中参加活动。之后，于康震副部长一行赴福建省石狮市调研详芝国家中心渔港建设情况。

16～17 日　2015 中国水产品牌大会在浙江省舟山市举行，农业部渔业渔政管理局副巡视员刘新中出席会议。

21 日　农业部渔业渔政管理局与农业部渔业船舶检验局在北京就适应渔船安全监管新常态、合力推动渔业转型升级提质增效进行工作交流座谈，共商今后一段时期加快推动现代渔业发展大计。局长赵兴武、副巡视员刘新中出席座谈会并讲话。

23～25 日　农业部副部长于康震、农业部渔业渔政管理局局长赵兴武到山东荣成调研现代渔业建设情况和渔业渔政管理工作。

25 日　农业部渔业渔政管理局印发《关于做好强热带风暴“杜鹃”防范工作的紧急通知》（农业部渔业应急值班传真第 6 期），部署第 21 号台风“杜鹃”（强热带风暴）防御工作。

28～30 日　农业部渔业渔政管理局副局长李书民率领调研组一行深入广西北海、钦州等地开展海洋渔业专题考察调研。

29～30 日　农业部副部长张桃林赴中国水产科学研究院浙江鲟鱼科技成果转化示范基地调研，农业部渔业渔政管理局局长赵兴武陪同。

10 月

8～10 日　农业部副部长于康震、农业部渔业渔政管理局局长赵兴武先后到山东烟台、蓬莱、莱州、青岛及中国水产科学研究院黄海水产研究所调研现代渔业建设情况和渔业渔政管理工作。

10～13 日　农业部副部长于康震、农业部渔业渔政管理局局长赵兴武一行赴广东珠海、中山、深圳调研现代渔业建设情况和渔业渔政管理工作。

13～17 日　农业部第十专题调研督查组赴江西省开展中央三农政策落实、农业农村经济发展等情况调研督查。国家首席兽医师张仲秋带队，农业部渔业渔政管理局副局长李书民陪同，渔业渔政管理局牵头负责。

15 日　国家渔业科技创新联盟成立大会在宁夏银川召开，农业部渔业渔政管理局副巡视员刘新中出席会议。

19 日　国务院副总理汪洋在山东省调研海洋渔业发展情况。他强调，深耕海洋，发展现代海洋渔业，是我国农业现代化建设的重要战略。要认真贯彻落实党中央、国务院关于发展海洋经济和建设海洋生态文明的决策部署，加快转变发展方式，合理开发利用海洋渔业，加强海洋环境保护，促进海洋生态修复，走产出高效、产品安全、资源节约、环境友好的现代海洋渔业发展之路。

19 日　农业部办公厅印发《关于公布 2015 年水生动物防疫系统实验室检测能力测试结果通知》。

22 日　农业部渔业渔政管理局副局长李书民带队到福建省石狮市调研渔港建设情况。

22 日　农业部印发《关于严格遵守北太平洋渔业管理组织有关管理措施的通知》，要求相关远洋渔业企业按要求进行渔船注册、报送数据信息、配合经委员会授权的执法船和执法人员实施登临检查、安装船位监测设备并严格执行相关资源养护措施，避免涉外违规事件的发生。

27 日　现代渔业种业建设和监管工作座谈会在大连市召开，对加强渔业种业体系内部上下游链接，加快推进育繁推一体化进程，加强种业生产监管，严厉打击违法用药等行为进行部署。农业部渔业渔政管理局副局长李书民参加座谈会。

29 日　农业部办公厅印发《关于开展水产品质量安全监管与执法交叉督察工作的通知》，要求省级渔业主管部门于近期组织开展相关工作。

30 日　农业部渔业渔政管理局副局长崔利锋专门约谈在毛里塔尼亚从事远洋渔业的中国水产有限公司、上海水产集团有限公司和福州宏东远洋渔业有限公司负责人，重点强调重视远洋渔业安全生产工作。

11 月

3～4 日　第 26 届中日韩水产科研人员研讨会在北京召开，农业部渔业渔政管理局副局长崔利锋出席会议。

4 日　全国水产养殖面源污染防治现场会在江苏省盐城市召开，对水产养殖面源污染防治工作进行了动员和部署。农业部渔业渔政管理局副局长李书民出席会议。

4 日　第二十届中国国际渔业博览会在青岛市举办。

来自全球46个国家和地区的1 300余家企业报名参展，展会同期还举办了多种形式的商贸推介研讨活动。农业部副部长屈冬玉、农业部渔业渔政管理局局长赵兴武出席。

5 日 农业部渔业渔政管理局局长赵兴武与阿根廷农牧渔业部渔业和水产副国务秘书奈斯特.米格尔.布斯塔曼特在青岛市共同主持中阿渔业分委会第七次会议，双方就中方鱿钓渔船入渔、建立违规渔船联络处置机制、培训阿方水产技术人员、阿方对华出口水产品等事宜进行磋商、形成一致意见并签署了会议纪要。

7 日 第十三届中国国际农产品交易会在福建省福州市开幕，农业部渔业渔政管理局局长赵兴武出席。

12 日、18 日 “农业部公告第2315号”和《农业部办公厅关于加快推进内陆渔业船舶证书“三证合一”改革做好内陆渔业船舶证书“三证合一”改革做好新版证书换发有关工作中的通知》先后印发，决定自2016年1月1日起全面启动全国或省级内陆渔业船舶动态管理系统，推进内陆渔业船舶证书“三证合一”改革，启动新版内陆渔业船舶证书换发工作。

17 日 农业部第八次常务会议审议原则通过《农业部关于加快推进渔业转方式调结构的指导意见》。

18 日 全国渔情信息工作会在江苏省南京市召开。农业部渔业渔政管理局副巡视员刘新中出席会议并讲话。

18～22 日 农业部副部长于康震在海南省调研南沙渔业发展情况。农业部渔业渔政管理局局长赵兴武、副巡视员刘新中陪同调研。

22 日 首届全国水产技术推广职业技能竞赛在北京举办，国家首席兽医师张仲秋、农业部渔业渔政管理局副局长李书民出席。此次竞赛是农业部首次举办的全国性渔业行业职能比赛，也是渔业行业规格和水平最高的技能比赛。

25 日 农业部印发《农业部办公厅关于印发国内渔业捕捞和养殖业油价补贴政策调整相关实施方案的通知》。

26 日 长江渔民生计问题座谈会在湖北省武汉市召开。农业部渔业渔政管理局局长赵兴武出席会议并作总结讲话，副局长李书民主持会议。

12 月

1 日 全国渔业渔政信息化业务交流会在广东省广州市举办，农业部渔业渔政管理局副巡视员刘新中出席会议并讲话。

2～4 日 全国渔业船舶检验工作会议在上海市召开。农业部副部长于康震在会上讲话，农业部渔业渔政管理局局长赵兴武参加会议并讲话。

4 日 农业部副部长于康震到中国水产科学研究院东海水产研究所和渔业机械仪器研究所调研渔业科技工作。农业部渔业渔政管理局局长赵兴武陪同考察调研。

4 日 全国渔业政策法规工作会在陕西省西安市召开，农业部渔业渔政管理局副局长李书民出席会议并讲话。

5 日 农业部渔业渔政管理局副局长李书民一行到陕西省合阳县调研现代渔业。

9 日 中国渔业互保协会第五次全国会员代表大会在北京召开。大会全面总结了第四次全国会员代表大会以来的理事会、监事会的各项工作，选举产生了第五届理事会、监事会和秘书处成员以及负责人，明确了今后一段时期的指导思想和工作思路。李健华当选第五届理事会理事长。农业部副部长于康震出席大会并讲话，农业部渔业渔政管理局副巡视员刘新中出席大会。

10 日 第五届全国水产原种和良种审定委员会第三次会议在湖北省武汉市召开。农业部渔业渔政管理局局长赵兴武出席会议并讲话。

10～11 日 “十三五”全国渔业发展战略高层研讨会在湖北省武汉市召开。会议对《全国渔业发展第十三个五年规划(征求意见稿)》进行专题研讨。农业部渔业渔政管理局局长赵兴武出席会议并讲话。

11 日 为推动养殖河鲀放开市场，农业部、国家食品药品监督管理总局、国家卫生和计划生育委员会在食药总局大楼召开三方协调会，初步达成有条件放开养殖河鲀市场的一致意见。农业部渔业渔政管理局副局长李书民、农产品质量安全监管局处长董洪岩、食药总局食监二司司长张靖等出席会议。

11 日 平安渔业创建暨渔港监督工作研讨会在广西南宁市召开。农业部渔业渔政管理局副巡视员刘新中出席会议并讲话。

14 日 完善“十三五”海洋捕捞渔船控制制度研讨会在安徽合肥召开，研讨会总结交流“十二五”期间海洋渔船控制制度实施情况，集中研讨“十三五”海洋捕捞渔船控制制度实施意见，部署启动《渔业捕捞许可管理规定》研究、修改工作。农业部渔业渔政管理局副巡视员刘新中主持会议。

15 日 全国渔业标准化工作座谈会暨第五届全国水产标准化技术委员会成立大会在北京召开。农业部渔业渔政管理局副局长李书民出席大会并讲话。

17 日、22 日 农业部公布湖北洪湖等5个首批“农业部渔业健康养殖示范县”名单和614个第十批“农业部水产健康养殖示范场”名单。到2015年底农业部水产健康养殖场总数达到 5 856 个。

22 日 全国渔船标准化技术委员会工作会议在上海市召开。

31 日 农业部公布创建评定的 21 家“全国现代渔业种业示范场”。

（农业部渔业渔政管理局）

索　引

说　明

一、本索引采用分析索引方法，按汉语拼音顺序排列，同音字按声调排列。

二、“法律法规文献”、“渔业经济统计”、“领导讲话”栏目中的具体内容未作索引。“各地渔业”栏目中的条目按正文排列，不参与排序。

三、索引词条后的数字表示内容所在的正文页码。

图书在版编目(CIP)数据

中国渔业年鉴. 2016 / 农业部渔业渔政管理局主编
. --北京:中国农业出版社,2016. 11
ISBN 978-7-109-22312-7

Ⅰ. ①中… Ⅱ. ①农… Ⅲ. ①渔业经济-中国-2016-年鉴 Ⅳ. ①F326.4-54

中国版本图书馆 CIP 数据核字(2016)第 261366 号

ISBN 978-7-109-22312-7

中国农业出版社出版
(北京市朝阳区农展馆北路 2 号)
(邮政编码 100125)
责任编辑: 徐晖 贾彬

中国农业出版社印刷厂印刷 新华书店北京发行所发行
2016 年 11 月第 1 版 2016 年 11 月北京第 1 次印刷

开本:787mm × 1092mm 1/16 印张:22.25 插页:36
字数:700 千字
定价:200.00 元
(凡本版图书出现印刷、装订错误,请向出版社发行部调换)

“今日中国渔业”彩版专栏

目　录

湖北省水产局

增殖放流

生态鱼标准化养殖基地

现代休闲渔业基地

“十二五”是湖北渔业发展速度最快、发展质量最高、发展水平最好、渔民群众得实惠最多的时期之一。

养殖面积67万公顷以上，渔业强省的发展基础更加厚实 高标准改造池塘超过200万亩，建成大型现代渔业示范基地74个，创建全国现代渔业种业示范场14家，农业部渔业健康养殖示范县3个。

总量连续20年全国第一，水产品安全供给保障更加有力 2015年水产品总量455.89万吨，占全国淡水产品总量的13.7%，部省抽检合格率稳定在99%以上，产地水产品合格率连续5年保持100%。

实现“双千亿生态产业”，渔业经济结构和产业布局更加优化 2015年全省渔业经济总产值达2 179.5亿元，比2010年增134%。成功打造小龙虾、河蟹、鳝鳅三大“百亿元”产业。成功打造“楚江红”小龙虾、“梁子”牌梁子湖大河蟹、“洪湖渔家”生态鱼三艘品牌航母。

稻渔综合种养成为全国生态循环农业的一面旗帜，渔民收入增长更加快速 稻渔综合种养面积突破20万公顷，为农民创收近百亿元，全省渔民人均纯收入突破15 515元。

连续14年实现长江禁渔“三无目标”，渔业可持续发展能力更加提升 放流经济鱼类近60亿尾，建成13个水生生物自然保护区，66个国家级水产种质资源保护区。创建国家级平安渔业示范县7个、省级17个，连续7年保持零责任事故。

渔业科技进步贡献率超过50%，科技创新驱动更加深入 建立院士专家工作站10家，水产品加工获得10余项新技术成果，成功培育和推广异育银鲫“中科3号”、黄颡鱼“全雄1号”、长丰鲢、杂交鲌“先锋1号”、翘嘴鳜“华康1号”等水产新品种，河蟹、小龙虾、黄鳝、泥鳅等特色品种人工繁育技术取得重大突破。

社会资本聚焦渔业领域，渔业新型经营主体更加壮大 有国家级龙头企业8家，省级龙头企业70家，渔民合作社4 468家，家庭渔场1 797家，3.3公顷以上养殖大户3.6万户。

政策资金投入增长超两倍，强渔惠渔政策更加给力 投入政策扶持资金超过32.7亿元，比“十一五”时期增长2.17倍。以船为家渔民上岸安居工程、水产养殖保险、渔民人身平安互助保险、渔业燃油补贴等支渔惠渔政策有效落实，渔民群众获得感显著增强。

江苏渔船检验局

2015年，江苏渔船检验局围绕“保民安、惠民生、促发展”总目标，坚持“创新、争优、务实、为民”工作导向，实现了重点工作有突破、整体工作创特色，在建设江苏海洋强省、渔业强省中彰显了新作为。推动海洋渔船更新改造工程基本完成，实现江苏海洋渔船升级换代；渔船渔港安全监管成效显著，全省渔业安全生产事故创历史新低；出台《江苏省特种养殖船检验与安全管理规定》，填补紫菜养殖船检验法规空白；制订出台全国首个地方性签发试航渔业船舶检验证书管理办法；创新全省渔业船员考试发证管理模式；渔业互助保险展业连续三年突破亿元大关；创新“互联网+渔业”管理，“智慧船检”建设全国领先。检验各类渔船3 050艘，培训各类船员2 522人，提供渔业互助保险风险保障294亿元。被评为全国渔船检验执法监督“三大行动”突出贡献单位，全国远洋渔船检验工作突出贡献检验机构，全国渔业互助保险先进单位，江苏省海洋与渔业局系统绩效管理先进单位，南通市市级机关服务地方先进奖单位、安全生产先进单位。

大潮澎湃处，激越看帆起！2016年“十三五”开局之年，该局将以更加饱满的热情、更加昂扬的斗志、更加务实的作风，锐意进取，开拓创新，奋力谱写江苏船检港监新篇章！

江苏海洋渔船更新改造工程圆满收官，实现海洋渔船升级换代

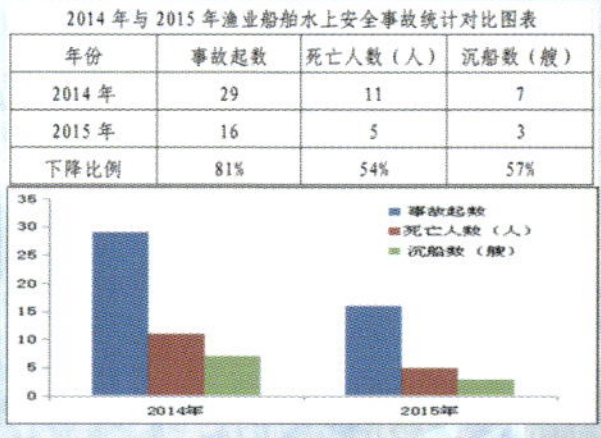

2014年与2015年渔业船舶水上安全事故统计对比图表

年份	事故起数	死亡人数（人）	沉船数（艘）
2014年	29	11	7
2015年	16	5	3
下降比例	81%	54%	57%

2014年与2015年渔业船舶水上安全事故统计对比图表

2015年省局绩效考核奖牌

安全督查现场

上海市渔政监督管理处

访一大会址、做合格党员、为渔政奉献

海上执法

查获非法捕捞水生物放生

2015年，在中共上海市委农村工作办公室、上海市农业委员会的领导下，上海市渔政监督管理处（上海市渔政指挥中心）实现了“三个转变，五个亮点”：

第一个转变是，依法履职能力明显加强 全处严格贯彻“法有规定必须为，法无授权不可为”原则，始终坚持依法行政、依法执法、依法办事，渔政工作真正抓到重点，点到穴位、抓住关键。

第二个转变是，面对重要任务毫不退缩 遇事不推诿，遇难不慌乱，面对上级机关布置的重要任务坚决执行、形成了敢负责、敢碰硬、敢执法，“首战用我，用我必胜”的良好姿态。

第三个转变是，全处上下团结一致拼事业 形成了心静、气顺、劲足、和谐的良好氛围。全处同志立足岗位，团结一致，一心一意，全心、全意、全情地投身于渔政事业之中。

第一个亮点是：清理取缔涉渔“三无”船舶形势喜人 按照市政府决定，在全市开展清理取缔涉渔“三无”船舶专项行动，根治危害沿江沿海地区和谐稳定、危害水生生物资源环境的违法行为。

第二个亮点是：渔政队伍建设和文明单位创建再结硕果 再次荣获“上海市文明单位”称号；渔政船队荣获市政府颁发的“上海市模范集体”称号；中国渔政31008船荣获农业部颁发的“全国渔业文明执法窗口单位”称号。上海市渔政处成为了本市渔业渔政系统的“标兵队”，成为了本市生态文明建设的“生力军”。

第三个亮点是：依法行政体系化和制度化建设初具规模 全面启动了修改、制定、完善综合管理制度和渔政执法制度的系统工程。梳理形成了“两张清单”事项，修订完善了“三重一大”制度，财务管理制度，制定试行了渔业行政处罚裁量基准和信息公开制度，全面推进渔政执法过程全纪录制度。依法、规范、公开、透明已经成为渔政执法“底线”。

第四个亮点是：渔业行政执法和刑事司法衔接再获突破 长江水域实现了“两法衔接”案件“零”的突破，有1起在长江禁渔期内使用禁用渔具捕捞案件移送长航公安，2名当事人被人民法院依法追究刑事责任，判处拘役实行3个月。内陆水域“两法衔接”基本实现了属地化和常态化，有2起案件移交公安机关。

第五个亮点是：以渔政执法推动生态文明建设全面开花 各条战线相较往年都取得了重要突破。在海上，全面整治了杭州湾水域外省市船舶非法捕捞，外省市船舶大幅减少，处罚力度创上海渔政历史记录。在长江，全面落实农业部“清江行动”，没收、清理、取缔禁用渔具数达到历史新高。在内陆，打非网格化管理正在逐步推进，“下沉”执法力量的效益初步显现，电捕鱼的发生率和发现率，呈现明显下降趋势，非法捕捞势头有所减弱。

潜江市水产局

潜江位于湖北省中南部，是武汉城市圈成员之一，地处美丽富饶的江汉平原腹地，素有“水乡”的美誉。2015年潜江市渔业养殖总面积达到3.4万公顷，水产品总产量14.3万吨，渔业产值28.8亿元，小龙虾产量5.4万吨，养殖产值16.2亿元，被农业部评为全国稻田综合种养先进县市。2015年我局获得湖北省农业厅年度先进单位、湖北省“十二五”科学素质工作优秀单位等荣誉称号，主持起草的《潜江龙虾虾稻共作养殖技术规程》已由中国渔业协会发布实施，《潜江龙虾虾稻共作养殖技术规程》通过省地方标准的认证。

养殖优势 目前潜江市小龙虾养殖面积2.3万公顷，建成7个万亩和32个千亩集中连片虾稻共作基地。莱克公司建成的龙虾苗种选育和繁育中心，目前已达到年选育优质虾苗30亿尾的规模。形成了布局合理、集中连片、产销功能齐全的小龙虾养殖新格局。

加工优势 潜江市现已形成了华山、莱克牵头的水产品加工企业群，可生产虾仁、整肢虾、甲壳素及衍生产品等10多个系列、60多个品种。共有加工企业11家，固定资产12.6亿元，年加工能力达到30万吨以上。2015年全市小龙虾出口创汇1.5亿美元，在世界淡水小龙虾产品市场拥有第一话语权。

服务优势 全市大力推进“互联网+小龙虾”行动计划，打造了全国首个龙虾鲜活产品电商平台--中国虾谷网。潜江潜网电子商务有限公司打造的中国龙虾交易中心（虾谷360垂直电商平台），在全国龙虾专业交易市场名列前茅。创建了专门从事龙虾产业的职业技术学院--潜江龙虾职业学院。成立了由桂建芳院士牵头的湖北省小龙虾产业技术研究院。

目前，潜江龙虾产业已形成集科研示范、良种选育、苗种繁殖、健康养殖、加工出口、餐饮服务、冷链物流、精深加工、节庆文化等于一体的产业化格局，产业链条十分完整。

院士专家工作站

湖北潜江龙虾交易中心开业仪式

生态龙虾城

连片龙虾基地

南通市海洋与渔业局

市领导视察现代渔业发展情况

2015年全市现代渔业建设推进会

执法人员培训

绝户网公开销毁活动

渔业安全生产演练

2015年，南通市积极实施现代高效渔业建设工程，现代渔业加快发展。全市实现水产品总产量90万吨，较上年增长2%；实现渔业经济总产值433亿元，与上年持平。如东、通州、海门、启东等4县（市、区）被省农委、省海洋与渔业局和省财政厅表彰为全省发展现代高效农业成效显著县，如皋市、海安县被省海洋与渔业局表彰为全省现代渔业建设先进单位。

发展基础得到新加强 印发《南通市水域滩涂养殖规划（2015-2020年）》，为全市现代渔业发展奠定了坚实基础。大力推进以中心渔港和一级渔港为主体的现代渔港建设，初步构建了由3个国家中心渔港和2个国家一级渔港组成的全国地级市最大的现代渔港群。加快渔船更新改造，全市新改造标准化渔船100艘，其中海安县在全省率先完成渔船更新改造任务。

转型升级迈出新步伐 高效设施渔业发展加快，全市新增高效设施渔业面积2 947公顷，累计达32 360公顷，占比达24.9%，提高3个百分点。新型渔业主体成效明显，新建10家1万平米以上工厂化温室养殖基地和5 930平米池塘工业化养殖系统，新认定4家省级家庭渔场、17家市级家庭渔场和3家市级渔业龙头企业，全省池塘工业化生态养殖系统建设（苏中片区）现场推进会在南通召开。渔业走出去不断加快，投资达10多亿元的南极磷虾开发项目正式落户，捕捞船网工具指标获农业部批准，江苏省最大的2艘专业鱿鱼钓渔船启航，全市在外生产远洋捕捞船累计达37艘，实现远洋捕捞产量3.6万吨，占江苏90%以上。渔业“接二连三”有效推进，水产品加工、出口贸易、休闲渔业、渔港经济等规模不断壮大，新培育2家国家级休闲渔业基地。

监管水平有了新提升 加强水产品质量监管，组织水产养殖投入品管理专项督查，水产品抽检合格率达99.7%，无公害产地面积占全市水产养殖总面积的90.8%。加强渔业安全生产监管，深入开展以海洋捕捞渔船职务船员“人证不符”和专业渔港水域安全监管整治为重点的渔业安全生产专项整治工作，全年没有发生较大以上渔业安全生产事故，事故起数及死亡人数连续实现双下降，大大低于省控指标，海安县、如东县获评“全国平安渔业示范县”。加强渔业执法监管，内河河道网具清障两年任务一年完成，海上“绝户网百日清网”专项执法、打击内陆河道电捕百日专项整治行动成效显著，全市海洋渔政执法工作受到省渔政总队表彰。

大连市渔业监督管理局

局领导登船看望远航归来的船员们

海洋日执法船向社会开放，市民上船参观

2015年，在农业部渔业渔政管理局的正确领导下，大连市渔政监督管理局认真学习贯彻党的十八大和十八届三中、四中、五中全会精神，深入践行习近平总书记“三严三实”总要求，围绕中心，服务大局，深入推进管理制度化、执法规范化、装备现代化建设，圆满完成了上级赋予的各项工作任务。

突出抓好党建工作 认真开展“三严三实”专题教育，全局19名处级以上领导干部全部参加了专题教育，参与率达100%。通过开展“学讲话、讲诚信、懂规矩、守纪律、鼓士气、促振兴”为主题的大学习、大讨论、撰写学习体会文章、联系反面典型研讨主题活动，以及“我是共产党员”党性党风主题教育、集中观看“做焦裕禄式的县委书记”和向孙德忠同志学习等活动，深刻查找党员干部在思想观念、工作作风、精神状态、担当意识、遵守纪律、党性修养等方面的问题和差距。认真贯彻民主集中制原则，及时完善“党委议事规则”“抓基层党建工作责任制的实施意见”“党风廉政建设目标责任制”等制度措施，落实主体责任和监督责任，严肃维护政治纪律和政治规矩。以“支部建在船艇上”为突破口，加强基层党建工作，重点向执法一线倾斜，将局属支部由原有的3个增加到7个，配齐配强支部委员会，确保广大党员时时处处在组织管理之中。全年发展新党员11人，全部实行“五公开”原则。

严格渔业生产监管 坚决贯彻国家、省伏季休渔管理各项部署和要求，强化领导，落实责任，多措并举，综合治理，确保大连市伏季休渔管理秩序稳定。伏季休渔期间，全市共投入管理经费871万元，出动执法人员近2万人次，出动执法船艇2 700 航次，航程5.2万海里，出动执法车辆4 507车次，行程22.9万公里，登临检查渔船11 156艘次，查处违规渔船583艘，没收渔具31 492件，收缴罚款666.58万元。采取多种有效形式，强化思想宣传教育，严密筑牢渔民不越界捕捞的思想防线。集中开展清理取缔海洋涉外渔业“三无”船舶专项行动，摸底排查全市“三无”船舶891艘，已拆解“三无”渔船28艘，待拆解35艘。积极组织好各类巡航和专项执法行动，全年共组织200海里专属经济区巡航2次，历时15天；组织斑海豹保护巡航2次，累计22天；组织庄河市滩涂清理执法巡航1次，历时38天；组织海沙资源保护巡航27次，累计180余天。

强化便民服务保障 本着真正为渔民办好事、办实事的原则，全力抓好北斗导航项目建设，充分利用伏季休渔渔船回港的有利时机，为全市2 100艘渔船安装配备了北斗二代导航系统终端，为全面提高渔船管理信息化监控水平打下了坚实基础。坚持挂钩联系点制度，局党委班子成员分三个调研小组，11次深入基层、渔港、码头走访调研，从解决群众关心的热点、难点问题入手，认真倾听群众呼声，重点抓好一些与群众生产生活密切相关的难点问题，全年共为基层和渔民解决问题23件，投入经费80万元。完成2013年度渔业油价补贴工作，发放补贴59 845万元，视同发放1 921万元，完成2014年度渔业油价补贴申报工作，征收2015年度渔业资源增殖保护费1 245万元。

夯实后勤保障工作 全力推进大连獐子岛、棉花岛维权执法基地维修改造项目建设，獐子岛维修改造项目续建工程和棉花岛维权执法基地维修改造项目已完工，配套设施建设也已完成，正在发挥保障作用。综合执法办公大楼完成配套，近期即将整体搬迁。党委始终把维权执法后勤装备保障工作放在突出位置，不断探索和完善采购管理等新机制。严格履行物资采购手续，完善物资采购程序，推行阳光采购，避免暗箱操作，严把价格和质量关，杜绝了物资采购中的不正之风以及违规违纪现象的发生。

整装待发

南海维权凯旋而归

伏季休渔期间渔政执法船队进行海上执法检查

水炮实际操作演练

莆田市海洋与渔业局 助推产业

省海洋与渔业厅吴南翔厅长来莆调研南日岛海洋牧场建设

市委书记周联清深入渔区检查指导

市长翁玉耀夜宿海岛问渔情

推进塑胶养殖渔排示范项目

融入“海上丝绸之路”建设的台湾大学教授一行来莆洽谈渔业合作

2015年，福建莆田市主动适应经济发展的新常态，以加快转变渔业发展方式为主线，融入“一带一路”和“海上丝绸之路”建设主题，抢抓机遇，乘势作为，创新引领，绿色发展，驱动产业转型升级和供给侧改革，扎实推进现代渔业建设，渔业经济保持了平稳较快发展的态势。2015年全市渔业产值达75.55亿元，同比增长5.1%；水产品总产量88.06万吨，同比增长5.16%；渔民人均纯收入达1.56万元，同比增长11.2%。

设施渔业促提升 积极引导渔民开展标准化池塘改造、推广环保塑胶网箱养殖等，大力发展规模化、科技化、产业化高效设施渔业，下达了2015年现代农业设施渔业项目资金200万元，用于后海垦区全塑胶养殖网箱建设和休闲渔业建设，后海全国休闲渔业示范基地拓展水上乐园等项目，发挥了生态养殖与休闲渔业有机结合的样板式效应。同时，湄洲岛古堡水乡渔村上榜福建省第九批“水乡渔村”名单。全力开展渔业灾后重建工作，开展新型抗风浪塑胶网箱渔排建设。充分利用海上风电基座开展升降式集约化抗风浪网箱鲍鱼养殖试验，建设海上风电场网箱养殖区，该项目已经省海洋与渔业厅立项。省政府同意3个二级渔港规划调整，湄洲岛宫下二级渔港码头主体工程已完成，笏杯便民二级渔港、埭头汀港二级渔港推进前期工作；省已下达2015年渔港建设财政专项资金笏杯二级便民渔港、湄洲岛宫下二级渔港各260万元和汀港二级渔港200万元；已转下达湄洲岛一级渔港建设项目2015年中央预算内投资计划15 564万元。设施渔业发展有效促进了渔业产量产值提升。

二产倒逼促提升 加快发展第二产业，通过水产品加工业快速发展对第一产业的原料来源需求倍增，倒逼带动第一产业进展和附加值增加。以创建出口鲍鱼质量安全示范区为契机，加大鲍鱼养殖结构调整，创建4个南日鲍“大苗短养”转型养殖示范区，推广“鲍鱼、海带（牡蛎）与龙须菜轮养”“鲍参藻套养”“陆海接力”等生态养殖模式。水产品加工企业扩建厂房、引进新工艺新设备，开展精深加工，拓展国内外市场，已有6家鲍鱼加工企业取得出口自营权。汇龙、汇丰、海一百等水产品加工企业不断加强与东盟、澳洲、美洲地区水产品加工技术合作，开发水产品罐头加工新品种，出口市场拓展至东南亚、越南、日本、加拿大等15个国家和地区，全市全年鲍鱼产品出口创汇1 306美元，同比增长135.86%，创历史新高。与台商合作开发红毛菜等休闲食品加工，台湾大学周宏农教授、金门水产试验所张宝仁课长一行来莆合作考察，推进闽台合作养殖基地建设。加工的龙须菜干品也首次出口西班牙等欧盟地区，创国内龙须菜出口首例，迈出转型升级的重要一步。

触电转型促提升 创新水产养殖和加工产品营销平台，鼓励水产品企业启动电子商务，开设实体店，实现线上线下销售融合。全市已有8家水产企业集体入驻阿里巴巴、天猫、淘宝等电商平台，顺丰公司与海帝公司合作开展50个城市速冻鲍试寄，节假日期间最高峰达每日2 000票，试点城市在不断扩大，并拟在顺丰自有电商平台优先上线南日鲍产品。中海源集团公司成功与中国休闲垂钓协会合作，打造“找鱼网”的“互联网+海洋”产业发展平台，带动一大批渔业企业深度触网。

转型升级 放飞现代渔业梦想

科技兴渔促提升 整合莆田学院、水产科学研究所、水产技术推广站等水产科研力量，在后海积极建设海洋与渔业科技服务公共平台，开展水产科研项目13项。积极促进企业利用科技转型，与知识产权局合作，建立渔业专利数据库，充分发挥市渔业行业协会作用，联合市知识产权局搜集汇总，建立莆田市渔业产业专利数据库，已收集渔业专利500个，并开展5个专利投产实验。开展种苗提升工程，建设鲍鱼引种隔离场，引进日本盘鲍亲体，开展养殖周期短、耐高温的新品系绿鲍试养。开展渔业"五新"推广工程，成功与中国海洋大学合作培育具有高胶质含量的"龙须菜鲁龙1号"新品系，获得农业部新品种审定并推广。"6.18"组织对接项目10个，企业技术需求6个，关键技术难题4个。突破世界性的真蛸人工育苗难题。"硬壳蛤产业育苗、养殖与加工技术"成果荣获莆田市科学技术一等奖。还选派水科所干部分别进驻天然星、汇丰公司等水产企业进行技术服务，协助汇丰公司的羊栖菜新品种养殖技术、胜德水产公司的省级星火计划项目"海带及龙须菜轮养与海参套养关键技术集成示范"、海发公司的市级星火项目"三疣梭子蟹室内笼养技术开发"等项目通过验收。

生态养殖促提升 继莆田市汇龙海产有限公司（所属水产养殖场）被授予"农业部水产健康养殖示范场（第九批）"称号后，组织海顺公司新创建农业部健康养殖示范场被授予"农业部水产健康养殖示范场（第十批）"称号。2015年新增海顺、汇丰、后海现代农业发展有限公司3家企业的蛤、鲍鱼等无公害水产品农业部认证，新增年丰养殖有限公司的产地认定和天然星农业发展有限公司的产地复查换证，并引导推动宝地公司等6家企业新申报无公害水产品产地认定和产品认证。全面启动渔业底播增殖工程，在平海湾投资1.3亿元底播大规格花蛤苗种130亿粒，在南日岛海域开展双线紫蛤底播增殖，南日岛被农业部定为国家级珍稀水生动物原良种供应点。利用沿海滩涂周边土地，积极发展南美白对虾高位池养殖，养殖面积近120公顷。利用闲置鲍鱼育苗厂开展泥东方螺、日本对虾等品种养殖，利用闲置鲍鱼渔排开展华贵栉孔扇贝、厚壳贻贝等滤食性经济贝类吊养；在岛屿岩面上开展野生坛紫菜藻场修复，增产增效明显。

做强品牌促提升 大力实施渔业品牌升级战略，继"南日鲍""方家铺子"和"海帝"等3个品牌之后，海参加工产品"良品堂"又获中国驰名商标称号。积极组织开展国家地理标志证明商标申报，"莆田花蛤""莆田红毛菜""莆田海蛎"国家地理标志证明商标申报已通过初审，上报国家工商行政总局受理、评审。海发水产公司的海族汇牌鲍鱼、东禹水产公司的东禹牌鲍鱼、正源饲料厂的冠源牌水产配合饲料3件产品新获"福建省名牌产品"称号。大力加强水产品质量安全监管，注重开展水产品质量安全追溯等工作，海发水产、汇龙海产、年丰养殖、东月屿水产等4家可追溯企业已通过验收，新增海顺水产、天然星、新丰水产、南日岛海洋生物技术有限公司等4家可追溯企业获省厅备案。

海上风电场网箱养殖区

海洋工程装备和水产品精深加工产业链座谈会

加工鲍鱼制品

野生坛紫菜藻场修复

休闲渔业摄影采风活动

东港市海洋与渔业局

东港市海洋与渔业局局党委书记、局长　张旭

东港市水产技术推广站喜获“全国水产技术推广示范站”称号

中国海监东港市大队执法人员在海上巡航

东港市地处中国海岸线最北端，南濒黄海，东依鸭绿江，海岸线126千米，海域面积3 500平方千米，10米等深线以内浅海7万公顷，滩涂2.42万公顷，港湾0.8万公顷，可利用的淡水养殖面积近0.7万公顷。盛产梭子蟹、大黄蚬子、杂色蛤、中国对虾、海蜇等140多种水产品，是辽宁省重要的渔业生产基地之一。

东港市海洋与渔业局是东港市主管海洋综合管理与渔业工作的行政部门。下辖东港市渔政管理处、中国海监东港市大队、东港市水产技术推广站、东港市水产苗种管理站、东港市人工鱼礁管理处等6家事业单位。2015年，水产品总产量实现31.53万吨，比上年增长1.7%；渔业经济总产值达到78亿元，比上年增长6.2%；渔业及水产品加工业增加值实现45.1亿元，增长3.1 %。2015年，东港市荣获“全国平安渔业示范县”，东港市水产技术推广站荣获“全国水产技术推广示范站”称号。

海洋综合管理全面加强　推进海域动态监视监测管理系统建设，实现与上级海洋部门“一个网”“一张图”。养殖用海确权率达到100%；开展了“海盾”“碧海”“海岛保护”等专项行动。獐岛海岸线整治与修复项目现已竣工，大鹿岛海岸线整治与修复工程2016年可全部竣工。

现代渔业建设扎实推进　鱼、虾、蟹、贝、海蜇等多品种港湾立体生态养殖面积3 867公顷；淡水养殖南美白对虾高产、浅海杂色蛤养殖、海蜇与缢蛏混养等技术扎实推进。成功创建国家级出口贝类质量安全示范区和国家级海洋牧场示范区；东港大黄蚬作为全国唯一的水产品跻身首批6个国家级农产品地理标志示范样板之列。

渔业执法取得阶段性成果　加强了休渔期管理，检查各类渔船700余艘次。依规拆解“三无”船舶3艘，自行拆解11艘。没有发生因越界捕捞而引发的重特大涉外事件。入韩渔船日常管理服务工作实现零差错。开展水产苗种和水产品专项执法检查40余次，自主开展水产品检疫检测抽检样品312个。

新建造的300吨中国渔政21202执法船投入使用

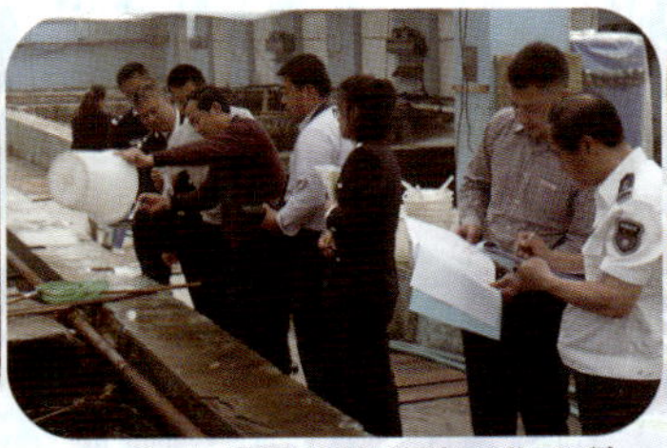

市水产苗种管理站工作人员对水产苗种进行快速检测

市水产技术推广站技术人员深入一线现场指导养殖技术

东港市首次集中拆解涉渔“三无”船舶

温州市海洋与渔业局

2015年度，温州市水产品总产量61.65万吨，总产值68.38亿元，同比分别增长5.3%和10.66%。水产品出口量3.12万吨，出口创汇16 763万美元，同比分别减少6.3%和8.42%。全市渔业乡镇12个，渔业村社199个，渔业户4.1万户，渔业人口148 885人，其中传统渔民70 263人。渔区人均收入1.92万元，同比增长10.96%。温州市海洋与渔业局获 2015年度市直机关党建考评优秀单位。

产业转型升级 全市水产养殖禁养限养区划定，整治总面积为4 000公顷；山区无公害稻鱼共生轮作计划面积0.8万公顷，实际面积超过计划；应用生态养殖技术，开展养殖尾水处理，减轻养殖自身污染，池塘生态化改造面积33.2公顷。投入资金9 453万元，开展苍南石砰海参增养殖设施、平阳离岸型智能化外海围网养殖等6个示范点建设，超额完成示范点建设1个；推进省市级渔业园区建设，新增2个省级园区和5个市级园区，并超额完成市级园区建设1个。全市已有370艘海洋捕捞渔船通过了转型升级考核验收。

海洋捕捞业 2015年度海况良好，海洋捕捞产量49.31万吨，产值42.69亿元，同比分别增长6.9%和17.64%，捕捞产品全部来自东海，万吨以上的品种有带鱼、鲳鱼、海鳗、鲐鱼、沙丁鱼、鳀鱼、鲅鱼、毛虾、梭子蟹。

水产养殖业 2015年，温州市海水养殖总面积18 598公顷，总产量10.27万吨，总产值19.03亿元。在面积减少3.32%的情况下，由于不断推广集约化精养模式，产量和产值同比增长2.5%和0.42%。淡水养殖总面积10 128公顷，总产量1.63万吨，总产值3.47亿元。

流通加工业 2015年，全市水产加工企业167家，减少23家，主要是苍南紫菜粗加工企业整顿兼并，以及毛虾渔场转移舟山后，就地加工，马站片大批毛虾小作坊纷纷关停。全市规模以上企业58家，增加22家；水产冷库248座，增加4座；加工能力25.5万吨/年，同比下降21.9%。全年水产品加工总量18.8万吨，产值36.38亿元，同比分别减少16.67%和7.9%。

休闲渔业 2015年休闲渔业总投入资金1.2亿元，同比增长10.45%，其中涉渔设施投入3 965万元。休闲渔业经营实体在2012年新增8家、2013年减少1家、2014年新增24家基础上， 2015年达到 156家，又新增了16家，同比增长11.43%，呈现出强劲的发展势头。

渔港及经济区建设 2015年度投入标准渔港建设资金4 925万元，完成省投任务107%，交工、竣工验收9个标准渔港建设项目。

海洋生态文明建设 2015年洞头国家级海洋公园建设、龙湾海洋公园红树林种植等项目，总投入资金3 700万元。投入1.19亿元，重点实施白龙屿海洋牧场、鹿西岛、大竹峙岛及铜盘岛的修复工程。

海洋科技园区建设 完成海洋科技创业园年度投资6 919万元，年度任务完成率达106%。其占地面积8.8公顷，总建筑面积10.33万平方米，由管理服务区、后勤保障区、技术孵化区三部分组成。

渔业安全生产监管 成立温州市、平阳县及苍南县三个海洋灾害应急指挥部，完成示范区建设5个分项实施方案，并通过国家海洋局组织的国家级减灾综合示范区中期验收。全市渔船全部纳入公司（专业合作社）管理，全年完成渔民上岗考试发证1 557人次。全市抽检水产品758批次，并推进“三品一标”认证，无公害水产品认证或复查10个；开展1 948家养殖企业信用等级评定。

智慧海洋工程 完成海洋灾害服务信息制作平台项目，完成海洋灾害应急指挥体系平台建设并验收，投入413万元完成全市渔船船载定位终端设备升级改造780套。

海洋与渔业执法 2015年度全市共取缔“三无”渔船1 649艘，完成年度任务的126%；整治、禁用违规渔具2.7万顶，查处违法案件597件；全市勘验“船证不符”渔船共678艘，已全部整治完毕，分流转化成养殖船、休闲船、景观船、人工鱼礁等共977艘。

市局召开“十三五”海洋与渔业发展规划编制对接座谈会

温州台州两地渔政开展联合执法打击涉渔“三无”船舶

全市第二期海洋与渔业专业技术人才知识更新研修班成功举办

日照市海洋与渔业局

2015年2月10日，日照市海洋与渔业工作会议召开

日照市海洋与渔业局是主管全市海洋事务和渔业行政的市政府组成部门。近年来，在日照市委、市政府的正确领导和上级业务主管部门的支持下，全市海洋与渔业系统坚持以科学发展观为指导，大力发展现代渔业，各项工作取得了新进展。2015年，水产品总产量59.56万吨，同比增长2%；水产品总产值达到54.83亿元，同比增长4.5%，水产品出口创汇5.5亿美元。

2015年7月11日，日照市第二届阳光放鱼节在岚山区成功举办

2015年11月11日，2015中国（日照）海钓节暨中国休闲海钓大赛、中国休闲海钓全民体验赛在日照市太阳广场开幕

国家海洋局组织的“2015海疆万里行”系列主题宣传报道活动在日照启动

牧业强县 旅游名城 生态渔乡 诗画草原

——魅力杜尔伯特

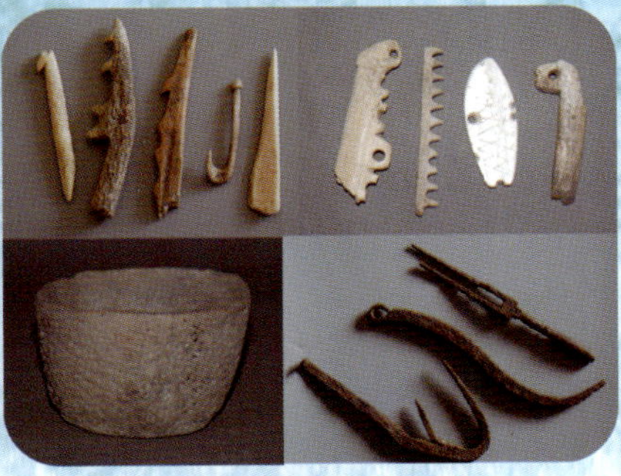

骨、陶、铁矛照

杜尔伯特·生态渔业发展论坛

连环湖景区

杜尔伯特蒙古族自治县是黑龙江省唯一的少数民族自治县，面积6 176平方千米，辖11个乡镇、79个行政村。全县总人口25.2万，其中蒙古族占18.2%。这里水资源丰富，水质丰美，是天然淡水鱼生长的天堂。嫩江流经县境146.7千米，乌裕尔河、双阳河呈无尾状散流境内。全县有大小相连的湖泊201个，水域面积205.2万亩，占全县面积的22.15%，其中，可养鱼水面达154万亩，占全省养殖面积的22%。

多年来，杜尔伯特县一直致力于发展水产业。2015年，水产品产量实现3万吨。大银鱼、大白鱼、泥鳅、龙虱等名、特、优水产品养殖面积达65万亩，占总养殖面积的46.4%。

悠久的历史，据出土文物考证，早在8 000至10 000年前这块土地上就有人类繁衍和生息。新石器时代就已开始捕鱼，除用石器、骨器工具捕鱼外，还有渔网捕鱼。沙田遗址发现辽金时期的铁质“手抄子”和铁矛。进入蒙元时期，渔猎仍然是杜尔伯特地区生产的主要形式。1648年，建立杜尔伯特旗。1956年，经国务院批准，撤销杜尔伯特旗，建立杜尔伯特蒙古族自治县。渔业生产进入养捕并重的时期。

有“天然宝库”之称的杜尔伯特物华天宝，嫩江和“乌双”“一江两河”两大水系，构成了杜尔伯特纵横交错的水域网络。境内水域以pH7~7.5的弱碱性湖泊为主，水体中浮游生物366个属。境内湖泊水质优良，水生资源丰富，出产的鱼鲜嫩味美，富含有机质，无污染，县境内达到无卖鱼料店、无卖渔药店，在国内绝无仅有，生产的水产品是人们餐桌上的美味佳肴。

天然湖江无污染，浩森水域育美鱼。被誉为“诗画草原、醉美渔乡”的杜尔伯特盛产鲤、草、鲢、鳙等名特优12科61种，年均生产水产品近3万吨。始终坚持稳定“四大家鱼”、发展名特优鱼，引进深加工项目，努力拉动二、三产业比重上升的方略，突出“天然野生、绿色安全”这一主题，打造统一品牌，注册地理标示商标“连环湖野生鱼”，补齐短板，形成龙头企业带动基地、推进小微渔企业不断发展形成上下游衔接、产品互补的局面，拉长产业链条，引资建设水产批发市场、保鲜中心、配送中心，完善冷链运输、包装仓储等。全力创造连环湖“生态渔”品牌。

经过半个多世纪的努力，生产方式向科学化、规范化方向发展。如今有省部级水产健康养殖示范场6处，省级5处，水产养殖场达441处，休闲渔业发展良好，水上垂钓、岸边品尝等项目经营面积达80万亩。连环湖、石人沟湖、大龙湖渔场等企业已获得“鲤、草、鲢、鳙”四大家鱼的国家有机认证。

天然饵料丰富，使生长于此的淡水鱼肉质淳厚，营养丰富。“鲤、草、鲢、鳙”等鱼类一直是杜尔伯特大型养殖企业的主打鱼种，因其味美价廉，市场供不应求。

多年来，已引进方正鲫、鳜鱼、长春鳊鱼、易捕鲫、河蟹、彭泽鲫、大银鱼、大白鱼、加州鲈等20个名特优鱼在杜尔伯特落户。每年投放名特优鱼种及蟹苗近10 000千克，总产量达3 000吨。

连环湖鱼美名扬，质优味鲜传四方。如今，连环湖淡水鱼已经成为了一张远近闻名的地方名片，产品远销河北、辽宁、吉林和省内哈尔滨、齐齐哈尔等地。杜尔伯特淡水鱼已经成为百姓餐桌的首选美食。

风光无限美好，未来大有可为。杜尔伯特县力争利用五年时间将水产业打造成又一支柱产业，坚持规划引领，委托中国水产研究院黑龙江水产研究所编写《杜尔伯特蒙古族自治县“十三五”现代渔业发展规划》；品牌培育，坚持顶层设计，全力打造“连环湖野生鱼”品牌，建立直销店；产品加工，已引进康大、虹亿水产品加工企业，投资近2.1亿元；延长产业链、抓机遇抢占市场，规范化生产，让杜尔伯特的连环湖鱼享誉省内外乃至全国，成为百姓餐桌不可或缺的美食。

——杜尔伯特蒙古族自治县水产总站

水上餐厅

钓鱼大赛

冬网捕捞

淡水鱼产品

肇东市水产局

——肇东大似海渔种场

冬捕祭祀（传檄下来的萨满风情）

丰收喜悦（鲤、鲢、鳙鱼为主要捕捞品种）

出网现场（每副网具长约1 000米，捕捞约40吨）

品牌打造（2004年注册“大似海”牌商标）

肇东大似海渔种场坐落于松花江北岸的涝洲镇新江村，和省城哈尔滨直线距离35公里。占地面积200余公顷，所辖水域面积183.8公顷，大小鱼种池、越冬池19个，大水面138公顷、池塘面积39公顷，年产鲜鱼200吨。多年来园区以其独特的地理优势，丰富的水域资源，原生态的自然环境和“整体、协调、循环、再生”的发展经营理念，基本形成了“综合性、多样性、高效性、持续性”全面健康的良性发展格局。2004年申请了无公害水产品标识，并注册了“大似海”商标，2005年被评为国家级健康养殖示范区。

大似海有个古老的蒙古名，叫乌珠古尔泊，与科尔沁草原上的郭尔罗斯先民游牧封地的历史有关。大似海自古以来就是天然的渔猎湖泊。原始渔猎使用鱼叉、鱼钩和鱼亮子，而目前采用的织网冬夏捕捞发端于清朝同治年间。勤劳智慧的先辈渔民不断发明创造，逐步演变成现在多片连接而成的巨型冬网，冰上操作，冰下捕捞这一特有的捕捞方式，同时传承下来上古先民特有的祭祀风俗，蕴含着古老渔猎文化的非凡魅力，多少年来生活在大似海周边的人们多以捕鱼为业，清朝某一时期，这里捕获的鲟鳇鱼曾作为贡鱼专贡给朝廷的皇帝和皇族专享，这也是当地王官屯名字的由来。建国后为保护粮田，防松花江水患，修筑松花江大堤以后，把大似海水域与松花江隔开，成立了渔场，并在周边开垦了数万亩粮田，生产方式发生了转变，但大似海中心水域的这种原始冬捕方式一直传承至今，这里的原生态自然风光依然吸引着周边城市人群前来游玩、垂钓，品鉴冬捕的壮观与奇妙，品赏大似海野生鱼的鲜美味道。大似海冬捕成为当地居民冬季农闲时期的又一就业渠道和丰富业余生活情趣的一种方式，大似海冬捕鱼获产品已成为当地绿色水产品生产的风向标，也是年节必备的馈赠品和餐桌上的佳肴。肇东市委、市政府为了保护大似海冬捕民俗，近三年成功举办了三次“大似海渔猎冬捕文化节”，为进一步发展当地渔业生产和传承渔猎文化奠定了坚实的基础。

冬捕现场
（2013—2015年与黑龙江电视台共同举办冬捕文化节）

福州市海洋与渔业局

国家海洋局局长王宏
调研江阴开发区

海洋与渔业经济 全市海洋经济总产值预计2 928亿元，同比增长17%；全市渔业经济总产值986亿元，同比增长9%，占全省45%。

重点项目用海 2015年，全市确权用海项目56宗，面积2 102.83公顷，征收海域使用金1.76亿元。

海洋生态文明建设 开展海洋环评40宗，环评率达100%。整治互花米草33公顷，成功种植红树林13公顷。开展渔业增殖放流活动24场，投放长毛对虾、花蛤、海蜇、大黄鱼、花鲈、黄鳍鲷、中国鲎、鳗鲡、四大家鱼等海、淡水苗种9.8亿尾（粒）。

海洋产业布局调整 推进罗源湾水产养殖全面退养及转产工作，2015年年底，退养总任务完成75%，通过优化调整海洋产业布局，合理利用海洋资源空间。

现代渔业经济 2015年全市水产品总产量228万吨，同比增长4.3%，占全省31%；水产品产值428亿元，同比增长4.5%，占全省39%，占全市农林牧渔业总产值56%。

远洋渔业 2015年全市远洋渔业年产量22.9万吨、产值25.8亿元，分别占全省72%和82%。全市外派远洋渔船462艘。建立境外远洋捕捞综合基地6个，境外水产养殖基地3个，境外水产养殖成为福州海外渔业的重要增长极。

水产加工流通 全市水产品加工总量151万吨、产值276亿元，分别同比增长6.1%、6.3%。水产加工业的规模、质量均居全省前茅，鱼糜制品、烤鳗、鲍鱼产量产值位列全国前茅。

渔业周·渔博会 2015海峡（福州）渔业周·中国（福州）国际渔业博览会展区面积5.2万平方米，共吸引来自30个国家和地区的400家协会和企业参展，现场签约、交易、零售额达166.38亿元。

惠渔政策 落实渔民综合知识与技能培训工作，举办免费培训班74期，培训人数6 439人。持续开展渔业互保，全市渔工投保20 337人，渔船投保1 522艘，完成率100%。

2015渔业周领导巡馆

福州市海上动员办公室成立

海峡蓝色硅谷研发基地
揭牌授牌仪式

2015全国增殖放流主会场
放流鱼苗

连江县海洋与渔业局

领导调研水产品发展情况

2015年，全县水产品总产量94.68万吨，同比增长6.6%，渔业总产值190.21亿元，同比增长6.3%，其中海洋捕捞33.45万吨，同比增长1.51%，海水养殖60.54万吨，同比增长9.82%。水产品加工量53.9万吨，同比增长5.41%；产值56.46亿元，同比增长6.11%。被评为"省级平安渔业示范县"。

海洋环境保护 2015年，下达市级海洋生态保护专项资金120万给琯头镇、晓澳镇、筱埕镇等7个申报单位专项用于海洋生态保护，清理"海漂垃圾"等。做好县域滨海沙滩资源整治保护，4月下旬县海洋与渔业局到沿海主要沙滩进行实地调查，县政府依此制定《连江县滨海沙滩资源保护方案》，推动县域内滨海沙滩整治环境保护工作。

海洋监察 2015年，连江县海洋监察部门加强对海域使用的科学监管和严厉打击非法填海、海洋倾废、海砂开采、围塘养殖等各类非法用海行为。全年出海巡查695航次，航程20 327海里，出动执法车710（辆）次，开展港口检查行动96次，检查港口总数203个（次），登临检查渔船5 000余艘，检查用海项目86次，实施岸线巡查320余次，共立案54起，结案49起，罚款金额309.21万元。

水产养殖 2015年，连江县水产养殖继续以工厂化设施精养和网箱挂养、池塘混养、滩涂放养等形式开展。全县投放鲍鱼苗约18亿只，累计养鲍总量超过25亿只；网箱养鱼3.2万箱；池塘已养殖锯缘青蟹133公顷；牡蛎养殖267公顷；淡水鳗养殖约20公顷，投放鳗苗约1 500万尾；养殖海参约200万头。培育大黄鱼苗种约2 000万尾；培育紫菜苗约1 500万壳；培育虾苗1.2亿多尾。

水产品加工龙头企业 全县有国家级农业产业化龙头企业1家，省级农业产业化龙头企业5家，省级海洋产业龙头企业4家，市级农业产业化龙头企业19家。2015年，总产值103.3亿元，同比增长25.3%。

水产品质量安全监管 开展水产品质量安全宣传活动6次；举办水产品质量安全及健康养殖技术培训班2期，发放水产品质量安全宣传资料5 300多份，发送水产品质量安全宣传信息9 600多条，刊出水产品质量安全工作简报11期。加大抽检力度，开展水产质量安全抽检234批次，开展水产品质量安全检查590多人次，检查育苗生产企业、无公害养殖基地、养殖场共100多家，签定水产品质量安全承诺书30多份；开展水产品质量追溯试点检查40多次。

渔业惠民政策 2015年，申报2014年度渔业油价补助渔船1 827艘，申报总功率149 934.88千瓦，合计申报补助用油量62 000.73吨。下达补助金额 20 584.1125万元。

渔港建设 2015年，全县又新增4个二级渔港建设项目列入市委、市政府为民办实事项目。北茭二级渔港已经动工，完成基床抛石、沉箱安装、箱格回填、胸墙浇筑、压顶等工作，主体工程已基本完工。2015年，县投入专项资金478万元（比2014年的168万元多投入284.5%），用于维修维护沿海乡镇、村居因台风、大风、大浪受损的渔港、码头、避风港等渔业基础设施，提升防灾抗灾能力。

渔业执法 2015年，开展年度检验1 111艘，受理临时检验195艘（次）。针对重点区域、重点渔船、重点时段、重点港口开展海陆交叉执法巡查。全年开展"违规渔具整治""打非治违""护渔行动""打击非法采捕红珊瑚暨涉渔三无船舶"等专项行动23次。拆解涉嫌非法采捕红珊瑚"三无"船舶8艘，拆解涉渔"三无"船88艘。配合公安部门破获非法采捕红珊瑚大案1起，共查获红珊瑚100多千克，案值3 000多万元。加强渔船签证，严格签证制度，对不适航、证件不全的渔船按规定不予签证。全年共办理渔船进出港签证约3 900艘（次）。

兴化市水产局

兴化市人民政府市长李卫国调研渔业园区建设

全国水产推广总站站长魏宝振一行来兴化调研

省海洋与渔业局局长汤建鸣来兴化调研

兴化举行水产类企业上海海洋大学高校行活动

水产养殖概况 兴化特色在“农”，优势在“水”，以水域为主的非耕地10万公顷，养殖水体分河沟、湖荡大水面、池塘及生态共作四大类型，现有水产养殖面积5.5万公顷，是全省河蟹、青虾、克氏原螯虾、银鲫重要产区。与上海海洋大学、中国水科院淡水渔业中心建立战略协作关系，国家河蟹产业技术创新战略联盟在兴化成立，红膏公司、九寿堂公司分别建立江苏省渔业企业第一家国家级博士后工作站和科技创新实践基地（省级博士后工作站）。推广长江1号河蟹面积1万公顷，建设5个全国农业标准化示范区，培训职业渔民21 014人、渔农民13.8万人次。建设1个省级水产良种繁育场、2个省级河蟹苗种培育场。2015年，全市淡水产品总量连续26年居全省内陆渔业县（市）之首，中国渔业协会河蟹分会授予兴化“中国河蟹第一市场”并成为泰州农业年度十件大事之一，《中国·兴化河蟹价格指数》的编制获得泰州市科技进步三等奖，兴化市水产局获得年度泰州市农业系统工作目标管理考核先进单位、全省现代渔业建设先进单位。

渔业生态安全 认真实施得胜湖、平旺湖退渔还湖、退塘还湖工程建设，渔业资源增殖放流鱼种7 050千克、扣蟹15万只。联合涉水执法部门，集中整治我市境内27条主干河道的违规渔具，集中销毁非法电捕鱼工具，出动执法艇43航/次、执法车325辆/次、执法人员1 047人/次，实施养殖执法40起，清理违规定置渔具18处，查获电鱼违法行为25起，调处渔业生产纠纷3起。进行河道安全生产检查及宣传85次，出动执法艇65次、人员325人次、使用执法车辆78车次，检查渔业船舶4 800多艘，渔业企业13家，印发宣传材料5 500余份。

渔业产业化经营 全市水产专业合作社463个、家庭小渔场200个，全年水产品加工突破5 000万千克。全国河蟹市场建设与经营交流座谈会在兴化召开，中国渔业协会河蟹分会授予江苏兴化河蟹市场“中国河蟹第一市场”称号。继续发布中国兴化河蟹价格指数，全年河蟹销售时长100天，全市河蟹市场交易总量超过11万吨。建立全国最大电子商务平台“中国蟹库网”，全市河蟹网上交易年销售额超过2.5亿元。

惠渔政策落实 紧密协同纪检监察和财政部门，认真从严落实并完善油价补贴、政策性农业保险等惠农政策，市渔船更新改造630艘，完成2013年度渔船4 939艘油补发放金额2 388.15万元，全市内塘河蟹养殖保险面积1.78万公顷。

石家庄市水产管理处

水产管理处领导班子

召开全市会议部署重点工作

石家庄市水产管理处是主管全市渔业工作的副县级参公单位，主要负责全市渔业发展、质量监管、渔政管理、渔船检验、渔港监督、技术推广等工作，按照农业部和省市党政领导的战略部署，以生态建设为中心，现代渔业建设为目标，主动适应经济社会发展新常态，坚持以改革为动力，以科技为引领，以法治为保障，推进渔业发展“转方式，调结构”，渔业经济效益和渔民收入不断提高。

2015年我市渔业工作以党的十八届三中、四中、五中全会精神和《中共中央国务院关于全面深化农村改革加快推进农业现代化的若干意见》为指针，认真贯彻落实中央农村工作会议和全国现代渔业建设电视电话会议精神，以改革创新、转型升级、跨越赶超、绿色崛起为动力，坚持生态优先，强化渔业基础和良繁体系，突出甲鱼、冷水鱼和休闲渔业三个特色产业，建设了十个各具特色渔业养殖园区的总体发展思路，着力推进全市现代渔业发展，严格规范执法，强化水产品质量监管，实现了产量稳定、质量和效益提升的目标。

坚持调结构转方式，大力发展三大特色产业 中华鳖养殖按照调结构转方式的思路，通过技术推广和培训，从单养转为混养或暗光温室养殖，实现了增产增收的目的。鹿泉、平山、行唐三县(区)的中华鳖养殖在市场激烈竞争中得到巩固提高。深泽县中华鳖仿生态养殖走在全市前列，在低迷的中华鳖市场上独树一帜。冷水鱼养殖形成了以井陉县威州镇和平山县险溢河流域为中心的两大主产区，冷水鱼养殖场50余家，面积7万平方米，年产量1 400吨。冷水鱼养殖品种有鲟鱼、虹鳟、裂腹鱼、大鳞鲃、雅罗鱼、河鲈、裸鲤等。为解决虹鳟鱼IHN连年爆发的难题，今年新引进抗病力强的替代品种，目前长势良好。

坚持统筹规划循序渐进，推进十个渔业园区建设 在2014年初步完成全市十个渔业园区规划的基础上，各县(市)区按照规划加强园区的建设，各级项目和投资优先向园区内倾斜，工商资本和群众投资纷纷向渔业园区投入，取得了显著成效。今年井陉县冷水鱼渔业园区投入建设资金500万元，新建冷水鱼养殖池3 000平方米，改建5 000平方米，新建孵化育种大棚1 340平方米，完成5家渔家乐建设，水泥硬化道路2 680平方米，新建500平方米餐饮中心。在生产规模、园区环境、养殖基础设施建设等方面有了显著提高。鹿泉区对原有池塘清淤加深，加固塘埂堤坝，疏浚进排水渠，硬化场区道路，使90%的池塘实现了三机配套，水、电、路基础配套日趋合理。建成了以军英、康兴、中兴、绿源四个渔业专业合作社为主逾133公顷的四大家鱼养殖示范区、以天语生态园和源顺农业科技公司为主80公顷的休闲渔业示范区、以中华鳖养殖为主67公顷的中华鳖标准化示范区。行唐县故郡生态鱼粮间作渔业园区探索特色养殖模式，今年渔、粮、菜生产面积达到了20公顷。

坚持引进开发新品种，加强良繁体系建设 2015年，由市处牵头组织的南美白对虾全淡水引进试养工作，取得了突破性进展，在我市成功实现规模化养成南美白对虾，最大规格达到15厘米以上，鱼虾套养模式下亩产虾最高61千克，平均亩产47.5千克，实现亩增收入1 225元，降低养殖成本20%，达到省内先进水平。市与各县（区）合作攻关，开展了台湾鳗鳅、大鳞鲃、雅罗鱼、河鲈、虹鳟等特色品种的繁育工作。引进的新品种有长丰鲫、高体雅罗鱼、胭脂鱼、裂腹鱼、沙塘鳢、杂交虹鳟鱼。

2016年是全面建成小康社会决胜阶段的开局之年，也是“十三五”开局之年，我们要全面贯彻党的十八大和十八届三中、四中、五中全会精神，牢固树立创新、协调、绿色、开放、共享的发展理念，按照各级党政领导关于农业和渔业工作的要求和部署，坚持生态优先，养捕结合，以养为主的发展思路，坚持稳增长、调结构、增效益、保质量、保安全，促进全市现代渔业健康发展。

督导养殖场对重点项目的落实情况

情系基层，通过推广水产养殖项目带动当地经济

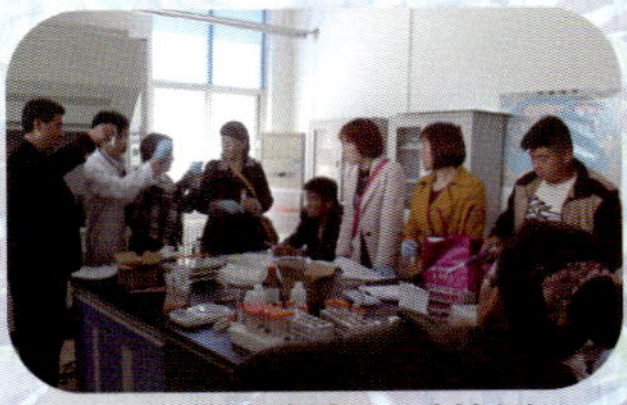

聘请专家，对检测技能进行培训

水产新品种养殖培训会

东阿县水产局

2016年，在中国渔业协会第四次全国会员代表大会上与赵兴武局长合影

2015年度“全省海洋与渔业系统先进集体”领奖

2013年12月5日，刘国强书记在北京代表东阿县接牌

东阿县位于山东省西部，紧邻黄河。境内水源充足，水质良好，具有发展水产养殖业的独特优势，是“山东省商品鱼基地县”“全国农业标准化养殖（淡水渔业）示范区”“全国农牧渔业大县”和“中国黄河鲤鱼之乡”。县委、县政府始终高度重视水产业发展，使之成为全县经济的重要组成部分，截止到2015年年底，全县水产总面积稳定在4 347公顷，其中水产养殖面积3 146公顷（主养黄河鲤鱼1 933公顷）、藕1 000公顷、苇200公顷，渔业总产值8.1亿元。2015年，东阿县水产局被授予“全省海洋与渔业系统先进集体”，东阿县渔业技术推广站荣获“全国基层水产技术推广示范站（第二批）”。在2016年6月6日的中国渔业协会第四次全国代表大会上，东阿县水产局被选举为中渔协第四届理事会理事单位。

现代渔业是东阿水产业的最大靓点。一是渔民合作组织发展迅猛。自2010年起，全县先后成立“绣青”“华龙”“庞苓”“四季”“阿锦”“保晶”“渔家丰”等13家渔民专业合作社，县级以上示范社达到7家，并有2家跻身省级示范社行列。二是品牌创建前所未有。创建省、部级水产健康养殖示范场各1个；省级现代渔业示范园区1处；黄河鲤鱼省级良种场1个。2013年“东阿黄河鲤鱼”凭借“金麟赤尾、体形梭长”的外形、“营养丰富、味道鲜美”的品质、生长环境的特定性以及丰厚浓郁的原产地文化内涵，被农业部认定为“中国农产品地理标志保护产品”，东阿县因此被中国渔业协会命名为“中国黄河鲤鱼之乡”。2015年，被国家工商总局批准为中国地理标志证明商标的“东阿黄河鲤鱼”具有了“一品双标”的独特身份。为加强品牌保护，东阿县抢注了“东阿黄河鲤鱼.cn”“东阿黄河鲤鱼.中国”“东阿黄河鲤鱼.com”三个域名。“东阿黄河鲫鱼”申报中国地理标志证明商标通过国家工商总局商标局公示和受理。目前，全县已获得4处无公害水产品产地认定，东阿黄河鲤鱼、东阿中华鳖、东阿鲫鱼、东阿泥鳅等14个品次获得无公害认证。5项有关“东阿黄河鲤鱼”养殖生产的专利已正式申报办理。三是休闲渔业方兴未艾。为延长现代渔业产业链条，提升产品价值，全县培育建成“华龙雅苑”“庞苓垂钓”“黄河渔家”“洛神湖鱼乐”“鱼山新时代农庄”等观光休闲渔家乐项目，重点在东阿、聊城、临清等地扶持建成“黄河滩渔村”“阿东炖鱼”等三家黄河鲤鱼旗舰店。休闲渔业突出“东阿黄河鲤鱼”品牌文化特色，创新管理，提升档次，独树特色，为四方来客，营造观光休闲、餐饮美食、陶冶性情的生态环境。全县休闲渔业场所年接待量可达50万人次，品牌渔业价值增加5 000万元以上。

东阿有“礼”（鲤）了，诚邀四海亲朋；东阿“礼”（鲤）跃了，祝福龙腾高就。

大美东阿，“礼”（鲤）尚往，“礼”（鲤）丰情厚！

大美东阿，黄河孕育，阿胶之乡，万里涌金！

2013年9月28日，刘国强书记与参加“中国黄河鲤鱼之乡”专家评审会的专家合影留念

秦皇岛市农业局

水产业概况 继续秉承以水养鱼，以渔护水理念，大力推广立体多元健康养殖模式，持续推进浅海扇贝养殖控规模、降密度，全市浅海扇贝养殖稳定在4万公顷，同比减少9.6%，挂笼密度降低50%；新建国家级水产健康养殖示范场3个；全市海洋牧场面积达到6 000公顷，底播增殖面积9 266公顷；滩涂池塘养殖面积稳定在5 667公顷，其中海参养殖3 987公顷；工厂化海水养殖达到210万平方米。持续开展水产苗种培育、增殖放流和海洋牧场，主要培育扇贝苗种20亿粒、海参苗种12万千克、中国对虾2亿尾等；新建5个海洋牧场示范区，增殖各类苗种1.2亿单位，新建人工鱼礁群200公顷，增殖面积达到4 867公顷，近岸海域生态环境明显改善。水产品加工量（28.6万吨）、出口量连续多年位居全省第一位，2015年水产品，全市水产品总产量达到36.07万吨，同比增长1.7%，其中海水养殖产量32.72万吨，同比增长1.1%。出口创汇额达3.9亿美元，占全省出口总量的87%，连续多年位列全省第一（昌黎海勇水产公司年出口创汇亿元以上，位居全省第一）。

市海洋牧场增养殖有限公司 秦皇岛市海洋牧场增养殖有限公司始建于2006年，位于北戴河新区人造河口，是一家集海洋牧场建设，海产品养殖、精深加工、销售，旅游休闲为一体的大型综合性企业。公司先后成为农业部、财政部海洋牧场示范区。

渔港码头 秦皇岛市范围内共有各型渔港7座，其中包括河北省渔业基地秦皇岛渔港；山海关渔港（沟渠寨）、抚宁县洋河口、昌黎县新开口3座一级渔港；昌黎县蒲河口、海港区东港（卸粮口）、北戴河区戴河口3座地方渔港。目前，我市山海关一级渔港扩建项目正在进行中，项目2008年经农业部批准建设，是拉动区域经济发展的重点项目。该项目建成后将为1 000余艘渔船安全停泊作业和发展我市海上旅游业提供重要保障。水工码头部分总投资5 362万元（不含征地拆迁费），主要包括建设码头429米；防波堤1 465.82米；护岸826米；港区道路1 010.80平方米；堆场6 014.98平方米；新建综合执法办证中心522平方米；疏浚港池12万立方米；配套灯塔1座、环保、供电、给排水及消防工程和通讯导航设备等。建成后可停靠渔船1 000余艘，渔业综合码头泊位共24个，年渔货卸港量近期可达6万吨，远期9万吨。

投放半滑舌鳎鱼苗

投放梭子蟹

投放构件礁

海上人家垂钓平台全景

山东省海洋与渔业监督监察总队

山东省海洋与渔业监督监察总队是2011年整合成立的副厅级单位，加挂“中国海监山东省总队”“中华人民共和国山东渔业船舶检验局”两块牌子，依法承担渔政管理、渔港监督、渔业安全监督管理、海洋监察和渔船检验工作，辖5个正处级直属支队。2016年，山东省总队以创新、协调、绿色、开放、共享五大发展理念为指导，认真履行执法监管职责，积极服务“蓝黄”两区和“海上粮仓”建设，全面提升执法管理精细化、规范化、现代化水平。

严格海洋与渔业执法 建立属地监管、标本兼治的渔船管控长效机制，加强省际间渔政执法协作，严格海洋伏季休渔管理、水生野生动物保护执法。开展了“海盾2016”“碧海2016”及“护航蓝区建设”专项执法行动，维护海洋使用秩序。深入开展渔业安全生产隐患大排查快整治严执法集中行动，做好渔业突发事件应急处置工作。

创新执法手段和模式 开展渔港经济区建设试点，推进渔港普查、渔港认定工作，探索“依港管船”的新模式。开展以渔船设计图纸“审”“批”分离、大型渔船建造监理、渔船技术状况第三方检测的船检改革试点，探索渔船技术服务的社会化、市场化路径。建设近海海域雷达监控系统，建立省、市、县渔船动态监控体系，完善渔船管理信息化管理系统。

推进队伍和装备能力建设 实施执法人员素质提升计划，加强两个执法维权基地建设和执法人员装备配备。开展“两学一做”学习教育活动，加强党风廉政建设。

“中国渔政37005执法船”入列

福建省海洋与渔业执法总队

全力打造“蓝剑”执法品牌——2016年福建海洋“蓝剑”联合执法行动成效良好

蓝剑行动严厉打击海洋与渔业违法违规行为，保护海洋生态环境

蓝剑宣传信息员在一线渔港开展宣传工作

执法人员登临检查查获的涉嫌违反伏休规定渔船

执法人员查获涉嫌非法采捕红珊瑚船舶

出动执法船艇1 121艘次、执法车574辆次、人员13 541人次，航时3 410小时，航程35 467海里，登临检查船舶3 564艘次，宣传劝导渔民群众4 482人次，防范劝阻拟赴敏感海域作业渔船40艘次，救助海上遇险渔船1艘，查获涉嫌违规船舶295艘，已收缴罚没款478.36万元，拆除违规网具286张、养殖设施0.13公顷，移送公安部门立案侦查4件、海事部门1件。这是今年以来，福建海洋“蓝剑”联合执法行动交出的一份答卷。

福建地处台湾海峡西岸，是海洋渔业大省，海洋渔业船舶达5万多艘，海上渔船管控任务艰巨。根据省海洋与渔业厅统一部署，今年，针对福建海洋渔业船舶数量众多、海上渔船管控任务艰巨、大量涉渔“三无”船舶严重破坏渔业资源和正常渔业生产秩序的现状，福建省海洋与渔业执法总队在2015年举行福建海洋“蓝剑”联合执法行动的基础上，积极开拓创新，进一步丰富“蓝剑”行动内涵，将其塑造为全省海洋与渔业执法行动的统一品牌，举全系统之力倾力铸剑。今年以来共开展了9次福建海洋“蓝剑”联合执法行动，历时109天。

“蓝剑”行动期间，福建省海洋与渔业执法总队围绕“两节”、省“两会”、全国“两会”、伏季休渔前期、初期、中期等重要时间节点，组织省、市、县三级执法机构、执法船艇，以沿海设区市、平潭综合实验区为片区，分别组织辖区采取统一行动、海上巡航检查和港口巡查管控相结合方式同步开展联合执法行动，重点打击违反伏休规定渔船、非法采捕红珊瑚船舶、涉渔“三无”船舶及电、毒、炸鱼等违法行为。尤其是6月份以来，福建海域全面进入伏季休渔期，海洋伏季休渔执法监管进入了最关键的时段，福建总队紧锣密鼓开展“蓝剑”行动，各级执法机构全力以赴，合力围剿，通过面上巡查与重点布控相结合的方式，多次组织执法船艇对东引、罗源湾、“连马”、闽江口，长乐漳港及马祖、白犬列岛向东一侧等海域开展执法巡查，形成强大的高压态势，为确保海洋伏季休渔良好秩序，保障伏季休渔各项任务圆满完成付出了巨大的努力。

行动期间，还做到了执法与宣传并举，立足执法一线，开展全方位多角度的宣传报道。2016年上半年，已采写发表“蓝剑”相关宣传稿件200篇次，福建电视台新闻频道多次播出相关专题报道，《福建日报》海洋通讯持续推出有关“蓝剑”行动进展情况，福建海洋云、福建新闻联播、东南快报等微信平台发布有关消息数十篇次，通过积极展示“蓝剑”执法风采，提升“蓝剑“执法威慑力，取得了良好的宣传效应。

据了解，根据省海洋与渔业厅统一部署，福建海洋“蓝剑”联合执法行动于2015年11月30日启动。在为期一个多月的时间内，福建省海洋与渔业执法总队组织了2次联合执法行动，组织省、市、县三级执法机构，海陆空协同执法，实现了执法指挥体系、执法方式方法、执法合作机制、情报信息工作四大创新。反映“蓝剑“行动的宣传稿件《福建“蓝剑2015-1” 联合执法常态化》被中国海洋报评选为“2015年度海洋与渔业执法十大新闻”。

下一阶段福建省海洋与渔业执法总队将根据省厅统一部署，继续有步骤、有规划、有力度地组织开展3次“蓝剑”行动，持续跟进执法宣传，做大做强“蓝剑”品牌，提升执法威慑力，为保护福建海洋生态环境渔业资源做出更大的贡献。

开启水炮震慑海上违规渔船

执行蓝剑任务的中国海监B3837和中国海警2112船

海南省海洋与渔业监察总队

2015年，海南省海洋与渔业监察总队在维护我省渔业生产秩序的基础上，牢记渔业生产安全、水产品质量安全和水生生态安全三个责任，突出提高海洋综合管控能力，转变观念，改进作风，逐项组织实施具体工作，现将有关情况汇报如下：

取得的成效 总队以维护渔业安全生产秩序为工作目标，以海洋资源保护为出发点，一方面不断强化监管职能，重点打击违规定置作业、“三无”渔船作业和偷捕水生野生保护动物行为，另一方面继续规范监管机制，在完善执法规程的同时，积极探讨两法衔接工作。总队共参与指导拆除违规渔具55起（含定置网和电鱼渔具），检查水产品生产场所19家，检查采挖砗磲船舶12艘次，检查水生野生动物经营场所27个，查处违规渔业案件5宗，收缴罚没款212 600元。

专项整治涉渔“三无”船舶，规范渔船管理 根据省政府关于《海南省集中清理取缔海洋涉渔“三无”船舶整治行动方案》要求和总队工作部署，总队根据工作职能，结合我省实际，分调研摸底、分类处置、巩固成果三个阶段稳步推进。

专项清理取缔非法定置作业，维护渔业生产秩序 总队根据工作部署年度工作计划制定了《2015年清理“绝户网”专项行动方案》，并下发通知各沿海市县，对文昌、儋州、昌江违规定置频发海域开展了联合专项行动。总队组织清理取缔“绝户网”955张。

加强水产品监管，保障水产质量安全 总队认真贯彻上级主管部门的部署安排及渔业工作的会议精神，结合水产品质量安全监管工作的总体部署，积极开展水产品质量安全监管工作。总队组织执法人员检查2次，覆盖市县7个，检查养殖基地19家，“三项记录”不全企业3家，不符合标准池塘12口，均已责令其限期整改。

加强水生野生动物监管，保护濒危水生物种 总队在琼海谭门开展联合、突击检查9次，一方面普及水生野生动物保护知识，宣传水生野生动物保护法律法规，提高社会各界水生野生动物的保护意识，另一方面警示和规范驯养、经营者合法经营利用行为。

贯彻伏季休渔制度，保护海洋渔业资源 根据2015年休渔工作会议要求，总队研究制订了《海南省2015年度休渔工作方案》，以海面巡逻、港口监视和市场调查的方式，全面掌握渔船动态，确保安全渡休，严堵偷渔行为。

强化渔船安全监管，保障渔业生产安全 贯彻“安全第一、预防为主、综合治理”的方针，强化渔船安全监管，维护生产安全。协助、督察沿海市县对港内停泊渔船开展安全生产检查356艘。

强化安全生产培训，增强渔民救生能力 紧紧抓住“人”这个安全生产责任主体，结合渔船管理的实际，利用休渔期间，组织渔民开展生产技能培训，增强渔民事故自救能力，降低渔业安全事故发生率。今年，总队共举办培训4次，参培渔民1 300余人。

参加西沙联合执法行动 派送人员随同中海海监2168、2169到西沙海域开展联合执法行动，在我省管辖海域内实行南海维权护渔，加强重点地区，重点海域的检查，严厉打击各类渔业违法行为。期间，发现可疑船只15艘，驱赶越南籍渔船8艘。

打击海上非法旅游行为，确保渔区交通安全 受理三沙市综合执法支队移交2015年2月25日在西沙海域查获粤阳西39578渔船非法载客从事旅游活动的案件，于6月2日下达罚款2万元处罚决定。

全省开展打击电拖网渔船行动中的执法照片，当总队加大在我省管辖海域违规从事渔业生产行为的打击力度，严厉查处电鱼等严重破坏海洋渔业资源行为

中国长江三峡集团公司中华鲟研究所

INSTITUTE OF CHINESE STURGEON, CHINA THREE GORGES CORPORATION

省重点实验室顺利通过建设评估

中华鲟研究所于1982年经水利部批准成立，是葛洲坝水利水电枢纽和三峡工程关于生态环境保护的配套机构。研究所长期致力于中华鲟及长江其他珍稀特有鱼类研究与保护、水利水电生态环境保护科技创新和公众科普教育等公益事业，是中国三峡集团水电开发中鱼类物种保护的技术支撑、水生态保护的创新平台、宣传贯彻生态环保理念的科普窗口。

研究所成立至今，共向长江、珠江等流域放流多种规格的中华鲟500余万尾，其中全人工繁殖的子二代中华鲟1.5万余尾；放流其他珍稀特有鱼类100余万尾。共取得科研成果百余项，制订了《中华鲟人工繁殖技术规程》和《胭脂鱼人工繁殖技术规程》两套行业标准，出版了《鲟鱼人工养殖技术》《鲟鱼养殖技术》专著两本，在国内外学术期刊发表论文50余篇，获国家知识产权专利近百余项，为保护中华鲟及长江珍稀特有鱼类做出了突出贡献。

“十二五”期间，研究所各项业务快速发展，中华鲟全人工繁殖连续取得成功并实现大规格子二代中华鲟放流、获批成为国家自然科学基金依托单位、三峡工程鱼类资源保护湖北省重点实验室顺利通过建设评估、自2014年圆口铜鱼、长鳍吻鮈首次实现人工繁殖后连续取得繁殖成功并首次实施人工增殖放流、中华鲟雌性单性生殖技术取得突破。在各级领导支持下，研究所先后承担国家“十二五”科技支撑、国家自然科学基金和集团公司科研项目30余项，其中，三峡水库针对四大家鱼自然繁殖生态调度研究等成果已经达到国内领先或国际先进水平，为长江鱼类资源可持续发展做出了重要贡献。

黄柏河基地全貌

海南省海洋与渔业科学院

海南省海洋与渔业科学院是隶属于海南省海洋与渔业厅的事业单位。主要承担海南涉海产业、海洋与渔业经济发展战略研究和制订总体规划；研究海洋与渔业资源调查和开发技术，进行环境监测、海洋资源及海洋环境保护、管理和可持续利用研究，典型海洋生态系统监测调查与评估；研究海洋物理、海洋地质、海洋工程、海洋遥感等技术基础研究和应用；对海岸带、海岛和海洋开发利用进行调查、规划、评估、设计、施工和技术咨询；从事海、淡水养殖技术、水产品加工和质量安全管理技术、水产良种引进、保种和育种技术、水产养殖病害防治技术等研究。此外还将承担海洋与渔业的科学技术普及工作。

全院现有在职职工181人，其中高级职称45人，中级职称31人；博士（含博士后）10人，硕士47人，本科51人。荣获国家有突出贡献的专家称号1人，国务院特贴专家称号4人，全国杰出专业技术人才1人，全国海洋科技先进工作者1人，全国海洋科技青年1人，全国农业技术推广标兵1人，全国先进工作者称号1人，全国优秀水产科技工作者称号1人，全国农业科技年活动先进工作者称号1人，第七届“全国优秀科技工作者”1人，海南省“515人才工程”第一、二、三层次人选各1人，省优专家称号3人，海南省青年科技奖获得者3人。

自“十一五”以来，紧紧围绕建设海洋经济强省的产业发展战略，坚持自主创新，取得了较好的成绩。获得国家科学技术进步奖二等奖1项、全国农牧渔业丰收奖一等奖和二等奖各1项、海洋创新成果奖二等奖3项、海洋科学技术奖二等奖2项、省科技进步奖一等奖1项、省科技进步奖三等奖2项、省科技成果转化奖一等奖4项。还荣获“全国农业先进单位”“全国星火科技先进集体”“十一五国家科技计划执行优秀团队”“十一五国家星火计划执行优秀团队”等荣誉。

2015年，全院获省科技进步三等奖1项，登记科技成果3项；被授权的发明专利和实用新型专利10项；发表论文55篇；编写或参与编写专著3本。省海洋与渔业厅机关党委授予我院“2014—2015年度先进基层党组织”称号，15人荣获“优秀共产党员”称号；1人荣获“515人才工程”第三层次人选；1人获国家罗非鱼产业技术体系2015年优秀站长和“十二五”优秀站长；选派挂职科技副镇长1人。省有关部门批准在我院设立“博士后工作站”和“院士工作站”。

三沙岛礁生态系统特有物种资源修复技术研究与示范

深水网箱养殖产业化示范与推广

珊瑚生态调查

红树林生态修复

科研基地

云南省渔业科学研究院

云南省渔业科学研究院是隶属于云南省农业厅的公益一类科研事业单位。主要职责是负责云南省渔业发展研究；淡水渔业养殖、增殖、捕捞及病害防治技术研究；渔业资源调查和资源养护技术研究；土著鱼类种质资源保护、遗传育种应用研究；水生动物疫病预防控制、渔业生态环境监督测试、水产品质量安全监督检验工作等。

近两年来，紧紧围绕云南渔业发展的中心工作，多渠道争取科研项目。主要主持或参加了包括国家“十二五”科技支撑计划重大水电开发工程关键技术与生态环境保护研究及集成示范项目的“流域水电开发环境评估及生态保护及修复技术研究”课题、云南省重大科技专项“云南高原特色淡水鱼产业化关键技术研究与应用示范”、国家罗非鱼产业体系昆明综合试验站、澜沧江和金沙江干流大型水电站鱼类增殖放流站运行管理及鱼类增殖技术研究等20余项研究项目；作为理事长单位发起组建了云南省高原淡水渔业产业技术创新战略联盟；成立了云南省桂建芳院士工作站等，实现了云南珍稀濒危土著鱼类巨䰾、后背鲈鲤、光唇裂腹鱼、灰裂腹鱼、西昌白鱼人工繁殖首次成功，并每年向澜沧江和金沙江投放鱼苗30余万尾，为云南渔业快速发展发挥了重要的技术支撑作用。

为了适应大力发展云南高原特色农业的要求，面向把云南建成全国重要的高原淡水养殖、加工、出口基地及水产种质资源保护和研发中心的目标，我院将坚持自主创新、重点跨越、支撑发展、引领未来的工作方针，弘扬追求真理、崇尚创新、实事求是的科学精神，按照“立足渔业科学研究，突出基础公益性质，引领渔业科技未来”的思路，以“忠职尽责，唯实创新”的作风，深化改革，求真务实，全面提高科技研发和科技服务水平，着力推进把我院建设成集科学研究、技术服务、科普宣传为一体的全国一流高原淡水渔业科研院所。

巨䰾
（2012年首次人工繁殖成功）

光唇裂腹鱼
（2013年首次人工繁殖成功）

后背鲈鲤
（2014年首次人工繁殖成功）

灰裂腹鱼
（2015年首次人工繁殖成功）

陕西陇县秦岭细鳞鲑国家级自然保护区管理处

2015年，在县委、县政府的正确领导下，在上级业务部门的大力支持和相关部门的积极配合下，我处以党的十八届四中、五中全会精神为指导，深入开展“三严三实”专题教育活动，紧紧围绕县委县政府“一城三县”建设目标。坚持“全面保护自然环境，积极开展科学研究，大力发展生物资源，为国家和人民造福”的国家级自然保护区建设方针。以生态文明建设为重点，促进保护区生态环境进一步恢复和改善；加大渔业扶持力度，努力实现渔业产业强县富民目标；强化宣传教育，严格执法管理，有效保护秦岭细鳞鲑等水生野生动物资源和生态环境，促进了我县渔业健康发展，保护区建设管理工作取得了长足发展。具体做了以下工作：

注重舆论宣传，营造良好的社会氛围，提升保护工作的影响力　一是配合中国水产科学研究院项目组在三里营小学举办了“香港海洋公园—社区参与的秦岭细鳞鲑保育基金项目”启动仪式。将三里营小学发展为陇县细鳞鲑保护区教育基地，举行了挂牌仪式；二是完成了全国信息培训和信息普查及全国门户网站调查问卷工作，向县政府上报了网站信息系统；三是投资5万余元，对保护区宣传牌及警示牌进行了更新，新增宣传牌8面。继续在陇县电视台天气预报栏目插播细鳞鲑宣传图片。

强化管理，提高保护工作成效　一是健全完善了《保护站工作制度》《秦岭细鳞鲑等水生野生动物捕捞、救护、死鱼处理有关规定》《保护区巡护管理制度》等10多项规章制度，从而使资源保护工作有章可依，有规可循。二是对保护区八渡、关山林区派出所警务室挂牌并进行了行政执法授权，做到了保护区各林区派出所警务室全覆盖；三是加强节假日巡护检查和日常管护，督查基层保护站和管护员工作，全年查处破坏秦岭细鳞鲑资源案件3起，并全部结案，结案率100%。

抓好秦岭细鳞鲑驯养繁育、渔业生产和水产品质量安全工作　一是总结近年秦岭细鳞鲑驯养繁殖经验，与天成特种水产养殖场合作开展了秦岭细鳞鲑驯养繁殖工作，成功孵化秦岭细鳞鲑幼苗2 000尾。二是抓好水产品质量安全工作，与水产养殖户签订了水产品安全生产责任书。三是渔业产值稳中有升，完成水产品产量110吨，实现渔业产值342万元，改造提升标准化鱼塘2.66公顷，休闲渔业蓬勃发展。

实施项目带动，加大项目建设力度　一是完成了陕西陇县秦岭细鳞鲑国家级自然保护区2014年生物多样性保护专项资金项目53条河流测绘实施方案、招标代理公司及测绘单位招投标、设备采购及地形测绘等工作。二是完成了陕西陇县秦岭细鳞鲑国家级保护区基础建设项目的选址及施工图设计等前期工作。三是上报了2015年渔业基础设施建设项目、2016年渔业基础设施建设省级财政专项资金项目、2015年渔业基础设施建设贷款财政资金贴息项目及2015年巩固退耕还林成果后续产业项目，各类项目到位资金82.59万元。

抓好党建及精神文明建设工作　一是结合“三严三实”专题教育活动，狠抓党员干部思想教育及作风建设。二是强化党员干部教育培训工作，参加市县科级领导干部培训4人次，公务员网上培训9人次。三是加强精神文明和思想道德建设，组织干部职工认真学习《公民道德建设实施纲要》，道德模范人物事迹。

农业部专项督查

中国水产科学研究院“香港海洋公园—社区参与的秦岭细鳞鲑保育基金项目”启动仪式

救护放生

中国水产科学研究院黄海水产研究所

中国对虾"黄海3号"新品种
多营养层次生态养殖推广

大菱鲆"多宝1号"新品种

中国水产科学研究院黄海水产研究所成立于1947年，系农业部所属综合性海洋水产研究机构。现有在职职工417人，其中院士2人，高级专业技术人员159人，博士生导师20人、硕士生导师79人。设有博士后工作站，在站博士后30余名。先后有3人被授予国家级有突出贡献专家，62人享受国务院政府特殊津贴，6人入选国家百千万人才工程，1人获山东省科学技术最高奖，5人被聘为山东省泰山学者特聘专家，17人获农业部或山东省有突出贡献中青年专家称号，2人获青岛市科学技术最高奖，13人获青岛市专业技术拔尖人才称号。

建所近70年，黄海所先后承担并完成了1 300余项国家和省部级的研究课题，取得了300多项国家和省部级重大科研成果，获得国家和省部级奖励200余项，其中有国家科技进步一等奖2项、二等奖5项、国家发明二等奖3项等国家级奖励43项，开展了许多创新性的研究，为我国海洋渔业科学事业的发展做出了突出贡献；先后同前苏联、挪威、加拿大、美国、英国、新西兰、马来西亚、日本、韩国等100多个国家、地区、国际组织及单位开展科技合作、学术交流、资料交换及人才培养等合作关系，进一步增强了全所科技创新能力与行业支撑综合实力。现内设10个研究室、3个实验基地；装备海洋渔业资源科学调查船"北斗"号、近岸渔业资源与环境调查船"黄海星"号。

"十二五"期间，黄海所遵循"坚持产业导向，突出自主创新，加强推广应用，促进和谐发展"的指导方针，围绕产业重大需求，研发关键技术和实用技术，在实践中强化渔业科技的支撑服务作用，积极探索多种形式的产学研合作模式，在水产养殖新品种、新技术、新工艺、新产品开发方面取得了显著成绩，产学研合作企业拓展到山东、江苏、浙江、天津、辽宁、福建、广东等十几个省份，新上院士工作站23个，其中1个院士工作站2012年荣获全国先进院士专家工作站称号；牵头组建"黄渤海区种业技术创新联盟""海水养殖产业标准联盟"等联盟2个，联合单位多达60家，搭建起以企业为主体、市场为导向、产学研结合的产业技术创新机制；产学研合作基地增加到100个，分布区域北到辽宁丹东，南到海南三沙，西到广西防城港，由沿海地区不断向内陆扩展，呈现出多地区、多形式、多联合、多层次的合作特点，对地方产业结构调整、渔业增产增收和社会主义新渔村建设做出了突出贡献。

地址：山东省青岛市南京路106号　　邮编：266071
电话：0532-85836200　传真：0532-85811514　网址：http://www.ysfri.ac.cn

中国水产科学研究院珠江水产研究所

我们努力，天下有鱼

新品种——莫荷罗非鱼

新品种——乌斑杂交鳢

中国水产科学研究院珠江水产研究所是国家根据流域布局在珠江流域及其相关水系中设置的国家级渔业综合科研机构，位于广州市西塱花地河畔，主要开展水产种质资源与育种、水产养殖与营养、水产病害与免疫、渔业资源保护与利用、渔业生态环境评价与保护、水生实验动物、城市渔业和水产品质量安全等学科研究，并已形成水产疫苗、池塘养殖、观赏鱼、渔业资源、水生实验动物等特色研究领域。现有农业部热带亚热带水产资源利用与养殖重点实验室、农业部渔业药物创制重点实验室18个省部级挂靠科研机构，以及珠江水系渔业资源养护功能实验室、珠江水域渔业生态环境监测与评价功能实验等8大功能实验室。

“十二五”期间，我所研制的草鱼出血病活疫苗（GCHV—892株）获得农业部颁发的一类新兽药证书，标志着国内外首个草鱼出血病活疫苗成功问世，预示着草鱼出血病活疫苗研究与应用进入了实质性的产业化阶段。我国首个无规定水生动物疫病区——江西省无草鱼出血病区建设示范项目，通过了农业部阶段验收，为我国水生动物疫病区划管理奠定了基础；大口黑鲈“优鲈1号”、乌斑杂交鳢、莫荷罗非鱼“广福1号”等新品种证书的获得，丰富了我国淡水养殖品种及推进了水产良种化的进程；国家一级重点保护水生野生动物鼋人工驯养繁殖成功，为国家级野生动物的保护开启了新篇章；发现两个鱼类新物种、丰富了鱼类种质库。

新鱼种——细身金线鲃

新鱼种——短鳍金线鲃

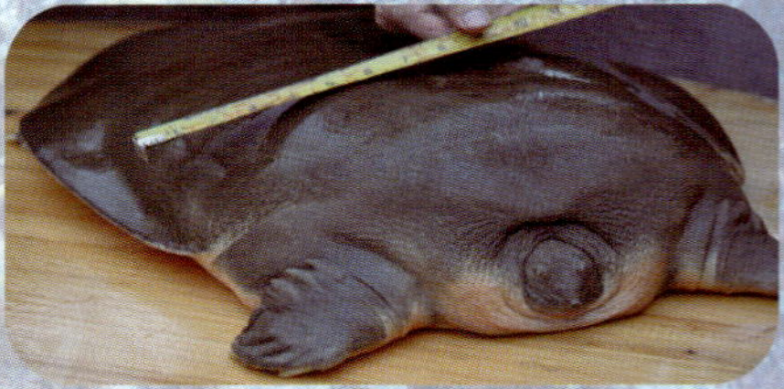

鼋

中国水产科学研究院渔业工程研究所

业务工作 积极推进科技创新组织各业务部门集中学习《渔业工程研究所学科发展规划》和《渔业工程研究所中长期发展规划》。完成2015年渔工所科研课题储备库项目编写与评审工作，根据“养殖池塘改造与生态修复技术研究与示范”行业专项的实施方案与考核指标，并按照既定目标完成相关相关实验任务。积极参与“深远海养殖平台专项”项目，完成子项目“岛礁浮式保障平台项目研究建议书”；依托我所广西防城港人工鱼礁项目，完成了“软弱地基上人工鱼礁的礁体选型研究”课题申报准备工作，此课题将针对浮式鱼礁的设计优势及问题进行的探讨，对今后人工鱼礁的使用及浮式鱼礁的建造和投放具有重要指导意义。完成“单船港内首尾双锚锚泊泊稳条件试验研究”课题预定的试验组次试验数据整理分析及结题初稿编制工作。2015年，“渔业船舶标准体系顶层研究”项目完成了国内渔船标准，我国新能源渔船标准、我国现有渔船标准使用现状、渔船建造工艺方法等问题的分析工作。

支撑工作 承担“中国渔政管理指挥系统”技术支撑工作在强化渔业信息技术与渔业政务管理业务融合方面取得突破，支撑能力显著提升。完成验船师考试系统运维支撑工作，为举办的13期验船师专业考试提供运营支撑。渔业科学数据平台今年也首次深入云南金沙江中游龙开口鱼类增殖站开展专题服务工作。将“网站建在了养鱼池边，数据用在了显微镜下”，取得了扎实有效的服务成果。

我所今年组织完成了国家渔业数据中心前期调研与方案编制工作，编制组针对我国东部、中部及西部地区不同渔业信息化建设特点、发展阶段以及数据共享需求，分别对湖北、湖南、四川、宁夏、海南、福建六省（自治区）开展国家渔业数据中心建设专题调研工作，积累了大量政策法规与具体技术方案，并在此基础上，完成渔船动态管理系统及数据中心建设方案工作。与此同时，我所还相继承担了我国渔业无线电频率使用情况核查工作、2015年世界无线电通信大会有关议题评估报告编制工作等重要技术研究与支撑工作。

2015年我所协助行业主管部门编制完成《全国渔港建设规划2014—2020年》，并顺利通过了由农业部渔业渔政管理局和计划司共同组织的专家评审；完成了《全国渔政装备设施建设规划2014—2020年》项目实施方案的编制及上报工作；承担了全国渔港申请列入规划项目五项基础指标的分类汇总统计工作，绘制完成了沿海九省市全国沿海渔港布局图。

与广东省海洋与渔业局、广东省人民政府发展研究中心共同完成了《广东省现代渔港建设总体规划2015—2025年》编制工作，规划的实施为广东省未来十年现代渔港的建设提供了良好的技术支撑，也将对我国沿海渔港建设思路改革、推动现代渔港建设起到很好的示范作用。我所相继完成了《广东省阳江市现代渔港建设总体规划》编制工作，《广东省硇洲示范性渔港建设项目可行性研究报告》编制工作，在广东省财政厅和广东省海洋与渔业局组织的2015年广东现代渔港建设项目竞争性分配评审结果中位列第一名，这次评定是对我所助推现代渔港建设技术支撑工作极大的肯定和鼓励。

广东廖海水产基地鸟瞰图

河北新村一级渔港鸟瞰图

海南三亚项目规划鸟瞰图

山东省威海中心渔港规划图

深圳市渔业服务与水产技术推广总站

深圳市渔业服务与水产技术推广总站是深圳市经济贸易和信息化委员会直属正处级事业单位。2015年，该站围绕市经贸信息委年度重点工作要求，重点推进以水生生物防疫检疫、渔业资源增殖保护、渔业生态管理、水产技术推广、渔业信息培训、渔港公共设施管理和服务为主的职能建设，较好地实现渔业服务与水产技术推广事业上新台阶。

2015年，该站水生动物检验检疫实验室有15个项目通过CMA国家计量认证，其中病毒检测9个、细菌检测3个、寄生虫检测3个，部分项目通过农业部能力测试、国家认监委能力验证，进一步提高了水生动物防疫检疫能力。全年共收到各类样品139份，共检测了285项。推广了“南海1号”斑节对虾集约化养殖技术和卵形鲳鲹深水网箱健康养殖技术。

2015年，组织海上增殖放流139万尾鱼苗、806万尾虾苗（其中发动社会捐赠鱼苗49万尾、虾苗395万尾）。全年举办了5次渔业技能培训班，培训552人次，科技下乡22次，发放各类技术资料1 864份。

增殖渔业资源建设生态文明——爱心榜

检测合格的放流鱼苗

市民参与放流活动

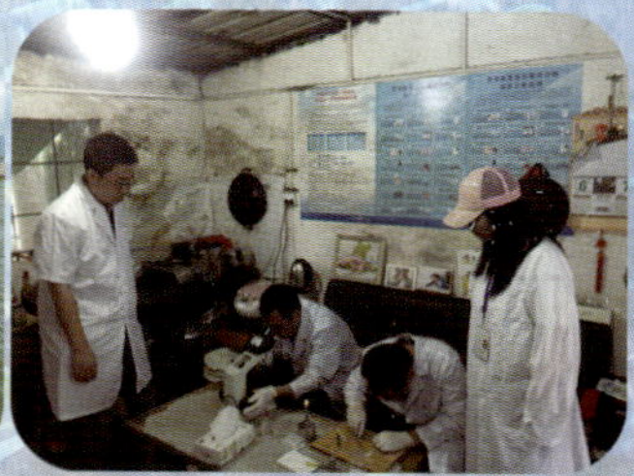

水技推广人员进村入户开展技术服务

广东省渔业互保协会

广东省渔业互保协会（成立于1993年）是由广东省海洋与渔业局主管、经广东省民政厅批准成立的非营利性、公益性社会团体，具有法人地位。我协会的主要工作是组织广大渔民、船东参加互助保险，共同承担会员因遭受意外事故和自然灾害带来的损失的经济补偿，并受各级政府委托开展政策性渔业保险工作。经过20多年的发展，我协会目前在全省各地开设100个分支机构，遍布省内各大渔港，为渔民群众提供全天候的渔业互助保险服务。

渔业互保协会作为我国当前渔业保险的主要市场主体，在组织渔民互助共济、共担风险，保障渔民、船东及时恢复生产和安定生活方面成绩巨大。实践证明，渔民、船东参加互助保险是渔业安全生产的重要组成部分，是化解渔业生产风险行之有效的途径之一。2012年12月至2014年12月，受广东省政府委托，在广东省海洋与渔业局的领导下，我协会开展了政策性渔业保险试点工作，惠及渔民22余万人次、渔船16 000余艘次。2015年以来，我协会从保障渔民群众的生命财产安全的立场出发，采取调降会费费率的措施，减轻我省渔民群众经济负担约2 200万元，受惠渔民超过11万人次，受惠渔船达10 000余艘次。

我协会在渔业互助保险领域成绩显著，获得省政府及有关上级部门认可和信任，曾先后获得“全省先进民间组织”“全国先进民间组织”“广东省海洋与渔业安全生产管理先进单位”等荣誉称号。

我协会成功启动POS机见费出单项目，采用创新技术便利渔民参保

渔民群众踊跃参加渔业互助保险

我协会及时迅速送上理赔补偿款帮助渔民群众救灾复产，温暖渔民群众的心

我协会工作成绩显著，荣获广东省海洋与渔业安全生产管理先进单位称号

广东省远洋渔业协会

广东省远洋渔业协会会长　黄富雄

广东省远洋渔业协会是在广东省海洋与渔业局指导下，于2016年3月2日经广东省民政厅批准成立的行业组织。由省内从事远洋渔业相关产业的生产、加工经营企业及科研、院校等单位自愿结成的全省性、非营利性的社会团体法人。

远洋渔业是海洋经济的重要组成部分，作为渔业大省的广东，远洋渔业的发展潜力是巨大的，推动远洋渔业的发展势在必行。广东省远洋渔业协会的成立有利于整合优势远洋渔业资源，促进企业之间的沟通与交流，反映行业困难和诉求，配合政府部门培育壮大现代化的远洋渔业企业，努力打造一批我省远洋渔业知名企业和产品品牌。为开发国外海洋渔业资源、丰富我省水产品供给、推动渔业国际交流合作和水产品贸易等作出贡献。

联系人：丘美玲
电　话：020-34400156
地　址：广州市海珠区南村路20号30幢401-402 室
邮　箱：3244673126@qq.com

2016年1月21日，广东省远洋渔业协会召开第一届一次会员代表大会

第一届一次会员代表大会合影

2016年7月15日，广东省远洋渔业协会召开成立大会

广东省渔业种质保护中心

国家科学技术进步奖

证书

国家科技进步二等奖证书

广东省渔业种质保护中心是广东省海洋与渔业局直属的事业单位，位于广州市南沙区东涌镇大稳村，占地38.7公顷。该中心对国家级广东罗非鱼良种场进行直接管理，具有全国现代渔业种业示范场、农业部水产健康养殖示范场、全球水产联盟最佳水产养殖规范BAP认证、出境水生动物（种用/食用）检验检疫注册登记场等资质，同时又是国家罗非鱼产业技术体系广州综合试验站的技术依托单位。该中心现有实验室800平方米，包括基因工程实验室、食用鱼类研究室、观赏水生动物研究室、珍稀水生动物研究室、种质分析室、水质分析室、鱼病室、罗非鱼研究室等；拥有高分辨率的生物显微镜、解剖镜（均配备数码相机及电脑）、倒置显微镜、显微操作系统、细胞培养箱、紫外分光光度计、高速离心机、PCR仪、电泳仪、凝胶成像系统、超低温冰箱水质分析仪、细菌鉴定仪、超净工作台、全自动细菌发酵罐、全自动水质监测和养殖控制系统等研究仪器设备。具有良好的生产设施，包括标准化建设鱼塘58口，水面23公顷，越冬池4 500平方米，育苗池8 000平方米，检疫隔离养殖池 3 000平方米，工厂化育苗车间3 000平方米，可常年开展苗种繁殖研究和生产。

近年来取得的主要成果及荣誉：国家科技进步二等奖1项、省部级科技进步一等奖3项、省级农业技术推广二等奖1项、申请国家发明专利6件、获得授权专利3件，注册了“广特超”罗非鱼商标；获“全国十大罗非鱼苗种供应基地”“消费者信赖品牌”“最具影响力品牌”等荣誉称号。

提供产品品种：大量生产供应各种淡水名优鱼类种苗，主要品种有“广特超”牌罗非鱼、宝石鲈、巴沙鱼、台湾泥鳅、澳洲淡水龙虾等；此外还提供大量子二代娃娃鱼商品鱼。

BAP认证证书

“十大罗非鱼苗种供应基地”牌匾

广特超罗非鱼

网箱育苗池

浙江省渔业互保协会

浙江省渔业互保协会是全省范围内渔业组织与个人自愿组成、实行互助共济的非营利性的社会团体组织，承载全省政策性渔业互助保险业务。协会自2004年12月成立以来，全省渔业互助保险快速发展，目前已在沿海地区（除宁波市外）的18个市县和6个淡水县市设立24个办事处，3个服务中心（含1个服务部）。

2015年，全省渔业互保费承载风险保额近961亿元，累计受理理赔案件6 515起，已决赔案5 418起，为受灾渔民赔付金额2.57亿元，未决案件1 288起，未决预估赔款7 776万元。

2015年，全省会员累计享受各级财政补贴8 753万元，其中，中央财政补贴272万元，省级补贴6 692万元，市县级补贴1 789万元，广大渔民真正享受到政府政策性补助的温暖。

协会根据《农业保险条例》（第629号国务院令）和省政府办公厅《关于加强政策性渔业互助保险工作的意见》（浙政办发[2013]12号）文件精神，开拓创新、锐意进取，采取多项措施服务渔民，促使渔业互助保险展业稳步发展，风险保障能力显著增强：一是雇主意外身故责任和意外致残责任互保实施超省财政补贴标准部分保额费率优惠政策，鼓励渔民按实际需求投保，实现雇主意外身故人均保额60余万元，其中，远洋渔业雇主意外身故责任互保人均保额最高达180万元；意外伤残责任互保人均保额33万元；渔船互保船均保额105万元。二是在舟台温绍等地开展浅海贻贝、浅海紫菜、海水网箱和池塘南美白对虾等养殖保险试点工作，承载风险保额1.12亿元，为养殖渔民灾后恢复再生产提供了有力保障。三是继续做好服务会员工作，全年会员享受无理赔优惠2 981万元；完成向会员免费发放船用（工作）救生衣三年计划，累计出资518万元，发放救生衣12万余件；前移服务平台，划分定点联系片区，鼓励工作人员“下到基层，走进渔村”做好“店小二”式服务，同时试点开展协保员队伍建设，为建立“渔业服务纵向到底，渔民办事不出村”创造条件。四是稳步推进小额委托贷款业务，为解决会员贷款难的问题，全年共为314名会员累计发放贷款1.62亿元。

协会开展“送温暖”活动，副理事长兼秘书长刘苏良慰问渔民家属

协会召开“百场咨询”活动，工作人员现场为渔民会员答疑解惑

协会召开“百场咨询”活动，工作人员向渔民介绍渔业互助保险

协会印制“感恩十年”纪念书籍

西安市渔政监督管理站

2013年农业部渔业渔政管理局局长赵兴武检查西安渔政工作

由西安市水务局组织的、西安市渔政监督管理站承办的渭河西安城市段水景公园观赏鱼放流活动

西安市渔政监督管理站于2004年9月经市编办批准成立，正处级建制，具有渔政监督管理及渔业行政执法职责，核定编制20名，为参照公务员法管理单位，被农业部授予“全国渔业文明执法窗口单位”称号。

依据相关法律法规授权及行政主管部门委托，西安市渔政监督管理站主要承担渔业法律法规的执行监督和渔业违法案件查处、渔业生产秩序维护和渔事纠纷调解、渔业资源保护增殖和水生野生动物保护救护、渔业水域生态环境保护和渔业水域污染事故查处、水产品质量安全监督管理、渔需物资监管等职能。

近年来，依据《中华人民共和国渔业法》等法律法规，西安市渔政监督管理站在认真履行水生野生动物保护救护和渔业资源养护等职责的同时，结合西安市实际，依法拓展职能，在涉水工程水域生态环境保护、水产品质量安全监管方面走在全省前列。2013年以来，先后妥善处理了西安地铁三号线灞河大桥工程、大同至西安铁路客运专线灞河桥工程、关中环线天然气储气调峰管道工程、渭河正阳大桥工程等涉水工程与水域生态保护关系问题，将工程建设的负面影响降低到了最低限度，确保遭受破坏的资源和生态得到了相应补偿和修复。根据西安市水务局的统一部署，组织全市10个区县渔政部门建立了市、区（县）两级水产品质量安全监管体系，在每个区县均设立了“水产品质量安全监测室”；督促10个涉渔区县渔政站将辖区内的重点水产养殖和从事休闲渔业的单位和个体纳入监管范围，100%签订目标责任书；建立了产地水产品安全监管网络化管理，努力创建以“关口朝前，进出安全”为主要特点的水产品质量安全监管新模式。2007—2015年，农业部抽检西安市自产水产品连续9年合格率达100%。

地址：西安市凤锦路58号　邮编：710018
站长：孙　定　电话：029-62645868

鱼苗销售打包

场长　金万昆

国家级天津市换新水产良种场是国内集淡水鱼类良种育、繁、推一体化的大型种业企业，农业部全国现代渔业种业示范场、水产健康养殖示范场，产品通过农业部无公害农产品产地认证。农业部天津鲤鲫鱼遗传育种中心和天津市淡水鱼类遗传育种企业重点实验室等5大科研平台建在场内，全场占地58公顷，职工68人。现年生产淡水鱼类13～15个品种的优质苗种42亿尾以上，推广到全国29个省、自治区和直辖市。

换新场多年来致力于水产良种选育和新品种、新技术创新，育成：黄金鲫、津鲢、津新鲤2号（超级鲤）、芦台鲂鲌、津新乌鲫、红白长尾鲫、蓝花长尾鲫等10个国审新品种。长期推广的主导品种主要有：黄金鲫、津新鲤2号、津新鲫、彭泽鲫、津新乌鲫、框鳞镜鲤、津鲢等，还生产销售青鱼、芦台鲂鲌、中华胭脂鱼、日本锦鲤等苗种。

换新场优良苗种生产已形成了一套先进成熟的苗种产业化生产技术体系，其中有10项新技术获国家实用新型发明专利；获得天津市科技进步二等奖1项，三等奖5项。黄金鲫获天津市首届优质农产品金农奖。编辑出版了《淡水鱼类远缘杂交种染色体图谱》《淡水鱼类远缘杂交实验报告》《淡水养殖鱼类种质资源库》和《淡水鱼类杂交种胚胎发育图谱》《金万昆论文集》5部专著。

金场长挑选亲鱼

实验研究

自主知识产权的淡水鱼类新品种

红白长尾鲫　蓝花长尾鲫　黄金鲫　津新鲤2号（超级鲤）　框鳞镜鲤　津　鲢　津新乌鲫　芦台鲂鲌

香港渔民互助社

"团结互助、发展渔业、服务社群、维护权益"，一直是香港渔民互助社多年来的宗旨，经历了六十九个寒暑，由最初一个办事处发展到今天四个，分布大澳、长洲、香港仔和筲箕湾，令互助社服务渔民工作更加全面。在历任执委理事共同努力下，使互助社工作得到渔民间支持及社会各界认同。

近年间，香港可作业渔场不断萎缩，从港珠澳大桥工程，到机场第三跑工程，大屿山北岸填海发展，以及构思中的交椅洲人工岛等，都使香港渔业发展面临多重的挑战和考验。我们期望政府就著填海及相关延伸议题，如海岸公园设置及管理、改善现行特惠津贴计算机制、船籍港制度等等，以专责小组方式正视及接纳业界意见，与业界达成共识，以维护业界权益及推动渔业可持续发展。在2015年发生了几宗渔民海上事故及927筲箕湾避风塘大火，造成人命伤亡及财产损失，令人惋惜。事件再一次唤起社会及业界对海上安全的关注，作为业界团体，我们有责任为生产安全及海上安全对渔民加强宣传教育。在此，亦特别感谢施子清先生和香港全国青联委员协进会捐款30万元，透过互助社向筲箕湾避风塘大火受影响渔民发放紧急援助金。

2015年，我社联同香港渔民团体联会及立法会渔农界何俊贤议员，就著多项港澳流动渔民关注的国内渔业政策，如"燃油补贴政策的调整""港澳流动渔船安全检验""旧船更新改造"等问题，向农业部、广东省海洋与渔业局及相关部门提交意见及建议。在12月份，国家渔业船检局及广东省海洋与渔业局来港，跟香港渔民团体联会及立法会渔农界何俊贤议员举行座谈会，席间当局宣布将港澳流动渔船安全检验要求，由原来期限2016年6月延迟至2018年12月；而旧船更新改造问题上落实了"先建后拆"政策。同时，我社协助广东省流动渔民协会进行"P4"小船核查，基本已经完成并已将相关资料交到省渔会，期望透过有关当局争取相关政策支持，解决"P4"小船转型的问题。国家对港流动渔民情况十分关注，除每年向港澳流动渔民给予柴油补贴外，还在不同层面上积极支持港澳流动渔民，令渔业发展更趋平稳，再次感谢国家对港流动渔民的关怀和支持。

除业界工作外，我社亦积极参与社区事务，去年的支持政改通过活动、11月份区议会选举等，我社都有动员义工参与及协助助选等工作，发挥渔民爱国爱港优良传统，保持香港繁荣安定，贯彻落实《基本法》和"一国两制"。

迈向70周年，香港渔民互助社一定会继续努力，坚持不懈做好服务渔民工作，为渔业可持续发展略作贡献。感谢国家和特区政府，及各界士的长期支持，令我社工作更加顺利。

香港渔民团体联会

香港渔民团体联会的成立，从1990年开始，港英政府大搞建设其中包括西九龙填海工程，兴建赤立角新机场，继而大屿山港口发展计划，喜灵洲建避风塘，兴建十号及十一号货柜码头等。工程遍布整个香港周边水域，严重影响中浅海作业渔船和养鱼户的生计。当时政府对受影响渔民并无什么关怀及表示。

因此，香港渔民互助社与港岛东区近岸作业渔民于1991年5月进行了海上示威请愿行动，经过多次交涉后，政府终答允对受影响渔民作出一年渔获损失补偿，但这些补偿根本不能够解决因工程引起的损失。

1993年5月各区渔民团体再次发动海上大示威行动，并在"民建联"协助，由谭耀宗、钟树根等约见规划环境地政司，反映渔民的困境和要求。其后为统率全体渔民团体的意见和要求，集捕捞、养殖及运销船等42个渔民团体组成"香港渔民团体联席会议"，集中统一向港英政府反映渔民业界的困难和要求，结果15米以下渔船由一年渔获补偿提高至三年；15米以上渔船也获认可补偿；对受污染的养鱼区也获津贴，至此，遂有"特惠津贴"的产生。

由于时代转变，投身渔民工作的人口下降，渔民要求聘请内地渔工，唯当时并无相关条例容许内地渔工入境问题，因此于1994年6月14日发动1 200艘渔船进行"维港"海上大示威，显示渔民团结力量，要求内地渔工于流动渔船协助生产，并能"过港"，终于1995年1月获粤港政府协议初步批准3 500名，1999年8月放宽至7 200名，满足流动渔船的需求。

1997年7月香港结束了百多年英国统治，正式回归祖国怀抱，为隆重其视，本会及各属会进行运串庆祝活动，各湾渔船巡游、龙舟竞渡霍英东杯、联欢宴会等。同年香港渔民团体联席会议已运作了5年时间，工作得到当时政府部门首长认同，期间曾组团访京与国务院港澳办及国家农业部会谈，也与广东省、市部门作交流。

1998年7月30日召开了全体委员大会，会议通过于"社团事务处"申请注册为法定团体，继而于2006年6月购置了新会，亦年2009年6月25日更改会名"香港渔民团体联会"。

2006年，国家贯彻"三农"政策，对内地渔船实施"柴油补贴"政策，当时，流动渔民亦陷入生产困境，叫苦连天。香港渔民团体联席会议认为港澳流动渔民是具有港澳及广东省双重户籍的特殊群体，理应享受相同待遇，就此，香港渔民团体联席会议应渔民强烈要求，综合各方意见，提出合理数据，通过省、市各流动渔民协会办公室及"中联办"多方面反映诉求。经过多年争取，终在2009年，国家农业部副部长牛盾先生亲临香港渔民团体联会会庆，并宣布国家给予港澳流动渔民柴油政策性补贴。

香港渔民团体联会积极参与各项社会事务，维护基本法及一国两制，为香港稳定和繁荣作出贡献。2012年香港特首选举中，在香港特首选举委员会1 200名委员中占了60名"渔农界"席位，其中40人来自渔业，均为香港渔民团体联会成员或有密切关系人士，在该次选举中，"渔农界"60票都全数票全部投予梁振英先生，是全香港唯一百分之百票数都投梁振英的界别。现时香港立法会70名议员中，渔农界别亦占有一席位，现时代表渔农界功能组别议员为香港渔民团体联会常务副主席何俊贤。

港澳流动渔民具有爱国爱港澳的优良传统，在抗日战争和解放战争中，积极参军拥军，为抗战胜利和解放海南岛、万山群岛做出了重要的贡献。为此优良传统得以发扬及承传，并感谢国家对港澳流动渔民长期的关顾，香港渔民团体联会多年来都坚持组织各区渔民举办各项庆回归活动，如在2003年7月1日，为顶住反对派所谓50万人上街的逆流，组织发动400多艘渔船分别于维多利亚港及吐露港"庆回归、迎温家宝总理来港，支持23条立法大巡游"。2007年7月1日庆回归十周年，迎接胡锦涛主席来港，组织200艘大型渔船于维多利亚港巡游以配合特区政府升旗礼，得到赞许，并喻为"海上舰队"。而2012年7月1日举办"渔龙飞跃庆回归"大型海上渔船巡游活动，所花人力财力物力是有史以来最大，逾200艘大型渔船于维多利亚港巡游，庆祝香港回归祖国十五周年。自2013年起，香港渔民团体联会每年都举办"渔港旗扬家国情"升旗礼活动，以庆祝香港回归祖国。同时，发动全港各区渔港之渔船悬挂国旗和区旗庆祝回归，表现全港渔民大团结精神，尽显流动渔民爱国爱港优良传统。

香港渔民团体联会庆祝香港回归祖国19周年暨成立18周年晚会

本会注册成立至今逾18周年，团体会员数目逾百间，自成立以来贯彻团结渔民，维护渔民权益，蒙业界支持及赞许，至此，本会继续发扬先辈的优良传统，为香港渔业未来的持续发展而努力不懈。

福建省水产技术推广总站

新落成的福建省水生动物疫病预防控制中心大楼

福建省水产技术推广总站成立于1990年5月，加挂“福建省水生动物疫病预防控制中心”牌子，是省海洋与渔业厅下属正处级全额拨款事业单位，核定编制35名。现有在编人员22名，其中高级职称14人（正高4人），中级职称5人，初级职称1人。现设有办公室、疫病防控科、推广与体系建设科、质量安全指导科、苗种科和培训科等6个科室，设有特有工种职业技能鉴定站。

近年来，省水产技术推广总站稳步推进水产技术推广体系改革与建设，加强渔业关键技术的示范和推广，深化水产养殖病害测报和防治，启动水生生物疫病防控体系建设，强化技术培训与职业技能鉴定，拓展公共信息服务、水生动物资源养护和水产品质量安全监管技术领域，不断提升水产技术推广体系公共服务能力，有效促进渔业科技创新和产业转型升级。

地址：福州市鼓楼区西洪路555号
邮编：350002
电话：0591-87878911
传真：0591-87821459
邮箱：s19905@126.com

举办青运会水产品质量安全培训

参加全国水产技术推广职业技能竞赛

调研水产品加工

台风前深入渔区开展技术指导

重庆市水产科学研究所

重庆市水产科学研究所所长、重庆农垦农产品质量安全检验检测站站长　王小寒

江泓自生鱼门店

重庆市水产科学研究所位于重庆市江北区红石路6号，成立于1984年，正县级事业单位。2013年6月，经重庆市编办批准加挂了重庆农垦农产品质量安全检验检测站牌子，实行两块牌子一套班子运行模式。2015年10月加入全国渔业生态环境监测网。

创新科研模式，助推科研发展　我所紧紧围绕市场和单位发展需要，立足应用型科研，开展了大鳍鳠、长江鲟、铜鱼、泉水鱼等长江土著经济鱼类开发、保护和利用等研究工作。

大胆创新探索，拓宽业务工作　2015年，我所开展三峡库区抱龙河、小江、梅溪河等渔业资源调查和监测工作。我所8人获得渔业污染事故调查鉴定个人合格证书，加入全国渔业生态环境监测网，承担全市渔业资源环境监测和渔业污染事故调查鉴定工作。

重庆农垦农产品质量安全检验检测站质监站通过“双认证”　即获得了重庆市农产品质量安全检测机构考核合格证书和重庆市质量技术监督局颁发的资质认定计量认证证书，标志着我所正式对外开展农产品质量检验监测工作。

科研成果转化　推出了江泓自生鱼，进行了科研苗种市场化、品牌化。

陕西省水产工作总站

陕西省水产工作总站是隶属于省水利厅的省级水产技术推广事业单位，地处渭南市朝阳大街30号。承担着全省水产技术推广、技术培训与工人技能鉴定、水产养殖病害防治与水生动物防疫检疫、养殖产地环节产品质量监管、水产苗种繁育与场站管理指导等公益职能。建站56年来，先后荣获部、省奖23个，其中，一等奖5个，二等奖9个，三等奖9个，对陕西渔业发展起到强有力的技术支撑作用。

“十二五”期间，该站认真贯彻《农业技术推广法》《动物防疫法》及《农产品质量安全法》，结合陕西渔业发展实际，切实履行工作职责，参与制定的《大鲵养殖标准》和《陕西省水产种苗管理办法》均得到正式颁布，对规范指导大鲵养殖提供了技术支撑，为规范全省水产种苗管理提供了法律依据；“基层渔技改革与建设补助项目”在全省有效实施，累计落实资金1 600万元，覆盖73个县区水产推广机构，形成了按省级产业切块下达，分行业实施，长期补助的机制；“农业部大鲵现代化养殖创新试验”“陕西省无公害水产品养殖技术推广”等10个水产技术示范推广项目实施面积覆盖全省主要养殖区域60%以上，产量占到全省渔业的70%，2015年全省渔民人均纯收入突破1.3万元，超陕西省农民人均纯收入63.3%；“微孔增氧”“稻田生态养蟹”“节水养殖”等8项技术的主推，虹鳟、匙吻鲟、泥鳅、河蟹、南美白对虾等13个主导品种的引进推广，技术普及率达85%以上，水产良种覆盖率达65%以上；在全省示范推广鱼病远程辅助诊断系统，建设监测系统信息平台3个，建成鱼病远程辅助诊断系统终端24个。在重点县、企业示范建立水产品质量追溯终端28台套和水质在线监测、智能调控设备，有效地推动了陕西渔业信息化、现代化建设，为“十三五”期间通过“互联网+”发展渔业奠定了基础；参加“首届全国水产技术推广职业技能竞赛”喜获团体第一名，创下陕西渔业和总站有史以来的记录，为陕西水利、渔业赢得了荣誉；站属陕西新民家鱼原种场通过达标升级，晋升为国家级家鱼原种场，自2011年以来，累计向社会提供可繁殖家鱼原种亲本500余尾，原种家鱼苗20亿尾，为陕西乃至西北地区渔业发展做出了重要贡献。

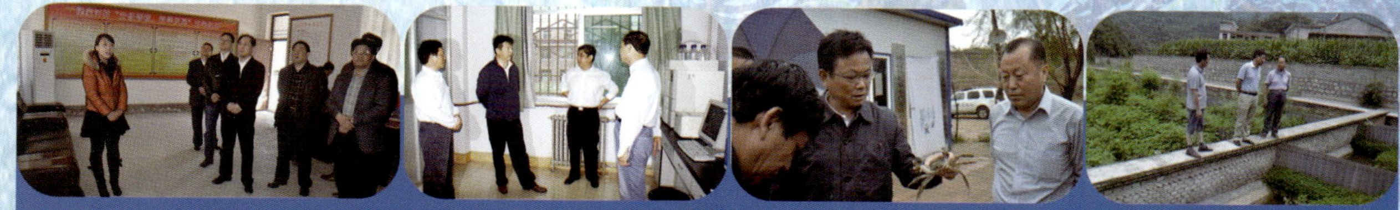
领导视察

中国水产舟山海洋渔业公司

2015年，面对复杂多变的国内外经济形势和竞争压力，公司在中农发集团的正确领导和地方各级党委、政府的大力支持下，紧紧围绕集团“五年翻番、行业四个第一”的发展目标，把“盘活存量、激活增量、挖潜革新、并购重组”作为工作着力点，主动适应新常态。全年共捕获海水鱼37 800余吨，较上一年增长76.25%；水产制品7 700余吨，增长41.79%，营业收入13.66亿元。公司获“2015年全国绿色食品示范企业”称号，并获浙江省商务厅“浙江老字号”认定；“明珠牌”干制水产品、目鱼大烤再次被评为2015度“上海名优食品”。公司“舟渔明珠”微信公众平台正式上线运行，在更广泛的空间与消费者对接。

重要人事调整 2015年7月，经集团研究决定，任命董恩和同志为公司党委书记、法定代表人；任命熊贞同志为公司党委副书记、董事、副总经理；胡世保同志不再担任公司党委书记、法定代表人职务。同年9月，集团公司任命宗文峰为公司董事、董事长；胡世保不再担任公司董事、董事长职务。

重大技改项目 继上年完成了4艘专业鱿钓船的建造并相继赴西南大西洋渔场开展生产后，2015年，根据公司发展战略，继续推进老旧渔船更新改造计划，投资建造6艘适航南、北太平洋渔场兼作的新型经济型专业鱿钓船，加快老旧渔船的升级换代步伐，进一步完善产业链。

科技创新 公司坚持产学研结合，继续推进浙江省重大科技计划项目“海产品冷冻冰晶控制技术集成及产业化”研究和产业化示范工程建设；与浙江海洋学院合作开展“利用虾蟹壳生产水溶性甲壳素低聚糖的关键技术研究与产业化示范”项目获市级科技项目立项；以公司为主体，组建了全省海产品加工产业联盟。同年，公司科技开发中心被认定为“省级企业技术中心”。

安全生产 公司坚持“安全第一，预防为主，综合治理”的工作方针，层层落实安全生产责任制。加大对安全生产的管理力度，积极开展应急示范企业的创建工作，进一步完善生产安全应急组织机构建设、应急预案体系建设、应急队伍体系建设、应急保障建设、应急管理宣传教育建设以及应急处置，有序推进安全生产标准化、规范化建设，被舟山市安全生产监督管理局授予“安全生产标准化三级企业”。

并购工作 公司积极推进并购工作，1月31日，公司与武汉农业集团有限公司、武汉市梁子湖水产品集团有限公司在武汉就武汉梁子湖水产品加工有限公司（以下简称“梁子湖公司”）签订增资协议书，梁子湖公司正式成为舟渔公司控股子公司。梁子湖公司的并购，标志着公司创新发展、转型升级迈出了坚实的一步；弥补了舟渔公司在淡水水产品加工及胶原蛋白开发生产上的空白；同时借助国家建设“一带一路”和长江经济带战略实施的有利契机，进一步拓展了国内市场。

船舶安全消防演练

中国农发
成员企业

淄博柴油机总公司

zichai 淄柴

领先动力　领先服务

淄柴公司是国资委下属中国农业发展集团有限公司的全资子公司，是国家“863”项目、“火炬”计划项目承担企业，农业部新能源开发重点实验室依托单位，国家认定企业技术中心，综合实力位列中国机械500强。现拥有青岛博洋、南通淄柴和淄柴新能源三家子公司，职工两千余人，总资产10亿多元。

公司主业分为“三大板块、五类业务”，分别是：发动机、新能源装备和工程服务板块，其中发动机板块包括发动机与关键件、通用件制造两类业务，新能源装备板块分为工业气体发电机组和农业新能源装备业务，工程服务主要为工程建设、保运服务和合同能源管理。

企业的愿景：为客户、为社会提供持续高效的驱动力

企业的使命：领先动力，领先服务

我们的核心价值观：求知、务实、创新，追求领先动力

我们的态度：淄柴机器，诚心诚意

企业的发展目标：建设具有卓越竞争力的新淄柴，成为中国新型发动机与关键、通用零部件生产核心基地之一，中国新能源装备制造与技术服务创新基地之一。

淄博柴油机总公司
地址：山东省淄博高新区裕民路118号
邮编：255086
电话：86-533-2063362 2068049
86-533-2072104（外贸）
传真：86-533-2068064 2066808
86-533-2068100（外贸）
邮箱：zichai@zichai.com
zcwm@zichai.com（外贸）
网址：www.zichai.com
全国统一客服电话：4006330977

N330柴油机

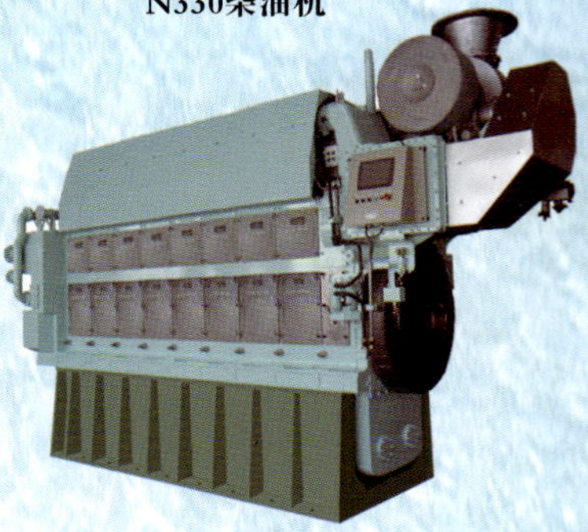

ZC270柴油机

L250柴油机

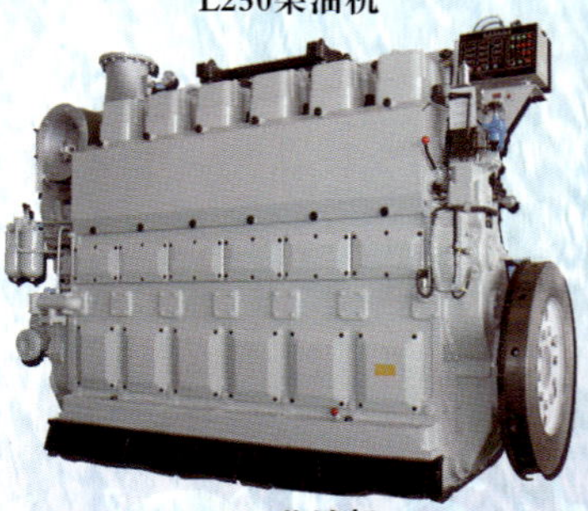

6210柴油机

Z8170双燃料发动机

210双燃料发动机

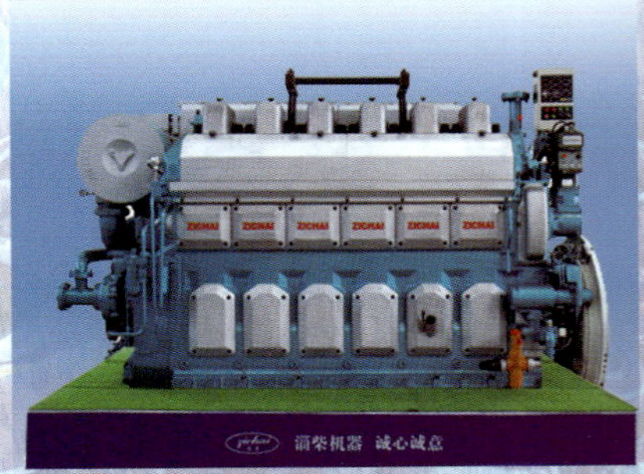

ZC6200柴油机

广州黄沙水产交易市场

市场大门牌匾

黄沙水产交易市场是农业部定点、原国家发展计划委员会立项的国家级活鲜水产品中心批发市场。黄沙市场总占地面积2.65万平方米，现有经营者约460户，主要为全国一级龙头水产批发商与经销商。2015年成交量约21万吨，年交易额达72亿元。

在黄沙市场交易的活鲜水产品超过200种，来自全球20多个国家与地区。约70%供应珠三角地区，约30%辐射全国各地。黄沙市场24小时营业，批发、零售、餐饮业态发达，被誉为“永不落幕水产交易盛会”。黄沙市场同时也是国家、省、市定点水产品价格信息采集单位，有“华南地区活鲜水产品价格风向标”之称。连续多年蝉联“全国水产品批发市场行业十强市场”“广州市农业龙头企业”等称号，2010年获广州市著名商标，2014年获广东省著名商标。

市场夜景

目前黄沙市场正按“黄沙渔人码头”水产总部+现代水产交易平台的定位加快升级改造，并与广州水产集团加快业务整合，向海洋捕捞、贸易、冷链物流等上下游延伸发展，做强做优“黄沙水产”品牌。

电话：020-81259680　传真：020-81810354
地址：广州市丛桂路21号　网址：www.gzhssc.cn

广州远洋渔业公司

市场夜景

广州远洋渔业公司成立于1989年7月，注册资金4 430万元。公司位于广州市新港东路新洲水产基地，是集海洋（远洋）捕捞，水产品养殖、加工、收购、销售为一体的综合性企业，为广州水产集团有限公司旗下的国资企业，是中国远洋渔业协会会员，广州市唯一一家取得农业部批准的同时具有海洋、远洋渔业生产资格，从事海洋、远洋渔业生产的国有远洋渔业企业。

二十多年来，在广州市政府和省、市海洋与渔业局的支持下，广州远洋渔业公司先后发展了“西非远洋渔业项目”“哥伦比亚远洋捕虾项目”“印尼远洋项目”“马尔代夫金枪鱼远洋项目”“西南太平洋斐济、基里巴斯金枪鱼远洋项目”。目前公司拥有金枪鱼延绳钓渔船10艘，总吨位2 053吨，总功率4 368千瓦。现有船员123人，其中国内派出船员有65人，外籍船员有58人。船队常年在南太平洋海域生产作业，年捕获量达2 500多吨、产值4 000多万元人民币，经济效益和社会效益不断提高，为我国远洋渔业的发展作出了积极的贡献。

市场受到外国友人的青睐

广州远洋渔业公司积极贯彻落实国家“一带一路”的发展战略，吸纳社会多元投资合作群体，精心打造远洋渔业船队，加大力度组建南沙骨干船队，不断推进海洋、远洋渔业发展，拓展国内水产品销售。我们将真诚与国内、国外同仁合作，共同开拓海洋、远洋渔业事业。

电话：020-34092035　传真：020-34092035
地址：广州市海珠区新港东路2842号　网址：www.gzapgroup.com

渔业生产基地

渔业生产船队

超低温金枪鱼加工

水冷金枪鱼加工

青岛中泰远洋渔业有限公司

鲁黄远渔105号船

鲁黄远渔106号船

鲁黄远渔115号、116号船

青岛中泰远洋渔业有限公司成立于2012年9月13日，类型为有限责任公司（自然人投资或控股），批准部门为青岛市工商行政管理局黄岛分局，注册地址为青岛经济技术开发区千佛山路8号内8号楼，注册资本为5 200万元，经营范围：许可经营项目：凭农业部远洋渔业企业资格证书从事远洋渔业活动。一般经营项目：鲜活水产品加工与销售；货物进出口。公司设船务部、机务部、财务部、销售部、外贸部、综合部6个部门，现有职工160余人，资产总额5.3亿元，主要产品为秋刀鱼和鱿鱼，经营方式为自捕自销。

2012年10月取得农业部下发的8艘渔船渔业船网工具指标批准书，2012年11月取得中华人民共和国渔政局下发的8艘渔船渔业船舶船名核准书，2012年9月与黄海造船有限公司签订了HC8356型77.8米远洋秋刀鱼渔船建造合同，山东省发展和改革委员会于2012年12月25日下发鲁发改农经【2012】1609号2艘渔船建设方案的批复，青岛市发展和改革委员会于2013年12月下发青发改农经【2013】599号6艘渔船建设方案的批复。分别于2013年9月10日、9月29日取得农业部下发的远洋渔业项目审批通知（农渔远审【2013】162号、农渔远审【2013】176号、农渔远审【2014】117号），批准“鲁黄远渔105、106、107、108、115、116”渔船赴北太平洋、西南大西洋公海海域从事秋刀鱼和鱿鱼捕捞。

2014年3月26日，取得农业部下发的远洋渔业企业资格证书（编号：2014-220）。

我公司拟建造8艘大型专业远洋秋刀鱼渔船，每艘船长77.8米、主机功率2 100千瓦、辅机功率2 520千瓦、总吨位1 900吨。项目总投资45 280万元，单船建造成本5 660万元，其中：渔船主体3 568万元、渔捞设备1 642万元、通导设备360万元、加工设备90万元。

“鲁黄远渔105、106”船于2012年12月开始建造，已于2013年9月完工；“鲁黄远渔107、108”船于2013年1月开始建造，已于2013年10月完工；“鲁黄远渔115、116”船于2013年4月开始建造，已于2014年6月完工；截止到2014年8月“鲁黄远渔117、118”已经下水，拟于2014年12月完工。

我公司的秋刀鱼和鱿鱼产品不仅在国内享誉美名，而且面向国外进行大量出口贸易，远销至多个国家。秋刀鱼和鱿鱼产品含有丰富的蛋白质、脂肪酸、氨基酸等营养元素和其他微量元素。

秋刀鱼是领针鱼目竹刀鱼科秋刀鱼科的唯一一种。本鱼分布于北太平洋区，包括日本海、阿拉斯加、白令海、加利福尼亚州、墨西哥等海域。

鱿鱼是生活在海洋中的软体动物，主要渔场在中国海南北部湾、福建南部、台湾、广东、河北渤海湾和广西近海，以及菲律宾、越南和泰国近海。

我公司目前主要任务是监督船舶制造厂生产合格的渔船及设备工具，提高海上生产作业水平，待全部渔船投产后，预计年捕捞量达到20 000吨以上，年产值将达2亿多元。为了解决远洋作业渔获产品的回运问题，改善企业水产品加工原料紧张局面，提升企业海产品加工能力和经营效益，公司计划建造3艘3 130总吨渔业辅助船。建造水产品加工厂和仓库，提高产品的附加值，给企业带来更高的经济效益。届时我公司将成为集捕捞、仓储、加工、贸易于一体的全功能性企业，形成一条完整的产业链，为青岛地区的渔业发展做出应有的贡献。

秋刀鱼加工

船头

甲板

船尾

北京海洋馆

国宝中华鲟馆

北京海洋馆坐落于北京动物园长河北岸，占地12万平方米，建筑面积4.2万平方米，是世界内陆最大水族馆之一。北京海洋馆于1999年3月建成开放，是北京市向国庆50周年献礼的67项重点工程之一；2001年，北京海洋馆被评定为首批国家4A级旅游企业；2004年被中国海洋学会确定为全国海洋科普教育基地；2014年被北京市旅游委评为“北京市旅游标准化示范单位”。2015年游客接待量达214万人；自开馆至2015年底，北京海洋馆累计总接待游客量超过2 000万人，赢得了中外游客的赞誉。

鲨鱼小镇

北京海洋馆拥有世界先进的水生物生命支持系统，使用人工配制海水，总水量达2万吨。馆内建有“雨林奇观”“鲨鱼小镇”“白令海峡”“海底环游”“国宝中华鲟馆”“鲸豚湾”“海洋剧院”等七大主题展区。北京海洋馆是中国科学技术学会、国家海洋局、团中央等多家政府机构授予的海洋科普教育基地和青少年科普教育基地，开展了大量社会公益宣传活动，也是中国科学院水生生物研究所、中国水产科学研究院等多家科研机构进行水生生物人工驯养、繁育研究的基地和宣传平台。

海豚明星表演精彩绝伦

中华鲟被称为“水中大熊猫”，它在长江中孕育、大海里成长，距今已有14 000万年的历史。2005年，数十尾中华鲟首次入驻北京海洋馆；2015年，野生中华鲟“后福”运抵北京海洋馆进行康复疗养，这是近20年来发现个体最大的野生中华鲟。在“国宝中华鲟馆”，通过科普知识介绍、透过展窗游客可真实地看到中华鲟这一古老神秘而又极具魅力的物种。

2011年新展区“珊瑚花园·水母秘境”面世。“珊瑚花园”展示了来自于南太平洋—印度洋的珊瑚物种及珊瑚礁鱼类，还原了珊瑚礁自然生态环境；“水母秘境”带领游客穿越未来，来到2030年的海底实验室。在这里，时空交错，带领您穿越历史、感受古老文明国度的历史与沧桑。

鲨鱼入池

2014年北京海洋馆倾情打造新展区——“鲨鱼小镇”，这里融合了中西方文化及地域特色，彰显环保、人文、科普理念，为公众营造出颇具现代感及文化气息的渔人码头风貌。在这里众多珍稀鲨鱼争相亮相、震撼的1 400立方米水体巨型展池、全国首家全画幅水下立体布景突破视觉极限，将艺术与海洋完美结合，为公众带来独具保育和教育意义的观娱体验。

除观赏鱼类之外，北京海洋馆还拥有一支实力雄厚的海洋动物表演团队，这里有美丽的白鲸、热情的海豚、憨态可掬的海狮……在内陆城市北京，您将听到大海的歌声，感受大海的魅力。

美人鱼与白鲸共舞

北京海洋馆作为国内知名企业，以“陶怡大众、教益学生、维系生态”为企业宗旨，以“关爱海洋动物，保护地球家园”为企业口号，致力于动物保护与科普宣传。北京海洋馆永远超乎你的想象！

白令海峡

广州海洋馆 OCEAN WORLD

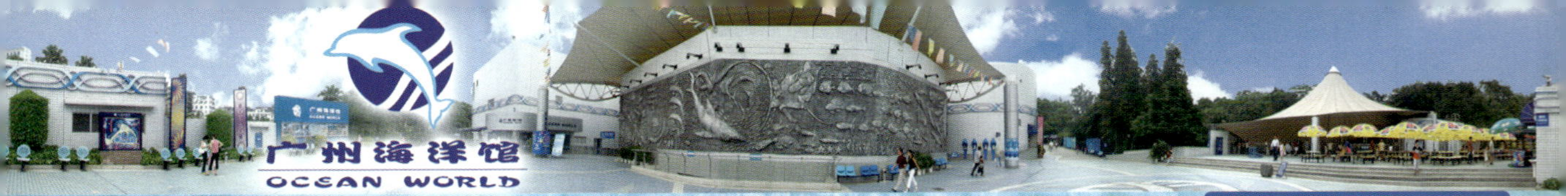

总经理丁军在广东省水生野生动物救护基地接牌仪式上接收救治海龟

广州海洋馆是集游乐、观赏、科研和教育为一体的大型高科技综合性展馆。广州海洋馆不断引进新的海洋动物，创新展示内容。同时，大力推动了海洋知识科普活动的发展，被命名为“全国科普教育基地”“广东海洋科普教育基地”“广东省青少年科技教育基地”和“广州市科学技术普及基地”。

围绕“海洋缤纷，无限开心”的主题，广州海洋馆致力于实现人、海洋、大自然和谐并存的崇高理想，以传播海洋生态科普知识，陶冶群众的审美情趣，拓展青少年视野为宗旨。广州海洋馆将变化万千、绚丽多彩的海洋世界展现在游客眼前。馆内的洄游池、古老梦幻的热带雨林、留宿百岁海龟的海龟池、仿照自然山水美景设计出来的鱼鹰表演馆等一一展现得淋漓尽致。

鲨鱼馆中惊险刺激的人鲨共舞表演、海底世界中婀娜多姿的美人鱼表演、海洋剧场里世界一流的动物明星表演，更是海洋馆的三大皇牌节目。新近推出的游客投喂喂奶鱼、海龟、海豹、海狮等“鱼乐新天地”活动，为您的海洋探索之旅增添姿彩。“游客与海豚合影”更为您留下美好的瞬间。

广州海洋馆在观赏游乐和科普教育方面的不断创新，如今已成为独具魅力的城市景点。

海洋缤纷 无限开心

香港好玩在 海洋公园

Ocean Park Hong Kong 香港海洋公园

欢迎来香港海洋公园欢度您的假日！「澳洲历奇」由南澳州树熊、红颈袋鼠和笑翠鸟带您发掘南澳环保哲学！「梦幻水都」为您展开海洋探索之旅，360°水幕表演「双龙奇缘」定会让您叹为观止！您也可搭乘登山缆车至「海洋剧场」，观看由海豚和海狮生动演绎的「海洋奇遇」！或是前往「动感天地」挑战公园里最疯狂「动感快车」！亚洲最大鲨鱼馆之一的「寻鲨探秘」为您揭开鲨鱼家族最鲜为人知的秘密，带您拜会过百条鲨鱼及鲱鱼家族成员！南跳岩企鹅、巴布亚企鹅、国王企鹅和太平洋海象都会在七彩极光下现身，待您发掘它们的可爱一面，快来一起玩吧！

微信 ID: hkoceanpark

香港查询热线 (852) 3923 2323 www.oceanpark.com.hk 海洋公园 香港 香港仔

象山港湾水产苗种有限公司

院士工作站授牌

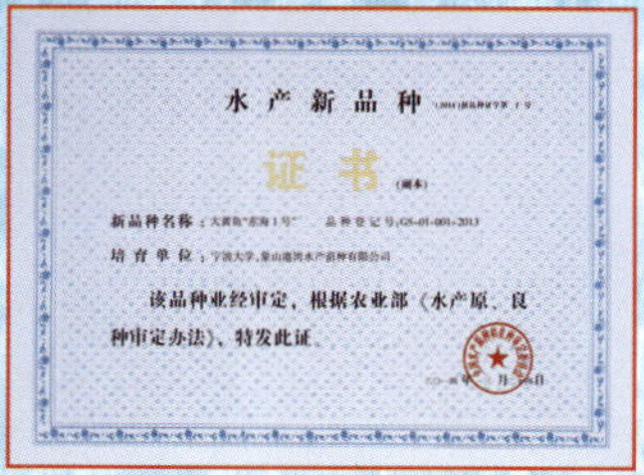
水产新品种
证书

新品种证书

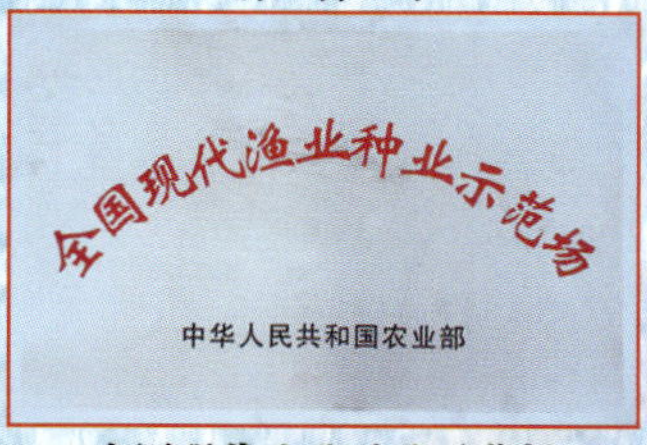
全国现代渔业种业示范场
中华人民共和国农业部

全国现代渔业种业示范场

本公司是全国现代渔业种业示范场、国家级大黄鱼种质资源场。从1998年投产以来，在国家各级渔业部门的关心支持下，已是象山县农业龙头企业、象山县企业工程技术中心、宁波市优秀级星火示范基地、浙江省海洋水产研究所象山海水苗种研发中心、中国海洋大学大黄鱼实验基地、浙江海洋大学教育实习基地、国家无公害农产品基地等。是长期坚持无偿为养殖户培训、咨询服务的企业；是软硬件配套、繁、育、养、研、销、推配套的功能型企业；是集国有、事业、集体之管理优势结合本公司实际具有特色的混合创新型管理企业。公司直属有象山县海科渔类研究所和象山新苗水产养殖专业合作社；建有全省品种、规模领先的鱼类原良种库。

公司注册资金316万元，固定资产1 690万元，现有亲鱼池、后备亲鱼池、饵料池、暂养池、循环水池、育苗池等生产车间7幢、68只苗种培育池及300立方米生产尾水池塘、育苗水体3 100立方米、陆海面积14.6公顷，养殖海区5处、折合3米×3米网箱1 600只、供水系统设施3套，大小生产船只6艘。年生产能力达6 000万尾以上海水鱼苗种。

生产19年来共繁育出闽粤族大黄鱼、岱衢族大黄鱼、雌核全雌大黄鱼、黑鲷、黑鮸鱼、真鲷、黑毛鲿、美国红鱼、花尾胡椒鲷、鲈鱼、河鲀鱼、斜带髭鲷、红鳍笛鲷、黄姑鱼、鲻鱼、条石鲷、杂交鲷、褐菖鲉、翡翠斑、马鲛鱼、点带石斑鱼、赤点石斑鱼、日本鬼鲉、珍珠龙胆、银鲳、梅童鱼等24个品种，占全国2015年统计42个繁育成功的海水鱼品种的52%；填补了市内空白品种19个、省内空白品种10个、国内空白品种3个。获国家海洋局、省政府、市政府、县政府科技进步奖9次，获国家专利局发明专利3个，获国家良种委审定新品种1个。

本公司从1998年到2016年共参加增殖放流大黄鱼11 605万尾，约占全省75%。另有黄姑鱼、黑鲷、黑鮸鱼、马鲛鱼、赤点石斑鱼、真鲷、鬼鲉、条石鲷、褐菖鲉，18年来参加增殖放流总量达12 981万尾，其中捐献440万尾。

本公司的产品已覆盖全省，尤其岱衢族大黄鱼的销售已辐射江苏、福建两省，知名度、信誉度都很高，苗种供不应求。

公司将坚定不移执行好2016-2020年“一个中心五个基地”的五年工作任务和奋斗目标。欢迎国内外同仁来我公司指导、合作、共谋发展壮大。

苏州市南环桥市场发展股份有限公司
江苏苏州市南环桥农副产品批发市场

南环桥

苏州市南环桥农副产品批发市场（简称南环桥市场）成立于1997年，现位于苏州市吴中区东方大道1688号，占地26.7公顷，总投资6.16亿元，是集蔬菜、鲜肉、水产、家禽、豆制品、南北干货等交易为一体的综合性农产品批发市场，是苏州最大的“市民菜篮子”。

目前，南环桥市场各类农副产品的日交易量庞大，每天人流50 000人次、车流5 000辆、货流5 000吨、现金流5 000万元，其中蔬菜日交易量2 300吨、鲜肉2 000头、水产500吨、家禽30 000羽等，分别占苏州市民消费量的90%、70%、70%和60%不等。2015年，南环桥市场实现交易量220.13万吨、交易额221.81亿元，在全国同类市场中排名前十。

南环桥市场拥有现代化交易大棚17万平方米，设蔬菜、鲜肉、水产、豆制品、水果、干货、家禽、冷冻批发经营八个功能区；信息中心、检测中心、监控中心、结算中心、商务办公大楼、废弃物无公害处理、冷链设施，以及集加工、储存、配送为一体的冷链配送物流中心等配套一应俱全。市场交易实行“一卡通”电子化交易结算。监控中心与警组联网，全场监控点417个，基本实现了市场监控全覆盖；配送中心除了供应学校、宾馆等团膳外，在全国首创建立了平价农产品社区配送店，以“预约订购、定量包装、净菜配送、社区直供”的模式直供平价农副产品进小区，品种达200多个，其中蔬菜价格低于市场平均价20%以上，截至2015年底，已建成60余家平价农产品社区配送店。

南环桥市场先后被授予中国农产品批发百强市场、农业部定点市场、商务部“双百市场”建设单位、中国农产品最具影响力品牌、苏州市政府“菜篮子”重点工程等荣誉称号。市场将继续以“海纳百川蔬果、心系万家餐桌”为企业使命，努力争创国家一流绿色市场和农产品现代物流园，竭诚欢迎社会各界惠顾。

董事长、总经理：孟新鹤　　地址：苏州市东方大道1688号　　邮编：215124
电话：0512-67262038/67414509　　传真：0512-67417501　　网址：www.nhqnm.com　　Email:webmaster@nhqnm.com

市场日景

蔬菜交易夜景

市场夜景

沈阳市金山水产养殖公司

公司法定代表人、总经理：赵维城

沈阳市金山水产养殖公司是一家具有独立法人资格的，集名优苗种繁育、成鱼养殖、淡水鱼养殖技术研究与开发、饲料加工、产品销售为一体的股份制企业，现有资产总值4 880万元，获“全国休闲渔业示范基地”称号。2014年10月“‘辽中’鲫鱼”荣获第十二届中国国际农产品交易会参展产品“金奖”。

公司由金山淡水鱼养殖公司、金山苗种繁育场、金山淡水鱼销售公司、真诚饲料公司、唯诚水产研究所等5个子公司组成。

公司占地面积400公顷，其中精养鱼池200公顷。年产优质无公害淡水鱼5 000吨，其中出口韩国3 000吨；年产名优品种苗种3亿尾。公司被列入省级现代农业园区、省级现代农业示范基地、省级农业产业化重点龙头企业，是农业部批准建设的国家级德国镜鲤良种场和国家级水产健康养殖示范区、省级斑点叉尾鮰良种场。公司是在国家质量监督检验检疫总局备案的中国出口韩国水产动物注册场，辽宁省出入境检验检疫局扶持出口食品农产品重点企业，沈阳市农产品加工重点龙头企业。

辽中县金山水产现代农业园区

办公电话：024-87981479 传真：024-87981698
E-MAIL：zj95828@163.com
联系人：赵戬　联系电话：13386886848
地址：辽宁沈阳市辽中县冷子卜镇金山卜村
邮编：110202

加州鲈鱼

德国镜鲤

丁鱥鱼